♠ *Westminster Assembly and the Reformed Faith Series 1* ♠
*- The Westminster Assembly: Reading its Theology in Historical Context -*

로버트 레담 지음
권태경 · 채천석 옮김

개혁주의신학사

Presbyterian and Reformed Publishing

**P&R**(Presbyterian and Reformed Publishing Company)은
미국 뉴저지 주에 소재한 기독교 출판사로서
웨스트민스터 신앙고백서와 요리문답에 기초하여
성경적인 이해와 경건한 삶을 증진시키는
탁월한 도서들을 출판하고 있습니다.
P&R Korea(개혁주의신학사)는
CLC가 공동으로 운영하는 출판사로서
P&R의 도서를 우선적으로 번역출판하고 있습니다.

*Westminster Assembly and the Reformed Faith Series 1*

# *The Westminster Assembly*

*Reading its Theology in Historical Context*

*Written by*
Robert Letham

*Translated by*
Kwon Tae Kyoung · Chae Chun Sug

Copyright © 2009 by Robert Letham
Originally published in English under the title as
**The Westminster Assembly**
by P&R Publishing Company
Translated and used by the permission of
P&R Publishing Company, P. O. Box 817, Phillipsburg,
New Jersey 08865-0817, U.S.A

All rights reserved

Korean Edition
Copyright © 2014 by Presbyterian and Reformed Publishing Company
Seoul, Korea

# 웨스트민스터 총회에 대한 축사

### 알렉산더 헨더슨(Alexander Henderson)
*1643년 11월 15일 웨스트민스터 총회에서의 연설(Van Dixhoorn, 3:311)

여러분은 지금 산 위에 세운 성과 같습니다. 잉글랜드와 스코틀랜드 그리고 아일랜드와 모든 개혁파 교회의 눈들이 여러분을 향해 있습니다. 이 모임에 대해 즐거움과 어떤 갈망과 열화 같은 기대가 있습니다. 또 교황파와 아르미니우스파나 다른 이들의 눈도 여러분을 향해 있습니다. 저들이 이 날을 작은 날로 업신여기는 것 같아도 저들은 두려움과 놀람으로 이 총회를 보고 있습니다.

### 에드워드 모리스(Edward D. Morris)
*『웨스트민스터 신조의 신학』(Theology of the Westminster Symbols)

실용적인 것이지만 웨스트민스터 총회를 그 역사적 배경과 관계들 속에서 길게 생각해보면 흥미로울 것이다. 즉 그 중요한 관계를 헨리 8세 시대의 영국 개신교의 발전 전례와 이 총회 이전 100년 동안의 영국의 역사와의 관계 속에서 보는 것, 그리고 당시 유럽 대륙의 개신교 발전의 다양한 운동들을 상기하는 것, 루터 및 칼빈의 시대 이후 헨리 8세의 아름다운 예배당에서 개회한 이 총회 전 기간에 북유럽에서 일어난 믿음과 체험의 놀라운 혁명을 연구하는 것은 흥미로운 일이다.

또 흥미로운 것은 웨스트민스터 총회를 니케아와 콘스탄티노플 공의회 때로부터 기념비적인 트리엔트 공의회 때까지의 다른 기독교 대회와의 생생한 관계에서 생각해보는 것이다. 특히 그 교리적 결과를 상기한 것들의 교리들과 비교해보고 후세에 이어질 기독교 세계의 신학과 신앙에 미친 영향을 포괄적으로 평가해보는 것이 좋다. 그런 비교연구는 비록 그것이 특별하고 경건한 감탄을 우리에게 불러 일으키지 못한다고 하더라도 최소한 일찍이 혹은 훗날에 저 기념할 만한 회의에 가해진 경멸적인 비판 대부분이 공허한 것임을 우리가 알 수 있게 해준다. 그것은 또한 사실을 밝혀줄 것이다. 즉 우호적이지 않은 비판자들이 말한 바와 같이 웨스트민스터 총회 신학자들이 개별적으로는 유명하지는 않지만 웨스트민스터 총회 자체는 위대하다. 그것은 목표의 규모와 숭격에서 위대하며 그것이 성취한 특수한 업적에서 위대하고 그것이 영어를 사용하는 여러 곳 수백만 명의 종교적 믿음과 도덕적 활동에 미친 영향에서 위대하다.

# 추천사 1

**임 원 택 박사**
백석대학교 교회사 교수

어릴 때부터 장로교회를 다니다보니 어디인지도 모르는 웨스트민스터라는 지명을 수없이 들었다. 좀 더 지나며 보니 그 이름 뒤에는 소요리문답이라는 말이 거의 붙어 있었다. 중학교 3학년 때 세례받기 전 학습 교재는 웨스트민스터 소요리문답이었던 걸로 기억한다. 그 외에는 설교 중에 목사님들이 가끔씩 웨스트민스터 소요리문답의 첫 문항이라며 "사람의 제일 되는 목적이 무엇입니까?"라고 청중들에게 물은 후 "하나님을 영화롭게 하고 영원토록 즐거워하는 것"이라고 가르쳐준 것이 웨스트민스터와 관련된 어릴 적 내 기억의 전부인 듯하다.

1907년 한국에서 장로교 설립 당시 독노회는 선교 초기 상황을 고려한 12신조를 교회의 신앙고백으로 채택하면서, 웨스트민스터 신앙고백서와 대·소요리문답서를 부수적 표준서로, 특히 소요리문답서를 교회문답서로 받았다. 상당한 시간이 지난 후, 미국연합

장로교의 1967년도 신앙고백이 미국은 물론 한국 교회에도 신앙고백에 대한 논쟁을 불러일으켜서, 진리의 표준으로서의 총괄성을 강조하는 입장과 복음의 상황 적합성을 강조하는 입장이 대립되었을 때, 한국의 보수 장로교는 웨스트민스터 신앙고백을 교회의 신앙표준으로 추가 채택했다. 현재도 보수적인 장로교 헌법의 상당한 내용이 웨스트민스터 표준서들을 따르고 있다. 그럼에도 불구하고 웨스트민스터 표준서 채택의 역사와 작성 배경에 대한 우리의 이해가 매우 부족함은 안타까운 일이다.

이런 사실을 고려할 때 로버트 레담 박사의 『웨스트민스터 총회의 역사』(The Westminster Assembly: Reading its Theology in Historical Context)는 영미권 교회에는 물론이고 한국 교회에도 매우 유익한 책이다. 저자는 웨스트민스터 총회의 역사와 그 결과물인 신앙고백의 내용을 다루되 특히 논의를 통한 교리의 발전 과정을 주의 깊게 살피고 있다. 웨스트민스터 총회 역사를 다룬 앞선 저작들을 살피며 독자들에게 앞선 저작들보다는 좀 더 객관적인 서술과 평가를 제공하려 한 노고가 느껴진다. 레담 박사는 조직신학자이며 조직신학 분야에 탁월한 저서들을 낸 분이지만 웨스트민스터 총회를 살피면서 현재의 시각과 관심으로 접근하기보다 역사적 상황을 고려한 접근을 한 점에서 이제 본 추천자를 포함한 역사신학자들에게 귀감이 되는 저서를 추가했다.

웨스트민스터 총회의 귀한 유산을 여전히 신앙 표준으로 사용하고 있는 교회들은 물론이고 이제 스스로의 신앙고백을 가지게 된 교회들까지도 인정해야 할 것은 우리나라 장로교 신앙의 뿌리에는 웨스트민스터 총회의 신앙표준이 있다는 사실이다. 일단 책이 출판되고 나면, 그것은 저자나 역자의 것이 아닌 독자들의 것이다. 레담 박사의 본서가 우리나라 독자들로 하여금 우리 신앙의 뿌리를 이해하는 데 큰 도움을 주리라 확신하기에 이제는 독자들이 본서를 충분히 활용하기를 바라며 적극 추천한다.

# 추천사 2

제럴드 브레이(Gerald Bray) 박사
Beeson Divinity School 조직신학 교수

우리는 모두 로버트 레담에게 빚지게 되었다. 그는 우리에게 빈틈없이 견고하게 웨스트민스터 총회를 소개한다. 그는 당시의 논쟁을 삶으로 가져와 웨스트민스터 신앙고백과 요리문답들이 왜 영어권 개혁파 신학의 시금석이 되었는지를 보여준다.

로버트 B. 스트림플(Robert B. Strimple) 박사
Westminster Seminary California 조직신학 교수

로버트 레담은 웨스트민스터 총회의 작업은 당시를 위한 것이라는 입장을 분명하고도 확실하게 취한다. 그래서 이 작업이 우리 시대와 더 관련되고 이 시대에 더 필요한 것이라는 시대착오적인 오해를 피한다. 그러나 그는 웨스트민스터 총회의 논쟁들과 결정들이 오늘날 우리에게도 강력한 메시지를 선포한다고 주장한다.

조엘 R. 비키(Joel R. Beeke) 박사
Puritan Reformed Theological Seminary 조직신학 교수

로버트 레담의 대표작, 『웨스트민스터 총회의 역사』(*The Westminster Assembly: Reading its Theology in Historical Context*)는 그 다루는 바가 포괄적이다. 그래서 본서는 신학 교수들에게는 이상적인 신학교 교재가, 사역자들에게는 설교와 가르침을 위한 편리한 안내서가, 평신도들에게는 역사적, 신학적인 정보를 얻게 하는 도구가 되어 줄 것이다.

# Contents

웨스트민스터 총회에 대한 축사 / 5
추천사 1 / 임원택 박사 _백석대학교 교회사 교수_ · 7
추천사 2 / 제럴드 브레이 박사 _Beeson Divinity School 조직신학 교수_ · 10
　　　　　로버트 B. 스트림플 박사 _Westminster Seminary California 조직신학 교수_ · 10
　　　　　조엘 R. 비키 박사 _Puritan Reformed Theological Seminary 조직신학 교수_ · 11

웨스트민스터 총회 시리즈 소개 / 칼 R. 트루만 박사 · 14
서문 / 16
역자 서문 / 20
약어표 / 22
총회 의사록에 대한 참고문헌 안내 / 25

## 서론 / 26

## 1부 | 역사적 상황

　　제1장 헨리 8세부터 1차 내전까지　　　　　　　　　　/ 39
　　제2장 웨스트민스터 총회와 질서의 붕괴　　　　　　　 / 63

## 2부 | 신학적 상황

제3장 잉글랜드의 상황 / 91
제4장 웨스트민스터 총회 신학의 원천 / 115
제5장 개혁파적 맥락과 가톨릭적 맥락 / 147

## 3부 | 웨스트민스터 총회의 신학

제6장 웨스트민스터 총회에 대한 시각들 / 175
제7장 성경 / 207
제8장 삼위일체 하나님 / 271
제9장 하나님의 주권적 자유 / 295
제10장 인류와 죄 / 335
제11장 그리스도와 언약 / 381
제12장 구원의 순서 / 411
제13장 율법과 자유 / 501
제14장 교회와 성례 / 543
제15장 죽음과 부활 그리고 심판 / 613

참고문헌 / 625
색인 / 636

# 웨스트민스터 총회 시리즈 소개

칼 R. 트루만(Carl R. Trueman) 박사
크레이그위원회 대표
웨스트민스터신학교 교회사 교수

　16-17세기 개혁파 신학의 본질과 발전에 대한 신학자들의 이해는 지난 이십 년간 획기적으로 진전되었다. 이러한 정황을 맞아 필라델피아 웨스트민스터신학교는 웨스트민스터 표준문서에 대한 획기적인 학문적 연구에 박차를 가하기 위해 2002년에 크레이그센터(Craig Center)를 발족했다. 크레이그센터는 웨스트민스터 총회의 역사와 신학에 대한 학문적 연구와 학술물 발행 그리고 이 결과물들을 공유할 방법을 모색하기 위해 포럼을 열었다.
　이러한 노력의 일환으로, 크레이그센터는 P&R 출판사와 손잡고 1인 저자 혹은 다수 저자가 공동으로 참여한 관련 저서를 출판하기로 했다. 각 저서마다 16-17세기 당시의 역사적, 교회사적 상황을 염두에 두고 새 학계가 이끄는 방향성과 맞게 개혁파 정통주의가 표방한 신학을 깊이 있게 다루고 있다. 그렇다고 해서 이 저서들이 고리타분한 골동품이나 과거사에 대한 연구물 정도라는 말은 아니다. 우리는 현재 당면한 사안들이 채우고 있는 족쇄와 조이고 있는 구속으로부터 과거를 해방시켜 줌으로써, 역사로 하여금 오늘날의 시대가 귀 기울여 들어야 할 메시지를 전할 수 있는 여건을 조성하고자 한다. 그 결과로 웨스트민스터 총회 시리즈가 제공하는 혜택을 교계와 학계가 오래도록 누리기를 크레이그위원회를 대표해서 바라는 바이다.

# 서문

다양한 곳으로부터 받은 도움에 감사하려니 특별히 기쁘다. 내가 기쁘게 감사하는 도움은 채드 반 딕스훈(Chad Van Dixhoorn) 박사에게서 받은 것이다. 무엇보다도 그가 웨스트민스터 총회 의사록에 대해 조사한 것이 역사적 신학적 차원에서 총회에 대한 재평가의 길을 닦았다는 점에서 큰 도움을 받았다. 또한 그는 관대하게도 자신의 시간을 내어 총회의 역사적 배경에 대한 초기 단원 부분 일부를 검사해주었다. R. 셔먼(R. Sherman) 목사, 버지니아 페어팩스의 이즈벨(Isbell)도 중요한 부분을 살펴보고 적절한 조언을 많이 해주었다. 캘리포니아 웨스트민스터신학교(Westminster Seminary)의 전 총장이자 명예교수인 조직신학 교수 로버트 B. 스트림플(Robert B. Strimple) 교수는 여러 개의 긴 초고들을 꼼꼼히 읽고 귀중한 제안을 해주었다. 특히 그가 현직에 있던 때인 1974년 가을에 필라델피아 웨스트민스터신학교에서 강의한 웨스트민스터 신앙고백 과목이 처음 이 총회에 대해 관심을 갖도록 해주었다.

본서는 이런 학자들의 기여 덕분에 상당한 개선이 이루어졌다.

그리고 아직 부족한 부분은 결코 이분들의 탓이 아니라는 점을 밝히지 않을 수 없다. 이분들 중 누구도 본서 전문을 보신 분은 없다. 그러므로 독자는 본서 내용에 대한 책임을 물어야 한다면 바로 필자에게만 하여야 한다.

덧붙이면, 메릴랜드 베데스다의 제4장로교회(Fourth Presbyterian Church) 담임목사 로버트 노리스(Robert Norris) 박사는 친절하게도 자신의 세인트앤드루스대학교(University of St. Andrews) 박사학위 논문의 "웨스트민스터 총회의 39개 신조"(The Thirty-Nine Articles at the Westminster Assembly)를 볼 수 있게 해주었다. 또 감사드려야 할 분은 런던신학교(London School of Theology)의 역사신학 교수이자 연구 소장인 토니 레인(Tony Lane) 교수이다. 그는 세계적인 권위를 가진 학자 중 한 사람으로 칼빈에 대해 그의 말을 인용할 수 있게 해주었다. 그것은 도입부에 있는 공동 기도서(Book of Common Prayer)에 대한 칼빈의 태도와 관련하여 중요한 부분이었다.

출판사 관계자들의 격려에도 감사해마지 않는다. 알란 피셔(Allan Fisher)는 P&R 출판사에 있을 때 본서를 속히 완성해서 출간할 수 있게 했다. 본서의 작업이 늦어지고 다른 것이 먼저 완성된 것은 채드 반 딕스훈의 총회 의사록 필사본을 기다려야 했기 때문이다. 마빈 파젯(Marvin Padgett)은 알란 피셔의 뒤를 이어 내가 영국으로 돌아가 지체되고 있는 중에 인내심을 보여주었다. 칼 R. 트루만(Carl R. Trueman)은 크레이그위원회의 대표로서 나의 작업을 격려해주었다. P&R 출판사의 톰 노타로(Thom Notaro), 바바라 러치(Barbara Lerch), 짐 스콧(Jim Scott), 에릭 아네스트(Eric Anest)에게도 감사를 드리고 싶다. 또 워싱턴 린우드의 노스웨스트신학교

(Northwest Theological Seminary)의 교회사 및 성경신학 교수이자 학술원장인 제임스 데니슨(James Dennison)에게도 그의 협조에 대해 심심한 감사를 드린다.

여러 도서관으로부터 자료들을 이용할 수 있는 도움을 받았다. 몽고메리도서관(Montgomery Library), 필라델피아 웨스트민스터신학교에 먼저 감사드린다. 내가 필요로 하는 서지 정보, 특히 반 딕스훈의 논문 사본을 초기에 볼 수 있게 배려해준 데 대해 다시 한 번 감사드리고 싶다. 도서관의 전자책으로 근세 초 잉글랜드 서적(Early English Books Online=EEBO)에 접속할 수 있도록 해준 웨스트민스터신학교와 나중에 도움을 준 람피터의 웨일즈대학교(University of Wales)의 도움은 절대적인 것이었다. 이런 자료와 관련된 시간 절약은 결코 계산할 수 없을 것이다. 케임브리지대학교의 귀중본실을 비롯한 편의제공 또한 엄청난 도움이 되었다. 런던 대영도서관에 신세를 진 것도 빼놓을 수 없다.

정통장로교(Orthodox Presbyterian Church)의 필라델피아 노회(Presbytery of Philadelphia)에도 감사를 드린다. 본 노회는 2003년 11월 회의 때 내게 강의를 부탁하였다. 이때만 해도 나의 연구는 진지하게 시작되었으나 아직 제대로 틀을 갖추지 못하고 있었다. 하지만 그 과정이 초기의 중요한 단계에서 내 생각을 정리할 수 있는 데 도움을 주었다. 내가 17년 동안 담임목사로 지낸 델라웨어 윌밍턴의 임마누엘정통장로교회(Emmanuel Orthodox Presbyterian Church) 기독교학문포럼(Christian Studies Forum) 회원들은 이 총회와 그 역사적 배경에 대한 내 생각을 참을성 있게 들어주었다. 임마누엘교회의 당회와 회중은 연구 기간을 주고 연간 예산을 마련해주어 연구에 도움을 주었다. 본서의 일부 특히 아담의 죄의 전가에 대한 교리 발전과 관련된 역사적 보충해설은 이 계기로 옥스퍼드의 보들레이안도서관(Bodleian Library), 워싱턴 디시 의회도서관(Library of Congress)에서 수행될 수 있었다. 웨일즈복음주의신학교(Wales Evangelical School of Theology) 연구 세미나 회원들에게와 그 인도자인 에릴 데이비스(Dr. Eryl Davies) 박사에게도 감사드린다. 그들은 내 연구를 요약해 제시하도록 했다.

마지막으로 그러나 아주 많이 나의 아내 조안(Joan)에게 항상 감사한 마음을 보낸다. 아내는 이 기간 내내 그리고 다른 저작 활동을 하는 중에 사랑과 지지를 보여주었다.

전능하시고 영존하시는 하나님, 우리에게 믿음과 소망과 사랑을 더하시고 주께서 진정으로 약속하신 것을 얻게 하시며 우리 주 예수그리스도를 통해 진정 명령하신 사랑으로 사랑하게 하시옵소서.

- "삼위일체, 공동 기도서, 성사 집행 및 기타 잉글랜드 국교회 예식에 관한 14번 째 주일 문집"
(Collect for the fourteenth Sunday after Trinity, the Boke of Common Prayer and Administracion of the Sacramentes, and other Rites and Ceremonies in the Churche of England: Londini, officina Edvvardi Whytchurche, 1552)

# 역자 서문

『웨스트민스터 총회의 역사』(The Westminster Assembly: Reading its Theology in Historical Context)는 기독교 역사에서 가장 의미 있는 역사적인 사건 중의 하나이다. 그 이유는 웨스트민스터 총회가 개혁파 신앙을 담고 있는 "웨스트민스터 신앙고백"과 개혁파와 장로교의 중요한 문서인 "대요리문답"과 "소요리문답"을 채택하였기 때문이다. 이 외에 웨스트민스터 총회를 통해 만들어진 "공중예배를 위한 예배모범"과 "교회 정치 규칙"은 총회의 역사적 성격과 의의를 말해주는 개혁파 신학과 신앙을 대변하는 문서들이다.

역자는 오늘날 교회의 가장 심각한 문제는 교회 안의 세속화라고 본다. 교회가 이 세상에서 교회의 역할을 하지 못하는 세속화의 근본적인 이유는, 교회 안에서 분명한 교리와 신앙을 교인들에게 가르치지 않는 데 있다. 이로 인하여 현실적으로 교인들은 성경적인 삶의 분명한 기준과 토대를 모르고 있기도 하다. 역사적으로 세속화는 하나님의 권위를 인정하지 않고 성경적인 분명한 기준을 무시하고 가르치지 않는 것을 말한다.

오늘날 교회에 매주 설교는 있지만, 그리고 각 교회마다 성경 공부와 교리 교육은 있지만 교인들을 위한 체계적인 교리 교육의 부재가 심각하다. 역자는 일전 목회하는 현장에서 교회 리더들에게 소요리문답의 제1문, "사람의 제일 되는 목적이 무엇입니까?"라고 물은 적이 있었는데, 정확히 답을 하는 사람이 거의 없었다. 이에 역자는 매주 예배 전에 웨스트민스트 신앙고백과 소요리문답을 강해하고 있다. 현실적으로 교인들이 교회를 오래 다니고 설교는 듣지만, 기본적인 복음의 핵심적인 교리가 무엇인지 잘 모른다. 할 수 있으면 한국의 장로교는 매주 웨스트민스트 신앙고백과 요리문답을 가르칠 필요가 있다고 본다.

오늘날 한국 교회 안에 분명한 성경적인 기준과 개혁파 신학의 표준이 필요한 이때 웨스트민스터 총회를 소개하는 역사적인 연구물의 출판은 아주 의미 있는 작업이라고 생각된다. 이에 미국과 한국의 P&R 출판사에 감사의 뜻을 전한다. 그리스도인들에게 인기 있는 책이 아닌, 사람의 관심을 끄는 책이 아닌, 하나님의 사람들이 알아야 하고 반드시 관심을 두고 학습해야 할 이 역사적인 연구물 출판을 기뻐하며 이를 위해 수고한 이들에게 다시 한 번 감사의 뜻을 전한다.

2014년 8월 1일, 사당동에서
권 태 경 識

# 약어표

| | |
|---|---|
| Aldis, *Scotland* | Harry G. Aldis, *A List of Books printed in Scotland before 1700: including those printed furth of the realm for Scottish booksellers with brief notes on the printers and stationers* (Edinburgh: National Library of Scotland, 1970) |
| *Annotations* | Certain Learned Divines, *Annotations upon all the books of the Old and New Testament, wherein the text is explained, doubts resolved, Scriptures parallelled and various readings observed by the joynt-labour of certain learned Divines, thereunto appointed, and therein employed, as is expressed in the Preface* (London: John Legatt and John Raworth, 1645) [Wing D2063] |
| *CD* | Karl Barth, *Church Dogmatics* (ed. G. W. Bromiley and T. F. Torrance; 14 vols.; Edinburgh: T. |

                           & T. Clark, 1956–77)

| | |
|---|---|
| *CTJ* | *Calvin Theological Journal* |
| *EQ* | *Evangelical Quarterly* |
| *Institutes* | John Calvin, *Institutes of the Christian Religion* |
| *JBS* | *Journal of British Studies* |
| *JETS* | *Journal of the Evangelical Theological Society* |
| LC | Larger Catechism |
| *PRRD* | Richard A. Muller, *Post-Reformation Reformed Dogmatics: The Rise and Development of Reformed Orthodoxy, ca. 1520 to ca. 1725* (2nd ed. of vols. 1–2; 4 vols.; Grand Rapids: Baker, 2003) |
| *RRR* | *Reformation and Renaissance Review* |
| *RTJ* | *Reformed Theological Journal* |
| *SBET* | *Scottish Bulletin of Evangelical Theology* |
| *SCJ* | *Sixteenth Century Journal* |
| *SJT* | *Scottish Journal of Theology* |
| STC | *Short-Title Catalogue of Books printed in England, Scotland, & Ireland and of English Books printed abroad, 1475–1640* (London: Bibliographical Society, 1926) |
| *TrRHS* | *Transactions of the Royal Historical Society* |
| Van Dixhoorn | Chad B. Van Dixhoorn, "Reforming the Reformation: Theological Debate at the |

|  |  |
|---|---|
|  | Westminster Assembly 1643–1652" (7 vols.; Ph.D. thesis, Cambridge University, 2004) |
| WCF | Westminster Confession of Faith |
| *Wing* | Donald Wing, *Short-Title Catalogue of Books printed in England, Scotland, Ireland, Wales and British America, and of English Books printed in other countries, 1641–1700* (New York: Index South, 1945) |
| *WTJ* | *The Westminster Theological Journal* |

# 총회 의사록에 대한 참고문헌 안내
(References to the Assembly Minutes)

필사된 웨스트민스터 총회 의사록에 대한 참고문헌은 채드 반 딕스훈(Chad B. Van Dixhoorn)의 박사학위 논문 "종교개혁의 재구성"("Reforming the Reformation", Cambridge, 2004)에 의한 것이다. 그 권수와 페이지 번호를 따랐다. 그러나 이것은 의사록을 비롯한 현존하는 모든 문서들 그리고 본 총회 및 그 회원들의 통신문을 담을 전집이 출판되면 곧 바뀔 것이다. 그러므로 이 기록을 출처와 무관하게 찾을 수 있도록 나는 토론이 있는 총회 회기 번호와 날짜로 각주 처리하였다. 이것은 S540 F 21.11.45형태로 나타난다. 여기에서 S540은 회기 540을 의미한다. F는 요일, 즉 금요일(Friday)이다. 그리고 21.11.45는 각각 일, 월, 년을 의미한다. 당시에는 구태양력(Julian calendar)이 사용되고 있었기 때문에 나는 1월 1일부터 3월 25일까지는 구태양력을 따르면서도 괄호에 현대 달력을 표시하였다. 즉 S582 F 2.2.45(46)과 같다. 일반적으로 총회 본회의는 오전에 열렸다. 오전과 오후 모두에 회의가 있었을 경우에는 오전(am) 오후(pm)를 표기하였다.

# 서론

웨스트민스터 총회(1643-52)는 거대한 격변과 소용돌이가 있던 잉글랜드 내전 중에 개최되었다. 이 총회는 역사적으로 획기적인 사건이었다. 신학적으로 보면 개혁파 교회와 개신교에 필요한 가장 포괄적인 신앙고백 문서들이 이 총회에서 만들어졌다. 따라서 영국의 역사에서 이 시기를 이해하는 것은 매우 중요하다. 역사적으로 최근의 연구 경향을 보면, 17세기 잉글랜드 내전의 해석에서 '종교'가 가장 중요한 요인이라는 인식이 부각되었다. 분명히 이 웨스트민스터 총회는 당대의 가장 논란이 된 사건이었으며, 영국 역사에 결정적인 문제였다.

웨스트민스터 총회에서 논쟁이 된 문제는 교회 정치 제도와 신학이었다. 최근까지 이 총회에 대한 학자들의 연구는 교회론에 집중되었다. 당시 장로파, 독립파, 감독파는 교회 정치 제도에 관심이 많았다. 로버트 폴(Robert Paul)의 작품을 보면 이 문제가 잘 드러난다.[1] 스코틀랜드와 미국의 장로파 사람들에 의하여 웨스트민스터 총회에 대한 연구가 많이 행해졌다. 이 총회는 잉글랜드와 웨일즈의 대표단이 중심이었고, 스코틀랜드의 대표 사절단은 논쟁에서 중요한 역할을 하였지만, 총회의 중요한 성원이 못 되었고 투표권도 없었다.

채드 반 딕스훈(Chad Van Dixhoorn)의 연구서인 케임브리지대학교 박사 논문을 비롯한 다른 연구물들, 앞으로 출간될 서적 곧 총회와 회원들의 문서들과 서신들이 함께 실린 총회 의사록에 대한 비평서들은 웨스트민스터에 대한 관점을 바꾸어놓았다. 특별한 고문서 학자들이나 해독할 만한 학적인 의사록 사본들이 앞도적인 진보를 이루어갈 것이다.

이 의사록들은 오늘날의 의사록과는 동일하지 않다. 이 의사록은 총회에서 단순히 제안된 동의와 가결 사안을 기록하는 것 이상의 내용을 다루고 있다. 예를 들면 의사록은 토론된 내용과 총회 참여자 이름, 의회와의 관련 사항과 총회 안건 등이 상세하게 기록되었다. 한편 의사록 서기인 바이필드(A. Byfield)는 총회에서의 어떠한 논쟁은 관심을 많이 갖고 어떤 문제는 관심을 적게 갖고 의사록을 기록하였다. 총회가 진행되면서 총회에 대한 열정이 점차로 식어서, 토론이 줄어들었다. 또한 총회 안건 중에 일부 안건은 불필요하게 집중적으로 논의하는 경향도 있었다.

이러한 상황에서 본서는 웨스트민스터 총회의 관심이 무엇인지를 드러내려고 한다. 의사록을 보면, 내용이 요약되어 있어서 실제

---

**1** R. S. Paul, *Assembly of the Lord: Politics and Religion in the Westminster Assembly* (Edinburgh: T. & T. Clark, 1983).

논쟁이 무엇인지 정확하게 이해하기 어려운 면이 있다. 이러한 면에서 딕스훈의 연구는 총회의 논쟁을 자세하게 다루고, 이전에 정확치 않았던 문제를 명확하게 소개하고 있다. 또한 그의 연구는 총회에 참석한 중요한 회원 중에 존 라이트풋(John Lightfoot)의 미출판된 의사록을 소개하고 있다. 이 의사록은 이전에 누락된 기록을 보완하고 있으며, 웨스트민스터 총회의 신학적이고 역사적인 성격을 이해하는 데 중요한 연구이다. 웨스트민스터 총회의 신학이 이전 연구에서 잘 알려지지 않았기 때문에, 이 연구는 신학적이고 역사적인 맥락에서 이 신학을 최종으로 검토하는 데 유익하다.

본서 본문에서 저자는 웨스트민스터 총회에서 논의한 것과 총회에서 채택한 신앙고백의 성격을 상세하게 검토한다. 이 총회의 논쟁은 성경적인 교리가 체계화되는 과정에서 보면 중요한 의미가 있다. 실제로 시간이 지나면서 교회는 신학에 대하여 관심을 더 갖게 되었다. 이 총회의 논쟁은 신학에 대한 사고를 더 깊게 하였으며, 신학이 하나의 조직적인 체계를 갖는 데 기여하였다. 웨스트민스터 총회의 성격을 이해하려면, 우리는 웨스트민스터의 총회의 역사적 평가를 하나의 신학사에서 다루어야 할 필요가 있다.

한편 신학자들은 이전의 역사적인 논의에 관심을 가지면서, 이 사건의 교훈이 무엇인지를 밝히려고 한다. 그런데 이전의 연구자들이 생각하고 알고 있는 것과 신학적인 논의가 크게 다르지 않다. 단지 시대착오적인 문제이기도 하다. 웨스트민스터 총회에 대하여 연구하는 많은 학자는 함정에 빠진다.[2] 연구자들이 겪는 어려움은 총

---

2   이러한 오류들을 지적한 것에 있어서는 다음을 보라. Q. Skinner, "Meaning and Understanding in the History of Ideas," in *Visions of Politics*, Vol. 1: *On Method*

회에서 나타난 교리의 발전 과정을 무시한 탓이다. 이 총회를 통하여 교회는 성경적인 진리가 무엇인지, 신학적인 내용이 어떤 결과를 야기하는지에 대하여 관심을 갖게 되었다. 우리가 이제 말하는 신학적인 면에서 진리는 상호간의 이견의 갈등과 투쟁, 혹은 논쟁과 합의를 통하여 얻어진 것이다. 이러한 연구가 독자들에게 익숙하지 않으면 무시해도 된다.

이 연구는 18세기 이후 북미 장로교에서 제안된 웨스트민스터 총회의 신학에 대한 토론과 관련한 것이 아니다. 이 연구는 웨스트민스터 신앙고백이 역사적인 면에서 매우 중요하다는 것을 말하는 것이다. 미국과 영국의 상황은 다르다. 예를 들면 이 총회에서 교회와 국가는 서로 관련이 있다고 주장하지만, 미국적 상황에서 교회와 국가는 분리되어 있다. 총회는 의회와의 관계에서 의회의 입장을 지지하였다.

물론 본서는 웨스트민스터 신앙고백의 내용을 주해하는 연구는 아니다. 나는 본서를 통해 웨스트민스터 신앙고백에서의 중요한 교리와 더불어 웨스트민스터 총회의 신학을 이해하려고 한다. 나는 웨스트민스터 총회의 대표자 중 어느 중요한 사람의 신학을 설명하려고 하거나 이 총회의 신학 그 자체를 드러내려 하지 않는다. 포괄적으로 보면 이 총회 신학에 칼빈주의적인 요소가 있지만, 어떤 한 개인이나 어떤 교파의 입장이 웨스트민스터의 대표적인 견해라고 말하기는 어렵다. 사안에 따라 총회에 대한 사람들의 입장이 달랐다. 본서는 오늘날의 현실적인 문제에 대하여 웨스트민스터 총회가

---

(Cambridge: Cambridge University Press, 2002), 57-89.

무슨 대안을 말해주는 것을 다룬 것이 아니다. 단지 그 시대의 상황에서 이 총회를 검토한다. 이 연구는 지난 과거의 역사를 이해하는데 어려움이 있기 때문에, 그리고 오늘날의 갈등의 문제에 무엇인가를 말해주어야 하는 부담이 저자에게 있기 때문에 이루어졌다.

그러나 나는 본서에서 나의 신학에 대하여 말하려고 하지 않는다. 전적으로 나의 생각을 배제하기는 어렵지만, 웨스트민스터 총회의 자료와 논쟁을 통해 웨스트민스터 총회의 신학을 설명할 때에 나의 주관적인 의견을 억제할 것이다. 몇 년 전에 토마스 오덴(Thomas Oden)은 자신의 조직신학 책 2권인 『생명의 말씀』(The Word of Life) 서문에서, "부당하게 들릴지도 모르지만 내가 독자에게 해줄 수 있는 약속은, 내 고유한 것은 없다는 것이다"라고 언급했다.[3] 이처럼 내 것이라고 도장 찍을 만한 것이 없다는 것이 이 논의에서 중요하다. 이전에 칼빈도 성경 해석에 있어서, 성경 저자의 생각을 잘 드러내는 것이 자신의 유일한 임무라고 논하였다.[4] 이 일이 어려운 작업이라 완전하지는 않지만 본서의 목적도 이와 같다.

나는 나의 신학이 원칙적으로 웨스트민스터 총회의 신학과 다르다는 것을 말하는 것이 아니다. 1640년대 이후 많은 물이 흐르듯이, 다른 상황이 생기고 독특한 신학적인 도전이 야기되었다. 나는 이 글에서 어떠한 면에서는 웨스트민스터에 총회에 대한 비판과 약점을 지적하기도 할 것이다. 웨스트민스터 총회의 문서와 의사록의

---

3   T. C. Oden, *The Word of Life* (vol. 2 of Systematic Theology; New York: Harper & Row, 1989), xvi.

4   John Calvin이, 1540년 그의 로마서 주석에서 했던 Symon Grynaeus에의 헌사 참조. *Calvin's Commentaries: The Epistles of Paul the Apostle to the Romans and to the Thessalonians* (ed. D. W. Torrance and T. F. Torrance; Grand Rapids: Eerdmans, 1973), 1.

논쟁을 잘 검토하면 할수록, 나의 평가는 더 분명하게 드러나게 된다. 그리고 한편 나는 웨스트민스터 총회의 신학이 나의 신학과 일치하는 사실을 매우 기쁘게 여긴다.

이전의 많은 웨스트민스터 총회 연구자는 신앙고백을 자신들의 신학을 논쟁할 때 중요한 근거 자료로 사용하였다. 이 신앙고백은 많은 사람에게 가장 일반적인 전거가 되는 중요한 매뉴얼이었다. A. A. 하지(A. A. Hodge)는 프린스턴 신학에 대한 서술에서, 웨스트민스터 신앙고백 6장을 언급하면서 "우리의 첫 번째 부모(아담과 하와)의 죄가 후손들에게 전가되었다. 아담과 하와는 모든 인류의 뿌리가 되며, 하나님이 아담을 인류의 조상으로 삼으신 후, 아담의 죄가 우리에게 전가된 것이다"라고 하였다. 그러나 웨스트민스터 표준문서의 다른 부분은 그것을 지지할지 몰라도 신앙고백 6장은 아니다. 이 경우에 하지는 신앙고백의 내용을 무시하고 자신의 입장을 말하고 있는 것이다. 하지는 아담이 에덴 동산에서 시험이 있었고, 순종했더라면 복을 누렸을 것이라고 주장하였다. 이것은 웨스트민스터 총회의 신학이라기보다는 하지 자신의 견해라고 보아야 한다.[5]

종종 학자들의 부주의한 논쟁은 웨스트민스터 총회의 신학 논쟁을 무의미하게 만든다. 1843년 윌리엄 헤더링턴(William M. Hetherington)은 엘리자베스 1세의 즉위 때 광범위한 개혁을 일으키는 시도들의 실패에 대해 기술하면서, "하나님을 예배하는 데 있어 인간의 발명품이 혼재된 결과, 잉글랜드 국교회(Church of England)는 그때부터 석화(石化, petrified)된 종교의 장엄한 성당과 미사처

---

[5] A. A. Hodge, *The Confession of Faith: A Handbook of Christian Doctrine Expounding the Westminster Confession* (repr., London: Banner of Truth, 1961), 109–15.

럼 남아있게 되었다"[6]라고 언급한다. 그러나 이 교회는 윌리엄 퍼킨스(William Perkins), 윌리엄 에임즈(William Ames), 존 오웬(John Owen), 토마스 구드윈(Thomas Goodwin), 그리고 많은 청교도 설교자들과 신학자들, 즉 존 뉴턴(John Newton), 윌리엄 윌버포스(William Wilberforth), 샤프트베리 경(Lord Shaftesbury), 찰스 시므온(Charles Simeon) 헨리 마틴(Henry Martyn), 존 라일(J. C. Ryle), 존 스토트(John Stott), 제임스 패커(J. I. Packer)를 배출하였다. 사실 장엄하게 석화된 미사이긴 하다!

헤더링턴이 기술하고 웨스트민스터 총회에 제시된 대로 석화된 종교의 장엄한 미사라는 것은 정확했다. 만약 이 총회가 특별히 의미 있었다면, 이러한 미사를 야기한 이 교회가 석화되었다고 말할 수는 없었을 것이다. 동시에 그는 존 낙스(John Nox)가 『괴물 같은 여성 통치자에 대한 첫 번째 나팔』(*First Blast of the Trumpet Against the Monstrous Regiment of Women*)에서 경솔하고 무절제한 폭발을 하는 바람에 잉글랜드에서의 개혁의 동기를 약화시켰다는 것을 간과한다. 이 장광설은 그 어떤 것보다도 특별히는 아니더라도 엘리자베스 여왕으로 하여금 제네바 망명자들에게 등을 돌리게 했다. 게다가 헤더링턴은 칼빈이 에드워드 6세 통치 시기의 잉글랜드 국교회의 예전을 로마 가톨릭교회의 잔재(popish dregs)로 묵살했다는 오해를 상기시킨다.[7] 만일 칼빈이 이렇게 말했다는 믿을 만한 증거가 있다면, 잉글랜드 종교개혁에 대한 연구에 있어서 이 점은 광범위하게 인용

---

6    W. M. Hetherington, *History of the Westminster Assembly of Divines* (repr., Edmonton: Still Waters Revival Books, 1993), 35.

7    Ibid., 30-35.

될 것이다.⁸

헤더링턴은 또한 웨스트민스터 총회의 39개 신조(Thirty-Nine Articles)에 대한 논쟁을 간과한다. 이에 대한 근거는 스코틀랜드 지도자들이 이에 대해 관심이 적다는 데 있다. 그럴 수도 있었겠지만, 이 문서는 총회의 분명한 관심사였다. 이것은 분명히 저자의 편견으로 자료들을 읽을 때 전후상황을 고려하지 못했던 특별한 경우이다. 이 총회는 잉글랜드의 상황이며 잉글랜드의 중요한 역사적인 사건이었다. 그러나 잉글랜드의 상황을 경시한 이 총회에 대한 많은 해석자들은 이 문서들에 대한 믿을 만한 안내들을 무시한다.

일부의 사람들은 웨스트민스터 신앙고백과 요리문답을 이해하면서, 엄격하게 자료를 다루지 않는 경우도 있다. B. B. 워필드(B. B. Warfield)⁹와 에드워드 모리스(Edward Morris)¹⁰는 예외이다. 이외에 웨스트민스터에 대한 알렉산더 미첼(Alexander Mitchell)의 책¹¹과 로버트 쇼(Robert Shaw)의 신앙고백에 대한 저술은 매우 귀중한 연구서이다.¹² 대부분의 웨스트민스터 신앙고백과 대요리문답의 해설서를

---

8   나는 이 부분에서 Tony Lane에게 빚이 있다. 나는 그의 허락에 따라 그의 글을 여기서 인용했다.

9   B. B. Warfield, *The Westminster Assembly and Its Work* (New York: Oxford University Press, 1934).

10  E. D. Morris, *Westminster Symbols: A Commentary Historical, Doctrinal, Practical, on the Confession of Faith and Catechisms and the Related Formularies of the Presbyterian Churches* (Columbus: Champlin, 1900).

11  A. F. Mitchell, *The Westminster Assembly: Its History and Standards: Being the Baird Lectures for 1882* (Philadelphia: Presbyterian Board of Publication and Sabbath-School Work, 1897).

12  R. Shaw, *Exposition of the Westminster Confession of Faith* (repr., Fearn: Christian Focus, 2003).

보면 저자 자신의 주관적인 견해가 반영되어 웨스트민스터 총회의 신학의 성격을 왜곡하는 면이 있다. 이븐 J. G. 보스(Even J. G. Vos)는 웨스트민스터 대요리문답 주해에서 제2차 대전 중 일본 정부가 승인한 종교단체금지법(Religion Boddies Law)을 제지하기 위한 근거로 제2계명을 지적하였다. 이는 대요리문답에 대한 토론이 아니라, 웨스트민스터 총회의 정신을 따른 제2계명의 정확한 적용이다. 그러나 그는 동시에 "예배 중에 껌을 씹는 것"은 제2계명을 지키지 않는 행위라고 언급하고 있다.[13]

나는 웨스트민스터 총회를 다양한 상황 속에서 검토하려 한다. 이전 연구에서 사람들은 종종 영국의 상황을 무시하고, 16-17세기 개혁파 교회와 교회 전통을 무시하였다. 나는 이 총회를 현재의 관심에서가 아니라, 역사적인 상황에 초점을 맞추어 연구한다. 이렇게 함으로 이 총회의 신학은 더 선명하게 나타나고, 시대착오적으로 본문을 침해하지 않고 당대의 문제를 설명하기를 원한다.

많은 교파에서 웨스트민스터 신앙고백과 요리문답들은 성경 다음으로 권위를 갖는 것으로 여겨진다. 그러나 미국에서는 이에 대해 웨스트민스터가 예상한 새로운 사람들의 사회 발전을 설명하기 위해 다르게 생각되는 경우가 잦다. 웨스트민스터에서 다룬 문제가 오늘날 현대 장로교가 동의하지 못하는 것들이 많이 있다. 신학자들이 관심을 갖는 주요한 문제는 "이성의 빛"(the light of nature), "성례의 해석", "상이한 신론에 대한 관용" 등이었다. 웨스트민스터 문

---

[13] J. G. Vos, *The Westminster Larger Catechism: A Commentary*(ed. G. I. Williamson; Phillipsburg, NJ: P&R, 2002), 298. 나는 예배 중에 껌 씹는 것을 옹호하지 않는다. 그리고 어떤 상황에서든지 껌을 씹고 싶었던 적은 한 번도 없었다.

건을 자세히 검토해 보면 오늘날 교회 안에서 이러한 문제들이 어떻게 나타나는지를 알게 된다. 미국 장로교의 입장에서 보면 17세기 웨스트민스터 신앙고백과 요리문답에 동의하는 것은 어렵다. 실제로 신학적인 입장이 다른 교파가 웨스트민스터 총회의 신학을 자신의 관점에서 해석하고, 신학자들에게 익숙하지 않은 문제를 더할 때에, 불가피하게 많은 논쟁이 제기된다. 나는 여기에서 이 문제를 논하지는 않을 것이다.

불가피하게 본서는 웨스트민스터 총회의 일면을 제시한다. 한 편의 글을 쓰는 데 주의할 것은 독자들이 읽는 데 어려움이 있으므로 책의 분량을 고려하는 것이다. 400페이지가 넘으면 신학대학원 학생들이 읽으려고 하지 않는다. 책 가격도 마찬가지이다. 그러나 딕스훈에게서 우리가 찾은 자료들은 학자들이 보다 더 깊은 연구를 할 수 있도록 많은 도움을 제공할 것이다. 바라기는 본서가 사람들에게 격려가 되는 저서이기를 기대하며, 웨스트민스터 총회의 신학을 알고 이해하는 데 하나의 안내서로서 역할을 하기를 기대한다. 이 총회의 신학이 많은 논의와 약점이 있지만, 교회에 기여한 바는 사실이다. 학자들이 주장하는 바와 같이, 우리의 목적은 그리스도와 연합이며, 하나님을 영화롭게 하고 영원히 그와 더불어 즐거워하는 것을 기독교 신앙의 핵심으로 여기는 것이다.

# 1부

# 역사적 상황

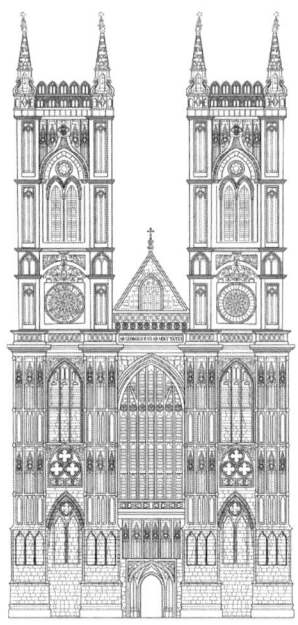

# The Westminster Assembly:

### Reading its Theology in Historical Context

# 제1장

## 헨리 8세부터 1차 내전까지

지난 세기 잉글랜드 교회(English Church)의 역사는 굉장히 복잡했는데, 이러한 상황에서 이어지는 잉글랜드의 종교 및 교회 정책을 파악하는 것이 중요하다. 웨스트민스터 총회는 잉글랜드의 역사를 말하는 사건이었으므로, 이 총회를 이해하려면 잉글랜드의 상황을 이해해야만 한다. 스코틀랜드와 북미 출신의 학자들은 잉글랜드의 변화를 파악하지 못하고, 그 역사적 배경을 무시하는 경향이 있었다. 이 장에서는 잉글랜드의 상황을 이해하고자 잉글랜드의 종교개혁의 역사를 서술하고자 한다.

### 1. 헨리 8세(Henry VIII, 1509-47)

헨리 8세 치세 동안 잉글랜드 교회는 로마 가톨릭교회로부터 분리되었다. 분리의 이유는 헨리 8세가 왕비 아라곤의 캐더린과의 이혼을 교황청에 요청하였는데 이를 거부당한 것과 관련이 있다. 헨리는 레위기 18:16과 20:21에 근거하여 이전부터 자신과 형수 캐더린과의 결혼이 문제였음을 주장했다. 토마스 크랜머(Thomas Cranmer)는 대주교가 되기 전에 헨리의 주장을 알리려고 유럽으로 갔다. 그러나 교황은 헨리 8세의 이혼 무효를 승인하지 않았다.[1] 이에 헨리는 의회에 1533년 로마 교황에 대한 "상소금지법"(Parliament the Act in Restraint of Appeals)을 제정하면서, 교황의 잉글랜드 교회 지배를 종식시켰다. 그리고 1534년 "왕위계승법"(Act of Succession)을 제정해서 헨리가 앤 볼린과의 결혼을 정당화하고 공개적으로 교황에 반대하였다.

다음해 1534년 수장령은 왕에게, "(로마) 교회의 잘못된 오류와 이단, 심각하게 잘못된 행위에 관여하고, 통제하고, 개혁하고, 명령하고, 수정하고, 억압할 수 있는 권한을 부여하였다. 이는 (로마 교황의) 영적 권위와 권한도 합법적으로 개혁되어야 하며 개혁될 수 있다는 것을 말하는 것이다."[2] 이제 헨리 왕은 잉글랜드 국교회의 최고 수장이 되었다. 이로 인하여 잉글랜드 국교회는 교황이 아니라 왕의 지배하에 있게 되었다. 이는 루터의 개혁적인 사상이 잉글랜드에서 나타난 결과였다.[3] 이후에도 지속적인 개혁운동이 일어났으며 헨리의 수상이었던 토마스 크롬웰(Thomas Cromwell)과 토마스 크랜머의 지도로 에라스무스주의가 퍼져나갔다. 크랜머는 켄터베리

---

**1** D. MacCulloch, *Thomas Cranmer: A Life* (New Haven: Yale University Press, 1996), 39-78.

**2** Ibid., 95-105.

**3** C. R. Trueman, *Luther's Legacy: Salvation and the English Reformers, 1525–1556* (Oxford: Clarendon Press, 1994).

의 대주교가 되었으며 정책의 방향을 잉글랜드 국교회가 대륙의 개혁파 교회를 지지하는 데 두었다.[4]

## 2. 에드워드 6세(Edward 6, 1547-53)

개신교도인 에드워드 6세는 어린 나이 9세에 왕으로 즉위하였는데 16세에 죽었다. 그는 칼빈의 신학 사상을 가진 서머셋 공작 에드워드 세이무어(Edward Seymour, duke of Somerset, 1500경-1552)와 노섬벌랜드 공작 존 더들리(John Dudley, 1st Duke of Northumberland, 1504?-53)의 정치적 자문을 받았다. 대륙의 종교개혁자 마르틴 부처(Martin Bucer)는 케임브리지로, 이탈리아 종교개혁자 피에트로 베르밀리(Pietro Martire Vermigli)는 옥스퍼드로 와서 개혁을 도왔다. 이들은 옥스퍼드와 케임브리지의 신학자들과 설교자들이 칼빈의 신학을 이해하는 데 영향을 미쳤다.[5]

크랜머는 42개 신조(39개 신조의 기초)를 작성하였다. 1549년과 1552년의 그의 기도서는 교회 예식서로, 표현 양식에서도 최고의 형식이었다. 크랜머는 잉글랜드 국교회가 대륙의 개혁파 교회와 같

---

[4] Henry VIII의 종교정책에 관한 논쟁적 평가를 알려면 다음을 보라. G. W. Bernard, *The King's Reformation: Henry VIII and the Remaking of the English Church* (New Haven: Yale University Press, 2005), Bernard가 주장하는 바에 따르면 Henry는 신중히 일관성 있게 그리고 거침없이 교회를 자기의 권위에 종속시켰는데 내부에서의 거의 전적인 수동성이라는 상황에 잉글랜드 밖의 모든 권력을 차단하기까지 했다는 것이다.

[5] R. S. Clark and J. R. Beeke, "Ursinus, Oxford, and the Westminster Divines," in *The Westminster Confession into the 21st Century* (ed. J. L. Duncan III; 2 vols.; Fearn: Mentor, 2003-5), 2:1-32.

은 모습을 지니기를 원했다. 더욱이 추밀원은 폴란드 출신 개혁자 존 아 라스코(John à Lasco)를 잉글랜드의 외국인 교회의 감독으로 임명하여, 이 교회가 잉글랜드에서 개혁파 교회의 모델이 되게 하였다.[6] 그러나 에드워드의 죽음으로 이 안은 지속되지 못하였다.

### 3. 메리(Mary, 1553-58)

에드워드 사후 메리가 즉위하면서 잉글랜드의 상황은 로마 교황에게 유리하게 되었다. 그녀는 수장령을 반대한 이유로 망명을 갔던 잉글랜드의 추기경 폴(Reginard Pole)을 불러들였다. 폴은 당대에 가장 탁월한 잉글랜드의 지도자였으며 한 표 차이로 교황이 되지 못한 인물이었다. 그녀는 크랜머 대신에 폴을 켄터베리의 대주교로 임명하고, 크랜머를 투옥시켰다. 그러나 폴은 1556년이 지나서 대주교로 즉위하였다. 이러한 상황에서 수천 명의 개신교 신학자와 목사들은 유럽 대륙, 즉 프랑크푸르트와 취리히, 제네바 등지로 망명을 갔다. 이외에 주교 존 후퍼(John Hooper, 글로스터와 우스터 담당), 휴 라티머(Hugh Latimer, 이전의 우스터 담당), 니콜라스 리들리(Nicholas Ridley, 런던 담당), 크랜머와 같은 사람들은 화형에 처해졌다. 잉글랜드 교회는 다시 로마 가톨릭교회와 다시 연합하였으며, 결과적으로 개신교 종교개혁이 실패하게 되었다. 메리와 폴이 죽음으로 악몽은 끝이 났다.

---

**6** Mitchell, *Westminster Assembly*, 26-27.

## 4. 엘리자베스 1세(Elizabeth I, 1558-1603)

　개신교도인 엘리자베스는 헨리 8세의 두 번째 아내인 앤 볼린 (Anne Boleyn)의 딸이다. 군주는 교회의 최고 수장이라기보다는 최고의 통치자라는 주장이 제기되었다. 망명자들이 조국으로 귀국하였다. 불행하게도 낙스는 조국으로 귀국하지 못하여 프랑크푸르트에서 망명 생활을 하다가 제네바로 가서 칼빈 및 베자와 교류하였다. 여기에서 그는 여성 군주들을 비판하는 저서인 『괴물 같은 여성 통치자에 대한 첫 번째 나팔』(First Blast of the Trumpet Against the Monstrous Regiment of Women)을 저술하였다. 이 저서는 원래 잉글랜드의 메리(메리 튜더)를 비판하려고 저술한 작품이었고, 또한 종교개혁에 적대적인 스코틀랜드의 메리(메리 스튜어트)를 비판하는 저서이기도 하였다. 그는 하나님의 법을 위반하는 통치자에 대한 저항권을 주장하였다. 이는 엘리자베스를 화나게 하는 일이었다.

> 하늘에는 사랑이 변해 생긴 증오처럼 맹렬한 것은 없으며
> 경멸 당한 여성의 분노처럼 격렬한 것은 없다
> 　　　　　　　　　윌리엄 콘그레브(William Congreve, 1670-1729)
> 　　　　　　　　　　　　　　　The Mourning Bride, III:viii

　낙스의 (여성에 대한) 성급한 기질을 두고, 불편을 느낀 칼빈의 지적에도 불구하고, 엘리자베스는 제네바 망명자들과 관계가 좋지 못하였다. 이들 중 소수만 엘리자베스 통치기에 고위직을 갖게 되

었다.[7]

1559년 "왕위계승법"은 에드워드 6세의 "1552년 공동 기도서" (1552 Prayer Book)를 잉글랜드 국교회에 정착하게 하였다. 그러나 이는 규정된 예식서가 아니었다. 이 예식서에는 많은 문제점이 있었다. 1559년 수장령이 교회에 대한 왕의 권위를 다시 회복하는 것을 용인하게 되고, "통일령"(the Act of Uniformity)이 선포됨으로 엘리자베스가 하나님의 영광과 참된 종교에 필요한 교회 의식과 예식을 관여할 수 있는 권리를 승인 받았다. 다시 교회의 감독직을 회복한 망명자들은 개인적으로는 제네바 출신의 사람들과 친분이 있었지만, (신앙적인 면에서) 그들과 타협하지는 않았다.

실제로 시행되지는 않았지만, 공동 기도서를 사용하지 않는 사람들에게 심각한 벌칙이 부과되도록 규정하였다. 이것은 정해진 예식 규정을 지키는 것을 꺼려하는 사람들에게 어느 정도 자유가 있음을 말하는 것이다. 시편가(Psalter)가 기도와 설교 전에 사용되었고, 제네바 성경이 인쇄되어 배포되고, 망명지에서 사용하던 예배

---

[7] Edmund Grindall(1575-83)이라는 보잘 것 없는 캔터베리의 한 주교만이 제네바에서 망명생활을 하고 있던 사람들의 감독직(episcopal office)을 맡았다. Thomas Sampson은 노르위치의 감독직을 제안 받았으나 이를 거절하였다. 그리고 William Whittingham은 더럼 대성당 주임사제(dean)가 되었다. 이와 대조적으로 취리히 망명자들의 대다수는 감독직 승급을 받았다. Thomas Bentham은 코벤트리와 리치필드, Robert Horn은 윈체스터, John Jewell은 솔즈베리, John Aylmer는 런던, 이외에도 다수의 취리히 망명자들은 다른 고위직에 올랐다. Robert Beaumont는 케임브리지대학교의 부총장, William Cole은 링컨 대성당 주임사제(dean), Laurence Humphrey는 윈체스터 대성당 주임사제, Roger Kelke는 런던 부주교(archdeacon) Francis Russell은 베드포드 백작, Thomas Spencer는 치체스터 부주교, Michael Reniger는 윈체스터 부주교가 되었다. 다음을 보라. D. J. Keep, "Henry Bullinger and the Elizabethan Church" (Ph.D. thesis, University of Sheffield, 1970), 52.

모범(the Form of Prayers)에 있는 기도문과 고백서가 시편가에 부록으로 첨부되고, 예배당의 성경 봉독 강단은 아니더라도 설교단에서 사용되었다.[8] 중요한 것은 엘리자베스는 개신교도였음에도 의회보다 더 중세 교회의 구조에 남아있으려 했다는 점이다. 그녀는 왕의 권위를 침해하지 않는 한 로마 가톨릭교회 관할 아래 있었던 시기에 형성된 교회법을 유지하려고 했다.[9]

그 정책이 강화된 이후 (공예배가 아닌 곳에서) 개별적인 설교들이 행해지면서, 초기 장로교 운동이 1570-80년대에 일어났다. 그러나 이 일은 체제에 반대하는 일로 여겨져, 그 당사자들은 투옥되었는데, 이 중에 대표적인 지도자인 토마스 카트라이트(Thomas Cartraight)는 망명을 가게 되었다. 이는 교회와 국가의 통일과 결속을 위험하게 하는 교회 내의 또 다른 대안적인 교회를 세우는 일이므로 국교회 입장에서 이들은 위협적인 세력으로 보였다.[10] 미첼(Mitchell)의 보고에 의하면 당시 잉글랜드 성직자의 1/3 정도가

---

**8**    Mitchell, *Westminster Assembly*, 47.

**9**    N. Jones, "Elizabethan Settlement," in *Oxford Encyclopedia of the Reformation* (ed. H. J. Hillerbrand; Oxford: Oxford University Press, 1996), 2:38.

**10**    예를 들어 다음을 보라. Thomas Rogers, *The faith, doctrine, and religion professed & protected in the Realme of England, and Dominions of the same: expressed in 39 Articles concordablie agreed upon by the Reverend Bishops, and Clergie of this Kingdome, at two severall meetings, or Convocations of theirs, in the yeare of our Lord, 1562, and 1604: The said Articles analised into propositions, and the propositions prooved to be agreeable both to the written Word of God, and to the extant Confessions of all the neighbour Churches, Christianlie Reformed* ([Cambridge:] Iohn Legatt, Printer to the Vniersitie of Cambridge, 1607) [STC (2nd ed.) 21228]21228], preface. Rogers는 당시 캔터베리 대주교 Richard Bancroft의 사제였다. 그는 이 서문에서 자신이 "형제들"이라고 부르던 청교도들과의 교리적 일치를 강조하였다. 그러나 세부적으로 보면 그는 교회의 예식과 규율에 대한 청교도의 개혁 확대 주장을 폄하했다.

지 이 일로 정직되었고, 그 교회의 회중들도 설교와 수찬정지를 당하였다.[11] 그러나 잉글랜드 장로교가 완전히 사라진 것은 아니었다. 1640년대 초에 드러나듯이 여전히 장로교 세력은 잔존해 있었고, 1590년부터 1640년까지 교묘하게 유지되었다. 폴리 하(Polly Ha)에 의하면, 장로제는 1592년 잉글랜드 국교회에서 탄압이 있은 후 사라졌다.[12] 장로제를 지지하는 사람들은 자신들의 교회와 군주 간의 상호 이해를 위해 노력하였다. 결과적으로 보면 감독제와 장로제와 다른 회중파가 나왔는데, 장로파와 회중파는 서로 다른 면이 많다. 존 모릴(John Morrill)을 인용하면서, 폴리 하는 17세기 초 잉글랜드의 교회론을 "굳어진 혼합체"(a curdled mix)로 묘사했다.[13]

현재까지도 인정 받는 역사적 정통 신학은 청교도가 아닌 잉글랜드 국교회이다. 잉글랜드 국교회 교도들에게 칼빈주의자와 아르미니우스파들은 적대적인 세력이었다. 제도적이고 교회론적인 문제는 신학적인 것과는 구별되어 간주되었다. 이러한 분위기는 내전(civil war)도 심화시켰다. 내전은 미약하나마 종교적인 문제와도 연루되어 있다. 최근 웨스트민스터 총회에 대한 연구에서 이러한 논의는 사라졌다. 그러나 실제 상황은 역사가들이 단순화하는 것보다 더 복잡하다. 과거의 사실을 단순화하고 왜곡하는 이러한 성향은 쉽게 일어나는 일이지만, 분명 이는 시대착오적인 것이라고 켄틴

---

**11** Mitchell, *Westminster Assembly*, 58-60.

**12** P. Ha, "English Presbyterianism c. 1590-1640" (Ph.D. thesis, Cambridge University, 2006), iv and passim.

**13** Ibid., 255.

스키너(Quentin Skinner)는 주장하였다.[14]

미첼은 "청교도와 잉글랜드의 개혁파 교회의 차이는 거의 없다"고 말하였다.[15] 교리 면에서 39개 신조 제6항은 구원에 필요한 성경의 충족성을 강조한다.

> 성경은 구원에 필요한 모든 것을 제공한다. 성경은 구원에 필요한 사상과 신앙의 규례임을 믿어야 한다.

미첼은 지적하기로, "처음으로 개혁파 교회의 교리를 와해시킨 세력은 앵글로-가톨릭파(Anglo-Catholic)였다."[16] '교회'에 대한 신조 교리에서 청교도의 교리와 다른 면이 처음으로 표현되는 것이 교회가 교회 의식을 정할 수 있음을 정한 제20조의 첫 장이다. 이 내용은 에드워드 6세 시기의 조항과는 다르다. 청교도들은 이 조항이 엘리자베스 시기에 부각된 것이라고 주장하였다.[17] 미첼도 1607년 토마스 로저(Thomas Roger)가 주장한 바와 같이 잉글랜드의 성직자들은 39개 신조가 다른 개혁파 신앙고백과 차이가 없는 고백서이므로 이를 지지하였다고 주장하였다. 단지 우상숭배와 미신적인 방법을 교회가 사용하는 것이 논쟁의 중심적인 문제였다.[18] 1595년 "람베

---

14  Skinner, "Meaning and Understanding."
15  Mitchell, *Westminster Assembly*, 3-4.
16  Ibid., 4-5.
17  Thomas Rogers, *The English creede, consenting with the true, aunciept, catholique, and apostolique Church in al the points, and articles of religion, which everie Christian is to knowe and beleeve that would be saved* (London: Iohn VVindet [first part] and Robert Waldegrave [second part] for Andrew Maunsel, 1585, 1587) [STC 21226.5], 서문, 2-3.
18  Mitchell, *Westminster Assembly*, 5.

드 신조"(The Lambeth Articles)는 캔터베리 대주교 존 휘트기프트(John Whitgift)가 만든 9개 항목의 신조로, 케임브리지에서 일어난 초기 아르미니우스 논쟁의 문제를 논하고 있다.[19] 본서 제3장에서 이 문제를 다시 논할 것이다. 엘리자베스는 결혼도 하지 않은 채 자녀 없이 죽었다. 이로서 튜더 왕조는 종말을 고하고 스튜어트 왕조가 시작되었다. 그리고 스코틀랜드가 웨일즈를 합병하게 되었다.

## 5. 제임스 1세(1603-25, 스코틀랜드의 제임스 6세)

1603년 잉글랜드와 스코틀랜드의 두 나라의 왕좌는 한 사람이 되었다. 제임스는 장로교도로 자랐지만 장로교 정치와 청교도의 요구에 관심을 별로 보이지 않았다. 오히려 그는 스코틀랜드 장로교에 맞섰다. 잉글랜드에서도 제임스의 그런 태도는 "천 명의 청원"(Millenary Petition)에 대한 반응에서 분명히 나타난다. 이 청원서는 수백 명의 성직자들이 서명한 것으로서 자신들의 파면을 정지해줄 것을 요구하는 내용도 담고 있었다. 이에 대해 제임스는 1604년에 햄튼궁정 회의(Hampton Court Conference)를 소집하여 그들의 주요 요구들을 단호하게 거부했다. 실질적으로 그가 인정한 타협은 성경의 새 번역을 공인하는 데 동의한 것이었다. 제임스는 교회의 규칙을 엄격히 따르라는 선언을 하였다. 그 회담에서도 제임스는 "사람들이 교회를 따르던지 아니면 나라에서 쫓겨나던지 하게 만들 것이

---

[19] H. Porter, *Reformation and Reaction in Tudor Cambridge* (Cambridge: University Press, 1958).

며 최악에는 목이라도 매달 것이다"[20]라고 위협하였다. 그러나 1604년의 교회법(Canons)은 단지 교회에 대한 왕의 지배를 재확인하였을 뿐, 이 교회법의 세부 조항들은 어떤 경우에도 1630년대까지 집행된 바는 없었다.[21] 다행히도 조지 애보트(George Abbot)가 캔터베리 대주교에 올랐다. 그는 리차드 밴크로프트(Richard Bancroft)보다 온건한 태도를 가진 철저한 칼빈주의자였다. 애보트는 1615년 "어셔의 아일랜드 신조"(Ussher's Irish Articles)에 대해 왕의 인준을 받아 냈으며 1618-19년의 도르트 회의(Synod of Dort)에 대표를 보낼 수 있게 하였다. 이 모든 업적은 잉글랜드 밖에서 개혁파 교리가 확립되는 데 이바지하였다.

청교도에 관련된 문제들 중 주요한 것은 성경이 선언하는 것 외의 사안과 양심에 관련된 사안을 교회가 조화시킬 수 있는 권리를 갖고 있느냐 아니냐 하는 것이었다. 미첼이 이 문제를 잘 다루고 있다. 그는 청교도가 "그 상대편보다 협소한 수준에서 교회의 권위를 제한할 것을 주장했으며 상대편이 그랬던 것보다 넓은 대교구에 자유를 요구하였다"[22]라고 말했다. 청교도들에게 예배와 교회 정치체제(구원문제는 말할 것도 없이)는 명시적이든 암묵적이든 성경의 가르침에서 나와야 하는 것이었다.[23] 청교도들의 상대편에게는 교회

---

**20** Mitchell, *Westminster Assembly*, 72.

**21** G. Bray(ed.)의 *The Anglican Canons 1529-1947* (Church of England Record Society, 6; Woodbridge: Boydell Press, 1998), 258-453, 특히 263이하를 보라.

**22** Mitchell, *Westminster Assembly*, 63.

**23** N. Atkinson의 *Richard Hooker and the Authority of Scripture, Tradition and Reason: Reformed Theologian of the Church of England?* (Carlisle: Paternoster, 1997)와 달리 청교도는 교회 문제든 일상의 문제든 모든 행동에 대해 성경의 뚜렷한 진술을 내놓으라고 요구하지는 않았다. 앞으로 알게 되겠지만 성경의 중심적인 교리는 성경 말씀의

의 고대 관행과 국가의 관습이 꽤 권위 있는 것이었다. 더욱이 그들은 잉글랜드 국교회의 정치가 신법(神法, ius divinum)에 의한 것이라는 이론을 발전시켰기 때문에 이를 문제 삼으면 단순한 과오를 저지르는 것이 아니라 공공연한 이단이 되는 것이었다.[24] 물론 보수적인 잉글랜드 개신교도들 사이에는 다양한 입장이 있을 수밖에 없었으며 당시에 그 차이들이 과장될 수도 있었다.

그러나 그들에게는 공통된 부분이 훨씬 더 많았다. 도르트 회의에 보낸 영국의 대표를 보면 이는 너무나도 자명하다. 그들은 다양한 유형의 의식 있는 아르미니우스 반대파들로 구성되었으며, 그 모든 칼빈주의자는 교회를 대표하도록 왕이 임명한 자들이었다.[25] 안토니 밀턴(Anthony Milton)의 지적처럼 어떤 사람(밀턴은 특히 줄리안 데이비스[26]를 언급한다)은 "제임스 시대의 잉글랜드 국교회"(Jacobean Anglicanism)라는 관점으로 그들을 단순화 하고 반(反) 청교도적 정서를 무시한다.[27] 그러나 교회는 단순히 두 개의 당파로만

---

진술이나 성경에서 유추되는 것-바로 그대로의 어구뿐만 아니라 "성경의 의미"-에 대해 "모든 것에 관한 하나님의 전체 뜻"을 언급한다. Atkinson은 Thomas Cartwright를 간접적으로 언급하면서 "청교도가 일상생활의 세부적인 것에 대한 정확한 세부 묘사를 위해 성경의 명시적인 진술들을 요구하였다"고 주장한다(88). 그리고 청교도들은 "성경만으로" 과거 교회의 가르침을 부정했다고 주장한다(106-7). 그리고 Cartwright와 Muntzer를 하나로 묶는다(122). 단 한 개의 1차 사료도 이 모든 것을 뒷받침하고 있지 않다.

24  Mitchell, *Westminster Assembly*, 65.
25  A. Milton(ed.), *The British Delegation and the Synod of Dort (1618-1619)* (Church of England Record Society), 13; [Woodbridge:] Boydell Press, 2005), in passim.
26  J. Davies, *The Caroline Captivity of the Church: Charles I and the Remoulding of Anglicanism 1625-1641* (Oxford: Clarendon Press, 1992).
27  A. Milton, *Catholic and Reformed: The Roman and Protestant Churches in English Protestant Thought 1600-1640* (Cambridge: Cambridge University Pressm 1995), 531-32.

분열된 것이 아니었다. 리차드 후커(Richard Hooker)는 단지 표면적으로만 청교도들과 갈등한 것이었을 뿐이며 칼빈주의자들 사이에서는 존경받는 인물이었다.²⁸ 그에 반해 휘그당(Whig) 역사가들과 마르크스주의 역사가들은 이것을 보수적 잉글랜드 국교회와 급진적인 청교도라는 단순한 구분 문제로 축소하였다.²⁹ 최근의 역사가들은 당시 견해의 광범위함과 복잡성 문제를 부각시키고 있다.³⁰

## 6. 찰스 1세(Charles I, 1625-49)

제임스의 아들 찰스 1세는 아버지와 같은 엄격한 신학적 훈련도 정치적 기술도 갖추지 못했다. H. M. 그와킨(H. M. Gwatkin)이 전하는 바에 따르면, 제임스 1세는 "문제에 휘말리는 재주"가 있었다. 그러나 "대재앙 직전에 이를 멈추는 약삭빠름 정도는 있었다. 그가 바위를 향해 곧장 배를 몰아갔다고 할 것 같으면, 자기 아들은 파선하게 놓아둔 꼴이었다."³¹ 찰스는 부왕을 계승한 해인 1625년에 프랑스의 앙리에타 마리아(Henrietta Maria) 공주와 결혼하였다. 그녀

---

28   Milton, *Catholic and Reformed*, 532-33.
29   예를 들면 C. Hill, *Society and Puritanism in Pre-Revolutionary England* (London: Secker and Warburg, 1964).
30   다음의 것을 보라. N. Tyacke, *Anti-Calvinists: The Rise of English Arminianism, c.1590-1640* (Oxford: Oxford University Press, 1987); D. Como, "Puritans, Predestination and Construction of 'Orthodoxy' in Early Seventeenth Century England," *in Conformity and Orthodoxy in the English Church*, c. 1500-1642 (ed. P. Lake and M. Questier; Woodbridge: Boydell Press, 2000), 64-87.
31   M Ashley, *England in the Seventeenth Century* (London: Penguin, 1967), 56에 인용됨.

는 자기를 수행하는 사제와 더불어 가톨릭 예배를 고집하였다. 이것은 환란의 전조였다. 안토니아 프레이저(Antonia Fraser)의 말에 따르면 "산당(山堂)의 향내"[32]가 있었다. 찰스는 고교회파(high-church) 쪽에 노골적으로 동조하였다. 그는 곧 중요한 직에 고교회파 인사들을 임명하였다. 특히 1633년에는 캔터베리 대주교에 윌리엄 로드(William Laud)를, 노르위치와 일리에 매튜 렌(Matthew Wren)을, 바스와 웰스에 윌리엄 피어스(William Piers)를, 요크에 사무엘 하스넷(Samuel Harsnett)과 리차드 닐(Richard Niele) 등을 임명하였다. 이것이 상황을 바꿔놓았으며, 고교회파가 "확실한 소수파"였다.[33] 긴장이 고조되었다. 프랑스와 스페인의 정치적 유대에 의한 교황파의 공포는 "폭력적 적대감의 전류(電流)"[34]를 흐르게 했다. 이에 당시 어떤 이는 "국가의 맥박이 크게 뛰며 자유를 향해 나아갔다"고 말했다.[35]

데이빗 코모(David Como)가 지적하는 바와 같이, 로드 대주교의 임명은 잉글랜드 국교회의 칼빈주의적 분위기에 찬물을 끼얹었다. 그것은 국가적 혁명(*coup d'étât*[쿠데타])과 같은 교회적 혁명(*coup d'église*[쿠델리즈])이었으며 당시에 이 양자는 서로 연결되어 있었

---

**32** A. Fraser, *Cromwell: The Lord Protector* (New York: Dell, 1973), 54.
**33** Ashley, *England in the Seventeenth Century*, 70.
**34** Fraser, *Cromwell*, 49.
**35** Ibid. 55. Laud가 등장하기 이전에는 교리가 문제 되지 않았다고 해도 왕의 대권과 관련하여 문제가 있었다. 이것은 이전의 압력이 증가됨에 따라 표면화 되었다. 이것은 이데올로기 문제가 아니었다. 이는 잉글랜드가 경험한 바 없었기 때문이다. 그것은 교회 문제든 국가 문제든 실천적 정치 문제였다. 이를 왕권신수설이나 교회 정치에 대한 신의 법 또는 그 비슷한 말로 단순하게 범주화 하는 것은 앞으로 간단히 보겠지만 오도된 것이다.

다.³⁶ 1630년까지 잉글랜드는 칼빈주의자들이 국교회를 주도하였다. 도르트 회의의 영국 대표도 철저히 잉글랜드 국교회의 고위 인사들로 구성되었다. 찰스 치하에서는 그런 사람들이 소외되고 고교회파 사람들이 승진하였으며, 칼빈주의자들에 대한 적극적인 핍박이 시작되었다.

사무엘 하스넷(1561-1631)이 그런 전형적인 예이다. 그는 1594년 특별 은총에 대한 비판 때문에 캔터베리 대주교 존 휘트기프트로부터 엄하게 질책을 받았었다. 1624년에 하원은 하스넷을 교황파로 고발하였다. 그러나 그는 1628년 요크 대주교에 임명되었다. 이 자리는 교회 성직록의 상위 두 번째 자리였다. 이듬해 하스넷은 중간 수준의 온건한 칼빈주의자인 존 대버넌트(John Davenant)가 왕 앞에서 설교할 때, 하나님의 구원 받을 자의 선택에 대한 문제에 대해 언급했다는 이유로 그를 비판하였다. 그해 연말 찰스 1세는 하스넷의 제안에 따라 설교를 규제하는 훈령을 발표하였다.

이제 열렬한 칼빈주의자들뿐만 아니라 J. D. 무어(J. D. Moore)가 말하는 "잉글랜드의 가설적 보편주의자들"(English hypothetical universalists)³⁷까지 모두 공격을 받게 되었다. 그것은 신학적 세력 균형에서 일어난 상전벽해(桑田碧海)와 같은 변화로서 찰스의 계승 3년 만에 일어난 순식간의 전복 사태였다. 이미 1626년 6월에 어셔(Ussher) 대주교는 왕에게 한 설교 중에 새로운 종교정책에 맞서 항

---

**36** D. Como, *Blown by the Spirit: Puritanism and the Emergence of an Antinomian Underground in pre-Civil War England* (Strafford: Stanford University Press, 2004), 75.

**37** J. D. Moore, *English Hypothetical Universalism: John Preston and the Softening of Reformed Theology* (Grand Rapids: Eerdmans, 2007), 229.

의를 제기하였다. 그 해 10월에 로드는 애보트 대주교의 사후 공석 자리를 은밀히 약속받았다. 1628년 찰스는 1624년부터 아르미니우스파 때문에 기소당한 리차드 몬태규(Richard Montague) 주위에서 잡음을 일으킨 예정론 논쟁을 왕령(royal declaration)으로 잠재워버렸다. 옥스퍼드와 케임브리지의 칼빈주의 학교들은 교육상의 통제를 당했다. 그해 말 로드는 런던 주교로 있을 때 세인트 폴스 크로스(St. Paul's Cross)라는 곳에서 행해지는 공개 설교에서 칼빈주의적인 설교를 하지 못하게 했다. 그리고 문제가 되었던 몬태규는 치체스터(Chichester)의 주교가 되었다. 곧 캔터베리 대주교에 오를 로드는 그저 최근 휘트기프트 대주교 때에 기초된 칼빈주의적 람베드 신조(Lambeth Articles, 1595)를 비판하고 있었다.[38]

이 변화는 크랜머의 공동 기도서와 리차드 후커(그는 칼빈과 광범위한 부분에서 일치하고 있었다)가 그의 『교회 정치에 관한 법』(*Lawes of Ecclesiastical Polity*)[39]에서 신중하게 가르친 39개 신조 위에 세워진 잉글랜드의 교회 교리에 명백히 위배된 것이었다. 잉글랜드 국교회의 종교개혁의 특성은 일반적인 것이었다. 로드는 비록 논쟁의 여지가 있지만 신학적으로 아르미니우스파로 생각되는 인물로, 공식적으로는 잉글랜드 국교회와 주교제가 없는 유럽 대륙의 개혁

---

[38] N. Tyacke, "Anglican Attitudes: Some Recent Writings on English Religious History from the Reformation to the Civil War," *JBS* 35(1996): 154-56.

[39] Hooker에 관해서는 다음을 보라. Atkinson, *Richard Hooker, W. T. Kirby, Richard Hooker's Doctrine of the Royal Supremacy* (Leiden: E. J. Brill, 1990); B. D. Spinks, *Two Faces of Elizabethan Anglican Theology: Sacraments and Salvation in the Thought of William Perkins and Richard Hooker* (Lanham, MD: Scarecrow Press, 1999).

파 교회 사이의 단절을 드러냈다.⁴⁰ 이는 "사법적 법치주의(judicial legalism)에 가까운"⁴¹ 방법을 통해 제임스가 일찍이 청교도들을 몰아내겠다던 협박을 수행한 것이었다.

당시에 잉글랜드의 교회는 변화와 발전 과정에 있었지만 로드와 그의 동료들은 칼빈주의 진영을 축출하려 했고 온건한 원리들에서 청교도적인 요소들을 제거하려고 했다. 하지만 이 정책은 결국 역효과를 낳았다. 교황파 음모라는 문제를 초래한 것이다. 음모론은 찰스가 스페인의 앙리에타와 결혼할 것이라는 문제, 유럽 대륙에서 일어난 30년 전쟁이 야기한 지속적인 적대감과 학살 문제 등에 의해 정당화되었다. 그런 음모론의 저편에는 1588년 스페인 무적함대의 침략과 패배, 1605년 화약음모사건(Gunpowder Plot) 등에 관한 옛 기억이 깔려있었다. 로드에 의한 변화는 분명 그 상대방에게 뚜렷한 영향을 미쳤다. 그리고 그것은 천년왕국적 사고의 유행으로 더 자극되었다.

1627년 출판된 조셉 미드(Joseph Mede)의 『드러난 계시』(*Clavis Apocalyptica*)라는 저작은 잉글랜드에서 뿐만 아니라 유럽에서도 인기를 누렸다. 미드의 아르미니우스적 모습에도 불구하고 장차 웨스트민스터 총회의 위원이 될 윌리엄 트위스(William Twisse), 토마스 구드윈(Thomas Goodwin), 제레미아 버로우즈(Jeremiah Burroughs)는 그 저작을 높이 평가하였다.⁴² 종말론적 기대가 폭발한 것이다. 이것은

---

**40** 다음을 보라. Warfield가 *Westminster Assembly*, 5에 인용한 J. R. Green, *Short History of the English People* (New York: Harper, 1877), 499-502.

**41** Davies, *Caroline Captivity*, 66.

**42** J. Jue, "The Active Obedience of Christ and the Theology of the Westminster Standards: A Historical Investigation," in *Justified in Christ: God's Plan for Us in Justification* (ed. K. S.

공포심을 수반하고 있었고, 적그리스도와의 최후 전쟁의 조짐이 있는데도 당시 기독교는 변절 상태에 있다는 믿음에 의해 자극을 받아 일어난 것이었다.[43]

로드파는, 교황이 바로 적그리스도라는 관념은 주교제가 사도적 계승에 의한 것이라는 교리를 훼손한다는 것과 칼빈주의자들이 강력히 주장하는 예정론이 성례들(sacraments)을 배척하게 만든다는 것을 우려했다. 더욱이 칼빈주의자들이 유럽 대륙의 개혁파 교회들과 지속적으로 교류하는 것과 그들이 주도하는 신학에 복종하는 것은 본질적으로 체제전복적이었다. 왜냐하면 그 교회들이 주교제가 아니었기 때문이다. 로드파는 주교제, 성례, 예식 등을 소중하게 여긴 반면 칼빈주의자들은 그것을 위험한 것이라고 논의하고 있었다.[44] 로드는 이런 목적들을 추구하면서 왕에 대한 절대적 복종을 요구하였다. 그리고 교회 예식의 세밀한 부분들까지 받아들이는 데까지 그 영향을 확대하였다. 그는 예배 때 무릎 꿇기를 도입하였으며 성찬대를 제단이라고 불렀으며, 모든 출판물에서 교황이 적그

---

Oliphint; Fearn: Mentor, 2007), 104-5.

43 다음을 보라. P. Toon, ed., *Puritans, the Millennium and the Future of Israel* (Cambridge: James Clarke, 1970); B. W. Ball, *A Great Expectation: Eschatological Thought in English Protestantism to 1660* (Leiden: E. J. Brill, 1975); R. Bauckham, *Tudor Apocalypse: Sixteenth Century Apocalypticism, Millenarianism, and the English Reformation* (Oxford: Sutton Courtenay Press, 1978); K. R. Firth, *The Apocalyptic Tradition in Reformation Britain, 1530-1643* (Oxford: Oxford University Press, 1979); I. Backus, *Reformation Readings of the Apocalypse: Geneva, Zurich, and Wittenberg* (Oxford: Oxford University Press, 2000).

44 다음을 보라. Milton, *Catholic and Reformed*, 319, 534-46. Milton은 잘못된 안티테제를 세웠다. 잉글랜드 국교회의 칼빈주의 교리에는 성경의 권위에 입각하여 말씀, 성사, 함께하는 공예배에 대한 가르침이 담겨 있었다. 더욱이 로드파가 교회를 낚아채기 전에는 주류의 칼빈주의 입장에서 주교제적 성격을 중대하게 위협한 내용을 볼 수 없다.

리스도라 말하는 것을 금지시켰다.⁴⁵ 결정적인 것은 잉글랜드 대회(Convocation)가 1640년 교회법(Canons)을 간행하면서였다.

찰스가 왕권신수설을 지지한 것은 이미 400년 전에 토마스 브랙턴(Thomas Bracton)이 한 이정표적 선언에 어긋나는 것이었다. 찰스는 전례가 없을 정도로 왕의 대권을 이용하였다. 대권이란 의회에 의지하지 않고 국가를 위한 조치에 힘을 실어주는 것이었다. 선박세 납부를 거부한 존 햄던(John Hampden)을 기소한 판사 로버트 버클리(Robert Berkeley)는 그를 지지하면서, "왕이 법이다…그는 말하는 법(*lex loquens*[렉스 로쿠엔스]), 즉 살아있고 말하고 행동하는 법이다"라고 주장하였다. 이 이론에 따르면 왕은 법 위에 있으며 법을 결정할 권리를 갖는다.

그러나 이미 400년 전에 중세의 위대한 법률가 헨리 드 브랙턴(Henry de Bracton, 1268년 사망)은 이와 반대 되는 내용을 말했다. 그에 따르면 왕은 법 아래 있다. 왕은 법에 책임을 지며 궁극적으로는 그를 임명한 그리스도께 책임을 진다. 그리고 브랙턴은 『잉글랜드의 법과 관습에 관하여』(*De legibus et consuetudinibus Angliae*)라는 저작에서 잉글랜드의 법을 체계화 하였는데 왕 자체가 법 아래에 있는 것이라며 다음과 같이 진술하였다. "법이 왕을 만든다. 그러므로 왕은 법이 그에게 부여한 것을 법에게 돌려주라. 법 없이 지배하는 왕은 없다."⁴⁶ 더 나아가서, 브랙턴은 "그가 정의를 시행하는 한에 있어서는 영원한 왕의 대리자이나, 그가 불의에 빠질 때 그는 곧 악마

---

**45** Ibid., 120, 494-503.

**46** *Bracton on the Laws and Customs of England* (trans. S. E. Thorne; 4 vols.; Cambridge, MA: Harvard University Press, 1968-77), 2:33.

의 사역자이다. 그는 잘 다스리는 한에서만 왕이며 폭력적인 지배로 그에게 맡겨진 백성을 억압하면 폭군이다"라고 말한다.[47]

찰스는 자신의 전쟁에 필요한 세금을 하원으로부터 승인받아야 했지만 그 외에는 하원에 요청할 것이 없었다. 이에 그는 1629년부터 1640년까지 의회를 소집하지 않았다. 그런데 찰스가 1637년에 주교제를 강제하려했기 때문에 스코틀랜드인들이 1640년에 봉기하였다. 그들은 교회적으로든 국가적으로든 이를 받아들일 수 없었던 것이다. 이것이 1638년 "국민 언약"(National Covenant) 서명을 촉발시켰고, 결국 전쟁으로 나아가게 된 것이다. 찰스는 다시 의회를 소집해야 했다. 대부분 장로파였던 의회는 헌정적 차원의 불만을 갖고 있었으며 다양한 수준에서 이를 해결하려고 했다. 그러나 자기들 뜻대로 교회를 뒤집으려는 왕과 대주교의 지속적인 시도는 주체할 수 없는 분노를 자아냈다.[48]

잉글랜드에는 이미 1640년에 부각되는 사건들이 있었다. 이때는 성직자 대회(Convocation)가 일련의 교회법을 제정하여 세속과 교회 모든 영역의 지배 문제에서 왕권신수설을 주장했을 때였다.[49] 이 성직자 대회는 여러 가지로 장기간에 걸쳐 확립된 의회의 권리를 침해하면서 상당히 논란거리가 많은 교회정책을 지지하였다. 예를 들면 "모든 교구주임사제(parson), 교구목사(vicar), 부목사(curate), 설교자(preacher)는 각처에서 특정 주일날 아침 기도 때 그가 봉사하는 곳에 자리해야 하며 정성스럽게 그리고 잘 들리도록 왕의 권세

---

**47**    Ibid., 2:305.

**48**    J. Morrill, "The Religious Context of the English Civil War", *TrRHS* 34(1984): 155-78.

**49**    Bray, *Anglican Canons*, 553-78.

에 대한 설명을 낭독해야 한다." 이것에는 "지고의 신성한 왕의 신분은 신에 의한 권리로서 하나님 자신이 정한 바이며 자연의 근본적인 법칙과, 신약과 구약 모든 성경에서 말한 바에 따라 분명히 확립된 것이다"라는 내용이 포함되어야 했다. 이것은 "교회와 세속의 지위와 재산을 막론한 모든 사람" 위에 부과되는 것이었다. 교회의 권세는 "하나님의 교회에 대한 관리"로 묘사되었으며, 그 권세에는 교회 회의의 소집과 해산이 포함되었다.[50]

이것은 새로울 것도 없었다. 그러나 "교황이나 백성 어느 쪽에 의한 것이든 여하한의 독립적인 공동 권력"을 세우는 자는 누구든지 "왕은 물론 하나님에 대한 반역이 된다"고 선고되었다.[51] 이것은 교황파와 장로파 모두를 겨냥한 것이었다. 즉 장로파 교회의 수립은 반역이었다. 사도 바울에 따르면 왕권에 저항하는 자는 누구든지 저주 받을 운명이 될 것이다. 교회법은 왕의 권력과 그 신민(臣民)의 사유재산 사이에는 갈등이 없다고 주장하였다. 그렇게 함으로써 왕권이 "신법, 자연의 법, 국가의 법(*ius divinum, ius naturale, ius gentium*)"으로 과세할 근거를 마련하였다. 이것은 상당한 적대감을 야기하였다. 더욱이 브레이(Bray)의 지적처럼 성직자 대회는 의회 관할로 알려진 것을 침범하였다.[52] 그와 비슷한 성격으로 교회법이 3월 27일을 기념일로 지정한 문제가 있었다. 이 날은 "잉글랜드 국교회 내의 모든 사람"이 찰스 왕의 즉위를 기념하도록 한 것이었지만 이 역시 새로운 공휴일 제정과 준수에 관한 의회의 권리를 침해

---

50 Ibid., 558.
51 Ibid., 559.
52 Ibid.

하였다.[53]

그러나 이런 교회법의 문제에서 중심적인 것은 "기타 등등 선서"(et cetra oath)라는 것이었다. 이것은 모든 성직자로 하여금 11월 2일 이전에 아래에 소개된 선서를 하도록 요구하는 것이었다. 이것은 법적 처벌로 강제된 사안으로 잉글랜드 국교회 내 모든 연공(年功)과 직무가 박탈될 수 있었다.

> 나 ○○○는 다음과 같이 선서합니다. 나는 잉글랜드 국교회에 확립된 교리와 규율 혹은 정치가 구원에 필요한 모든 것을 담고 있다는 것을 시인합니다. 또 나는 스스로 혹은 다른 무엇에 의하든지 기존의 것에 위반하여 직접 간접적으로 교황파 교리 일체를 끌어들이지 않을 것이며 대주교, 주교, 주임사제(dean), 부주교(archdeacon) **기타 등등**으로 구성된 이 교회의 정치에 위배된 변경에 동의하지 않을 것과 그것이 인정된 것이며 또 권리상 마땅히 그래야 하고 영원히 이를 로마 주교좌의 미신과 강탈에 예속시키지 않을 것임을 시인합니다. 나는 이상의 모든 것을 분명히 인정하되 애매함이나 망령됨 혹은 은밀한 유보 등이 일체 없이 분명함과 상식에 따라 그리고 그 말에 따라 맹세합니다. 또 나는 기독교 신앙에 입각하여 진심으로 기꺼이 그리고 진실로 맹세하는 바입니다. 그러므로 하나님이시여 예수 그리스도 안에서 나를 도우소서.[54]

---

**53** Ibid., 560.
**54** Ibid., 568-69(강조는 필자의 것이다).

기타 등등 선서를 사용하는 것은, 선서 맹세로 불만을 야기한 법원 체계를 지지한다고 맹세하게 하려 한 것이었다. 사실 청교도의 관심에 양보한 바도 있다. 즉 성찬대(communion rail) 앞에서 무릎을 꿇는 행위는 더 이상 의무가 아니었다. 이것은 "엘리자베스의 해법"(Elizabethan Settlement) 및 1604년 교회법과 같은 것이다. 이와 더불어 성찬대 주변에 설치하는 가드레일이 교회 내 전체를 가로질러 설치되어야 한다는 노르위치의 렌 주교(Bishop Wren)의 주장과 달리 가드레일을 설치할 곳을 개방하고 단지 성찬대 주위에만 설치하게 했다. 이것은 교구민들의 불손한 행위를 방지하려는 것이었다. 그들은 종종 예배 중에 성찬대 주위나 밑에서 어슬렁거렸기 때문이다.[55] 그러나 이런 제지가 그 교회법의 주요 진의를 감출 수는 없었다.

워필드(Warfield)는 이 현안을 "세속적인 문제, 왕정 절대주의(royal abolution)에 맞서는 대의제 정부(representative government) 문제"라고 설명하였다.[56] 이것은 잘못된 것이다. 이것은 단지 훗날에나 알 수 있는 원리의 역사 속에 문제를 끌어들여 시대착오적으로 읽어낸 것이다. 잉글랜드인들은 언제나 그랬듯이 실용적인 민족이다. 정치 이데올로기는 어떤 주의(主義)를 벗어난 그저 정치적인 사실관계로만 다루어진 적이 없다. 워필드가 내전을 세속 문제로 본 것도 정확한 것이 아니다. 정치와 종교가 긴밀하게 얽혀있기에, "세속적"이란 것은 무의미한 범주일 뿐만 아니라 또한 종교 문제에 의해 열정을 자극하는 것만으로 왕에 대항하는 무장봉기를 일으킬 수도 없다. 그러나 워필드는 나름 건전하다. 왕과 의회는 교회가 세속 권위에

---

**55** Ibid., 570-71.
**56** Warfield, *Westminster Assembly*, 5.

예속되어야 한다는 데 일치를 보고 있었다는 것을 알고 있기 때문이다. 단지 남은 문제는 그 예속 문제가 왕에게냐 의회에게냐 하는 것뿐이었다.[57] 1640년의 사건들 그리고 그 후의 사건들이 이런 문제를 가시화 하고 국가를 전쟁으로 내몰았다.

---

57   Ibid.

# 제2장
# 웨스트민스터 총회와 질서의 붕괴

## 1. 웨스트민스터 총회를 등장시킨 사건들(1603-43)

1640년에 잉글랜드는 국내에 여러 문제가 발생하였고, 1642년 내전에 휩쓸렸다. 그 이듬해에 잉글랜드 국교회의 법적, 교회적 구조는 무너졌으며 웨스트민스터 "신학자 총회"(Assembly of Divines)가 소집되었다. 그런 열정을 일으킨 것은 무엇이었는가? 이런 위기는 어떻게 일어났는가?

존 모릴(John Morrill)은 제1차 내전을 촉발한 주요 요소들이 종교적인 것이었다고 주장하였다. '중앙-지방'과 관련된 갈등 문제는 무장 투쟁의 계기를 만든 바 없다. 대부분의 지방 사람들은 가능한 한 평화와 중립을 원했다. 의회의 기록들이 나타내는 바에 따르면 법적, 헌정적 문제는 망설임과 혼미함 중에 추진된 사안이었다. 논쟁이 문제가 되는 것도 아니었다. 정치적 색깔을 초월해 보면 의원들은 그 문제에 해법이 필요하다는 것을 알고 있었다. 그것은 단 한 사람, 즉 왕과 관련된 문제였다. 체제 문제가 아니었으며, 종교 문제임이 분명한 것이었다. 무장 민병대의 형성을 자극하였으며 내전의 불씨를 당긴 것은 종교 문제였다. 모릴은 "로드파가 저지른 사고는 간과할 수 없는 문제다"라고 말한다. 찰스는 개혁된 종교를 지킬 책임을 태만히 한 것으로 알려져 있다. 사람들이 두려워 했던 것은 박해의 위협이라기보다는 교황파에 대한 것이었다.[1] 찰스는 국내외에서 몰염치한 교황파들에게 휘둘리고 있었다. 그들은 종교개혁을 뒤집으려는 음모를 꾸미고 있었다. 적그리스도 군대와의 전쟁이라는 묵시가 떠오르게 되었다.[2]

장기 의회(Long Parliament)의 뚜렷한 업적은 찰스의 군사적 원정 자금을 대기 위해 소집하고 과세하려는 것을 거부한 것을 제외한다면 그 악명 높은 "기타 등등 선서"(et cetra oath)와 더불어 1640년 교회법(Canons)을 폐지한 것이었다.[3] 이후 여러 달 동안 교회법이 공포되면서 의회로 청원이 쏟아져 들어왔다. 주교제를 종식시키라는 것이었다. 이에 하원은 11월에 종교대위원회(Grand Committee of Religion)를 설치하고 위원을 구성하여 이 문제를 다루도록 하였다.

당시 청원들 가운데 크게 주목할 만한 것이 있었는데, 런던에서 나온 것으로, 이는 "뿌리와 가지 청원"(Root and Branch Petition)이라고 불렸다. 요구사항은 "대주교, 주교, 주임사제, 부주교 기타 **등등**과 더불어 그것에 의존하는 모든 것, 뿌리와 가지 등을 폐지하고, 그것

---

1  1630년대 Laud 때에 일어난 성직록의 박탈과 정지는 종교개혁 이후 수십 년 동안 있었던 것보다도 적었다. Morrill의 "Religious Context"을 보라, 163.
2  Ibid., 특히 155-64.
3  Ibid., 164.

을 위해 제정된 법들도 무효가 되어야 하며 하나님의 말씀에 따른 (교회) 정치가 즉시 세워져야 한다"는 것이었다. 이 청원은 자극적인 약어를 재치 있게 사용함으로써 기타 등등 선서를 조롱하였다. 도처에서 종교대위원회가 광범위한 부패를 폭로하였으며 과거의 유죄 선고와 구형들을 재조사하고, 그 피해를 보상하였다. 그들은 세속 사건에 비해 성직자 문제를 10배나 더 조사하고 심리하였다. 장기 의회의 첫 회기 끝에 이르렀을 때 처음에는 교회 문제를 가지치기 정도로만 생각했던 다수의 의원들도 이제는 주교제가 폐지되어야 하고 국교회는 재건되어야 한다는 것을 알게 되었다.[4] 그러나 1643년 1월 26일까지 하원은 주교제 폐지를 입법화하지 못했다. 그때까지는 잉글랜드 국교회를 위한 기초가 없었던 것이다.

그런데 이때에 사건들은 극적인 전환을 맞게 되었다. 즉 아일랜드에서 일어난 반란으로 많은 개신교도가 죽게 된 것이다. 미확인 자료에 의할 것 같으면 그 사망 추정치는 무려 2만 명에 달했다. 물론 이것은 선동 목적 때문에 과장된 바 없지 않았다. 어쨌든 이러한 학살사건은 정치적 분위기를 들끓게 만들었다. 피에 굶주린 교황파의 공격이 임박한 것처럼 보인 것이다. 한편 몇몇 하원 의원들을 잡으려던 찰스가 1642년 1월 4일 회의장에 들어와(비헌정적인 조치였다) 자신의 독재적 통치에 맞서던 다섯 명의 주요 의원들—존 햄던(John Hampden), 존 핌(John Pym), 덴질 홀즈(Denzil Holles), 아더 헤이즐리그(Sir Arthur Hazelrigg), 윌리엄 스트로드(William Strode)—을 체포해서 반역죄로 탄핵하려 했다. 하지만 그들은 그가 도착하기 전

---

4    Ibid., 166-68.

에 이미 도피하였다. 하원 의장 윌리엄 렌탈(William Lenthall)은 그들의 행방을 대라는 찰스의 사적인 요구에 대해 폭군에 대한 그의 고전적인 도전의 말을 하였다. "폐하께 황송한 말씀이지만 저는 이 곳에서 눈이 있어도 볼 수 없으며 귀가 있어도 듣지 못합니다. 단지 제가 섬기는 의회가 나를 인도하는 대로 따라갈 뿐입니다."

그러나 "이 가장 중요한 헌정적 발전조차도 종교적인 문헌에 파묻혔다. 1642년 1월의 팸플릿을 보면 다섯 의원의 공격에 대한 것보다도 주교들의 탄핵에 대한 것이 4배나 많았던 것이다."[5] 주요 화두는 과거에 저지른 왕의 전제정치가 아니었다. 바로 그 도덕적, 정치적 무능력이었다.[6] 모릴은 다음과 같이 결론을 내린다. "잉글랜드 내전은 나서서 자원하고 무기를 잡은 소수 때문에 일어났다. 민병대도 징병위원회도 전쟁 수단이 아니었다. 그것은 바로 자신의 중대와 연대를 구성하여 전쟁에 나갈 군대를 만든 개별적인 대위, 대령들이었다." 1642년 9월 10일 의회는 스코틀랜드의 총회에, "자신들의 주요 전쟁 목적은 개혁파 교회의 진리와 순수성이며 교황파뿐만 아니라 다른 모든 미신적인 분파들과 변혁에 대항할 것이다"라고 말했다. 모릴은 다음과 같이 묻는다.

> 1640년대 영국의 위기들과 유럽 대륙에서 일어난 (전쟁과 전쟁의 구심성 강박에 의해 초래된) 반란의 물결들 사이에 있는 유사점을 찾는 데 있어서 또는 명예혁명 그리고 1789년(프랑스혁명-역주)과 1917년(러시아혁명-역주)의 사건들 사이의 유사점을 찾는

---

5   Ibid., 170.
6   Ibid., 174.

데 있어서 혼란이 있는 이유는 우리가 분명한 점을 놓친 것 때문이 아니었을까? 잉글랜드 내전은 최초의 유럽 혁명이 아니었다. 그것은 종교전쟁(Wars of Religion)의 결말이었다.[7]

8월 22일 찰스는 노팅엄에서 그의 깃발을 올렸다. 내전이 일어난 것이다.

## 2. 웨스트민스터 총회의 성립

당시의 국가적 비상사태에 처한 하원이 당면한 주요 과업은 신학자 총회를 마련하여 교회의 법률적, 신학적 기초를 제공하는 것이었다. 1641년 12월의 "대항의서"(Grand Remonstrance)도 이것이 필요하다는 것을 표하였다. 그것은 "이 나라의 가장 신중하고 경건하며 학식이 깊으며 현명한 신학자들의 전체 대회(synod)가 우리와 같은 종교를 고백하는 외국 지역 출신 일부 인사의 도움을 받아 교회의 평화와 선한 정치를 위해 필요한 모든 것을 논의할 것"[8]을 요구하였다. 이것은 몇 세대 전에 크랜머(Cranmer)가 원하던 것이기도 했다.

6월에 의회가 한 법안을 통과시켰지만 왕은 그 윤허를 거부하였다. 이에 의회는 그 스스로의 권위에 입각하여 칙령을 선포하지 않을 수 없었다. 그것은 1643년 5월 13일 하원에 제출되어 6월 12일

---

7 Ibid., 177-78.
8 Mitchell, *Westminster Assembly*, 108-9.

상원의 승인을 받았다. 이 총회에 위임된 것은 대체로 교리에 관한 것이었다. 즉 "잉글랜드 국교회의 정치와 예식을 확립하는 것, 상기한 교회의 교리를 모든 거짓 중상과 비방으로부터 변호하고 해명하는 것"이었다. 그러므로 첫 번째로 위임된 것은 교리적인 것일 뿐 교회 정치의 급진적 개혁을 포함한 것이 아니었다. 의회는 단지 교회 문제에 대한 것만 자문을 받고자 했다. 의회가 왕과의 싸움에서 원조를 받기 위해 스코틀랜드와 협상을 하지 않을 수 없게 되었을 때에, 비로소 이 동맹세력이 원조의 대가로 기존의 사안에 교회 정치를 주요한 사안으로 포함시킬 것을 요구하였다.

"대주교(archbishops), 주교(bishops), 주교구 상서관(chancellors), 주교대리(commissaries), 주임사제(deans), 교구장과 사제단 모임(deans and chapters), 부주교(archdeacons), 기타 등등 계급에 의존하는 교회 직분들에 의한" 교회 정치는 "악한 것이며 우리 왕국에 심히 더럽고 번거로운 것으로서 종교의 개혁과 발전에 장애물이고, 우리 왕국의 주(state)와 정부에 불리한 것이다"라는 칙령이 선포되었다. 그리고 그것의 조속한 폐지를 약속하였다. 이를 대신하여 "하나님의 거룩한 말씀에 지극히 합당하며 조국 교회의 평화를 견지하기에 적합한 것 그리고 스코틀랜드 장로교 및 다른 외국 개혁파 교회와 가까운 것이 세워질 것이다. 또 모든 거짓 비방과 중상으로부터 잉글랜드 국교회의 교리를 변호하고 해명하며 보다 나은 효과를 위한" 그것의 과제는 "그런 사안들을 자신들이 의논하고 예전(禮典), 규율, 잉글랜드 국교회 정치 또는 모든 거짓 비방과 중상으로부터 교회 교리의 변호와 해명을 다룸에 있어 의회 양원이나 어느 하나에 의해 제시된 대로만 한다."⁹ 반 딕스훈이 지적하는 바와 같이 그 신학적 과제는 잉글랜드 국교회가 스코틀랜드 장로교와 다른 유럽 개혁파 교회들과 얼마나 일치하는가를 나타내는 데 있었지, 교회의 교리를 개정하려던 것이 아니었다.¹⁰ 실제로 스코틀랜드와 맺은 "엄숙 동맹과 언약"(Solem League and Covenant)에 서명하기 전, 그 신학자들은 39개 신조에서 자신들에게 위험하다가 판단되는 항목을 삭제했다. 왜냐하면 1604년 교회법 제5항에 따르면, 교회법으로부터 이탈한 자에 대한 처벌이 출교였기 때문이다.¹¹

웨스트민스터 총회는 1643년 7월 1일 처음으로 모임을 가졌다(실제 업무는 그 다음 주부터 시작되었다). 헨리 8세의 기념 예배당(Chapel of Hennry VIII)에서 모임을 가졌으나, 8월 초 기후가 쌀쌀하게 되자, 총회 신학자들은 관할 교구 내의 다른 건물인 예루살렘실(Jerusalem Chamber)의 안락한 숙소로 옮겨갔다. 웨스트민스터 총회는 내전 기간 동안만이 아니라 1649년 1월 찰스 1세의 처형 이후에도 지속적으로 운영되었다. 웨스트민스터 총회는 1652년 3월 25일 해산하기까지 목사 후보생 검증을 계속해서 진행하였고, 곧이어 올리버 크롬웰(Oliver Cromwell)의 극적인 장기 의회 종식이 뒤따랐다.

---

9   Ibid., xiv.
10  Van Dixhoorn, 1:39.
11  Ibid., 1:44.

## 3. 웨스트민스터 총회의 구성

1642년 2월 12일 많은 논쟁 끝에 의회는 총회의 구성원들을 성직자가 선택하지 않고 각 주의 기사들과 시민들의 추천을 받아 의회가 직접 선택하는 것으로 결정하였다. 선택된 사람들은 꼭 그들이 대표하는 주의 출신일 필요는 없었다. 많은 사람이 다른 곳 출신이었다. 반 딕스훈에 따르면 이 추천에서 지배적인 지역은 없었다. 물론 런던 가까이 있는 것이 유리한 점은 있었다. 그리고 개인적 관계와 후원이 가장 중요했다.[12] 선택된 대부분의 사람들이 장로파였지만 내전 문제에 대하여는 저마다 관점이 달랐다.[13]

총회 대표자들의 최종 선택 결과 총회는—거의 잉글랜드 신민(臣民)에 국한되었다[14]—119명의 신학자로 구성되었다. 잉글랜드 각 주에서 2명, 채널 제도(Channel Islands)에서 2명, 웨일즈 각 주에서 1명씩, 옥스퍼드와 케임브리지대학교에서 각 2명씩, 런던에서 4명 등으로 구성되었다. 이에 더해 상원(House of Lords)에서 10명, 하원에서 20명의 대표를 냈다. 그 대다수가 장로파였다. 그러나 대부분이

---

12  다음을 보라. C. Van Dixhoorn, "Westminster Assembly" (act. 1643-52), in *Oxford Dictionary of National Biography*, 온라인(http://www.oxforddnb.com/view/theme/92780 accessed 22 April 2008).

13  무기를 드는 것의 적법성을 두고 많은 소동이 있었다는 것은 Van Dixhoorn이 옮겨 적은 Lightfoot의 저널 부분에서 분명히 드러난다. Lightfoot의 S21 TU8,8,43에 따르면 "의회에 대해 그리고 평화를 외치는 여성들의 소동하는 무리가" 있었다. 불행하게도 다음날 보고서 W9,8,43에서 그는 이렇게 보고하였다. "오늘 그 소동을 일으킨 격분한 여성들 그리고 다수의 남성들 그리고 교황파가 섞여 있었다. 이에 의회의 경비대가 이를 진압하지 않을 수 없었다. 경비대가 2명의 남성과 1명의 여성을 죽였다." Van Dixhoorn 2:24에 이런 언급이 있다. 확실히 해 아래 새로운 것은 없다.

14  Philipé Delmé는 잉글랜드인이 아닌 것으로 보인다.

교리적으로 엄격한 사람들은 아니었다. 다수의 감독파(Episcopalian)가 있었으며 소수의 독립파(Independents)와 에라스투스파(Erastian)가 있었다. 전체 대표 가운데 에라스투스파는 소수에 불과했지만, 실상 이 기구 자체가 에라스투스파의 성격을 띠었다. 왜냐하면 이 총회는 완전히 의회의 관할권 아래에 있었기 때문이다. 결국 이 총회의 모든 대표는 교회에 대한 세속권의 지배를 묵인하고 있었던 것이다.[15] 대표들 3명은 프랑스 개혁파 교회(French Reformed Church)에서 왔으며 잉글랜드에 조언하는 위치에 있었다. 총회 참석자들의 평균 연령은 60대 초반이었다.[16]

총회의 능력에 대한 견해는 매우 다양하다. 많은 사람이 이를 과소 평가했다. 조나단 에드워즈(Jonathan Edwards)에 의하면 어떤 사람들은 자신들의 계몽주의 시각에서 바울을 제대로 이해하지 못했다고 여겼다.[17] 이와 달리 리차드 백스터(Richard Baxter)의 유명한 말이 있다. 미첼이 전하는 바에 따르면 그것은 다음과 같다. "사도시대 이후로 웨스트민스터 총회와 도르트 회의만큼 탁월한 성직자들로 구성된 회합도 없을 것이다"[18]라는 것이다. 물론 이 총회가 성경적, 교부적, 스콜라적 학문에서 자유롭지 못했다는 것은 분명하다. 이 총회 의장 윌리엄 트위스(William Twisse)는 유럽 대륙의 개혁

---

**15** 이것을 "설립 원칙"으로 알려진 것과 혼동해서는 안 된다. 총회의 경우 그 모든 움직임은 의회의 요청에 따른 것이었다. 세속적 권위의 역할에 대한 동의가 있었던 것이다. 당시에 이것은 왕이나 의회 중 누가 적법한 지배자인가 하는 문제만 있었다. 독립파와 분리파들만이 국가적 권위로부터의 완전한 자유를 주장하였다.

**16** Van Dixhoorn, 1:18-34; Warfield, *Westminster Assembly*, 17.

**17** Jonathan Edwards, Works, 1:233. www.ccel.org에서 볼 수 있다.

**18** Mitchell, *Westminster Assembly*, 122.

자 진영에서 잘 알려진 인물이었다. 그는 토마스 브래드워딘(Thomas Bradwardine)의 『펠라기우스주의를 반대하여, 신적 원인과 원인들의 힘에 관하여, 머튼의 철학자들에게』(De causa Dei contra Pelagium et de virtute causarum ad suos Mertonenses)를 편집한 인물이었다.

존 라이트풋(John Lightfoot), 토마스 콜먼(Thomas Coleman), 존 셀든(John Selden)은 모두 걸출한 동방 연구자들이었다. 토마스 가테이커(Thomas Gataker)는 대학자로서 히브리와 헬라어에 뛰어나고, 코이네(Koine) 헬라어와 고전 헬라어의 차이를 지적한 최초 학자들 가운데 한 사람이었다. 존 애로우스미스(John Arrowsmith) 그리고 안토니 터크니(Anthony Tuckney)는 케임브리지대학교의 신학 교수가 된 인물이었다. 조슈아 호일(Joshua Hoyle)은 옥스퍼드에서 그랬다. 총회 서기 중 한 사람이었던 존 월리스(John Wallis)는 소요리문답(Shorter Catechism)의 저자 중 한 명으로 수학자가 되었고, 로버트 보일(Sir Robert Boyle), 아이작 뉴턴(Sir Issac Newton) 등과 친분이 있는 인물이었다. 라자루스 시맨 (Lazarus Seaman)은 매일 읽는 성경으로 모음이 없는 히브리어 구약성경을 주머니에 넣고 다녔다고 한다.[19]

그 밖에도 뛰어난 신학자들이 포진되어 있었다. 윌리엄 거지(William Gouge), 토마스 구드윈(Thomas Goodwin), 스티븐 마샬(Stephen Marshall), 에드먼드 컬래미(Edmund Calamy), 허버트 팔머(Herbert Palmer), 제레미야 버러우즈(Jeremiah Burroughs), 윌리엄 그린힐(William Greenhill) 등이 그렇다.[20] 백스터의 말이 과장된 것일

---

**19** W. S. Barker, *Puritan Profiles: 54 Influential Puritans an the Time When the Westminster Confession of Faith Was Written* (Fearn: Mentor, 1996), 232.

**20** Mitchell, *Westminster Assembly*, 122-28.

수 있지만—무엇보다도 제롬(Jerome), 닛사의 그레고리(Gregory of Nyssa), 나지안주스의 그레고리(Gregory of Nazianzus) 등이 닛사의 『유노미우스 반박』(Contra Eunomium)이란 책 첫 두 권에 대한 사전 회의(pre-council) 강독을 위해 참석한 제1차 콘스탄티노플 공의회를 생각하면 된다—그것은 적어도 "개신교 회의들 가운데 최초인" 도르트 회의(Synod of Dort)와 맞먹는다.[21] 후대의 학자들이 이 사실을 종종 놓치는 경우가 있다. 그것은 이 총회에 있었던 관점들의 다양성이다. 그것은 북미의 보수적인 장로파 조직들에서 볼 수 있는 것보다 더 다양한 성격을 보여준다. 더욱이 총회 중 신학자들의 표현이 자유로웠으며, 어떤 제지를 받은 것이 없었다. 나중에 그 증거들을 보게 될 것이다.[22]

## 4. 웨스트민스터 총회의 권한

가장 주의해야 할 것은 웨스트민스터 총회가 교회 법원이 아니었다는 점이다. 이 총회가 성립될 때에는 잉글랜드 국교회에 아무런 법적, 정치적 구조도 없었다. 교회의 모든 정치구조는 폐지되었

---

21  Schaff, *Creeds*, 1:728.
22  다음을 보라. Barker, *Puritan Profiles*, 그리고 총회 대표들과 다른 사람들에 대한 자세한 전기적 설명은 다음을 보라. S. Carruthers, *The Everyday Work of the Westminster Assembly* (ed. J. Ligon Duncan III; Greenville, SC: Reformed Academic Press, 1994), 총회의 성과에 대한 자세한 정보는 다음을 참고하라. Van Dixhoorn은 그의 *Oxford Dictionary of National Biography*에서 구성원들과 업적에 대해 자세한 정보를 제공하고 있다. 각주 12에 인용되어 있다.

으며 그 자리를 대신 한 것은 아무 것도 없었다. 이번 회의의 과제들 가운데 하나가 바로 그 교회 정치에 관한 것이었다. 그리고 이 목적을 위해 상당 부분의 시간이 성직자들에 대한 검사, 자격 부여, 임명 등에 할애되었다. 아직은 이런 일을 위해 공인된 기관이 전혀 없었기 때문이다. 웨스트민스터 총회는 기본적으로 의회의 자문기관으로 그 이상도 그 이하도 아니었다.

더 나아가서 이 총회는 의회에 자신들의 입장과 자문을 전달하는 데에 제한도 있었다. "시시 때때로 상하 양원 혹은 그 어느 하나에 의해 요구되는 방법과 종류대로" 하는 것이며 그 해산도 "상하 양원이 지시하는 방법대로" 해야 했다.[23] 반 딕스훈은 이 관계를 다음과 같이 명확히 정리하였다. "모든 점에서 의회는 이 총회에 대한 정치와 결정에 관한 역할을 주장하였다." 의회는 이 총회의 모임 장소와 시간을 정했다. 또 의회는 정족수를 40명으로 정했고, 의장을 선택했으며, 그 후임자를 선택할 권한도 유지하였다. 또 총회는 의회의 뜻에 따라 해산되어야 했다. 논의 내용은 의회가 제기한 것이었으며 총회에서 나온 견해는 의회 측에만 제시되어야 했다. 적어도 의회의 양원 가운데 어느 한 쪽이 동의하지 않으면 외부의 누구에게도 그 내용을 누설할 수 없었다. 만일 의견의 불일치가 생기면 그것들은 의회의 추가 지시를 받기 위해 의회에 제출되어야 했다. 즉 웨스트민스터 총회는 의회의 총회였다.[24]

우리는 이 점에 대해 명확해야 한다. 웨스트민스터 총회는 의회의 하나의 위원회였다. 그 자체로는 아무런 관할권도 권위도 없었

---

**23** Mitchell, *Westminster Assembly*, xiv.

**24** Van Dixhoorn, 1:39-40.

다. 그것은 의회가 소집하였으며 그 구성원도 의회가 선택했고 의회가 그것의 권리와 특권을 규정했으며 의회가 논의의 범위를 제한했다. 의회가 그 권위의 범위를 규정했고, 그 의장을 임명했다. 심지어 의회는 총회의 대표들 가운데 하나였던 다니엘 휘틀리(Daniel Featly)를 런던탑에 구속시키기까지 했다.[25]

의회에 의해 현안들이 다루어졌다. 교리는 강조되지 않았다. 무엇보다 교회를 위한 헌정적 기구란 없었다. 교회는 그저 조언하는 기능을 할 뿐이었다.[26] 권한을 부여하는 칙령도 명확하였다. 그 안에는 어떤 것도 이 총회가 "교회에 관한 여하한 관할권, 권력, 혹은 권위를 말하는 것으로 또는 칙령이 특별히 표현한 어떤 권력을 갖는 것으로" 생각할 여지가 없었다.[27] 웨스트민스터 총회는 에라스투스파 성격의 기구였다. 소수만이 에라스투스적 신념을 가지고 있었다고 해도 그랬다. 그러나 그렇다고 해서 총회에 논의할 자유가 없었다는 것을 의미하는 것은 아니다. 실제로 총회는 몇 차례 하원의 주류 정서와 갈등하였다. 특히 성찬식의 규율, 교인에 대해 교회가 규율을 적용할 자유 등의 문제에서 그랬다.[28]

여기에서 스코틀랜드와의 차이를 주목할 필요가 있다. 잉글랜드에서 의회는 활기넘치고 부유했기 때문에 왕과도 싸웠으나 교회는 해체된 상태였다. 반면 스코틀랜드에서는 교회가 활기넘치고 부유했던 반면 뚜렷한 정치적 중심 기구가 없었다. 또 잉글랜드는 역사

---

**25** Featly는 이 총회의 업무에 대한 세부적인 것들을 왕당파에게 유출한 것이 적발되었다.
**26** Warfield, *Westminster Assembly*, 14.
**27** Warfield, *Westminster Assembly*, xvi.
**28** Mitchell, *Westminster Assembly*, 16.

적으로 고도로 중앙집권화된 나라였던 반면 스코틀랜드는 지방 분권적인 역사(경쟁하는 부족들, 가문들, 영주들)를 가지고 있어서 중앙과 연결할 수 있는 것이 없었다. 즉 잉글랜드 교회가 지역적으로 강하고 국가적으로 혼란했던 반면, 스코틀랜드 교회는 중심이 강하고 지방에서는 지역 영주의 압력을 받아 다양하게 타협적인 성격이었다.[29] 이로 인해 워필드(Warfield)는 적절한 시각에서 잉글랜드 교회에 대하여는 경멸을, 스코틀랜드 교회에 대하여는 칭찬을 표시한다.

스코틀랜드 교회는 미개한 잉글랜드 교회가 열망했었을 법한 개혁적으로 정확한 교회의 모범은 아니었다.[30] 더욱이 스코틀랜드에는 1638년의 "국민 언약"에 반대되는 신학적 교회적으로 중요한 기구가 있었다. 존 포브스(John Forbes, 1593-1648)가 이끌었던 이 운동은 아버딘(Aberdeen)을 중심으로 하고 있었으며, 그 지도자들은 "아버딘의 박사들"로 알려져 있었다. 다수의 잉글랜드인들이 스코틀랜드 장로교(Church of Scotland)의 장로제도에 회의적이었다는 점은 최근에 발견된 라이트풋(Lightfoot)의 저널에서 분명히 드러난다. 그것은 문서 S36-37 그리고 M28.8.43에서 엄숙 동맹과 언약 1조에 대한 논쟁을 소개하고 있다. 그 조항은 "나는 하나님의 말씀에 따라 교리, 규율, 예배와 정치 등에서 스코틀랜드 장로교의 참된 개혁과 개신교 신앙의 보전을 위해 노력하겠습니다"라고 진술하고 있다.

논쟁이 된 점은 "하나님의 말씀에 따라"를 제한적으로, 즉 스코

---

**29** 다음을 보라. M. Graham, "The Civil Sword and the Scottish Kirk, 1560-1600," in *Later Calvinism: International Perspectives* (ed. W.F. Graham; Kirksville, MO: Sixteenth Century Journal Publishers, 1994), 237-48.

**30** Warfield, *Westminster Assembly*, 18-20.

틀랜드 교회(Scottish Church)의 관행이 하나님의 말씀에 따르는 한에서만 그래야 할 것인지 아니면 스코틀랜드 교회 규율이 하나님의 명백한 말씀에 따른다는 것으로 받아들인다는 점을 시인하는 것이냐는 점이었다. 결국 그것은 "나의 양심상 그것이 하나님의 말씀에 따르는 것으로 생각하는 한"이라는 의미로 결정되었다.³¹ 이것은 독립파에게 더 많은 문제가 된 것이기는 하지만, 적어도 많은 신학자가 스코틀랜드 장로교의 어느 부분이 성경과 일치하는지에 대해 상당한 수준에서 불확신 혹은 회의를 품고 있었다.

찰스에게 이 일이 마음에 들리 없었다. 그는 6월 22일 옥스퍼드에서 낸 선언에서 "가짜 칙령"(that pretended Ordinance)을 언급하면서 이를 금지하였다. 그는 그것이 왕의 승인을 받지 않은 것이기 때문에 "불법적"이라고 했다. 그리고 그는 이에 참여하는 사람들을 심각하게 위협하였다. 미첼이 아는 바와 같이 웨스트민스터 총회의 신학자들은 그것에 참여함으로서 자신들의 자유와 생계 어쩌면 목숨까지 걸게 되었다는 것을 알고 있었다. 프라이무니레(*Praemunire*, 교황 존신죄[尊信罪]로 알려진 법인데 이 문맥에서는 국왕능멸죄로 보는 것이 옳다고 생각 된다-역주)법이라는 끔찍한 협박에도 불구하고 그들은 상하 양원의 칙령에 복종하였다." 7월 1일, 69명의 신학자들이 웨스트민스터 총회에 출석하였다.³²

---

31 Van Dixhoorn, 2:40.
32 Mitchell, *Westminster Assembly*, 133-35.

## 5. 웨스트민스터 총회의 첫 과제

신학자들은 39개 신조를 확장하고 발전시키면서 작업을 진행하였다.[33] 39개 신조는 1536년부터 상당히 개혁적인 문서였다. 다만 그 내용이 고교회(high-church) 신학자나 아르미니우스 추종자들이 오도할 빌미를 주었다.[34] 워필드는 이것이 사소한 문제였다고 생각한다. 그는 웨스트민스터 총회에 대해 "당분간 시간을 보내다가" 스코틀랜드의 요구 때문에 지침이 주어지자 교회의 예배와 규율 문제를 시작으로 진짜 일을 하게 되었다고 한다. 이 총회에 주어진 39개 신조의 개정이란 "진짜 일"을 시작하기 전에 "그들이 몰두하게 만들 수단"—그들이 곤란하지 않도록 할 잡무—이었다는 것이다.[35] 워필드의 말이 잘못된 것이라는 점은 (그들이 할 수 있었던 만큼) 수정된 내용들이 의회가 와이트 섬(Isle of Wight)의 캐리스브룩 성(Carisbrook Castle)에 구금된 찰스 1세와 협상할 때 이용되었다는 사실로 확인할 수 있다.

당시 찰스는 장로교를 보장하고 왕위를 유지할 수 있는 해결을 찾을 견해를 갖고 있었다. 더욱이 의회가 이 총회에 처음 준 과제는 당장 예측할 수 없었던 스코틀랜드와의 협상, 엄숙 동맹과 언약에의 서명보다도 우선 처리할 사안의 목록들 중에서도 맨 앞에 있었다. 그것은 워필드의 생각처럼 한가한 잡무가 아니었다. 로버트 M. 노리스(Norriss)의 지적처럼 그것은 하원이 처음 맡긴 과제는 교리적

---

33  다음을 보라. Norris, "Thirty-Nine Articles".
34  Mitchell, *Westminster Assembly*, 146.
35  Warfield, *Westminster Assembly*, 34-35.

인 것이었을 뿐만 아니라 이 초기 논의 때문에 이 총회가 나중에 많은 시간을 절약할 수도 있었던 일이었다.[36] 알렉산더 미첼(Alexander Mitchell)도 그렇게 평가한다(워필드도 알 수 있는 것이었다). 미첼은 39개 신조 수정에 대한 논쟁이 "나중에 일어난 그 어떤 것들 못지않게 교리적으로 중요하다고 할 수 있을 것"이라고 서술하였다.[37]

문서 S754 TH에 보면 실제로 3년 후에는 하원은 웨스트민스터 총회가 국교회의 39개 신조 작업에서 끝낸 것과 그에 대한 문서들을 보내라고 명령하였다. 이에 이 총회는 템플(Dr.Temple), 시맨(Mr. Seaman), 본드(Mr. Bond), 스탠톤(Dr. Stanton) 등에게 지시하여 위원회를 구성해서 39개 신조를 수정하게 했다. 이에 그들은 그날 오후에 모임을 가졌다. 문서 S757 TU 15.12.46에 따르면 5일 후 39개 신조 위원회는 "오늘 오후에 모임을 가지라"는 지시를 받았다. 또 문서 S763 M28.12.46에 따르면 얼마 후에 웨스트민스터 총회는 다시 지시를 받았다. 그것은 "오늘 오후에 모임을 갖고 7일 후 수요일에 보고하시오. 그리고 본 위원회에 가우어(Mr. Gower)와 프로핏(Mr. Profitt)이 합류합니다"라는 내용이었다. 간단히 말하자면 이 위원회는 39개 신조 수정에 각별히 주의를 기울이고 있었으며 그 일에 적어도 6주 이상을 소모하였다.[38]

그런 논의는 막간극이나 개막전 같은 것이 아니었다. 이에 대해서는 미첼도 다음과 같은 언급에 동의한다.

---

36  Norriss, "Thirty-Nine Articles," xviii-lx.
37  Mitchell, *Westminster Assembly*, 121.
38  Van Dixhoorn, 6:386-94.

이 39개 신조에 관한 논의 중에 나타난 장시간의 예리한 논쟁은 웨스트민스터 신앙고백과 관련된 절차의 한층 더 요약된 양식을 제공하지 않을 수 없었다. 당시에 이 과정은 훨씬 더 요약되어 간단하게 기록되었다. 이는 바로 개신교 체제의 중요한 교리에 관한 이전의 논의 특히 이신칭의에 관한 이전의 논의들이 철저하고, 포괄적이며, 충분하게 기록되었기 때문이다.[39]

39개 신조에 관한 대부분의 논의는 3개의 신경들에 관한 8조에 대한 것과 칭의에 관한 11조에 대한 것이었다. 8조에 대하여는 니케아 신경, 아타나시우스 신경, 사도신경에 대한 이의 제기들이 있었다. 이것들은 원저자를 정확히 반영하는지 아닌지에 대한 의심에서 비롯되었다. 그러나 다니엘 휘틀리는 이 신조들의 내용이 원저자와 관련 없이 니케아, 아타나시우스, 사도들의 신학과 조화되는 것이라고 대답하였다. 웨스트민스터 총회는 이 조항의 용어를 변경하여 그것들이 이에 관여한 사람의 저작으로 간주하지 않도록 명확히 하였다.

이 밖에도 본 신조들의 내용에 대해 다른 이의 제기가 있었다. 아타나시우스 신경이 그 내용을 믿지 않는 사람들에 대한 공공연한 저주 방식, 니케아 신경에 있는 그리스도는 하나님의 하나님이라는 진술 부분 등이 그랬다. 휘틀리는 이에 대해 그것은 그리스도께서 그분의 신성을 아버지로부터 받지 않는다고 말하는 것이 아니라고 대답하였다. 그리고 사도신경 중에 "지옥에 내려가셨다가"라는 부

---

[39] Mitchell, *Westminster Assembly*, 150-51.

분은 그리스도께서 실제 어느 장소에 내려간 것인지 가상적인 것인지 아니면 환유적(metonymically)인 것인지 등으로 정통적 해석이 다양해질 가능성이 있는 것이었다.⁴⁰ 이 논의는 본서 제7장에서 더 자세히 다루어질 것이다.

칭의에 관한 조항에 대하여는 트위스, 가테이커, 리차드 바인즈(Richard Vines)―그들 이전의 로버트 롤록(Robert Rollock, 1555-99)과 요한네스 피스카토르(Johannes Piscator, 1546-1625) 처럼―등은 그리스도의 수동적 순종만이 의를 전가시킬 수 있는 것이라고 강력히 주장하였다. 다른 사람들은 이에 반대했는데 휘틀리가 이를 주도하였다. 시행된 투표결과는 그리스도의 "온전한 순종" 편을 지지했으며 "반대는 3-4표 정도에 지나지 않았다."⁴¹ 그리고 웨스트민스터 총회에서 몰리나이우스(Molinaeus)와 틸레누스(Tilenus) 사이에 있었던 그리스도의 능동적 순종에 관한 논의는 내 영토에서 하지 못한다는 제임스 1세의 요구가 낭독되었다. 제임스는 이것을 어떤 공회도 다루지 않았고 교부나 스콜라 학자가 다루지 않은 새로운 것이라는 이유로 문제를 제기하는 것에 주의를 주었다.⁴² 신앙고백에서 "전적"(Whole)이라는 단어는 빠졌다. 이 문제는 본서 제12장에서 자세히 다루어질 것이다.

그러므로 웨스트민스터 총회의 초기 작업은 잉글랜드 국교회에만 국한된 것이었다. 잉글랜드와 스코틀랜드 사이의 종교의 형식적

---

40 Ibid., 151-53. 환유란 어떤 것의 이름을 관련된 것의 이름으로 대신하는 방법이다. 예를 들면 "왕관"(crown)이 왕을 언급하는 경우와 같은 것이다.
41 Van Dixhoorn, 3:77.
42 S49 F8.9.46. Van Dixhoorn, 2:57에 있는 Lightfoot의 저널을 보라.

통일이 예견되는 징조가 없었다. 이 점에서는 워필드가 옳았다.[43] 독자는 당시에 잉글랜드와 스코틀랜드가 분리된 왕국이었다는 것에 주의해야 한다. 정치적 통일은 1707년의 통일령(Act of Union)을 기다려야 했다. 그러므로 영국(Britain)에 관한 이야기는 지리적 혹은 종족적 의미에 국한되어야 한다.[44]

웨스트민스터 총회는 예비적인 작업을 하기 위해 세 개의 동급 위원회를 구성하였다. 39개 신조는 이 위원회들이 나누어 맡았으며 그 내용이 총회에 보고되면 그 제안 내용이 총회에서의 논쟁을 거쳐 표결에 부쳐졌다. 또 작은 부위원회가 임명되어 39개 신조의 고사본을 모았기 때문에 이 작업은 매우 정통한 사본에 의지할 수 있었다.[45]


## 6. 스코틀랜드 "엄숙 동맹과 언약"의 개입

웨스트민스터 총회가 시작되기도 전에 의회는 왕에 대한 투쟁에 스코틀랜드의 지원이 필요하다는 사실을 인지하고 있었다. 이는 내전이 의회에 유리하게 돌아가지 않았기 때문이다. 정치적, 교리적, 신학적 주요 인사들 다수가 스코틀랜드로부터 런던으로 와 의

---

43 Warfield, *Westminster Assembly*, 14.
44 다음을 보라. J. E. A. Dawson, *The Politics of Religion in the Age of Mary, Queen of Scots: the Earl of Argyll and the Struggle for Britain and Ireland* (Cambridge Studies in Early Modern British History; Cambridge: Cambridge University Press, 2007)
45 이 위원회의 목록을 알려면 다음을 보라. Mitchell, *Westminster Assembly*, 149. Mitchell이 알 수 있던 수준을 알기 위해서는 Dr. Williams의 사본(manuscript)을 보라.

회와의 협상을 맡았다. 의회는 스코틀랜드 협상 위원들이 나타났을 때-협상 수단으로-"엄숙 동맹과 언약"에 서명하였다. 그 문서는 잉글랜드, 스코틀랜드, 아일랜드 세 나라의 교회 정치와 신앙을 통일시키기로 합의하는 내용을 담고 있었다. 이 통일성은 신앙고백의 표현, 교회 정치의 형태, 예배 지침, 요리문답서에서 구현되어야 했다. 의회는 이 합의로 인해 웨스트민스터 총회에 39개 신조 개정 작업을 중지하고 교회 정치 지침에 관한 작업을 하도록 지시하였다. 당시에는 이미 39개 신조의 15개 조항 작업이 끝나고 16조에 대한 작업이 시작된 때였다. 의회는 이제 새로운 신앙고백과 요리문답을 요구하였다.

　39개 신조의 개정 작업이 잉글랜드 국교회의 교리를 변호하기 위한 것이었다면, 새 작업은 세 왕국 모두를 염두에 두어야 하는 작업이었다. 정치 상황이 극적으로 바뀜에 따라 전혀 새로운 의제가 요구된 것이다. 잉글랜드와 스코틀랜드 의회는 1643년 9월 25일 엄숙 동맹과 언약에 서명하였다. 그 언어는 본래의 신조를 생각나게 하는 것이었다. 웨스트민스터 총회의 대표들은 처음엔 이에 서명하는 것을 즐겁게 여기지 않았다. 물론 그 문서는 교회 정치와 예배의 방향과, 새로운 신앙고백의 필요성, 혹은 39개 신조를 개정해야 하는 것인지에 대해 구체적으로 지시하지 않았다.[46]

　그 합의는 장로교 정치형태를 특정하게 요구한 것은 아니었다. 사실 잉글랜드인들은 "하나님의 말씀에 따른"이라는 조건을 삽입할 것을 요구하였다. 이것은, 하나님이 성경은 그러한 체제를 말씀

---

[46] Van Dixhoorn, 1:45-50.

하셨다고 주장하는 교조주의적 장로파를 뒷받침하기 위한 것이었다. 잉글랜드인들은 훨씬 더 실용적이었으며 장로파와의 관계가 다양했고 대체로 스코틀랜드와 다른 토대를 갖고 있었다. 국경 북쪽 장로교는 사실 종교개혁과 존 낙스 이래로 거의 한 세기 동안 있었던 것이었다. 그리고 그에 대한 변경 요구가 없었다. 이런 관점에서 보면 교회 정치의 통일이란 것은 잉글랜드 역시 모종의 장로교 구조를 동반하게 될 것이라는 점이 분명했다.

엄숙 동맹과 언약은 두 나라 사이의 합의였으며 일종의 조약과 같은 것이었다. 사실 그것은 한 국가(스코틀랜드)와 다른 국가(잉글랜드)의 의회 사이에 맺어진 조약이었다. 이는 잉글랜드의 반쪽이 의회와 전쟁을 하고 있었기 때문이다. 그리고 스코틀랜드에서는 세속 권력의 통일이 위협받고 있었다. 스코틀랜드의 위원들은 교회는 물론 나라를 대표하여 잉글랜드로 파견된 사람들이었다. 그들의 일은 웨스트민스터 총회에 관여하는 것이 아니라 의회를 상대해야 하는 것이었다. 그들의 임무는 스코틀랜드의 이해관계를 보호하는 것이었다. "그들은 오직 의회의 요청에 의해서만이 웨스트민스터 총회에 관여하거나 직접적인 조치를 취할 수 있었다. 또 그것도 의회의 견해상 공동 목적을 위해 유용하다고 판단하는 범위 내에서만 할 수 있었다."[47] 대위원회(Grand Committee)라고 불리는 의회의 한 위원회가 임명되어 모이며 그들과 논의하게 되었다. 그리고 여기에 신학자 위원회가 더해졌다. 통일성의 문제는 대위원회에서 다루어졌다. 의회는 또한 스코틀랜드인들에게 개인적 자격으로 웨스트민

---

[47] Warfield, *Westminster Assembly*, 32.

스터 총회에 참석을 요청하였다.

그러므로 스코틀랜드인들을 웨스트민스터 총회에 참석한 스코틀랜드 대표라고 부르는 것은 잘못된 것이다. 그들은 이 총회를 위한 대표들이 아니었다. 그들은 이 총회의 논쟁에 초대받고 참여하기도 했지만 투표권이 없었다. 기록된 모든 표결에도 그들의 이름이 나타나지 않는다. 또한 그들은 이 총회에 보내진 대표도 아니었다. 그들의 임무는 위원회와 총회를 상대하는 것이었다. 웨스트민스터 총회는 전적으로 잉글랜드의 회의 기구였다. 그것이 세 왕국에 관련된 문제를 다루었을 때도 그와 마찬가지였다.

### 웨스트민스터 총회의 연대표(논의 주제 포함)[48]

| | |
|---|---|
| 1643. 7. | 39개 신조에 대한 논쟁과 수정 |
| 1643. 9. | "엄숙 동맹과 언약"에 서명 |
| 1643. 10. | 교회 정치 규칙 |
| 1644. 1. | 당분간의 성직자 임명 규칙 |
| 1644. 2. | 교회 정치 규칙 |
| 1644. 5월 말. | 예배 규칙 |
| 1644. 7. | 크롬웰의 마스턴 무어 전투 승리 |
| 1644. 10. | 교회 정치 규칙, 예배 규칙 |
| 1645. 1. | 교회 정치 규칙 |

---

48 Van Dixhoorn의 허락으로 재 작성 됨.

| 1645. 6. | 성찬식의 허락 |
| --- | --- |
| | 크롬웰의 내스비 전투에서의 결정적 승리 |
| 1645. 7. | 교회 정치 규칙, 신앙고백 |
| 1645. 8. | 성찬식의 허락, 성직자에 대한 검사 |
| 1645. 9. | 신앙고백 |
| 1646. 4. | 교회 정치 규칙, 교회 정치에 관한 신법(*jus divinum*)에 관한 논쟁 |
| 1646. 6. | 교회 정치 규칙, 신법, 신앙고백 |
| 1646. 7. | 교회 정치 규칙, 신법, 신앙고백 |
| 1646. 8. | 신앙고백 |
| 1646. 9. | 신앙고백, 요리문답들 |
| 1646. 10. | 신앙고백 |
| 1646. 12. | 요리문답들 |
| 1647. 1. | 신앙고백 |
| 1647. 4. | 신앙고백, 요리문답들 |
| 1647. 5. | 요리문답들, 성직자들 검사하는 데 며칠을 소비함 |
| 1648. 6. | 잡다한 업무들, 성직자들 검사 |
| 1648. 7. | 성직자들 검사 |
| 1652. 3. | 업무 종료 |

## 7. 1차 내전의 발전과 그 후

얼마 지나지 않아 상황이 뒤바뀌었다. 의회는 1644년 7월 올리버 크롬웰의 지휘 하에 마스턴 무어(Marston Moor)에서, 그리고 1645년 6월 내스비(Naseby)에서 결정적인 승리를 거뒀다. 크롬웰은 천재성을 보여주었다. 그는 과거에 군사적 경력을 전혀 쌓지 못한 인물이었음에도 불구하고 끔찍한 "30년 전쟁"으로 단련된 노장들을 능가하였다. 그는 자신이 선택한 때와 장소에서 벌인 전투에서 패한 적이 없었다. 마침내 1646년에 의회가 승리를 거두었다. 그런데 크롬웰과 그의 병사들 대부분은 장로파가 아니라 독립파였다. 권력의 이동이 불가피했다. 더욱이 다양한 장로파는 웨스트민스터 총회와 의회에서 다수였지만 정치적으로 크롬웰에게 허를 찔렸다.

크롬웰은 권력이 무엇인지 그리고 그것을 어떻게 사용해야 하는지를 알고 있었다. 또한 그는 종교의 자유를 추구하는 면에서 시대를 앞서 있었다. 군대가 상승세를 타고 있을 때에 장로파가 독립파에게 그런 자유를 보장하려 하지 않은 것은 결정적인 정치적 실책이었다. 장로파는 비타협적이었으며 그런 조치의 결과가 무엇일지 상상하지 못했다. 장로파는 또한 정치 상황의 현실을 파악하지도 못했다. 만일 그들에게 적절한 재치가 있었다면 장로교를 잉글랜드 국교회로 만들었을 것이며 독립파에게 예배의 자유를 허용했더라면 군대의 지지를 받았을 것이다. 그러나 스코틀랜드인들은 독립파에게 경악하였다. 그리고 이는 가능성이 있었음에도 불구하고 화해를 고려하게 만들었고 끝내는 남아 있던 희망마저도 잃게 만들었다. 브라이언 레배크(Brian Levack)도 이와 비슷하게 말한 바 있다.

> 잉글랜드 장로파는 스코틀랜드의 종교협력자들에 비해 너무 에라스투스파 성향을 띠었다…스코틀랜드에서 우려와 혐오 대상이던 독립파가 잉글랜드에서 성장한 것이 잉글랜드 장로파의 운명을 결정짓고 말았다. 그것은 스코틀랜드 장로파로 하여금 잠시 왕당파와 동맹을 맺게 만들었으며 실천적 목적에도 불구하고 국가 역사에서 종교적 통일이라는 최후의 희망을 놓치게 만들었다.[49]

결국 찰스는 체포되어 재판을 받고 1649년 1월에 참수형을 당했다. 1649-1660년 동안 공화국(Commonwealth)이 들어서고 크롬웰은 1653년부터 1658년 그가 죽기까지 호국경(Lord Protector)이 되었다. 1660년 찰스 1세의 아들 찰스 2세의 치하에서 왕정이 복구되었으며 통일령(1662)은 2천 명의 성직자들을 자기 교구에서 쫓아내게 만들고 잉글랜드 비국교파(nonconformity)를 만들어냈다. 그 비국교도들은 이 법을 따를 수 없었다. 웨스트민스터 총회는 그 성립 목적을 자기 나라에서 달성하지 못했다.

---

**49** B. P. Levack, *The Formation of the British State: England, Scotland and the Union, 1603-1707* (Oxford: Clarendon Press, 1987), 129.

# 2부

# 신학적 상황

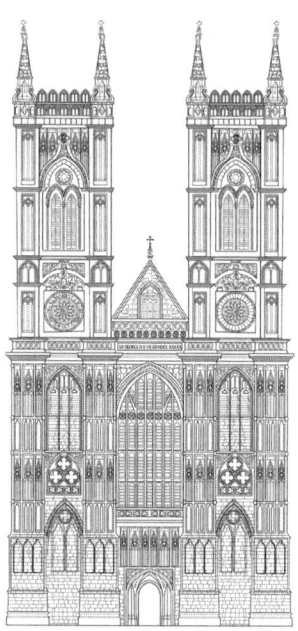

# The Westminster Assembly:

### Reading its Theology in Historical Context

# 제3장
# 잉글랜드의 상황

웨스트민스터 총회를 개최한 목적에 비추어볼 때 이 총회의 작업이 총체적인 실패였다는 것은 대단한 모순이다. "온갖 거짓된 중상과 비방들로부터 잉글랜드 국교회의 교리를 옹호하고 밝히기" 위해서 1차 내전이 시작된 직후에 하원이 설립한 그 총회가 서서히 축소되었던 그때 이르러서는 권력이 돌이킬 수 없을 정도로 군대로 넘어갔다. 그 군대 내에서는 다양한 독립파의 그늘이 지배적이었다. 왕정복고는 어마어마한 반동을 불러 일으켰다. 그 반동은 잉글랜드의 공식적 재가를 받은 그 어떤 가르침도 부정했다. 따라서 그 가르침의 대부분의 해석가들은 스코틀랜드나 북미 출신이었다. 일부 스코틀랜드 해석자들은 잉글랜드의 상황을 거의 부수적인 것으로 간주한다.

우리는 39개 신조에 대해 이 총회에서 이루어진 토론들에 관한 B. B. 워필드(B. B. Warfield)의 경멸적인 논평에 대해 언급했는데, 그는 그런 토론들이 "시간 보내기" 상태에 있었다고 말한다.[1] 전반적으로, 잉글랜드적인 맥락은 무시되었다. 대다수의 주석서들이 보통 서론에서 이 총회에 대한 간략한 역사적인 서술을 제공하고 이후에는 해석의 한 요소로서의 역사적인 맥락을 무시한다. 로버트 쇼 (Rober Show)는 어떤 이들보다는 낫다. 하지만 여전히 그도 이 총회를 스코틀랜드적인 시각에서 본다.[2]

물론 이러한 시각의 문제는 고대의 텍스트이건 현대의 텍스트이건 어떠한 텍스트의 해석에서도 중요한 일이다. 스코틀랜드의 북서부 지방에는 수일벤(Suilven)이라는 주목할 만한 산이 있다. 이 산은 남서쪽에서 볼 때는 가파르게 구근(球根) 모양으로 솟아 있고, 남쪽에서 보면 긴 능선이며, 동쪽에서 볼 때는 톨킨(Tolkein)의 소설에 나올 법한, 공포감을 조성하는 들쑥날쑥한 모습을 띠고 있다. 그 산의 등고선들은 동일하지만, 그 외관은 현저히 다르다. 웨스트민스터 총회의 문서들은 수일벤 산과 유사하며, 인간 행위자(human agent)가 연관되어 배치될 수 있는 어떠한 대상과도 유사하다. 즉 관찰자의 위치에 의해서 조망이 정해지는 것이다.

본래의 맥락 속에서 텍스트를 해석하려고 시도하는 것이 적절한 해석학이다. 맥락적 독법을 있을 법하지 않은 것으로 만드는 것으로서, 부주의하고 기본적인 사전 준비를 하지 못한 두드러진 예가 웨스트민스터 신앙고백을 다루어 최근에 대중적인 인기를 끌고 있는 책의 서론에서 발췌한 다음과 같은 글이다.

---

**1** Warfield, *Westminster Assembly*, 34-35.
**2** Shaw, *Exposition*.

잉글랜드와 스코틀랜드에서 비롯한 다양한 종교적 집단들을 대표하는, 칼빈주의 학자들과 교인들 및 신학자들로 구성된 저명한 단체가 의회의 대표자들과 만났는데, 이는 이른바 웨스트민스터 표준문서들을 만들어내기 위함이었다…대영제국 전역에 걸친 보다 큰 개혁파적 통일이라는 목표를 크롬웰의 통치 기간 중에 얼마간 깨닫게 되었다. 하지만 그러한 목표는 잉글랜드 국교회로의 복귀로 인해 잉글랜드에서는 완전히 무산되었다.³

시대착오와 부정확성의 이러한 결합은 결코 이상한 것이 아니다. 이 총회는 "잉글랜드와 스코틀랜드에서 비롯한 다양한 종교적 집단들"을 대표하지 않았을 뿐만 아니라 대영제국(British Empire)은 미래에 존재했다. 잉글랜드가 식민지를 얼마간 가지고 있었지만, 정치적 실재로서의 "영국인"은 1707년이 되어서야 비로소 존재했음으로 하나의 제국을 가질 수가 없었을 것이다.

더욱이 과도한 주의를 스코틀랜드 위원들에게 기울여 왔다(러더포드, 배일리, 길레스피 등은 밀턴의 기억할 문구에 따르면, "그대들이 스코틀랜드인이라고 부르는 자들"로 불렸다).⁴ 그들은 단지 자문관에 불과했는데, 이 총회에서 투표권이 없는 의회에 파견된 위원들이었다.⁵ 1874년에 미첼(Mitchell)과 스트러더스(Struthers)가 출간한 의사

---

3    J. H. Gerstner, ed., *A Guide: The Westminster Confession of Faith: Commentary* (Signal Mountain, TN: Summertown Texts, 1992), vii.
4    D. Masson, *The Life of John Milton* (London: Macmillan, 1873), 3:468-71.
5    스코틀랜드 위원들은 이 총회의 회원 목록에 없다. 다음을 보라. S87 TH 2.11.43, in Van Dixhoorn, 1:238-40.

록에는 처음 두 권이 포함되어 있지 않다. 그것들이 자신들의 스코틀랜드 독자들에게는 거의 관심이 없을 잉글랜드의 문제들을 다루고 있기 때문이다. 출간 사업이 자금이 부족해서 1904년에 좌절되었을 때, 처음 두 권의 속기 기록은 아직 일반 글자로 옮겨 써지지 않았다.[6] 한편, 대요리문답에 큰 영향을 미친 안토니 터크니(Anthony Tuckney)와 같은 이 총회의 구성원들은 실질적으로 무시되었다.[7] 보다 대중적인 주석서들에 관해서 말하자면, 이러한 저작들은 역사적 상황에 관해서는 전혀 다루지 않는다.[8] 마치 이 총회는 특정 시간에 제한받지 않는, 다시 말해 역사를 넘어서 정지되어 있는 듯하다.

이에 더하여, 어떤 설득을 받았든지 간에 사실상 모든 사람이 최후의 승자인 왕정복고 시대 역사가들이 주장하는 편견을 받아들였다. 이러한 표준적인 견해에 따르면, 웨스트민스터 총회의 대부분을 구성하는 장로파 청교도들은 극단주의자들이었지 잉글랜드 국

---

[6] Van Dixhoorn, 2:xli; A. F. Mitchell and J. Struthers, eds., *Minutes of the Sessions of the Westminster Assembly of Divines While Engaged in Preparing the Directory for Church Government, Confession of Faith and Catechisms (November 1644 to March 1649): From Transcripts of the Originals Procured by a Committee of the General Assembly of the Church of Scotland* (Edinburgh: William Blackwood and Sons, 1874).

[7] 웨스트민스터 총회를 스코틀랜드 장로교에 맞춘 잉글랜드의 실천으로 보는 자들에 반대하며, 당시의 스코틀랜드 장로교의 모임들은 잉글랜드로부터 온 이들에게 지나치게 맞추어졌다고 본다. 예전에 있어서 사도신경과 주기도문 사용, 해석 없는 성경 읽기, 설교 전 성직자의 기도, 성경을 낭독하는 집사(프랑스와 네덜란드 개혁파 교회에서 시행되던 것) 등이 포기되었다. 이 모든 것은 낙스 이후의 스코틀랜드 교회의 것이었다. 다음을 보라. J. B. Torrance, "Covenant or Contract? A Study of the Background of Worship in Seventeenth-Century Scotland," *SJT* 23 (1970): 71-73. G. W. Sprott, *The Worship of the Church of Scotland During the Covenanting Period, 1638-1661* (Edinburgh: William Blackwood and Sons, 1882), 34-49으로부터 인용.

[8] E.g., Vos, *Larger Catechism*; G. I. Williamson, *The Westminster Confession of Faith for Study Classes* (Philadelphia: Presbyterian and Reformed, 1964).

교회를 대표하는 게 아니었다.

존 헨리 뉴먼(John Henry Newman)은 잉글랜드 국교회는 로마 가톨릭교회와 개신교 사이의 중도(*via media*)에 구속되어 있다는 자신의 주장으로 이러한 관념에 더 큰 자극을 가하였다. 자신의 유명한 논문 90(Tract 90, 1841)에서 그는 39개 신조를 트리엔트 공의회와 일치시켜서 해석할 수 있다고 강조했다. 그는 로마 가톨릭교회로 옮겨간 뒤에 『기독교 교리의 발전에 관한 논고』(*An Essay on the Development of Christian Doctrine*, 1845)에서 일반 개신교가 역사와 교회의 발전을 싫어한다고 비판했다. 그는 주장하기를 "역사에 몰두하는 것은 개신교도이기를 그만두는 것"이기 때문에 개신교는 역사의 기독교가 아니라고 했다.[9]

이러한 생각은 장로교도들을 교회와 국가 양쪽 모두를 불안정하게 하는 극단주의자로 묘사했다. 이러한 선동은 대단히 효과적이어서, 최근까지도 왕정복고 시대 역사가들의 이러한 결론들은 사실상 의심의 여지가 없는 것으로 받아들여졌다. 윈스턴 처칠은 제2차 세계대전 중에, 그는 자신을 호의적으로 기술할 것이므로 역사도 자신을 그렇게 묘사할 것이라고 자신 있게 예언했다.[10] 1660년의 승자들 역시 공인된 전통을 기술했다. 이러한 패러다임이 일반적으로 받아들여져서, 특히 장로교 사람들한테는, 그리고 잉글랜드 국교회의 서투른 모방들은 로마 가톨릭교회에 이르는 중간지점으로 여겨졌다. 그리고 그것은 이 총회의 신학과 그 신학에 선행하는 것의 관

---

9   J. H. Newman, *An Essay on the Development of Christian Doctrine* (Notre Dame, IN: University of Notre Dame Press, 1989), 7-11.

10  R. Jenkins, *Churchill: A Biography* (New York: Farrar, Straus and Giroux, 2001), 819.

계에 관한 인식에 영향을 미쳤다. 요컨대, 보다 넓은 맥락에서 이 총회와 그 신학적 문서들을 보다 정확히 자리매김하는 것이 절박하게 필요하다.

## 1. 잉글랜드적인 맥락 속에서의 웨스트민스터 총회

웨스트민스터 총회를 고찰하려면, 어떠한 권력이나 사법권도 없으면서,[11] 잉글랜드 국교회의 종교 39개 신조를 개정하는 것을 첫 번째 과업으로 갖는,[12] 의회의 특별자문위원회라는 잉글랜드의 상황 속에 이 총회를 자리매김해야 한다. 우리는 앞 장에서 이러한 가운데 이 총회가 그저 "시간 보내기" 상태에 있었다는 워필드의 주장의 허위성에 대해서 얘기했다. 이에 관해서는 워필드 이전에 윌리엄 헤더링턴(William Hetherington)이 있었다. 그는 경멸적으로 이렇게 말했다. "아무런 실제적인 결과를 낳지 않았으며, 미완인 채로 갑자기 끝나버려서, 이 총회의 실제적인 활동의 어떤 부분을 구성한다고 제대로 말할 수 없는 활동의 그런 부분을 밝혀낸다는 것은 불필요한 일이다. 우리는 오히려 "엄숙 동맹과 언약"(Solemn League and Covenant)의 형성에 직접적인 주의를 기울이자."[13]

---

11  전반적인 잉글랜드의 정황에 대해서는, W. A. Shaw, *A History of the English Church During the Civil Wars and Under the Commonwealth, 1640–1660* (2 vols.; London: Longmans, Green, 1900)을 보라. 이 책은 여전히 가치가 있다.

12  Norris, "Thirty-Nine Articles"를 보라.

13  Hetherington, *History*, 122. 이 책에는 유용한 정보와 논평이 얼마간 있지만, 이 책의 많은 부분이 공공연한 반잉글랜드적인 편견과 역사적 부정확성-스코틀랜드 위원들을

1843년에, 에딘버러에서 서쪽으로 조금 떨어져 있는 토피첸 맨스에서 이루어졌으며 영향력이 멀리까지 미친 자신의 연구에서, 헤더링턴은 그의 독자들이 잉글랜드와 직접적으로 관련된 문제들을 무시할 수 있다는 사실을 잘 알고 있었다. 다른 한편, 그들은 웨스트민스터 총회에 직접적으로 관련되어 있었다. 노리스(Norris)가 지적하는 대로, 하원으로부터 최초로 받은 명령은 교리에 관한 것이었을 뿐만 아니라, 이러한 초기의 토론들이 많은 시간이 흐른 뒤에 이 총회를 구해내기도 했다.[14] 이것은 또한 알렉산더 미첼의 평가이기도 했는데, 워필드도 그렇게 평가했다. 미첼은 39개 신조의 개정에 관한 토론들이 "아마도 후대에 발생한 어떠한 토론들만큼 교리적 관점에서 중요할" 것이라고 기술했다.[15]

다시금, 반 딕스훈(Van Dixhoorn)은 초기의 논문에서 잉글랜드 국교회 교도들을 설교를 원하지 않았으며 신성한 예배에서는 성경을 낭독하는 것으로도 충분하다고 생각한 사람들과 동일시한다.[16] 설교에 대한 이러한 혐오는 로드(Laud)의 지휘하에 내전 이전에 나타났으며, 일부 주교 관구들에서 활기차게 수행됐는데, 매튜 렌(Matthew Wren)에 의해서 노리치와 엘리, 윌리엄 피어스에 의해서 배스와 웰즈와 같은 관구들에서 그러했다. 그들은 설교가 갈 데까지 갔으며, 설교는 더 이상 필요치 않다고 주장했다. 특히 통상적으

---

웨스트민스터 총회의 구성원으로 열거하는 것을 비롯하여-에 의해서 훼손된다.

**14** Norris, "Thirty-Nine Articles," xviii-lx.
**15** Mitchell, *Westminster Assembly*, 121.
**16** C. B. Van Dixhoorn, "Anglicans, Anarchists, and the Westminster Assembly: The Making of a Pulpit Theology" (Th.M. thesis, Westminster Theological Seminary, 2000), 70-1.

로 오후에 열리는 만도(晚禱, evensong)에서 설교를 근절하려는 시도가 이루어졌다. 매튜 렌은 자신의 주교 관구에서 설교를 근절시켰다.[17] 하지만 그런 정책들은 엘리자베스 1세 시대의 기도서에 실린 "사제 성직 서임"(The Ordering of Priests)을 위한 형식에 반하는 것이었다.

> 안수를 할 때, 안수를 받는 사람들은 겸손하게 무릎을 꿇고, 주교를 말하기를…"그대는 하나님의 말씀과 그분의 거룩한 성례들의 성실한 집행자가 되라. 성부와 성자와 성령의 이름으로, 아멘." 그런 다음에 주교는 무릎을 꿇고 있는 그들 한 사람 한 사람에게 성경을 그의 손에 건네주고서 이렇게 말해야 한다. "그대는 하나님의 말씀을 전하고, 그대가 합당하게 그곳에 임명될 회중 속에서 거룩한 성례들을 집행할 권한을 받으라."[18]

잉글랜드 국교도의 교리가 규정하는 것에 반대하는 이들을 도저히 "잉글랜드 국교도"라고 할 수 없다. 후에, 반 딕스훈은 하이델베르크 요리문답에서의 유사한 관련들에 대해 언급함으로써, 왕국의 열쇠들에 관한 이 총회의 논평들을 유용하게 설교와 결부시킨다. 하지만 "공동 기도서"(the Book of Common Prayer)에도 사제들에 대한 서품식에 이 내용이 있다.[19]

---

**17**   Davies, *Caroline Captivity*, 132-43.
**18**   *The Book of Common Prayer* (Oxford: Oxford University Press, n.d.), 602.
**19**   C. B. Van Dixhoorn, "Anglicans, Anarchists," 102.

## 2. 왕정복고 이전의 잉글랜드 국교회 신학에 관한 최근의 재평가

근래 들어서, 왕정복고 이전의 잉글랜드 국교회 신학에 관한 중대한 재평가가 있었다. 이번에는, 이것은 이 총회와 재평가된 신학의 관계에 대한 재평가를 필요로 한다. 잉글랜드의 위대한 개혁가 토마스 크랜머(Thomas Cranmer)에 관한 그의 권위 있고 널리 갈채를 받는 비평적인 전기에서, 디아메이드 맥클로흐(Diarmaid MacCulloch)는 크랜머가 자신의 생애 전반에 걸쳐서 대륙의 개혁파 교회들 및 신학자들과 많은 접촉이 있었음을 입증한다.

물론 그가 헨리 8세의 아라곤의 캐더린과의 유명한 이혼을 성사시키려고 유럽으로 여행을 하던 차에 뉘른베르크에서 재혼한 것은 잘 알려진 사실이다(그의 첫 번째 부인은 출산 중에 사망했다).[20] 이는 로마와의 결별 전에 이루어진 한 잉글랜드 국교회 사제의 대담한 행동이었다. 그의 아내는 개혁가 오시안더(Osiander)의 아내의 조카딸이었다.[21] 그후 그의 생애는 잉글랜드 국교회를 대륙의 개혁파 교회들과 일치시키려는 올바르지 못하지만 끈덕진 시도였다. 이는 1547년의 에드워드 6세의 즉위로 진척되었지만 메리 치세에 갑자기 역전되었으며, 그 과정에서 크랜머는 목숨을 잃게 되는 역정(歷程)이었다. 엘리자베스가 1558년에 즉위한 후에, 메리의 약탈 행위는 제거되지만 크랜머의 역정은 그 정점에 미치지 못하고 동결되었다.

맥클로흐는 "(그의 생애를) 요약하면…교회의 복음주의적 개혁

---

[20] MacCulloch, *Thomas Cranmer*, 21-22.
[21] Ibid., 69-72.

을 진척시키려는 그의 맹렬한 결심이다"[22]라고 말했다. 크랜머의 "중도"(middle way)는 종교개혁과 로마 가톨릭교회의 중간 지점이 아니라 "비텐베르크와 취리히"의 중간 지점이었다. 이는 부처와 칼빈이 밟은 길이었다. 그는 성경과 신조들 그리고 초대 교회의 위대한 공의회들에 기초하여 가톨릭교회를 재건하려고 노력한 개혁파적 가톨릭교도"였다.[23] 이는 크랜머에 대한 미첼의 초기의 부정적인 평가와 뚜렷이 대조를 이루는데, 미첼은 그를 섭정 가운데서도 물질의 혜택을 누리지 않은 사람으로 평가했다.[24]

이와 마찬가지로 재평가되는 사람이 역사적 잉글랜드 국교회의 요체로 널리 간주되는 리차드 후커(Richard Hooker)였다.[25] 스핑크스(Spinks)는 퍼킨스(Perkins)와 후커에 관한 자신의 평가에서 두 사람 모두 "토대가 광범위한 개혁파 신학 내에 굳건히 서있다"는 것을 밝혀낸다. 후커는 "결코 개혁파적 입장에서 벗어나지 않는다." 후커와 퍼킨스는 두 사람 다 39개 신조의 합법적인 해석자들이었다. 하지만 "후커는 자신의 신학이 1559년 기도서에 표현되어 있다고 생각하는데, 퍼킨스는 자신의 신학이 그 기도서에 의해서 부정된다는 암시를 전혀 하지 않았다."[26] 스핑크스는 주장하기를, 이 두 사람은 강조점이 서로 다르며, 1630년에 퍼킨스가 후커보다 잉글랜드 국교회의 견해를 더 많이 대표했다고 한다.[27] 그렇지만 후커는 훌륭하

---

22 Ibid., 630.
23 Ibid., 617.
24 Mitchell, *Westminster Assembly*, 21-23.
25 Kirby, *Royal Supremacy*; Spinks, *Two Faces*; Atkinson, *Richard Hooker*.
26 Spinks, *Two Faces*, 160-62.
27 우리는 교회의 예배를 지배하는 원리들에 대한 분명한 차이점들이 있었다는 데 유의해야

게 기도서를 수호했으며, 퍼킨스는 아무런 행동도 하지 않았다. 그래서 후커는 왕정복고 이후의 잉글랜드 국교회에 대한 보다 유용한 정보원(源)이 되었다. 특히 그가 이자악 월튼(Izzack Walton)의 『후커의 생애』(*Life of Hooker*)에 의해서 주의깊게 부당한 것들이 제거된 후에 그러했다. 이 책에서 『교회 행정 조직법』(*Lawes of Ecclesiastical Polity*)의 마지막 3권은 불신을 받았다.²⁸

이전에도 피터 레이크(Peter Lake)가 다른 견해를 제시했었다. 그는 주장하기를, 후커는 캔터베리 대주교 로드가 우위를 차지하고 있는 동안에 결실을 맺게 된 성례전 중심적인 경건이라는 새로운 스타일로 주로 유명하다고 했다. 그래서 레이크는 이것에 있어서는 란슬로트 앤드류스(Lancelot Andrews)와 존 부커리지(John Buckeridge)가 후커를 따랐다고 주장한다.²⁹

잉글랜드의 종교개혁자들과 39개 신조는 루터파 교회들보다는 오히려 어거스틴과 대륙의 개혁파 신학자들의 신학에 기울어 있었다.³⁰ "람베드 신조"(Lambeth Articles, 1595)는 대주교 휘트기프트(Whitgift)의 승인과 감독을 받은, 명확히 칼빈주의적인 문서이다. 하지만 공식적인 잉글랜드 국교회 교리로 정식으로 채택된 적은 한

---

한다. 우리는 본서 제13장에서 이 문제를 검토할 것이다.

**28** Spinks, *Two Faces*, 168-71.

**29** P. Lake, *Anglicans and Puritans? Predestinarianism and English Conformist Thought from Whitgift to Hooker* (London: HarperCollins, 1988) 4장; Lake, "Lancelot Andrewes, John Buckeridge and Avant-Garde Conformity at the Court of James I," in *The Mental World of the Jacobean Court* (ed. L. L. Peck; Cambridge: Cambridge University Press, 1991), 113-33.

**30** Mitchell, *Westminster Assembly*, 346; 참조. P. E. Hughes, *The Theology of the English Reformers* (Grand Rapids: Eerdmans, 1965).

번도 없었다. 휘트기프트 자신은 윌리엄 바레트와 피터 바로(Peter Baro)의 견해들을 거부하는 데서 쓸모 있는 역할을 맡았는데, 그들은 택함을 받은 자들도 총체적으로 그리고 최종적으로 은혜에서 떨어질 수 있다고 주장했었다. 이와 동시에, 휘트기프트는 바레트와 바로의 으뜸가는 반대자인 윌리엄 휘테이커(William Whitaker)의 초안을 온건하게 했다. 람베드 신조는 택함을 받지 못한 자들은 "자신들의 죄 때문에"(*propter peccata sua*) 지옥에 떨어진다고 진술하는데, 이는 WCF 3.7에서 반향을 발견하게 될 것이었다. WCF 3.7에서는 택함 받은 자들이 아닌 인류의 나머지는 "그들의 죄 때문에 수치와 진노을 당하도록 정해져 있다"고 한다.[31] 1615년에 개최된 아일랜드 성직자 대회는 람베드 신조를 통합시키도록 허락을 받았다. 1618년에, 조지 애보트 대주교의 승인을 받아서 제임스 1세가 도르트에 파견한 영국 대표단은 잉글랜드에서 고백된 신앙의 증거로 람베드 신조를 가지고 갔다.[32]

칼빈주의는 후커 이후에도 몇 세대 동안 계속해서 잉글랜드 국교회의 중추가 되었다. 스콧 클라크(R. Scott. Clark)는 웨스트민스터 총회의 시대에 이르기까지 옥스퍼드에서는 칼빈주의자들이 우위를 점하고 있었다고 지적한다. 1630년대까지의 박사 논문들이 상례적으로 칼빈주의적 입장들을 옹호했듯이, 칼빈주의는 필요불가결한(*de rigeur*)것이었다. 실로 웨스트민스터 총회에 참석한 적극적인

---

31 Porter, *Reformation and Reaction*, 368-69; Schaff, *Creeds*, 3:523; R. W. A. Letham, "Saving Faith and Assurance in Reformed Theology: Zwingli to the Synod of Dort" (2 vols.; Ph.D. thesis, University of Aberdeen, 1979), 1:286-89.

32 Mitchell, *Westminster Assembly*, 350.

신학자들의 1/3이 옥스퍼드에서 공부했다.[33] 1611년부터 1633년까지 캔터베리 대주교로 재임한 조지 애보트도 칼빈주의자였다. 가장 큰 국제적인 개혁파 종교 회의였던 도르트 회의(Synod of Dort, 1618-19)에 파견된 영국 대표단 또한 잉글랜드 국교회 교도였다. 조지 칼레턴(랜다프의 주교), 존 대버넌트(레이디마가렛 신학부 교수, 케임브리지대학교), 사무엘 워드(시드니서섹스칼리지 학장, 케임브리지대학교), 월터 발칸퀼(하원 의원, 펨브로우크 홀, 케임브리지대학교, 스코틀랜드 장로교를 대표함), 토마스 고우드(캔터베리 대주교 보좌 사제), 조셉 홀(잉글랜드의 우스터 주교좌 성당의 수석 사제, 그는 병 때문에 참석할 수 없었다) 등이 이 대표단에 포함됐다.[34]

앤드류 페테그리(Andrew Pettegree)는, 대륙과 잉글랜드의 출판업자들의 책 목록들, 즉 케임브리지의 의지로 남겨진 책들과 영어로 출판된 신학적인 저작들에 대한 그의 광범위한 조사에서, "엘리자베스 1세 시대 잉글랜드에서의 지배적인 신학적 영향력으로서의 칼빈의 뛰어난 지위"를 확인한다. 칼빈은 잉글랜드 그 자체를 비롯하여 출신이 어디든지 간에 모든 경쟁자들을 쉽사리 압도한다. 더욱이 "이러한 증거에 의거하면 잉글랜드는 번역된 칼빈의 저작들을 위한 단연 가장 큰 시장이었다." 잉글랜드 교회의 "칼빈주의적

---

33 R. S. Clark and J. R. Beeke, "Ursinus, Oxford, and the Westminster Divines," in *Westminster Confession into the 21st Century* (ed. Duncan), 2:5-7.

34 J. Platt, "Eirenical Anglicans at the Synod of Dort," in *Reform and Reformation: England and the Continent c1500–c1750* (ed. D. Baker; Oxford: Blackwell, 1979), 221-43; R. Letham, *Assurance in Theological Context: Reformed Dogmatics 1523–1619* (Rutherford Studies in Historical Theology; Edinburgh: Rutherford House, forthcoming); W. R. Godfrey, "Tensions Within International Calvinism: The Debate on the Atonement at the Synod of Dort" (Ph.D. dissertation, Stanford University, 1974).

일치"는 고스란히 그대로 있었다. 실로 칼빈주의가 대륙에서 위협을 받고 있는 것 같았을 때에도, 기꺼이 도와줄 거라는 확신을 갖고서 도움을 요청한 곳이 잉글랜드였다.[35]

안토니 밀턴(Anthony Milton)은 도르트에서 이루어진 영국 대표단의 사역에 관한 다량의 문서적 증거를 제시했다. 밀턴이 재출간하는 광범위한 통신문에는 대표단의 구성원들과 제임스 1세 및 그 밖의 사람들 간에 오고간 116통의 편지와 대표단원들과 다른 사람들 간의 신학적 서한들이 포함된다. 게다가 그는 이 회의의 다양한 측면들에 대한 대표단의 판단과, 대회 의장인 요한네스 보거만(Johannes Bogerman)을 비롯한 인물들 사이에 오고간 편지들을 포함시킨다. 그는 대표단원들이 고국으로 돌아온 후에 그들이 이 회의에 대해 행한 언급들까지도 포함시킨다. 그 대표단은 잉글랜드 국교회를 대표하기 위해서 제임스 1세와 애보트 대주교에 의해 파견되었다.

왕정복고 시대 및 왕정복고 시대 이후 신학에 영향을 받은 잉글랜드 국교회 학자들은 그 주제가 제기될 때마다 이 회의를 잊거나 이 회의의 합법성을 인정치 않으려고 전력을 다했다. 밀턴은 지적하기를, 가장 중요한 국제적인 개혁파 종교 회의인 이 회의에 잉글랜드 신학자들이 참석한 것은 "그때 이후로 국교회 학자들과 교회 역사가들 사이에 고통스러운 토론"을 야기시켰다고 한다.[36] 실로

---

**35** A. Pettegree, "The Reception of Calvinism in Britain," in *Calvinus Sincerioris Religionis Vindex = Calvin as Protector of the Purer Religion*, ed. W. H. Neuser (Kirksville, MO: Sixteenth Century Journal Publishers, 1997), 267–89, esp. 280–82, 289.

**36** Milton, *British Delegation*, xviii.

"전반적인 경향은…도르트 회의가 잉글랜드 국교회와 무엇이든 관계가 있었다는 사실을 부인하는 것이었다."[37]

그 대표단이 프랑스와 스페인에 맞서 네덜란드의 지원을 확보하는 것에 대한 제임스의 정치적 관심을 나타내고 있었던 것만은 아니었다는 것은, 그들의 교회를 위한 대변인으로서의 그들의 자기동일시(self-identification)에서 분명히 알 수 있다. 그들은 자신들이 잉글랜드 국교회의 교리서들을 올바르게 나타내고 있지 않다는 고마루스(Gomarus)의 비난에 강하게 반발했다.[38] 도르트에 가도록 선발될 수 있었을 다른 교파들의 다른 잉글랜드 신학자들이 있었을지도 모르지만—란슬로트 앤드류스(Lancelot Andrews)는 명백한 후보자 중 한 사람이었다—그리고 네덜란드 교회를 제외한 모든 교회가 도르트 신조에 구속되어 있었다는 것은 의심의 여지가 없었고, 적어도 한 세대 동안 잉글랜드 국교회를 도르트에서 떼어놓으려는 중대한 시도는 없었으며, 공화정(the Commonwealth, 1649-60)이 끝나가는 무렵까지 그러했다.[39] 제임스 자신은 그런 결과를 흡족해 했으며, 대표단원들은 모두 고속 승진을 했다.[40]

또한 그 대표단의 구성원들은 단순히 참관자(observer)였던 것도 아니었다. 조지 칼레턴(George Carleton) 주교는 사적인 모임들을 주선했는데, 그런 모임들에서 다양한 대표단들 사이의 의견 차이가 논의되어서 합의에 도달했다. 이는 네덜란드 대표단이 브레멘 대표

---

37  Ibid., xx.
38  Ibid., xxvii.
39  Ibid., xviii, xlix-l.
40  Ibid., lii.

단과 특히 마티아스 마르티니우스와 불화를 빚고 있었던 경우에 더욱 그러했다.[41] 1626년, 칼레턴 주교는 윌리엄 바레트와 피터 바로의 원(原) 아르미니우스 교리들을 부활시키는 것에 대해서 그리고 람베드 신조를 지지하는 사람들을 청교도로 부르는 것에 대해서 몬테규 주교를 비난했다. 그는 이러한 비난에서 어셔와 다우네임, 대버넌트 및 조셉 홀의 지지를 받았다.[42] 스핑크스가 주장하듯이, 이것은 "왕정복고 이념이 부정하고자 했으며 옥스퍼드 운동이 원치 않았던 과거"이다.[43]

초기에는, 미첼도 1세기 이전의 교회 개혁을 위한 잉글랜드 운동과 웨스트민스터 총회의 신학의 연속성을 강조했다.[44] 도르트 대표단의 칼레턴 주교는 "비록 청교도들이 그들이 생각하는 기강에 대해 우리의 교회를 불안하게 했지만, 그들은 우리 교회의 교리에 대해서 결코 어떠한 싸움도 일으키지 않았다…양 당사자가 교리에서 상호 간의 동의를 받아들인다는 것은 주교들과 청교도들 양쪽 모두의 열린 신앙고백이었다."[45] 미첼은 주장하기를, "웨스트민스터 총회에서 정점에 도달한 그 운동은 가능하다면 어거스틴주의와 잉글랜드 개혁파 신학을 부흥시키려고 계획되었다."[46]

강한 토착적인 선례들이 있었는데, 부처와 피터 마터의 강력한 영향뿐만 아니라, 안셀름, 브래드워딘, 틴들, 프리스, 반즈 등이

---

**41** Ibid., 193-95.
**42** Mitchell, *Westminster Assembly*, 351.
**43** Spinks, *Two Faces*, 173-74.
**44** Mitchell, *Westminster Assembly*, 1-97.
**45** Mitchell, *Westminster Assembly*, 335에 의해서 인용됨.
**46** Mitchell, *Westminster Assembly*, 336.

그러하다. 미첼은 1553년의 라틴어 신조와 부처와 마터의 선출에 관한 견해들의 밀접한 관련을 지적하면서, 칼빈의『기독교 강요』(*Institutes*) 1543년도 판과 1563년의 39개 신조 17조의 유사성에 대해 말한다.⁴⁷ 16세기 잉글랜드에서 칼빈과 불링거 및 마터의 저술들과의 밀접하고 정기적인 접촉이 있었다는 것은 잘 알려져 있다. 철저한 신학적 공통점이 있었다는 것은 람베드 신조와 1604년의 햄튼 궁정 회의, 아일랜드 신조의 승인(1615), 그리고 1618년에 도르트에 파견된 대표단을 통해 알 수 있다. 비청교도들은 어거스틴주의가 잉글랜드 국교회의 교리라는 사실을 인정했다. 이러한 교리를 고수하는 사람들은 "청교도들"이라고 부르는 풍조가 일어난 것은 찰스 1세의 치세에만 있었다. "로드 대주교의 시대에 이르기까지 대학에서는 어거스틴주의를 따르는 신학 교수들의 거의 계속적인 계승이 있었다…게다가 강단에서 그와 동일한 신학을 전하거나 언론을 통하여 그러한 신학을 상세히 설명하는 수많은 사람이 있었다."⁴⁸

이는 잉글랜드 국교회 지도자들의 저술들에서도 분명히 알 수 있는데, 그들은 치리와 의식들의 그 이상의 개혁을 강요하는 사람들에 맞서 엘리자베스 여왕의 왕위 계승을 수호했다. 휘트기프트 후임이자 애보트 전임 캔터베리 대주교인 밴크로프트의 보좌사제가 될 토마스 로저스(Thomas Rogers)는 1585년과 1587년에, 39개 신조에 표현된 잉글랜드 국교회의 교리는 대륙에 있는 개혁과 교회들의 고백들과 일치하며, 잉글랜드 그 자체에서는 그 교리에 대한 분쟁이 없었다고 기술했다. 비록 그가 청교도는 아니었지만—그는 노

---

**47** Ibid., 336-46.
**48** Ibid., 352-53.

회(presbyteries)를 도입하려는 시도에 격렬하게 반대했으며, 교회는 성경에 정해져 있지 않은 의식이나 축제일들을 허락할 권리가 없다는 주장들을 거부했다—그는 일관성 있는 철저한 칼빈주의자로서, 이중예정, 이신칭의 등 39개 신조의 모든 교리를 수호했다.[49] 그의 주적은 교황주의자들과 로마 가톨릭교회였다.

> 우리 모두는 정해진 공중기도 형태에 찬동하며(법이 부여한 자유에 따라) 일부 결의안을 겸손히 받아들인다. 우리 모두는 잉글랜드 신조를 포용하며 그에 대항하는 이단적인 견해들을 부인한다.[50]

하지만 잉글랜드 국교회 내에 토착적인 잉글랜드 개혁파 신학의 또 다른 긴장이 있었다. 이는 웨스트민스터 총회에서 표면화되고 때로는 오해를 받기도 한 긴장이었다. 조나단 무어는 이것을 "잉글랜드의 가정적 보편구원론"(English hypothetical universalism)이라고 한다. 이것에 의해서 무어가 의도하는 바는 그것, 그리고 도르트와 웨스트민스터 사이에 나타난 아미로주의(Amyraldianism)를 구별하는 것이다. 통상적으로 이들 두 운동은 동일한 것으로 여겨진다. 그렇지만 잉글랜드의 가정적 보편구원론자들은 존 카메론(1579-1625)의 운동을 모세 아미로(Moyse Amyraut)의 주저, 1634년에 이루어진 『예정론에 관한 간략한 논문』(*A Brief Treatise on Predestination*)의 출간과 소뮈르보다 더 이전의 일이라고 추정한다. 더욱이 아미로가 개혁파

---

**49** Rogers, *English creede*. 참조. 예. 59-67 on article 17.
**50** Ibid., preface [3].

의 교리 순서를 바꾸어서 선택 교리를 그리스도 파송 교리 뒤에 배치하지만, 잉글랜드 신학자들은 타락후예정론(infralapsarian)의 입장에 서든지 타락전예정론(supralapsarian)의 입장에 서든지 간에 원래의 순서를 유지했다.[51] 아미로는 주장하기를, 하나님은 그리스도의 죽음이 모든 사람을 위한 것이고자 하시지만, 모든 사람이 다 믿지는 않을 것을 예견하시고서, 하나님은 일부를 선택하신다고 했다. 선택과 구속 사이에는 간극이 있었다.

잉글랜드 신학자들은 그리스도는 만인을 위해 죽으셨지만, 그들이 믿을 경우에 조건적 구원을 얻는다고 주장했다. 무어는 주장하기를, 이것이 고등 칼빈주의(high Calvinism)의 스콜라 신학으로부터의 퇴각이 아니었던 것은, 모든 사람이 스콜라 신학적 방법들을 사용했기 때문이며, 사실 가정적 보편구원론자들은 스콜라 신학의 논리에 전적으로는 아니지만 비교적 많이 의존했다고 한다.[52] 이것은

---

[51] 타락후예정론자들과 타락전예정론자들 간의 토론은 하나님의 마음 속에 있는 작정들의 순서와 관계가 있다. 하나님이 자신의 마음 속에 있는 작정들의 순서를 계시하려고 하시지 않는 한 우리가 그 순서를 알 수 있는 방도란 없기 때문에, 이 문제는 본질적으로 사변적이다. 하지만 그 문제는 그럼에도 불구하고 전체로서의 신학이 어떻게 다루어졌는가에 대한 중대한 결과가 있는 실제적인 문제였다. 타락후예정론에 대해서, 선택의 작정은 타락을 허용하는 작정의 아래(beneath [infral])이거나 이후(after)이다. 따라서 선택된 자들은 하나님의 마음 속에서 이미 타락한 것으로 생각된다. 이러한 사고방식은 구속사적 성취를 따르려고 시도한다. 다른 한편, 타락전예정론은 선택의 작정을 타락을 허용하는 작정에 선행하는 것으로 여긴다. 이 견해에서는, 하나님의 목적에서 첫 번째 것은 그가 자신을 위하여 한 백성을 선택하는 것이다. 피택자들은 잠재적으로 타락할 수 있는 것으로 생각된다. 타락전예정론은 작정들에서의 논리적 순서를 따른다. 현실에서 마지막으로 드러나는 것이 실상은 가장 먼저 의도된 것이다. 그 결과, 타락전예정론은 일련의 신학적 문제들을 주로 선택의 작정에 의해서 결정되는 것으로 간주하는 경향이 있다.

[52] Moore, *English Hypothetical Universalism*, 217-22.

칼빈과 종교개혁의 순수한 성경신학이 부흥한 아리스토텔레스 철학의 적용으로 훼손되었다는 이전까지의 개념을 반박한다. 이러한 관점을 대중화 한, 한스 에밀 웨버, 브라이언 암스트롱[53]의 주장은 칼 트루만과 스콧 클라크가 공동 편집한 스콜라주의에 대한 저작에 기고한 리차드 멀러 및 기타 저자들로 인해 더욱 약화된다.[54]

이런 경향의 신학의 출현을 촉진한 것은 변화된 역사적 맥락이었다. 종교개혁의 시대는 지나갔다. 종교개혁은 확립되었으며 공고화가 필요했다. 도전들은 아르미니우스파에서 나타났다. 무어는 다음과 같이 진술한다.

> 일단 잉글랜드와 스코틀랜드가 16세기에 개혁파 신앙이 국가 종교로 확립된 유일한 나라들이라는 사실을 고려한다면, 잉글랜드 국교회의 17세기 교구 설교자들과, 적그리스도의 거짓된 교회에 둘러싸인 자신들의 모여든 회중들 속에 있었던 16세기 대륙의 종교개혁 지도자들의 단순한 비교는 불가능해졌다. 스

---

53 B. G. Armstrong, *Calvinism and the Amyraut Heresy: Protestant Scholasticism and Humanism in Seventeenth-Century France* (Madison: University of Wisconsin Press, 1969); H. E. Weber, *Reformation, Orthodoxie und Rationalismus* (2 vols. in 3; Gutersloh: C. Bertlesmann, 1937-51).

54 C. R. Trueman and R. Scott Clark, eds., *Protestant Scholasticism: Essays in Reassessment* (Carlisle: Paternoster, 1999); R. A. Muller, "Scholasticism in Calvin: A Question of Relation and Disjunction," in *Calvinus Sincerioris Religionis Vindex* (ed. Neuser), 247-65; R. A. Muller, *The Unaccommodated Calvin: Studies in the Foundation of a Theological Tradition* (New York: Oxford University Press, 2000); R. A. Muller, *After Calvin: Studies in the Development of a Theological Tradition* (Oxford: Oxford University Press, 2003); R. A. Muller, *Christ and the Decree: Christology and Predestination in Reformed Theology from Calvin to Perkins* (Grand Rapids: Baker, 1986).

코틀랜드와 더불어, 잉글랜드는 하나님과 언약을 맺은 섬이었다(즉 잉글랜드와 스코틀랜드만).[55] 시민권과 교회의 교인됨은 한 개의 동전의 양면이었을 뿐이며, 선택과 핍박은 서로 연관되지 않았다.[56]

이어서 무어는 교구 전체가 회중과 같은 공간에 걸쳐 있었지만 모두가 경건하지는 않았다고 설명한다. 잉글랜드는 불경건한 경건한 국가(ungodly godly nation)였다. 따라서 세례가 아니라 성찬이 입교식의 성례와 복음을 값없이 제공하는 것의 초점이 되어서, 가정적 보편구원론의 언약적 및 구원론적 구조들을 촉진시켰다.[57] 잉글랜드의 칼빈주의는 외생(外生)적 피조물이었다. 무어는 "칼빈주의자"(Calvinist)라는 명칭의 성급한 적용을 피해야 하는 것은, 그것이 예정론적 믿음들의 스펙트럼이 아래에 있기 때문이라고 충고한다.[58] 하나님의 작정에 토론의 초점이 맞추어지고 많은 사람이 자신들의 손에 쥔 아미로의 저서들로 더럽혀진 때, 이것이 웨스트민스터 총회에서 더욱 명확해진다.

---

**55** 잉글랜드는 대영제국(Great Britain)이라 불리는 더 큰 섬의 일부이며, 또한 the Isle of Wight와 the Scilly Isles와 같은 많은 더 작은 섬들을 포함한다. 스코틀랜드는 많은 더 작은 섬들이 포함된 대영제국의 또 다른 큰 부분을 구성한다. 웨일즈와 더불어, 그것들은 섬이 아니라 군도를 형성한다.

**56** Moore, *English Hypothetical Universalism*, 223. Moore는 16세기의 개혁파 신학자들이 회중들을 모았다고 주장하는 데서 엄밀히 옳지는 않다. 대다수에게는, 스트라스부르크, 제네바, 취리히, 하이델베르크와 같은 곳들에서, 그들의 회중들은 지역적이었다.

**57** Ibid.

**58** Ibid., 225. 참조. L. C. Boughton, "Supralapsarianism and the Role of Metaphysics in Sixteenth-Century Reformed Theology," WTJ 48(1986): 63-96; Tyacke, "Anglican Attitudes."

무어는 "또한 다른 전선들에서 개혁파의 특징들이 전반적으로 유연해지는 것, 특히 그리스도의 속죄의 정도와 유기된 자들에 대한 복음적 부름의 본질에 관한 전반적인 유연화"에 관한 글을 쓴다. 반칼빈주의가 내전을 초래하는 데 도움이 됐을지도 모르지만, "그것은 '칼빈주의적 일치' 그 자체가 중대한 내적 수정을 겪기 이전이 아니었다." 무어는 이러한 수정이 시간이 지남에 따라 일어나서 믿음들의 스펙트럼을 아울렀다고 주장한다.[59]

필자는 작정들의 순서에 대한 다양한 대안적 제안들—아르미니우스와 잉글랜드의 가정적인 보편구원론자들 및 아미로의 제안들—을 특정한 맥락 속에서 일어난 것으로 생각한다. 개혁파 신학자들은 16세기 말경 상당히 길게 하나님의 마음 속에 있는 작정들의 순서에 대해 논의했었다. 타락후예정론자들은 이러한 순서를 제안했다. "창조, 타락, 선택, 은혜". 타락전예정론자들—윌리엄 퍼킨스(William Perkins)는 가장 유명한 잉글랜드 대표자였지만, 웨스트민스터 총회의 의장인 윌리엄 트위스(William Twisse)도 그것의 강고한 옹호자가 되었다—은 "선택, 창조, 타락, 은혜"를 고수했다.

네덜란드의 프란시스쿠스 유니우스(Franciscus Junius)는 타협안을 제시했다. "창조, 선택, 타락, 은혜". 이들은 모두 하나님의 마음 속에서는 선택이 은혜에 선행한다는 믿음을 공통적으로 가지고 있었다.

이러한 논의로부터, 아르미니우스가 "창조, 타락, 은혜, 선택"의 순서를 주장함으로, '아르미니우스-항론파'(Arminian-Remonstrant) 논쟁이 발생했다.[60] 결정적인 사항은 아르미니우스가 은혜 뒤에 선

---

**59** Moore, *English Hypothetical Universalism*, 226.
**60** 참조. Letham, "Saving Faith and Assurance," 1:313; Franciscus Junius, *Opera theologica*

택을 둠으로써, 선택을 미래의 인간의 행동에 대한 하나님의 예지를 조건으로 하게 만든다는 것이었다. 이 결과로서 무어가 확인하는 두 종류의 가정적 보편구원론이 왔다.[61]

웨스트민스터 총회가 소집됐을 때, 그 현장은 많은 주요한 집단에 의해서 특징지어졌다. 웨스트민스터 신학자들이 자신들의 으뜸 가는 모범인 비로드파(non-Laudians)는 잉글랜드의 개혁파 신학자들의 신학과 그 신학의 토대가 되는 어거스틴주의에 대한 지속적인 헌신을 증명했다. 멀러가 입증한 대로, 이것은 성경 본문에 대한 장기적인 고찰에 의해서 발전되고 강화됐는데, 성경 석의(exegesis)가 그들의 사역의 중심에 있었기 때문이다. 그것은 또한 교부들 이래로 석의의 역사와의 광범위한 친밀성에 의해서 특징지어졌다.

신학적으로, 그들은 많은 최근의 도전에 직면했다. 아르미니우스파는 여전히 고려해야 할 세력이었다. 공동 기도서와 교회법을 엄격히 고수하기 위하여 힘을 얻으려는 로드파의 시도는 최근까지도 활발했다. 가정적 보편구원론은 개혁파 신앙을 그것의 교양 있는 경멸자들의 마음에 들게 하려는 시도를 했었다. 결국 일단 감독제도(Episcopacy)는 종식됐지만, 점점 더 중요한 것은 반율법주의

---

(Geneva, 1607), 1:1279, 1618, 1621; 2:328; Junius, "Theses on Predestination," in *The Works of James Arminius* (trans. J. Nichols; London: 1825-28), 3:242. 여기에 1593년 Junius와 Arminius의 논쟁이 기록되어 있다. 또한 R. A. Muller, *God, Creation, and Providence in the Thought of Jacob Arminius: Sources and Directions of Scholastic Protestantism in the Era of Early Orthodoxy* (Grand Rapids: Baker, 1991).

61  Moore의 주장을 뒷받침하기 위해서, 우리는 1645년 10월 22일 수요일 제522차 회기에서 벌어진 하나님의 작정에 대한 토론에서 George Gillespie의 논평들에 관해 언급할 수 있다. 이 토론에서 그는 Cameron과 Amyraut를 인용하면서 그들 사이에 구별을 짓는다. "Cameron은 모든 사람을 위해서 믿음의 조건에 대해 얘기하지만, Amyraut는 그 믿음의 조건을 더욱 끌어냈다." Van Dixhoorn, 6:204.

(antinomianism)의 부상과 모든 것—교회, 신학, 사회, 잉글랜드 개혁파 신앙의 토대가 된 총체적 구조—을 위태롭게 하는 것 같은 분파들의 급격한 증가였다. 반율법주의자들은 그리스도께서 택함을 받은 자들을 위해 하나님의 율법을 성취하셨기 때문에 그러한 율법은 성화나 일상 생활에 대해서 더 이상 어떠한 관련도 없다고 주장했다. 어떤 사람들은 이러한 개념들을 사유재산과 같은 것들의 합법성에 적용시키는 데까지 갔다. 교황파의 책략에 대한 두려움에도, 이것이야말로 가장 큰 관심을 받게 될 것이 되었다.

# 제4장

# 웨스트민스터 총회 신학의 원천

## 1. 39개 신조와 관련된 웨스트민스터 총회

웨스트민스터 총회의 신학에 관한 어떠한 맥락적 고찰에도 중심을 이루는 것은 잉글랜드 국교회의 신앙에 관한 39개 신조에 대한 그 신학과의 관계가 되어야 한다. 이 총회의 첫째 과업인 이 신조의 수호는, 교회 정치의 문제들에 전념하라는 의회의 요구에 의해서 1643년 10월 11일 목요일에 갑자기 중단됐다. 이것은 스코틀랜드 위원들이 일으켰는데, 그들은 왕에 대항하기 위한 의회에 대한 스코틀랜드의 지원의 대가로 "엄숙 동맹과 언약"(Solem League and Covenant)에 서명할 것을 요구했다. 여기에 교회의 정치와 치리의 일치도 포함되었다. 39개 신조는 본질적으로 강하게 그리고 확고하게 칼빈주의적이다. 우리가 가지고 있는 의사록의 제안된 수정들(11-16조)이 거의 변경된 것이 없다는 사실은 주목할 만하다.[1] 미첼(Mitchell)은 이렇게 평한다.

> 이 39개 신조에 관한 논의 중에 나타난 장시간의 예리한 논쟁은 웨스트민스터 신앙고백과 관련된 절차의 한층 더 요약된 양식을 제공하지 않을 수 없었다. 당시에 이 과정은 훨씬 더 요약되어 간단하게 기록되었다. 이는 바로 개신교 체제의 중요한 교리에 관한 이전의 논의 특히 이신칭의에 관한 이전의 논의들이 철저하고 포괄적이며 아주 충분하게 기록되었기 때문이다.[2]

나는 후속 장에서 이러한 토론들에 관해 언급할 것이다.

## 2. 제임스 어셔와 아일랜드 신조(1615)의 영향력

제임스 어셔(James Ussher)가, 특히 아일랜드 신조(1615)를 통하여, 웨스트민스터 총회에 강한 영향을 미쳤다는 것은 널리 인정된다.[3] 이 신조가 작성되던 때에, 어셔는 더블린에 있는 트리니티칼리지의 신학 교수였다. 후에 그는 미드와 클론막노이즈의 주교가 되었으며, 1625년에 아르마의 대주교가 되었다. 1641년에 그는 잉글랜드로 옮겨가서 칼라일의 주교가 되었다. 워필드(Warfield)는 다음

---

1 Norris, "Thirty-Nine Articles," 386-88.
2 Mitchell, *Westminster Assembly*, 150.
3 Schaff, *Creeds*, 3:526-44.

과 같이 평한다.

> 이 신조로부터 웨스트민스터 신학자들은 자신들의 신앙고백의 일반적인 배열을 도출해냈는데, 적어도 그 신앙고백의 전반부를, 그리고 성경, 하나님의 영원한 작정, 중보자 그리스도, 은혜언약, 성찬 등에 대한 신조들과 같은 주요한 신조들을 상세히 다루는 것의 대부분을 통하여 연속적인 주제들을 도출했다. 이러한 장(chapter)들은 단지 아일랜드 신조의 상응하는 단락들의 상당히 보강된 수정들이라고 일컬어질 수 있을 것이다.[4]

그렇지만 그는 웨스트민스터 총회가 많은 수정과 확장 없이는 아일랜드 신조에서 어떤 것도 취하지 않았다는 것을 인정한다.[5]

어셔는 자신의 아일랜드 신조에서, 잉글랜드 국교회의 신앙고백 문서들에서 비롯하는 일련의 출처들을 이용하는데, 그는 그러한 출처들 가운데 일부를 확충한다. 하지만 대개는 자신의 출처들을 바꾸지 않은 채로 두었다. 그는 또한 자신의 기고문을 더하기도 한다. 그가 이용하는 가장 최근의 문서는 확신과 칭의 및 견인에 대한 람베드 신조(1595)이다. 이 신조는 케임브리지에서 벌어진 예정론 논쟁 뒤에 편찬되었다. 이 밖에도 그의 주요한 출처는 39개 신조(1563), 잉글랜드 국교회 요리문답(Anglican Catechism, 1549), 금식에 관한 교리(Homily on Fasting) 등이다. 달리 진술되지 않는다면, 39개

---

4 Warfield, *Westminster Assembly*, 59.
5 선택과 예정에 대한 아일랜드 신조와 웨스트민스터 신앙고백의 상세한 비교에 대해서는 Mitchell, *Westminster Assembly*, 391이하를 보라.

신조에 대한 아래의 언급들은 어셔의 축어적 보고이거나 효율적으로 축어적인 인용문들에 대한 것이다.

**1) 아일랜드 신조에 대한 어셔의 공헌**

아일랜드 신조의 다음 조항들은 어셔로부터 나온 것이다.

제1조 1, 4항(성경 번역의 필요성에 대하여), 5항(성경의 명료함과 난해함에 대하여)

제2조 성삼위일체에 대하여: 성부에 의한 성자의 낳으심에 대해 진술하는 9항

제3조 14항, 두 번째 문장. 워필드에 따르면 제3조의 27퍼센트는 어셔에서 나온다.[6]

제5조 인간의 타락과 원죄에 대하여: 27-28항

제6조 두 번째 언약의 중보자이신 그리스도에 관하여: 30항의 일부

제7조 그리스도의 은혜를 전달하는 것에 관하여: 33항

제8조 칭의와 믿음에 관하여: 34-37항

제9조 성화와 선행에 관하여: 39-40항, 43항

제10조 하나님을 섬기는 일에 관하여: 47-49항, 51-54항, 56항

제11조 국가의 위정자에 관하여: 60항. 59항의 일부는 어셔에 의해서 확장된 것이다.

---

[6] Warfield, *Westminster Assembly*, 148.

제12조 우리의 이웃들을 향한 우리의 의무에 관하여: 64항; 66-67항의 첫 번째 문장들

제13조 교회와 그리고 복음의 외적 사역에 관하여: 68-69항, 74항

제14조 교회와 총회 및 로마의 주교의 권위에 관하여: 75항(어셔의 첫 번째 문장이 추가됨), 79-80항

제15조 구약과 신약의 상태에 관하여: 81항, 82항의 몇 곳, 83항

제17조 세례에 관하여: 91항의 일부

제18조 성찬에 관하여: 99항의 일부, 100항

제19조 종말론에 대하여: 101-4항 전체

칼 바르트(Karl Barth)는 평하기를, "웨스트민스터 신앙고백에서 칼빈주의 사상이 담당하는 지배적인 역할은, 그 섬 왕국에서 명예혁명(1688-89) 이전에 축적되었던 엄격한 개혁파 사상의 지적인 힘을 드러내는 것이다"라고 했다.[7]

## 2) 아일랜드 신조가 웨스트민스터 신앙고백에 미친 영향

아일랜드 신조의 제1조 5항의 몇 군데는 WCF 1.6, 8의 기초를 형성한다. 웨스트민스터 신앙고백(WCF)은 제3조(하나님의 영원한 작정과 예정론에 관하여) 11항을 거의 축어적으로 사용했다. 더욱이 웨스트민스터 신앙고백은 아일랜드 신조의 순서—성경, 하나님, 하나님의 영원한 작정—를 따랐다.

---

[7] K. Barth, *The Theology of the Reformed Confessions* (1923; trans. D. L. Guder; Louisville: Westminster John Knox Press, 2002), 135.

## 3) 39개 신조가 아일랜드 신조에 미친 영향

어셔는 주로 39개 신조에 의거한다. 워필드는 선택과 예정론에 관한 신조의 53퍼센트를 39개 신조에서 취한다는 사실을 발견했는데, 나도 이 수치에 동의한다.[8] 전반적으로, 아일랜드 신조는 다음과 같은 사항들에서 39개 신조에 분명히 의존하고 있음을 보여준다.

제1조는 2항(정경에 대하여), 3항(외경에 대하여) 및 6항(성경의 필요성에 대하여)에서 39개 신조의 제6조를 따른다. 7항은 거의 축어적으로 39개 신조의 제8조(세 가지 신경에 대하여)를 따른다.
제2조(성삼위일체에 대한 믿음에 관하여), 8항은 39개 신조의 제1조와 같지만, 10항은 성령에 대한 제5조와 동일하다.
제3조에서, 위에서 언급한 대로, 본문의 58퍼센트를 39개 신조에서 취한다. 상세히 말하자면, 삶에 대한 예정론의 정의인 13항은 39개 신조의 제17조에서 취한다. 15항도 대부분을 제17조에서 취한다. 예정론과 선택의 경건한 고찰에 대해 진술하는 16장은, 하나님의 약속을 받는 것에 관해 언급하는 17항이 그러하듯이, 제17조에서 곧바로 취한다.
제5조는 인간의 타락과 원죄 그리고 칭의 이전의 인간의 상태에 관해 말하는데, 22-24항에서 39개 신조의 제9조에 의존하지만, 25항은 제10조에서, 26항은 제13조에서 취한다.
제6조는 두 번째 언약의 중보자인 그리스도에 관해 진술하는데,

---

**8** Warfield, *Westminster Assembly*, 148.

29항에서 39개 신조의 제2조에 의존한다. 하지만 30항은 제15조와 제2조, 제3조 및 제4조에서 오는데, 어셔가 약간 덧붙인다.

제7조는 그리스도의 은혜의 전달에 관해 언급하는데, 31항에서 39개 신조의 제18조에 의존한다.

제8조는 34항에서 칭의와 믿음에 관해 말하는데, 39개 신조의 제11조에서 취하며, 어셔가 약간 추가한다. 35-37항은 주로 어셔가 작성했으며, 37항의 마지막 부분은 람베드 신조 6항에서 취한 것이다.

제9조는 성화와 선행을 다루는데, 41항에서 39개 신조의 제12조에서 취한다. 42항은 제13-14조에서 오지만, 정확하게 축어적이지는 않다. 44항은 제16조에서 오지만, 그 다음 항은 제14조에서 온다.

제10조는 하나님을 섬기는 일에 관해 진술하는데, 39개 신조의 마지막 조에 있는 55항에 의존한다.

제11조는 국가의 위정자를 다루는데, 39개 신조의 제37조에 거의 전적으로 의존하며-항목 별로-3항에서 약간의 확장이 있다.

제12조는 64항의 첫 번째 문장 이후에서 우리의 이웃을 향한 우리의 의무를 진술하는데, 64항에서는 제32조에서, 65항에서는 제38조에서 취한다.

제13조는 복음의 외적 사역과 교회에 관해 언급하는데, 70항에서는 제26조에, 71항에서는 제23조에, 72항에서는 제24조에, 73항에서는 제33조에 명백히 의존함을 보여준다.

제14조는 75항의 첫 번째 문장 이후에서 교회와 총회 및 로마의 주교의 권위에 관해 말하는데, 제20조를 따른다. 하지만 76항은

제21조를 따르고, 77항은 제34조 제3부를 따르며, 78항은 제19조 제2부를 따른다.

제15조는 구약과 신약의 상태를 다루는데, 82항에서 제7조의 제1부를 따르며 추가가 약간 있다. 하지만 84항은 제7조의 제2부를 따른다.

제16조는 신약의 성례들을 진술하는데, 항목 별로 제25조를 따른다.

제17조는 세례에 관해 언급하는데, 제27조를 따른다.

제18조는 성찬을 다루는데, 92-95항에서 제28조를 따르며, 제3부가 확장되어 있다. 하지만 96항은 제29조를 따른다. 97항은 제11조 10항에서 취한다. 그 다음에 98항은 39개 신조 제28조의 제4부로 되돌아간다. 99항은 대부분이 새롭지만, 또한 제31조의 요소들을 반영시키기도 한다. 100항은 전적으로 새로운 것이다.

제19조는 전반적인 부활 및 최후의 심판과 더불어, 사람들이 이 생을 떠난 뒤에 그들의 영혼의 상태에 관해 말하는데, 101-4항 전반에 걸쳐서 새롭고, 어셔에 의존한다.

**4) 람베드 신조가 아일랜드 신조에 끼친 영향**

11-17항으로 이루어져 있는 아일랜드 신조 제3조의 15퍼센트는 람베드 신조에서 온다.

12항은 선택과 유기(reprobation)를 다루는데, 택함 받은 자와 유기된 자 양쪽 모두의 명확한 수가 있다는 것에 관해 언급한다. 이것은 39개 신조를 강화한 것이었던 람베드 신조 제1조와 제3조를 반향한다. 39개 신조는 제17조에서 명백히 단일예정론을 가르친다.

14항의 첫 번째 문장은 예정론에 있어서 하나님 안에 있는 원인에 관해 언급하는데, 람베드 신조 제2조에서 취한다. 하지만 그 다음 문장은 어셔로부터 온다.

15항은 39개 신조에서 오는 것 같은 첫 번째 부분은 제외하고, 람베드 신조 제4조에서 온다.

32항은 람베드 신조 제7-9조에서 온다.

37항의 마지막 단락은 람베드 신조 제6조에서 온다.

38항은 람베드 신조 제5조에서 온다.

### 5) 1549년의 요리문답이 아일랜드 신조에 미친 영향

하나님을 섬기는 것을 진술하는 제10조의 46항과 이웃을 향한 우리의 의무에 관해 언급하는 제12조의 63항 모두 다 1549년의 요리문답에 의존함을 보여준다.[9]

### 6) 금식에 관한 교리가 아일랜드 신조에 미친 영향

아일랜드 신조의 제10조 50항은 금식에 대한 교리(Homily on Fasting)에 의존한다.

---

**9**  Schaff, *Creeds*, 3:519.

### 7) 11개 신조가 아일랜드 신조에 끼친 영향

세례를 다루는 91항의 일부와 성찬을 진술하는 97항은 아마도 11개 신조(the Eleven Articles)에서 온 것일지도 모른다.

### 8) 어셔가 웨스트민스터 신앙고백에 미친 영향

명백한 사실은 어셔가 웨스트민스터 신앙고백의 구조에 주요한 영향을 미쳤다는 것이다.

어셔는 39개 신조의 순서에서 벗어난다. 39개 신조는 삼위일체 하나님으로부터 시작해서, 그 다음에 연속적으로 그리스도, 성경, 성령으로 옮겨간다. 어셔는 그 대신에 맨 처음에 성경을, 두 번째에 하나님을, 그 다음에 하나님의 작정을 두는데, 이러한 순서 다음에 창조와 섭리가 온다. 이것은 웨스트민스터 신앙고백의 순서와 같다. 웨스트민스터 총회는 아일랜드 신조가 따르는 그 이후 순서를 신앙고백에 적용하였다. 죄, 중보자 그리스도, 자유의지, 칭의와 성화, 국가의 위정자, 교회와 성례들, 그리고 최후의 일들. 이것은 39개 신조의 순서보다 더 논리적인 순서이다. 39개 신조는, 형식적으로 각각의 요소를 다음 요소에 결부시키기보다는 오히려, 그 당시에 가장 부각된 문제들에 초점을 맞추는, 로마 가톨릭교회의 교리에 반박하는 복음주의적 진술이었다. 이렇게 형식적으로 각각의 요소를 그 다음 요소에 결부시키는 과업은, 원래의 고난들이 사라지고 교회가 보다 안정된 상태에 있을 때 더 잘 맡게 되는 과업인데, 17세기 초엽이 그러했다.

어셔의 표현의 일부가 신앙고백에 채택되었는데, 특히 제1조(성경에 대하여)와 제3조(예정론에 대하여)에서 그러했다. 신앙고백의 구조는 대부분 어셔로부터 가져왔다.[10] 그렇지만 이것이 그의 영향이 고루 미쳤다는 것을 의미하지는 않는다. 오히려 신앙고백보다 신학적으로 더욱더 중요한 대요리문답은 아주 다른 순서, 즉 사도신경과 십계명 및 주기도문의 전통적인 요리문답 구조에 더 많이 기초한 순서를 따른다.

게다가 어셔의 아일랜드 신조는 특정한 곳들에서 그 자신의 확장과 추가들로 채워진, 종교개혁 이후 잉글랜드 국교회 내부에 있는 이전의 신앙고백 문헌의 혼성 작품이다. 그는 변경 없이 이전의 신앙고백 자료를 많이 채택한 데 만족한다. 어셔가 요리문답들이 아니라 신앙고백의 구조에 영향을 미쳤다는 것을, 그리고 그의 작업의 다른 반향들을 발견할 수 있다는 것을 확언하면서, 우리는 신앙고백적 어거스틴주의 잉글랜드 국교회라는 공동의 유산을 본다. 즉 어셔와 웨스트민스터 신학자들 양쪽 모두 이러한 유산의 상속자들이었다.

예컨대, 어셔는 예정론과 칭의 및 견인에, 그들이 관련되어 있었던 람베드 신조를 반영시켰다. 강고한 칼빈주의자인 어셔는 람베드 신조에 동의했다. 하지만 어셔에 미친 가장 두드러진 신앙고백적 영향은 39개 신조였다. 이는 전혀 놀랄 만한 일이 아니다. 왜냐하면 그가 잉글랜드 국교회의 대주교이자 칼빈주의자였기 때문이다. 크랜머의 시대 이래로 연속적이면서, 대단히 개혁파적인 신앙고백들

---

10  Warfield, *Westminster Assembly*, 1-148. 특히 59이하.

이 있었다. 어셔는 스스로를 크랜머와 휘트기프트, 그리고 확장해서 휘테이커의 계승자로 여겼다.

어셔가 웨스트민스터 총회에 강하게 영향을 미쳤다고 말하는 것은, 이 총회가 17세기 중엽으로 진행하면서 잉글랜드의 칼빈주의적 잉글랜드 국교회의 궤도 안에 견고하게 서 있었다고 확언하는 것이다.

### 9) 39개 신조의 영향

39개 신조는 웨스트민스터 총회가 최종적으로 생산한 신앙고백과 대요리문답에서 얼마나 발견될 수 있는가? 워필드는 "사소한" 자취가 있다고 평한다.[11] 여기서 다시금 워필드는 그 영향을 과소평가한다. 왜 그랬을까? 이를 잉글랜드 국교회 체제에 맞선 장로교 혁명으로 볼때, 미국 독립전쟁의 유산인 미국 장로교 내에 있는 반잉글랜드 정서 속에서 그 이유를 발견할 수 있지 않을까?

물론 웨스트민스터 문서들과 잉글랜드 국교회의 고전적인 의식서들 간에는 주목할 만한 차이점들이 있다. 이 총회는 39개 신조에서 다루어지는 일부 주제들을 무시한다(연옥, 세 가지 신경, 공덕 행위, 세례 후에 짓는 죄, 회중 속에서 사역함, 사람들이 이해하는 언어로 회중 속에서 말하기, 사제들의 결혼, 출교당한 사람들을 피함, 교회의 전통들, 교리서, 주교들의 축성, 일반적이지 않은 그리스도인들의 자질들). 그리고 이 총회는 39개 신조에는 없는 다른 주제들을 다루었다(하나

---

[11] Ibid., 59.

님의 언약, 입양, 견인, 확신, 그리스도인의 자유, 안식일, 결혼과 이혼, 성도들의 친교, 죽은 자들의 부활과 최후의 심판). 그 신조의 조항들의 일부가 웨스트민스터 문서들에서 언급되는 주제들에 채택됐지만, 그것들 나름의 별개의 장들이 주어지지는 않는다(그리스도의 지옥강하, 그리스도의 부활, 성령, 성경의 충족성, 원죄, 칭의 이전의 행위, 총회의 권위, 성례들은 효과가 없다고 방해하는 사역자들의 무가치성, 그리스도의 몸을 먹지 않는 사악한 자들, 성찬에서 떡과 잔 모두에의 참여).

이런 차이점들은 각기 다른 역사적 맥락들에 의해서 꽤 많이 설명될 수가 있다. 과격한 마리우스파(Marian)의 촌극이 끝난 지 5년 뒤에 그리고 트리엔트 공의회가 끝날 때에 작성된 39개 신조는 로마 가톨릭교회에 맞서 개신교 교리를 제정하는 것을 목적으로 삼게 되었다. 일부 문제들은 후대에 이르러서야 비로소 논란이 되었다. 예컨대, 구속의 범위는 1586년이 되어서야 비로서 중대한 신학적 요소로 부상했다.[12] 39개 신조는 둘 다 거의 같은 시기에 작성된 스코틀랜드 신앙고백(1560)이나 하이델베르크 요리문답(1563)과 더 많이 비교될 수 있다. 거의 한 세기 뒤에 쓰인 웨스트민스터 신앙고백으로 39개 신조를 판단하는 것은 시대착오적이다. 39개 신조는 체계적이려는 시도를 하지 않는다. 이 신조는 잉글랜드 국교회와 로마 가톨릭교회를 구별짓는 복음주의적인 진술이다. 웨스트민스터에서, 그 필요성은 대단히 달랐다. 이는 세상 자체가 바뀌었기 때문이다. 이제 감독제도가 폐지되었으므로, 교회를 법적 토대 위에 두어야 했다. "교회가 무엇이 아닌가"보다는, "교회란 무엇인가"를 말

---

12  하이델베르크 요리문답 제37조와 함께, 39개 신조의 제31조. "십자가 위에서 끝난 그리스도의 단번의 희생에 관하여"를 참조하라.

할 필요가 있었다.

　웨스트민스터 총회는 또한 중요한 실제적인 차이점들을 도입했다. 장로교 정치 형태에서의 교구 주교들의 부재, 교회와 국가 간의 책임들의 바뀐 영역들, 안식일(로마 가톨릭과의 직접적인 투쟁이 있을 때보다 오히려 개신교가 더 많이 확립되었을 때 생기는 문제), 언약 신학(1562년에 초기 단계들에 있었는데, 아직 단 하나의 언약만이 제안되었다) 등이 그것들이다.

　39개 신조가 토대를 제공하는 경우가 많았으며, 이 총회는 설명적인 자료를 많이 추가했다. 부기(附記, excursus) 1이 한 예를 제공하는데, 그것은 39개 신조 1조를 WCF 2.1, 2.3, 4.1 및 5.1 그리고 LC 6-11과 비교한다. 이 총회는 종종 39개 신조의 언어를 차용하는데, 때로는 축어적으로 그리고 많은 경우에는 핵심 내용을 차용한다. 모든 경우에서, 이 총회는 설명과 확장을 상당히 많이 덧붙인다. 웨스트민스터 신앙고백은 아일랜드 신조(1615)라는 명백한 선례가 있다. 그러나 아일랜드 신조는 대주교 제임스 어셔가 저술했고, 그는 39개 신조에 의존하는 잉글랜드 국교회 교도였다.

### 3. 39개 신조를 웨스트민스터 총회 문서들과 비교하기

제1조 성 삼위일체 신앙에 관하여

　이 장의 말미에 있는 부기 1을 보라. 어떻게 39개 신조 제1조의 문구들이 웨스트민스터 신앙고백의 다양한 장들 속에 분배되고 또한 대요리문답에 나타나는가에 주목하라. 주목할 주요한 사항은 구조적인 것이다. 어셔를 따라서, 웨스트민스터 총회는 이 주제를 신앙고백 2장에 속하게 했다. 우리는 이것을 뒤에서 비평적으로 고찰할 것이다.

### 제2조 참 인간이 된 말씀, 하나님의 아들에 관하여

WCF 8.2는 실질적으로 39개 신조 제2조와 같아서 동일하거나 매우 유사한 표현을 채택한다. 그리스도의 고난과 죽음, 장사, 그 뒤의 부활을 진술하는 본 조항의 기술은 WCF 8.4에서 채택된다.

### 제3조 그리스도의 지옥강하에 관하여

웨스트민스터 신앙고백에는 상응하는 장이 없다. 그렇지만 본 주제는 이 총회에 의해서 거부되지도 않았고 무시되지도 않았다. 이 총회에 참여한 신학자들은 사도신경의 이 문구를 그리스도의 죽음과 그의 부활 사이의 시간, 즉 그리스도께서 "죽음의 권세 아래에" 있었던 동안에 관해 언급하는 것으로 해석했다. 따라서 WCF 8.4는 그가 "사망의 권세 아래 머물러 계셨으나 썩음을 보지 않으셨다"고 말한다. LC 46에 따르면, 그리스도의 수치가 "죽은 후 부활하시기까지" 계속됐다. LC 50은 그리스도께서 죽으신 후에 자신을 낮추신 일과 사도신경의 "지옥에 내려가시고"라는 문구를 동일시한다. 그것은 그의 장사에 관해 언급하는데, 그는 장사되셔서 "죽은 자의 상태를 계속하시며 제 삼일까지 사망의 권세 아래 계신 것이다. 이 일을 가리켜 사도신경에서는 '지옥에 내려가시고'라고 표현해 왔다."

### 제4조 그리스도의 부활에 관하여

다시금, 이처럼 신앙고백에는 이러한 주제에 바쳐진 장이 없다. 그렇지만 이 문서들은 그리스도의 부활에 관해 언급한다(어떻게 그 문서들이 그리스도의 부활을 무시할 수 있었겠는가?). WCF 8.4는 그리스도께서 "고난 받으신 바로 그 동일한 몸으로" 죽은 자들 가운데서 살아나신 것에 관해 얘기한다. "그는 또한 바로 그 몸으로 하늘에 오르사 거기에서 그의 아버지의 우편에 앉으셨는데…세상 끝에…다시 오실 것이다." LC 50-56에서 이러한 주제들을 발전시킨다.

### 제5조 성령에 관하여

웨스트민스터 총회는 성령에 관한 장이 없는 것에 대해서 비판을 받아 왔다. 그러나 이 총회는 성령에 관한 교리가 결여되어 있는가? 성령을 진술하는 5조의 각각의 문구는 WCF 2.3에 있다. 이것은 또한 LC 9-10에서도 그러하다. 우리는 본서 제8장에서 이 총회가 성경을 어느 정도까지 얼마나 다양한 신학적 주제와 연결시키는지 고찰할 것이다.

### 제6조 구원을 위한 성경의 충족성에 관하여

본 조항의 자료는 WCF 1.6에 의해서 채택된다. 신앙고백의 본 단락의 첫 번째 구절은 본 조항의 첫 번째 문장의 내용 전체를 전달한다. 또한 그리스도인의 자유에 관해 말하는 WCF 20.2를 보라. 이는 믿음과 실천은 인간의 교훈들이 아니라 성경에 기초해야 한다는 본 조항의 주장을 거듭 주장한다. "하나님만이 양심의 주이신 바, 그분은 자신의 말씀에 배치되는 어떤 것에 있거나 또는 신앙이나 예배의 문제들에서 말씀을 벗어나 있는 사람들의 교리들과 계명들로부터 양심을 자유하게 하셨다."

본 조항의 나머지는 성경의 정경을 다룬다. 이는 정경으로 인정된 책들을 열거하는 WCF 1.2와 정경에서 외경을 배제하는 1.3에 실질적으로 채택된다. 본 조항은 외경서들을 거명하는 반면에 신앙고백은 그렇지 않다. 다시금, 이것은 39개 신조를 편찬하던 때의 역사적 상황들 때문일지도 모른다. 왜냐하면 잉글랜드 국교회의 정경과 이런 책들을 포함하는 로마 가톨릭교회의 정경을 구별할 필요가 있었기 때문이다.

### 제7조 구약성경에 관하여

여기서 본 조항의 첫 번째 문장은 WCF 19.7에 반영되어 있다. 신앙고백은 율법의 용도들은 복음의 은혜에 반하는 것이 아니라 "그것에 잘 순응한다"고 진술한다. 이러한 진술은 구약 전체와 관계가 있는 본 조항보다 다소 더 좁은 초점을 갖는다. 그러나 본 조항 전체는 그러한 관점에 놓여있다. 본 조항의 용어도 신앙고백과 같다. 율법과 그것에 요구되는 순종은 복음의 영원한 약속들과 전적으로 양립한다(참조. WCF 19.5-6; LC 97).

### 제8조 세 가지 신경에 관하여

성경이 잘못을 범할 수 있는 교회의 신조와 비교되는 함의에 의해서를 제외하고는, 총회의 문서들에서는 본 조항에 상응하는 것이 없다. 그렇지만 39개 신조의 작성자들도 성경에 최고의 권위가 있다고 생각했다. 그들은 이 신경들을 철저하게 인정하고 믿어야 하는 것은, "그것들이 성경의 가장 확실한 보증으로 증명되어 있기 때문"이라고 주장한다. 우리는 이것을 본서 제7장에서 상세히 논의할 것이다.

### 제9조 원죄 혹은 날때부터 갖는 죄에 관하여
본 조항의 내용는 WCF 6.3-5에 분명히 진술되어 있다. 또한 LC 25-28을 보라.

### 제10조 자유 의지에 관하여
또 다시, 신앙고백은 WCF 9.3-4에서 본 조항의 내용 전체를 받아들인다.

### 제11조 인간이 의롭다고 인정받는 일에 관하여
짧은 본 조항의 두드러진 요소들이 모두 WCF 11.1-2와 LC 70에 있다.

### 제12조 선행에 관하여
본 조항의 내용과 심지어 표현까지도 WCF 16.2, 5-6에 존재한다.

### 제13조 의롭다고 인정받기 이전의 행위에 관하여
본 조항의 내용이 WCF 16.7에 있다.

### 제14조 여분의 공덕에 관하여

WCF 16.1, 4, 5를 보라.

제15조 그리스도만이 죄 없으심에 관하여
WCF 8.2-3; LC 37-40을 보라.

제16조 세례 후에 지은 죄에 관하여
신앙고백에도 대·소요리문답에도 본 조항에 상응하는 것은 없다.

제17조 예정과 선택에 관하여
WCF 3.3, 5, 6, 8; LC 13을 보라. 본 조항은 단일예정론을 확언한다. 즉 본 조항은 유기(reprobation)에 대해서는 아무런 말도 하지 않는다. 그러나 유기에 반대하지도 않는다. 실로 "의심 많고 현세적인 사람들"에 대한 경고들과 그들이 선택의 교리를 고찰할 때 수반하는 위험들은 유기에 대한 암묵적인 인식만을 미약하게나마 있게 할 뿐이다. 물론 신앙고백은 훨씬 더 크고 훨씬 더 정교하다. WCF 3장의 내용에 대한 워필드의 분석은 39개 신조의 공헌이 작은 것처럼 보이게 만든다. 그는 본 조항이 WCF 3장의 10퍼센트도 채 구성하지 않는다고 제안한다.[13] 그렇지만 39개 신조 자체가 훨씬 더 짧기 때문에, 이 신조가 한층 큰 그 문서의 비교적 작은 부분을 구성하리라는 것은 불가피한 일이다. 본 조항이 얼마큼 신앙고백에 반영되어 있는가를 묻는 것이 더 타당하다. 이러한 질문은 완전히 다른 결과를 낳는다. 제17조의 첫 번째 문단 중에서, 130개의 단어 가

---

13  Warfield, *Westminster Assembly*, 148.

운데 53개, 곧 40.8퍼센트가 신앙고백에 사용된다. 본 조항의 나머지 문단 중에서, 166개의 단어 가운데 11개, 즉 6.6퍼센트가 신앙고백에 존재한다. 통틀어, 본 조항의 단어들의 21.6퍼센트가 신앙고백으로 이어진다. 39개 신조와 신앙고백의 차이점들은, 본 조항에서 유기에 관한 어떠한 언급도 부재하다는 것에 의해서 그리고 신앙고백에서는 본 조항의 끝에 있는 목회적 조언이 빠져 있다는 것에 의해서 대부분 설명된다. 이것은 안타까운 일이다. 왜냐하면 39개 신조는 웨스트민스터가 하지 못한 방식으로 선택을 확신 및 복음과 연결시켜주기 때문이다.[14]

제18조 오직 그리스도의 이름으로만 영원한 구원을 얻는 것에 관하여

신앙고백에는 본 조항에 상응하는 것이 없다. 하지만 LC 60이 그와 동일한 주제를 다룬다.

제19조 교회에 관하여

본 조항의 첫 번째 문장은 WCF 25.2와 비교되어야 한다. 본 조항은 가시적 교회가 "신실한 사람들"로 이루어져 있다고 생각한다. 하지만 신앙고백은 "참 종교를 고백하는 모든 자들과 그들의 자녀들"에 관해 얘기한다. 1563년부터 1647년까지의 기간 중에 이루어진 언약 신학의 발전은 대부분 이것에 대해서 설명하는 것이다. LC 62도 가시적 교회에서 참된 종교를 고백하는 사람들의 자녀들을 포

---

14   Letham, "Saving Faith and Assurance"를 보라.

함시킨다. 본 조항의 이 첫 번째 문장의 후반부가 WCF 25.3에서 반복되는데, 축어적으로 반복되지는 않는다. 본 조항의 두 번째 문장의 내용은 WCF 25.4-6에서 확장된다.

### 제20조 교회의 권위에 관하여

교회의 권위는 신앙고백에서는 별개의 주제로 다루어지지 않는다. 그렇지만 WCF 32.4-5; 20.2; 21.1은 이 문제를 다루는데, 성경이 예배의 규칙이며 또 교회는 성경에 위배되는 어떠한 것도, 성경 이외의 어떠한 것도 정할 수 없다고 주장한다. 그것이 바로 본 조항의 가르침이다.

### 제21조 총회의 권위에 관하여

본 조항의 첫 번째 문장과 WCF 31.2는 중대한 차이점이 있다. 본 조항은 오직 제후들만이 총회를 소집할 수 있다고 주장한다. 이는 오늘날까지 동방 정교회의 입장이다. 그렇지만 신앙고백은 국가의 위정자들이 대회(synods)와 공의회(councils)를 소집할 권리를 보유한다고 주장하면서, 위정자들이 교회의 공공연한 적일 경우에는, "그리스도의 사역자들은…그들의 교회에서 파견된 다른 적합한 사람들과 더불어 그런 회의들을 소집할 수 있다"고 진술한다. 부분적으로는, 이는 바뀐 정치적 상황의 결과이다. 총회는 의회와 그의 주인 국왕과의 불화하던 시절에 개최된 것이다. 선한 여왕 엘리자베스의 때와는 아주 달랐다. 그렇지만 신앙고백은 정상적인 상황에서의 책임은 세속 통치자에게 속한다는 것을 본 조항과 공유한다. 의회가 총회를 소집했고 그 기능을 결정했다.

본 조항의 두 번째와 세 번째 문장은 그런 회의들이 오류를 범할 소지에 관해 언급한다. 이는 만약 그런 회의들이 어떤 것들이 구원을 위해 필요하다고 선언한다면, 그 선언들은 성경의 뒷받침을 받아야 한다는 사실을 수반한다. 이런 주장의 내용은 WCF 31.4에서 채택된다.

WCF 31.5는 39개 신조에 상응하는 것이 없다. 이것은 39개 신조에 배치되는 것이 아니다. 단지 웨스트민스터 총회가 열린 독특한 시대를 반영하는 것이다.

### 제22조 연옥에 관하여

본 주제는 이 총회의 문서들의 어디에서도 거의 나타나지 않는다. 16세기부터 일어난 상황의 변화로 인하여 그것에 대한 논평이 불필요하게 되었다. 39개 신조의 작성자들은 잉글랜드 개혁파 교회와 로마 가톨릭교회를 구별할 필요가 분명히 있었다. 그 다음 세기의 중엽에 이르러서는, 이러한 필요성이 사라졌다. 연옥에 대한 언급이 이루어지는 유일한 경우는 WCF 32.1에서이다. 여기에는 부인하는 논평이 있다. LC 86에서는 연옥에 관한 언급이 없다.

### 제23조 교회의 사목에 관하여

WCF 27.4는 합법적으로 임직된 말씀 사역자 이외의 그 누구도 성례를 집행하는 것을 금한다. LC 158은 하나님의 말씀을 설교하는 것을, 정식으로 공인되고 이 직분으로 부르심을 받은 사람들로 제한한다. 이러한 두 진술은 본 조항의 신조를 정확하게 요약해서 본 조항과 일치한다.

### 제24조 회중이 이해할 수 있는 말의 사용에 관하여

이 총회의 문서들 중에서 이것에 상응하는 것이 WCF 21.3에 있다. 전례에서 배타적으로 라틴어를 사용하는 데 항의할 필요가 더 이상 없었다.

### 제25조 성례에 관하여

성례(또는 성사)가 무엇인지를 규정짓고 설명하는 본 조항의 첫 번째 문단은 실질적으로 WCF 27.1과 LC 162에 반향되어 있다. 두 번째 문단은, WCF 27.4와 LC 164가 그러하듯이, 단순히 두 성례를 열거한다. 세 번째 문단은 로마 가톨릭교회가 성사라고 일컫는 다섯 가지 다른 의식을 부정하는데, 웨스트민스터 문서들에서는 반복되지 않는다. 다시 한 번 말하지만, 39개 신조는 잉글랜드 개혁파 교회와 로마 가톨릭교회를 구별한다. 하지만 이 총회는 그렇게 할 필요가 거의 없었다. 암묵적으로, 신앙고백은 "복음 안에서 우리 주 그리스도에 의해 제정된 오직 두 성례가 있다"(WCF 27.4)는 단언으로 39개 신조에 동의한다. 본 조항의 마지막 문단은 성례는 보여지는 것일 뿐만 아니라, 그것을 가치 있게 받아들이는 사람들에게 "유익한 효과"가 있다고 확언한다. 이처럼 유익한 효과가 있다는 주장은, 우리가 14장에서 언급하게 될 WCF 27.2-3에서 보다 광범위하게 상술된다.

### 제26조 성직자의 품성 결함이 성례의 효과에 영향을 미치지 못함에 관하여

이것은 WCF 27.3에서 실질적으로 되풀이되는데, 본 조항의 마지막 문장은 제외된다.

### 제27조 세례에 관하여

본 조항은 WCF 28.1과 LC 165에 반영되지만, 유아 세례는 WCF 28.4와 LC 166에서 고찰된다. 신앙고백과 대요리문답 양쪽 다 보다 충분한 신학적 설명을 제공한다. 이러한 설명은 본 조항의 보다 개인주의적 강조보다는 언약에 더 뿌리를 박고 있는데, 그 동안에 이루어진 언약 신학의 발전이 주된 이유였다. 이는 LC 166에서 특히 분명히 알 수 있다. 여기서 언약은 신앙을 고백하는 양 부모 중 한 사람 또는 양친의 유아들이 받는 세례에 대한 이론적 근거임이 명백하다. 본 조항은 "어린 자녀들의 세례"에 관해서만 언급하고 있을 뿐이다. 그렇지만 공동 기도서의 세례에 관한 전례는 부모가 신앙을 고백하도록 규정했다. 그래서 별도의 확언이 본 조항에서는 필요치 않다. 실제로, 이와 동일한 원칙들이 1640년대에서처럼 1563년에도 적용됐다. 웨스트민스터의 발전된 언약 신학은 유아 세례에 대한 기초가 되는 이론적 근거를 뚜렷하게 하고 구체화한다.

### 제28조 주님의 만찬(또는 성찬)에 관하여

성찬의 본질을 기술하는 본 조항의 첫 번째 문단은 WCF 29.1, 5, 7과 LC 168에서 확언되고 발전된다. 두 번째 문단은 로마 가톨릭의 화체설(transubstantiation) 교리에 반대한다. WCF 29.2, 4, 6도 그러한데, 표현에서 밀접하게 상응한다. 세 번째 문단은 WCF 29. 5, 7과 LC 170에 의해서 확장되고 발전되지만 실질적으로는 바뀌지 않다. 마지막 문단은 WCF 29.4에서 재차 확언된다. 본 조항과 웨스트민스터 총회의 신학의 일치는 놀라운 일이 아니다. 왜냐하면 크랜머와 칼빈 그리고 이 총회는 여기서 일치를 이루기 때문이다.[15]

제29조 악인이 성찬에서 그리스도의 몸을 먹지 못함에 관하여

이는 개혁파 신앙 특유의 것이다. 로마 가톨릭교회와 루터파는 양쪽 모두, 그리스도의 몸과 피가 성례에 육체적으로 임하므로 그 징표를 받는 사람들도 모두 실재를 받는다고 생각한 반면에, 개혁파는 실재―그리스도의 몸과 피―는 믿음으로 말미암아 영적으로 받는 것이어서, 불신자들은 그 징표들을 받는 것이지 그리스도를 받는 게 아니라고 주장했다. 본 조항의 신조는 WCF 29.8에 포함되어 있지만, 대요리문답에는 상응하는 것이 없다.

제30조 떡과 포도주를 나누어 먹는 것에 관하여

로마 가톨릭교회의 신조가 더 이상 주된 위협이 아니었던 보다 새로운 상황이, 평신도들도 떡과 포도주 둘 다를 받아야 한다는 확언을 WCF 29.4의 단일 문구에 넣는다.

제31조 십자가 위에서 끝난 그리스도의 단번의 희생에 관하여

WCF 29.2는 본 조항과 같은 말을 하지만, 정확히 동일한 단어들로 말하는 것은 아니다.

---

**15** R. Letham, *The Lord's Supper: Eternal Word in Broken Bread* (Phillipsburg, NJ: P&R, 2001), 31-47.

### 제32조 사제의 결혼에 관하여

웨스트민스터 문서들에는 이것에 상응하는 것이 없다. 그러한 진술의 필요성은 훨씬 전에 사라졌다. 성직자들이 로마의 지배에서 벗어난 지 한 세기가 넘었기 때문이다.

### 제33조 출교된 사람들을 피하는 것에 관하여

교회의 권징을 다루는 WCF 30장은 본 조항의 자료에 대해 언급하지 않는다.

### 제34조 교회의 전통에 관하여

본 조항에 상응하는 것이 웨스트민스터에는 없다는 것을 알게 되는 것은 충격적인 일이 아니다. 이것은 이 총회와 39개 신조의 하나의 중대한 차이점이며, 성경과 교회의 관계에 대한 견해의 변화를 나타낸다. 특히 본 조항은 이렇게 주장한다. "하나님의 말씀에 위배되지 않고, 공공의 당국에 의해서 제정되고 승인을 받은 교회의 전통과 의식을 어떤 목적을 가지고 사적인 판단에 따라 공공연히 어기는 자는 그 누구라도 공개적으로 비난받아 마땅하다. 그러한 자는 교회의 공적인 질서에 반대하고, 교회 재판소의 권위를 해치며, 약한 형제들의 양심에 상처를 주는 자이다." 이것에 반대하여, WCF 20.2; 21.1은 주장하기를, 비록 교회의 명령들이 성경에 위배되는 것이 아니라 성경 곁에 있더라도, 양심을 위하여 교회의 명령들에 복종하는 것은 참된 양심의 자유를 저버리는 것이라고 한다. 이에 더하여, WCF 31.4는 교회의 법령들을 신앙과 관습의 규칙으로 삼아서는 안 된다고 지적한다.

### 제35조 교리서(Book of Homilies)에 관하여

에드워드 6세 때 발행된 제1교리서와 더불어 "하나님께 합당한 전체적인 교리"를 담고 있는 제2교리서에 관한 본 조항의 추천에는 사람들이 이해할 수 있도록 교회 안에서 부지런히 읽혀야 한다는 요청이 있다. 이러한 추천은 웨스트민스터 문서들에서는 나타나지 않는다. 이러한 교리서들이 교회 안에서 직접적이고 즉각적으로 중요하던 시절은 지나가버렸다.

### 제36조 주교와 성직자들의 성직 서품에 관하여

본 조항은 대주교와 주교, 사제 및 부제가 에드워드 6세 때에 규정되고 의회의 승인을 받은 예식문에 따라서 축성되고 서품된다는 것을 진술한다. 의회가 최근에 감독제를 폐지했다는 고찰은 차치하고라도, 총회는 새로운 형태의 교회 정치를 생산하는 과업을 맡게 되었다. 새로운 성직자들을 허가하고 서품하는 것은, 1652년에 총회가 해산될 때까지 총회의 간략하고 계속된 작업의 일부였다.

### 제37조 국가의 위정자에 관하여

본 조항에 상응하는 것이 WCF 23장이다. 본 조항의 첫 번째 문장은 WCF 23.1과 대조를 이룬다. 본 조항의 배경은 잉글랜드 교회가 로마 가톨릭교회와 결별한 것이다. 따라서 "여왕 폐하는 외부의 치리에 종속되지 않으며, 또한 종속되지 않는 것이 마땅하다." 신앙고백의 언급은 보다 일반적이면서 계급 제도를 확립하는데, 하나님과 위정자 그리고 국민이 그것이다. 로마 교황의 음모와 스페인의 무적함대사건과 화약음모사건(Gunpowder Plot)에 관한 기억에도 불구하고, 잉글랜드의 토착 권력은 1640년대에 실제적인 위험에 처해 있지 않았다. 반면에 1563년에 교회는 꽤 최근에서야 외적 권세, 즉 교황의 지배로부터 해방됐다.

본 조항의 두 번째 문장과 WCF 23.3은 전반적으로 일치하는데 차이점은 신앙고백이 상세하게 진술한다는 것이다. 여왕(또는 위정자)은 말씀이나 성례를 집행할 권능이 없으며, 다만 이단을 억제하고, 교회의 정결을 보증하며, 교회 회의를 소집하고 하나님의 말씀에 따라서 이루어진다는 것을 보증하려고 그런 회의들에 참석할 수 있을 따름이다.

본 조항의 세 번째 문장은 교황이 "이 잉글랜드의 영역" 안에서 어떠한 치리권도 갖는 것을 거부하는데, WCF 23.4도 마찬가지다.

본 조항의 네 번째 문장은 잉글랜드의 영역을 지배하는 법이 "가장 악하고 중대한 범죄들에 대해서" 그리스도인들을 사형에 처할 권리를 확언한다. 이와 같은 것은 웨스트민스터 신앙고백에도, 대요리문답에도 진술되어 있지 않다.

제38조 그리스도인의 재산은 공유물이 아님에 관하여

본 조항은 재세례파에 명백히 반대한다. 웨스트민스터 총회가 열린 때에 이르러서는, 사유재산에 반대하는 분파들이 많이 생겨났는데, 수평파(Levellers)도 그 중 하나이다. 이처럼 사유재산권을 옹호하는 것은 WCF 26.3과 LC 140-42에서 확언된다.

제39조 그리스도인의 맹세에 관하여

법정에서 맹세를 하는 데 반대하는 주장들이 1640년대에 제시되었다. 그런 주장들은 재세례파에 의해서 16세기에도 똑같이 제시되었다. 본 조항의 요점은 WCF 22.1-7에서 재확언된다.

39개 신조는 웨스트민스터 총회를 위한 하나의 주요한 출처이지만 유일한 주요한 출처는 아니다. 이 총회는 잉글랜드 개혁파 전통과 견고하게 일치한다. 만약 이 총회의 문서들이 호화스러운 치즈 케익과 같다면, 단단하고 바삭바삭한 부분은 크랜머이다. 만약 우리가 그것들을 기름을 듬뿍 넣고 튀긴, 즙이 많은 가자미 한 마리라고 생각한다면, 가자미 몇 토막과 소금 및 식초는 초기의 잉글랜드 개혁파 전통에서 나온다. 아니면, 비유를 바꿔서 말하자면, 만약 총회의 작업이 살아 있는 존재라면, 39개 신조는 등뼈와 신경계를 제공한다.

부기 1: 39개 신조와 하나님에 대한 웨스트민스터 신앙고백

아래에 기술한 것은 웨스트민스터 신앙고백이 39개 신조의 제1조를 개정한 것을 도표로 만든 것이다. 신앙고백에서 강조체로 되어 있는 단어들은 1조에서 취한 것이다.

| 39개 신조 | 웨스트민스터 신앙고백 |
|---|---|
| 제1조 | 2.1 |
| 하나이시며 살아계시고 참되신 하나님은 영원하시며, | 오직 하나이시며 살아계시고 참되신 하나님이 계시니, 그는 존재와 완전함에서 무한하시고, 지극히 순수한 영이시며, 비가시적이시고, |
| 몸도 지체도 정욕도 없으시며, | 몸도 지체도 정욕도 없으시며, 불변하시고, 광대하시며, 영원하시고, 완전히 이해될 수 없으시며 |
| 무한한 능력과 지혜와 선을 가지시며, | 전능하시고, 지극히 지혜로우시며, 지극히 거룩하시고, 지극히 자유로우시며, 지극히 절대적이시고, 자기 자신의 영광을 위하여 그 자신의 불변하고 지극히 은혜로운 뜻의 도모에 따라 만사를 행하시며, 지극히 사랑하시고, 은혜로우시며, 자비로우시고, 오래 참으시며, 진리와 선하심이 풍성하시며, 부정과 위반과 죄를 용서하시며, 부지런히 자기를 찾는 자들에게 상주시는 이시고, 게다가 그의 판단들에서 지극히 공의로우시고, 무서우시며, 모든 죄들을 미워하시고, 또 형벌 받을 자들의 벌을 결단코 면제하지 않으실 이시다. |

| | 4.1 |
|---|---|
| 모든 보이는 것과 보이지 않는 것의 창조자이시며 보호자이시다. | 성부, 성자, 성령 하나님이 그의 영원한 능력과 지혜와 선하심을 나타내시기 위하여 태초에 무로부터 세계와 그 안에 있는 모든 것, 곧 보이는 것이나 또는 보이지 않는 것들을 창조하시거나 만드시기를 기뻐하시되, |
| | 5.1 |
| | 만물의 위대한 창조주이신 하나님은 가장 큰 것들로부터 가장 작은 것들에 이르기까지 모든 피조물들과 행위들과 일들을 붙드시고, 지도하시고, 처리하시고, 또 통치하시어… |
| | 2.3 |
| 그리고 이 신성의 유일성 안에 삼위께서 계시니, 곧 한 실체요 한 권능이요 한 영원성이신 성부와 성자와 성령이시다. | 신성의 유일성 안에 삼위께서 계시니, 곧 한 실체요 한 권능이요 한 영원성이신 성부 하나님, 성자 하나님, 성령 하나님이시다. 성부께서는 그 누구에게도 기원하시지 않고, 아무에게도 나시지 않으셨으며, 또 나오시지도 않는다. 성자께서는 영원히 성부에게서 나셨다. 성령께서는 영원히 성부와 성자에게서 나오신다(참조. LC 9-11). |

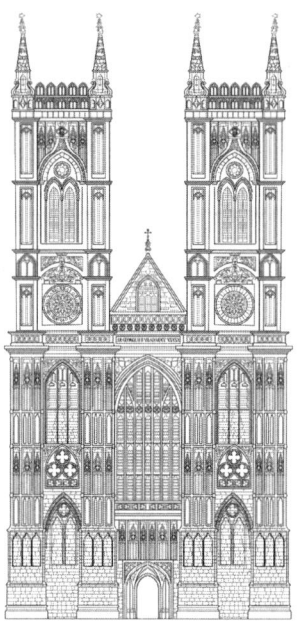

# The Westminster Assembly:

*Reading its Theology in Historical Context*

# 제5장

# 개혁파적 맥락과 가톨릭적 맥락

이전 장들에서 이루어진 우리의 논의를 기초로 하여, 웨스트민스터 총회는 16세기와 17세기 초엽의 개혁파 교회들과 관련해서, 개혁파적인 맥락에 두어야 한다. 칼빈 대 칼빈주의자들 논쟁은 대중들에게 퍼지진 않았지만, 대부분 간파되었다.[1] 직전 세기의 많은 기간에 걸쳐 도출된 합의는 칼빈과 후대의 칼빈주의자들 간에는 깊은 분열이 있다는 것이었다. 이런 사상 노선에 따르면, 웨스트민스터 총회는 그것의 아주 싫은 것(*bete noire*), 즉 개혁파 스콜라주의의 대표자였다. 이러한 개혁파 스콜라주의는 신학을 아리스토텔레스 철학에 속박당하게 했다. 홈즈 롤스턴 3세가 이러한 입장의 좋은 예가 된다.[2] 그렇지만 이러한 연구는 16세기와 17세기 초엽에 개혁파

---

[1] Muller, *After Calvin*, 64를 보라. 여기서 그는 이것을 일으키는 것으로서 많은 학자(Bray, Mc-Clelland, Donnelly, Godfrey, McPhee, Letham, van Asselt, Fatio, Muller, Trueman, Klauber, and Bierma)의 저작을 열거한다.

[2] H. Rolston III, *John Calvin Versus the Westminster Confession* (Richmond: John Knox Press, 1972).

신학이 다양성과 연속성을 인정함으로써 손상되었다.[3] 개혁파 신학은 비교적 광범위한 물결이었으며, 그 안에서 유영하는 사람들의 차이점들이 인정되고 받아들여졌다.

T. F. 토랜스(T. F. Torrance)가 자신의 저서인 『스코틀랜드 신학』(*Scottish Theology*)[4]에서 행한 비판들은 이러한 점에서 타당하다. 우리는 6장에서 그런 비판들을 보다 직접적으로 다루게 될 것이다. 토랜스는 성약 신학(federal theology)에 대해서 계획적이면서 이념적인 반대를 한다. 그는 17세기에 이루어진 언약 신학의 발전을 칼빈과 낙스 그리고 스코틀랜드 신앙고백의 보다 초기의 원래의 신학을 왜곡하는 것으로 여긴다. 토랜스는 웨스트민스터 신앙고백에 대한 자신의 비난을 보류하고 또 대요리문답에 관해서는 거의 말을 하지 않는다. 대요리문답은 다소 다른 접근법을 취하면서 그가 강조하는 주장된 결함들의 다수를 제거한다.

신앙고백에서의 삼위일체에 대한 그의 논평들은 고려할 가치가 있다. 그는 삼위일체가 부수적인 것처럼 보이는 것을 비난한다. 나는 삼위일체가 WCF 2.3에서야 비로소 고찰되는 것이 불행한 일이라는 것을 인정한다. 하지만, 토랜스는 대요리문답에 성경의 견고하게 삼위일체적인 교리가 있다는 것은 언급하지 않는다(LC 1-6). 그는 심지어 이 총회와 39개 신조의 관계를 고찰하는 시도조차 하

---

**3** inter alia, Godfrey, "Tensions Within International Calvinism"; Letham, *Assurance in Theological Context* (originally Letham, "Saving Faith and Assurance"); Muller, *Unaccommodated Calvin* Muller, *After Calvin* Muller, *Christ and the Decree* Trueman and Clark, eds., *Protestant Scholasticism*을 보라.

**4** T. F. Torrance, *Scottish Theology: From John Knox to John McLeod Campbell* (Edinburgh: T. & T. Clark, 1996), 125-56.

지 않는다. 우리가 언급한 대로, 신앙고백에서의 하나님과 성 삼위일체에 대한 장은 단순히 39개 신조의 제1조를 확장한 것일 따름이다(부기 1을 보라). 그런데 토랜스는 역동적인 기독론적 신학이 지배적이었을 때, 그것이 작성되었다고 주장한다. 게다가 그는 총회에 지배적인 중심적 도그마—행위언약과 은혜언약의 이중 뼈대—의 개념을 부과한다. 하지만 "중심적 도그마들"이라는 개념은 독일 학자들 사이에서 19세기에 이르러서야 나타났으며, 웨스트민스터 신학자들은 전혀 생각하지 않은 개념이었다.

다른 한편으로는, 오늘날 다수의 보수 장로교도들은 개혁파 교회의 역사 및 개혁파 교회의 고전적인 신앙고백들과 분리해서 웨스트민스터 신앙고백을 해석한다. 창조의 날들이 24시간의 계속이라는 가설의 호전적인 신봉이 으뜸가는 예이다.[5] 이러한 맥락을 무시하는 것이 이해의 장애물이다. 총회는 대륙의 개혁파 교회들과 자주 접촉하며 문안 인사를 주고 받으면서 그들의 견해들이 일치한다는 것을 보증했다. 토론 중인 주장들은 대륙의 개혁파 신학자들에 대한 언급으로 어김없이 뒷받침을 받았다. 존 라이스(J. H. Leith)는 "영국과 대륙의 개혁파 공동체 간에 항상 존재했던"[6] 그 신학자들이 "대륙의 개혁파 공동체들의 승인을 의식적으로 추구했던 소통의 네트워크"[7]에 관해 올바르게 언급한다. 이것은 라틴어가 유럽의 지식 계급의 국제 공용어가 되어서, 국가의 엘리트들 간의 쉬운 소

---

5 R. Letham, "'In the Space of Six Days': The Days of Creation from Origen to the Westminster Assembly," *WTJ* 61(1999): 149-74를 보라.

6 J. H. Leith, *Assembly at Westminster: Reformed Theology in the Making* (Richmond: John Knox Press, 1973), 37.

7 Ibid., 38.

통을 가능하게 함으로써 오랜 기간 동안 도움을 받았다. S. 캐루더스(S. Carruthers)가 지적하는 대로, 그들로서는 "이 총회가 대륙의 개혁파 교회들에게 큰 관심사였다는 사실이 결코 간과되어서는 안 된다."[8]

## 1. 잉글랜드의 개혁파 신학자들과 대륙의 개혁파 신학자들 간의 상호 작용

웨스트민스터 신학자들은 대륙의 개혁파 신학과의 상호 작용의 유산에 의존했다. 훨씬 거슬러 올라가서 여왕 메리에게 박해를 받고 있었을 때, 추방된 잉글랜드 성직자들은 칼빈 및 불링거와 접촉을 많이 했다. 후에, 존 휘트기프트(John Whitgift)는 하인리히 불링거(Heinrich Bullinger)의 저서 『세월』(*Decades*)을 그가 링컨의 지방 부감독이던 1577년과 캔터베리 대주교이던 1589년에 필독서로 삼았다. 1640년에 이르러서는 칼빈의 저작이 영어로 96판이나 출판됐고, 베자는 50판, 루터와 불링거 두 사람 다 38판이 출간됐다. 하지만 잉글랜드 국교회가 공식적으로 칼빈의 이름으로 출판한 것은 10판도 채 되지 않았다. 칼빈의 『기독교 강요』(*Institutes*)는 옥스퍼드와 케임브리지 양쪽에서 공인된 신학 교과서였다.[9] 또 다른 각도에서 보면, 모세 아미로(Moyse Amyraut)의 신조들이 이 총회에서 문제를 제기했

---

**8**  Carruthers, *Everyday Work*, 63.
**9**  Leith, *Assembly at Westminster*, 40.

지만, 그 문제가 얼마큼 논의되었는지는 분명치 않다.[10]

멀러(Muller)가 보여주듯이, 이 당시 개혁파 신학은 진실로 국제적인 일치를 취했다.

> 잉글랜드 개혁파 신학과 대륙의 개혁파 신학의 상호관계는 양쪽의 발전이 다른 한 쪽이 없으면 제대로 이해될 수 없을 정도였다. 특히 16세기와 17세기에, 잉글랜드의 저작들에서 유럽 사상가들을 인용하는 것이 입증하듯이, 영국의 신학은 대륙의 사상을 잘 받아들였다.[11]

그는 윌리엄 에임즈(William Ames)에 관해 언급하는데, 에임즈의 『신학의 정수』(Medulla SS. Theologiae, 1623)는 잉글랜드와 유럽 양쪽에서 널리 사용됐다. G. 보에티우스(G. Voetius)는 학생들이 그 책을 암기하도록 권했다. 한편, 대륙의 신학자들의 영어 독해는 남독하는 (濫讀, omnivorus)수준이었다. 주요한 잉글랜드 사상가들은 개혁파적인 유럽 전역에 걸쳐서 인정을 많이 받았다. 더욱이 멀러는 진술하기를, 헬라어를 본래의 언어라고 할 수 있는지의 여부에 대한 토마스 가테이커(Thomas Gataker)의 논쟁은 어느 독일인과 벌인 것이었지만, 히브리어, 신성사자음(tetragrammaton)에 대한 그의 논쟁은 프랑스의 루이스 카펠(Louis Cappel)과 벌인 것이었다고 한다. "개혁파

---

10  A. C. Troxel, "Amyraut 'at' the Assembly: The Westminster Confession of Faith and the Extent of the Atonement," *Presbyterion* 22/1(1996): 43–55; C. B. Van Dixhoorn, "Anglicans, Anarchists, and the Westminster Assembly: The Making of a Pulpit Theology" (Th.M. thesis, Westminster Theological Seminary, 2000), 114.

11  Muller, *PRRD*, 1:66.

정통의 온전한 상(像)은 개신교 스콜라주의에 대한 잉글랜드의 공헌을 빠뜨릴 수 없다. 또한 대륙의 발전들과 연관시키지 않고서 16세기 및 17세기의 영국 신학(British theology)을 해석하려고 시도하는 것도 용인될 수 없다."[12] 니콜라스 티 아케는 인정하기를, "예정론과 같은 주제들에 대한 엘리자베스 여왕 시대의 토론은 외국의 저작물들―라틴어로 된 저술들의 재발간이나 영어 번역본들―을 통해서 행하여지는 경우가 많았다는 것은 논의의 여지가 없다"고 했다.[13]

## 2. 웨스트민스터 총회와 대륙의 개혁파

우리는 이제 웨스트민스터 총회에서 일어난 상호작용의 일부에 관해 그리고 그 구성원들이 자신들의 주장을 뒷받침하기 위해 개혁파적인 저자들과 신앙고백들에 대해 언급한 경우들에 관해 언급할 것이다. 이것에 있어서 우리는 다소 선택적이 될 것이다. 부분적으로, 이는 필요성 때문이다. 왜냐하면 총회에서 발화된 담화들이 모두 기록되지는 않았고, 어떤 경우들에서는 다른 경우들에서보다 기록이 더 상세하며, 시간이 지나감에 따라 의사록이 점점 더 엉성해졌기 때문이다.[14]

---

**12** Ibid., 67.
**13** Tyacke, "Anglican Attitudes," 143.
**14** 아마 이것은 W. van 't Spijker의 관심사일 것이다. W. van 't Spijker, "A Comparison Between the Heidelberg Catechism and the Westminster Confession(I)," *Lux Mundi* 26/3(September 2007): 56–61.

### 1) 대륙의 개혁파 교회들과의 상호작용

이 총회는 1643년 7월 27일에 네덜란드의 신학자들에게 편지 한 통을 보냈다.[15] 근 3개월 뒤에, 그러니까 "엄숙 동맹과 언약"(Solem League and Covenant)이 서명된 후, 코르넬리우스 버지스(Cornelius Burgess) 박사는 1643년 10월 19일 목요일 제78차 회기에서, 이 총회는 "최상의 개혁파 교회들에 가장 합치되는 것"에 의해서 운영된다고 주장했다. 그는 그들의 의사 절차의 방법은 "우리가 그리스도의 교회들의 대다수가 밟는다고 생각하는 절차"와 대체로 같아야 한다고 주장했다.[16]

그 뒤에 같은 총회에서, 허버트 팔머(Herbert Palmer)는 "우리 모두는, 개혁파 교회들이 임명하는 사역자들은 합법적인 사역자들이었다는 것을 인정한다"고 지적했다. 존 들라마치(John DelaMarch)는 아직 성직 안수를 받지 못한 사람들이 설교를 하도록 허용되어야 하는가라는 문제를 다루면서 대륙의 관례에 관해 언급했다. "프랑스에 있는 사람들은 안수받지 않은 사람들이 설교하는 것을 허락하는 데 있어서 매우 신중을 가한다. 제네바의 교회는 사역자를 양성한 뒤 프랑스 교회의 조언 없이 그들의 교구로 파송한다. 프랑스의 대회들(synods)에서, 그들은 제네바의 어떤 도시에라도 그들의 목사 후보생들을 파송하지 않는 제도를 폐지했다."[17]

얼마 뒤인 1643년 11월 14일 화요일 제95차 회기에서, 목사와

---

15　Carruthers, *Everyday Work*, 63.
16　Van Dixhoorn, 3:175.
17　Ibid., 3:192.

박사의 직분이 동일한 것인가라는 문제를 논의했다. 들라마치는 "개혁파 교회들의 관례에 의해서 우리는 그들이 서로 다른 직분을 가진 사람들이며 또한 둘 중 한쪽은 다른 한쪽이 할 수 없는 것을 할 수 있다고 생각한다"고 말했다. 후에 조슈아 호일(Joshua Hoyle) 박사는 제네바에서의 칼빈의 예를 인용했다. "칼빈은 박사의 지위를 원했다. 그러나 물론 그는 양쪽 모두에서 인정받을 수 있는 자였다."[18]

그 다음날, 즉 1643년 11월 15일 수요일 제96차 회기에서, 스코틀랜드 위원들 중 한 사람인 알렉산더 헨더슨(Alexander Henderson)은 이렇게 이 총회에 권고했다.

> 여러분은 지금 산 위의 동네와 같습니다. 잉글랜드, 스코틀랜드, 아일랜드 그리고 모든 개혁파 교회의 눈이 여러분을 주시하고 있습니다. 이 모임에 대해 기뻐하면서 열정과 열렬한 기대를 품고서 말입니다. 또한 가톨릭교도들, 아르미니우스파의 사람들 등등의 눈들도 모두 여러분을 주시하고 있습니다. 그들이 작은 일들이 이루어지는 하루하루를 경멸하는 것처럼 보일지도 모르지만, 그들은 몹시 두려워하고 놀라면서 이 총회를 바라보고 있습니다.[19]

일주일 뒤인 1643년 11월 22일 수요일 제101차 회기에서, 네덜란드의 교회들에 보낼 편지들을 준비하려고 한 위원회가 구성됐다.

---

**18** Ibid., 3:301.
**19** Ibid., 3:311.

이 편지들은 개혁파 신앙과 장로교 구조 그리고 독립 교회제에 대한 반대에 총회가 공동으로 헌신하고 있음을 강조했다.[20] 발송되는 서신의 대다수가 그러하듯이, 이 편지도 즉시 발송된 게 아니라 새해에 발송됐다. 이 총회에 미친 구속적인 영향들 가운데 하나는 의회의 권한 부여와 승인의 필요였다. 이는 시간을 요했다. 이것은 함부르크에서 보낸 한 통의 편지가 1643년 12월 8일에 접수됐을 때 특히 분명히 알 수 있다. 그 편지는 양심의 문제에 관해 언급했다. 이 총회는 회신을 하지 않았다. 편지가 의회를 거쳐서 오지 않았기 때문이다.[21]

캐루더스(Carruthers)는 그 다음 수 개월 동안에 오고간 일련의 통신문에 대해 언급한다. 독립파에 대한 혐오를 표현하는, 왈헤렌의 교회에서 보낸 1643(44)년 3월 4일자 라틴어 편지, 트란실바니아, 스웨덴, 폴란드 및 그 밖의 곳들에 있는 개신 교회들에 1644년 4월 2일에 발송된 편지들, 내부 분열에 대처하는 데 있어 도움을 요청하는, 런던의 프랑스 회중이 보낸 것으로서 1643년 12월 22일에 접수된 편지, 그리스에서 고난을 겪고 있는 그리스인 사역자에 대한 도움을 요청하는, 1643(44)년 2월 22일에 받은 편지, 1644년 4월 29일에 받은, 질랜드(Zealand)의 교회들이 보낸 편지 1통.[22] 암스테르담의 장로 감독회에서 보낸 편지에는 1644년 7월 1일 월요일 제248차 회기에서 논의된 "국외 교회 서신 처리 위원회"(Committee for Letter from

---

20    Carruthers, *Everyday Work*, 64.
21    Ibid., 65.
22    Ibid., 65-69.

Churches Abroad)에 관해 언급되어 있었다.[23]

그 이상의 서신들이 다음과 같이 접수되었다. 1644년 7월 19일, 하나우 교회(the church of Hanau)에서 보낸 서신, 1644년 8월 7일, 헤이그 교회에서 보낸 서신과 네덜란드 대회(synod)에서 보낸 서신이 스위스와 독일에서 보낸 다른 서신들과 함께 접수, 1644년 9월 18일, 북네덜란드 교회에서 보낸 서신 접수, 1644년 9월 19일, 겔더란트에서 보낸 서신 접수, 1644년 10월 14일, 위트레흐트에서 보낸 서신 접수, 1644년 6월 6일, 스위스에서 보낸 서신 접수, 1644년 6월 21일, 브레멘이 탈퇴함으로써 죄를 범했다는 소식을 접하고서 총회가 발송한 회람 서신에 브레멘이 추가되었다. 1644년 12월 30일, 취리히에서 보낸 서신이 접수되었다.[24]

1644년 12월 4일, 중대한 사건이 발생했다. 굴리엘무스 아폴로니우스(Guilielmus Apollonius)가 저술한 책이 이 총회의 모든 구성원에게 배포되었다. 그 책은 왈헤렌 노회를 위해서 저술됐으며 칼렌드린 씨와 두 장로가 그 노회를 대표해서 증정했다. 그 책의 증정에 감사하는 편지를 보내기로 전원일치의 표결이 이루어졌다. 그 이듬해 여름에, 아폴로니우스는 잉글랜드에 있었는데 그 책에 대한 감사를 받기 위해서 이 총회에 오도록 초대를 받았다. 1645년 8월 29일 금요일 제494차 회기에서 다음과 같은 명령이 하달됐다. "본 의장은 아폴로니우스씨가 당 회의의 이름으로 공적 감사를 받기 위해서 편한 때에 (본 의장이 참석할 때) 당 회의에 오기를 바란다." 열흘 뒤인 1645년 9월 8일 월요일 제498차 회기에서 이러한 명령을 내렸

---

**23**  Van Dixhoorn, 5:167.

**24**  Carruthers, *Everyday Work*, 70.

다. "명을 받은 아폴로니우스는 수요일에 당 회의에서 버지스 박사의 접대를 받을 것이므로, 수요일 오전에 오시도록 그분께 통지를 하라." 그가 초대를 받은 회의는 1645년 9월 10일 수요일 제500차 회기였을 것이다. 하지만 의사록에는 이것에 관한 기록이 없다.[25] 우리는 본서 제14장에서 그 책에 관해 언급할 것이다. 왜냐하면 그 책이 언약과 세례에 관한 개혁파 교리에 상당히 중대하기 때문이다.[26]

1644(45)년 1월 3일, 하원은 편지 한 통을 네덜란드 교회들에 발송하라고 명령했다. 1646년 11월 6일, 상원은 이 총회에 강조하기를 해외의 개신 교회들이 의회가 결코 신앙의 문제들을 쇄신하려는 의도를 갖고 있지 않다는 사실을 알게 할 필요가 있다고 했다. 위트레흐트에서 보낸 또 다른 서신들이 1647년 4월 30일에 접수됐고, 취리히에서 보낸 서신이 1647년 5월 21일에 수취됐다.[27] 네덜란드 장로 감독회(classis of Holland)에 보내는 감사 서신이 1644(45)년 3월 13일 목요일 제396차 회기에서 읽히고 또 발송 명령을 받았다.[28]

1644년 7월 3일 수요일 제250차 회기에서 성찬에 관한 토론이 있었다. 이 토론에서 팔머는 탁자에서 성찬을 받는 프랑스 교회의 관례에 대해 언급했다. 그들은 앉지 않고 모두가 서서 받았다.[29] 1644년 8월 8일 목요일 제263차 회기에서 세례 시에 몸이 잠겼다 나오는 것의 합법성에 관해 논의하면서, 찰스 헐(Charles Herle)

---

**25** Van Dixhoorn, 6:170, 173.
**26** Carruthers, *Everyday Work*, 71.
**27** Ibid., 71-72.
**28** Van Dixhoorn, 6:85.
**29** Ibid., 5:174.

은 경고하기를, "만약 여러분이 그것(몸이 잠겼다 나오는 것)에 반대하기로 결론을 내렸다면, 여러분은 그것을 실행하는 개혁파 교회들을 정죄하는 것입니다. 로마 가톨릭에 경도되어 있는 사람들은 모두 물을 뿌리는 데 찬성합니다"라고 했다.[30] 그달 하순에, 즉 1644년 8월 20일 목요일 제269차 회기에서, 사무엘 러더포드(Samuel Rutherford)는 구성원들에게 "모든 개혁파 교회의 눈이 이 총회를 주시하고 있습니다"라고 상기시켜 주었다.[31]

1644년 10월 10일 목요일 제301차 회기에서 자녀들이 세례를 받을 때 부모가 신앙을 고백해야 하는가에 대한 토론이 있었다. 이 토론이 진행되는 중에, 스티븐 마샬(Stephen Marshall)은 다음과 같은 취지로 경계시키는 말을 했다. "다른 개혁파 교회들을 위한 우리의 일치는 그 교회들이 청원할 것이 전혀 없는 데까지 멀리 도달하고자 하는 것이 아니라, 우리가 구속되어야 하는 규칙들과 신중함을 보이고자 할 따름이다." 러더포드는 지금껏 아무도 개혁파 교회들의 유일한 관습이나 스코틀랜드 장로교의 유일한 관습에 기초한 논거를 제시하지 않은 데 놀랐다. 헐은 회신하면서 말하기를, 그는 개혁파 교회들과의 일치를 높이 평가하지만, 이 총회는 한 나라의 국민들의 예전 관습을 기억하면서 국가적 상황에 적응시킬 가능성을 숙고해야 한다고 했다.[32]

1644년 10월 28일 월요일 제312차 회기에서, 선제후(Prince

---

30  Ibid., 5:219.
31  Ibid., 5:238.
32  Ibid., 5:391-92.

Elector)가 참석해서 연설을 했다.³³ 1644년 10월 24일 제310차 회기에서, 그는 자기가 원하는 대로 오가도 좋다는 허락을 받았다.³⁴

### 2) 대륙 개혁파 신학자들의 인용

웨스트민스터 신학자들은 대륙의 지도적인 개혁파 신학자들에 관해 자주 언급했다. 1643년 9월 4일 월요일 제45차 회기에서, 39개 신조를 고찰하던 중에 착수된 공덕 행위에 대한 토론들에서, 시드락 심슨(Sidrach Simpson)은 소뮈르의 존 카메론(John Cameron)에 관해 언급했는데, 그는 그런 행위에 배치되는 마태복음 5:48에 대해 논평했다. 조지 워커(George Walker)는 그 이상의 뒷받침으로 다니엘 카미어(Daniel Chamier)를 추가했지만, 다니엘 휘틀리(Daniel Featley)는 칼빈의 『기독교 강요』를 인용하면서, 같은 취지로 욥기 9:20-21을 참조문으로 인용했다. 게다가 에드먼드 캘러미(Edmund Calamy)는 좋은 뒷받침의 근거로 잉글랜드 사람인 존 대버넌트(John Davenant)를 추가했다.³⁵

칭의에 대한 토론들이 그 다음날인 1643년 9월 5일 화요일 제46차 회기에서 진행되고 있을 때, 토마스 가테이커는 칭의에 후속하는 것으로서의 면죄에 대한 자신의 독특한 견해들을 뒷받침하려고 카스파르 올레비안(Caspar Olevian), 요한네스 피스카토르(Johannes Piscator), 스쿨베르투스(Sculbertus), 프랑스 신앙고백 및 벨기에 신앙

---

33  이 의사록은 그가 어느 지역의 선거후인지에 대해서는 침묵한다.
34  Van Dixhoorn, 5:438.
35  Van Dixhoorn, 3:5-7.

고백을 인용했다. 가테이커의 숙적인 워커는 그에 맞서 루터를 인용했다.[36] 이튿날인 1643년 9월 6일 수요일 제47차 회기에서, 가테이커는 카메론과 다니엘 틸레누스에 관해 언급하면서 반격을 가했다.[37] 그리스도의 능동적인 순종이 칭의로 신자들에게 '전가된다'는 개념에 대한 그의 완강한 반대는 그로 하여금 1643년 9월 7일 목요일 제48차 회기에서, 자신을 위한 증거들로서 고마루스, 유니우스, 프랑스 대회(French synod)를 끌어들이도록 만들었다.[38]

이에 반대하여, 헐은 피스카토르, 프란시스 테일러, 고마루스, "현명한 칼빈", 휘틀리, 윌리엄 트위스, 몰리니우스, 틸레누스 등을 인용했다.[39] 그 다음 회의에서(1643년 9월 8일 금요일 제49차 회기), 가테이커를 지지하는 리차드 바인즈는 피터 마터를 지원했다.[40] 결코 아무도 능가하지 못하도록, 가테이커는 1643년 9월 11일 월요일 제50차 회기에서 칼빈과 유니우스 및 고마루스를 인용했다. 윌리엄 거지(William Gouge)는 대회들과 공의회들, 잉글랜드 국교회 교리서, 스코틀랜드와 아일랜드 교회, 프랑스 대회, 신성로마제국의 선제후령(the Palatinate), 보헤미아 교회로 이것을 이겼다. 휘틀리는 아르미니우스와 소시니우스에 대해 가테이커를 비난했다.[41] 칭의 논쟁이 끝나기 전에, 트위스(Twisse)는 1643년 9월 12일 화요일 제52차 회기

---

36 Ibid., 3:16-18.
37 Ibid., 3:29.
38 Van Dixhoorn, 2:50에 있는 Lightfoot의 일지에 따라서.
39 Van Dixhoorn, 3:36.
40 Ibid., 3:46.
41 Ibid., 3:58-65.

에서 피스카토르를 인용했다.⁴²

이것은 웨스트민스터 신학자들이 토론에서 다른 개혁파 권위자들의 도움을 기꺼이 빌렸다는 사실을 잘 보여준다. 이것은 그들의 학식을 그리고 성경에 관한 그들의 교리가 결코 교회의 전통에의 호소를 차단하지 않았다는 것을 보여준다. 인용은 거기서 끝나지 않았지만, 필기사들은 시간이 지남에 따라 그처럼 상세하게 담화들을 기록하는데 지쳤다. 기록에 대해서는, 여기에 개혁파 권위자들에의 그 이상의 호소를 보여주는 실례가 얼마간 있다.

1643년 9월 13일 수요일 제54차 회기에서, 트위스는 멜랑히톤과 카미어 및 칼빈을 인용했다.⁴³ 1643년 9월 15일 금요일 제56차 회기에서, 호일은 칼빈을 인용했다.⁴⁴ 1643년 9월 18일 월요일 제57차 회기에서 가테이커는 카메론에 관해 언급했지만, 라자러스 시먼(Lazarus Seaman)은 베자라고 출처를 명시했다.⁴⁵ 1643년 10월 2일 월요일 제66차 회기에서, 존 필립스(John Philps)는 우리가 행위로 우리의 믿음을 알 수 있는가라는 문제에 관해서 베자와 칼빈을 인용했다.⁴⁶ 1643년 10월 10일 화요일 제71차 회기에서, 심슨은 베자를 인용했다.⁴⁷ 1643년 10월 11일 수요일 제72차 회기에서, 시먼은 루터와 칼빈을 인용했지만, 트위스는 피스카토르를 인용했다.⁴⁸ 1643년

---

42    Ibid., 3:72.
43    Ibid., 3:90.
44    Ibid., 3:94.
45    Ibid., 3:103, 107.
46    Ibid., 3:134.
47    Ibid., 3:155.
48    Ibid., 3:163-65.

10월 26일 목요일 제82차 회기에서 서로 다른 유형들의 사역에로의 소명-"직접적이고, 간접적이며, 혼합된"-에 대해서 베자를 인용했다. 토마스 구드윈(Thomas Goodwin)은 윌리엄 휘테이커와 피스카토르를 인용했다.[49] 1643년 10월 27일 금요일 제83차 회기에서, 헐은 카미어를 인용했다.[50] 1643년 11월 15일 수요일 제96차 회기에서, 윌리엄 브리지(William Bridge)는 베자를 인용했다.[51]

1644년 7월 22일 월요일 제261차 회기에서, 팔머는 세례 시에 몸이 잠겼다 나오는 게 아니라 머리에 성수를 붓는 것을 옹호하여 부처를 인용했다.[52] 1644년 8월 7일 수요일 제262차 회기에서, 익명의 한 구성원이 "무스코비(Muscovy)에서처럼 온 몸에 물을 붓는 것"에 대해 언급하면서 "나는 그것이 스페인에서 사용되고 있다는 말을 들었습니다"라고 말했다.[53] 1644년 10월 10일 목요일 제301차 회기에서, 헨더슨(Henderson)은 캘러미가 부카누스에게 했었던 대로, 자녀가 세례를 받을 때에 부모가 신앙을 고백하는 문제에 대한 토론에서 칼빈을 인용했다.[54] 1644년 10월 18일 금요일 제307차 회기에서, 브리지는 출교에 대해서 카메론과 루터를 인용했다.[55] 1645년 10월 22일 수요일 제522차 회기에서, 하나님의 작정에 대해 토론하면서, 조지 길레스피(George Gillespie)는 카메론과 아미로를 인용하면

---

**49**  Ibid., 3:202-4.
**50**  Ibid., 3:210.
**51**  Ibid., 3:306.
**52**  Ibid., 5:213.
**53**  Ibid., 5:214.
**54**  Ibid., 5:392, 394.
**55**  Ibid., 5:424.

서, 그들 사이에 구별을 지었다. "카메론은 믿는 것을 조건으로 모든 사람에 대해 얘기하지만, 아미로는 더 깊이 그것을 도출했다."[56] 1645(46)년 3월 13일 금요일 제603차 회기에서, 러더포드는 출교의 문제에 대해서 칼빈과 베자, 베이네스 및 피스카토르를 인용했지만, 길레스피는 에라스투스에 관해 언급했다.[57]

반 딕스훈(Van Dixhoorn)은 토론에서 대륙의 신학자들이 빈번히 언급되는 것과 이 총회와 유럽의 교회들 사이에 서신이 계속적으로 왕래한 것에 대해 제대로 언급했다.[58] 모리스(Morris)는 잉글랜드 개혁파와 대륙의 개혁파 사이의 유사성에 대해 다음과 같이 말한다.

> 거울로 보는 것처럼, 우리는 개신교 스스로가 만들어가는 신앙고백적으로 명백해지는 전체 교리 작성 과정을 본다.
> 이 총회, 적어도 참석자들 일부를, 그들이 작성하고 있는 신앙고백이 대륙의 교회들의 호응을 얻고 공식적으로 받아들여지게 할 것이라는 희망으로 이끌었다는 것은 자명한 사실이다.[59]

## 3. 웨스트민스터 총회와 서방 가톨릭의 전통

웨스트민스터 총회의 신학은 또한 가톨릭적 맥락, 교회의 고전

---

56　Ibid., 6:204.
57　Ibid., 6:267-68.
58　Ibid., 1:371.
59　Morris, *Westminster Symbols*, 821.

적인 신조들 및 신앙고백들과 연관된 총회의 입장에서 자리매김할 필요가 있다. 영향력이 큰 한 개혁파 대변인은 최근에 이에 대해 의문을 제기했다.

로버트 L. 레이몬드(Robert L. Reymond)는 칼빈은 "니케아 신경의 삼위일체론"을 거부했으며, 웨스트민스터 신학자들은 이것에서는 그를 따랐을지도 모른다고 주장했다(하지만 그는 이제는 더 이상 이런 주장을 하지 않는다). 특히 그는 "칼빈이 성부의 영원한 성자 발생이라는 고대의 교리를 거부하는 것"에 관해 얘기했으며, 다른 것들 가운데서도 성령의 영원한 발출에 관한 교리는 성경에 위배된다고 주장했다. 그리고 그는 웨스트민스터의 삼위일체론은 니케아 신경이 아닌 칼빈을 추종하는 개혁파라고 주장했다.⁶⁰

이러한 주장을 하면서, 레이몬드는 4세기의 주요한 전거들에 대해서 언급하지 못하며, 교부의 토론들에 관한 그의 논의는 직접적으로 잘 알고 있지 못함을 드러낸다. 더욱이 칼빈에 관한 그의 독서는 제한적이어서 주로 1559년판 『기독교 강요』에 국한되어 있으며, 그는 자기가 반대하는 바로 그것들을 가르치는 대요리문답에 대해서는 언급하지 않는다. 사실 대요리문답은 39개 신조보다 니케아-콘스탄티노플 신경을 더 분명히 따른다. 하지만 아무도(레이몬드를 포함하여) 그것들이 전통에 충실하지 않았다는 주장을 하려 하지 않았다.⁶¹ 나는 다른 곳에서 레이몬드의 저작을 비평했으며, 폴 오웬

---

**60** R. L. Reymond, *A New Systematic Theology of the Christian Faith* (New York: Nelson, 1998), 317-41. 이 견해들은 2판에서는 폐기되었다(2001 서문 참조). 나용화 외 3인 옮김 『최신 조직신학』 (서울; CLC, 2004).

**61** LC 10-11.

(Paul Owen)은 뛰어난 반박문을 썼는데, 레이몬드의 삼위일체론은 기껏해야 재세례파적이며 칼빈에 관한 그의 이해는 왜곡되어 있다고 지적했다.[62] 우리는 본서 제8장에서 상세히 이러한 주장에 관해 언급할 것이다.

웨스트민스터 신학자들이 스스로를 역사적 교회와 연계해서 생각했다는 사실은, 그들이 그러한 저작들이나 토론의 기록을 읽은 자들이라는 점에서 분명하다. 총회의 의장인 윌리엄 트위스는 토마스 브래드워딘의 저작들을 직접 편집했었다. 그 신학자들의 저술들에는 어거스틴에게서 인용한 글들이 가득하다.[63] 그들의 토론들은 교부들과 중세인들에 대한 언급들로 가득 차 있는데, 여기서 열거하기에는 너무나 많다. 우리가 다음 문단들에서 제공하는 것은, 이 총회의 논의를 다양하게 상세히 보고하는 것에 의해서 크게 제한되는 하나의 실례이다.

1643년 9월 4일 제45차 회기에서 벌어진 공덕 행위에 대한 토론에서, 토마스 발렌틴(Thomas Valentine)은 그런 행위의 실재를 증명하려고 마가복음 12:30-31을 이용하는 것으로서 카예탄과 카토리쿠스에 관해 언급했다. 토마스 카터(Thomas Carter)는 욥기 9:20-21에 대해 논의하면서 "대 그레고리(Gregory the Great)의 다수의 탁월한 문구들"에 관해 얘기했다. 이번에는 라자러스 시먼이 둔스 스코투스와 사바노롤라에 대해 언급했다.[64] 1643년 9월 6일 수요일 제

---

62  P. Owen, "Calvin and Catholic Trinitarianism: An Examination of Robert Reymond's Understanding of the Trinity and His Appeal to John Calvin," *CTJ* 35(2000): 262-81.

63  Leith, *Assembly at Westminster*, 38-39.

64  Van Dixhoorn, 3:4, 10.

47차 회기에서, 칭의에 대한 토론 중에, 라이트풋(Lightfoot)은 다니엘 휘틀리가 칭의를 하나님의 행위라고 정의했다고 기록하면서, 그런 견해가 루터 이전에도 주장되었음을 증명하려고, 순교자 저스틴, 제롬, 어거스틴, 버나드 등을 인용했다.[65] 같은 회의에서, 조슈아 호일은 칭의에 대한 조항이 "트리엔트 공의회가 종료될 무렵에, 그리고 교황 절대주의자들에 반대하여" 쓰였다는 사실에 이목을 집중시켰다.[66] 그 다음날인 1643년 9월 7일 목요일 제48차 회기에서, 라이트풋은 가테이커가 자신의 독특한 입장을 뒷받침하려고 아타나시우스와 시릴을 인용하는 것을 기록했다;[67] 의사록에 따르면, 그는 터툴리안도 추가했다.[68] 같은 회의에서, 휘틀리는 버나드를 인용했다.[69] 그 다음 주 월요일인 1643년 9월 11일 월요일 제50차 회기에서, 가테이커는 다시금 아타나시우스를 인용했지만, 휘틀리는 "성 그레고리"(더 구체적인 묘사가 의사록에서 제공되지 않는다)와 클레멘트가 고린도인들에게 보낸 서신, 그리고 다시금 버나드에 관해 언급함으로써 응수했다.[70]

이틀 후인 1643년 9월 13일 수요일 제54차 회기에서, 초점이 믿음을 의롭다고 여기는 것으로 옮겨갔을 때, 라이트풋은 트위스가 믿음이 칭의에 후속한다고 주장하면서, 자기의 주장을 뒷받침하려고 존경받는 16세기 로마 가톨릭 신학자 로버트 벨라르민(Robert

---

65  Ibid., 2:47-48. 이와 동일한 담화에 관한 또 다른 보고에 대해서는 또한 3:21을 보라.
66  Ibid., 3:24.
67  Ibid., 2:50.
68  Ibid., 3:31.
69  Ibid., 3:42.
70  Ibid., 3:58, 64-65.

제5장 개혁파적 맥락과 가톨릭적 맥락 167

Bellarmine)을 인용하는 것을 기록했다.[71] 호일은 어거스틴을 인용했다.[72] 1643년 9월 15일 금요일 제56차 회기에서, 고전적인 저자들에게 자신들의 차례가 돌아왔는데, 트위스는 타키투스를 인용했고 호일은 솔론과 플라톤 및 그 밖의 사람들에 대해 언급했다.[73] 헨리 윌킨슨(Henry Wilkinson)은 1643년 9월 18일 월요일 제57차 회기에서 어거스틴을 인용했다.[74]

1643년 10월 5일 목요일 제69차 회기에서 벌어진 토론의 절차에 관한 논의에서, 토마스 영(Thomas Young)은 니케아 공의회(325)에 관해 언급하면서, 어떻게 마카리우스와 같은 사람들이 아리우스파 사람들과 함께했다는 이유로 대리로 명하여졌는가에 주목했다.[75] 그 이상의 언급들이 많은데, 가장 주목할 만한 것은 헐이 1643년 10월 9일 월요일 제70차 회기와 1643년 10월 27일 금요일 제83차 회기에서 아퀴나스와 어거스틴을 인용한 것이었다.[76] 1643년 11월 15일 수요일 제97차 회기에서 영은 "고대인들"(the antients)에 관해 언급하는데, 아마도 일반 교부들을 말할 것이다.[77] 헐은 스테이플턴－개신교의 또 다른 로마 가톨릭의 강적－을 인용할 수 있었고, 브리지는 어거스틴을 인용했으며, 템플은 베자를 인용했다. 이 모든 것

---

71 Ibid., 2:75; 또한 3:90을 보라.
72 Ibid., 3:85.
73 Ibid., 3:94-95.
74 Ibid., 3:107.
75 Ibid., 3:144.
76 Ibid., 3:148, 210.
77 Ibid., 3:307.

은 1643년 10월 30일 제84차 회기에서 일어났다.[78] 이튿날 1643년 10월 31일 화요일 제85차 회기에서, 시드락 심슨은 중요 인물들로 어거스틴을 인용했다. 그 다음날인 1643년 11월 1일 수요일 제86차 회기에서 영은 크리소스톰과 헬라 교부들을 인용했다. 헬라 교부들은 어떤 사람을 사탄에게 넘겨주는 행위는 모종의 일시적인 형벌을 의미한다고 말하는 반면에 라틴 교부들은 그것은 파문을 의미할 뿐이라면서, 터툴리안을 인용한다.[79]

보다 충분히 기록된 토론들에서 비롯하는 이러한 상세한 진술은 얼마나 자주 교부들이 인용되었는지를 나타낸다. 기록이 한층 빈약하고 모호해지면서, 이러한 상술도 없어진다. 그렇지만 우리는 1644년 6월 7일 금요일 제234차 회기에서 설교자한테 필요한 세 가지—가르치고(*ut doceat*), 기쁘게 하고(*ut delectat*), 변화시키라(*ut flectat*)—에 대해서 어거스틴을 인용하는 애로우스미스(Arrowsmith)와 같은 사람들을 발견한다.[80] 1644년 6월 13일 목요일 제238차 회기에서, 길레스피는 고대에 유대인들이 회당에서 성구를 낭독하는 사람들을 이용하는 것에 관해 언급했으며,[81] 그는 후에 출교의 권세에 대해서는 어거스틴을 인용했다.[82]

이것은, 칼빈을 비롯한 모든 종교개혁자들과 후대의 개혁파 정통주의자들이 중세 후기에서 연유하는 그들의 유산의 맥락에서 움

---

[78] Ibid., 3:212-17.
[79] Ibid., 3:223, 235.
[80] Ibid., 5:145.
[81] Ibid., 5:150.
[82] Ibid., 5:419.

직였다는 멀러의 주장을 확인해 준다. 그들을 이해하려면, 스콜라적 방법론과 중세 석의의 역사를 파악하는 것이 필요하다.[83] 이 총회의의 개혁파적 맥락은 이 총회가 가톨릭적임을 보여주는 증명서를 확증한다. 왜냐하면 개혁파 신학자들이 가톨릭 전통이 아니라 이 총회의 직접적인 대표자들과 반목했기 때문이다. 루터와 칼빈 및 그들의 동시대인들에게서 비롯하는 증거가 많이 있다.[84] 이는 의사록에서 풍부하게 증명된다.

의사록의 기록들에서 우리가 전혀 의심할 여지없이 보여준 것은, 모든 신학적 문제는 저마다 교회의 초기 시절로 거슬러 올라가는 석의의 역사와의 대화 속에서, 성경 석의의 토대에서 토론되었다는 것이다. 성경 석의에 초점을 맞추는 것이 만연하여서, 토론이 주제로 삼는 텍스트들을 열거하는 것은 여기서는 쓸데없는 일일 터이다. 그 증거는 문자 그대로 압도적이다.[85] 그렇지만 성경 석의에 초점을 맞추는 것은 고립된 채 행하여지지 않았다. 즉 성경 석의는 교회의 큰 전통의 일부로서 자의식적으로 일어났다.

크리소스톰과 아타나시우스, 바실 및 시릴에 관해 가끔 언급하

---

83 Muller, *Unaccommodated Calvin*; Muller, "Scholasticism in Calvin," 247-65.
84 Calvin과 교부들에 대해서는 A. N. S. Lane, *John Calvin: Student of the Church Fathers* (Grand Rapids: Baker, 1999). On Calvin and the Trinity, 나의 책 *The Holy Trinity: In Scripture, History, Theology, and Worship* (Phillipsburg, NJ: P&R, 2004)의 12장을 보라. Calvin과 삼위일체에 대해서는, 나의 저서 *The Holy Trinity: In Scripture, History, Theology, and Worship* (Phillipsburg, NJ: P&R, 2004)의 12장을 보라. 예배에 대해서는, H. O. Old, *The Patristic Roots of Reformed Worship* (Zurich: Theologischer Verlag, 1975)를 보라.
85 C. Van Dixhoorn이 인용하고, 옥스퍼드대학교 출판부에서 발간될, 웨스트민스터 총회 의사록의 여러 권으로 구성된 근간(近刊) 교정판을 보라. 이 교정판은 850,000 단어가 넘을 것이다.

는 것을 제외하면, 동방으로부터 받은 어떤 영향이 있었는가? 명백히 간접적인 영향이 있는데, 이는 이민으로 초기에 여러 세대로 갈라진 한 집안이 유사한 특징들을 보여줄 수 있는 것과 똑같다. 웨스트민스처 총회는 에큐메니칼 공의회들의 결정들을 그 나름대로 채택한다(WCF 2.3과 LC 9-11에서, 삼위일체에 대한 제1차 니케아-콘스탄티노플 공의회; WCF 8장에서, 중보자 그리스도에 대한 에베소, 칼케돈, 제2차 콘스탄티노플 공의회).

더욱이 어거스틴과 아퀴나스, 루터 및 칼빈이 언급하는 신화(deification)와 그 임재에 관해 진술하는 동방의 신조에 대한 최근의 관심은, 은혜와 영광 속에서 이루어지는 그리스도와의 연합과 친교에 대한 대요리문답의 강조라는 문제를 제기하는데, 특히 LC 90의 영화(glorification)의 견지에서 그러하다.[86] 게다가 보다 가까운 영향의 가능성이 있다(그러나 내가 아는 한, 문서적 증거가 없는 가능성이다). 총회가 개최되기 바로 5년 전에, 1623년부터 콘스탄티노플의 총대주교였던 시릴 루카르가 투르크인들에게 살해당했다. 그는 칼빈주의자였다. 그는 믿음으로 말미암아 의롭게 됨(이신칭의)에 대한 분명한 진술을 포함하는 신앙고백서를 썼다. 그는 폴란드와 헝가리의 개혁파 신학자들과 광범위한 접촉을 가졌다.[87] 모종의 상호 영향이 있었는가, 만약 그렇다면 어떤 영향을 서로 미쳤으며 얼마 만큼

---

86 나는 본서 제20장에서 이것에 관해 논한다. 그것은 또한 여기 12장과 15장에서 고찰될 것이다.

87 R. Letham, *Through Western Eyes: Eastern Orthodoxy: A Reformed Perspective* (Fearn: Mentor, 2007), 130; G. A. Hadjiantoniou, *Protestant Patriarch: The Life of Cyril Lucaris(1572-1638), Patriarch of Constantinople* (Richmond: John Knox Press, 1961).

서로 영향을 주었는가?[88] 이것은 심층적인 연구를 요하는 문제로, 우리를 본서의 범위가 미치지 않는 곳으로 데려간다.

아더 코크레인(Arthur Cochrane)은 비록 초기의 신조들과 개혁파 신앙고백들 사이에는 뚜렷한 차이점이 있지만, 후자는 전자에 기초하였으며, 초기 신조들에 관한 적절한 이해를 표명하고 또 수호하려고 노력했다는 데 주목한다. 그는 이러한 맥락에서 웨스트민스터의 상징들을 구체적으로 언급한다.[89]

일반적으로, 웨스트민스터 신앙고백의 구조는 고전적인 신경들(사도신경과 니케아-콘스탄티노플 신경)의 구조와 유사하다. 이것들은 양쪽 모두 삼위일체 하나님, 성자 그리스도의 생애와 사역, 교회와 성례들, 최후의 일들에 초점을 맞춘다. 나는 후속하는 각각의 장들의 서두에 니케아-콘스탄티노플 신경과 연관된 단락들을 포함시킴으로써 총회와 가톨릭 전통 간의 공통의 토대에 주의를 끌었다. 우리는 신앙고백이 어떤 하나의 중심적인 교리에 의해서 형성되지 않는다고 주장하겠지만, 신앙고백은 느슨하게 이러한 배열을 따른다. 하나님, 그의 작정, 중보자이신 그리스도 안에서의 구원 계획과 그것의 성취, 교회와 성례들, 최후의 일들은 모두 대단히 두드러진 요소들이다. 교회-국가의 관계를 비롯하여 율법과 복음 및 자유에 대한 추가적인 단락들이 있는 것은 신앙고백이 쓰인 역사적 맥락 때문이다.

---

88  Carl Trueman은 나에게 John Owen의 장서의 판매 카탈로그에 Gregory Palamas의 책들이 포함되어 있었다는 것을 그리고 Owen이 때때로 Cyril Lucar에 관해 언급한다는 것을 알려준다.

89  A. C. Cochrane, *Reformed Confessions of the 16th Century* (London: SCM, 1966), 8.

대요리문답에 관해서 말하자면, 그것은 신조(또는 신경)와 십계명 그리고 주기도문이라는 고전적인 요리문답 구조를 따른다. 이와 동시에, 이런 것들은 웨스트민스터 신학자들이 쇄신하려고 노력하지 않은 게 아니라, 자신들을 잉글랜드 국교회의 전통 속에 서 있다고 여겼다는 것을 증명한다. 18세기에 새롭고 이전에 없던 관점을 들고 일어난 계몽주의 등으로 인해 사람들은 하나님, 교회, 성례 등보다는 인간과 인간의 구원에 더 집적적으로 집중하게 되었다.[90]

---

**90** R. Letham and D. Macleod, "Is Evangelicalism Christian?" *EQ* 67/1(1995): 3-33을 보라.

# 3부

## 웨스트민스터 총회의 신학

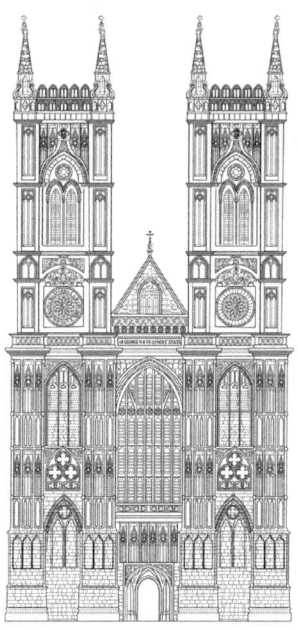

# The Westminster Assembly:

*Reading its Theology in Historical Context*

# 제6장
# 웨스트민스터 총회에 대한 시각들

## 1. 웨스트민스터 총회와 개신교 스콜라 신학

20세기의 많은 시간에 걸쳐서, 개혁파 신학을 연구하는 학자들은 '칼빈과 다른 칼빈주의'를 끼워맞추려고 했다.[1] 이러한 견해에 따르면, 칼빈의 역동적인 성경주의는 그의 후계자들에게 패배했다. 중세시대 후엽에 지배적이었던 아리스토텔레스 학파의 철학적 방법론은 하이델베르크의 자카리아스 우르시누스와 그 밖의 사람들뿐만 아니라, 제네바에서 칼빈의 후계자였던 테오도르 베자(Theodore Beza)에 의해서도 개혁파 신학에 도입됐다.

그러한 방법론은 철저한 합리주의적 신학을 낳는데, 이 신학에서는 논리와 이성이 최고였다. 교리들은 교묘한 전제들로부터 추론됐다. 인과적 분석이 도처에서 사용됐다. 이성에 우선순위가 부

---

[1] 이 함축성 있는 문구는 B. Hall, "Calvin Against the Calvinists," in *John Calvin* (ed. G. Duffield; Appleford: Sutton Courtenay, 1966), 19–37에서 나온다.

여됐으며, 성경 본문은 엄격하게 부과된 격자(grid)에 우겨 넣어졌다. 내적으로 일관성 있는 논리적 체계를 형성하기보다는 오히려 성경을 따르려는 그의 결심에서 비롯된 칼빈에서의 명백한 긴장 상태는 논리에 의해서 해소됐다.

이러한 입장을 취하는 학자들 가운데 저명한 사람이 한스 에밀 웨버, 칼 바르트, 바실 홀, 월터 킥켈, 브라이언 암스트롱, R. T. 켄달, T. F. 토랜스, J. B. 토랜스, 후대에서는 앨리스터 맥그래스 등이었다.² 본질적으로, 그들은 칼빈과 개혁파 전통 안에서 따르던 사람들 간의 급진적인 분열을 가정했다. 웨스트민스터 총회는, 발전된 개혁파 스콜라 신학의 현저한 예로서, 아마도 칼빈주의 진영에 딱 들어맞을 것인데, 이 총회의 교리는 하나님의 영원한 작정이라는 전제와 두 개의 서로 다른 언약들—타락 이전의 행위언약과 타락 이후의 은혜언약—로 분리된 구속사로부터 논리적으로 추론됐다.³ 이러한 해석은 홈즈 롤스턴 3세(Holmes Rolston III)가 『존 칼빈 대 웨스트민스터 신앙고백』(*John Calvin Versus the Westminster Confession*)에서 명료하게 제시했다.⁴

---

2   Weber, *Reformation, Orthodoxie und Rationalismus* Hall, "Calvin Against the Calvinists"; W. Kickel, *Vernunft und Offenbarung bei Theodor Beza: Zum Problem der Verhaltnisses von Theologie, Philosophie und Staat*(Beitrage zur Geschichte und Lehre der Reformierten Kirche; Neukirchen-Vluyn: Neukirchener Verlag des Erziehungsvereins, 1967); Armstrong, *Calvinism and the Amyraut Heresy* R. T. Kendall, *Calvin and English Calvinism to 1649* (Oxford: Oxford University Press, 1979); J. B. Torrance, "Covenant or Contract?"; A. E. McGrath, *A Life of John Calvin: A Study in the Shaping of Western Culture* (Oxford: Basil Blackwell, 1990), 212.

3   J. B. Torrance, "Covenant or Contract?"를 보라. 그의 특정한 대상은 성약설적 칼빈주의였는데, 그는 이것이 웨스트민스터에서 예증되는 것을 목도했다.

4   Rolston, *John Calvin Versus the Westminster Confession*.

이러한 비평가들 가운데서, 칼 바르트(Karl Barth)는 울리히 츠빙글리(Ulrich Zwingli)의 『짧은 기독교 교훈』(*Short Christian Instruction*), 칼빈의 1545년판 요리문답, 프랑스 신앙고백, 하이델베르크 요리문답과 더불어 스코틀랜드 신앙고백을 "초기 개혁파가 의도한 것의 정확한 상"을 전달하는 것으로 여긴다. 그는 "그 밖의 것은 모두 반복과 변주들이며, 변주들일 때 주요한 전통으로부터의 이탈들은 쉽사리 미혹당하는 경우가 많다"고 말한다.[5] 이렇게 판단하면, 개혁파 신학의 정점인 웨스트민스터 총회는 바르트가 단지 "비극…칼빈주의의 사망"이라고 말할 수 있을 뿐인 퇴행이다.[6] 내가 볼때, 바르트는 하나의 기준 속에서 자기만의 기준을 설정했고, 또한 1563년까지의 시기적으로 특수한 역사적 환경에 대한 고찰에 실패한 것 같다. 바르트는 후대에 바뀐 조건들을 참작하지 않는다. 우리는 앞에서 조나단 무어의 설득력 있는 반론에 대해서 언급했다.

이보다 앞서, 에드워드 모리스(Edward Morris)는 훨씬 더 공감이 가고 신뢰할 수 있었다.[7] 그는 다른 모든 개신교 단체보다 이 총회가 우월한 것은, "그들이 제1스코틀랜드 신앙고백으로부터 어셔와 아일랜드 대회의 신조에 이르는 영국의 모든 선행하는 신조들뿐만 아니라, 그들의 상징들을 만드는 데 그들에게 어떻게든 도움이 될 수 있었던 대륙의 의식서들도 모두는 아니더라도 대부분을 소유하

---

5  Barth, *Reformed Confessions*, 133.
6  Ibid., 135.
7  비록 웨스트민스터 총회에 대한 그의 책이 20세기가 시작되기 직전인 1900년에 출간됐을지라도 이것은 그러하다.

고 있었다"는 것이라고 말했다.⁸ 실제로 그들은 가능하다면, 그들 이전의 신조 어느 부분이건 교리나 언어를 따르려고 했다. 모리스는 잉글랜드의 개혁파 신학자들 및 대륙의 신학자들, 특히 칼빈과의 그들의 유사성에 관해 언급한다.

칼빈의 『기독교 강요』(*Institutes*)는 오랫동안 여러 대학교들에서 사용되었다. 사실 "17세기의 50년대에 선행하는 어떤 시기에서도, 사람들의 어떤 집단도, 개신교가 우세한 곳은 어디에서든지 관심을 모으고 승인을 얻기에 적합한 신조를 공식화할 그런 자원들이나 그런 기회를 가질 수 없었을 것이다." 이것은 "참으로 섭리적인 결합"이었다.⁹ 모리스는 특히 독립파와 온유한 양심을 지닌 사람들을 향한 이 총회의 중용과, 어떻게 이 총회가 다른 부문들에서 격렬한 토론들을 일으켰었던 의견들을 되풀이해서 피했는가에 주위를 끈다. 그는 의회에 대한 담화에서의 길레스피의 논평을 인용한다. 이 논평에서 길레스피(Gillespie)는 주장하기를, "그 날을 어둠이 되게 하십시오…이 어둠 속에서 영국에 있는 하나님의 자녀들은 서로 원수이며 박해자라고들 할 것입니다"라고 했다.¹⁰ 모리스 자신의 중용은 칼빈과 다른 칼빈주의에 대한 토론의 부상에 추월당했다.

그렇지만 1970년대 이래로 점점 커지는 하나의 운동이 바르트-웨버-바실 홀 주장을 서서히 약화시켰다. 리차드 멀러(Richard Muller)는 선행하는 그 주장을 비판하는 형세를 개략적으로 설명했

---

**8** Morris, *Westminster Symbols*, 795-96.
**9** Ibid., 796-97.
**10** Ibid., 802-4.

다.[11] 존 브레이, 조셉 맥클레랜드, 존 패트릭 도넬리, W. 로버트 갓프레이, 질 라이트, 이언 맥피, 로버트 레담 등의 초기 저작들은 그 길을 가리켰다. 멀러가 행한 방대한 연구는 그러한 주장을 논파했는데, 라일 비어마, 칼 트루만, 마르틴 클라우버, 빌헬름 판 아셀트 및 그 밖에 사람들의 논문들의 도움을 받았다.[12]

여기에서는 이러한 반론들을 되풀이할 시간도 없고 지면도 없다. 확실한 것은, 16세기의 개혁파 신학자들과 1세기 뒤의 그들의 후계자들 간에 명확한 불연속성이 있다는 사실이 부정되지 않는다는 것이다. 불가피한 것은, 새로운 목회적 및 신학적 맥락들을 수반하는 역사적 발전이 있기에, 새로운 반대에 맞서 종교개혁의 교리를 수호하고, 그러한 교리를 교회와 그 사역자들에게 정연하고 체계적으로 가르칠 필요가 있다는 것이다. 이와 마찬가지로 불가피하게, 특별한 지적 및 철학적 수단들이 어떠한 시간이나 공간에도 있으므로, 그것들이 그러한 목적을 위하여 사용됐다.

그렇지만 단순히 어떤 신학자가 아리스토텔레스 식의 인과적 분석을 사용했다고 그를 스콜라 신학자라고 하는 것은 거의 무의미한 일이다. 왜냐하면 칼빈을 비롯하여 모든 신학자가 그렇게 했기 때문이다.[13] 칼 트루만(Carl Trueman)은 앨런 클리포드(Alan Clifford)의 주장을 체계적으로 분쇄함으로써 그런 비난의 시대착오적이면서 자멸적인 본질을 증명한다.[14] 게다가 연속적인 노선(이전 학문에

---

11  Muller, *After Calvin*, 3-102.
12  Muller, *After Calvin*, 64, 207에서 서지(書誌)적 참조 문헌들을 보라.
13  Muller, *Unaccommodated Calvin*, 39-61을 보라.
14  C. R. Trueman, *The Claims of Truth: John Owen's Trinitarian Theology* (Carlisle:

의해 경시되고 무시당했던)은 분명하게 드러났다.

폴 헬름(Paul Helm)은 웨스트민스터 신학자들이 다른 정식(formulations)을 작성하게 하는 논리적 추론을 위한 기초로 스콜라적 교리를 사용했다는 논증에 비추어, 섭리에 관해 논한 웨스트민스터 신앙고백을 상세하게 다루었다.[15] 그는 어떤 교리가 점하는 지위는 그 사람이 스콜라적 방법을 사용하는지의 여부와는 전혀 관계가 없다고 주장한다. "2장에서 5장까지의 각각의 장은 선행하는 장의 자료를 전제로 한다. 그러나 이것으로 인하여 당연히 각각의 장이 선행하는 자료에서 추론된다는 것은 아니다. 신앙고백을 만든 사람들은 성경 텍스트 안에 자신들의 각각의 주장의 기초를 두려고 노력했다."[16]

그들은 어떤 대목에서도 하나님의 섭리에 관한 이론을 제시하지 않는다. 이는 그들이 "의도에서 단호히 후험적(*a posteriori*)"이기 때문이다. 또한 자연 신학에 의존하는 기색이 전혀 없으며, 이성의 빛이나 인간의 경험에 호소하는 것도 없다. 그들의 신앙고백은 전적으로 성경의 주장들에 의거한다. 그 장에서의 그들의 유일한 양보는 1차 및 2차원(중세에 사용된)이라는 개념을 사용하는 것이다. 그러나 칼빈도 그 개념을 사용했다.[17] 질문과 대답, 주의 깊은 구별들, 정의와 주장, 신학적 주제들의 구별 따위에 의한 신학의 기술적 발전이라는 의미에서 스콜라주의가 현재적이라는 것은 의심의 여

---

Paternoster, 1998).

**15** P. Helm, "Westminster and Protestant Scholasticism," in *Westminster Confession into the 21st Century* (ed. Duncan), 2:99-116.

**16** Ibid., 103.

**17** Ibid., 105-6.

지가 없지만, 이것은 신학적인 쟁점이라기보다는 오히려 표층적인 문제이다."[18] 따라서 "적어도 이 영역에서는 신앙고백이 개혁파 신학의 퇴행된 형태를 표현한다라는 비난은 실체가 없는 것이다"라고 헬름은 결론짓는다.[19]

멀러는, 그가 개혁파 신학을 그것의 중세 후기적 배경과 대비해서 이해하는 그의 전반적인 작업에서처럼, 성경 해석을 웨스트민스터 총회 신학의 으뜸가는 원천이라고 지적한다.[20] 이것은 토론들의 기록에서 현저하게 명백하다. 웨스트민스터 신학자들은 구약과 신약의 문구들의 의미를 끊임없이 논의하고 있었다. 그들의 신학은 추상적인 논리적 고찰이나 일련의 인과론적 연역론에 의거한 것이 아니라, 그들이 개혁파 교회들에서뿐만 아니라 중세 및 교부 시대에서도 이루어진 해석의 역사와의 상호작용 속에서 원어로 기록된 성경 본문과 씨름하는 데 의거했다.[21]

---

**18** Ibid., 107.
**19** Ibid., 115.
**20** R. A. Muller, "Either Expressly Set Down···or by Good and Necessary Consequence: Exegesis and Formulations in the Annotations and the Confession" (conference paper presented at Westminster Assembly 2004; Philadelphia: Westminster Theological Seminary, 2004); R. A. Muller, "Inspired by God···Kept Pure in All Ages: The Doctrine of Scripture in the Westminster Confession" (conference paper presented at Westminster Assembly 2004; Philadelphia: Westminster Theological Seminary, 2004).
**21** Morris(*Westminster Symbols*, 807)는 많은 사람이 시대착오적으로 그것들의 언어의 견지에서 이 문서들에 접근했다는 데 주목한다-특히 "순전한 사랑"(mere love), "전적으로, 완전히"(utterly, wholly), "즐거움"(pleasure), "재산"(estate), "죄책"(guilt), "선행"(good works) 등과 같은 표현들에 초점을 맞춤.

## 2. 웨스트민스터 총회의 교회론적 속박

반 딕스훈은 교회론적으로 웨스트민스터 총회에 대한 거의 획일화된 학문의 선입견을 고찰한다. 총회의 구성원 신분은 통상적으로, 장로파나 감독파 또는 독립파와 같은 순전히 교회론적 용어들로 규정됐다. 일반적인 합의가 있는 사안인 신학은 거의 관계가 없었으며, 실제적인 문제들은 교회 정치와 관계가 있었다고 사람들은 생각하게 된다. 반 딕스훈이 진술하듯이, 이러한 접근법은 그 최고의 작업인 R. S. 폴(R. S. Paul)의 작업에 이르기까지 줄곧 견지됐다.[22]

이와는 대조적으로, 1643년부터 1652년까지의 1,333회의 전체 회의, 209회의 특별 위원회, 출간된 원고 162권을 반 딕스훈이 조사한 바에 의하면 총회가 신학에 가장 주력했다는 것을 알 수 있다. 이는 "이 총회에 관한 현존하는 어떠한 역사로부터도 모을 수 없는 사실"이다.[23] 전체 회의의 26퍼센트와 특별 위원회의 19퍼센트만이 그것들의 주초점을 교회 정치에 맞췄다. 반면에 전체 회의의 36퍼센트와 특별 위원회의 31퍼센트는 신학적인 문제들에 바쳐진다.[24] 때로는 이러한 당대의 패러다임이 의문시되기도 했지만, 그 패러다임의 지배가 흔들린 적은 한 번도 없었다.

반 딕스훈의 작업은 이 총회의 주된 작업과 더 많이 양립하는 방향으로 주위를 돌리는 데 도움이 됨이 틀림없다. 그가 논평한 대로, 교회론적 분류들이 교회 및 정치적 문제들에 대해서 이 총회를

---

22 Paul, *Assembly of the Lord*.
23 Van Dixhoorn, 1:5–10.
24 Ibid., 1:212.

이해하는 데 필요불가결하지만, 그것은 왜 이 총회가 장로파와 독립파로 갈렸는지에 대해서는 답하지 않는다. 그는 심지어 신학적 요소들이 교회론적 분열들의 근저에 있을지도 모른다고 시사한다. "어쨌든 이 사람들은 그 이유로 신학자로 불렸다."[25]

## 3. 토마스 F. 토랜스의 비판

최근의 칼빈주의 학문에서의 현저한 변화는 토마스 F. 토랜스(Thomas F. Torrance)에게는 거의 영향을 미치지 않았다. 그는 자신의 저서인 『스코틀랜드 신학』(Scottish Theology)에서 웨스트민스터 총회에 한 장을 할애하며, 스코틀랜드 칼빈주의에서 있었던 후대의 발전에 대한 그의 신랄한 비판에 익숙한 사람들을 위한 친숙한 논증들을 정리한다.

그렇지만 토랜스의 주장들에는 놀랄 만한 결함들과 역사적으로 부정확한 것들이 어느 정도 있다. 그가 제임스 어셔를 이 총회의 위원으로 명부에 올린 것은 기술적으로는 옳지만, 어셔는 왕당파를 지지하기 때문에 이 단체에 참석하기는커녕 이 단체를 인정하려고도 하지 않았다. 토랜스는 아일랜드 신조의 연대를 1615년이 아니라 1614년으로 정한다. 게다가 그는 총회의 목적이, 설립된 총회는 잉글랜드의 단체였으며 공화정은 나중에 생긴 것을 잊고서, 공화정에서 이 총회에 참석한 교회들을 합리적으로 일치시키려는 것이었

---

**25** Ibid.

다고 말한다.[26]

그는 주장하기를, 신앙고백은 칭의와 그리스도와의 연합을 밀접하게 결합시키는 점에서 칼빈의 선례와 1560년도 스코틀랜드 신앙고백을 따르지 않았다고 한다. 그러나 이것은 사실일지도 모르지만, 토랜스는 대요리문답을 무시하는데, 대요리문답에는 이러한 연관이 분명히 나타난다.[27] 이는 또한 신앙고백의 구원의 서정(ordo salutis)이 중세적이라는 그의 주장을 무산시킨다. 중세의 구원의 서정은 그리스도와의 연합으로 이끄는 일련의 단계들을 말하는데, 그리스도의 유익을 얻는 근거로서의 그분과의 연합에 대한 칼빈의 신조와는 대조적이다.[28] 그는 신앙고백이 스코틀랜드 신앙고백의 영적 새로움과 자유를 나타내지 못한다고 주장한다. 이전의 복음주의적 칼빈주의가 여기서는 한층 율법주의적으로 변형된 신학으로 대체되었다는 것이다.[29]

우리는 멀러와 다른 사람들에 의해 비판된 그 학문 특유의 접근법을 여기서 인식할 수가 있다. 이러한 접근법에서는, 개혁파 신학의 예전의 활력이 엄격하게 논리적이면서 율법주의적인 사유에 의해서 질식당했다고 본다. 토랜스는 역사적 맥락이나 1640년대 잉글랜드에서의 교회 및 정치적 무질서 상황 속에서의 이 총회의 목적, 또는 당대의 아주 다른 욕구들에는 거의 주의를 기울이지 않는다. 그는 이 총회의 총체적인 신학적 산출물에는 주의를 기울이지 않으

---

**26** T. F. Torrance, *Scottish Theology*, 125–26.
**27** Ibid., 144.
**28** Ibid., 128–29.
**29** Ibid., 127.

면서, 신앙고백에 집착한다. "냉정하게 논리적인 증거본문들"에 대한 그의 논평들은 그것들이 포함된 이유―의회의 명령―와 웨스트민스터 신학자들이 마지못해서 그것들을 제공한 것, 성경의 의미에 대한 그들의 보다 넓은 견해, 그리고 증거본문들이 기능하려고 의도됐던 방식 등을 무시한다.[30] 우리는 본서 제7장에서 이것을 보다 상세하게 논의할 것이다.

전반적으로 토랜스는 이 총회의 장점들에도 불구하고,[31] 그가 이 총회의 작업을 싫어하고, 자신의 독특한 신학적 입장 때문에 그렇다는 것을 매우 분명히 밝힌다. 그에 따르면, 자신의 신학적 입장은 그 자신의 것이지만 동시에 칼빈과 맥레오드 캠벨 및 바르트에 관한 그의 독서와 아타나시우스에 많이 빚지고 있다.[32] 이는 제한적 속죄와 타락 이전의 행위언약에 대한 그의 거의 노골적인 반대에서 분명히 나타난다.[33] 우리는 행위언약(또는 생명언약)과 속죄의 신

---

**30** Ibid., 128-29.

**31** 그는 이렇게 진술한다. "웨스트민스터 신앙고백에서 성취된 신학적인 견해(신학관)에서의 강력한 지적 일관성은 그 이후로 스코틀랜드의 신학과 문화에 지속적인 통일된 특성을 부여했다." Ibid., 127.

**32** 나는 다른 곳에서 기술하기를, Torrance를 Barth적인 신학자라고 하는 것은 잘못이다. 그도 역시 당연히 다른 누군가에 의해서 고찰되어야 할 중요한 사상가이다라고 했다. 그렇지만 그가 Barth에게 그러했듯이, Barth도 그에게 중대한 영향을 끼친 것은 분명하다. Letham, *The Holy Trinity*, 356-73을 보라.

**33** 토랜스가 제한적 구속을 성부에게 "매수당해서"(bough off) "우리를 화목하게 하도록 설득당하라"(induced to reconcile us)고 요구하는 것으로 희화화하는 것(*Scottish Theology*, 137-39)은, 그것이 대단히 비극적으로 잘못된 것이 아니라면, 거의 터무니없을 것이다. 그가 성부의 선행적 사랑을 그리스도의 구속의 근원이라고 지적하는 것은 옳다. 그렇지만 이것은 WCF 3장과 8장의 기초가 되는데, 여기서 구속의 의도가 다루어진다-LC 32에 대해서는 언급하지 않는데, 여기서는 은혜언약과 하나님의 은혜에 대한 그리스도의 중보 그리고 하나님이 그리스도 안에 있는 생명과 구원을 값없이 베푸시는 것의 모든 측면을 밝힌다.

학적 관계가 직접적이라는 데에 주목해야 한다. 로마서 5:12-21에서의 두 아담에 관한 바울의 설명은 이것을 분명히 한다. 이 경우에서, 토랜스는 선택에 관한 교리의 압도적인 영향은 하나님에 관한 결함이 있는 견해를 반영한다고 생각하는데, 즉 이러한 견해에서는 정의와 율법이 사랑보다 우위에 있다는 것이다. 따라서 하나님의 사랑은 영원부터 확정된, 일정한 수의 사람들로 제한된다. 따라서 이것을 따르면, 성례들은 우리의 성부로서의 하나님을 나타내는 것이 아니라, 조건이 붙은 율법적 틀 안에서 만들어진 언약의 징표들이다. 이는 후대의 스코틀랜드 신학에서 확신의 결여를 낳았다.[34] 분명한 것은, 구원하는 은혜의 범위에 대한 중대한 토론들이 토랜스를 지나쳤다는 것이다.

우리는 곧 이어지는 논의에서, 그리고 본서 제9장에서 이런 것들에 관해서 언급할 것이다. 가정적 보편구원론이라는 토착적인 브랜드가 웨스트민스터 총회에서 현존했고 활동적이었으며, 비록 웨스트민스터 신학자들이 그것을 채택하지는 않았지만, 그것의 옹호자들은 자신들의 견해들을 말했고 또한 계속해서 그후에도 이 총회에서 적극적인 역할을 맡을 수 있었다.

토랜스의 비판들은 19세기에 시작된 운동을 상기시킨다. 이 운동은 신학적 스펙트럼을 넘어서 사상을 지배한다고 생각되는 체계화하는 대원리들이나 중심적 도그마들을 추적했다. 특히 선택과 예정론은 웨스트민스터 신앙고백을 형성했으며 따라서 웨스트민스터 신학자들의 신학을 형성했다고 주장되어 왔다.[35] 다시금, 토랜스와

---

**34** T. F. Torrance, *Scottish Theology*, 125-50.
**35** Ibid., 134-35.

그의 형제 제임스는 신학에 대한 웨스트민스터 총회의 접근법을 조직하고 통제하는 것으로서 이중 언약 틀—행위언약과 은혜언약—을 지적했다.[36] 그렇지만 1640년대에 대부분 잉글랜드 신학자들로 구성된 한 집단이 독일에서 200년 뒤에 고안된 추상적인 원리에 의해서 자신들의 작업을 구체화했으리라는 것은 불가능하다. 이것은 우리가 이 총회의 토론들에서 성경 석의가 지배적이었다는 것을 기억할 때 더욱더 그러하다. 우리에게는 다음을 질문할 권리가 있다. 토랜스가 추상적인 사고의 형식의 먹이가 된 것은 아닌가? 그의 17세기 신학자 그룹 비판은 20세기의 칼 바르트(의 오류)를 예측하는데 실패했고, 19세기에 나 완전히 드러난 합리주의자들의 "중심적 도그마"를 수용함으로써 이루어진 것이 아닌가?.

이렇게 말하긴 했지만, 토랜스의 언설 중에는 설득력이 있는 게 얼마간 있다. 삼위일체를 마지막 단락에 넣은 WCF 2장의 구조에 대한 그의 비판은 중요하다. 심지어 여기에서도, 우리는 덧붙여야 할 것이 있다. 즉 이것은 서방 교회에 대한 비판으로, 웨스트민스터 총회 역시 하나님에 관한 교리와 삼위일체에 관한 교리를 따로 고찰한다는 것이다. 토랜스는 하나님의 부성을 단순하게 택자와의 관계 속에서 선택 교리를 이끌지 않으며 하나님의 영원한 본성에 하나님의 부성을 귀속시키려는 것이 올바른 시도라고 주장한다. 성부는 하늘에 계신 우리 아버지이기 이전에 성자의 아버지이기 때문에 이러한 지적은 옳다. 그러나 신앙고백은 삼위의 위격 간의 영원한 관계를 다루는 WCF 2.3에서 이것을 분명하게 인식하고 있다.

---

**36** Ibid., 136-37; J. B. Torrance, "Covenant or Contract?"

대요리문답은 더 자세하게 이 문제를 설명한다. 대요리문답은, 하나님이 온 땅의 창조주와 심판자로 나타나지만, 성부의 피조물들이 그분의 율법의 필요 조건들을 엄격히 충족시킬 경우에만 그 피조물들에게 성부로서의 하나님으로 나타난다는 토랜스의 주장을 논박한다. 이러한 논박은 선택("하나님의 값없는 은혜와 사랑으로부터")과 언약("자발적 비하", "구원을 값없이 제공하신다") 양쪽에서 하나님의 순전한 은혜에 관한 신앙고백의 표현에에서 잘 드러난다.[37]

우리는 말이 난 김에 다음 장에서 웨스트민스터에서의 선교 비전의 분명한 결여에 관한 토랜스의 비판을 다룰 것이다. 또한 다음 장에서 우리는 성경의 번역에 대한 이 총회의 관심에 대해 언급할 것이다.

> 성경은 모든 민족들의 자국 언어로 번역되어야 한다…그래서 그들로 하여금 받아들여질 만한 방식으로 하나님을 예배하게 하며, 또 성경의 위로와 인내를 통하여 소망을 가질 수 있게 해 주어야 한다.[38]

결국 선교 활동은 사람들이 참되신 하나님을 알고 또 예배할 수 있도록 하는 것을 그 목적으로 갖는다.

---

**37**  WCF 3.5; 7.3.
**38**  WCF 1.8.

## 4. 팀 트럼퍼와 건설적인 재평가

최근에 팀 트럼퍼(Tim Trumper)는 자신이 "건설적인 칼빈주의"(constructive Calvinism)라고 일컫는 것에 찬성론을 펴면서 웨스트민스터 총회에 대해 명백히 공감이 가는 비판을 어느 정도 한다.[39] 그는 보스, 리델보스, 개핀의 성경신학의 영향을 강하게 받아서, 웨스트민스터에서는 그렇지 못했던 구속사가 개혁파 신앙고백에서 중심적 위치를 부여받아야 한다고 주장한다. 특히 그는 구원에 있어서 입양과 아들됨의 차원(filial dimension)에 주의를 기울이지 않는 것을 개탄한다. 그는 사법적 및 율법적 초점을 몹시 슬퍼한다. 그는 웨스트민스터 문서들이 교회일치적인 힘을 상실했기 때문에 우리는 새로운 신앙고백이 필요하다고 말한다.

트럼퍼는 좋은 주장을 많이 한다. 나는 다른 곳에서 동방 정교회의 신화(deification) 교리에 의해서 서방 교회 구원론의 율법적 및 사법적 초점이 균형이 잡히는 것에 찬성론을 폈다. 흥미로운 것은, 그것이 웨스트민스터 신학자들 자신의 관심에서 완전히 벗어나지는 않았다는 것이다![40] 그렇지만 고전적인 개혁파 신앙고백들―또는 그 문제에 대해서는, 어떠한 신앙고백들―가운데서도 독특하게, 신앙고백은 입양에 관한 장이 있다. 게다가 신앙고백의 엄격하게 논리적이면서 순차적인 양식(pattern)은 대요리문답에서 그리스도와의

---

39　T. J. R. Trumper, "Covenant Theology and Constructive Calvinism," *WTJ* 64(2002): 387-404; Trumper, "A Fresh Exposition of Adoption: II. Some Implications," *SBET* 23(2005): 194-215.

40　Letham, *The Holy Trinity*, 472-73.

연합에 초점을 맞추는 것에 의해서 균형이 잡힌다.

전반적으로, 트럼퍼가 재구성을 옹호하여 개혁파 신학의 핵심 교리를 하나씩 하나씩 벗기므로 그의 제안은 "해체적 칼빈주의" (deconstructive Calvinism)와 흡사하다. 트럼퍼가 간과하는 것은, 교회가 성경 말씀 이외의 말로도 복음을 수호하도록 부르심을 받았기 때문에, 성경신학은 결코 신앙고백을 위한 토대를 제공할 수가 없다는 것이다.

성경신학의 과업은 단순히 성경 저자들의 뉘앙스들을 되풀이하는 것이 아니다. 왜냐하면, 정말로 어려운 것은 성경 언어의 의미인 경우가 많기 때문이다. 성경신학의 과업은 "성경의 의미"를 분명히 하는 것이다. 성경의 의미란 단순히 구속사적 맥락—중요하지만 그것은 성경 석의를 위한 것일지도 모른다—안에 놓인 성경의 명확한 진술들뿐만 아니라 성경의 함의들도 포함한다. 트럼퍼의 주장은, 4세기만큼이나 이단에 대해 교회를 무방비 상태가 되게 할 것이다. 이 시기에 정통파와 아리우스파는 성경 언어에 대해 의견을 같이 할 수 있었지만, 그 언어에 대단히 상이한 의미들을 부여했다.[41]

확실히, 진행 중인 역사의 행진은 교회에 대해서 갈등의 새로운 영역들을 만들어내서, 웨스트민스터 문서들이 표면화되는 모든 문제들을 다룰 수 없을지도 모른다. 우리 자신의 시대에 새로운 신앙고백을 필요로 하는 것도 당연하다. 그렇지만 위대한 에큐메니칼 공의회들에서는 각각의 확언은 단순히 새로운 맥락 안에서 복음을 재진술하면서, 이전에 지나간 것 위에 구축되는 것이지 그것을 대

---

41  참조. Ibid., 108ff.

체하는 것이 아니었다. 더욱이 트럼퍼는 이렇게 말할 때 정말로 도가 지나치다. "일부 독자들은 현상 유지를 선호할지도 모르지만, 성경신학과 역사신학에서의 진행 중인 발전들은, 하나님은 현상 유지를 선호하지 않을지도 모른다는 것을 시사한다."[42] 우리는 우리의 신학에 대해서 우리가 주장하는 바에 관해서 조심스러울 필요가 있다. 특히 트럼퍼처럼, 칼빈과 칼빈주의에 관한 현재의 학문에 끼지 못하고 시대착오적인 입장을 취하지 않도록 더욱 조심해야 한다.[43]

## 5. 타협과 유연성

이 총회의 문서들은 타협의 문서들로 받아들일 필요가 있다. 150명의 사람들로 구성된 집단에서, 타협은 불가피한 일이다.[44] 비록 아미로주의(Amyraldianism)에 관한 문제뿐만 아니라, 이 총회가 거짓된 것으로 간주한 것(반율법주의자들, 아르미니우스파, 로마 가톨릭, 루터파, 고교회 감독파) 등의 독특한 신조들과 장로파와 독립파 사이의 교회론에 대한 잘 알려진 차이점들도 이 총회가 배제한 것을 우리가 고려하지 않는다 하더라도, 수용 가능한 교리로 여겨졌던 것 내에도 분명한 차이점, 뉘앙스, 형세가 있었다.

---

42 Trumper, "A Fresh Exposition of Adoption," 215.
43 T. L. Wenger, "The New Perspective on Calvin: Responding to Recent Calvin Interpretations," *JETS* 50(2007): 311-28의 타당한 비판들을 보라.
44 그것은 또한 당신의 결혼에도 필요하다.

### 1) 구원의 서정

구원의 서정(ordo salutis)을 다루는 데는 미묘하지만 중요한 차이점이 있다. 구원의 서정에 대한 접근법은 신앙고백에서보다 대요리문답에서 현저히 다르다. 순수하게 논리적인 순서 대신에, 구원의 전 과정은 은혜와 영광 속에서 이루어지는 그리스도와의 연합과 교제 아래 놓이며(LC 65-90), 영화(glorification)에 관한 철저히 삼위일체적인 관점에서 그 정점에 달한다. 우리는 이러한 두 가지 시각이 공존하므로, 이 총회가 그것들을 양립하는 것으로 보았다는 데 주목해야 한다. 그것들은 상호보완적인 것이지 경쟁적인 것이 아니다. 구원을 받고 양육되는 과정에 대한 적절한 견해를 위해서는 양쪽 다 요구된다. 우리는 본서 제12장에서 이것을 상세히 논할 것이다.

### 2) 행위언약(생명언약)과 죄의 전가

언약에 대한 사상이 여전히 발전하고 있었기 때문에, 신앙고백은 대요리문답과는 다른 방침을 취한다. 이는 용어의 차이점(생명언약 대 행위언약)일 뿐만 아니라, 죄의 전가와도 관계가 있다.

신앙고백에서, 우리의 첫 조상들의 죄가 전가되는데, 왜냐하면 그들이 인류의 시조이기 때문이다. 이것은 구별해서 하와의 죄라기보다는 오히려 더불어서 아담의 죄이다. 우리의 첫 조상들과의 우리의 연관은 표상적이기보다는 오히려 여기서는 유기적이다. 그들은 함께 인류의 시조이다. 이러한 진술은 언약에 대한 장이 아니라,

죄에 대한 장에 배치된다(WCF 6:1-4). 여기서 우리가 발견할 수 있는 것은 대표자적 머리인 아담과의 관계에 대한 견해이다. 그것은 최초의 죄의 전달(transmission)에 대한 개혁파 신학에서의 가장 초기의 견해들을 반향한다. 부처와 칼빈 두 사람 모두 율법적 표상이라기보다는 오히려 자연적 발생의 견지에서 아담과 인류의 연관을 본다.

그렇지만 대요리문답에서는 아담을 "공인"(public person)이라고 확인한다. 이 공인은 자신만을 위해서 행동한 게 아니라, 자기 후손을 위해서 행동했다(LC 22). 타락은 인류를 죄의 상태에 빠지게 했다(LC 23). 아담이 처음으로 저지른 죄의 죄책이 인류에게 전달되지만, 전달의 수단은 다루어지지 않는다.(LC 25). 하지만 원죄는 자연적인 출생에 의해서 전해진다(LC 26). 전가가 함축되어 있을지는 모르지만 여기서는 전가에 대한 언급이 없다. 이는 필요한 기초적 요소들이 적소에 있기 때문이다.[45]

따라서 신앙고백에서 우리의 첫 조상들의 죄가 우리에게 전가된 이유는, 그들이 인류의 뿌리이기 때문이다. 하지만 대요리문답에서 아담의 후손은 그가 공인이어서 그의 최초의 죄의 죄책을 짊어지지만, 이러한 죄책을 얻는 방식은 말하여 지지 않은 채로 있다. 이러한 차이는 많은 가능한 방법들로 설명될 수 있다. 유연성, 언약 교리의 진행 중인 발전에도 불구하고 존재하는 불확실성, 긴장 속

---

45 그렇지만 LC 22는 자연적인 출생에 의해서 아담을 그의 후손과 관계짓는 것처럼 보인다. 이것은 그 관계가 적어도 1600년까지 개혁파 신학에서 이해된 방식이다. Calvin과 Bucer와 Vermigli는 모두 이러한 입장을 주장했다. 비록 타락 이전 행위언약이라는 개념이 1585년에 출현했지만, 그 교리의 다양한 구성 요소들은 한 번에 부가된 것이 아니라 시간이 경과함에 따라서 더해졌다.

에서 서로 다른 입장들을 견지할 준비가 되어 있음 등. 이것은 본서 제10장에서 보다 상세히 탐구될 것이다.

### 3) 칭의와 그리스도의 능동적인 순종의 전가

39개 신조에 대한 개정이 검토되고 있었을 때 더욱 명확한 차이점들이 칭의에 대한 광범위한 토론에서 표면화됐다. 많은 신학자(기록된 발언자들 가운데 대략 1/3)가 그리스도의 능동적인 순종이 칭의로 우리에게 전가되다고 말하는 것은 부적절하다고 주장했다. 리차드 바인즈(Richard Vines)는 자기는 그것을 가르친 적이 한 번도 없다고 주장했다. 그 토론은 일곱 차례의 총회에서 계속됐지만, 이 총회들 가운데 하나는 스코틀랜드 위원들의 요구에 응하여 열렸다. 결국 승인된 개정은 그리스도의 "온전한 순종과 만족이 하나님에 의해서 우리에게 전가됨"으로 진술되었다.[46] 이러한 진술은 그리스도의 능동적인 순종의 전가를 고수하는 대다수를 만족시켰다.

그렇지만 이러한 진술은 그리스도의 순종이 나뉜다는 개념, 즉 그리스도의 능동적인 순종의 전가에 반대하는 사람들에게는 받아들이기 어려운 개념을 피하기 위해서 나타난 것이다. 이러한 진술은 또한 그리스도의 순종을 그리스도께서 십자가에서 하나님의 정의를 충족시키는 것과 동일시되도록 했다. 이러한 진술은 양측으로 하여금 그것을 그들 자신의 것이라고 주장할 수 있게 하는 타협안이었다. 가테이커는 이 토론 중에, 이러한 차이점들이 모든 사람에

---

46  Norris, "Thirty-Nine Articles," 386.

게 하나의 입장에 대한 부담을 가지게 해서 일부가 사역을 못하는 경우가 발생하는 일이 없도록 해야 한다고 주장했다. 왜냐하면, 제2 스위스 신앙고백(the Second Helvetic Confession)만이 그리스도의 순종의 성격을 정확히 구별했기 때문이다. 그리고 아일랜드 신조에 그것이 언급되어 있지만 사람들에게는 그 신조에 찬동하고자 하는 마음이 없었다.[47] 노리스(Norris)는 다음과 같이 핵심을 찌른다.

> 그것은 차이를 관용하는 지점이었다. 그리고 그것은 오랫동안 고수되었던, 관용의 여지가 있었고 또 그렇기에 조롱당했던, 웨스트민스터 총회의 칼빈주의가 그 총회 가운데서 다른 의견을 교환할 수 있는 능력을 갖추었고 대륙의 신학 논쟁에 수반되는 신랄함도 거의 없이 관용으로 토론을 진행시킬 수 있었음을 보여준다.[48]

이 총회는 능동적인 순종을 칭의 안에서 전가되는 것으로 간주한다고 단언했다. 그러나 의견이 다른 소수가 이 총회에서 추방되지는 않았다. 그들은 계속해서 적극적으로 그리고 생산적으로 참여했다.[49]

칭의에 대한 이러한 타협은 신앙고백과 대요리문답 양쪽에 적

---

47 Ibid., 54.
48 Ibid., lviii.
49 Gataker와 Vines의 입장이 칭의에서의 그리스도의 능동적인 순종의 전가를 부정하는 20세기 초의 사람들의 견해와 동일시될 수 없다는 것은 Jue, "Active Obedience of Christ," 99-130에 의해서 분명해진다. 이 총회에서의 모든 측면은 죄인이 자신의 칭의에 어떤 것이든-복음적인 순종의 행위를 포함해서-기여한다는 어떠한 개념도 거부했다.

용됐다. 사실 "온전한"(whole)이라는 말은 신앙고백과 대요리문답 양쪽에서 빠졌다. 이 총회의 문서들 어디에도 그리스도의 능동적인 순종에 관한 언급이 없다. 후에 회중파의 사보이 선언(Savoy Declaration, 1658)은 마치 웨스트민스터를 그 문제에 대해서 온건하다고 생각한다는 듯이, 능동적인 순종과 수동적인 순종 양쪽 모두에 관해 언급했다. 그 말이 생략된 이유는 여전히 불확실한 채로 있다. 확고한 판단을 할 수 있을 만큼의 역사적 증거가 없다. 우리는 본서 제12장에서 이 문제를 상세히 논할 것이다.

### 4) 구원하는 은혜의 범위

은혜의 보편성에 대한 중대한 토론들이 1645년 10월에 개최됐다. 아미로 신학(Amyraut's theology)은 그 당시 뜨거운 화제가 되었다. 많은 구성원이 토론이 진행되는 동안에 아미로의 저작을 읽는 것이 발견됐다.[50] 이와 동시에, 잉글랜드 신학에는 강한 기풍의 가정적 보편구원론이 있었다(이것은 항상 존재했던 것이다). 그러나 이는 아미로와는 달랐으며 그의 이론만큼 발전되지는 않았다.[51] 이 토론들은 이렇게 중대한 차이점들을 전면에 내세웠다. 그 이전에 그 차이점들은 도르트 회의에서 명백했다. 그 회의에서 영국 대표단은 브레멘에서 온 보다 보편구원론에 기운 대표단과 강경론의 네덜란드 대표단을 중재했으며, 그 회의가 그리스도의 죽음의 의도는 택함 받은 자들을 위함이라는 것에 대한 진술을 추가하기 전에, 그리

---

**50** Troxel, "Amyraut 'at' the Assembly."

**51** Moore, *English Hypothetical Universalism*.

스도의 죽음의 보편적 충족성을 온전히 표명한 최종 진술을 중개했다.[52] 우리는 본서 제9장에서 이 문제를 논할 것이다.

### 5) 세례에 관한 문제들

세례의 방식에 대한 차이점들이 1644년 7월 22일부터 8월 8일까지 열린 제261-63차 회기의 토론 과정 중에 나타났고, 물을 뿌리는 것이 올바른 방식임을 감안해서, 몸을 물에 담그는 것도 수용 가능한지의 여부에 대한 표결에서 드디어 정점에 달했다. 처음 표결은 25대 24로 물에 담그는 것을 지지했지만, 2차 표결에서는 24대 25로 역전됐다. 이 문제는 더 깊이 논의 됐고, 또 다른 표결이 이루어졌으며, 몸을 물에 담그는 것의 합법성이 재확언됐다.[53] 이러한 관점에서 보면, 의회의 위임을 받은 『잉글랜드 주석성경』(Annotations)이 세례를 주다(baptidzo)의 의미를 "잠그다"(to dip)라고 진술하는 데 주목하는 것은 흥미로운 일이다. 그 사이에 침례(immersion)라는 고대의 세례 관습에 대한 언급이 이루어진다.[54]

---

[52] Godfrey, "Tensions Within International Calvinism."
[53] Van Dixhoorn, 5:210-20.
[54] 『잉글랜드 주석성경』 [Wing D2062]: baptidzo에 관하여 로마서 6:1-2에 대한 주해와 또한 로마서 6:5에 대한 주해. 로마서 6:4(바울은 신자들이 세례를 받음으로 그리스도와 함께 장사되었다고 진술한다)에 대해 논평하면서, 『잉글랜드 주석성경』은 이렇게 기술되한다. "이 문구에서 사도 바울은 세례의 고대 방식에 대해 언급하는 것 같다. 이 방식은 수세자들을 물 속에 담그는 것이었다. 말하자면 그들을 잠시 동안 물 속에 장사한 다음에 그들을 물 밖으로 끌어내서 들어 올리는 것이었는데, 이는 우리의 옛사람의 장사와 새로운 생명에로의 우리의 부활을 나타내기 위함이다." 이와 동일한 논평들이 1657년의 제3판에 있다[Wing D2064].

이와 유사한 견해의 차이들이, 세례가 세례 받는 자를 은혜언약으로 데려오는가, 또는 그가 이미 은혜언약 안에 있기 때문에 세례를 받아야 하는가, 그리고 부모가 자신들의 자녀들이 세례를 받을 때 신앙고백을 해야 하는가라는 실제적인 문제들에 존재했다. 게다가 은혜언약을 한 세대에서 다음 세대까지 시간이 뒤로 확장되는 것으로 보기보다는 오히려 그것은 단지 믿는 부모에게만 국한되는 것에 대해서 네덜란드의 왈체렌의 교회―그리고 일반 개혁파 교회들의 관습―를 대표하여 아폴로니우스가 이 총회에 건의한 문제가 있었다.

### 6) 일반적인 고려 사항들

이 모든 것은 앞에서 여러 차례 되풀이해 말한 교회 정치에 대한 잘 알려진 차이점들을 잠시 보류하는 것이다. 신학자들의 대다수가 장로교도였지만, 동일한 이유들로 또는 동일한 정도의 헌신으로 장로교도였던 것은 아니다. 물론 스코틀랜드 신학자들도 장로교도였지만, 그들은 오직 자문을 하기 위해서 총회에 참석했을 따름이다. 감독파 교인들도 많이 있었고, 소수이지만 유능하고 목청 큰 일단의 독립파 교인들도 있었다. 우리는 그 집단 전체가 에라스투스주의였으며, 모든 권력은 의회의 수중에 있다는 것을 이미 알고 있다.

신앙고백과 대요리문답의 차이점들과 총회의 구성원들 간의 근저에 있는 차이점들은, 다른 것들 가운데서도, 총회의 역동성과 유연성, 즉 총회가 구원의 이해에 대한 일련의 모델들을 아우를 수 있었고 또 기꺼이 아울렀음을 증명한다. 웨스트민스터 총회에 대한 맥락적 접근법은, 온 교회에 합당한 기독교 신조로서, 총체적인 개혁파 신학의 맥락 안에 그리고 기독 교회 내에서—특히 잉글랜드 내에서—이루어지는 교리적 발전의 광범위한 흐름 내에 이 총회의 교리적 문서들의 위치를 지정할 기회를 제공한다.

가능한 한 폭넓은 합의에 도달하려는 총회의 욕구의 주목할 만한 예를 "조정위원회"(Committee on Accomodation)가 제공한다. 1645년 11월 17일 월요일 제536차 회기에서, 총회는 상·하원 양원으로부터 다음과 같은 명령을 받았다.

> 조정위원회는 교회 정치에 관해서는 이 총회 구성원들의 의견의 차이점들을 고려하고, 일치가 가능한 경우에는 일치를 위해 노력하며, 일치가 이루어질 수 없는 경우에는 확립될 공통의 규칙에 무조건 복종할 수가 없는 온유한 양심들이 어떻게 하면 말씀에 따라서 견딜 수 있는가 그리고 공적 평화와 조화를 이룰 수 있는가에 대해 모종의 방법을 찾아내려고 노력해야 한다.[55]

더욱이 몇 개월 뒤인 1645(46)년 3월 9일 월요일 제601차 회기에서 교회 정치가 세속 정치와 다른가에 대한 토론 중에, 강고한 감독파인 토마스 콜맨(Thomas Coleman)은 양심에 관한 일부 관심사들에 대해 언급했다. 콜맨은 그러한 차이점에 이의를 제기했으며, 만

---

55  Mitchell and Struthers, eds., *Minutes of the Sessions*, 163-64에 기록된, the Journals of the House of Commons, 4:342로부터 인용.

약 그가 이 문제에 대해서 자기 생각을 말한다면, 그것은 그가 충성했던 "엄숙 동맹과 언약"(Solem League and Covenant)의 위반으로 간주되어서, 자신이 위증 혐의를 받게 되는지의 여부를 알고 싶었다. 비록 그것이 그 언약에 위배되고 또 이 총회의 압도적 대다수에 반하더라도, 그는 분명히 자기 양심에 따라서 자유로이 말하기를 원했다. 이 문제가 토론되었으며 "총회에서 자기의 양심을 말하는 것은 총회의 어떤 구성원에게도 자유로웠으므로, 이 총회는 그 문제에 관해 어떠한 결의안도 통과시키는 게 합당하지 않다고 생각했다. 그래서 그는 그 토론에 참석하도록 부름을 받았다."[56]

독립파가 총회에 자신들의 주장을 제시하도록 허락을 받았다는 것과 이것이 토론에서 시간을 상당히 잡아먹었다는 것은 잘 알려져 있다. 1646년 5월 14일 목요일 제639차 회기에서, "구드윈, 나이, 버로우즈, 브리지, 샘슨, 그린힐, 카터 주니어, 필립스는 자신들이 교회 정치의 신법(神法, jus divinum) 등, 이러한 문제들에 적합하다고 생각하는 것을 총회에 제시하기 위해서 위원이 될 자유를 부여받는다고 결의됐다.[57]

모리스가 지적하는 대로, "처음에는 열띤 논의가 이루어지는 문제들이었던, 교리들의 순서나 복음의 범위 또는 장로회 정치 제도의 신적 권리와 같은, 사안들에 대해서도 우애적인 타협의 자취가 자주 분명히 나타난다." 그는 "고대의 신조들에서 가장 가치 있는 것은 무엇이든 반영하려는 목적을 나타내는 것뿐만 아니라 다른 개신교 단체들, 특히 개혁파 단체들과, 가능한 한, 믿음 안에서 화합하

---

**56** Mitchell and Struthers, eds., *Minutes of the Sessions*, 204-5.
**57** Ibid., 231.

려는 성향을 나타내는 것도 많이 있다는 것"을 발견한다.[58] 모리스는 이어서, 웨스트민스터 문서들은 도르트 신조만큼 전문적이지 않고, 엄격하게 신학적이지도 않지만, 하이델베르크 요리문답과 비교했을 때, 그 문서들은 영적 기풍을 희생하지 않고서 한층 철저한 교리적 구조를 드러낸다고 주장한다. 사실 "그 문서들은 공통의 기독교가 영구히 계속해서, 역사적으로 중요한 개신교의 만개한 꽃으로 평가할 정신과 사상 양쪽에서 많은 것을 나타낸다."[59]

이런 것들이 무비판적인 논평이 아니라는 것은, 모리스가 웨스트민스터 총회가 가능한 최상의 무리를 이루지는 못할지도 모른다고 시사하면서, 복음의 본질과 성령의 위격 및 사역과 같은 주제들의 부재를 지적한다는 사실에서 명백히 알 수 있다.

## 6. 수용 가능한 교리의 범위

웨스트민스터 총회의 수용성은 배타적이기보다는 오히려 포괄적이다. 이 총회는 교리와 관습의 수용 가능한 범위 내에서, 가능한 가장 광범위한 정도의 합의에 도달하려고 노력했다. 그렇다면 수용 불가능한 교리와 관습은 정확히 무엇이었나?

첫째, 이 총회는 로마 가톨릭교회의 독특한 신조들을 명백히 배제했다. 이것은 이 총회가 교황을 적그리스도라고 하는 것, 교회들이 사탄의 회들(synagogues)로 타락하는 것에 대한 논평들, 성경의 지

---

[58] Morris, *Westminster Symbols*, 62.
[59] Ibid., 63.

고한 권위를 강하게 주장하는 것, 화체설과 미사를 거부하는 것, 그리고 대회들과 공의회들의 권한에 두는 범위 등에서 분명히 알 수 있다.

그렇지만 이것이 이 총회가 모든 면에서 로마 가톨릭과 달랐다는 것을 의미하지는 않는다. 총회는 삼위일체와 기독론에 대한 위대한 에큐메니칼 공의회들의 교리들, 펠라기우스주의에 대한 총회의 공통적 반대 등등을 고수한다는 것을 표명했다. 이 총회는 종교개혁을 일으킨 로마 가톨릭교회의 신조들을 반대했는데, 물론 우리가 다음 장에서 고찰할, 성경의 상대적 지위와 교회의 가르치는 권세가 이 신조들의 기초가 되었다. 이것이 이 총회가 로마 가톨릭교회를 전적으로 사탄의 회라고 생각했다는 것을 의미하지는 않는다. 분명히, 총회는 삼위일체론적 세례를 비롯한, 로마 가톨릭교회의 표지들의 일부를 유지했다. 실로 로마 가톨릭교회에 대한 반대는 개신교 체제를 전복시키는 것을 목표로 삼은, 프랑스와 스페인에서 나오는 교황의 음모에 대한 두려움과 연관된 것이 많았다. 교황파(papists)는 로마 가톨릭교회의 추종자들이었을 뿐만 아니라 잉글랜드를 위협하는 자들이기도 했다.[60]

둘째, 그리고 훨씬 덜 적대적인 관점에서는, 이 총회는 여기저기에서 루터파의 일부 측면들로부터 멀어졌다. 이것은 특히 신앙고백의 성례들에 대한 장에서 분명히 알 수 있다. 세례의 효능에 대한 신앙고백의 진술들은, 총회가 성례의 표적들이 나타내는 실재를 가져오는 성령의 주권을 주장하면서 개혁파 신학과 루터파의 객관적

---

**60** 본서 제13장을 보라.

실재를 얼마간 구별한다. 더욱이 성찬에서 그리스도를 먹는 것은 육체적인 것이 아니라 영적인 것이지만, 그럼에도 불구하고 실제적이며 참된 것이다. 이렇게 말했지만, 웨스트민스터 문서들에는 루터파를 명백히 거부하는 표현은 거의 없으며, 이 문서들이 표면화시키는 차이점들은 점잖고 신중하게 다루어진다. 루터와 멜랑히톤은 권위자들로 승인받고서 인용된다.

셋째, 이 총회는 재세례파를 비교적 강하게 반대한다. 이것은 특히 교회와 성례에 대한 단락들에서 현저하지만, 그것은 또한 합법적인 맹세 및 서원들-많은 재세례파교도가 합법적인 것으로 인정하려고 하지 않았다-과 관련해서 그리고 사유재산권에서 표면화된다. 전반적으로, 전체로서의 총회의 신학은 재세례파의 현저하게 반(半)펠라기우스적인 개인주의와 반(反)성례적 경향에 크게 반대했다. 이와 동시에, 잉글랜드에서는 특수 침례파(Particular Baptists)라는 신흥 집단이 있었다. 그들은 주로 세례와 교회 정치에 관한 문제들에 대해서 이 총회와는 의견이 달랐지만, 이 총회가 산출한 것의 대부분과 일반적으로 일치했다. 이 교회들은 1644년에 그들 자신의 신앙고백을 만들었고 1677년에 그것을 개정했는데, 그렇게 하면서 이 총회 문서들을 광범위하게 채택했다. 그래서 그들은 1658년에 사보이 선언을 작성한 회중파와 어느 정도 공통점을 갖는다. 사보이 선언은 그들의 지도적인 인물인 존 오웬(John Owen)의 인도를 받았는데, 교회 정치를 제외한 전부에서 웨스트민스터를 따랐다.[61]

넷째, 그리고 무엇보다도 격렬한 것은, 이 총회에서 반율법주의

---

61　Schaff, *Creeds*, 3:707-29.

에 대해 엄청난 우려가 표명됐다. 반율법주의는 그리스도께서 자기 백성을 위해서 전적으로 율법을 성취해서, 율법은 더 이상 그들에게 어떠한 의미도 없다는 믿음이다. 이는 교회뿐만 아니라 시민 사회에도 인식된, 실제적인 위협이었다. 이것은, 그 나라가 내전에 빠져들게 되었고, 그 제도들이 혼란스러워진 것을 감안하면, 특히 급박한 것이었다. 반율법주의자들에 대한 상임위원회가 설립됐다. 이 위원회는 이 총회에 끊임없이 보고하고, 저명한 반율법주의자들을 심문하며, 그들의 책들을 불태우도록 하고, 형벌이 집행되도록 그들을 의회로 보냈다. 이들은 이 총회가 그들의 작업 전반에 걸쳐서 염두에 두었던 주적이었다. 반율법주의자들이 불러일으키는 적의를, 사소하지만 재미있게, 나타내는 것이 필기사인 아도니람 바이필드가 지도적인 반율법주의자인 폴 베스트(Paul Best)의 이름을 "짐승 폴"(Paul Beast)로 기록하는 습관이었다.

다섯째, 도르트를 따르는 웨스트민스터는 아르미니우스파를 명확히 배제했다. 이 총회의 하나님의 작정에 대한 장과 구속의 범위와 성도들의 견인에 대한 이 총회의 다양한 진술들은 모두 아르미니우스와 그의 추종자들을 정면으로 반대한다.

여섯째, 아미로주의는 구속의 특수성에 대한 강한 신조에 의해서 암묵적으로 배제된다. 하지만 에드먼드 캘러미(Edmund Calamy) 같은 가정적 보편구원론자들은 배제된 게 아니라 토론에서 활기차게 거리낌없이 이야기했으며, 그후에도 계속해서 이 총회의 활동들에서 두드러진 역할을 맡았다. 분명한 것은, 그들이 아르미니우스파나, 그보다 더 위험한, 반율법주의자들과는 다르게 여겨졌다는 것이다. 하지만 아미로주의의 교리는 배제됐다. 첫 번째 장은 부분적으로는 소뮈르에서 유행하는 경향들에 반대해서 쓰였다.

이 모든 것의 배후에는 역사적으로 중요한 기독교 신조들에 대한 일치된 헌신이 있다. 삼위일체론과 기독론에 대해 정통 진술에서 벗어나는 것은 전적으로 금지됐다. 이런 의식서들을 고수하는 것은 이 총회의 그 밖에 모든 작업의 근저에 있는 원칙이었다. 우리는 웨스트민스터가 니케아의 삼위일체론을 거부했다는 로버트 L. 레이몬드의 의견에 대해서는 본서 제8장에서 언급할 것이다. 이와 관련해서, 본서 제7장에서 우리는 또한 세 가지 신경에 대한 토론을 고찰할 것이다.

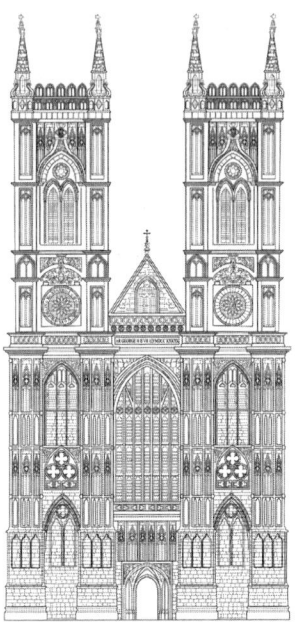

# The Westminster Assembly:

### Reading its Theology in Historical Context

# 제7장

# 성경

우리는 예언자들로
말미암아 말씀하신…성령을 믿는다

 

    웨스트민스터 신앙고백의 첫 번째 장은 성경이라는 주제에 대한 고전적인 개혁파 개신교의 가장 완전한 진술이자 어느 시대 어느 출처를 막론하고 아마도 가장 훌륭한 진술로 자리매김된다. 워필드(Warfield)는 그 장의 내용에 대한 광범위한 합의와 더불어, 웨스트민스터 총회에 의한 그 장의 주의 깊은 구성을 지적한다. 그 의사록은 중대한 불일치는 전혀 암시하지 않는다.[1] 그 장에 관한 토론들은 1645년 7월 7일 월요일 제463차 회기부터 1645년 7월 18일 금요일 제472차 회기까지 불규칙적으로 오랫동안 계속됐지만, 단 두 군데의 사소한 수정만이 위원회 보고서에 이루어졌을 뿐이다. 성령의 내적 조명의 필요에 대한 언급이 삽입됐으며, 사람들이 구원하는 믿음을 갖지 않은 채 성경을 이해할 수 있다는 인식 안에서, "구원하는"이라는 말이 "말씀 안에서 계시되는 것과 같은 것들의 이

---

[1] 39개 신조에 대한 초기의 토론들에서 비롯하는, 이것에 대한 주목할 만한 한 가지 예외가 있다. 나는 이 장의 후반에서 이 예외에 주의를 끌 것이다.

해"라는 표현에 추가됐다.²

워필드는 1장이 "개혁파 신학의 합의"를 나타낸다고 주장한다. 영국 제도(British isles)의 교회들은 다른 개혁파 교회들의 지지를 고맙게 생각했다. 그들은 그 교회들과의 자신들의 일치를 증명하고 싶었다. 이 배후에는 대륙의 교회들 및 신학자들과의 상호 작용의 오랜 역사, 즉 합의에 의한 신학의 거의 이음매 없는 관계망에서 생기는 공동체가 있다.³ 워필드는 말한다.

> 17세기의 청교도 문헌을 읽는 사람이라면 그 문헌이 대륙의 위대한 개혁파 신학자들에게 얼마나 단단히 기대고 있는지를 알게 될 것이다.⁴

1장의 신학의 배후에는 이러저러한 특수한 출처가 아니라 일반 개혁파 신학이 있다. 워필드는 이러한 합의를 보여주기 위해서 헤페에게서 나온 광범위한 자료를 제공한다. 그는 하이데거, 웬델리우스, 크로시우스, 카미엘 등을 인용하고, "개혁파 신학의 공통된 믿음이 아닌 신앙고백의 첫 장은 단일한 주장으로 이루어진 것이 아니다"고 결론짓는다.⁵ 그는 또한 1장을 아일랜드 신조, 벨기에 신앙고백, 프랑스 신앙고백, 제2스위스 신앙고백, 당대의 청교도 신학의 존 볼(John Ball)의 『요리문답』(*Catechism*)과 존 다우네임(John

---

2  Warfield, *Westminster Assembly*, 155-257.
3  본서 제6장을 보라.
4  Warfield, *Westminster Assembly*, 161.
5  Ibid., 162-69.

Downame)의 『신성의 몸』(Body of Divinity) 등과 비교한다. 다우네임은 이 책을 대주교인 제임스 어셔의 이름으로 출간했는데, 어셔는 그것을 매우 유감으로 여겼다.[6] 웨인 스피어(Wayne Spear)도 성경에 대한 과거의 개혁파 사상, 특히 칼빈과 초기의 청교도 윌리엄 휘테이커(William Whitaker)와의 연속성을 강하게 주장한다. 윌리엄 휘테이커의 1588년도 논문인 『성경에 대한 논쟁』(A Disputation on Holy Scripture)은 기념비적인 저작이었다.[7]

왜 신앙고백과 대요리문답은 양쪽 다 하나님이라는 보다 통상적인 주제보다는 오히려 성경으로부터 시작했는가? 명백한 세 가지 이유가 있다.

첫째, 이것은 아일랜드 신조의 순서였다(우리는 제임스 어셔가 얼마나 영향력이 컸는지를 살펴봤다). 즉 선례가 있었던 것이다.

둘째, 성경으로부터 시작하는 것은 우리가 기독교 교리를 아는 방식을 강조한다. 인식론적으로는, 그것이 최상의 출발점이지만, 존재론적인 시각에 보다 초점을 맞추었다면 하나님으로 시작했을 것이다. 그것은 역사적 판단의 문제였다.

셋째, 이 이유는 아마도 가장 뚜렷했을 것이다. 그것은 역사적 맥락과 관계가 있다. 그 이전 세기는 본문비평의 발전을 목격했다. 그것은 "원전으로 돌아가자"(ad fontes)에 대한 인문주의적 강조에서 나와서 원래의 언어들로 성경 본문에 초점을 맞추는 데로 이끌

---

[6] Ibid., 170-90.

[7] W. R. Spear, "Word and Spirit in the Westminster Confession," in *Westminster Confession into the 21st Century*, 1:39-56; Spear, "William Whitaker and the Westminster Doctrine of Scripture," *RTJ* 7(1991): 38-48.

었다. 1640년대에 이르러, 토론은 구약의 맛소라 사본의 모음 부호에 집중됐다.[8] 1538년에, 엘리아스 레비타(Elias Levita)는 히브리어 자음 본문의 모음 부호들은 탈무드와 미드라쉬보다 후대에 추가되었다고 주장했었다. 모음 부호들은 원문의 일부가 아니었다는 것이다. 학문에 의해 확인된 이러한 주장들은 성경은 지고한 권위를 지니고 있다는 개신교의 주장을 뒤흔들어 놓았다.

로버트 벨라르민(Robert Bellarmine)과 같은 로마 가톨릭의 변증자들은 이처럼 인간이 추가한 것들은 로마 가톨릭교회의 권위 있는 해석의 필요성을 보여준다고 주장했다. 이러한 논박들에 대해서 아만두스 폴라누스 및 윌리엄 휘테이커와 같은 개혁파 신학자들과 벅스토르프 형제와 같은 본문비평학자들이 응수했다.

그러나 개혁파 신학자 루이스 카펠(Louis Cappel)의 저서인 『모음의 비밀한 계시』(*Arcanum punctuationis revelatum*)의 출간으로 1624년에 상황이 바뀌었다. 카펠은 모음 부호가 초기의 것이라는 것을 두고 논쟁했다. 그는 제안하기를, 모음 부호 사용은 성경이 기록된 시대로부터 구전으로 전해졌으며, 맛소라 필사자-학자들(Masoretes)은 자신들이 텍스트에 추가한 모음 부호로 이것을 표현했었다고 한다.

리차드 멀러(Richard Muller)가 언급하듯이, "카펠의 주장들에 대한 반응과, 초기 정통파 사람들이 세운 성경의 권위에 관한 공식적인 교리를 돌이킬 수 없을 정도로 상실하지 않은 채 성경해석학을 수정하려는 그 뒤의 운동은 잉글랜드의 저술가들한테서 가장 분명하고 명확하게 보인다."[9] 이러한 관점에서 보면, 성경으로부터 시작

---

8    후속하는 것에 대해서, 나는 Muller, *After Calvin*, 146-55에서 도움을 받았다.
9    Ibid., 152.

하는 것에 대하여 토랜스(Torrance)가 웨스트민스터를 비판한 것들은, 신학적 진술들이 이루어지는 상황에 대해 그런 진술들이 말하고자 하는 바의 견지에서 그런 진술들을 이해하는 것에 관한 필요 불가결한 사항을 간과하는 것으로 보인다. 즉 성경에 관한 교리가 첫 번째로 다루어진 이유는 그것이 직접적이면서 절박한 문제이기 때문이었다.

### 1. 성경의 필요성(WCF 1.1; LC 2-3)

웨스트민스터 총회는 하나님이 자연계에서 스스로를 계시하신다고 진술했다. 그는 이성의 빛과 창조 사역 그리고 섭리의 일들을 통해 이렇게 하신다. "창조 사역"(the works of creation)이라는 문구는 우주의 생산에 대해 언급하며, "섭리의 일들"(the works of providence)은 우주의 유지에 관해 언급하는 것이다. "이성의 빛"(The light of nature)은 하나님이 인간의 마음에 각인시킨 하나님에 관한 의식에 대한 언급이다. 칼빈은 전체로서의 인류에 공통된 신에 대한 의식(sensus divinitatis)에 관한 글을 썼다.[10]

기독교 신자인지의 여부에 상관없이 사람들이 하나님에 관해 알 수 있는 것들-특히 그분의 선하심과 지혜와 권능-이 있다. 그래서 총회는 하나님의 "영원하신 능력과 신성"이 그가 만드신 것들을 통해서 분명히 인식된다는 사도 바울의 논평들을 반영한다(롬 1:19-

---

[10] P. Helm, *John Calvin's Ideas* (Oxford: Oxford University Press, 2004), 209-45.

20). 사람들로 하여금 하나님을 거부할 핑계를 대지 못하도록 충분히 알려져 있다는 것이다. 그렇지만 창조와 섭리 그리고 신에 대한 감각은 구원에 이르는 때에는 두 가지 부분에 있어서 부적당하다.

첫째, 죄 때문에, 사람들은 피조세계 안에 있는 그리고 그들 자신의 체질 안에 있는 이러한 지식에 저항한다.

둘째, 계시 그 자체는 죄에서 구원하려고 계획된 것이 아니다. 계시는 하나님의 권능을 드러내지만, 하나님의 율법도 하나님의 은혜도 알게 하지 않는다.[11]

그렇지만 계시는 그 한계[12] 내에서는 그리고 하나님의 의도의 견지에서는 신뢰할 수 있다. 이는 계시가 하나님이 계시 하신다는 것을 명백하게 선언하기 때문이다(LC 2). 더욱이 이러한 수단들을 통하여 스스로를 계시하시는 분이 하나님이기 때문에, 하나님의 계시에 대해 말하자면 전적으로 결함이 없다. 그렇지만 타락 후에는 사람이 아무리 부지런히 하나님의 계시를 따른다 하더라도 하나님의 계시는 사람을 구원으로 이끌지 못한다(LC 60). 창조와 섭리의 사역들 그리고 하나님이 존재하신다는 공통된 인간의 의식은 그것들 간에는 하나님이 우리에게 원하시는 바를 우리에게 가르쳐줄 수도 없고, 또한 그것들은 혼자 힘으로 우리를 인도하여 구원적으로 하나님을 알게 하지도 못한다.

바르트(Barth)가 말하는 대로, 이성의 빛은 "인간 안에 있는, 날

---

**11** 심지어 타락 이전에도, 아담은 창조된 질서에서의 그의 지위를 이해하기 위해서 말씀-계시를 받았다. 그의 과업과 책임들이 구두로 상세하게 설명됐지만(창 2:16-17), 타락 직후에 하나님이 동산을 거니시다가 아담을 부르는 것은 하나님과 사람의 친교가 원래의 창조 질서의 일부였다는 것을 또한 이것은 인격적인 소통을 포함했다는 것을 함축한다.

**12** Warfield, *Westminster Assembly*, 193.

때부터 갖는 하나님의 형상을 비추는 내적인 빛에 대해 언급하는 것이다. 이성의 빛은 지식의 원천으로 나타나지만, 하나님의 뜻을 우리에게 계시하는 데 무력하고 그러므로 직접적으로는 성경 아래에 배치된다."[13] 그래서 이 총회는 그 이전의 개혁파 신학에 의해서 이미 그어진 선들 안에서 움직이고 있었다. 칼빈은 타락한 인간들이 피조세계 내의 하나님의 계시를 통해서는 당연히 하나님을 인정할 수 없다는 것을 인정했다. 그러한 무능력은 칼빈이 성경의 그리고 실로 성경에 관한 그의 교리 전체의 필요성을 논하기 위한 도약판이었다.[14] 리차드 멀러는, 칼빈, 자카리아스 우르시누스, 로버트 롤록, 아만두스 폴라누스한테서 이러한 특징을 밝힌다. 그는 이렇게 주장한다. 16세기 후반과 17세기 초의 개혁파 신학자들은 중세 사상이나 종교개혁 지도자들에서 발견되는 것보다 말씀에 의한 계시의 필요성을 더 크게 강조했다.[15]

그러므로 주님은 그분의 교회에 자유로이 자신과 자신의 뜻을 계시하셨다("그것이 주님에게 기쁨이었다"). 이와 동시에, 이런 특수한 형태의 주님의 계시는 그 범위 내에서 더 많이 제한 혹은 초점이 맞춰진다. 그 계시는 창조로까지는 확장되지 않고, 다만 하나님의 교회로 향한다. 하나님은, 이 총회가 언급하는 대로, 구별되지만 분리할 수 없는 두 가지 방법으로 이렇게 하셨다. 하나님은 계시의 행위들로 하나님 자신과 하나님의 뜻을 계시하셨으며, 그 후에는 하나님의 계시를 성경에 기록해 놓으셨다.

---

**13** Barth, *Reformed Confessions*, 48.
**14** Calvin, *Institutes*, 1.6.1-2.
**15** Muller, *PRRD*, 2:168-76.

다시금 유의할 점은, 양쪽 형태의 이러한 계시는 하나님의 교회를 향했다는 것이다. 성경은 하나님이 자신의 교회에 주신 것이다. 이는 이 총회의 역할을 반영한다. 이 총회가 공식적으로는 교회 단체가 아니었으며, 의회의 명령에 복무하는, 오히려 의회의 산물이었지만, 그 과업은 교회의 교리와 예배 및 정치를 위한 성경적 토대들을 확립하는 것이었다. 게다가 이 총회의 많은 구성원이 학문적인 직책들을—특히 케임브리지에서—맡고 있었지만, 그들은 신학의 체계화를 본질적으로 교회의 활동으로 봤다.[16]

이 단락은 교회의 구원을 위한 성경의 필요성을 으뜸가는 주제로 가지고 있다. 성경이 없다면, 우리는 자신들의 죄에 대해 변명할 도리가 없는 채로 있게 되며, 하나님의 은혜를 상실하게 된다. 이것은 대단히 정교하고 함축성이 있는 진술이다.

> 그러므로 주님은 여러 때에 다양한 방식들로 주님의 교회를 향하여 자신을 계시하시고 자신의 뜻을 선언하시기를 기뻐하셨다. 또 그 후에는 진리를 더 잘 보존하고 전파하시며, 육신의 부패와 사탄과 세상의 악의에 대항하여 교회를 보다 더 견고하게 확립하고 위로하시기 위해 바로 그 진리 전부가 기록되기를 기뻐하셨다. 이런 이유가 **성경을 가장 필요한 것으로** 만든다(WCF 1.1).

---

**16** 이 총회 이래로 이루어진 여러 발전들과 대조적인 것에 주목하라. 이러한 발전들에서 서방 교회에서는 점점 더, 신학이 교회 생활에서 분리된, 학문적인 영역의 특별한 분야가 되었으며, 그 자취에서 일련의 불리한 결과들을 남겼다.

LC 2는 명확히 하나님의 말씀을 성경에 결부시키지 않지만, LC 3은 하나님의 말씀과 성경을 결부시킨다. 구약과 신약의 성경은 하나님의 말씀이다.

우리가 주목하는 것은, (1) 주님은 주님의 교회에 자신을 계시하셨고, 또한 주님의 교회에 자신의 뜻을 드러내셨으며, (2) 그 후에 주님은 바로 그것(자신과 자신의 뜻에 대한 계시)을 기록하게 하셨다는 것이다. 총회는 여기서 많은 일을 한다.

첫째, 총회는 주님이 '자신'을 계시하시는 것과 주님이 '자신의 뜻'을 계시하시는 것을 구별한다. 물론 이 둘은 분리할 수 없지만, 그럼에도 불구하고 그 구별은 중요하다. 왜냐하면 구속사의 모든 단계에서 하나님은 바로 언약 안에서, 곧 율법과 복음 안에서 행하실 때에도 자기가 누구인지를 점진적으로 계시하시기 때문이다.

둘째, 그것은 주님이 계시하시는 것─자신과 자신의 뜻을─과 그것을 기록에 맡기는 것 사이에 구별을 짓는다. 그렇지만 또한 계시와 기록 간에는 일치점이 있다. 즉 기록은 주님이 계시하신 것과 동일했다. 이 진술이 변경되지 않는 한 계시와 기록 사이의 구분도 바뀔 수 없다. 더욱이 자신을 계시하신 분도 또한 그것을 기록에 맡기신 것과 그것을 보존하신 분도 주님이시다.

구속사에서의 하나님의 행위들과 이러한 행위들의 쓰인 기록 및 설명 사이에는 차이점이 있지만 또한 일치점, 즉 다양성 속에서의 동일성도 있다. 하나님 자신과 하나님의 뜻을 계시하는 데서 성경과 하나님의 행동들을 구별하는 것은 중요하다. 그리고 그것들의 일치성 및 동일성을 유지하는 것도 똑같이 필요불가결하다. 이러한 진술은 한편으로는 성경 광신의 적대적인 위험들─"거룩한 성경, 신성한 책"과 같이, 하나님이 아니라 성경에 초점이 맞춰지는 찬송가들을 생각해 보라—에 맞서고, 다른 한편으로는 바르트주의자들이 계시와 성경을 분리하는 것에 맞서는 보루를 제공한다.[17]

행위와 기록된 말씀 양쪽에서의 이러한 계시는 개인적인 요소와 제안적인 요소 양쪽을 모두 포함한다. 주님을 자신을 계시하시며 또한 구원에 관한 그의 뜻을 계시한다. 여기서 총회는 구속적 계시의 각각의 단계에서, 하나님이 자기 백성들과 맺은 언약 속에서의 하나님의 행동과 더불어 하나님의 이름(즉 그의 특성)을 계시하신다는 성경의 기록을 반영한다. 워필드가 평하는 대로, 이러한 계시는 여러 부분으로 그리고 여러 단계로 나타났다. 그것은 점진적이었다. 웨스트민스터 신앙고백에 증거본문들을 포함시키는 것에 대해 우리는 앞서 경고했다. 그러나 총회는 지지를 위해 히브리서 1:1을 이용한다. 워필드도 하나님 자신을 계시하는 것과 그리고 나서 이러한 지식을 보존하고 전파하는 것 양쪽에서의 하나님의 선하심을 강조한다. 왜냐하면 그가 이것을 기록에 맡기신 것은 그의 선한 기쁨 때문이었기 때문이다.[18]

하나님이 그분의 계시를 기록하시는 것은 우리가 자신들을 위해서 하나님과 하나님의 뜻을 알리기 위해서 필요하다. 어떤 면에서 보면, 기록이 반드시 필요한 것은 아닐 수 있다. 왜냐하면 하나님은 우리의 구원을 위해서 하나님의 뜻을 전달할 모종의 다른 방법을 선택하실 수 있었을 것이기 때문이다. 웨스트민스터 총회가 이것을 인정하는 것은, 이 총회가 성경은 "진리를 더 잘 보존하고 전파

---

**17** Warfield, *Westminster Assembly*, 194를 보라.
**18** Ibid.

하기 위해서" 존재한다고 말할 때이다. 성경은 다른 어떤 방법이 할 수 있었을 것보다 더 그 역할을 잘 수행할 수 있다.[19] 성경은 정확히 보존된다. 쓰인 기록은 영구히 존속하는 반면에 구전은 쉽사리 와전될 수 있다. 따라서 성경의 영감은 "진리의 정확한 보존과 전파"를 가능하게 한다. 하나님은 자신의 교회의 안녕과 진리를 전파하는 자신의 교회의 선교 과업을 항상 염두에 두셨다. 웨스트민스터 신학자들이 신앙고백의 맨 처음 단락에서 이것을 인식한다는 것은 그들에게 선교 열정이 결여됐다는 주장들이 그릇됨을 나타낸다.

"하나님이 하나님의 백성들에게 하나님의 뜻을 계시하신 이전의 그런 방법들이 이제는 중지되어 있는" 것에 대해 종결짓는 언급은 주로, 꿈과 신의 현현 및 직접적인 조우들에 의해서 이루어지는 계시의 예전 방법들에 관해 언급하는 것임이 틀림없다. 그러한 언급은 일반 계시가 끝났다는 것을 결코 의미할 수가 없다. 왜냐하면 하늘은 계속해서 하나님의 영광을 선포하고 있기 때문이다. 바르트는 자연 신학을 거부하고 하나님의 계시가 창조 안에 드러난다는 것에 의심하며 LC 2는 어리석은 것이라고 말한다. LC 2는 자연의 빛과 하나님의 일들이 "하나님이 계시다는 것을 분명히 선포한다"고 진술한다.[20] 물론 약 300년 후의 바르트 신학의 입장에서 모든 것이 얽혀있는 그것이 어리석어 보일 수 있지만, 웨스트민스터 신학자들은 그러한 복잡성을 전혀 예상할 수 없었다. 다른 사람들은 그런 어리석음이 다른 곳에도 있는지의 여부에 대해 궁금할지도 모른다.

---

**19** Amandus Polanus, *Syntagma theologiae Christianae* (Basel: 1609), 69에서 이와 유사한 주장을 참조하라. Muller는 또한 *PRRD*, 2:173-74에서 이 문구를 인용한다.
**20** Barth, *Reformed Confessions*, 146.

최근에, 가넷 밀른(Garnet Milne)은 웨스트민스터 신학자들 가운데 다수가 비구속적인 의미에서 하나님의 뜻을 전하는 것으로서 꿈과 환상들이 계속된다는 것을 고수했다고 주장했다. 특히 그는 윌리엄 브리지에 대해 언급한다. 스코틀랜드 위원인 조지 길레스피(George Gillespie)는 또한 존 낙스를 예언자라고 한다. 그렇지만 밀른은 그들이 이러한 믿음을 성경의 조명에 국한시켰다고 결론짓는다. 즉 성령은 섭리적으로 다양한 수단을 통해서 성경의 이 부분이나 저 부분을 이해하도록 마음을 인도하실 수가 있다는 것이다. 심지어 브리지에게도, 결정적인 요소는 성경이었지만, 길레스피는 직접 계시의 행위자로가 아니라 성령이 성경을 중개하는 자라는 입장에서 낙스에 관한 글을 썼다.[21] 사실 의사록에는 이 문제에 대한 토론의 흔적이 없다. 만약 토론이 있었다면, 그것은 확실히 관심을 불러일으켰을 터인데, 이는 계속적인 계시에 관한 어떠한 암시도 로마 가톨릭 및 퀘이커파 양쪽에 대한 개신교 및 개혁파의 논박을 손상시켰을 것이기 때문이다.

워필드는 성경의 필요성은 두 가지 이유에 의존한다고 평한다. 일반 계시의 불충분성과 특별 계시의 중단, 성경은 일반 계시와 특별 계시의 기록이라고들 한다. 따라서 성경은 "영속적인 구현이고, 유일하게 하나님에 의해서 보호되며, 실로 구원에 필요한 하나님의 또 하나님의 뜻의 계시가 존재하는 유일하게 신뢰할 수 있는, 현존하는 형태이다." 그러므로 성경은 계시의 기록 이상이다. 성경은 더

---

[21] G. H. Milne, *The Westminster Confession of Faith and the Cessation of Special Revelation: The Majority Puritan Viewpoint on Whether Extra-Biblical Prophecy Is Still Possible* (Carlisle: Paternoster, 2007).

나은 보존과 전파를 위해서 기록된 형태로 확정된 계시 그 자체이다. 그리고 성경은 유용한 것 이상이다. 즉 성경은 필요한 것이다.[22]

## 2. 성경의 정경(WCF 1.2-3)

　우리가 자신들의 구원을 위한 하나님의 뜻을 알려면 성경이 필요하다고 단언했으므로, 그 다음 질문은 이것이다. 정확히 무엇이 성경이란 말인가? 어디서 우리는 그런 쓰인 기록을 발견할 수 있고, 어디서 하나님은 자신을 계시하시며, 그리고 어디서 하나님은 우리의 구원을 위한 하나님의 뜻을 드러내시는가? 성경의 정경―보다 구체적으로는 신약의 정경―에 관한 문제는 초대 교회에서 명확해졌는데, 마르시온이 신약의 많은 부분과 구약을 거부한 때부터 그리고 다양한 영지주의 집단들이 가짜 "복음서들"에 호소할 때에 그러했다. 공식적으로는, 아타나시우스의 『부활절 서신』(*Festal Letters*)과 397년의 카르타고 공의회에서 신약 정경이 확정됐지만, 그 인식은 클레멘트와 이레네우스로 거슬러 올라가는 교부들의 저술들에서 명백히 나타난다.

　그렇지만 성경의 정경은 종교개혁에서 다시금 토론이 벌어진 문제였다. 루터가 야고보서를 거부하고, 히브리서와 유다서 및 요한계시록(야고보서와 더불어)을 1522년에 출간된 그의 『9월 성경』(*September Bible*)의 목차에서 제2정경의 지위에 넣고, 츠빙글리가 이

---

[22] Warfield, *Westminster Assembly*, 195-96.

와 유사하게 요한계시록을 거부하면서, 이것은 당면한 문제가 되었다. 신약 27권을 모두 담고 있는 39개 신조의 목록이 증거하듯이, 개혁파 신학자들 가운데 다수는 선례에 따랐지만, 소수의 무리는 그렇게 하기를 거부했다. 칼빈은 교리의 내용이 정경성을 정당화한다고 생각했으며, 그는 다수의 신약서들의 원작자를 의문시했지만 정경에서의 그것들의 지위에는 반대하지 않았다. 게다가 개신교도들은 로마 가톨릭교회가 외경을 구약 정경에 포함시키는 것을 거부했지만, 토론에서 외경을 인용하거나 언급하는 것은 싫어하지 않았다. 일반적으로, 16세기의 개혁파 신앙고백들은 교회의 권위가 아니라 성령의 증거에서 정경성을 발견한다.

여기 웨스트민스터에서, 정경은 여전히 당면한 문제였다. 바르트는 지적하기를, "선대의 저술가들의 의구심들을 공유하지 않았던 후대의 저술가들은, 16세기에는 일어났었던 정경 결정에 관한 문제와 관련되어 제기될 수 있는 것들을 결코 공식적으로 논하지 않았다"고 한다.[23] 성경 책들의 열거와 성경으로 여겨지지 않는 것들의 거부라는 바로 그 사실이 이 문제의 현실성을 증명한다.

그 목록은 일반적으로 인정된 개신교 정경을 따르면서, 루터와 츠빙글리 및 그 밖의 사람들의 경고를 무시한다. 바르트는 이렇게 말한다. 정경을 열거하는 것이 루터파와 대조를 이루는 개혁파적 고백주의 특유의 것인 까닭은, 루터파는 교회 공의회들을 성경과 어느 정도 대등한 지위에 두었고, 따라서 그들에게는 정경서들의 목록이 기정사실이었기 때문이다. 개혁파 신학자들은, "이러한 목

---

[23] Barth, *CD*, I/2, 476-78.

록들로…비성경적 역사와 심지어 교회까지도 정경적인 것으로 규정할 수 있을 것을 거부하고 고대 교회가 했었던 것과 같은 결정들을 그들 스스로 하고자 하는, 그들의 근본적인 권리를 증거 서류에 의해 입증하고 싶었다."[24]

성경의 정경들의 기원은 하나님에게서 비롯한다. "하나님의 영감으로 주어진." 따라서 웨스트민스터 총회는 성경을 영감받은 기록물로 정의를 내린다.[25] "직접적으로 영감받은"(WCF 1.8)이라는 문구는 성부께서 원본들의 창작에 있어서(*in the origination*) 인간의 수단 없이 성령에 의해서 성경을 만드셨다(breathed Scripture out)는 것을 의미한다.[26] 이것은 성경의 완전한 작성이라기보다는 오히려 성경의 기원에 관해 언급하는 것이다. 이러한 기원에서 인간이라는 도구는 성경을 기록하기 위해서 명백히 하나님에 의해서 사용되었다. 성경의 작성은 인간의 손으로 이루어졌으며, 성경은 인간의 생각과 때로는 역사적인 연구에서 나왔지만, 그것의 궁극적인 기원은 전적으로 하나님에게서 비롯한다.

그렇지만 내 생각에는 영감은 그것만으로는 전혀 성경을 규정짓는 특징이 될 수가 없을 것 같다. 왜냐하면 다른 언설들은 하나님께 영감을 받았으면서도 성경이 아니었기 때문이다(예를 들면 다른 예언적 바울의 언설들, 라오디게아에 보낸 서신 등). 여기서 영감을 설명하거나 규정지으려는 시도가 없는 것은, 워필드가 주장하는 대

---

**24** Barth, *Reformed Confessions*, 50.
**25** Warfield, *Westminster Assembly*, 202도 그렇다.
**26** 영감은 19세기 후엽에 B. B. Warfield와 Charles Augustus Briggs 사이에 벌어진 논쟁들의 원인이 될 것이다-그러나 이때는 1643-47년이었다.

로, 총회는 성경 그 자체를 규정짓고 있기 때문이다. 영감은 66권 전체에 가득 차 있다. 영감은 그 책들의 기원을 수반한다. 소시니우스파가 주장한 대로, 영감은 신앙과 관습의 문제들에 영향을 미칠 뿐만 아니라, 성경들의 작성을 규정짓기도 한다. 성경의 목적은 "신앙과 생활의 규칙"이 되는 것이지만, 그것은 성경이 하나님에 의해서 창작되었기 때문에 그러하다.

정경성은 어떤 책들은 성경의 일부가 되고 마찬가지로 다른 책들은 배제되는 것을 수반한다. 여기서 웨스트민스터 총회는 로마가톨릭교회와는 대조적으로 외경의 정경성을 부정한다.[27] 더욱이 존 라이트풋(John Lightfoot)은 자신의 일지에서 어떻게 이 총회가 외경은 더 이상 교회들에서 읽혀서는 안 되며 더 이상 성경들과 묶여서도 안 된다는 겸손한 조언을 의회에 제출했는가를 기록했다. 총회는 이것이 단순히 이론적인 문제가 아니라는 것을 매우 분명히 하고 싶었다.[28]

정경서들이 하나님께 영감을 받았으므로, 외경이 정경적이지 않다는 이유는 그런 책들이 하나님께 영감을 받은 게 아니라 순전히 인간이 작성한 것들이기 때문이다. 따라서 외경은 교회에서 아무

---

27  트리엔트 공의회는 구약의 책들 가운데서 토빗(Tobit), 유딧(Judith), 집회서(Ecclesiasticus), 바룩서(Baruch), 지혜서(Wisdom), 마카비서(1 and 2 Maccabees)를 포함시켰다. 게다가 이 공의회는 진술하기를, 그것은 그리스도께서 친히 하신 말씀에 의해서나 성령에 의해서 구술되고 지속적인 계승에 의해서 가톨릭교회에서 보존된 전승들을, 기록된 책들에 부여되는 것과 동일한 경의로, 받아들이고서 공경한다(venerated)고 했다. 이 공의회는 그 모든 책들을 온전히 그대로 받아들이지 않는 자는 누구든지 파문했다.

28  1643년 8월 1일 화요일 제16차 오후 회의: Van Dixhoorn, 2:20–21에 기록된 Lightfoot의 일지.

권위도 없다. 이것은 로마 가톨릭교회와 대조를 이룰 뿐만 아니라, 정교회와도 대조를 이룬다.[29] 그것은 개혁파 교회들의 일관성 있는 신조와 개혁파의 대표적인 신학자들에 의거한다. 그들은 신약에는 교부들과 고대 공의회들의 일련의 의견들뿐만 아니라 외경에서 직접적으로 인용하는 것들이 없는 것을 지적하는 경우가 많다.[30]

총회의 정신에는 영감과 정경성이 관련되어 있는 것이 명백하다. 예언적 언설들 외에도, 1세기에 현존하던 다른 기록물들이 있었는데, 일부는 사도들의 기록물들이다(바울은 자기가 라오디게아에 보낸 한 서신에 관해 언급한다). 예언적 언설들 가운데 일부가 신약에 기록되어 있고, 그 언설들 중 다른 것들은 보도되어 있으며, 그 언설들의 더 많은 것들은 언급되어 있지 않다.[31] 따라서 총회는 영감을 받은 모든 언설을 도저히 정경적인 것으로 간주할 수 없었다. 말하고자 하는 바가 그런 영감이었으며, 그런 영감이 그 자체로는 충분하지 않을지도 모르지만 정경성의 필요 조건이다. 정경이 교회의 일에 참견했다는 개념은, 그것이 옳을지도 모르지만, 암묵적인 것을 제외하면 그 당시의 것으로도 보이지 않으며, 사실은 후대에 발전된 것이었다.

외경은 "인간의 다른 기록물들"과 같은 수준이다. 외경은 하나님의 영감으로 된 것이 아니라 인간의 기록물들이며, 그러므로 정경이 아니다. 이것은 외경이 쓸모 없다는 것을 의미하는 게 아니다

---

29  Letham, *Through Western Eyes*, 179-87을 보라.
30  Muller, *PRRD*, 2:390.
31  구약에는 후에 상실된 책들에 대한 일련의 언급들이 있지만, 이것들이 성령의 영감 아래서 작성됐다는 증거는 없다.

(당신이 읽고 있는 이 책이 하나님의 영감으로 된 것이 아니라 인간의 기록물이어서 정경은 아니지만, 나는 이 책이 어느 정도 쓸모 있기를 바란다). 그러므로 웨스트민스터 총회에서는 하나님의 영감으로 주어졌으며 하나님이 그 저자이신(WCF 1.4, 8; LC 4) 성경과, 하나님이 저자가 아니어서 성경의 정경의 일부가 아닌 외경과 같은 인간의 기록물들은 분명한 차이점이 있다.[32]

## 3. 성경의 권위(WCF 1.4)

요컨대, 웨스트민스터 총회는 우리가 성경의 권위를 기초로 하여, 다시 말해 신앙을 이끌어내는 성경의 권리를 기초로 하여 성경을 믿고 또 성경에 순종한다고 주장한다. 왜냐하면 이것은 성경 나름의 고유한 특성, 즉 성경이 하나님으로부터 오는 것이기 때문이다. 여기서 성경은 하나님의 영감을 받는다는 성경의 기원이 성경이 교회에 발휘하는 권위의 토대이다. 그러므로 성경은 교회의 증거를 포함해서, 인간의 증거에 의존하지 않는다. 이것은 로마 가톨릭교회와 명백히 상반된다. 로마 가톨릭교회는 성경은 교회 당국에 맡겨야만 올바르게 해석될 수 있다고 주장한다. 총회는 이것을 거부한다.

성경의 권위는 그 저자이신 하나님께 전적으로 의존한다. 신앙과 순종을 이끌어 내는 성경 나름의 고유의 권위와 우리 나름의 신

---

[32] 참고. Warfield, *Westminster Assembly*, 203.

앙 응답 양쪽 모두가 성경의 기원이 하나님인 것의 당연한 결과이다. 성경은 하나님 자신의 권위를 지닌다. 하나님은 하나님 자신에 관한 자신의 계시와 자신의 교회에 대한 자신의 뜻을 기록에 맡기시고, 따라서 그 기록을 보존하고 그 기록을 전파하도록 성경을 주셨다. 워필드는 이것을 "사상과 언설 양쪽의 비길 데 없는 고귀함이 담긴 문단"이라고 한다.[33]

모리스(Morris)는 이러한 영감이 일으키는 것을 잘 묘사한다.

> 그것은 영감을 받은 사람들의 마음과 의지에 작용하는 성령의 운동이다. 그들은 성령의 인도하심을 받아서 한 권의 책을 생산했는데, 이 책은 총체적으로 저자이신 하나님의 작품으로 제대로 여겨진다. [게다가] 그런 영감을 인간의 경험의 다른 곳에서 나타나는 것과 같은, 단지 더 높은 다양성의 정신력이나 시적 내지는 종교적 열정으로만 간주하는 것은 그것의 신적 특성을 완전히 흩뜨려버리는 것이고 또한 그것의 종교적 의의와 가치를 파괴하는 것이다.[34]

총회가 어떻게 이런 일이 일어났는지를 정확히 묘사하거나 규정지으려는 시도를 했다는 증거는 없다. 그들은 영감에 관한 어떤 이론도 만들어 내지 않았으며, 오직 그 문제를 기록하고 이렇게 해서 성경이 태어났다는 그들의 일치된 믿음을 증명할 따름이다.

성경이 그 권위에 대해서 교회의 증언에 의존하지 않는다는 것

---

**33** Ibid., 211.

**34** Morris, *Westminster Symbols*, 78.

은 성경 그 자체가 교회에서의 궁극적인 권위라는 총회의 주장으로 분명히 알 수 있다. 대회와 공의회들은 "하나님의 말씀에 부합하는" 법령들과 결정들을 만들어야 하며, 이러한 법령들은 그것들이 "하나님의 말씀에 합치"하는 경우에는 존경심과 복종심을 가지고 받아들여야 한다(WCF 31.3). 게다가 모든 교회 회의는 오류를 범할 수 있지만, 성경이 하나님한테서 비롯되었으므로, 당연히 성경은 오류를 범할 수 없게 된다.[35] 그러므로 교회 공의회들을 신앙이나 관습의 규칙으로 삼아서는 안 된다. 그것들은 하나님의 말씀에 부합하는 한에서만 단순히 하나의 도움이 될 뿐이다(WCF 31.4).

그러므로 성경으로 기록된 하나님의 말씀은, 하나님의 구원을 유효하게 하는 데서의 성령의 사역과 더불어, 우리가 하나님을 아는 지식의 원천이 된다. 성경은 하나님을 기쁘시게 하는 것이 무엇인지를 계시한다. 성경은 예배와 그리스도인의 생활에 대한 결정권을 갖는다. 성경은 기독교 신앙의 인식론적 토대를 제공한다. 성경 안에서 은혜언약과 그리스도의 중보 및 구원의 길을 알게 된다.

우리는 웨스트민스터 총회가 성경 기록에 있어서 인간 행위자들에 대해 분명한 증거를 대지 않는 데 주목해야 한다. 또한 총회는 어떻게 성경의 영감이 인간 저자들의 다양한 개성들과 긴밀히 들어맞는지를 설명하지도 않는다. 이것은 다소 결함으로 생각될지도 모른다. 그렇지만 이 대목에서 그 신학자들을 비판하는 것은 시대착오적이다. 인간 저자의 역할은 아직은 현실적인 문제가 아니었다.

---

**35** 성경무오설에 관한 후대의 신조는 잘못을 저지를 가능성이 있는 교회와 하나님에게서 비롯되는 성경이 이렇게 대조를 이루는 데서 뒷받침을 찾을 수 있다. 성경무오설은 성경의 신적 기원에서 추론되는 것이다.

워필드가 주장하듯이, "영감의 참된 협력(true *concursus* of inspiration)이 모두의 상식으로 여겨지던 때가 아직 도래하지 않았다. 다만 이러한 협력에 의해서 우리는 성경의 모든 말씀이 참으로 신적이면서도 모든 말씀이 참으로 인간적이라는 것을 알 수가 있다."[36]

실로 1640년대의 경향은 하나님의 영감을 어떤 방법으로도 제한하지 않는 것이었으며, 오히려 다소 기계적으로 하나님의 영감을 생각하는 것이었다. 존 오웬(John Owen)은 이 대목에서 특히 강경한 입장을 취했다. 이것은 잉글랜드의 개혁파 신학자들뿐만 아니라 대륙의 개혁파 신학자들에게도 해당됐다. 구약의 히브리어 텍스트에 대한 비평 작업은 프란시스 투레틴으로 하여금 모음 부호 그 자체의 영감 내지는 적어도 모음 부호의 능력을 주장하게 했다.[37] 그렇지만 멀러가 지적하는 대로, 존 라이트풋은 "영감에 관한 엄격한 견해를 성경 기록에 있어서 인간의 활동에 관한 강한 의식과 비교해" 볼 수 있었다. 사실 멀러는 "17세기 정통의 영감에 관한 이론을 비평적이고 본문적인 석의를 반대하거나 비평적 접근에 의해 일어난 저자권 및 편집에 관한 다양한 문제들과 양립할 수 없는 것으로 보

---

36  Warfield, *Westminster Assembly*, 276.

37  Turretin이 제1 저자인 The Formula Consensus Helveticus, II(1675)는 이렇게 진술한다. "특히 구약의 히브리어 원문은…그 자음들에서뿐만 아니라 그 모음들-모음 부호 그 자체이거나 또는 적어도 모음 부호의 능력-에서도, 그 내용에서뿐만 아니라 그 단어들에서도 하나님의 영감을 받는다." 이 텍스트는 A. A. Hodge, *Outlines of Theology* (repr., Grand Rapids: Eerdmans, 1972), 656에 있다. 모음 부호에 관한 보다 확장된 논의에 대해서는, F. Turretin, *Institutes of Elenctic Theology* (ed. James T. Dennison; Phillipsburg, NJ: P&R, 1992), 1:114-16을 보라. 여기서 그는 이렇게 결론짓는다. "원문의 진정성을 안전하고 확실하게 유지하는 보다 진실하고 보다 안전한 방법은, 모음 부호를 모세에게 돌리든지 또는 에즈라에게 돌리든지 간에, 모음 부호를 하나님에게서 비롯된다고 생각하는 것이라고 우리는 항상 생각해왔다."

는 것은 실수"라고 덧붙인다.[38]

워필드의 시대에, 찰스 오거스터스 브릭스(Charles Augustus Briggs)는 주장하기를, 웨스트민스터 신학자들은 성경의 구두 영감이나 무오류성의 개념에 구속되지 않아서 하나님의 말씀과 성경의 명확한 말씀들을 구별했다고 한다. 워필드는 존 라이트풋의 성경에 관한 교리를 설명하면서—그리고 성경학자로서의 라이트풋은 대다수의 성경학자들만큼 엄격하지 않을 것으로 기대될 수 있었다—라이트풋이 영감은 개개의 말씀들뿐만 아니라 글자들에도 임하였으며, 심지어 맛소라 학자들이 히브리어 본문에 모음 부호를 찍는 데까지 임하였다고 주장한 것을 찾아낸다. 라이트풋은 성경은 전적으로 신뢰할 만하고, 거짓이 전혀 없으며, 그 말씀들은 성령의 담화와 동일하다고 결론지었다.[39] 라이트풋은 워필드가 인용하는 총회의 유일한 구성원이 결코 아니다.

에드워드 모리스도 동의한다. 그는 우리가 의사록에서 발견할 수 있는 한에서는 어떻게 영감이 생겼는지에 관한 이론이 없다는 것을 인정하지만, "웨스트민스터의 가르침은 영감이 단지 필수적인 것이라 불리는 것과 관계가 있을 뿐이지 성경의 부수적인 것들과 관계가 없다는 의견을 분명히 배제한다." 왜냐하면 그 상징들에는 "필수적인 것과 부수적인 것 사이, 개념과 언어 사이의 어떠한 인식할 수 있는 차이에 관한 시사도, 또는 단지 부분적이고 변하기 쉬울 따름인 영감에 관한 시사도 담겨 있지 않기" 때문이다. "그들은 불완전한 경험들이 성경에 기록되어 있다는 것을 인정하지만, 이런

---

**38** Muller, *PRRD*, 2:251.
**39** Warfield, *Westminster Assembly*, 280-333.

경험들이 불완전하게 기록되어 있다는 시사는 결코 하지 않는다."⁴⁰

그는 오류들의 문제는 18세기에 잉글랜드 이신론(理神論, deism)이 도래하고 나서야 비로소 발생했다고 정확하게 지적한다. 총회에는 그 문제에 대한 토론의 흔적이 없다.⁴¹ "요컨대, 성경은 실질에서뿐만 아니라 형식에서도, 오류를 잘 범하는 사람들이 지상에서 한때 만들어진 계시의 부정확한 언어로 기록한 사본 이상의 어떤 것임이 틀림없다. 그것 자체가 바로 계시임이 틀림없다."⁴²

최근에는, 잭 B. 로저스(Jack B. Rogers)가 이 총회의 구성원들의 가르침에 관한 연구에서, 그들이 인간의 저자됨과 문체의 차이점들을 인정하는 문구들을 인용한다. 그는 인간의 저자됨과 문체의 차이점들을 그들이 구두 영감을 인정하지 않았다는 증거로 생각한다. 로저스 이전의 브릭스처럼, 로저스도 맥락(context)에서 문구들을 뽑아내서, 하나님과 인간 사이에 부당한 대립을 만들어낸다. 그러나 결국 그는 웨스트민스터 총회에 참석한 사람들 가운데 성경에 오류가 포함되어 있다고 믿는 사람들도 있었다는 것을 입증할 수가 없었다.⁴³

추후의 작업에서, 도널드 맥킴과 더불어 로저스도 웨스트민스터 신앙고백은 오류의 가능성이 있는 영감에 관한 견해를 갖는다고 주장한다. 하나님의 말씀은 성경 그 자체라기보다는 단지 성경의 구

---

40　Morris, *Westminster Symbols*, 80.
41　Ibid., 85.
42　Ibid., 82. Morris는 LC 157에 대해 언급한다, "성경이 바로 하나님의 말씀이라는 굳건한 신념으로."
43　J. B. Rogers, *Scripture in the Westminster Confession* (Grand Rapids: Eerdmans, 1967), 298-302.

원하는 메시지일 뿐이라는 것이다. 이 저자들이 간과하는 것은, 총회가 성경은 구원하는 메시지, 즉 하나님 자신의 계시에 관하여 하나님에 의해서 쓰인 기록이라고, 그리고 성경-전체로 또한 그 의미와 그 세부 사항들에 있어서-은 전적으로 하나님에게서 오는 것이기 때문에 신앙과 관습의 유일한 규칙이라고 주장한 점이다.[44]

따라서 하나님의 말씀으로서의 성경은 우리의 "신앙과 순종의 유일한 규칙"(LC 3)이어서, 우리에게 어떻게 우리가 하나님을 영화롭게 하고 영원히 그를 누릴 수 있는지를 가르쳐준다(SC 1). 성경은 구원에 관하여 하나님의 교회에 드러내는 하나님의 계시이므로, 성경은 또한 우리가 그에 관하여 무엇을 믿어야 하는가를 그리고 우리가 하나님을 순종하면서 무엇을 해야 하는가를 결정짓는다. 신앙과 순종, 칭의와 성화는 서로 다르지만 불가결하게 연관되어 있다.

우리는 하나님의 말씀이 "구약과 신약의 성경들에 담겨 있다"는 SC 2의 진술에 주목한다. 여하튼 하나님의 말씀 및 계시와 성경의 본문을 구별하면서, 하나님의 말씀과 성경은 동일시되지 않는다는 신정통주의적 의미로 이 구절을 이해하는 것은 시대착오적일 것이다. 웨스트민스터 신학자들은 바르트가 있기 전에 존재한 바르트학파가 아니었다.

사실 웨스트민스터 총회는 성경은 하나님의 말씀이라는 것과 성경은 하나님의 말씀을 포함한다는 것 양쪽 모두를 확언한다. 이

---

44  J. B. Rogers and D. K. McKim, *The Authority and Interpretation of the Bible: An Historical Approach* (San Francisco: Harper and Row, 1979), 461. Andrew McGowan이 성경에 대한 자신의 최근 저서에서 사실상 신앙고백을 무시하는 것은 실망스러운 일이다: A. T. B. McGowan, *The Divine Spiration of Scripture: Challenging Evangelical Perspectives* (Nottingham: Apollos, 2007).

것은 하나님이 성경 안에서 말씀하신다는 사실에 기인한다. 하나님의 말씀들은 기록된 텍스트에만 국한될 수가 없다. 이는 그것들이 성령을 통해서 계속해서 영향을 미쳤기 때문이다. 더욱이 하나님의 말씀은 살아 있고 활력이 있다(히 4:12-13). 하나님의 말씀은 인쇄된 지면을 능가한다. 그 말씀은 우리를 심판한다. 성경은 또한 하나님의 말씀을 포함한다고 할 수 있는 것은 바로 성경이 하나님의 말씀이기 때문이다.[45] 이 문구는 총회가 하나님의 말씀으로서의 성경 본문, 즉 그 본문의 계속적이면서 진행 중인 효력과 영원하고 불가결하며 기록되지 않은 하나님의 말씀을 구별할 수 있었다는 것을 나타낼 뿐이다. 이것은 17세기 개혁파 신학자들 사이에서는 일반적으로 공유되던 개념이었다. 멀러는 다음과 같이 진술한다.

> 따라서 종교개혁과 말씀에 관한 정통주의적 교리[웨스트민스터는 이 후자의 집단으로 분류된다] 사이의 철저한 단절에 관한 가정은, 종교개혁 지도자들의 신조와 그들의 정통적 계승자들의 교리 양쪽 모두를 왜곡하는 심원하면서도 독단적인 오해에 의거한다. 한편으로는, 종교개혁 지도자들이 성경이 증거하는 살아 있는 말씀으로서의 그리스도의 개념을 지나치게 강조한 나머지 그들은 기록된 하나님의 말씀으로서의 성경에 관한 교리를 상실하거나 약화시켰다고 주장하는 것은 부정확한 반면에, 다른 한편으로는, 말씀으로서의 성경에 관한 공식적인 교리를 발전시킴으로써 정통주의자들이, 종교개혁 지도자들

---

45  또한 아일랜드 신조, 1.6; 프랑스 신앙고백, 5; 벨기에 신앙고백, 7을 참조하라.

이 갖고 있던 살아 있는 말씀으로서의 성경의 개념을 상실했다고 주장하는 것도 마찬가지로 부정확하다. 신학적으로, 그런 주장들은 그 문제에 대한 잘못된 양자택일 접근법에서 생겨난다. 이러한 접근법에서는 하나님의 말씀을 그리스도이든 아니면 성경이든 어느 한 쪽을 나타내는 것으로 받아들이지 양쪽 모두를 나타내는 것으로는 받아들이지 않는다. 그렇지만 말씀의 다층적 이해는 종교개혁 지도자들과 종교개혁 이후 정통주의자들 양쪽 특유의 것이다.[46]

## 4. 어떻게 해서 우리는 성경이 하나님의 말씀이라는 것을 믿게 되는가(WCF 1.5; LC 4)

성경이 하나님에 의해서 생생하게 살아 있고 그의 교회에서 최종적인 권위여서, 또한 신앙과 관습이 모든 측면에 대해서도 그러하다는 것을 감안하면, 어떻게 우리는 성경을 그처럼 인식하게 되는가? 웨스트민스터 총회는 많은 방법을 시연하는데, 이러한 방법들에 의해서 성경은 그것의 고양된 본질을 나타낸다. 그것들은 설득력을 지니지만, 그것들만으로는 우리를 확신시키는 데 미치지 못한다. 그것들은 인간의 마음의 죄악된 상태 때문에 설득하지 못한다. 이런 죄악된 상태는 성령에 의해서만 바뀔 수가 있다.

교회의 증거는 우리로 하여금 높은 성경관을 갖게 할 수가 있다.

---

[46] Muller, *PRRD*, 2:185-86.

이것은 교회의 법령들이나 교회의 설교, 또는 틈틈이 일련의 특징들을 통해서 올 수 있다. 성경에는 내적인 요소들이 있다. 천상적인 내용, 우리의 세속적인 인식들을 초월하는 실재들에 관한 담론, 성경 교리의 유효성, 심지어 번역으로도 이미 잉글랜드의 언어와 문화를 형성하고 있었고, 계속해서 수세기 동안 그렇게 할 성경 문체의 장엄성, 각기 다른 시대들에 그리고 각기 다른 많은 인간 저자에 의해서 기록됐지만, 만물의 창조주이신 이스라엘의 하나님의 영광에 그것들의 일치된 초점이 맞추어진, 성경의 모든 부분에 대해 이루어진 동의 내지는 일치, 구원의 유일한 길을 온전히 발견하게 하는 능력(이 장은 곧이어 그 길이 모든 사람에게 분명히 보인다고 주장할 것이다), 성경 전체의 완벽성과 같은, 비길 데 없는 다른 많은 탁월한 것 등등. 이 모든 것은 독자를 인도하여 높은 성경관에 도달하게 할 수 있다. 또한 그것들은 수많은 예술 작품과 총회보다 후대의 작품인 요한 세바스찬 바흐의 마태 수난곡과 같은, 인간 역사의 가장 위대한 창조적 작업의 일부 가운데 영감을 주었다. 하지만 이런 것들은 우리에게 성경의 무오한 진리와 신적 권위를 확신시키지 못한다. 그것은 "우리의 마음 속에서 말씀에 의해서 그리고 말씀과 함께 증거하는 성령의 내적 사역"으로부터만 온다.

어찌하여 그런가?

첫째, 인간의 마음 속에는 죄로 인해 하나님의 계시를 받기를 꺼려하는 자연스런 성향이 있다. 죄가 우리의 존재 전체에 미치는 영향은 우리로 하여금 자연스레, 하나님을 아는 구원하는 지식을 얻을 수 없게 한다(WCF 6.4; LC 25). 게다가 죄의 계속된 현존으로 인하여 우리는 성령의 음성과 구원의 계시가 전하는 진리를 나태하고 더디게 인식하게 된다.

둘째, 성령은 성경의 으뜸가는 저자이다. 성경은 "직접적으로 하나님의 영감을 받은" 것이며, 성경의 인간 저자들이 하나님께 받아 말했을 때 그들을 감동시킨 분이 바로 성령이시다(벧후 1:20-21). 당연히 성령이 우리에게 그가 일으킨 것의 진리를 가장 잘 확신시켜 줄 수 있게 된다. 이것이 바로 예수님이 성령의 사역의 주요한 특징들 중 하나가 될 거라고 말씀하신 것이다(요 16:12-15).

셋째, 성경은 주로 하나님 자신과 하나님의 뜻에 관하여 우리를 가르치려고 하나님이 주신 것이므로, 그것의 다른 많은 경이로운 특징은, 말하자면, 우리를 하나님께로 인도하는 도관들이다. 그리고 성경은 우리가 성령의 은혜에 전적으로 의지하게 만들기 위한 것이다. 여기에 성경 읽기와 선포를 거느리시는 성경의 으뜸가는 저자이신 성령과 기록된 말씀의 그러한 결합이 있다. 이러한 결합은 개혁파 신학 특유의 것이다. 그러므로 성령은 "새로운 계시를 주시지 않고, 순전히 신비스런 체험을 주시지도 않지만, 사람의 영적 비전을 열어서 항상 성경에 객관적으로 현존한 진리의 표지들을 이해하게 하신다."[47]

신정통주의 해석자들은 성경의 권위가 우리 마음 속에 있는 이러한 성령의 증거 위에 놓인다고 이해한다. 그러나 신앙고백은 이러한 증거를 단순히 우리가 성경이 하나님의 말씀이라는 것을 믿게 되는 수단이라고 한다. 성경의 권위의 문제를 고찰하고 있는 게 아니다. 오히려, 인간이 성경을 하나님의 말씀으로 받아들이는 것이

---

[47] Spear, "Word and Spirit in the Westminster Confession," 50.

주제이다. 이것은 선입관을 갖게 된 계시 이론에 의해서 자주 추동되는 신정통주의자들이 일반적으로 저지르는 시대착오적인 독법들의 또 다른 경우이다.

이와 마찬가지로, T. F. 토랜스(T. F. Torrance)는 하나님의 계시와 성경의 기록을 구별한다. 그는 신앙고백의 성경에 대한 신조에 대한 공식적인 지지와 인용된 본문들의 부적합성을 비판한다. 그것은 성경적 유명론(唯名論, nominalism)이라는 것이다! 성경의 진술들에서 논리적으로 도출된 교리들은 명확한 명제들로 간주되어서 범주적 특징을 부여받는다. 토랜스는 역사와 관계 없는 자기 해석(eisegesis)의 주요한 예를 보여준다. 하원은 총회의 더 나은 판단을 반대해서, 증거본문들을 요구했다.[48]

총회의 논의들은 성경 문구들의 배후에 있는 다양한 언어적, 역사적 및 신학적 맥락들을 주의깊게 다루었다. 게다가 성경에 관한 총회의 교리-토랜스가 비판하는 바로 그 교리-는 성경으로서의 성경의 의미를 나타낸다. 의회의 명령에 따라서 어쩔수 없이, 신앙고백이 가르치는 것을 뒷받침하기 위한 총회 구성원들의 저술들과 설교들을 어디에서 살펴볼 수 있는지를 나타내는 것들로서, 증거본문들은 거기에 배치되었다. 토랜스는 신앙고백의 본질을 잘못 해석

---

**48** 1646년 10월 13일 화요일 제726차 회기에서, "하원이 요구한 대로 성경을 신앙고백에 부가하는 것"에 대한 토론이 있었다. Van Dixhoorn, 5:369. 성경 증거본문에 대한 작업은 1646(1647)년 1월 6일 수요일 제768차 회기에서 시작됐다. 이 문제에 대한 위원회 작업은 1646(1647)년 3월 5일 금요일 제804차 회기에서 완료됐다. 이때 총회는 그 작업에 대해서 하원에 감사하기로 가결했으며 그 작업을 검토하기 위해서 하원과 회담할 또 다른 위원회를 설립했다. 이 사업은 1647년 4월 12일 월요일 제825차 회기에서 최종적으로 완료됐다. Van Dixhoorn, 6:397-434. 또한 Warfield, *Westminster Assembly*, 102-3을 보라.

했고, 그 성경 교리를 오독했으며, 그 역사적 맥락을 허술하게 다루었다.[49]

그와 동일한 곳에서, 토랜스는 또한 총회가 복음에 관한 근본적인 교리들에 대해서 성경을 부당하게 부각시킨다고 비판한다. 그러나 성경이 그 당시에 논쟁적인 주제였던 것은, 소뮈르 학파에서 본 문비평의 개념들이 출현했기 때문이다. 더욱이 토랜스는 총회가 논리적 추론들과 독단적인 주장들을 위해서 성경을 경시한다고 비난했다. 그는 모순된 주장을 하면서도 원하는 것을 모두 얻고 싶은 것이었다.

## 5. 성경의 충족성(WCF 1.6)

하나님의 말씀인 성경에는 무엇이 담겨 있는가? 이 단락은 그 답을 제공한다. "하나님 자신의 영광과 인간의 구원과 신앙과 생명에 필요한 모든 것에 관한 하나님의 전체 뜻." 이 순서에 유의하라. 처음에는 하나님의 영광(참조. SC 1), 그 다음은 우리의 구원인데, 우리의 구원은 이번에는, 처음은 신앙 그 다음은 우리의 생명으로 이루어져 있다(참조. LC 5). 더욱이 성경이 가르치지 않는 것이 무엇인지를 아는 게 중요하다.

웨스트민스터 총회는 성경이 모든 진리를 담고 있다고 주장하지 않는다. 만약 총회가 그렇게 주장했더라면, 성경은 창조와 섭리

---

**49** T. F. Torrance, *Scottish Theology*, 129.

의 사역들과 이성의 빛에 대한 총회의 선행하는 신조와 일치하지 않았을 것이다. 그런 것들은 구원에 대해서 우리를 가르치는 데 충분치 않지만, 그것들은 우리에게 다른 무언가를 가르쳐 준다. 그것들은 하나님의 영원한 권능과 신성을 드러내며 하나님의 영광을 분명하게 보여준다. 일반 계시와 같은 것이 있다. 비록 이 용어가 아직은 만들어지지 않았지만, 그 실재는 인식되었다. 성경이 다루지 않는 지식의 방대한 분야들이 있다. 성경은 오직 그것이 주어진 목적에 대해서만 완벽하고 최종적일 뿐이다.

웨스트민스터 신앙고백은 진리의 다른 원천들의 존재나 가치를 부정하지 않는다. 성경이 많은 것, 예를 들면, "배, 신발, 봉랍(sealing wax), 양배추, 왕들에 관하여" 말하지만, 모든 것에 대해서 말하지는 않는다. 성경의 메시지는 하나님의 영광과 우리의 구원과 신앙과 생명에 집중한다. 총회는 성경이 우리가 하나님에 대해서 무엇을 믿어야 하는지를 그리고 하나님이 우리에게 어떤 의무를 요구하시는지를 우리에게 말해주기 위해서 보충될 필요가 있다는 것을 부정한다.[50]

게다가 어떻게 우리가 성경의 이런 메시지를 찾아야 하는가에 대한 문제가 발생한다. 총회는 그것을 두 가지 방법으로 찾을 수 있다고 대답한다. 우선 그 메시지는 "성경 안에 명백히 제시되어" 있다. 우리가 하나님의 영광을 감당할 수 있는 한 그 영광이 어디에 펼쳐져 있는지, 그리고 우리가 무엇을 믿어야 하는가와 우리가 어떻게 응답해야 하는가 양쪽의 견지에서 우리의 구원이 어디에 설

---

50 Warfield, *Westminster Assembly*, 224–25를 보라.

명되어 있는지에 대해서 성경에는 분명하고 명확한 진술들이 있다. 그렇지만 그것이 다는 아니다. 왜냐하면 하나님의 전체 뜻이 "선하고 필연적인 귀결에 의해 성경으로부터 추론될 수 있다"는 것도 사실이기 때문이다.

  이것은 심오하게 중요한 진술이다. 그것은 성경에 대해 읽고, 설교하며, 생각하는 것에 있어서 주의 깊은 사유의 필요성을 나타낸다. 즉 그것은 신학을 요구한다. 하나님의 전체 뜻을 파악하기 시작하기 위해서, 우리의 성경으로부터 합당한 추론들을 할 수 있을 필요가 있다. 정연한 사유는 기독교 신앙의 필요불가결의 것(sine qua non)이다. 마음을 얕보고 성경에 대한 지적 고찰을 "두뇌적인" 것으로 폄하하려는 시도들은 성경의 가르침을 훼손하고 구원의 메시지를 풀기 시작한다. 요컨대, 1장은 조직신학을 요구한다. 물론 이렇게 해서 교회는 이단에 맞서 스스로를 지켜왔다. 초대 교회에서, 단순히 성경의 말씀을 되풀이하는 것이 교회를 무방비 상태로 되게 하였다는 사실을 알게 됐다. 복음 그 자체가 성경의 말씀과 문구들의 생각 없는 반복으로 위협을 받았다. 도전적인 지적 응수가, 성경 복음의 필수적인 요소들을 전복시키려고 그 말씀들을 사용할 사람들에 맞서 "성경의 의미"를 지키기 위해서 요구됐다.[51]

  이러한 진술은 성경과 전통의 관계에 관한 문제를 제기하며, 교리의 발전을 성경에 의거해서 이해하기 위한 문을 열어 준다. 그것은 또한 성경을 고찰하는 데서 인간 이성의 역할을 유지하며, 문자주의적 근본주의를 경계한다. 그것은 후속하는 모든 것에 대해 모

---

51  Letham, *The Holy Trinity*, 특히 108-83을 보라.

범이 된다. 이것은 과장될 수가 없다. 특히 그것은 우리가 율법과 자유에 관한 장에서 예배의 규정적인 원리의 문제에 도달할 때 사실이다(WCF 21.1). 그것은 증거본문들이 모든 것에 대해서 제시되어야 한다는 근본주의적 요구를 배제한다.[52] 그것은 또한 우리가 앞에서 논의한 토랜스의 비판들을 반박한다.

워필드는 당대에 이 단락을 고찰하면서 이렇게 말했다.

> [그러므로 최근의 논쟁들에서] 성경의 권위가 그것의 명백한 선언들에 국한될 수 있다는 그리고 인간의 논리는 신적인 것들에서는 신뢰받을 수 없다는 항변의 재등장은 본질적인 이성의 포기일 뿐만 아니라, 신앙고백에서 명백히 확언된 개혁파 신학의 근본적인 입장을 직접적으로 부정하는 것이다. 이러한 포기와 부정은 하나의 체계 안에서의 사유를 불가능하게 할 뿐만 아니라, 예를 들어 삼위일체 교리와 같은 신앙의 원리들 가운데 다수를 단번에 불신하기도 할 것이며, 그리고 논리적으로 모든 교리의 권위의 부정을 수반할 것이다. 왜냐하면 아무리 단순한 단 하나의 교리라도 이성의 사유과정 없이는 성경으로부터 도출될 수 없기 때문이다.

그리고 워필드는 부언하기를, "성경의 의미는 성경이며, 사람들은 성경의 모든 함의 안에서 성경의 총체적 의미에 얽매여 있다는

---

[52] 이 진술은 교리가 "성경에 명백히 규정되어 있는" 경우에는 그 교리를 뒷받침하기 위해서 증거본문들의 합법적인 사용을 부정하지 않는다.

것이 여기 신앙고백에 반영된 개혁파적 주장이다"라고 한다.[53]

성경의 명확한 진술들과 추론에 의해서도 발견되는 성경의 의미에 더 이상 아무것도 추가될 것이 없다. 성경은 하나님의 교회의 구원을 위한 하나님의 완벽하고 전적으로 충분한 계시이다. 성경은 이러한 목적들을 충족시키기에 충분하다. 1640년대의 잉글랜드에서는 추가적인 계시를 여구하려는 두 세력이 있었다.

첫째, 열광주의자들과 반율법주의자들이 있었다. 이들은 교회사를 통해서 다른 계시들을 폄하하게 됐으므로 "성령의 새로운 계시들"을 요구하고 있었다. 총회는 이러한 관념들을 무시한다. 왜냐하면 만약 그것들이 타당하다면, 그것들은 성경을 하나님의 영광을 드러내고 우리의 구원과 신앙 및 생명을 나타내기에 충분치 못하게 만들 것이기 때문이다. 총회는 기독교 신앙의 신비론적 견해를 거부하고 복음주의적 견해를 주장하면서, 본질적으로 개인주의적인

---

[53] Warfield, *Westminster Assembly*, 226-27. 나는 다음과 같은 작업들을 지적해준 것에 대해서 Sherman Isbell에게 감사를 드린다. 이 작업들은 성경으로부터의 추론들에 관한 문제를 다룬다. 이 작업들은 본서를 점유하는 사건들 이후부터 시작됨으로, 그것들은 여기에서 총회에 의해서 다루어진 문제에 대한 후대의 사유만큼 이 총회에 대한 안내자가 되지 않는다. George Gillespie, *A treatise of miscellany questions* (Edinburgh: Gedeon Lithgow for George Swintoun, 1649) [Wing G371; Aldis, *Scotland*, 1367], 243을 보라. 웨스트민스터 총회가 필연적인 결과를 이용하는 것에 대해서는, J. R. de Witt, *Jus Divinum: The Westminster Assembly and the Divine Right of Church Government* (Kampen: J. H. Kok, 1969), 130을 참조하라. 성경의 해석에 있어서의 필연적인 결과들의 역할에 관한 중요한 논의들은 J. Bannerman, *Inspiration: The Infallible Truth and Divine Authority of the Holy Scriptures* (Edinburgh: T. & T. Clark, 1865), 582-8, and Turretin, *Institutes of Elenctic Theology*, 1:37-43에 있다. 또한 John Owen, *The Works of John Owen* (ed. W. H. Goold; 24 vols.; London: Johnstone & Hunter, 1850-5), 2:379; 20:147; W. Cunningham, *Theological Lectures* (London: James Nisbet, 1878), 457-58; J. Bannerman, *The Church of Christ* (Edinburgh: T. & T. Clark, 1868), 2:409-13; Warfield, *Westminster Assembly*, 226-27을 보라.

견해에 직면해서 성경적이지만 교회적인 기독교를 수호한다.

둘째, "사람들의 유전들"로부터의 위협이 있었다. 이 위협은 주로 로마 가톨릭교회에 관해 언급하는 것이다. 여기서 반대하는 개념들이란, 1640년의 잉글랜드 국교회 신조가 최근에 왕들의 신적 권리를 부과한 것과 더불어, 화체설이라는 성례전 개념을 비롯하여 —하지만 이런 개념에 국한되지 않는— 로마 가톨릭교회가 축적한 교조적인 첨가물들이다. 우리는 이런 것들을 버리고서, 성경을 신앙과 삶의 우리의 유일한 규칙으로 봐야 한다.

이러한 확약이 성령의 필요성을 배제하지 않는다는 것은, "말씀에 계시된 그런 것들을 구원에 이르도록 이해하는 데 필요한 하나님의 성령의 내적 조명"이라는 곧바로 이어지는 인식에 의해서 분명히 알 수 있다. "구원하는"(saving)이라는 말은 총회에 의해 위원회 보고서에 추가되었다. 총회는 성령에 의한 계시를 광신적으로 요구하는 것들에 반대했지만, 또한 합리주의도 피했다. 성령이 우리로 하여금 성경은 바로 하나님의 말씀이라는 것을 인정하게끔 하시는 것과 똑같이(우리가 선행 단락에서 봤던 대로), 우리는 성령이 우리로 하여금 성경을 올바르게 해석하도록 해주시는 것이 필요하다. 이러한 진술들은 잉글랜드 청교도주의는 성령에 관한 교리가 전혀 없었다는 풍자문이 거짓임을 입증한다.

웨스트민스터 총회가 합리주의를 배격하고 조명을 위해서 성령에 의존하는 것과 똑같이—하지만 새로운 계시에 대한 열광주의자들의 요구들은 거부한다—이 총회는 하나님의 전체 뜻을 나타내는 것에 있어서(성령이 보충하신 것으로써의 전승을 거부하지만) 그 자체로서의 유전은 거부하지 않는다.[54] 이성의 빛과 그리스도인의 신중함은 "인간의 행동 및 사회들에 공통된, 하나님을 예배하고 교회를 통치하는 것에 관한 어떤 상황들"에서 함께 우리를 도와줄 수 있다. "사람들의 유전들"이 자리를 차지하는 영역이 있다. 이것은 성경이 모든 것을 다루지는 않는다는 사실에 상응하지만, 그런 것들은 하나님의 영광과 우리의 구원과 신앙과 생명(또는 삶)을 드러내는 데 필요하다. 성경이 하나님을 예배하는 것이나 교회를 통치하는 것에 관해서 하나도 빠짐없이 상세히 다루지는 않는다. 이성의 빛과 그리스도인의 신중함의 규칙들에 따라서, 그리스도인의 자유에 대한 영역이 있지만, 그러한 영역들은 모두 여전히 말씀 안에 규정된 "원칙들"의 지배를 받아야 한다. 웨스트민스터 신학자들은 일상 생활의 모든 것에 대한 증거본문들을 요구하기는커녕, 인간의 행동들의 많은 부분을 정의와 성실과 진리의 일반적인 규칙들에 맡겼다.

요점은 하나님이 믿도록 요구하시는 진리나 구원에 이르기 위해서 우리에게 요구되는 의무의 길에서는, 성경에 계시되어 있는 것과는 다른 어떠한 원천으로부터도 추가될 수 있는 것이 없다는 것이다. 워필드가 말하는 대로, 성경은 신앙과 관습의 하나의 규칙(a rule of faith and practice) 그 이상이다. 성경은 신앙과 관습의 최고의 규칙(*the* rule of faith and practice) 그 이상이다. 성경은 신앙과 관습의 충

---

**54** 우리는 "전승"(tradition)을 교회의 지도적인 신학자들의 축적적인 사유와 더불어, 교회의 과거의 신조로 생각한다. 전승은 화체설의 도그마에서처럼, 잘못된 것일 수 있거나 또는 교부 시대의 삼위일체 교리와 기독론 교리에서처럼 타당한 것일 수 있다. 우리는 웨스트민스터 총회 가 과거의 신학자들과 교부들에 대해 끊임없이 언급한다는 것을 알았다. 여기서 요점은 성경이 하나님에게서 비롯됐으므로 모든 것보다 우월하다는 것이다. 이외에도, "전승"은 또한 인간의 사회들과 활동들에 공통된 상황들과도 연관된다.

분한 규칙(a sufficient rule of faith and practice) 그 이상이다. 성경은 신앙과 관습의 유일한 규칙(the only rule of faith and practice)이다.[55] 우리가 앞으로 살펴보는 대로, 웨스트민스터 신학자들의 마음 속에서 이것은 온갖 형태들의 인간의 폭정으로부터 그리스도인의 해방과 자유를 보증하는 헌장이다. 그것은 WCF 16.1; 20.2; 21.1에서의 그것의 광범위한 진술들을 위한 토대가 된다.;

### 6. 성경의 명백성(WCF 1.7)

성경에 관한 논의에서 발생하는 질문은 "성경을 얼마나 이해할 수 있는가?" 또 "누가 이해할 수 있는가?"이다. 1640년대에, 로마 가톨릭교회는 여전히 성경은 교회 당국에 의해서만 해석되어야 한다고 주장했다. 자국 언어들로의 번역에는 난색을 보였다. 왜냐하면 그런 번역들은 교회의 성스러운 가르침을 무시할 미숙한 해석자들에 의해서 제시되는 정도를 벗어난 신학들에 문을 열어주기 때문이었다. 이와는 대조적으로, 루터와 틴데일 이래로 개신교도들은 성경을 사람들의 공통 언어로 번역해야 한다고 주장해왔는데, 이는 성경이 가장 고귀한 권위이기 때문이다. 그러므로 웨스트민스터 총회는 동방 정교회 신도들과 의견이 같았다. 정교도들에게는 성경과 예전을 자국어로 번역하는 것이 모든 선교 노력에서 가장 중요했다.

총회는 중대한 구별을 많이 한다. 성경은 명료성의 정도가 각기

---

[55] Warfield, *Westminster Assembly*, 225.

다르다.

첫째, 이것은 성경 그 자체에 본질적인 것이다. 왜냐하면 "성경에 있는 모든 것이 그 자체에 있어 모두 다 똑같이 명백한 것이 아니기" 때문이다. 베드로가 바울의 편지들에 대해서 평하는 대로, 이해하기 어려운 곳이 더러 있다. 베드로 자신이 바울의 서신들을 알기 어렵다고 생각했다(벧후 3:16).

둘째, 성경의 상대적인 명료성은 또한 독자의 능력에 달려 있다. 성경에 있는 모든 것이 "모든 사람에게 똑같이 분명한 것도 아니다." 지식 혹은 교육의 결여 때문이든지, 또는 그리스도인의 경험의 결여 때문이든지, 아니면 정보의 부족 때문이든지, 어떤 사람들은 다른 사람들만큼 이해할 수가 없다.

증거본문으로 중요한 역할을 하는 베드로후서 3:16 역시 이것을 입증한다. 왜냐하면 베드로가 "무식한 자들과 굳세지 못한 자들"에 관해 말하기 때문인데, 그들은 바울의 편지들의 의미를 억지로 풀다가 스스로 멸망에 이른다. 이것은 성경의 일부를 해석하는 어려움을 분명히 인정한다. 즉 그런 일부를 설명하기 위해서 힘든 작업이 필요하다는 것을 인정한다. 그것은 앎의 과정에서, 인간 해석자 곧 알고 있는 사람의 역할을 고려에 넣는다.[56]

그렇지만 성경의 구원하는 진리는 분명하다. "구원을 위해 꼭 알아야 하고, 믿어야 하며, 또 준수해야 하는 것들", 다시 말해 총회가 성경이 초점을 맞춘다고 주장하는 것들이 분명하게 그리고 공

---

**56** 예컨대, M. Polanyi, *Personal Knowledge* (Chicago: University of Chicago Press, 1958); Polanyi, *The Tacit Dimension* (Chicago: University of Chicago Press, 1958)에서 이루어지는 이러한 문제들에 관한 중대한 논의들에 주목하라.

공연히 제시되어 있다. 그렇지만 이런 일이 일률적으로 일어나지는 않는다. 구원에 관한 가르침은 "성경의 곳곳에서", 즉 여러 군데서 찾을 수 있다. 얼마간의 노력을 들여야 하는 것이다. 성경의 여러 곳을 찾아내야 하는 것이다. "보통의 방편들"이 이러한 과정에서 사용되어야 한다. 말씀의 사역과 성례들 및 기도가 마음에 임하는데, 총회는 이것들이 하나님이 그의 택함을 받은 자들의 구원을 위해 사용하시는 으뜸가는 방편들이라고 말한다(참조. SC 88; WCF 25-29). "보통의 방편들"의 사용을 통해서 성취되는 "성경의 어떤 곳이나 다른 곳"에서 구원의 메시지와 만나는 이러한 과업은 학식이 있는 사람이건 무식한 사람이건 간에 모든 사람에게 열려 있다. 보통 사람도 교회의 사역에 의해서 통상적인 방법으로 제시된 하나님의 말씀을 통해서 복음을 아는 분명한 지식에 도달할 수 있다.

이러한 논평들은 성경에서 가르쳐지는 모든 것이 그 비중이나 의의에 있어서 같지는 않다는 것을 함축한다. 어떤 것들-구원을 위해 꼭 알아야 하고, 믿어야 하며, 준수해야 하는 것들-은 전략적인 의의가 있어서 그 밖의 것들에 빛을 비춘다. 그것들은 전체에 대해서 범례적(paradigmatic)이다.

게다가 구원하는 진리도 "성경의 곳곳에" 진술되어 있다. 모든 부분에 구원하는 진리에 대한 것이 명백하게 진술된 것은 아니다. 더욱이 이러한 것들은 "충분한" 이해-철저한 이해가 아니라-가 생길 수 있도록 진술되어 있다. 또한 그것들은 모든 사람에게 똑같이 이해될 수 있지도 않다. 이러한 견지에서, 성령이 전체로서의 성경을 증거하기보다는 오히려 성경의 구원하는 진리를 증거한다는 로저스와 맥킴의 주장은 타당성을 잃게 된다.[57] 총회의 신학자들은 성경 내에는 다양성과 초점이 있지만, 그 메시지를 신뢰할 수 있는 것은 성경 전체가 하나님으로부터 오는 것이기 때문이라는 점을 잘 알고 있었다. 오직 현명한 학자만이 인식할 수 있는 성경의 단지 어떤 부분만이 아니라, 성경 전체가 하나님의 말씀이다. 구원하는 믿음 안에서, 우리가 "말씀 가운데 계시된 것은 어느 것이든지 다" 믿는 것은" 하나님 자신의 권위가 그 안에서 말씀하시기 때문이다"(WCF 14.2). 즉 어떤 곳이나 어떤 맥락이든지 간에, 하나님은 성경 안에서 말씀하신다.

어떤 때는 성경이 모호하고 난해하면서도 또 어떤 때는 명백하지만, 성경은 항상 그 자체를 넘어서 그것을 베푸신 하나님을 나타낸다. 성경은 보통의 방편들을 통하여 모든 사람에게 열려 있어서, 로마 가톨릭교회의 교도권(敎導權, magisterium)과 같은 무오한 가르치는 권위가 필요치 않으며, 또한 열광주의자들과 최근 생겨난 퀘이커 교도들이 주장하는 것과 같은 특별한 내적 빛도 필요치 않다. 하지만 그럼에도 불구하고 교회의 신조에는 불가결한 곳이 있다. 은혜의 방편들이 거기에 있어서 우리를 인도하여 구원에 필요한 그런 것들을 아는 지식과 성령의 필요불가결한 조명에 이르게 한다. 요컨대, 성경은 해석되어야 한다. 성경은 인간 해석자와 신적 조명자를 필요로 한다.

---

**57** Rogers and McKim, *Authority and Interpretation*, 126.

## 7. 성경의 본문(WCF 1.8)

성경은 어떤 형태로 오는가? 우리는 어떤 종류들의 지식을 위해서 어느 본문으로 가야 하는가? 어떻게 자국어 번역들이 실상에 부합하는가? 성경 본문이 얼마나 정확하게 수세기에 걸쳐서 전달되었는가? 이런 것들이 중요한 질문들인 것은, 로마 가톨릭교회의 요구들 때문일 뿐만 아니라, 에라스무스 이래로 그리고 레비타와 카펠의 작업에서 보이는 본문비평의 발전 때문이기도 하다.

웨스트민스터 총회는 각기 다른 층위가 많이 있는, 철저하게 미묘한 차이가 부여된 논의를 진술한다. 우선, 구약의 히브리어 본문과 신약의 헬라어 본문은 "하나님에게서 직접적으로 영감을 받았다." 이것은 원본(original *autographa*)에 호소하는 것이다. 맨 처음에 쓰인 성경은 직접 성령의 영감을 받았다. 우리는 인간 저자들의 공헌은 논의할 문제가 아니라는 데 주목했다. 가정은 "하나님이 저자이시다"라는 것이다. 웨스트민스터 신학자들이 인간의 저자됨을 무시했다고 주장하는 것은 무익한 일일 것이다. 그렇지만 인간의 저자됨은, 그 당시에는 주요한 문제가 아니어서, 그들 자신의 저술들에서 그다지 중요한 역할을 하지 않았으며, 또한 이 총회나 그 문서들에서 뚜렷해지지도 않았다. 이러한 원본들이 하나님에게서 직접적으로 영감을 받는다는 것은 "종교에 관한 모든 논쟁들에서, 교회가 최종적으로 히브리어로 기록된 구약과 헬라어로 기록된 신약에 호소해야 하는" 이유이다.

이것은 로마 가톨릭교회와 직접적인 대조를 이룬다. 로마 가톨릭교회를 위한 제롬의 라틴어 번역, 즉 불가타(the Vulgate)는 보통 사람은 자국어로 본문에 접근할 수 없다는 로마 가톨릭교회의 주장에 협력하는, 1심 법원이 아닌 상소 법원(court of appeal)이었다. 그러므로 로마 가톨릭교회는 평범한 독자들이 성경에 접근하는 것을 거부했다. 그 권위를 고대 라틴어 번역에 근거를 두었다. 루터까지 거슬러 올라가는 개신교 신학의 전통을 공유하는 총회는 인문주의자들이 그러했듯이 원전에 호소한다. "원전으로 돌아가자"(ad fontes).

총회는 70인역 성경(구약의 표준적인 헬라어 번역본)을 하나의 번역본으로 생각해서, "하나님에게서 직접적으로 영감을 받지 않은 것"으로 여기며, 따라서 종교적 논쟁에서 중요한 역할을 하지 못한다고 생각하는 사실에 특히 유의해야 한다. 총회는 70인역을 다른 번역본들과 같은 수준에 둔다. 이것은 예수님과 사도들이 가장 자주 인용하는 역본이었으며, 동방 정교회가 정경으로 간주한 구약 본문이었다.

구약 히브리어 본문과 신약 헬라어 본문은 "하나님의 독특한 배려와 섭리에 의해 모든 시대들에서 순수하게 보존되어" 왔으며 그러므로 "진정성이 있다." 이것은 총회가 텍스트(본문)에 적용한 두 번째 범주이다. 원본들이 하나님에게서 직접적으로 영감을 받았지만, 그 후에 텍스트는 하나님의 특별한 섭리적 배려에 의해서 순수하게 보존되어 왔다. 이것은 헬라어 사본들의 각기 다른 종류들이 발견된 시대 이전에 기록됐다. 그렇지만 웨스트민스터 신학자들은 사본들을 차별하지 않는다. 전체로서의 헬라어 본문이 보존되어 왔다.

일부 학자들은 후에 주장하기를, 현재 "비잔틴 본문"으로 알려진 것이 1640년대에는 표준이었으므로, 이 진술은 다른 사본들이라기보다는 오히려 이러한 사본들에 관해 언급하는 것이라고 했다.

그러한 주장에는 정당성이 거의 없다. 하나님의 "독특한 배려와 섭리"는 거의 저하되지 않았다. 다량의 새로운 사본들이 후대에 발견됐을 때, 하나님이 잠자리에 드셨던 것 같지는 않다. 동일한 "독특한 배려와 섭리"가 이러한 사본들의 발견과 분석에 명백히 나타나 있다. 여기에 진술된 원리는 그것들에도 똑같이 적용된다.

워필드는 영감이 적용되는 것은 원본들이지만, 원본들의 사본들에도 하나님의 특별한 섭리에 의한 보존이 적용될 수 있다고 주장한다. 전달에서의 오류들은 필사 과정 중 살며시 기어든 게 틀림없다. 오류들은 원본들에는 적용될 수 없다. 하나님의 "특별한 배려와 섭리"는 오류들이 개개의 사본들에 들어가는 것을 막지 못했다. 오히려, 그것은 전체로서의 본문에 관해 언급하는 것이다. 따라서 "우리의 티쉔도르프와 트레겔레스, 웨스트코트 및 호르트의 헬라어 본문들은…하나님의 영감을 받은 말씀을 순수하게 보존하는 데 있어서 하나님의 특별한 배려와 섭리가 모두 발휘된 것들이다."[58] 워필드의 주장의 기초들은 총회에서 분명히 다져졌다. 그러한 믿음이 본문비평을 명령한다. 본문비평은 그 당시에는 거의 초기 단계였지만, 지금은 우리로 하여금 원본에 가급적 가까이 다가가게 하는, 1세기의 사람이 소유한 것보다 더 완전한 본문을 산출한다.

그리고 번역본들(우리가 당연히 고려에 넣어야 하는 70인역 성경을 비롯한)의 층위가 있다. 번역본들이 요구되는 것은, 모든 사람이 그들 자신의 언어로 하나님의 말씀을 읽고 들을 수 있고, 모든 민족이 수용 가능한 방식으로 하나님을 예배할 수 있도록 하기 위함이

---

58  Warfield, *Westminster Assembly*, 237–39.

다. 땅끝까지 확장되는 웨스트민스터 의의 선교 비전에 다시금 유의하라. 이것은 멀리 이슬람 교도들에게서 들려오는 부르짖음이다. 이슬람 교도들에게는 아랍어 원문으로 되어 있는 것만이 코란이다. 이와는 대조적으로, 대다수의 사람들이 원어로 읽을 수 없는 것과 더불어 복음의 보편성이 번역본들을 요구하고, 이러한 번역본들-원어로 기록된 성경과는 다르고, 원본들과는 더욱 다르지만-은 구원을 위해서 요구되는 그러한 지식을 분명하게 전하는, 여전히 하나님의 말씀이다. 성경의 의미에 대한 보다 초기의 진술들은 번역본들도 여전히 하나님의 말씀이라는 사실의 기초가 된다. 성경 번역의 성과는, "하나님의 말씀이 모든 사람 안에 충만하게 거하여서", 그들이 받아들여질 만한 방식으로 그를 예배할 수 있으며 또 성경의 인내와 위로를 통하여 소망을 가질 수 있는 것이다. 정확성이 요구되는 종교상의 논쟁들에서, 호소는 원어들에게 해야 하지만, 번역본들은 모든 통상적인 목적들에 충분하다.[59] 선교 명령은 암묵적이다. "모든 민족의 자국어로 번역함으로써 모든 이들이 부지런히 성경을 읽고 연구할 수 있도록, 은혜의 보통의 방편들이 효력이 있도록"(WCF 1.8).

선행 단락과 함께 읽어보면, 성경에 대한 이중 층위가 나타난다.

(1) 보통의 방편으로 모두에게 분명해진다. 전체 성경은 구원에 관해 가르친다는 것이 보통의 방편의 중심이다.

(2) 본래적으로 이해하기 어려운 것이 있다. 그것은 대부분이 이해할 수 없다.

---

**59** Ibid., 240-41을 보라.

한편, 번역본들은 보통 사람들을 위해서 필요하며, 번역본들이 만들어질 때 그것들도 위에서 언급한 특징들이 있는 하나님의 말씀이지만, 히브리어 및 헬라어 본문들이 신앙의 논쟁들을 해결하기 위한 바탕이 되어야 한다. WCF 1.7과 WCF 1.8을 함께 읽을 필요가 있다. WCF 1.8은 복합적이면서 정교한 진술이다. 그것은 틴데일로까지 거슬러 올라가는 방침을 따른다.[60] 그것은 또한 구약의 히브리어와 신약의 헬라어를 아는 지식이 교회의 지도자들, 특히 사역자들에게는 필수적이라는 사실을 수반한다. 저명한 청교도 한 사람이 자신의 임직식에 참석한 동료 사역자에게 준 성경 증정본에 이렇게 적었다고 한다. "그대는 말씀 사역자입니다. 그대의 일을 아십시오."[61]

---

60  R. Letham, "Tyndale's Heirs? The Doctrine of Scripture at the Westminster Assembly" (paper presented to the Tyndale Society, Worcester Cathedral, 10 March 2007).

61  자신의 재세례파 적들을 신랄하게 비웃으면서, 웨스트민스터 신학자 Daniel Featley는 이러한 신조론을 제안한다. "첫째, 권위에 의해서, 만약 당신들이 신성에 관해 논쟁하려면, 당신들은 원래의 언어들로 기록되어 있는 성경을 제시할 수 있어야 한다. 왜냐하면 어떠한 번역도 전혀 신뢰할 만하지 않기 때문이다. 아니면 의심할 여지가 없는 하나님의 말씀을 제시할 수 있어야 한다. 의심할 여지가 없는 하나님의 말씀에서는 오류가 있을 수 없다. 그러나 번역에서는 오류들이 있을지도 모르고 또 오류들이 있다. 그러므로 번역된 성경은 의심할 여지가 없는 하나님의 말씀이 아니며 그 성경이 원문과 일치하는 한에서만 의심할 여지가 없는 하나님의 말씀인데,(내가 잘 아는 대로) 당신들 가운데는 원문을 이해하는 사람이 아무도 없다." Daniel Featley, *The dippers dipt, or the anabaptists duck'd and plung'd over head and eares, at a disputation in Southwark* (London: Nicholas Bourne and Richard Royston, 1646) [Wing F587], 2.

## 8. 성경의 해석(WCF 1.9)

성경의 모든 것이 기꺼이 그 의미를 다 드러내지는 않으므로, 어떻게 우리는 성경을 해석해야 하는가? 여기서 웨스트민스터 총회는 스스로 해석하는 것으로서의 성경을 가리킨다. "성경 해석의 무오한 규칙은 성경 그 자체이다." 이것은 성경 원본이 하나님에게서 직접적으로 영감을 받은 데서 연유한다. 만약 성경 이외의 어떤 원리가 성경 해석의 열쇠가 된다면, 성경은 궁극적인 권위가 되지 않을 것이다. 그것의 신적 기원 또한 성경이, 그 모든 다양성에 대해, 통일성이 있다는 것을 의미한다. 다양한 부분들을 결합시키는 공통의 주제가 있는데, 이 주제가 이번에는 성경이 전체로서 해석되는 것을 정당화하고 또한 요구한다. 따라서 "어떤 성구의 참되고 온전한 의미"는 하나이다.

이것은 또한 오리겐의 저서인 『제1원리들에 대하여』(*On First Principles*)에서 제시된 그의 해석 모범을 간접적으로 비판하는 것일지도 모른다. 이 책에서 그는 성경이 인간 본성에 관한 그의 삼분설(trichotomy)적 견해와 유사한 3중 방식으로 이해될 수 있다고 주장했다. 의사록이 토론의 세부 사항에 대해서는 거의 말을 하지 않지만, 그것은 1645년 7월 17일 목요일 제471차 회기에서 "문자적 의미"에 대해서 토론한 것을 상술하는데, 이것은 최종 초고의 배후에 어떤 요소가 있었을지도 모른다는 것을 함축한다.[62] 따라서 어느 특

---

**62** Thomas Aquinas가 그것을 이해한 뒤 논쟁에 붙인 용어닌 문자적 의미는 저자가 의도한 의미이다. 그것의 가장 기본적인 수준에서, 단어들은 사물들을 표상하는데, 이것이 문자적 의미이다. 그렇지만 단어들에 의해서 표상된(signified) 사물들은 그

정한 성경의 의미에 대한 질문들은 성경 전체로부터 탐구되어야 한다. 어려운 문구들은 한층 분명한 문구들로부터 이해되어야 한다.[63]

또한 성경의 가르침은 본문의 명확한 문자에 국한되지 않으며, 또한 그 의미, 다시 말해 본문에서 추론될 수 있는 것(WCF 1.4)을 포함하는 요소도 있다. 이것은 해석을 요한다. 오래 전에 아타나시우스와 바실은 기독교 교리가 확립된 것은 이런 저런 본문의 문자에 호소함으로써가 아니라, 성경의 여러 부분에서나 전체로, 성경이 언급한 것의 의미를 이해함으로 이루어졌다는 것을 인정했다. 이렇듯 해석은 종교개혁 이전에도, 종교개혁 중에도, 그리고 후속하는 시대에도 핵심적인 문제였다.[64]

---

자체가 다른 사물들을 표상할 수 있으며, 그래서 구약은 신약을 표상할 수 있고(유비적 의미[the allegorical sense]), 그리스도를 표상하는 것들은 우리가 마땅히 해야 하는 것을 표상할 수 있으며(도덕적 의미), 또한 영원한 영광에 대해 언급할 수도 있다(영적 의미[the anagogical sense]). 따라서 한 단어는 복수의 의미를 가질 수 있지만, 관건은 "모든 의미는 오직 그로부터만 어떠한 주장도 도출될 수 있는 한 의미-문자적 의미-에 바탕을 둔다"는 것이다. 이 문자적 의미는 적절하거나 비유적인 것들을 표상할 수 있다. *Thomas Aquinas: Summa Theologica: Complete English Edition in Five Volumes* [Allen, TX: Christian Classics, 1948], 1:7. 이러한 이해는 종교개혁의 석의학자들에 의해서 공유됐다; R. B. Strimple, "An Amillennial Response to Craig A. Blaising," in *Three Views on the Millennium and Beyond* (ed. D. L. Bock; Grand Rapids: Zondervan, 1999), 261-63을 보라.

63  성경해석학에서의 최근의 논의에 비추어 볼 때, 독자는 해석자의 적절한 위치가 어디인지 물을 수 있다. 그것은 텍스트의 의미가 저자의 의도에서 어디까지 추구되어야 하는가에 대해, 또는 텍스트 그 자체에 대해, 또는 독자가 결정적인 방식으로 의미에 기여하거나 의미를 형성하는지에 대해 많은 토론이 요구되는 문제이다. 이러한 논의들을 이 총회에 관한 우리의 독법에 강제하는 것은 시대착오의 고전적인 사례일 것이다. 왜냐하면 이것들은 그 당시에는 토론의 문제들이 아니었기 때문이다.

64  Muller, *PRRD*, 2:442-524.

## 9. 최고의 권위인 성경(WCF 1.10; 30.2; 31.3-4)

　웨스트민스터 신앙고백의 첫 번째 장의 이 마지막 단락은 WCF 1.4의 신조를 되풀이한다. 성경이 최고의 권위인 이유는 성령께서 거기서 말씀하시기 때문이다. 성령께서 성경을 저술하셨다. 성령은 오늘도 여전히 성경 안에서 말씀하신다. 하나님이 인간들에게 권위가 있으시듯이, 하나님의 음성도 그의 피조물들이 어디에 있든지 간에 그것들의 음성들에 대하여 결정력 있는 권위가 있으시다. 따라서 신앙의 논쟁들은 모두 성경에서, 다시 말해 구약(히브리어)과 신약(헬라어)의 원어들에서 말씀하시는 성령에 의해서 결정되어야 한다(참조. WCF 1.8). 교회 공의회들의 모든 법령은 성경의 빛 안에서 검토되어야 한다. 교부들의 모든 저술들은 그것들이 성경에서 말씀하시는 성령의 음성에 얼마나 부합하는가의 견지에서 고찰되어야 한다. 기원이 어떠하든지 간에 인간의 가르침들—반율법주의자들이 주로 목표가 된다—도 모두 마찬가지로 검토되어야 한다. 더욱이 우리는 성경의 판결 안에서 "안식"해야 한다. 즉 그것 역시 우리의 권위가 되어야 한다. 이것은 성경의 권위에 관한 광범위한 주장이다. 웨스트민스터 총회는 교황권이 성경에 복종할 것으로 명백히 기대했다.[65]

　각별히 주목할 것은 성령과 성경의 관계이다. 분리란 없다. 성령은 성경 안에서 말씀하신다. 성경은 하나님의 역동적인 활동과 분리되어 있는 것으로 보이지 않는다. 워필드가 주장하듯이, 성령은

---

**65** 오늘날에는, 이러한 기대가 성경 연구와 신학에 똑같이 적용될 수 있을 것이다.

간혹 성경 안에서 말씀하시는 것도, 일부 구절들에서만 말씀하시는 것도 아니다. 20세기의 표현을 빌리자면, 그것은 실존적인 만남의 수준으로 격하될 문제가 아니다. 오히려, 성경은 우리를 지배하는 규칙이며 또한 심판하는 재판관이다.[66] 성령이 그처럼 완벽하게 그리고 계속적으로 성경에서 말씀하시므로, 하나님의 말씀은 살아 있고 역동적이어서 사문(死文)으로 분류될 수 없다.[67]

신앙고백의 후속 장들은 교회에서의 성경의 권위에 대해 상술한다. 교회의 권징들은, 필요할 때, 말씀에 의해서 실행되어야 한다(WCF 30.2). 대회와 공의회들은 교회를 다스리기 위해서 소집될 수 있다. 이러한 교회 회의들에서 구약의 히브리어 본문과 신약의 헬라어 본문에서 말씀하시는 성령의 음성에 주의를 기울여야 하고 그 음성을 최고의 재판관으로 믿어야 한다. 그러한 법령들은, 만약 그것들이 성경에 부합하면, "존경심과 복종심을 가지고 받아들여야" 하는데, 왜냐하면 그것들이 성경에 따르기 때문일 뿐만 아니라 하나님의 규례와 같은 대회들의 권능이 성경에서 나오기 때문이기도 하다(WCF 31.3). 실로 대회들도 오류를 범할 수 있으므로, 그것들의 판단과 결정들은 모두 성경에 비추어서 검토되어야 한다. 오직 성경만이 신앙과 관습에 관한 우리의 규칙이다(WCF 31.4)

---

66 Warfield, *Westminster Assembly*, 254-55.
67 Spear, "Word and Spirit in the Westminster Confession"을 보라.

## 10. 성경의 범위(LC 5; 참조. WCF 1.7)

대요리문답은 이렇게 묻는다. 성경은 주로 무엇을 가르치는가? 그 대답은 성경이 우리의 하나님에 대해서 믿어야 하는 것이 무엇인지를 그리고 하나님이 우리에게 어떤 의무를 요구하시는지를 가르친다는 것이다. 믿음과 순종, 이것들은 대요리문답의 구조가 의거해 있는 원리이다. 6에서 90까지의 문답은 사람들이 하나님에 대해서 마땅히 믿어야 하는 것이 무엇인가를 논하고, 91에서 196까지의 질문들의 주제는 성경이 사람의 의무로서 요구하는 것은 무엇인지에 대해 논한다.

### 1) 우리가 하나님에 관해서 마땅히 믿어야 하는것(LC 6-90)

요컨대, 우리는 삼위일체 하나님(LC 6-11)과 하나님의 작정(LC 12-14)을 믿어야 한다. 이것들이 그 단락의 나머지를 아우른다. 창조(LC 15-17), 섭리(LC 18-20), 타락과 죄, 즉 자범죄와 원죄(LC 21-29), 은혜언약(LC 30-36). 이번에는 은혜언약이 후속하는 것을 모두 수반하는데, LC 90까지뿐만 아니라 이 요리문답의 끝까지 그러하다. 그리스도의 인격과 사역, 은혜언약의 중보자(LC 36-59), 그리스도의 사역은 그의 성육신(LC 37-42), 세 가지 직분(LC 43-45), 그의 비하와 승귀(LC 46-56), 그리고 그가 자신의 중보에 의해서 획득하는 유익(LC 57-59)을 포함한다. 그리고 가시적 및 비가시적 교회에서 이루어지는 중보자로서의 그리스도의 사역의 흘러넘침(LC 60-65), 은혜와 영광 속에서 이루어지는 그리스도와의 연합과 친교

(LC 66-90). 이 마지막 단락에서, 논리적이고 보다 순차적인 용어들로 기술되는 신앙고백의 구원의 서정은 여기서는 그리스도와의 연합과 친교의 한 측면으로 다루어진다. 이러한 자료는 WCF 2-18장, 32-33장에 상응하며, WCF 24-26장, 30-31장의 요소들이 있다.

### 2) 성경이 요구하는 인간의 의무(LC 91-196)

웨스터민스터 총회는 여기서 성경이 하나님의 계시된 뜻에 순종할 것을 요구한다고 가르친다(LC 91). 이러한 순종은 최초로 아담에게 계시된 도덕법에 있으며(LC 92-97), 십계명에 요약되어 있다(LC 98-99). 십계명에 관한 설명이 이어지는데, 십계명의 긍정적인 차원과 부정적인 차원 양쪽으로 그러하다(LC 100-152). 이 요리문답의 나머지는 은혜의 외적 방편에 할애된다(LC 153-196). 은혜의 외적 방편을 준수할 때에 하나님의 계시된 뜻도 순종을 받을 것이다. 성경 읽기, 특히 말씀에 관한 설교 등으로 이루어지는 말씀(LC 153-160), 세례(LC 165-167)와 성찬(LC 168-177)으로 이루어지는 성례(LC 161-177), 주기도문에 초점을 맞추는(LC 186-196) 기도(LC 178-196). 이 요리문답의 이 두 번째 부분은 전통적인 요리문답 형태를 따른다. 이러한 형태에서 십계명과 주기도문은 세 구성 요소의 두 요소이다. 세 번째 요소인 사도신경이 빠졌는데, 우리는 그 까닭에 대해서 짧게 논의할 것이다. 이 두 번째 주요 단락은 대체로 WCF 19-23장, 27-29장에 상응한다.

이러한 구분은 신앙고백의 내용으로 입증된다. 거기서 성경은 구원하는 믿음의 대상이며 선행의 척도, 다시 말해 우리가 믿어야 하는 것과 우리가 해야 하는 것 양쪽에 대한 표준이라고 한다. 우선, 구원하는 믿음은 "말씀 안에 계시되는 것 전부"(WCF 14.2)로 향하게 된다. 이것은 "오직 그리스도만을 받아들이고 또 의뢰하는 것"과 연계되며, 그것에 종속된다(우리는 본서 제12장에서 이것을 상세히 논의할 것이다). 마찬가지로, 구원의 확신은 성경에 있는 구원에 관한 하나님의 약속들의 진리에 기초한다(WCF 18.2).

게다가 성경은 그리스도인의 생활을 위한 그리고 그리스도인의 자유와 예배를 위한 토대를 제공한다. 선행은 사람들이 고안할 수 있는 것이라기보다는 오히려 하나님의 거룩한 말씀이 명령하는 것이다(WCF 16.1). 이것은 전혀 제한하는 것이 아니다. 실제로 이것은 최고의 자유를 주는 것이다. 이것은 성경에 반하는 것이라면 그 어떤 폭정과 같은 속박으로부터도 그리스도인들을 해방시켜준다(WCF 20.2). 따라서 오직 성경만이 어떻게 예배가 집행되어야 하는가를 규정할 수 있어서(WCF 21.1), 대주교 로드와 같은 횡포한 교회 당국에 대한 어떠한 책무로부터도 우리를 자유롭게 할 수 있다. 기도는 하나님의 계시된 뜻에 따라야 하지만(WCF 21.3), 성경 봉독과 설교 및 설교 경청은 교회의 통상적인 예배의 필요불가결한 부분이다(WCF 21.5; LC 155, 159). 이는 몇몇 주교들이 이전 시기에 그런 예배를 제한하려던 시도들과는 대조를 이룬다. 신약에 기록된 성례들의 제정에 관한 말씀들의 봉독은 성례 준수의 필수적인 요소이다(WCF 27.3; 28.3). 만약 결혼이 성경에 금지된 친족 관계와 인척 관계의 범위 내에서 이루어진다면 그 결혼은 합법화될 수 없다(WCF 24.4). 구원에 관한 하나님의 약속들과 더불어 이러한 명령들은 성경에서 찾을 수 있다(WCF 4.2; 참조. LC 17; WCF 7.1-3)

모두 묶여서 생각할 때, 이러한 요소들이 나타내는 것은, 웨스트민스터 총회가 성경을 고립된 것으로 본 게 아니라, 우리와 우리의 구원을 위한 하나님의 그 자신에 관한 총체적 계시와 불가결하게 밀접한 관계가 있는 것으로 본 것이다. 따라서 하나님이 우리가 구원을 위해 받아들이고 의뢰하는 그의 말씀과 그리스도 안에 계시하신 모든 것으로 제시되는, 구원하는 믿음의 대상을 우리가 고찰하게 될 때(WCF 14.2), 마치 그리스도와 성경이 우리의 주의를 끌려고 경쟁하고 있다는 듯이, 그러한 대상을 어떤 이중적인 의미로 봐서는 안 된다. 총회에 있어서, 성경은 하나님이 우리를 그리스도 안에 있는 그 자신에게로 이끌어서 구원을 받게 하는 방편으로 그리스도께 종속되어 있다.

그러므로 멀러가 말하는 대로, "말씀에 대한 관점에 있어서, 종교개혁과 개신교 정통주의(신정통주의의 어법으로 보는 개신교 정통주의가 아닌) 사이에는 연속성이 존재한다."[68] 사실 멀러는 "정통주의는 필수적인, 기록되지 않은 및 기록된, 외적 및 내적 말씀 간의 그들의 차이에서 훌륭한 교리적 균형을 취한다"고 결론짓는다.[69]

## 11. 말씀과 성령

말씀과 성령은 구원의 모든 면에서 동등하다. 성경을 저술하신 성령은 말씀을 사용해서 그의 구원하는 목적들을 성취하신다. 말씀

---

[68] Muller, *PRRD*, 2:182.
[69] Ibid., 183.

과 성령은 유효적으로 하나님을 계시하고(LC 2), 이것은 그리스도의 선지자의 직분을 통해 성취된다(LC 43; SC 24). 하나님은 그의 말씀과 성령으로 유효적으로 부르시는데(WCF 10.1, 4; 참조. LC 2, 43), 말씀의 사역은 유효하고 구원하는 믿음은 성령을 통해서 생긴다(WCF 14.1; LC 67, 72, 155). 이번에는, 그리스도께서 그의 말씀과 성령으로 그의 택함을 입은 자들의 마음을 다스리신다(WCF 8.8). 성화는 말씀을 통하여 성령에 의해서 이루어진다(WCF 13.1). 선행은 말씀의 명령을 받은 것이며(WCF 16.1) 선행을 행하는 능력은 전적으로 그리스도의 영으로부터 나온다(WCF 16.3).

기록된 하나님의 말씀인 성경은 하나님의 구원을 유효하게 하는 성령의 사역과 더불어, 우리가 하나님을 아는 지식의 원천이다. 성경은 하나님을 기쁘시게 하는 것을 계시한다. 성경은 예배와 그리스도인의 생활에 대해 결정력이 있다. 성경은 기독교 신앙의 인식론적 토대를 제공한다. 성경 안에서 은혜언약과 그리스도의 중보, 그리고 구원의 길을 알게 된다.

## 12. 성경과 신조들

성경과 전승의 관계에 대해서, 웨스트민스터 총회는 하나님의 말씀인 성경을 분명히 우위에 둔다(참조. "사람들의 유전들"에 대해 언급하는 1.6). 그렇지만 이 대목에서 총회 가운데 큰 혼란이 있었다. 결코 좋은 시간이 아니었다. 웨스트민스터 신학자들은 자칫 다른 개혁파 교회들에서 벗어나서 역사적으로 중요한 기독교 전승의 밖에 스스로를 둘 뻔했다.

웨스트민스터 신앙고백과 요리문답들이 제정되기 훨씬 전에 표면화된 그 문제는 의사 일정에 있었다. 총회가 소집된 직후에, 39개 신조에 대한 토론들이 벌어지던 중에, 잉글랜드 국교회의 생활에서의 고대의 세 가지 신경—사도신경, 니케아 신경, 아타나시우스 신경—의 지위에 대한 문제가 발생했다. 이 신경들은 39개 신조 8조의 주제였다.

8조에 대한 논의에 도달하기 전에, 그 문제는 2조의 "그리스도께서 고난을 받으셨다"라는 문구와 3조에서 그리스도께서 지옥에 내려가신 일에 대한 토론들에서 위기에 처하게 됐다. 토론은 많은 항목에 초점을 맞췄다. 우선, 개정된 39개 신조가 성경으로부터의 증거들을 포함해야 하는가, 아니면 현상태로 놔두어야 하는가에 관한 문제였다. 그 위원회는 성경의 증거가 불필요하다고 생각했지만, 총회는 그런 증거들을 포함시키기로 가결했다.[70] 그리고 그 조항이 그리스도의 영혼이 겪은 고난들의 정도를 충분히 표현하고 있는가의 여부에 대한 확대된 토론이 있었다.[71] 총회는 성경으로부터의 명확한 뒷받침이 없으며 그 조항의 뜻을 이해할 수 없다는 입장을 채택했다.

반 딕스훈(Van Dixhoorn)은 "성경주의에 근접한 그 어떤 것"이라고 표현한다.[72] 그것은 WCF 1.4에 있는 성경의 의미에 대한 후대의

---

70  S3 W 12.7.43; Van Dixhoorn, 1:215-16.

71  S6 M 17.7.43 through S13 F 28.7.43; Van Dixhoorn, 1:216-33; Lightfoot's journal, in Van Dixhoorn, 2:8-17.

72  Van Dixhoorn, 1:229.

관점과 상충되는 것처럼 보이는 입장이었다. WCF 1.4는 그의 영광과 우리의 구원과 신앙과 생명에 대한 하나님의 전체 뜻에 대해서는 명확한 본문의 뒷받침이 필요치 않다는 입장을 취한다. 결국 그리스도의 고난들은 영혼의 고난들이 아니라는 견해를 표명하는 제안된 구절은 "외국 교회들을 불편하게 한다는 두려움 때문에" 철회됐다.[73]

라이트풋에 따르면, 3조에 대한 토론은 그 조항이 완전히 삭제되어야 하는가의 여부—39개 신조를 수호하려는 총회의 과업을 감안하면 놀라운 제안—에 대해 "매우 진지해졌다." 삭제하는 데 찬성하는 사람들은 "전반적으로 적대적이었다." 일부 신학자들은 그 신조의 바뀐 번역을 위해 로비를 했다. 1643년 7월 28일에 그 문제가 연기된 후에, 그 문제는 8월 17일에 다시 취급됐다. 그 신학자들은 그 구절이 삭제되어야 하는지, 또는 바뀌어야 하는지, 아니면 유지되어야 하는지에 대해 숙고했다. 결국 다음과 같은 진술이 승인됐다. "그리스도께서 우리를 위해서 죽으시고 장사되셨듯이, 또한 그는 부활하실 때까지 계속해서 죽은 자의 상태로, 죽음의 세력과 지배 아래 계셨다는 것을 믿어야 한다. 달리 표현하면, 그는 지옥으로 내려가셨다."[74]

반 딕스훈이 평한 대로, 성경과 신조들의 관계가 일부 신학자들에게는 자명하지가 않았다. 그 신조들을 추천한 제3차 위원회로부터의 보고는 그 위원회가 8조에 대한 성경적 뒷받침을 제공할 수 없

---

73 S12 TH 27.7.43 and S13 F 28.7.43; Lightfoot's journal, in Van Dixhoorn, 2:15-17; 참조. 또한 1:231.

74 Lightfoot, manuscript journal, fo.19v. 참조. Van Dixhoorn, 1:232.

다고 말했다.[75] 하지만 토마스 로저스(Thomas Rogers)가 65년 전에 그러한 뒷받침을 대중화했었다. 반 딕스훈은 총회에서의 최장기 토론이 그 세 가지 신경의 지위에 대한 것이었다고 지적하지만, 이것은 캐루더스에 의해 단일 문단으로 줄어들었다.[76] 8조는 이렇게 진술한다. "세 가지 신경에 관하여. 니케아 신경과 아타나시우스 신경, 그리고 이른바 사도신경, 이 세 가지 신경을 철저하게 받아들이고 믿어야 한다. 이 세 가지 신경은 성경의 가장 확실한 보증으로 증명되어 있기 때문이다."[77]

이 조항에 대한 토론은 1643년 8월 18일 금요일 제30차 회기부터 1643년 8월 25일 금요일 제35차 회기까지 일주간의 소란스러운 동요와 불일치를 낳았다. 라이트풋은 자신의 일지에 "신경들을 새로 번역하는 것에 대한 또 서문에서의 약간의 주석에 대한", 그리고 "뭔가 거슬리는 것인 듯한" 아타나시우스 신경의 끝맺는 말에 대한 긴 동요를 기록한다. 그러나 그 토론은 1643년 8월 17일 목요일 제29차 회기에서, 39개 신조를 끝맺으면서 그 신경들은 인쇄되어야 한다고 결론지어졌다.[78]

---

75  Van Dixhoorn, 1:226.

76  Carruthers, *Everyday Work*, 105-6.

77  일반적으로 니케아 신경으로 알려져 있는 것은 381년에 개최된 콘스탄티노플 공의회에서 비롯되지만, 그것의 존재에 관한 최초의 명확한 기록은 451년에 개최된 칼케돈 공의회에서 비롯한다. 그것은 오랫동안 동방 정교회와 서방 교회 양쪽 모두에 의해서 받아들여졌다. Athanasius 신경은 Athanasius에 의해서 작성되지 않았으며, 아마도 Augustine의 한 제자에 의해서 작성되었을 것이다. 이 신조가 서방 교회에서 받아들여졌지만, 그것은 동방 정교회에서는 그와 동일한 지위를 결코 확보하지 못했다. 사도신경은 라틴어로 되어있는데, 그것의 불확실한 기원들은 아마도 로마에서 교회의 초기 시절에 발전됐을 세례의 신조들일 것이다.

78  Van Dixhoorn, 2:37.

며칠 뒤인 1643년 8월 22일 화요일 제32차 회기에서 그 조항에 대한 이의가 제기됐으며, 이의가 있는 사람들은 그 다음날에 자신들의 의문점들을 제시하라는 요청을 받았다. 이의가 있는 사람들이 자신들의 의문점들을 제기했을 때, 온종일(1643년 8월 23일 수요일 제33차 회기) "길고 격렬한 토론들이 벌어졌지만 아무것도 결정되지 않았다." 또한 그 이튿날(1643년 8월 24일 목요일 제34차 회기)에도, 총회는 "다시금 동요하였으며 훨씬 격렬하고 긴 토론이 벌어졌다."[79]

"이 세 가지 신경은 철저하게 받아들여야 한다"는 문구가 그것들을 성경과 대등한 지위에 둔다고 주장됐다.[80] 라이트풋에 따르면, 세례를 줄 때와 안수를 행할 때, 그리고 복음서를 봉독한 후에 사도신경을 사용하는 것에 대해 일부 신학자들이 이의를 제기했다.[81] 1643년 8월 25일 금요일에 열린 제35차 회기가 끝나갈 무렵에, 타협적인 제안이 이루어졌는데, "세 가지 신경의 문제"는 성경의 "가장 확실한" 보증으로 증명될 수 있다는 것이 그것이다. 이는 세 가지 신경 그 자체가 성경에 의해서 증명될 수 있다는 주장을 대체하는 것이다. 그 제안은 그것이 그 신경들의 신학과 그 신경들의 진술들을 구별한다는 이유로 반대를 받았다. 많은 사람이 그 신경들의

---

**79** Ibid., 2:38.
**80** Ibid., 1:233.
**81** 이 신조들은 잉글랜드 국교회에서 광범위하게 사용됐지만, 스코틀랜드에서는 오직 사도신경만이 부각됐다(Van Dixhoorn, 1.233-36). 그렇지만 이 총회의 구성원들에는 스코틀랜드 출신이 없었으며, 엄숙 동맹과 언약이 미래에 존재했기 때문에 두 교회의 교리와 예배를 일치시켜야 할 책임이 없었다.

새로운 번역을 강요했다.[82]

그때 총회는 39개 신조의 끝에 그 신경들을 인쇄하기로 결의했다. 표결도 있고 기권도 있었다. 그러나 표결이 더 많았다. 혼란이 지배했다. 반 딕스훈이 "이의를 제기하는 자들"(excepters)이라고 칭하고, 라이트풋이 확인해 주지 않은 그 사람들은 아타나시우스 신경의 저주들과 그 신경들의 신학과 그 신경들의 이름들을 비롯해서 사사건건 반대했다. 라이트풋에 따르면, 주요한 문제는 신경들의 의무적인 사용이었다. 이의를 제기하는 자들은 이것이 분파주의와 소시니우스파에 가깝다는 점에서, 어떤 형태이든지 간에 그런 것의 부과에 반대했다.[83] 그 신경들은 "철저하게 받아들여야 한다"는 문구에 대한 표결은 철회됐다. 이의를 제기하는 자들은 다시금 그 신경들의 "문제"(matter)에 대한 언급이 삽입되기를 원했는데(성공하지 못했다), 그것이 그들을 그 신경들 자체로부터 자유롭게 하지만 그 신경들이 언급하는 교리의 실질은 유지하기 때문이었다. 결국 8조의 문제 해결은 총회가 39개 신조의 모든 조항의 개정을 마칠 때까지 미루어졌다. 이러한 해결은 결코 일어나지 않았다. 그래서 "39개 신조가 그러했듯이 그 신경들도 모호한 입장인 채로 남겨졌다."[84]

---

**82** Van Dixhoorn, 1:238.

**83** 분파적 위험은 역사적으로 중요한 기독 교회의 신조들에서 표현된, 이 기독 교회의 신앙고백에서 벗어날 위험이다. 만약 고대의 신조들을 고백하는 것이 수용 가능하지 않았다면, 어떻게 이 신조들이 고백하는 것이 요구될 수 있었으며, 그것이 신앙을 공유하는 것이라고 일관되게 주장될 수 있었겠는가? 이것은 예배에서 신경들을 사용하는 데 국한되는 문제가 아니라, 믿음에서의 그것들의 기능을 수반했다.

**84** Van Dixhoorn, 1:251-52.

사도신경은 포함될 거라고 의회에 서약했음에도 불구하고, 대요리문답도 또한 소요리문답도 신경들에 대한 것은 아무것도 포함하지 않는다.[85] 이것이 각별히 주목할 만한 이유는, 고전적인 요리문답 형태는 사도신경과 십계명 및 주기도문으로 이루어져 있었기 때문이다. 그러나 웨스트민스터 요리문답은 그것들의 구조에 십계명과 주기도문은 포함하지만, 사도신경은 그렇지 않다. 이것은 의도적인 무관심과 계획적인 배제 이외의 그 어떤 것도 될 수 없다.

그것이 시사하는 바는, 총회의 구성원들의 상당수가 분리주의적 정신 상태에 근접해 있었다는 것과 확고한 역사 의식이 상실되는 과정에 있었다는 것이다. 이것은 결코 그 총회가 획일적이지 않았음을 나타낸다. 교회의 과거의 가르침, 개혁파 교회에 대한 지식과 이해를 충분히 갖추고 교부들을 어리석은 판단으로부터 지켜줄 자들이 분명히 있었다. 그렇지만 그들이 이 총회를 장악할 수 없었다는 것은 불행한 일이며, 그것이 이 총회는 역사적으로 중요한 기독교회를 전적으로 대표하는 집단이라는 주장을 약화시킨다. 그것은 "웨스트민스터 신학자들이 획일적인 방식으로 성경과 신학적 방법에 접근하지 않았다"는 것을 증명한다. 이러한 차이점들은 성경과 전승의 관계에 대한 불일치를 나타냈으며, 심지어 그리스도의 고난들을 통해서 이루어지는 구속에까지 영향을 미쳤다.[86]

반 딕스훈은 자신들의 출간된 저술들에서 총회의 구성원들은

---

85  또한 하나님께 드리는 공적 예배에 대한 규칙서에는 이 신조들에 대한 어떠한 언급도 없었다.

86  C. B. Van Dixhoorn, "New Taxonomies of the Westminster Assembly(1643-52): The Creedal Controversy as Case Study," *RRR* 6(2004): 82-106, 특히 103-6.

모두 그 신경(신조)들을 사용하고, 그것들을 인용하며, 그것들을 옹호한다고 지적한다. 그들은 결코 그 신경들을 제거하거나 개정하는 것을 요구하지 않는다. 하지만 "대조의 방법에 의해서 살펴본 바로는, 총회의 공동 저술들에 대해서 가장 주목할 만한 것은, 현재 진행 중인 대화에 대한 그것들의 공헌이 아니라 교회 생활에서 그 신경들을 제거함으로써 대화를 종식시키려는 그것들의 시도이다."[87]

이것은 아마 집단 사고(groupthink)의 한 예일 것 같다. 이러한 집단 사고에서는 소수의 강경한 목소리들로부터 받는 역동적인 압력이 더 큰 집단을 장악해서, 많은 사람이 자신들의 중대한 능력의 발휘를 중단하고 자신들의 말과 행동들의 결과들을 무시한다. 그것은 자기모순인 것처럼 보인다. 왜냐하면 총회는 잉글랜드 국교회에 견고한 토대를 제공하기 위해 공들여서 신앙고백서와 두 요리문답서를 작성하는 데 여러 해를 보내야 했지만, 이와 동시에 우선 첫째로 그런 문서들을 생산하기 위해 으뜸가는 기초를 훼손함으로써 총회의 계획을 곤란케 했기 때문이다.

이러한 토론들은 대륙의 개혁파 교회들 사이에서 큰 관심을 불러일으켰다. 만연해 있는 분리주의가 총회의 논의들을 지배하고 있는 것 같았다. 이것을 고려해서, "네덜란드 교회들은 총회에 서신을 보내서 신학적 및 예전적 형태들의 정당성에 찬성론을 폈다."[88] 1644년 12월 4일에, 굴리엘무스 아폴로니우스가 저술한 책 한 권이 그들을 대신해서 보내졌다.[89]

---

**87** Van Dixhoorn, 1:265-68.

**88** Ibid., 1:268.

**89** Guilielmus Apollonius, *A consideration of certaine controversies at this time Agitated in*

굴리엘무스 아폴로니우스(Guilielmus Apollonius)는 총회가 칼빈의 시대 이래로 유럽 전역의 개혁파 교회들의 확립된 신조에서 이탈할 절박한 위험에 처해 있다는 많은 증거를 제시했다. 그는 적절한 예를 들면서 강하게 주장하기를, 교회법상 구속력이 있는 신앙고백들을 만드는 것은 성경과 개혁파 신학의 지지를 받는, 교회 권력의 정당한 행사라고 했다. 이와 동시에, 이러한 신조들과 신앙고백들은 궁극적 내지는 절대적 권위가 아니며, 성경에 종속되어 있다는 것이었다. 그러나 그것들은 기독교 신조의 요약을 나타냈으며, 그것들에서 벗어나는 것은 참된 교리의 길에서 이탈하는 것이었다. 만약 어떤 사람이 이것이나 저것의 정당성에 대해서 의구심을 품는다면, 그는 전체로서의 교회가 그 문제에 맞닥뜨려서 심사숙고할 수 있을 때까지 그 문제를 남에게 말하지 않아야 한다. 그러나 그와 같은 신조들의 정당성에 대해서, 아폴로니우스는 성경의 이름으로 그것들을 버리고 싶어하는 사람들의 견해들을 손상시킬 만큼의 규모로 증거를 제시할 수 있었다.

후에 신앙고백과 대요리문답에서 제시된 성경의 교리의 제한 범위 내에서, 그 신조들의 내용들이 성경에 있는 하나님의 전체 뜻과 일치하지 않는다는 것이 고찰됐을 경우에는 그 신조들의 조항에 대한 이의가 이론적으로 제기될 수 있었을 것이다. 그렇지만 그와 같은 조항에 반대하는 것은 이치에 닿지 않았다. 왜냐하면 그 신조

---

the Kingdome of England, concerning the government of the Church of God, written at the command and appointment of the Walachrian Classis. And sent from the Wallachrian Churches, to the Synod at London. Octob.16.1644 (London: G. M. for Tho. Underhill, 1645) [Wing(2nd ed., 1994) A3535], 130-51.

들의 조항을 평가하기 위한 토대가 "이 세 가지 신경은 성경의 가장 확실한 보증으로 증명될 수 있다"는 것이었기 때문이다. 그 조항은 신앙고백의 나중 입장에 일치했다.

만약 그 신조들이 성경과 일치한다면, 그것들은 마땅히 받아들이고 믿어야 한다. 총회는 혼란스런 사유를 드러내고서, 후에 심사숙고된 자기의 판단과 일치하지 않는 그리고 다른 개혁파 교회들에서 이탈하는 방향으로 바뀐 것 같다. 다행히도, 아폴로니우스가 1645년 8월에 런던에 왔을 때, 총회는 그를 초대해서 그 토론들에 참석하여 공적인 감사(監査)를 받게 했다.[90] 그 표결은 전원 일치였다. 이는 참관자들에게는 독특한 것으로 여겨졌다. 명백한 것은, 심사숙고한 끝에 총회는 그의 혹평이 이 문제에 적절했다는 것을 것을 알게 됐다는 것이다.[91]

---

90  Van Dixhoorn, 6:170, 173.
91  Carruthers, *Everyday Work*, 71.

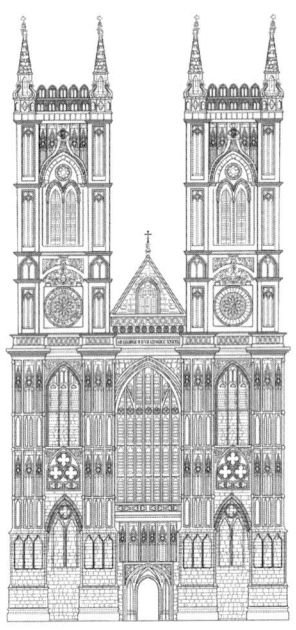

# The Westminster Assembly:

### Reading its Theology in Historical Context

# 제8장

# 삼위일체 하나님

우리는 전능하신 한 하나님 아버지를 믿는다…
또한 한 주 예수 그리스도를 믿는다.
그분은 독생자인 하나님의 아들이시며,
모든 시대 이전에 그분의 성부께서 낳으셨고,
빛에서 나온 빛이시며,
참되신 하나님으로부터 나오신 참되신 하나님이시며,
창조된 것이 아니라 나셨으며, 성부와 동일본질이시다…
그리고 우리는 성령을 믿는다.
그분은 주이시자 생명의 수여자이시고, 성부로부터 나오시며,
성부 및 성자와 함께 예배를 받으시고 영화롭게 되신다.

## 1. 살아 계시고 참되신 한 하나님(WCF 2.1; LC 7; SC 4)

이 장엄한 장은 하나이신 하나님의 유일성을 강력하게 주장하는 것으로 시작된다. 이것은 어거스틴 이래로 서방 교회의 전통을 따르는 것이다.[1] 이와 똑같이 두드러진 것으로서는 하나님의 무한하심과 독특하심에 대한 강조가 있다(LC 7; SC 4). WCF 3.1은 하나

---

1  Letham, *The Holy Trinity*, 184이하를 보라.

님의 무한하심(불변하시고, 광대하시며, 영원하시고, 완전히 이해될 수 없으시며), 그의 주권(자기 자신의 영광을 위하여 그의…뜻의 도모에 따라 만사를 행하시며), 그의 거룩하심, 그의 사랑과 은혜, 그리고 그의 정의 사이의 균형을 진술한다. 그는 은혜가 충만하시지만, "형벌 받을 자들의 벌을 결단코 면제하지 않으실 것이다." 그 배경에 잠복해 있는 것이 죄의 문제이다. 왜냐하면 인간의 부패는 하나님의 심판, 곧 인간의 죄에 대한 하나님의 거룩하고 영속적인 반응을 불러일으켰기 때문이다.

여기서 하나의 진술이 많은 문제를 발생시켰다. 하나님은 "신체도, 부분들도, 열정들도 없으시며"라고 말한다. "열정들"(passions)의 의미는 전적으로 분명하지가 않다. 이 진술은 따뜻하고, 사랑이 많으신 성부라기보다는 오히려 감정이 없고, 재판관처럼 냉정하고 초연한 한 하나님이라는 개념을 시사했다.

첫째, 17세기에 이 말은, 평행사변형에 관한 열애들(passions)에서처럼 기하학적 의미로 사용됐다.[2] 마찬가지로, 그 시대의 문헌은 위치 및 운동과 관련된 태양과 달, 행성들 및 별들의 열애들(passions)에 대해 자주 언급했다.[3] 만약 이러한 의미로 사용됐다면, 그 말은

---

2   *The Oxford English Dictionary*를 보라.
3   Humphry Daniel, *An almanack for the year of mans redemption 1654: Various habitudes, passions and configurations of the coelestial bodyes, are artificially demonstrated* (London: T. W. for the Company of Stationers, 1654) [Wing A1582]; John Gadbury, *Prognostikon, or, An astrological prediction of the various changes likely to occur in most parts of Europe this present year 1658 from the manifold passions and positions of the coelestial movers, viz. the sun, moon and planets* (London: W. Godbid for the Company of Stationers, 1658) [Wing A1781]; Sir George Wharton, *Hemeroscopeion anni intercalaris 1652 containing the English calendar, and daily motions of the planets, &c in longitude, in latitude: their manifold passions and positions* (London: J. Grismond for the Company of Stationers, 1652[1651])

하나님은 속박될 수 없다는 것을 의미할 것이다. 그에게 공간적인 차원이 없다는 것은, 그가 공간과 시간을 초월하기 때문이다. 이 문구가 하나님에게 신체나 부분들이 있다는 것을 부정하기 때문에, 이것은 그럴 듯한 의미이다.

둘째, 하나님은 자신에게 강요되는 무엇으로 인한 행동의 수동적 수납자가 될수 없다는 뜻이다. 그가 외부 세력에 구속당하지 않는 것은, 그가 그 자신 이외의 모든 것보다 뛰어나기 때문이다. 만약 그 말을 라틴어에서 취한다면, 그것은 동사 *patior*의 완료수동태 분사 *passus, -a, -um*에서 파생된 것일 수 있을 터이다. *patior*는 넓은 어의(語義) 범위를 갖지만, 모든 경우에서 고난과 같은 것들에서 보이는, 외부 세력에 굴복하는 모종의 측면을 의미한다. 그리스도의 고난들이 그의 수난으로 일컬어지는 것은 그 당시에 흔히 있는 일이었지만, 조지 위샤트의 전기에 실린 몬트로즈 후작 제임스의 경우에서처럼, 그 말은 인간의 고난에 대해서도 사용됐다.⁴ 그렇지만 이러한 언급은 하나님은 신체와 부분들이 있다는 것을 부정하는 것과 관련해서, 직접적인 문맥에서는 약간 기묘할 수 있다.

셋째, 그것은 마음이나 감정들과 관련이 있는, "자연스러운 효과"나 "자연스러운 애착"을 뜻하는 *passio, -onis*의 영어화일 수 있는데, 하나님이 인간들이 느끼기 쉬운 그런 감정들을 느끼지 못하거

---

[Wing(2nd ed. 1994) A2667].

**4** George Wishart, *Montrose redivivus, or The portraicture of James late Marquess of Montrose, Earl of Kincardin, & c. 1. In his actions, in the years 1644. 1645. and 1646. for Charles the First. 2. In his passions, in the years 1649. 1650. for Charles the Second K. of Scots.* (London: Printed for Jo. Ridley, at the Castle in Fleet-street, neer Ram-alley, 1652) [Wing(2nd ed., 1994) W3124].

나, 느낄 수 있더라도 그런 감정들을 가지려고 하지 않는 것을 의미한다. 이것이 *patior*의 동족 명사이므로, 그것은 또한 하나님은 그러한 경험에 수반하는 동요나 변덕에 지배당하지 않는다는 함의를 가지고 있을지도 모른다.[5] 총회 구성원인 에드워드 레이놀즈(Edward Reynolds)가 1640년에 영혼의 열정들(passions)과 능력들에 대한 대중적인 책을 저술했다는 것은 중요할 수 있다.[6] 레이놀즈는 인간의 열정들을 성쇠를 수반하는 자연스러운 것이며, 또한 도덕적인 것이라고 한다. 이는 그것들이 선한 것이거나 악한 것일 수 있지만, 그것들의 적절한 자리는 이성에 종속되는 것이기 때문이다.[7] 그는 그것의 동의어를 "욕구"(appetite)와 "욕망"(desire)으로 여긴다. 열정은 최선의 종이지만 최악의 주인이기도 하다. 그렇지만 창조된 것으로서, 그것은 선하다. "피조물의 완전함 내지는 보존을 위하여 정해진, 자연스러운 운동."[8] 여기서 레이놀즈에게는 두 가지 개념이 부각되는데, 운동의 개념(성쇠)과 뚜렷하게 피조물적인 그 어떤 것이

---

5　그것은 마음이나 영혼의 정욕들에 대해 사용되는 게 보통이었다. Rene Descartes, *The passions of the soule* (London: Printed for A. C. and are to be sold by J. Martin, and J. Ridley, at the Castle in Fleetstreet neer Ram-Alley, 1650) [Wing(2nd ed., 1994) D1134]; Thomas Hobbes, *Humane nature or, The fundamental elements of policie. Being a discoverie of the faculties, acts, and passions of the soul of man, from their original causes, according to such philosophical principles as are not commonly known or asserted* (London: T. Newcomb for Fra: Bowman of Oxon, 1650) [Wing(2nd ed.) H2242]; Thomas Jordan, *Pictures of passions, fancies, & affections Poetically deciphered in variety of characters* (London: Robert Wood, 1641) [Wing(2nd ed., 1994) J1052]를 보라.

6　Edward Reynolds, *A treatise of the passions and faculties of the soule of man With the several dignities and corruptions there unto belonging* (London: R. H[earne and John Norton] for Robert Bostock, 1640) [STC(2nd ed.) 20938].

7　Ibid., 41-43.

8　Ibid., 45-47.

그것들이다. 두 개념 모두 또한 천문학적인 의미가 있다.

웨스트민스터 총회가 인용하는 증거본문은 사도행전 14:11-15이다. 여기서 바울과 바나바는 그들이 신이라는 잘못된 믿음으로 그들에게 제사를 드리려고 하는 것에 대해 루가오니아 사람들을 꾸짖는다. 바울은 하나님의 독특하심과 루가오니아 사람들의 행동의 잘못됨을 강조한다. 그는 "우리도 여러분과 같은 성정(passions)을 가진 사람이라"(AV)고 말한다. 웨스트민스터 신학자들이 접근했을 헬라어 본문에서는, 그 말은 "같은 종류의 감정들이나 욕망들"을 의미하는 호모이오파테이스(*homoiopatheis*)이다. 성경 본문과 총회에 의한 인용 양쪽에서, 초점은 하나님과 인간들의 차이에 맞춰진다. 인간의 감정들은 이러한 차이를 지적하는 필수적인 부분이 될 수 있지만, 그 단어의 의미는 거기에 국한될 수는 없다.

웨스트민스터 신앙고백에서의 의미는 내게는 다음과 같은 방침을 따라 작동하는 것같이 보인다. 하나님은 피조물과 비교될 수 없으시다. 그는 영적이시고 비가시적이시다. 우리가 지금 다루고 있는 문구 직후에 그는 불변하시고, 광대하시며, 영원하시고, 완전히 이해될 수 없으시며, 전능하시다—그를 그의 피조세계로부터 분리하는 모든 속성—라고 말하여진다. 그리하여, 그는 신체와 부분들이 없으시다. 그는 각종 요소로 된 존재가 아니시다, 그는 피조물의 실존의 피할 수 없는 측면인 공간적 및 시간적 한계가 없으시다. 그러므로 그는 피조세계가 제한되는 한계나 외부의 구속에, 다시 말해 인간의 감정들이나 욕구들의 변하기 쉬운 위치들이나 성쇠에 종속되지 않으며, 종속될 수도 없다는 의미에서 "열정들도 없으시다."

그렇지만 총회가 성육신의 놀라운 사실을 충분히 고려하는지의 여부에 대한 질문이 제기되어야 한다. 육신이 되심으로, 성자는 몸과 영혼이 있는 우리 인류와 영속적인 연합을 이루셨다. 하나님은 이제 인간의 몸과 영혼을 가지시며 인간의 생각과 감정들을 경험하신다. 우리는 네스토리우스파라는 이단을 떠올릴수 있다. 그들은 그리스도의 성육신한 위격의 통일성을 훼손시킬 정도로까지 그리스도의 신성과 인성을 구별한다. 여기에 네스토리우스파의 흔적이 있는가? 그런데 이러한 본성의 구분은 어느 정도는 개혁파 기독론의 한 경향이었다.[9]

이 단락이 하나님은 "지극히 사랑하신다"라고 진술하는 것은 좋은 일이다. 왜냐하면 하나님의 사랑이 대요리문답[10]이나 소요리문답에는 언급되어 있지 않기 때문이다. 이것은 놀랄 만한 누락이다. 그것은 유일하게 비난받을 만한 것이라고 할 수 있다. 요한은 요한일서 4:8에서 하나님에 대한 절대적인 진술을 한다. "하나님은 사랑

---

9   A. B. Bruce는 개혁파 기독론의 주요한 특성들 가운데서 그리스도의 두 본성의 다름에 대한 강조를 열거한다. 이러한 강조는 루터파에 의한 논평을 야기시켰는데, 개혁파에게는 "이 두 본성은 어떠한 실제적인 교류도 없이, 두 판자처럼 그저 서로 붙어 있을 뿐이다"가 그 논평이다. Bruce, *The Humiliation of Christ in Its Physical, Ethical, and Official Aspects* (Edinburgh: T. & T. Clark, 1905), 120. T. G. Weinandy는 Calvin에 관해 기술하면서, 그가 네스토리우스파라고 비난받아온 대로, 그가 네스토리우스 파라는 것을 부정하면서, "그는, 네스토리우스처럼, 이 두 본성의 완전성을 보호하기 위하여 관용구들의 전달에 관한 그의 해석에 '네스토리우스적인' 정취를 부여하지 않을 수 없었다"고 평한다. 그는 "Calvin에게는 성육신의 존재론적 토대에 관한 분명한 개념이 없다"는 데 E. D. Willis 및 J. Witte와 의견이 일치한다. Weinandy, *Does God Suffer?* (Notre Dame, IN: University of Notre Dame Press, 2000), 188, 거기서 그는 E. D. Willis, *Calvin's Catholic Christology* (Leiden: E. J. Brill, 1966), 3–5와 J. Witte, "Die Christologie Calvins," in *Das Konzil von Chalkedon: Geschichte und Gegenwart* (ed. A. Grillmeier and H. Bacht; 3 vols.; Wurzburg: Echter-Verlag, 1951–54), 3:458–59을 인용한다. 또한 *The Holy Trinity*, 255–56에서 고린도전서 15:28에 대한 Calvin의 논평들에 관한 나 자신의 의견을 보라.

10  LC 13, 30에서의 탈선적인 언급들은 예외이다.

이시다." 물론 이것은 하나님의 거룩하심과 정의 및 무한하심과 전적으로 양립한다. 죄에 대한 하나님의 진노는 실제적이면서 혼비백산할 정도로 두렵다. 하지만 하나님은 사랑이시다. 삼위일체의 위격들은 영원히 불가분의 연합과 친교 속에 있다. 그것들의 관계는 순수한 사랑이다. 성부는 성자를 사랑하시고, 성자는 성부를 사랑하시며, 성자는 성령을 사랑하시고, 성부는 성령을 사랑하시며, 성령은 성자를 사랑하시고, 성령은 성부를 사랑하신다. 모두 불가분의 연합 속에 있다.

하나님의 진노는 인간의 불순종에 의해서 활동되는, 인간의 죄에 대한 그의 거룩한 본성의 확립된 반응이다. 그러나 하나님은 그 자신을 향해서는 본질적으로 진노하지 않으신다. 하나님의 거룩하심은 하나님의 피조세계로부터의 하나님의 전적인 분리이다. 하나님은 바로 자기가 만드신 것에 관하여(in relation to) 거룩하시다. 그렇지만 하나님은 자유롭게 창조하셨다. 우주는 시작이 있었다. 하나님은 시작이 없으셨다. 그 자신 안에서—나뉘지 않은 삼위일체의 영원한 관계 속에서—하나님은 완전한 사랑이시다. 그런데 요리문답은 그것에 관해서도 언급하지 않는다!

대요리문답은 뒤에서 선택에서의 하나님의 작정을 하나님의 사랑에서 나오는 것이라고 하지만(LC 13, 30), 사랑에 대한 어떠한 언급도 하나님의 특성에 관한 그것의 묘사에서 빠져 있다. 모든 웨스트민스터 문서들 중에서 가장 널리 읽히는 소요리문답도, SC 36에서의 엉성하고 완곡한 진술 외에는 하나님의 사랑에 관해서는 아무런 언급을 하고 있지 않다. 참으로, 하나님은 "은혜로우시고, 자비로우시며, 오래 참으시고, 선하심[SC]과 진리[LC]가 풍성하시며", 부정을 용서하시고, 부지런히 자기를 찾는 자들에게 상을 주시지만, 사람의 으뜸가는 목적은 하나님을 향유하는 것이나 하나님의 사랑에 관한 언급이 눈에 띌 정도로 없다.

## 2. 하나님의 전적으로 자족하는 주권(WCF 2.2)

WCF 2.2는 하나님의 모든 피조세계에 대한 하나님의 지고하심에 관한 탁월한 선언이다. 하나님은 모든 생명과 영광과 선하심과 복되심을 자신 안에, 그리고 자기 스스로 가지고 계신다. 이것은 하나님이 그것에 의해서 도덕적 판단을 해야 하는 표준이 되심을 수반한다. 하나님은 전적으로 자족하시고, 모든 존재의 유일한 근원이시다. 하나님은 자기의 밖에 있는 것은 아무것도 필요치 않으시는 반면에 우리는 전적으로 하나님께 의존한다. 하나님이 지으신 만물에 대한 하나님의 주권은 하나님의 작정들과 창조와 섭리 및 은혜를 통한 그 작정들의 성취에 대해 진술하는 WCF 3장에서부터 나타날 것이다.

하나님의 지식은 무오하고 그의 피조물들에게 의존하지 않는다. 그래서 총회는 하나님의 예지에 대한 소시니우스파의 부인을 거부한다.[11] 하나님은 지극히 거룩하시다. 이는 하나님이 자기의 피조물들과 전적으로 다르고 분리되어 있으시며, 그래서 하나님은 자기가

---

11 Clark Pinnock, Gregory Boyd, John Sanders, David Bassinger 등에 의해서 옹호되는, 열린 유신론(open theism)으로 알려진 최근의 운동은 실제로는 16세기 및 17세기의 소시니우스파 이단의 부활이었다.

기뻐하는 것은 무엇이든지 다 그것들에게서 요구할 권리가 있으시 다는 것을 의미한다. 이 단락은 신학의 리트머스 시험이다. LC 7도 동일한 주제를 다룬다. LC 8은 하나님의 유일성에 초점을 맞춘다. 신적 단순성의 교리(하나님은 복합적인 존재가 아니시다. 왜냐하면 하나님은 자신의 전체보다 작은 부분들로 나뉠 수 없기 때문이다)는 동방과 서방의 차이가 있지만, 특히 아퀴나스가 그것을 제안한 양식과는 차이가 있지만 양쪽 다 주장하는 것이다.[12]

## 3. 삼위일체(WCF 2.3; LC 8-12; SC 5-6)

WCF 2.3은 거의 형식적인 것 같다. 하지만 삼위일체 교리는 하나님에 관한 독특하게 기독교적인 교리인데, 이 교리가 기독교를 유대교 및 이슬람교와 구별한다. 두 가지 논평이 합당하다.

첫째, 이 간결성은 웨스트민스터 신학자들이 4세기의 삼위일체 논쟁에 관한 콘스탄티노플 공의회의 결의를 받아들인다는 것을 증명한다. 필리오퀘(*filioque*)에 대한 언급이 시사하듯이, 이러한 수용은 서방 교회의 전통 안에 군건히 있다.

둘째, 이 진술을 WCF 2.1에 배치하는 것이 더 나았을 것인지의 여부는 적어도 논의의 여지가 있다. 이 진술의 현 위치에서는, 하나님이 이슬람교도들이나 정통 유대인들도 똑같이 받아들일 수 있을 용어들로 묘사된 후에만 삼위일체가 도입된다. 하나님에 관한 독특

---

[12] Letham, *The Holy Trinity*, 228-37을 보라.

하게 기독교적인 교리란 거의 결과론이다.

나의 생각으로는, 토랜스(Torrance)가 웨스트민스터 신앙고백이 삼위일체로부터 시작됐었더라면 사랑의 하나님으로서의 하나님을 보다 바르게 나타냈을 것이라고 말한 것이 옳은 것 같다.[13] 그 대신에, 신앙고백은 아버지로서의 하나님이라기보다는 오히려 전능하신 창조주이자 심판주로서의 하나님을 가장 크게 부각시킨다.[14] 토랜스는 삼위일체 교리가 하나님에 관한 교리에 부가됐다고 평하지만, 그는 그 교리의 "지극히 위엄 있는 하나님에 관한 경외케 하는 느낌"을 인정한다.[15] 이러한 약점은 우리 자신의 시대에 신앙고백이 효과적으로 이슬람교에 맞닥뜨릴 방편들을 제공할 초점이 결여되어 있다는 것을 의미한다. 다른 한편, 신앙고백은 대요리문답에 의해서 균형이 잡힌다. 대요리문답에서는 삼위일체가 더 많이 부각된다. 그렇지만 불행한 것은 대요리문답의 특정 관심사들이 신앙고백에 관한 자신들의 견해에 영향을 미치도록 하기는커녕 대요리문답을 읽는 사람이 거의 없다는 것이다.

이러한 문제에 관한 설명의 일부가 서방 전통 속에서의 웨스트민스터 총회의 지위이다. 오직 하나이신 하나님의 존재와 속성들을 길게 고찰한 후에야 비로서 삼위일체를 논의하는 것이 서방에서는 흔한 일이었다. 이러한 전통은 적어도 아퀴나스까지 거슬러 올라갔다. 그는 자신의 저서 『이교도 대전』(*Summa contra gentiles*)의 4권 가운데 제1권에서 하나님을 고찰하고서, 제4권에 가서야 비로서 삼

---

**13** T. F. Torrance, *Scottish Theology*, 131.
**14** Ibid., 133.
**15** Ibid., 131.

위일체에 관한 논의를 한다. 그리고 나서, 그의 『신학 대전』(*Summa theologiae*)에서는, 그가 삼위일체를 다루는 것이 하나님에 관한 그의 교리의 불가결한 부분이지만, 그것은 여전히 그의 존재와 속성들에 관한 논의의 다음에 온다. 더욱이 그는 일부 비평가들이 그가 실행 가능한 삼위일체 교리를 실제로 주장할 수 있는지의 여부를 의문시할 정도로 신적 단순성(divine simplicity)이라는 설득력 있는 견해의 지배를 받는다.[16] 이러한 방식(pattern)에 의해서 삼위일체가 하나님에 관한 전반적인 교리에 반쯤 떨어진 관계에 있었는데, 이러한 양태는 서방 교회에서는 상당히 표준적인 것이 되었다.

리차드 멀러(Richard Muller)는 17세기의 개혁파 정통주의 신학자들을 조사하고서 삼위일체에 관한 논의를 순서상 뒤로 미루는 것은 그들 특유의 방식이었다는 것을 알게 된다. 그는 이러한 배열에 대한 서방 교회의 전통적인 토대를 지적하면서, 지식과 가르침 및 논의를 위한 적절한 순서로서의 그런 배열의 일관성에 찬성론을 편다.[17] 이 시점에서 신앙고백에 관한 비판이 대요리문답과, 삼위일체론이 신학적 스펙트럼의 나머지의 기초가 되는 방식들에 비추어서 완화될 필요가 있는데, 우리는 곧 이것을 살펴볼 것이다.

신앙고백에서의 하나님과 삼위일체에 관한 위원회 보고들에 대해 벌어진 토론들에 관한 것이 의사록에는 실질적으로 아무것도 없다. 이들 토론은 1645년 7월 18일 금요일 제472차 회기부터 1645년 7월 24일 목요일 제474차 회기까지 발생했다. 1645년 8월 5일 화요

---

**16** C. Hughes, *On a Complex Theory of a Simple God: An Investigation in Aquinas' Philosophical Theology* (Ithaca, NY: Cornell University Press, 1989).

**17** Muller, *PRRD*, 4:143이하.

일 제480차 회기에서는 대요리문답과 관련하여 하나님에 관한 토론이 있었다. 여기에 그 흥미로운 기록이 있다.[18]

여러 해 전에, 로버트 L. 레이몬드(Robert L. Reymond)는 『최신 조직신학』(*A New Systematic Theology of the Christian Faith*) 초판에서, 이 총회가 에큐메니컬 공의회들에서 채택된 것으로서의 성자의 영원한 나심(generation)과 성령의 영원한 발출(procession)의 교리들을 거부했을지도 모른다고 제안했다. 그 대신에, 총회는 칼빈을 따르기로 결심했다고 그는 제안했다. 칼빈은 이 대목에서 니케아-콘스탄티노플 해결의 언어를 사변적이라고 생각했다고 레이몬드는 주장했다.[19] 레이몬드가 그의 조직신학 제2판에서 이러한 주장들을 철회했지만, 그것들은 연구가 필요할 정도로 충분히 광범위하다. 다른 곳에서, 나는 칼빈이 이러한 교리들 양쪽에 대해 콘스탄티노플 공의회(AD 381)와 일치했다는 것을 증명했다.[20] 이 점에서, 니케아 삼위일체론과 개혁파 삼위일체론 사이에는 분열이 없다.

웨스트민스터가 니케아 삼위일체론에서 벗어나지 않았다는 것은 대요리문답에서 분명히 알 수 있다. 대요리문답 10은 이렇게 묻는다.

문) 신성 안에 있는 삼위의 위격적 귀속이란 무엇을 말하는가?
답) 성부는 성자를 낳으시고 성자는 성부에게서 나셨으며 성

---

18  Mitchell and Struthers, eds., *Minutes of the Sessions*, 114-18을 보라.
19  Reymond, *A New Systematic Theology*, 324-41, 나용화 외 옮김, 『최신 조직신학』(서울: CLC, 2004).
20  Letham, *The Holy Trinity*, 252-68.

령은 성부와 성자로부터 영원히 나오심을 말하는 것이다.

이 답은 성령이 성부와 성자로부터 영원히 나오신다고 명백히 진술한다. 이론적으로는, 성자가 성부에게서 나셨다고 하지만 이것이 "영원히" 일어나지는 않았다고 주장할 수 있을 것이다(문법상 '영원히'가 문장 가장 뒤에 있기에 이런 해석도 능하다는 것이다-역주). 그러한 독법은 많은 이유로 유지될 수가 없다.

첫째, 성령의 발출(proceed)은 영원하지만 성자의 발생(generation)은 영원하지 않다는 것은 일치하지 않을 것이다. 이것이 더욱더 개연성이 없는 것은, 역사적으로 삼위일체론적 위기의 해결의 관건은 성자의 신성과 위격 관계의 해결이었기 때문이다. 그 뒤에 성령의 신성과 위격 관계가 한층 쉽사리 왔다. 총회가 성자의 영원한 나심이 아니라 성령의 영원한 나심을 지지했었다면 불합리했을 것이다.

둘째, 레이몬드의 제안은 "영원히"(from all eternity) 전에 쉼표가 필요치 않을 것이며, 따라서 그 문구의 언급은 성령에 관한 직접적으로 발출하는(preceding) 진술로 제한될 것이라는 것이다. 비록 그 본문이 오늘날 통상적으로 인쇄되듯이 쉼표가 없지만, 반 딕스훈은 대다수의 초기 사본들은 "영원히" 앞에 쉼표를 포함한다는 사실을 발견했으며,[21] 그것에 의해서 최종 문구가 성령뿐만 아니라 성자의 관계도 다룬다는 주장을 지지했다. 레이몬드의 제안은 또한 "성부"

---

21 Van Dixhoorn, 1:259n186. Bod Nalson 22, fol.133v의 구두점은 영원으로부터의 성자의 발생을 지지하는, 쉼표가 있지만, Bod Nalson 22, fo. 159v는 쉼표가 없다. 1647년 10월 22일경의 보다 앞선 인쇄본과 1648년 4월 14일경의 증거본문들이 있는 의회 인쇄본은 fo.133v를 지지한다.

에 관한 두 번째 언급 뒤에 세미콜론(;)을 필요로 해서, 성자의 관계와 성령의 관계를 구별할 수도 있겠지만, 그 대목에서는 아무것도 없다.

그러나 비록 쉼표가 "영원히"에 선행하지 않았지만, 대요리문답을 위한 초안의 질문들은 성자의 나심이 영원히 확장되는 것으로 받아들였음을 증명한다. 1646년 9월 15일 화요일 제708차 회기에서 제출된 그 질문들은 다음과 같다.

> Q 9: 성자는 신성에서 성부와 동등한가?
> A. 영원히 성부의 독생자이신 하나님의 아들은 성부와 동등한 참 하나님이시다.
> Q 10: 성령은 또한 성부 및 성자와 동등한 하나님이신가?
> A. 영원히 성부와 성자에게서 나오시는 성령은 또한 성부 및 성자와 동등한 참 하나님이시다.[22]

이러한 질문들이 보여주는 것은, 총회의 위원회가 성자는 영원히 성부에게서 나신다고 받아들였다는 것과 그리고 이것은 성부 내지는 성부의 참된 신성과의 그의 동등성을 조금도 감소시키지 않는다는 것이다. 어떠한 증거도 전체로서의 그 집단에 다른 견해가 있었다는 것을 시사하지 않는다.

레이몬드는 또한 니케아 신경에서 성자를 "하나님의 하나님"이라고 칭하는 문구가 없는 것이 자기의 명제를 뒷받침한다고 주장

---

22  Van Dixhoorn, 6:357.

했다. 이 문구는 성자에 대한 종속의 요소를 함축한다고 그는 주장했다. 더욱이 그것은 사변적이며 성경의 범위를 넘어섰다는 것이다. 그는 그 문구가 39개 신조에도, 다시 말해 1조, "성 삼위일체 신앙에 관하여"와 2조 "참 인간이 된 하나님의 말씀 또는 아들에 관하여" 양쪽에도 없다는 점을 간과했다.

나는 어느 누구도 39개 신조가 니케아 삼위일체론에서 벗어났다는 관념을 제시한다는 말을 아직 듣지 못했는데, 39개 신조가 8조에서 "성경의 가장 확실한 보증으로" 증명할 수 있는 것으로서 니케아-콘스탄티노플 신경을 분명히 지지하기 때문에 더욱더 그러하다. 한층 더 두드러진 것은, 그 문구가 일반적으로 "니케아 신경"으로 알려진, 콘스탄티노플 공의회 신경에도 없다는 것이다. 만약 레이몬드의 명제가 옳다면, 니케아 신경은 신경 그 스스로의 삼위일체론을 거부하는 것일 터이다! 더욱이 이 문구는 니케아 신경(AD 325)에서 비롯됐으며, 삼위일체론의 위기가 시작될 때에 제시됐지만, 내내 버림을 받았다. 나는 다른 곳에서 칼빈이 이탈리아의 삼위일체론 반대자들에 맞서 이 신조를 옹호하는 것을 증명했다.[23]

삼위일체의 세 위격들의 영원한 관계가 총회에서는 논쟁의 문제가 아니었다는 것과 고전적인 삼위일체론의 해결을 웨스트민스터 신학자들이 전적으로 받아들였다는 것은 그 문제에 대한 불화에 관한 기록이 전혀 없다는 사실에서 분명히 알 수 있다. 예를 들면, 1943년 7월 18일 화요일 제7차 회기에서 벌어진 39개 신조의 제2조에 대한 토론에서, 성자는 "영원히 성부에게서 나셨다"라고 하였다.

---

23 Letham, *The Holy Trinity*, 264-67.

라이트풋에 따르면 "큰 토론"이 있었지만, 이것은 그리스도의 고난에 대한 그 후의 언급과 그가 자기 영혼 속에서 고난을 당하셨다고 진술되어야 하는지의 여부를 둘러싸고 벌어졌다. 성자의 영원한 발생에 관한 언급에 대한 논쟁—또는 심지어 토론—에 관한 기록이 없다.[24] 모리스의 전언에 의하면, 총회는 "어떠한 적합한 의미에서도 계시의 이렇게 다양한 형태들과 측면들을 구현하거나 통합하는 유일한 것으로서…신앙고백에서 거의 문자 그대로 재생산된, 니케아 또는 칼케돈의 서술"을 채택했다.[25]

이 요리문답들은 하나님의 단일성(LC 8; SC 5)과 하나님의 삼위성(LC 9; SC 6), 즉 삼위 하나님은 참되신 한 하나님이시다(LC 9)라는 것을 요약적으로 진술한다. 삼위는 한 본질, 한 능력, 한 영원이시며 권능과 영광에 있어서 동등하시나 삼위의 각 위격적 귀속에 의해 구분된다. 이러한 귀속 또는 관계는 LC 10에서 논의된다. 성부는 성자를 낳으시고, 성자는 성부에게서 나셨으며, 성령은 성부와 성자로부터 영원히 나오신다. 이 셋은 동등하다(LC 11). 암묵적으로는, "하나님"에 대한 그 이상의 언급들은 모두, 이 맥락에 의거해서, 성부 아니면 삼위일체 전체에 관해 언급하는 것이다.

신앙고백과 대요리문답은 모두 삼위일체론으로 가득하다. 총회가 삼위일체를 경시했다는 것은 사실과 다르다. 다음은 어떻게 삼위일체 교리가 소집된 신학자들의 신학의 기초가 되는가에 관한 예들이다. 하나님은 하나님의 말씀과 성령으로 사람들의 구원을 위해서 자신을 계시하신다(LC 2).

---

24  Lightfoot's journal, in Van Dixhoorn, 2:9-10.
25  Morris, *Westminster Symbols*, 166.

이는 성경에 관한 문답 3-5로 이끈다. 하나님의 작정이 그리스도 안에서 이루어진 것은, 하나님이 그리스도 안에서 그의 택함을 입은 자들을 선택하셨기 때문이다(WCF 3.5). 이는 그리스도에 의해 구속되고 성령에 의해 그리스도를 믿도록 부르심을 받기 위함이다(WCF 3.6). 선택에 대한 이러한 삼위일체론적 기초는 다른 곳에서는 전개되어 있지 않다. 다른 한편으로, 창조는 충분히 삼위일체적이다(WCF 4.1). "성부, 성자, 성령 하나님은…창조하시기를 기뻐하셨다." 반면에 섭리는 이런 용어들로 명백하게 제시되어 있지 않다(WCF 5). 삼위일체의 삼위는 모두 은혜언약에 관여하신다(WCF 7.3; LC 32). 왜냐하면 하나님은 예수 그리스도에 의해서 죄인들에게 생명과 구원을 베푸시며, 그들로 하여금 기꺼이 믿게 하고 또 믿을 수 있도록 하기 위해서, 모든 구원하는 은혜들을 베푸시기 위해, 그리고 그들로 하여금 하나님께 순종하면서 살 수 있도록 하기 위해서 하나님의 성령을 주시기로 약속하시기 때문이다.

율법 시대의 계명들은 오실 그리스도를 가리켰고 성령의 사역으로 때가 되어 충족되었다(WCF 7.5). 때가 되어, 하나님의 영원한 목적에 따라서 중보자이신 그리스도께서 하나님의 지목을 받고 택함을 입으셨다. 이 언급이 성부에 대한 것처럼 보이는 것은, 주 예수님이 하나님의 독생자라고 하기 때문이다(WCF 8.1). 성부와 한 본질이시고 동등하신 성자께서는 사람의 본성을 취하시고, 성령의 권능으로 잉태되셨다(WCF 8.2; LC 37). 주 예수님은 성령으로 성화되시고 기름부음을 받으셨으며, 이와 같이 그분 안에 모든 충만함이 거하는 것이 성부를 기쁘시게 했다(WCF 8.3; LC 42-43). 따라서 주 예수님은 성령으로 말미암아 모든 시대에 선지자의 직분을 수행하신다(LC 43). 더욱이 그의 구속 사역은 삼위일체적인 사건이다. 히브리서 9:14에 대한 언급이 이루어지는데, 여기서 영원하신 성령을 통하여 그는 성부께 자신을 드리셨다고 한다(WCF 8.5). 그리스도께서는 성령에 의해서 택함을 받은 자들의 마음을 계속해서 다스리신다(WCF 8.8).

구원의 순서도 나뉘지 않는 삼위일체의 사역으로 간주된다. 유효적 소명(부르심)은 삼위일체적인 용어들로 고찰된다. 성부 하나님은 그의 택함을 입은 자들을 그의 말씀과 성령으로 부르셔서 예수 그리스도에 의한 구원으로 이끄신다(WCF 10.1; LC 67). 하지만 복음을 들을 수 없는 택함 받은 사람들은 성령을 통하여 그리스도에 의해 중생되고 구원을 얻는다(WCF 10.3). 성부 하나님은 또한 그가 부르시는 사람들을 그리스도의 죽음과 부활에 의해서 의롭다고 칭하시지만(WCF 11), 성령께서 그들에게 그리스도를 적용하신다(LC 72). 입양에서, 하나님은, 하나님의 아들 안에서, 하나님의 아들의 영을 택하시고 주신다(WCF 12; LC 74). 성화는 성부 하나님의 은혜의 사역인데, 이것으로 말미암아 하나님이 세상의 창조 이전에 택하신 사람들이 성령의 능력 있는 역사로 새로워지고, 그리스도의 죽음과 부활을 그들에게 적용한다(WCF 13.1; LC 75). 그리스도와의 연합으로 그들은 죄에 대해서는 죽고 다시 일어나 새로운 삶을 살게 된다.

구원하는 믿음은 하나님의 말씀과 함께하시는 성령께서 인간의 마음 속에서 역사하시는 결과이며, 이러한 믿음에 의해서 우리는 하나님이 성경에서 말씀하시는 것은 무엇이든지 믿으며 특히 구원을 위해서 오직 그리스도만을 믿고 의뢰한다(WCF 14.1; LC 72). 회개는 믿음과 동시에 성령에 의해서 일어난다(LC 76; WCF 15). 선행은 성령에 의해서, 하나님이 하나님의 말씀 안에서 명령하신 바에 따라서 이루어지며, 하나님의 아들이신 그리스도 안에서 그리고 그리스도를 통하여 하나님께 열납된다(WCF 16). 견인(perseverance)은 성부의 변하지 않는 사랑과 그리스도와의 연합 그리고 성령의 내주하는 현존하심에 근거한다(LC 79; WCF 17.1-2). 구원의 확신은 우리가 하나님의 자녀임을 우리의 영과 함께 증거하시는 성령에 의해서, 그리고 우리가 신앙 안에서 믿으며 그래서 "그리스도와 더불어 누리는 영광의 첫 열매"를 누리는, 그리스도를 중심으로 하는, 하나님의 약속들에 의해서 성취된다.(LC 80; 83). 따라서 총체적 구원은 삼위일체적인 용어들로 총회에 의해서 고찰된다. 각각의 그리고 하나씩 하나씩 모든 단계의 기초가 되는 것은 그리스도와의 연합을 성취하고, 유지하며, 돈독히 하는 삼위일체의 삼위 모두의 불가분의 사역이다.

따라서 이와 동일한 주제가 예배에서 작동하기 시작한다는 것은 당연한 것이다. 기독교의 예배는 성부, 성자, 성령께(WCF 21.2), 그리고 오직 하나님께만 드려진다. 정의상, 기독교 예배는 삼위일체적이다. 그렇지 않으면 그것은 아무것도 아니다. 이것을 뒷받침하기 위해서 인용되는 것이 마태복음 4:10, 요한복음 5:23, 고린도후서 13:14의 나오는 사도의 축도이다. 따라서 예배의 불가결한 부분인 기도는 "성자의 이름으로, 하나님의 성령의 도우심에 의해서, 성부의 뜻에 따라서 행하여진다"(WCF 21.3; LC 178). 그러므로 하나님의 성령에 의해서 그리스도께 연합된 성도들은 그리스도와 친교를 갖는다(WCF 26.1). 성례들 또한 교회의 예배에 필수적이다(LC

161). 세례는 성부와 성자와 성령의 이름으로 집례된다(WCF 28.2; LC 165, 167을 보라). 이러한 삼위일체적인 주제는 그 장 전체에 걸쳐있다. 마찬가지로, 성찬에서도 합당한 수찬자들은 성령에 의해서, 육체적으로가 아니라 영적으로, 그리스도를 받아서 흡족하게 먹는다(WCF 29.7)

이상한 것은, 대요리문답이 그리스도의 부활과 관련해서 성령에 관한 언급을 하지 않는다는 것이다(LC 52). 하지만 이것은 로마서 8:1-11에서의 바울의 중요한 주제이며 또한 고린도전서 15:35 하반절에서의 부활하신 몸의 본질에 관한 그의 논의에서 중요한 역할을 한다. 그렇지만 이러한 결여는 우리가 그리스도께서 얻게 해 주시는 유익을 공유하게 되는 방법에 관한 그것의 고찰에 의해서 상쇄된다(LC 58). 여기서 대요리문답은 그것이 "특히 성령 하나님의 역사인, 그 유익을 우리에게 적용함으로써" 이루어진다는 것을 분명히 확언한다. 그 주제는 LC 59에서 계속된다. 더욱이 의인의 부활은 그리스도의 권능과 성령에 의하여 이루어진다(LC 87). 그 후에 그들은 "영원토록 하나님 아버지와 우리 주 예수 그리스도와 성령의 직접적인 대면과 성취"를 누리게 될 것이다(LC 90).

이렇게 말한 뒤에, 대요리문답에서 그리스도의 승귀에 대해 진술하는 이 단락에서 성령에 대한 것은 전혀 아무것도 없다(LC 51-56). 토랜스는 신앙고백에서 성령 내지는 하나님의 무한한 사랑에 대한 장이 없는 것을 "중대한 누락"이라고 지적한다. 그는 또한 교회의 선교적 봉사 활동에 대한 언급이 전혀 없는 것과, 이것과 일치해서 하나님이 그의 사랑을 택함을 받은 자의 정해진 수효로 제한하시는 것에 대한 강조를 지적한다. 왜냐하면 자기의 사랑을 제한하는 하나님은 사랑이 될 수 없기 때문이라고 토랜스는 말한다.[26] 이렇게 중대한 문제들이 없다는 것이 질문을 받을 수 있는 것인가?

첫째, 우리는 그 맥락을 염두에 두어야 한다. 웨스트민스터 총회는 잉글랜드 교회의 헌법적 기초를 확립하기 위해서 소집됐는데, 그때까지 이러한 기초가 법률적 용어들로 존재하지 않았다. 그후에, "엄숙 동맹과 언약"(Solem League and Covenant)이 서명되자 총회에 세 왕국에서 교회와 그 교리 및 정치를 통일하는 과업이 맡겨졌다. 총회는 이러한 압박하는 문제들에 응수해야 했다. 총회는 할 수 있는 모든 것을 말하려고 하지는 않았다.

둘째, 이 웨스트민스터 신학자들은 교회의 선교적 소명을 인식하지 않은 게 아니었으며, 우리가 살펴본 대로 그것은 신앙고백 1장에 표명되어 있다. 중국에서 선교사 부모에게서 출생해서 스스로를 스코틀랜드 문화에 대한 복음전도자로 여긴 토랜스는 분명히 이렇게 필요불가결한 과업에 헌신했다. 그러나 우리는, 그가 총회의 자료를 충분히 면밀하게 살펴보지 않았다고 제안한다.

셋째, 몇 백 년 뒤에 생길 관심사와 발전들을 예상하지 못한 것에 대해서 17세기의 한 집단을 비판하는 것은 시대착오이다. 성령의 사역에 대한 크나큰 관심과 비기독교 종교들과의 만남 및 세계 선교는 모두 근세에 일제히 나타났다.

넷째, 신앙고백과 대요리문답에는 로버트슨이 "성령의 위격과 사역에 관한 매우 충분한 교리"라고 부르는 것이 있다.[27] 우리는 말

---

**26** T. F. Torrance, *Scottish Theology*, 141.

**27** O. P. Robertson, "The Holy Spirit in the Westminster Confession," in *Westminster Confession into the 21st Century* (ed. Duncan), 57–99.

씀 안에 계시된 것들의 구원하는 이해를 위한 성령의 조명의 필요성과 더불어(WCF 1.6). 성경이 하나님의 말씀이라는 성령의 내적 증거의 중요성을 알게 되었다(WCF 1.4-5; LC 4). 더욱이 성경에서 말씀하시는 성령은 종교상의 모든 논쟁들 가운데서 최고의 심판자이시다(WCF 1.10). WCF 2장에서, 성령의 충만한 신성이 선포된 것은, 성령이 성부 및 성자와 한 실체이시고(LC 9, 11), 불가분의 삼위일체의 단일성 안에서 성부와 성자에 대한 관계를 유지하시기 때문이다(LC 10).

후에, 신앙고백은 주님이 주님의 택함을 입은 자들로 하여금 기꺼이 믿게 하고 믿을수 있게 하기 위해서 그들에게 주님의 영을 약속하신다고 확언하지만(WCF 7.3), 구약 시대에 택함을 받은 자들의 믿음을 세우는 것은 성령이시다(WCF 7.5). 피조세계는 철저히 삼위일체적인 방식으로 이해되는데, 성령께서 불가결하게 관여하신다(WCF 4.1). 성령은 택함을 받은 자들을 그리스도를 믿도록 유효하게 부르신다(WCF 3.6).

하나님의 아들은 성령으로 잉태하시어 성육신하셨으며(WCF 8.2; LC 37), 성령으로 한량없이 성화되시고 기름부음을 받으셨다(WCF 8.3; LC 42). 예수님의 순종과 성화는 성령을 통해서 성부 하나님께 드려졌다(WCF 8.5). 그리스도께서는 하나님의 성령으로 택함을 받은 자들을 효과 있게 설득하셔서 믿고 순종하게 하시고(WCF 8.8), 하나님의 말씀과 성령으로 그들의 마음을 다스리신다(LC 32, 58-59). 그리스도께서는 하나님의 영으로 교회에 하나님의 완전한 뜻을 계시하신다(LC 43). 하나님은 하나님의 말씀과 성령으로 유효적으로 부르신다(WCF 10.1; LC 67-68).

성령께서는 그리스도를 택함 받은 자들에게 적용하신다(WCF 11.4). 성령은 양자의 영이시다(WCF 12.1; LC 74). 성화는 말씀과 성령에 의해서 성취된다(WCF 13.1-3; 17.1; LC 75). 구원하는 믿음은 말씀과 성례들의 사역에 의해서 이루어지는(LC 72), 성령의 역사이다(WCF 14.1). 우리가 선행을 할 수 있는 능력은 전적으로 성령에게서 나온다(WCF 16.3). 그 행위가 선한 것인 한, 그것은 성령에게서 나온다(WCF 16.5). 믿음의 견인은 성령의 내주하심과 거하심 덕분이다(WCF 17.2; LC 79). 양자의 영의 증거는 구원의 확신을 준다(WCF 18.2-3; LC 80-81). 한편 그리스도의 영은 인간의 의지를 복종시켜서 하나님이 요구하는 바가 이루어지게끔 하신다(WCF 19.7). 율법보다 복음 아래에서 하나님의 영의 더 충분한 교통이 있다(WCF 20.1).

기독교의 예배는 성부 및 성자와 더불어 성령께 드려진다.(WCF 21.2). 따라서 우리는 성령의 도우심으로 기도한다(WCF 21.3). 하나님의 약속에 따라서, 성령께서는 교회의 성직을 유효하게 하신다(WCF 25.3; LC 155, 159). 성도들은 믿음을 통하여 그의 성령에 의해서 예수 그리스도께 연합되며, 따라서 상호 간에도 연합된다(WCF 26.1). 성례들의 효능은 성령과 성례 제정의 말씀에 의존한다(WCF 27.3; LC 161). 세례는 성부와 성자와 성령의 이름으로 베풀어진다(WCF 28.2; LC 165). 세례에서 약속된 은혜는 하나님의 정하신 때에 택함을 받은 자들에게 성령에 의해서 제공된다(WCF 28.6). 성찬에서, 합당한 수찬자들은 성령에 의해서 영적으로, 그러나 참으로 또 실제로, 그리스도를 먹는다(WCF 29.7; LC 170). 마지막 날에, 의인들의 몸은 성령에 의해 살아나 영예를 받아서 그리스도의 영광스러운 몸과 유사하게 된다(WCF 32.3; LC 83, 87, 90).

토랜스가 성령에 대한 장이 웨스트민스터 신앙고백에서 결여되어 있다고 불만을 말하는 것은 웨스트민스터 신학자들이 성령과 그의 사역이 피조세계 전체에 충만하고, 은혜의 모든 단계에서 활동하며, 그리스도인의 삶 전체를 떠받친다고 생각하는 방식을 간과하는 것이다.

선택의 교리에 관한 토랜스의 비판과 그 교리가 하나님의 사랑을 제한한다는 주장에 대해서는, 우리가 이제 다루게 되는 하나님의 주권적 자유에 대한 장에서 논의할 것이다.

# 제9장

# 하나님의 주권적 자유

> 우리는 천지를, 가시적인 및 비가시적인 만물을 지으신
> 전능하신 한 하나님 아버지를 믿으며…
> 만물이 그분으로 말미암아 만들어지고…
> 아버지 우편에 앉아 계신…한 주 예수 그리스도를 믿으며…
> 주님이시며 생명의 수여자이신 성령을 믿는다.

## 1. 하나님의 작정(WCF 3-5; LC 12-20)

모리스(Morris)는 특히 하나님의 작정을 논쟁으로 끌어들였던 아르미니우스 논쟁에 비추어, 이 장들이 자연스럽게 선행하는 것에 후속한다고 정확하게 논평한다.[1] 또한 모리스는 하나님의 계획들은 영원으로부터 형성된 것이 틀림없으며, 거기에 모든 것과 모든 사건이 포함되는 것이 틀림없다는 것을, 하나님의 지고한 뜻은 그 계획들을 실행에 옮길 것이라는 것을 인정한다.[2] 하나님의 작정을 웨스트민스터 신앙고백이 시작되는 곳에 가까이 배치함으로써, 웨스

---

1 Morris, *Westminster Symbols*, 179-82.
2 Ibid., 183-84.

트민스터 신학자들은 신학은 하나님 중심적인 기획이 되어야 한다는 신호를 보냈다. 이것은 위대한 에큐메니컬 신경들과 일치한다. 그러한 신조들은 성 삼위일체 하나님과 그리스도의 사역, 그리고 교회와 성례들에 초점을 맞춘다.[3] 이러한 배치는 나머지 신학의 배치가 논리적으로 추론되었던 그런 원리와는 다르다는 것을 명백하게 보여준다.

우리는 본서 제6장에서, 이에 대한 지금은 신빙성을 상실한 주장의 시대착오적인 성격에 관해 논의했다. 하나님의 작정에 대한 총회의 강조는, 잉글랜드가 1640년대에 처했던 것과 같은 험악한 불안정의 시대에 매우 필요했다. 어떤 것도 확실하지 않았다. 국가의 제도들은 혼란에 빠졌고, 나라는 내전을 겪고 있었으며, 합법적인 교회는 존재하지 않았다. 기초가 완전히 흔들리고 있었다. 하지만 이 모든 것의 한 가운데서, 하나님은 하나님의 영광과 하나님의 택함을 입은 사람들의 선을 이루려는 하나님의 주권적 목적들을 성취하고 계셨다. 결국 하나님의 나라는 승리할 것이고, 하나님의 교회는 보존될 것이며, 하나님의 택함을 받은 자들은 본향으로 인도되어서 영광을 받게 될 것이다.

신앙고백은 단수형으로 하나님의 작정에 관해 언급하지만, 요리문답들은 복수형으로 되어 있다. 이 문제에 대한 논의가 총회에서 일어났다. 아르미니우스파가 각기 다른 작정들로 구분하는 것에 대한 반대가 있었다. 다른 사람들은 그런 문제에 대한 언명이 신앙고백에 포함되어야 하는지의 여부에 관한 문제를 제기했다. 모리스는

---

**3**  Letham and Macleod, "Is Evangelicalism Christian?"을 보라.

그 작정들—언약들처럼—을 인간의 판단으로는 많지만 하나님의 판단으로는 하나라고 생각한다.[4] 그는 이렇게 제안한다. 작정의 단수형의 본성은 그 작정의 실행은 저항할 수 없다는 개념을 품는다. 그것은 섭리에 대한 5장에 의해서 균형이 잡히는데, 5장에서 하나님은 죄의 도입과 허용을 고려하는 제2원인들의 본성에 따라서 통상적으로 다스리신다고 한다.[5]

증거본문들을 비롯한 3장에 대한 토론들은 20일에 걸쳐서 여러 차례 벌어졌으며 "대단히 엄중하고 매우 광범위했다."[6] 로버트 베일리(Robert Baillie)는 "길고 격렬한 토론들"에 대해 언급했다.[7] 위원회 보고서는 아일랜드 신조를 밀접하게 따랐다. 토론은 두 가지 주요한 사안들에 초점을 맞췄다. 첫 번째이면서 비교적 덜 중요한 것은, 하나님이 인간의 타락을 허용하시는 것에 관한 문제였다. 그것은, 그 위원회가 보고한 대로, 인간의 타락은 선택의 작정과 "동일한 작정"에 의해서 일어났는지의 여부와 그리고 만약 그렇다면 그 문구가 신앙고백에 포함되어야 하는가의 여부와 관계가 있었다. 토론은 두 차례의 회의(1645년 10월 20일 월요일 제520차 회기와 1645년 10월 21일 화요일 제521차 회기)에서 열렸다.[8]

라자러스 시먼(Lazarus Seaman)은 그 문구를 포함시켜야 한다고 주장했다. "대토론"은 그 문구를 빼는 것을 따랐을 것인데, 왜냐하

---

4   Morris, *Westminster Symbols*, 186-87.
5   Ibid., 190-2.
6   Warfield, *Westminster Assembly*, 122-24.
7   Robert Baillie, *The Letters and Journals of Robert Baillie: Principal of the University of Glasgow 1637–1652* (ed. D. Laing.; 3 vols.; Edinburgh: Robert Ogle, 1841), 2:325.
8   Van Dixhoorn, 6:200-2.

면 아르미니우스파가 그 작정들을 구별했고 그들의 "가증스런 교리"가 모두 이것에서 생겼기 때문이다.

다른 한편, 러더포드(Rutherford)는 신중히 다루어야 한다고 주장했다. 모든 사람이 하나님은 목적과 수단 양쪽 모두를 작정하신다는 것을 인정하지만 또한 그것은 아마도 하나의 작정이겠지만, 그러한 진술이 신앙고백에 포함되어야 하는지는 의심스럽다고 그는 주장했다. 확실한 것은, 만약 어떤 증거가 그 점을 입증하기 위해서 제시되었다면, 그는 총회가 기꺼이 그 증거에 귀를 기울일 거라고 믿었다는 것이다.

예레미야 휘테이커(Jeremiah Whitaker)는 "우리의 개념들은 그 작정들에 대해서 매우 다양하다"고 중대한 (그 다음 며칠간의 토론에 비추어서) 지적을 했다. 하지만 그는 왜 그 문구를 빼야 하는지를 알지 못했다. 왜냐하면 그것은 시간에 있어서는 "동일한 작정"이기 때문이다(그것은 동시적이고 단회적인 것이다).

길레스피(Gillespie)는 각 사람의 자유가 "자신의 뜻에 따라 생각하기를" 원했다. 레이놀즈(Reynolds)는 그 문구를 포함시키는 것에 강경한 반대론을 주장했다. "우리는 신앙고백에 논쟁거리들과 스콜라적인 것들을 포함시키지 맙시다." 게다가 우리의 시각에서는 그것들은 각기 다른 작정들이라고 그는 부언했다. 시먼(Seaman)은 다시금 선택에 관해 두 가지 작정을 하는 것에 대해서 항거파(Remonstrants)를 인용하면서, 그 문구를 포함시키는 것에 계속해서 완강히 반대했다. 캘러미(Calamy)는 레이놀즈를 지지하지만 ("나는 아무것도 포함되지 않기를 바랍니다"), 이와는 반대로 팔머(Palmer)는 "그 문구를 빼버리면 더 나쁠 것"이라고 주장했다. 한편 길레스피는 자연의 이치상 하나님이 사람으로 하여금 영광을 받도록 정하시는 것이 타락을 허용하시는 그의 작정에 선행한다고 지적했다.

결국 그 문구는 빠졌다. 그렇지만 3장은 그 표제를 단수형-"하나님의 영원한 작정(Decree)에 관하여"-으로 하고 또 생명으로 예정되어 있는 것과 죽음으로 미리 정해져 있는 것 양쪽을 이러한 하나의 "작정"의 여러 측면으로 보는 것에 의해 3장 3조에서 그 점을 재확언함으로써 이러한 작정들이 분리될 수 있다는 어떠한 개념도 피한다.[9]

그렇지만 LC 12는 하나님의 뜻의 영원한 행위들로서, 복수형인 하나님의 작정들에 관해 얘기한다. 이 복수형은 하나님에 의해 작정된 다양한 것들을 의미하지만 단수형은 그의 목적의 단일성에 관해 언급한다고 주장할 수도 있다. 그러나 총회가 그것을 이런 식으로 봤다는 증거는 없다. 워필드(Warfield)는 총회가 어느 특수한 부류의 칼빈주의를 따르기보다는 오히려 일반적인 칼빈주의(generic Calvinism)를 따른다고 지혜롭게 평한다.[10]

가장 중요한 차이점들은 "그러나 택함 받은 자들 외에는 다른 아무도 그리스도에 의해 구속되지 못하고, 유효하게 부름 받지 못하며, 칭의, 양자, 성화 및 구원을 얻지 못한다"(WCF 3.6)라는 진술에 관한 토론 중에 나타났다. 가장 활발한 논의는 1645년 10월 22일 수요일 제522차 회기부터 1645년 10월 24일 금요일 제524차 회기까지 일어났다.[11] 하지만 토론은 1645년 10월 31일 금요일 제527차

---

**9** Ibid.
**10** Warfield, *Westminster Assembly*, 136.
**11** Van Dixhoorn, 6:202-11.

회기까지 계속됐다.¹² 그 구절의 지도적인 반대자는 캘러미였다. 워필드가 정확하게 묘사하는 대로, 그의 입장은 가정적 보편구원론이었다. 1645년 10월 22일 수요일 제522차 회기에서 그는 다음과 같이 주장했다.

> 나는 아르미니우적 의미의 보편적인 구속은 거부하지만, 내가 주장하는 바는 도르트 회의에서 우리 신학자들이 확정한 의미 안에 있습니다. 그것은 그리스도께서는 모든 사람을 위해서 희생을 치르셨으며, 택함을 받은 자들을 위해서는 절대적이며, 유기된 자들에 대해서는 조건적인데, 그들이 믿는 경우에 그러하다는 것입니다. 모든 사람은 아담의 잘못에도 불구하이 구원 받을 수 있어야 합니다. 예수 그리스도께서는 모든 사람을 위해서 모자람이 없이 죽으셨을 뿐만 아니라, 하나님이 그리스도를 내어주시면서 또한 그리스도께서 스스로를 내어주시면서 그들이 믿을 경우에는 모든 사람을 구원의 상태에 두고자 하셨다는 것입니다.¹³

레이놀즈는 캘러미가 아르미니우스 및 항거파와 다르지 않다는 점에 있어서 회의적이었다. 왜냐하면 캘러미는 결코 그럴리 없는, 조건적 응답에 따른, 그리고 하나님도 의도하시지 않은 구원을 가정했기 때문이다.

그렇지만 캘러미는 계속해서 자기 입장과 아르미니우스파를 구

---

**12** Ibid., 6:212.
**13** Ibid., 6:202-3.

별했다. 아르미니우파는 그리스도께서는 희생을 치르셔서 만인을 동등한 상태의 구원에 두셨다고 말한다. "그들은 그리스도께서는 어떠한 탄원도 구매하지 않으셨다고 말한다." 캘러미는 자신의 견해들은 "특별한 선택이나 특별한 은혜의 교리를 침해하지 않는다"라고 주장했다. 그가 말하고자 하는 바는 아르미니우스파는 그리스도는 그냥 고난을 받으셨다고 주장한다는 것이었다. 모든 사람은 잠재적으로 구원 받을 수 있는 상황에 있기에, 믿는 사람은 누구나 구원을 받을 수 있다는 것이었다. 이와는 대조적으로 캘러미는 그리스도의 죽음이 그리스도의 택함 받을 자들을 구원하고 그 밖의 사람들에게는 구원의 조건적 가능성을 부여한다고 믿었다.

캘러미를 지지하는 시먼은 항거파의 견해들은 부적절하다고 주장했다. 중요한 것은 주장이 진실이냐 아니면 거짓이냐였다. 시먼은 캘러미가 사람과 관련된 구원 가능성에 관해 얘기하고 있는 게 아니라 하나님과 관련된 구원 가능성에 관해 얘기하고 있는 것이라고 주장했다. 하나님은 자비를 베푸실 사람들에게 자비를 베푸시기 위하여 세상과 지금까지 화해하셨다는 것이다. 팔머는 면밀히 조사해서, 캘러미가 이것을 모든 사람으로 받아들였는지의 여부를 알고 싶었다. 캘러미의 다소 맥빠진 응답은 "성인들에 관하여"(*de adultis*)였다.

길레스피도 이 문제에 개입해서 그리스도의 죽음과 작정들은 연관이 있다고 주장했다. 그는 카메론(Cameron)과 아미로(Amyraut)의 차이점들을 개략적으로 설명했다. 카메론에 따르면, 그리스도는 그들이 믿는다는 조건으로 모든 사람을 위해 죽으신 반면에 아미로는 그것에서 더 나아간다. 길레스피에게 문제는 캘러미가 구원 받지 못할 모든 사람의 절대적 유기를 고수할 수 있을지의 여부였다.[14] 캘러미는 이렇게 확언했다. "나는 특별한 선택에 찬성하고 또한 유기에도 찬성한다. 나는 총체적 부패(massa corrupta)에 찬성한다…그리스도의 죽으심의 덕택으로 유기된 자들에 대한 은혜의 어떤 경륜(ea administratio)이 있는데, 그들은 강퍅하게 스스로를 파멸시킨다. 나는 충분한 은혜도 특별한 은혜도 주장하지 않는다."

그러므로 캘러미는 아미로와 분명히 달랐으며 아미로만큼 멀리 가지 않았다. 그는 무어가 "잉글랜드의 가정적 보편구원론"이라고 부르는 것의 노선에 있다. 이것은 39개 신조의 범위 내에 있는 입장인데, 39개 신조는 유기에 관한 명백한 교리를 지지하지 않는다.[15] 도르트 회의에 관한 한, 캘러미에 대한 레이놀즈의 응수는 힘이 있다. "총회는 단지 그리스도의 죽음의 충족성을 선언할 작정이었다. 그것은 만인, 아니 만 개의 세상을 위해 충분한 가치가 있는 희생이다…구원을 받을 수 있다는 것은 유익이며 그러므로 오직 그리스도께 관심이 있는 그들에게만 속하는 것이다."

---

**14** Ibid., 6:204.

**15** Amyraut는 하나님이 타락을 예견하고서, 모든 사람의 죄를 구속하기 위해서 자기 아들을 보내셨다고 주장했다. 하나님은 또한 모든 사람이 다 복음을 받아들이지는 않으리라는 것을 예견하고서, 일부 사람들을 선택하셔서 구원을 얻게 하셨다. Calamy와 잉글랜드의 가정적 보편구원론자들은 택함 받은 사람들을 위한 유효한 구속과 택함 받지 못한 사람들을 위한 조건적인 구속을 고수했다. 즉 그 밖의 사람들은 지나치게 되는 선택의 작정을 고수했다. 이러한 신학적인 이유들에 대해서, Fesko처럼, 총회의 이런 사람들을 아미로주의자라고 하는 것은 잘못이다. 그것은 또한 역사적으로도 잘못된 것인데, 이러한 종류의 사유는 Amyraut가 이 주제에 대한 글을 쓰기 훨씬 전에 잉글랜드에 존재했기 때문이다. J. Fesko, "The Westminster Confession and Lapsarianism: Calvin and the Divines," in *Westminster Confession into the 21st Century* (ed. uncan), 477-525; Moore, *English Hypothetical Universalism*을 보라.

만약 캘러미가 이러한 가정적 보편구원론적인 입장의 지도적인 옹호자였다면, 라자러스 시먼은 그다지 유능하지 않은 지지자였다. 첫 번째 아담에 속한 모든 것은 저주를 면할 수 없게 되어서, 두 번째 아담에 속한 모든 것은 구원을 받아야 한다고 그는 제안했다. 워필드는 이것을 부적절한 것이라고 올바르게 일축한다. 개혁파 신앙 고백은 타락의 결과가 모든 사람이 잠재적으로 저주를 면할 수 없다는 것임을 결코 인정하지 않았을 것이다. 일어난 것은 아담이 인류를 파멸로 몰아넣어서 모든 사람이 실제로 하나님의 진노 아래에 있다는 것이었다. 마찬가지로, 그리스도는 구원을 단순히 가능하게 하지 않으신다. 그는 유효적으로 구원하신다.[16]

그 토론의 성경적 초점은 요한복음 3:16의 "세상"(world)에 관한 석의에 맞춰졌다. 캘러미는 이것이 "택함을 받은 자들과 유기된 자들과 택함만을 받지 못한 자들의 세상"에 대한 하나님의 사랑에 관해 언급한다고 주장했다.[17] 그는 그것이 "믿는 자마다"(whosoever believeth)라는 문구 때문에 택함을 받은 자들을 의미할 수 없다고 주장했다. 더욱이 마가복음 16:15은 복음이 만민에게 전파될 것을 명한다. "만약 은혜언약이 만민에게 전파되어야 한다면, 그리스도는 어떤 의미에서는, 모든 사람 곧 택함 받은 자들과 유기된 자들 양쪽 모두를 구속하셨다. 그러나 은혜언약이 만민에게 전파되어야 한다. 그러므로 은혜언약에 대한 보증이 있다." 대안은 은혜언약의 전파에는 진리가 없으리라는 것이 되겠지만, 우리는 하나님이 공표하시는 것들은 모두 중대하고 참되다는 것을 알고 있다.

---

**16** Warfield, *Westminster Assembly*, 141.

**17** Van Dixhoorn, 6:204–5.

러더포드는 그 관련을 부정함으로써 반대했다. 은혜언약이 아주 많은 것을 증명한 것은, 그것이 구속에 적용되듯이 선택과 칭의에도 똑같이 적용될 것이기 때문이다. 캘러미로서는, 자기는 '적용'에 관해 얘기하고 있는 게 아니라 '제공'에 관해 얘기하고 있다고 말했다. 유다가 구원받을 수 없다는 점에서 그에게 그것이 제공될 수 없는 것이다. 러더포드는 캘러미의 입장의 근거를 요약했는데, 그 근거는 "모든 사람을 구원 받을 수 있게 하며 그래서 의롭다 하심을 받을 수 있게 한다는 것이다." 시먼의 논평은 이러했다. "그것은 오직 이것에만 임한다. 모든 사람이 영벌을 받을 수 있듯이, 모든 사람은 구원을 받을 수 있으며 그리고 하나님이 원하신다면 그는 그들을 택하시고, 그들을 의롭다 하시며, 그들을 성화시킬 수 있으시다." 캘러미의 주장을 지지하는 마샬(Marshall)은 "복음의 제공에는 오류가 있을(*falsum subesse*) 수 없다는 것"은 제대로 된 답변이 아니었다고 주장했다.

캘러미에 반대하는 윌킨슨(Wilkinson)은 그리스도께서 특별히 제외하신 자들은 구속의 참여자가 될 수 없다고 논한다. 그리스도는 세상을 위해 기도하지 않으셨다. 길레스피는 캘러미의 주장들에 대해 요한복음 3:16로 응수했다. 캘러미는 "세상"이 온 세상을 의미한다는 것을 당연한 일로 생각했지만, 그 점은 논란이 많았다. 그들의 신학자들은 어떤 곳들에서는 그 말은 또 다른 의미로 받아들여져야 한다고 말했다. 인자하심(philanthropy)에 관해서는, 하나님의 보편적인 사랑은 필연적으로 절대적 유기에 대한 부정에 이른다. 더욱이 마가복음 16:15에 의거해서 캘러미는 복음의 보편적인 제공의 근거

는 그리스도께서 죽으실 때 만들어진 것이라고 생각했다.[18]

캘러미가 행한 오류는 "작정의 뜻과 명령의 뜻"(voluntas/voluntis decreti & mandati)을 구별하지 않는 것"이라고 길레스피는 주장했다. 이것은 하나님의 작정의 뜻(그가 일어나리라고 결정하신 것)과 그의 명령의 뜻(그가 사람들에게 행하도록 요구하시는 것)의 차이이다. 사람은 자기가 마땅히 믿어야 한다는 것을, 그리고 믿음으로 자기가 구원받으리라는 것을 믿어야 한다. 그것은 하나님이 모든 인간들에게 요구하시는 의무이다. 그러나 하나님의 명령은 하나님의 의도와 다를 수 있다. 하나님은 사람들이 하나님을 순종하지 않도록—그들의 개인적인 책임에서 감하지 않은 채—작정하시는 경우가 자주 있었다.

그렇지만 마샬은 복음에는 명령 이상의 것, 즉 약속도 있다고 주장했다. 버지스는 캘러미의 입장 고유의 이중론을 지적했다. "당신은 새로운 언약(novum foedus)이 의도하는 것을 말한다. 그럴 때 두 언약이 있는데, 하나는 택함을 받은 자들에게 일반적인 것이고, 또 하나는 택함을 받은 자들에게 특수한 것이다." 캘러미는 얼굴을 붉히지 않았다. 그는 그 차이가 '제공'에 있는 게 아니라, '적용'에 있다고 말했다. 하나님의 작정적인 뜻은 오직 그 뜻의 적용에서만 분명히 알 수 있다. "세상"이라는 말은 실로 온 세상을 의미할 수 있으며 요한복음 3:16에서도 그러하다. 또한 하나님의 이중 사랑—일반적인 사랑과 특별한 사랑—도 있다.[19]

길레스피는 계속해서 캘러미의 주장을 논박했다. 캘러미는 자기

---

**18** 이 당시에, 입수 가능한 원고들은 마가복음의 마지막 열 두 절의 완전성을 뒷받침했다.
**19** Van Dixhoorn, 6:206.

가 증명할 필요가 있는 것을 당연한 일로 여겼다. 그는 하나님의 일반적인 사랑과 절대적 유기를 양립시키지 않았다. 복음의 일반적인 제공은 은밀한 작정에 의거하지 않는다. 라이트풋은 "세상"이라는 말은 유대인들의 국가와는 대조를 이룬다고 주장했다. 하나님은 택함 받은 자들의 구원을 의도하신다.

게다가 윌리엄 프라이스(William Price)는 비록 전체로서의 인류를 의미하더라도, 반드시 그리스도께서 개개의 사람들 "모두"를 의도하셨다고는 할 수 없다고 지적했다. 또한 반드시 그리스도께서 모든 사람의 구속을 위해서 의도적으로 죽으셨다고 할 수도 없다. 그는 캘러미와 그의 친구들에게 도전해서 인류와 맺은 그런 언약이 있음을 증명했다. 그리고 만약 그렇다면, 언약의 징표들은 일반적인 토대 위에서 집행되어야 함이 마땅하다. 복음의 무차별적인 제공의 이유는 우리 스스로가 누가 택함을 받고 누가 유기됐는지를 모르기 때문이다.

다른 한편, 바인즈(Vines)는 물었다, 복음은 언약이 아닌가? 복음은 모든 피조물에게 제시되지 않는가? 그리고 복음이 그리스도의 피 이외의 무엇에 기초하는가? 그는 계속해서 말하기를, 그는 "세상"에 의해서는 이방인들을 이해하지 못하지만, 그 말은 택함을 받은 자들 이상의 것을 의미하는 것 같다고 했다. 그것은 은사와 사랑 안에 있는 의도를 의미한다. 인류를 위한 일반적인 사랑이 없다면 우리는 살 수가 없을 것이다.[20]

그 이튿날인 1645년 10월 23일 목요일 제523차 회기에서, 토마

---

20  Ibid., 6:207.

스 구드윈(Thomas Goodwin)이 개입했다. 사실 그는 복음이 모든 피조물에 전파되어야 한다는 것을 인정했다. "그렇다면 질문은, '거기서 복음은 무엇인가?'이다." 대답은 하나님이 그리스도 안에서, 그와 같은 세상을 그들의 죄를 그들에게 돌리지 않으시는 그리스도와 화목케 하셨다는 것이다. 하나님의 택함 받은 자들의 세상에 관한 하나님의 작정들이 모호하게 표현되어서, 사역자들은 모든 사람에게 복음을 전파할 보편적인 책무 아래에 있다. 이는 모든 사람이 그리스도께로 나아오게 하기 위함이다.[21]

러더포드도 마찬가지로 단호했다. 그는 요한복음 3:16에 대해 언급하면서, "그리스도는 특정한 특별한 사랑에 관해 얘기하신다"고 말했다. 모든 신약에서 그것이 일반적인 사랑에 대해서 상술될 수 있는 곳은 한 권도 없다. 요한복음 3:16에서 묘사된 사랑은 교회로 제한된다. 러더포드는 또한 에베소서 5:21, 갈라디아서 2:20, 로마서 5:8에 대해서도 언급했다. 이러한 문구들은 모두 "실제적인 구원하는 사랑"에 관해 얘기한다.[22]

그 다음 1645년 10월 24일 금요일 제524차 회기에서 바이즈는 택함 받지 못한 자들에게도 "그리스도의 죽음과 그 유익의 열매가 어느 정도 있다"고 주장했다. 그러나 이것이 그들을 구원받을 수 있게 하는지의 여부를 우리는 말할 수 없다.[23]

이와는 반대로, 로버트 해리스(Robert Harris)는 조건적인 작정과 같은 것이 있을 수 있는지 의심했다. 요한복음 3:16에서, 그는 "세

---

21 Ibid., 6:208.
22 Ibid., 6:209.
23 Ibid., 6:210.

상"은 이방인들에 관해 언급한다고 말했다. 왜냐하면 그것이 유대인인 니고데모에게 말하여졌기 때문이다. 거기서 언급된 사랑은 존재할 수 있는 가장 높은 사랑이며, 일반적인 사랑을 의미할 수가 없다.[24]

그 토론은 한 주 더 진행됐다. 1645년 11월 3일 월요일 제528차 회기에서, "영원한 죽음이 예정된" 이라는 문구를 빼는 것에 대한 논의가 있었고 그 반대자들은 총회가 그렇게 하도록 설득하지 못했다. 1645년 11월 6일 목요일 제529차 회기에서, 유기에 대한 문단이 그 다음날 오전에 보고를 위해서 위원회에 회부됐다.[25] 그렇지만 1645년 11월 7일 금요일 제530차 회기에서는 그것에 관하여 아무런 언급이 없다;[26] 그 위원회는 1645년 11월 11일 화요일 제532차 회기까지 기다렸다. 이 총회에서도 토론에 대한 논평들이 없다.[27]

각각의 경우에서, 가정적 보편구원론자들은 총회의 승인을 얻지 못했는데, 총회는 여전히 확고부동했다. 기록된 담화들의 대략 1/3이 캘러미의 입장에 찬성함에도 불구하고 이러했다.[28] 캘러미와 그의 지지자들은 39개 신조로부터 그들의 주장을 찾을 수 있었고 아르미니우스와의 어떠한 관련도 정정당당하게 부인할 수 있었다. 그들을 아미로주의자라고 하는 것도 부정확하다. 잉글랜드에서의 가

---

24　Ibid., 6:211.
25　Ibid., 6:212.
26　Ibid., 6:213.
27　Ibid., 6:214.
28　Calamy, Seaman, Marshall, Vines 등은 가정적 보편구원론적인 독법을 지지하는 것으로 기록되어 있다. 그들은 Reynolds, Gillespie, Burgess, Rutherford, Wilkinson, Lightfoot, Price, Goodwin, Harris 등의 반대를 받았다.

정적 보편구원론은 아미로에 선행하며, 아미로가 작정적 이중론에서 그랬던 것처럼 멀리 가지 않았다.[29] 워필드는 다음과 같이 옳은 주장을 했다. 그 구절은 구원의 서정(ordo salutis)에서의 각각의 요소가 오직 택함을 받은 자들을 위해서만 의도된 것으로 인정한다는 것을 보증함으로써 가정적 보편구원론을 배제하려고 의도되었으며, 그리고 단순히 오직 택함 받은 자들만이 유익을 입는다는 사실을 기술하는 것이 아니었다는 것이다.[30]

WCF 3.7에 유기를 포함시킨 것은 의도적이었다. 이것은 "무서운 속도로 그 집단을 통과한, 서두른 초안이 아니었다…그것을 기초한 그 위원회의 영예로…[그것은] 명백하게 이 위원회 자체의 작업이었다…그 집단 전체의 살아있는 믿음의 심사숙고되고 철저하게 조정된 표현이었다…."[31] 이 모든 것에서, 캘러미와 그의 지지자들은 계속해서 총회에서 자신들의 역할을 담당했으며—캘러미가 두드러진 역할을 맡았다—자신들의 의견들에 대해서 배척당하지 않았다. 총회는 그것의 일반적인 칼빈주의의 범위 내에 있는 당파심이 강한 집단이 아니라, 각기 다른 견해들이 공존하도록 했다.

LC 12에 따르면, 그 작정들은 하나님의 뜻에서 나오는 행위들에 대해 언급하는데, 이 행위들은 지혜롭고, 거룩하며, 영원하고, 자유롭다. "하나님의 뜻의 도모"란 문구가 함축하는 바는 하나님의 모든 계획에서 삼위일체의 삼위는 모두 불가결하게 그리고 불가분하

---

29 Warfield, *Westminster Assembly*, 142에 반대하여. 그는 자기 주장을 뒷받침하기 위해서 Robert Baillie를 인용한다. Mitchell and Struthers, eds., *Minutes of the Sessions*, lvff.는 올바르게 토착적인 출처들을 지적한다.

30 Warfield, *Westminster Assembly*, 142-44.

31 Ibid., 144-46.

게 관여하신다는 것이다. 게다가 하나님의 작정들은 "그 자신의 영광을 위한" 것이다. 삼위일체적인 관점에서 보면, 이것들은 스스로에게 지우겠다고 고집을 부리는 천상의 어느 과대 망상자의 계획들이 아니라, 친교와 사랑 속에서 분리될 수 없으신 하나님의 지혜롭고 거룩한 계획들이다. 따라서 하나님은 시간 속에서 지나가게 되는 것은 무엇이든지 다 변할 수 없게 미리 정해 놓으셨는데, 특히 천사들과 사람들이 관련되어 있는 경우에 그러하다.

천사들과 인간들에 대한 이러한 특별한 관계는 선택과 거부에서 보인다. 하나님은 어떤 천사들은 영광을 얻도록 선택하셨다. 하나님은 순전한 사랑과 은혜로 이렇게 하셨다. 하나님은 또한 어떤 인간들은 영생을 얻도록 선택하셨다. 이러한 경우에서 차이점이 있는 것은, 하나님이 그리스도 안에서 이렇게 하셨기 때문이다. "그리고 그리스도 안에서 어떤 사람들은 영원한 생명으로 선택하시고 그 방법도 강구하셨다"(LC 13). 선택은 분명히 하나님의 사랑과 은혜의 맥락 속에 배치되며, 인간들의 경우에는 그리스도 안에 있다.[32] 인간들과 천사들의 차이는 택함을 받은 천사들은 구원이 필요치 않았다는 것이다. 하나님은 자신의 작정 속에서 그들을 지켜주셔서 죄를 범하지 않게 하셨다.

다른 한편, 하나님은 택함을 받지 못한 사람들을 유기하시어 그들이 수치와 진노를 받도록 정하셨다. 여기서 두 가지 요소가 관여된다. 하나님의 작정 그 자체는 하나님의 주권적인 권능—하나님은

---

[32] Isaac Watts(1674-1748)가 말한 대로, "죽을 운명인 반역자들을 구원하는 것은 처음부터 그분 자신의 목적이었다. 그분은 별이 빛나는 하늘을 펼치시기 전에 우리에게 그분의 아들인 그리스도 안에 있는 은혜를 주셨다."

하나님의 피조물들에게 자신이 기뻐하시는 대로 자유로이 행하신다
—과 우리가 면밀히 조사할 수 없는, 헤아릴 수 없는 그분의 뜻의 도
모에 따른다. 그렇지만 이것이 "택함을 받지 못한 자들"에 대한 부
당한 것으로 간주되어서는 안 된다. 왜냐하면 유기는 "그들의 죄로
인한" 것이며 또한 하나님의 영광스러운 공의와 완전히 일치하기
때문이다. 그것은 전적으로 공의로운 결정이다. "택함을 받지 못한
자들"은 하나님의 은혜에서 분리되는 쪽을 스스로 택했다. 하나님
의 작정은 공의롭게 그것을 확인한다. 바꿔 말하면, 그들이 전적으
로 책임을 지고 또 그들이 자유로이 행한, 생명에서의 그들의 선택
은 하나님 자신의 공의로운 작정의 결과이다.

우리는 선택과 유기의 불균형에 유의해야 한다. 선택은 은혜로
말미암은 것이며 그리스도 안에 뿌리를 박고 있다. 유기(reprobation)
또는 간과(preterition)는 죄 및 하나님의 정의와 관련되어 있다. 평행
이 아니라 비대칭이다. 궁극적으로는 양쪽 다 하나님의 불변하고,
지혜롭고, 거룩하고, 영원한 뜻에 의존하지만, 본질적으로 그것들
은 상당히 다르다. 타락후예정론자들과 타락전예정론자들 간의 논
쟁에 대해서 말하자면, 모든 고전적인 개혁파 신앙고백에서의 실정
이 그러하듯이 저울은 타락후예정론 쪽으로 기울었다.[33] 웨스트민

---

[33] 하나님의 마음 속에 있는 작정들의 순서에 관한 차이점들이 수십년 동안 존재했으며 1603년부터 시작된 아르미니우스 논쟁에서 표면화됐다. 타락전예정론자들은 첫째, 하나님이 하나님의 택함 받은 자들을 선택하시고 유기된 자들을 외면하셨다고 주장했다. 둘째, 하나님은 그들을 창조하기로 결정하셨다. 셋째, 하나님은 타락이 일어나야 한다고 작정하셨다. 넷째, 하나님은 선택된 자들을 구원하려고 그리스도를 보내시고 또 그들로 하여금 믿고서 견인할 수 있도록 성령을 주시기로 결심하셨다. 이 순서는 선택, 창조, 타락, 은혜였다. 선택하는 작정이 타락을 허용하는 작정에 선행했다. 선택에서, 선택된 자들은 창조될 수 있는 것으로 간주되거나, 또는 적어도 타락하지 않은 것으로

스터에서는 강한 타락전예정론적 주장이 있었다. 트위스와 러더포드가 당시에 그 입장의 지도적인 주창자였으며, 역사상 가장 저명한 사람들에 포함된다. 그렇지만 그들은 자신들의 해석을 그 문서들에 삽입시키지 못했다. WCF 6.1은 "하나님은 그의 지혜롭고 거룩한 도모에 따라서 (타락을) 허용하기를 기뻐하셨다"고 말한다. 게다가 WCF 3.6은 "아담 안에서 타락하고 택하심을 입은" 사람들에 관해 언급한다.

　WCF 3.1에서 하나님은 일어나는 모든 일을 주권적으로, 변할 수 없게, 그리고 지혜롭게 정하셨다고 한다. 이와 동시에, 하나님은 죄의 조성자가 아니시라고 한다. J. 페스코(J. Fesko)는, 아일랜드 신조와는 대조적으로 총회는 가능한 비판을 약화시키려고 "하나님은 죄의 조성자도 아니시다"라는 문구를 추가했고, 운명론이라는 비난을 상쇄하기 위해서 제1원인들과 제2원인들 사이에 존재하는 어셔의 스콜라 신학적 차이를 유지했는데, 이것에 의해서 인간의 자유로운 행위를 비롯한 창조된 질서의 완전무결함을 확언한다고 지적

---

간주된다. 타락후예정론자들은 이 순서를 고수했다. 창조, 타락, 선택, 은혜. 그들에게는, 하나님이 하나님의의 택함 받은 자들을 선택하셨을 때, 하나님은 그들을 타락한 것으로 생각하셨다. 타락을 허용하는 작정이 선택하는 하나님의 작정에 선행했다. 이 경우에는, 피택자들은 선택의 작정에서 타락한 것으로 생각된다. 이 순서는 크게 개혁파 교회들의 지지를 얻었으며 신앙고백들에 표현되어 있었다. 그것은 성경에 있는 역사적 순서를 정당하게 다루려는 시도였다. 아르미니우스는 이 순서를 제안했다: 창조, 타락, 은혜, 선택. 이것은 선택을 마지막에 두었는데, 하나님은 자기가 복음을 믿을 거라고 예견한 사람들을 구원을 위해서 선택하셨다. 이는 포스트데스티네이션(postdestination)이라고 불렸다. 이에 따르면 하나님은 인간의 결정에 단지 인칠 뿐이다. 이 문제에 관한 확장된 논의는 Fesko, "Lapsarianism," 495ff.와 그가 언급하는 그의 교리적 주제에 관한 출판본인 J. V. Fesko, Diversity *Within the Reformed Tradition: Supra- and Infralapsarianism in Calvin, Dort, and Westminster* (Greenville, SC: Reformed Academic Press, 2003), 257-96을 보라.

했다.³⁴ 하나님의 작정은 그의 피조물들의 자유나 제2원인들의 우발성(contingency)을 무시하지 않는다. 요컨대, 만약 어떤 일이 일어난다면, 하나님이 그것이 일어나도록 정하셨기 때문에 그것이 일어나는 것이다. 자유로운 행위자들의 경우에는 일어나는 것은 그들 자신이 선택하는 것이다. 자연계의 사건들의 경우에는, 일어나는 것은 자연의 법칙에 따른다. 만약 비가 내린다면, 하나님이 그것을 그렇게 정하셨다. 하지만 비가 내리는 것은 일반적인 대기의 상황들 때문이다. 바꿔 말하면, 하나님은 그의 불변하는 목적의 범위 내에서 우주 나름의 임의적 자유를 유지하게끔 우주를 창조하셨다. 하나님과 사람은 경쟁자가 아니다.

WCF 3.2에서 하나님의 예지는 전적으로 광범위하다고 하는데, 이는 그 당시에 두각을 나타냈었던 소시니우스파의 이설(異說)과 상반되는 것이다. 그렇지만 그의 작정은, 아르미니우스가 주장했듯이, 그의 예지에 의거하지 않는다. 워필드는 그가 "추측"과 "일반 가정"이라고 말하는 것에 그의 논평들의 기초를 두고서, 이 단락에 대한 불필요한 고찰을 한다.³⁵ 헬름과 페스코는 몰리나주의(Molinism)가 이 마지막 구절의 대상이라고 올바르게 인지한다. 루이스 데 몰리나(1535-1600)를 따라서, 이것은 하나님의 작정들이 모든 가능성 있는 미래의 행위들을 아는 그의 지식에 의거한다는 주장이었다³⁶

WCF 3.3-4에서 하나님의 작정은 천사들과 인간들 양쪽의 영원

---

34  Fesko, "Lapsarianism," 487-88.
35  Warfield, *Westminster Assembly*, 129-30.
36  Fesko, "Lapsarianism," 489.

한 운명을 아우른다고 한다. 그는 어떤 것들은 영원한 생명으로 예정하셨고, 또 어떤 것들은 영원한 죽음으로 예정하셨다. 양쪽 범주들의 수효는 변하지 않는다. 하나님의 작정은 돌이킬 수 없다. 이 모든 것은 그의 영광을 위한 것이다. 그 자체로 받아들일 경우, 이러한 진술은 가혹하고 잔인하게 보일 수가 있다. 그것은 선행하는 것과 후속하는 것의 맥락 속에서 읽어야 한다.

워필드는 기술하기를, 총회는 "유기의 교리를 그것의 적절한 곳인 여기서 분명히 주장하기로, 이례적으로 단호히 결정"했으며 또한 유기의 교리는 "이 총회가 가장 중요하게 여긴 문제"였다고 한다.[37] 페스코는 그가 순전히 구원론적이며 배타적으로 선택에 대해 언급한다고 말하는 "예정하다"(predestine)와, 섭리와 관련해서 택함을 받지 못한 자들의 간과하심에 대해 사용되는 "미리 정하다"(foreordain)의 차이점에 대해 설득력 있게 찬성론을 주장한다. 그는 이러한 의미에서 하나님은 종말뿐만 아니라 택함 받은 자들을 위한 구원의 방편을 섭리적으로 미리 정하셨다고 주장한다(WCF 3.6).

그렇지만 웨스트민스터 신학자들에 따르면, 택함 받은 자들의 구원의 방편은 단순히 섭리적인 것이 아니라 구원론적이며, 말씀의 사역과 성례와 기도로 구성되어 있다(LC 154; SC 88). WCF 3.6 그 자체에서, 영광에 이르는 수단은 구원의 서정의 여러 가지 요소들이다. 사람은 유효적 소명, 칭의 등등보다 더 구원론적인 것은 결코 얻을 수가 없다. 그러나 이 언어는 페스코가 제안하는 것만큼 그다지 일관성이 있지는 않다. WCF 3.6에서 그 신학자들은 택함 받

---

[37] Warfield, *Westminster Assembly*, 132-33.

은 자들을 예정하는 것보다는 오히려, 하나님이 그들을 지목하시는 (appointing) 것에 관해 얘기한다.

페스코는 이어서 "택함 받지 못한 자들은 유기에 관한 작정의 구체적인 주제가 아니다. 그 대신에 그들은 하나님의 섭리의 주제이다"라고 주장한다. 이것을 뒷받침하려고 그는 "유기"(reprobation)라는 용어의 부재를 지적한다.[38] 이러한 주장은 의사록에 기록되어 있지 않다. 이 조심스런 언어는 캘러미와 그의 지지자들을 배려하기 위한 것 같다. 다른 한편, 교회 헌법을 위한 문서들을 생산해야 하는 총회의 책무를 감안해서, 총회는 가능한 한 39개 신조에 가깝게 유지하기를 원했으며, 그런 이유로 어셔 대신에 그들 편에 서는 쪽을 택했다는 제안에 대해 말해 두지 않으면 안 된다.

WCF 3.5에서 생명으로 예정된 사람들은 그리스도 안에서 택함을 받았다고 한다. 이는 하나님의 순전한 은혜와 사랑 덕분이다.[39] 그것은 그들의 믿음이나 선행에 관한 하나님의 예지에 의거하지 않는데, 이는 아르미니우스와 항거파의 신조에 배치되는 것이다. 그 신조는 도르트 회의에서 거부됐었다. 여하튼 하나님을 강제하여 이러한 결정에 따르게 한 것이 피조물한테는 전혀 없다. 그것은 전적으로 하나님의 주권적 뜻에서 나와서 자신의 은혜를 찬양하게 했다

WCF 3.6에서 하나님은 또한 택함 받은 자들이 영광으로 인도받

---

**38** Fesko, "Lapsarianism," 490-92.

**39** 이것은, 개혁파 신학이 말하는 선택은 그리스도 안에 있다는 성경의 가르침을 무시한다는 비판적인 공격들이 그릇됨을 나타낸다. Barth, *CD*, II/2, 3-506; J. K. S. Reid, "The Office of Christ in Predestination," *SJT* 1(1948): 1-12를 보라. 이것에 대해서는 G. C. Berkouwer, Divine Election (Grand Rapids: Eerdmans, 1960), 154-62; Muller, *Christ and the Decree*, passim; Letham, *Assurance in Theological Context*, passim을 보라.

을 수단들도 미리 정하셨다고 한다. 택함 받은 자들—아담 안에서 타락한 것으로 간주된—은 그리스도에 의해서 구속되고, 성령에 의해서 그리스도를 믿도록 유효하게 부르심을 받으며, 의롭다 칭함을 얻고, 입양을 얻으며, 성화되고, 또 믿음으로 말미암아 그리스도의 권능으로 지켜진다. 오직 택함을 받은 자만이 구원을 얻는다. 택함 받지 못한 사람은 하나님의 구원하는 은혜를 경험하지 못한다

WCF 3.7에서 하나님은 인류의 나머지들을 유기하셨다고 한다. 하나님은 그들에게 구원을 위한 은혜를 베풀지 않기로, 그들이 진노와 수치를 받도록 정하셨다는 것이다. 이것이 유기의 교리이다. 이 교리에는 두 가지 측면이 있다. 소극적으로는, 하나님은 택함 받지 못한 자들에게 은혜를 보류하기로 결정하셨다. 적극적으로는, 그는 그들이 진노와 수치를 받도록 정하셨다. 이는 단순히 그들을 간과하는 것을 넘어선다.

인용된 증거본문들에는 마태복음 11:25-26과 로마서 9:17-18, 21-22이 포함된다. 양쪽 모두 지혜롭고 슬기 있는 자들에게 진리를 숨기는 데서의 , 또는 하나님이 하고자 하시는 자의 마음을 강퍅케 하는 데서의 하나님에 의한 행동에 관해 얘기한다. 이러한 상황들은 섭리적 결정을 넘어서 사법적 결정에 도달한다. 마찬가지로, 유다서 4절과 베드로전서 2:8은 말씀을 순종치 않아서 넘어지도록 정하신 것과 정죄를 받도록 정하신 것에 관해 언급한다.

이것은 하나님의 불변하는 뜻의 헤아릴 수 없는 결정이다. 하나님은 자기가 택하는 사람 누구에게든 은혜를 베푸시고 자기가 택하는 사람 누구에게든 은혜를 보류하신다. 하나님은 전적으로 자유로이 그렇게 하시고, 하나님의 방법들은 모두 정당하다. 그렇지만 이

것은 맹목적인 운명론이 아니다. 간과되는 사람들은 자신들의 죄에 대해서 진노를 받도록 정해진다. 요컨대, 영원한 죽음을 당하는 사람들은 모두 자신들의 죄와 일치해서, 정당하게 그렇게 되는 것이다. 그들 자신의 선택은 자유롭게 하나님의 작정을 반향한다. 스스로의 의지를 넘어서는 운명에 놓인 사람은 아무도 없다. 오히려 운명은 스스로의 자유로운 선택을 확인시켜준다. 그러므로 모든 사람은 하나님의 영광스러운 정의를 찬양하게 될 것이다.

총회는 이것을 중요하게 생각했는데, 왜냐하면 그것이 성경적이라고 믿었고, 또 그것이 인간의 모든 사건을 하나님의 주권적 지도 아래 두기 때문이다. 따라서 그것은 하나님의 영원한 목적들이 인류 역사의 과정에서 성취되리라는, 그리고 하나님의 택함 받은 자들은 현재의 상황이 어떠하든지 간에 확실히 구원으로 인도받으리라는 확신을 불러일으킨다. 우리가 격렬한 내전과 정치적, 사회적, 경제적 삶의 불안정, 그들을 둘러싸고 소용돌이치는 갈등에 의해서 양분된 가정들을 기억할 때, 이렇게 분명히 가혹한 신조는, 올바르게 다루어지면, 오히려 실제로는 큰 위로와 힘의 원천이 되었다.

웨스트민스터 신학자들은 또한 선택과 간과(혹은 유기) 사이의 현저한 부등에 대해 말한다. 간과는 택함 받지 못한 자들의 죄와 직접 관련되어 있으며 하나님의 정의와 완벽하게 일치한다. 다른 한편, 선택은 전적으로 값없는 은혜와 사랑의 문제이다. 택함 받은 자들은 그리스도 안에서 택함을 입는다. 택함 받지 못한 자들은 그들 자신의 죄에 방치된다. 선택은 "모두 그의 영광스러운 은혜를 찬송하게 하려는 것"이지만, 간과는 "그의 영광스러운 정의를 찬송하게 하려는 것"이다.⁴⁰ 후자에서, 택함 받지 못한 자들은 그들 자신의 죄에 대해서 그들에게 응당 치러져야 할 것을 받는다. 전자에서, 택함 받은 자들은 그리스도께 응당 치러져야 할 것을 받는데, 그리스도 안에서 그들은 택함을 입는다. 양쪽 모두 정의와 일치한다. 선택에서, 정의가 은혜로운 것은 그것이 중보자 안에서 또 중보자를 통해서 값없이 베풀어지기 때문이다.

WCF 3.8은 총회가 이러한 "가혹한 언설"에 조심스럽게 접근할 필요성을 인식했음을 보여준다. 이러한 신비는 아주 조심스럽게 다루어져야 한다. 복음을 전하는 사역자들의 목표는 택함 받은 사람들에게 구원의 확신을 북돋아 주기 위해서, 하나님께 찬양을 돌리고 복음에 순종하는 사람들에게 겸손하도록 하기 위해서 복음을 선포하는 것이 되어야 한다. 이 단락은 39개 신조 17조의 두 번째 문단과 세 번째 문단의 진술들을 반영한다.

## 2. 창조(WCF 4; LC 15-17)

하나님의 작정에 대한 장은 자연스레 그 작정의 여러 가지 요소들로 이끈다. 창조(WCF 4; LC 15-17; SC 9-10), 섭리(WCF 5; LC 18-20; SC 11-12), 인간의 타락(WCF 6; LC 21-29; SC 13-19), 은혜언약

---

40 Morris는 이렇게 논평한다. "정녕 이렇게 하나님의 영광을 모든 것의 종국이라고 특별히 강조하는 것은 웨스트민스터의 상징주의의, 만약 또한 주요한 장점들 가운데 하나가 아니라면, 특징적인 특성들 중 하나로 간주될 수 있을 것이다." 그는 총회가 하나님의 영광과 피조물의 행복 사이의 어떠한 충돌도 알지 못했다고 말한다. Morris, *Westminster Symbols*, 211-12.

(WCF 7; LC 30-35; SC 20), 그리스도의 인격과 사역(WCF 8; LC 36-56; SC 21-28), 구원의 순서(WCF 9-18; LC 57-90; SC 29-38). 예전 연구는 이것을 그리스도의 중심성을 논리적 구속으로 대체하는 스콜라적인 오염으로 간주했다. 이 순서는 확실히 논리적인 순서인데, 그것이 정연하고 합리적이라는 점에서 그러하다. 그것은 또한 역사적이다. 작정으로부터 시작해서 창조, 섭리, 타락, 구원에서의 하나님의 은혜에 이르는 진행은 성경 내러티브의 진행 방향을 따른다. 실로 우리가 관찰한 대로, 웨스트민스터 총회는 성경 본문들의 석의에 많은 시간을 쏟아부었다. 일련의 냉철한 논리적 추론들이기는커녕, 총회 신학자들―그들의 대다수가 목사였다―은 복음 및 복음의 선포와 밀접한 관계가 있는 실제적 문제들과 씨름했다. 이러한 순서는 역사적인 순서와 성취를 보존하고 존중하는 방식으로 이루어진 3장의 결과물이다.

의사록에는 창조에 대한 토론의 세부 사항들이 거의 없다. 제1위원회의 보고서는 1645년 11월 17일 월요일 제536차 회기에서 이 총회에 접수됐고 이튿날 열린 후속 총회에서 논의됐다. 1645년 11월 19일 수요일 제538차 회기에서 인간의 창조에 대한 토론이 벌어졌지만, 1645년 11월 20일 목요일 제539차 회기에서는 창조와 섭리에 관한 보고가 고찰됐다.[41] 이것 외에는 아무것도 기록되어 있지 않다. 이것은 실망스러운 일로 생각될 수도 있다. 그것이 보여주는 바는 창조는 논쟁거리가 아니었다는 것이다. 그것은 확실히 필기사의 관심을 끌지 않았다.

---

41  Mitchell and Struthers, eds., *Minutes of the Sessions*, 164-5; Van Dixhoorn, 6:217-19.

WCF 4.1은 철저하게 삼위일체론적인 창조관을 진술하는데, LC 15보다 한층 그러하다. "성부, 성자, 성령 하나님"이 이 세상을 창조하셨다. 이것은 "그분의"(His) 영광을 위하여 이루어졌다. 단수형에 주목하고, 또한 어거스틴을 따라서, 그 단수형이 성삼위일체의 불가분성과 하나님의 사역들의 불가분성을 강조하는 데 주목하라. 창조는 삼위일체 전체의 자유롭게 주권적인 행위이다.

역사적으로 중요한 기독교 전통과 일치하여, 창조는 무로부터 (ex nihilo)라고 말하여진다. 물질이 하나님과 영원히 공존하지 않는 것은, 하나님이 자신의 자유로운 결정에 의해서 그 자신 이외의 모든 것을 생기게 하셨기 때문이다. 이 세상은 하나님의 존재로부터의 유출물이 아니라, 하나님의 뜻의 산물이다. 이것은 물질적인 차원과 영적인 차원 양쪽을 포함한다. "보이는 것이나 또는 보이지 않는 것이나 간에 모든 것"은 니케아-콘스탄티노플 신경을 반향한다. 모리스가 진술하듯이, 이것은 어떠한 피조물도 전혀 존재하지 않았던 때에 하나님에 의한 만물의 절대적인 발생에 대해 언급하는 것이다.[42] 삼위일체 하나님은 온 우주에 대한 독점적인 소유권을 갖고 계신다.

웨스트민스터 신앙고백은 이것이 "6일 동안에" 일어났다고 부언한다. 이 문구의 의미에 대해서는 적어도 세 가지 가능성이 있다.

첫째, 그것은 어거스틴으로부터 비롯되는 것으로, 창조는 순간적이었다는 가장 일반적인 역사적 해석을 거부하는 것처럼 보인

---

[42] Morris, *Westminster Symbols*, 201. Morris는 이 진술이 어떤 형태의 유신론적 진화에 대한 이론적 근거를 준다고 주장하지만, 자연주의적 진화는 배제한다.

다.⁴³ 이러한 견해는 어거스틴이 5세기 초에 『창세기의 문자적 의미』(*De Genesi ad litteram*)에서 그것을 제시한 때부터 안셀름이 1098년에 『왜 하나님은 인간이 되셨는가?』(*Cur Deus Homo?*)를 저술한 적어도 그의 시대에 이르기까지 대다수의 지지를 받았다. 실로 그것은 로버트 그로스테스트(Robert Grosseteste)가 자신의 『천지창조 6일론』(*Xexaemeron*, 1230-35)을 그리고 토마스 아퀴나스가 그의 『신학 대전』(*Summa theologiae*)을 저술한 13세기의 여전히 대다수의 해석이었다.

둘째, 그것은 또한 문자적인 여섯, 즉 각각 24시간의 태양일들(solar days)을 확언하는 것으로 받아들여질 수 있다. 그 주제에 관한 글을 쓴 총회의 신학자들은 모두 이러한 견해를 고수했는데, 너무나 많아서 어떤 이들은 심지어 언제 창조가 일어났는지를 정확히 지적할 수 있다고까지 할 정도였다. 모리스는 이것이 신앙고백에서의 의미라고 생각한다.⁴⁴ 이것이 첫 번째 가능성과 양립하는 것이 명백하지만, 첫 번째 가능성은 두 번째 가능성을 수반하지 않는다.

셋째, 그 신학자들은 단순히 성경의 말씀들을 되풀이하고 있는 것일 수 있는데, 창세기 1장에서 이 말씀들은 반드시 때를 규정짓지는 않은 채 6일에 관해 얘기한다. 이 경우에는, 교회사에서의 각기 다른 해석들의 범위를 의식하고, 총회는 어떠한 특정 해석에 대해서도 자신의 입장을 밝히지 않았을 것이다. 이러한 가능성은 미첼과 A. A. 하지의 지지를 받는다. 미첼(Mitchell)⁴⁵은 이 세상이 6일에

---

43  Letham, "The Days of Creation"을 보라.
44  Morris, *Westminster Symbols*, 202.
45  Mitchell, *Westminster Assembly*, 405-7.

창조되었다고 생각하는 것은 "순박함"(rustic simplicity)이었다는 필로의 말을 인용한다. 하지(Hodge)는 창세기의 기록은 "존재하는 온갖 현상들의 과학적인 해석이 이루어지는 곳을 막거나 취하려고 계획되지 않았으며," 이 신앙고백은 단지 성경의 바로 그 말씀들을 이용할 뿐이라고 주장한다.⁴⁶

다른 곳에서 나는 이 문제가 석의의 역사에서의 다양한 견해들과 코페르니쿠스의 작업과 그 여파에 의해서 발생한 과학적 및 철학적 동요에도 불구하고, 그 당시에는 논쟁거리가 아니었고 심지어 관심사조차도 아니었다는 글을 썼다.⁴⁷ 이 문제는 어떠한 개혁파 신조나 신앙고백에서도 중요한 역할을 하지 않았었다. 로글랜드(Rogland)가 평하는 대로, "세 가지 형태의 단일성에는 6일 창조론(Hexaemeron)의 특별한 해석을 요구하는 것으로 조금이라도 간주될 수 있었던 것이 하나도 없다."⁴⁸ 더욱이 총회의 두 구성원만이 창조에 대한 논문이나 창세기의 앞에 장들에 대한 주석서를 썼을 뿐이다.

존 라이트풋(John Lightfoot)이 창세기 1장의 날들의 대부분이 태양일이라고 생각한 것은 분명하지만, 그는 첫째 날은 24시간이라기보다는 오히려 36시간 동안 계속됐다고 주장했다.⁴⁹

---

**46** A. A. Hodge, *The Confession of Faith: A Handbook of Christian Doctrine Expounding the Westminster Confession* (London: Banner of Truth, 1961), 82ff.

**47** Letham, "The Days of Creation."

**48** M. Rogland, "*Ad Litteram*: Some Dutch Reformed Theologians on the Creation Days," *WTJ* 63(2001): 233. 참조. 또한 W. S. Barker, "The Westminster Assembly on the Days of Creation: A Reply to David W. Hall," *WTJ* 62(2000): 113-20.

**49** John Lightfoot, *A Few, and New Observations, upon the Booke of Genesis. The most of them certaine, the rest probable, all harmlesse, strange, and rarely heard off before* (London: T. Badger, 1642) [Wing(2nd. ed., 1994) L20540].

조지 워커(George Walker)는 『창조의 역사』(The history of the creation)에서 창조 신학의 다양한 측면들을 탐구했다. 그는 어거스틴과 그로스테스트 및 아퀴나스의 해석들의 여러 요소와 문자적 해석론(literal theory)을 결합시켰다. 그는 순간적이었던, 그리고 창세기 1:1에 언급되어 있는 직접적인 창조와 하나님이 6일 동안에 세상을 지으신 간접적인 창조를 구별했다. 순간적인 창조는 어거스틴의 개념과 일치한다. 그는 이것을 6일에 관한 문자적 견해와 결합시켰지만, 이것들을 간접적인 창조라고 기술했다. 이와 동시에, 그는 처음 3일은 두 번째 집단의 3일과 유사하다는 것을 인정했다. 이것으로 그는 창조(creation)와 지음(formation) 및 꾸밈(adornment)에 관한 그들의 신앙고백에서 그로스테스트와 아퀴나스와의 모종의 유사성을 보여주었다. 창조는 엄격하게 창세기 1:1을 위해서 유보되고, 지음은 하나님이 여러 가지 영역을 지으신 처음 3일에 관해 언급하며, 꾸밈은 하나님이 이러한 영역들에 살게 하시려고 다양한 행위자들을 만드신 뒤의 3일을 묘사한다.

워커는 창조가 그리스도께서 죽으시기 3960년 전인 주전 3927년 3월 21일 아침에 일어났다고 생각하고 싶어했다. 6일이 각각의 24시간이었으므로, 첫째 날은 온 세상에 걸친 빛과 어둠 간의 동등성을 수반해서, 주야 평분시(equinox)에 일어났다. 봄이 가을보다 더 합당한 것은, 그것이 셋째 날에 묘사된 식물의 성장을 고려했기 때문이다. 이러한 주장이 함축하는 바는, 워커가 지구는 둥글다는 것을, 또한 그에게는 춘분이 남반구에서는 추분이라는 것을 의식하지

못했을지도 모른다는 것이다.[50]

그렇지만 웨스트민스터 신학자들이 저술한 다수의 책들에서는 창조가 부각되는 것이 기대될 수도 있겠지만, 그 책들은 그것에 대해서는 전혀 언급하지 않는다.[51] 두 권의 책—한 권은 어느 신학자가 저술했고, 다른 한 권은 총회의 필기사가 썼다—이 창조가 6일 동안에 이루어졌다는 엉성한 언급을 한다.[52] 총회가 해산된 후에 발간된 것으로서, 총회의 구성원이 아닌 존 리차드슨(John Richardson)이 저술한 책(그러나, 물론 총회의 구성원인 토마스 가테이커가 정독한)은 그 날들이 24시간 지속되는 것에 관해 언급한다.[53] 리차드슨은 첫째 날이 저녁에 시작되었다고 확신했다. 『잉글랜드 주석성경』(Annotations)의 편찬자들이 창조를 각각 24시간으로 이루어진 6일로 받아들였다는 것은 창세기 1:5에 대한 그들의 논평들에서 분명히 알 수 있다. 그들은 창세기 2:3에 대한 논평들에서 암묵적으로 창조의 연대를 어셔가 개략적으로 제안한 연대로 추정한다. 그렇지만 『잉글랜드 주석성경』은 웨스트민스터 총회의 공식적인 문서가 아니었다.

---

50 George Walker, *The history of the creation* (London: John Bartlet, 1641) [Wing W359].

51 Henry Wilkinson, *A Catechisme* (London: T. S. for Roger Pott, 1624) [STC(2nd ed.) 25644]; Herbert Palmer, *An endeavour of making the principles of Christian Religion plaine and easie* (London: G. M. for Tho. Underhill, 1642) [Wing P232]; Obadiah Sedgwick, *A short catechisme* (London: Stephen Bewtell, 1647) [Wing 1158:03].

52 William Gouge, *A short Catechisme* (London: John Beale, 1635) [STC(2nd ed.) 12130]; John Wallis, *A briefe and easie explanation of the Shorter Catechism* (London: Thomas Underhill, 1657) [Wing(2nd ed., 1994) W560C]. Wallis 는 웨스트민스터 총회 자체도 간략하게 언급한다.

53 John Richardson, *Choice observations and explanations upon the Old Testament* (London: John Stafford, 1655) [Wing(2nd. ed., 1994) R1385A].

그것은 약간의 논쟁을 일으켰다.[54]

의사록에서의 그 문제에 대한 논평의 부재와 더불어, 이러한 문헌의 결핍은 코페르니쿠스 이후의 소란스러운 발전들에도 불구하고, 웨스트민스터 신학자들 사이에서는 창조나 창세기에 대한 관심이 거의 없었다는 견해를 뒷받침한다. 웨스트민스터에 참석한 어떠한 신학자도 창세기 1장에 관한 문자적 견해 이외의 어떤 것을 고수했다는 증거가 없지만, 그 문제에 대해 논평하려고 애쓴 사람도 거의 없었다. 명백한 것은, 그것을 중요한 문제로 보지 않았다는 것이다. 총회는 다른 주제들에 대해서도 그러했듯이, 해석의 역사를 잘 인식하고 있었다. 총회는 자기네가 특히 어거스틴과 관련된, 석의의 역사에서의 주된 입장에서 벗어나 있다는 것을 알고 있었다.

하지만 총회는 그것을 문제삼지 않았으며, 또한 창세기 본문의 특별한 해석에 전념하지도 않았다. 이것은 어느 특정한 신학자들의 개인적인 견해들에 관계없이, 미첼과 A. A. 하지가 지지하는 제3의 길의 접근법에 장점이 있다는 것을 시사한다. 그렇지만 가장 진지하게 하는 사유는 당대의 가장 큰 지적 문제인 코페르니쿠스 혁명이 대부분 총회를 지나쳤다

---

**54** 1645년 9월 16일 화요일 제504차 회기의 의사록은 『잉글랜드 주석성경』에 관한 동의를 기록하는데, "총회의 서약 및 표결들과 배치되는, 주해 안에 있는 어떤 것들"에 관해 언급한다. 토론은 필기자의 논평 없이 다음 회의(1645년 9월 17일 수요일 제505차 회기)에서도 계속됐다. 1645년 9월 22일 월요일 제506차 회기에서, Palmer는 주해에 대한 보고서를 제출했다(아마도 한 위원회가 이 목적을 위해서 설립됐을 것이다). "서적상들은 약간의 비난들을 갑자기 하지 않기를 바랐으며, 그들은 내일까지 더 이상 어떤 것도 팔지 않기로 약속했다." 1645년 9월 25일 목요일 제507차 회기에서, "Ley씨는 성경의 주해에서 불만을 사게 된 사항들에 대해서 준비된 대책을 설명했다." 504차 회기에 대한 논평들 외에는, 난제들이 무엇이었는지에 관한 상세한 기록이 전혀 제공되지 않는다. Van Dixhoorn, 6:178-80을 보라.

는 것이다. 사상에서의 이러한 혁명적인 발전들의 무시는 계몽주의와 그 여파에 문을 열었을 것이다.

라이스(Leith)가 논평하는 대로, "총회의 구성원들의 관심을 끈 그런 진리는 형이상학적이고 신학적이었다. 그들은 '어떻게?'(How?)라고 묻기보다는 오히려 '왜?'(Why?)라고 물었다. 그들은 코페르니쿠스에 대해 알았지만, 신학을 특별한 용어들로 쉽사리 상상할 수 있었던 오래된 지구 중심적인 세계에서 살면서 신학을 연구했다."[55] 그는 웨스트민스터 시대에 이르러, 신학은 점점 더 당대의 지적 경향과 고립되어서 행하여지고 있었다고 주장한다.[56] 라이스가 인정하듯이, 이것은 웨스트민스터 신학자들을 비난하는 게 아니라—그들은 매우 바빴다—당대의 사상의 흐름과의 슬픈 단절을 지적하는 것이다. 창세기에 대한 라이트풋의 저작의 부제―"무해하고, 이상하며, 전에는 좀처럼 듣지 못한" 것들에 관해 언급하는―는 이 당시에 총회의 적어도 일부 구성원들이 마음 속으로 느낀 그 문제들의 모호성을 예증한다.

WCF 4장의 이 첫 번째 단락에서의 최종적이지만 중요한 한 가지 사항은 하나님이 보시기에 창조가 "매우 좋았다"(very good)라는, 다시금 창세기의 언어를 반영하는, 논평이다. 이러한 확언은 삶 전체가 하나님께 바쳐지도록 영위되어야 한다는 총회의 확신을 뒷받침한다.

LC 16에서, 신앙고백과 소요리문답에는 없는 주제인 천사들의 창조가 고찰되지만, 천사들의 죄는 WCF 5.4에 언급되어 있다. 이러

---

**55** Leith, *Assembly at Westminster*, 31.

**56** Ibid., 33.

한 존재들은 영들이고, 죽지 않고 거룩하게 창조되었으며, 지식과 능력이 뛰어나다. 그것들은 하나님의 계명들을 수행하도록 만들어졌다(시 103:20-21이 뒷받침으로 인용됨). 그것들은 자신들의 창조주이신 하나님을 예배하도록 지으심을 받았다. 그렇지만 그것들은 일탈의 가능성으로부터 안전한 상태로 지으심을 받지는 않았다. 아무리 강력하거나 총명할지라도, 그것들은 여전히 피조물이다.

LC 17과 더불어 WCF 4.2는 사람의 창조에 초점을 맞춘다. "하나님은 다른 모든 피조물들을 만드신 후에"라는 문구는 천사들을 포함하는데, 천사와 같은 존재들의 앞선 존재를 확언한다. 하나님은 사람을 남녀로 창조하시되, 이성 있고, 죽지 않을 영혼들을 가지게 하셨다. 이것은 영혼의 불멸성이라는 플라톤의 개념을 받아들이는 것이 아니었다. 왜냐하면 신앙고백은 기독교 전통과 일치해서, 인간의 영혼들에는 시작이 있다는 것을 확언하는 반면에 플라톤에게는 영혼이 영원하기 때문이다.

천사들 및 그 밖의 피조물들과는 대조적으로, 사람-남자와 여자 양쪽 모두-은 하나님 자신의 형상을 따라 창조됐다. 이러한 형상은 지식과 의와 거룩에 있다고 받아들여진다. 여기서 총회는 그리스도는 하나님의 형상이며 인류는 그리스도 안에서 창조되었다는 고전적인 헬라 교부의 신조를 알지 못하거나 무시하는 것처럼 보인다. 그 대신에, 웨스트민스터 신학자들은 에베소서 4:24과 골로새서 3:10에서의 바울의 언어를 취하면서 그것을 하나님의 형상으로 존재하는 것이 수반하는 것에 관한 완벽한 묘사라고 생각한다. 그렇게 수반하는 것의 당연한 결과들은 하나님의 율법이 사람들의 마음 속에 기록되었다는 것이며 또 사람들에게는, 창조된 대로, 그

율법에 순종하는 능력이 있었다는 것이다.

그들은 또한 선악을 알게 하는 나무의 실과를 먹지 말라는 구체적인 명령을 받았다. 그들이 그 명령을 지키는 동안에는 여전히 하나님과의 친교 안에 있었고 피조세계의 나머지를 다스렸다. 그렇지만 하나님이 그들을 창조하셨을 때, 그들은 하나님의 율법을 어길 수 있는 가능성이 있었다. 그들은 자유 의지를 가졌지만, 그들의 의지는 변하기 쉬웠다. 그럼에도 불구하고, 창조 시에 사람의 상태는 "매우 좋았다"라고 이미 말하여졌다(WCF 4.1). 그러므로 신앙고백은 창세기 1장과 2장의 전반적인 양태를 따른다. 다른 한편, 대요리문답은 그 답의 첫 번째 부분에서 창세기 2장에서의 사람의 창조에 관한 묘사를 고수한다. 마지막 단락은 WCF 4.2의 결말과 같아서, 바울의 진술들을 역사적 사건과 결부시킨다.[57]

## 3. 섭리(WCF 5; LC 18-20)

폴 헬름(Paul Helm)은 웨스트민스터 신앙고백의 이 장을 고찰하면서, 웨스트민스터 총회가 스콜라 신학적인 사상에 과도하게 영향을 받았다는 주장에 관해 논의한다.[58] 창조에 대한 장과 섭리에 대

---

[57] 이러한 설득력 있는 진술은 역사적으로 중요한 기독교 전승과 창조에 대한 그것의 확언들과 일치한다는 것은 Morris에 의해서 잘 지적되어 있다. 그는 그것을 제1차 바티칸 공의회(1870)의 선언과 헬라 교회의 이와 유사한 서약에 비긴다. Morris, *Westminster Symbols*, 207.

[58] P. Helm, "Westminster and Protestant Scholasticism," in *Westminster Confession into the 21st Century* (ed. Duncan), 2:99-116.

한 장 사이에는 논리적인 순서가 있다는 것을 인정하면서, 헬름은 이것이 섭리에 대한 장이 창조에 대한 장에서 추론된다는 것을 의미하지는 않는다고 주장한다. 오히려, 섭리에 관한 논의는 하나님의 중심성을 유지하며, 게다가 이 논의가 진행되면서 그 교리로부터 실제적인 적용들을 행한다. 올바르게 토론의 기록들에 비추어, 폴 헬름은 웨스트민스터 신학자들이 성경에 충실하려고 노력했다고 주장한다. 그들은 논리에 의거해서 논의한 게 아니라, 성경에 의거해서 논의했다. 그들이 WCF 5.2에 진술된 제1원인들과 제2원인들의 차이를 이용하는 것은 스콜라 신학적이라고 말할 수 있는데, 그것이 아리스토텔레스 철학에서 비롯하는 범주였다는 점에서 그러하다. 그러나 만약 그것이 그렇다면, 실질적으로, 칼빈을 비롯한 16세기와 17세기의 모든 신학자들을 스콜라 신학적이라고 말할 수 있을 것이다. 바르트는 웨스트민스터 신앙고백이 개혁파 신학의 퇴행이었다는 자신의 비난과 일치되게, 하나님은 창조주이시지, 제1원인이 되시는 분(First Cause)이 아니라고 주장한다.[59]

그렇지만 총회는 여기서 세계와 자연의 질서와 관련된 하나님에 관해 생각하고 있었다. 총회는 창조된 질서의 완전성을 주장하려고 이러한 개념들을 사용한 것이지, 순박한 성경적 사유에 이질적인 철학적 틀을 지우려고 그것들을 사용한 게 아니다. 더욱이 총회는 WCF 4장에서 하나님은 창조주이시지, 비인격적인 원인이 아니시라고 단호하게 선언했었다. 요컨대, 20세기 중엽에 학문적인 합의에 의해서 역설된 주장들은 고전적인 개혁파 신학을 이해하거

---

[59] Barth, *Reformed Confessions*, 137.

나 해석하는 데 도움이 되지 않는다.

총회에 따르면(WCF 5.1), 섭리는 하나님이 우주를 보존하시는 일 이상의 것이지만, 섭리에는 그 일이 포함된다. 섭리는 하나님이 만물을 붙드시고, 지도하시며, 처리하시고, 통치하시는 것이다. 하나님은 자기의 피조세계를 다스리는 데 적극적으로 관여하신다. "만물"(all things)에 예외는 없다. 우주의 가장 큰 것들로부터 가장 작은 것들에 이르기까지 하나님의 지도 아래에 있다. 하나님의 통치는 하나님의 인격에 따라서 이루어진다. 하나님의 통치는 지혜롭고, 선하며, 거룩하다. 하나님의 예지는 무오하고, 하나님의 뜻은 변함 없다. 모든 것이 하나님의 인격을 찬양한다. 섭리가 창조와 불가결하게 결부되어 있는 것은, 양쪽 모두 하나님의 작정의 측면들이기 때문일 뿐만 아니라, 섭리가 하나님이 자기가 생기게 하신 것을 통치하고 유지하시는 것이기 때문이기도 하다. 모리스는 "섭리에 관한 이처럼 정확하고 광범위한 정의는 개신교 신조에서 다른 곳에서는 찾을 수 없다"[60]라고 말한다. 예컨대, 루터파의 신조들은 이 주제를 거의 언급하지 않는다.

WCF 5.2에서, 웨스트민스터 신학자들은 제1원인이라는 언어를 사용한다. 하나님은 제1원인이시다. 하나님은 창조하셨으며 또 통치하신다. 피조세계의 다양한 요소들은 제2원인들이다. 따라서 하나님은 웨일즈의 브리젠드에 어제 비가 오도록 결정하셨다. 그렇지만 하나님의 통치는 비를 생산하는 대기의 제반 조건을 충분히 고려하신다. 기압, 풍속과 풍향, 기온 등등. 따라서 통상적인 기상 조

---

[60] Morris, *Westminster Symbols*, 216.

건에 따라서 비가 온다. 따라서 하나님이 브리젠드에 어제 비가 오도록 무오하고 불변적으로 작정하셨지만, 그것은 비를 생산하는 원리들과 조화를 이루어서 일어났다. 하나님은 목적과 수단을 작정하셨다. 이러한 연관의 본질이 바뀌는 것은 우리가 인간들과 같은 자유로운 행위자들을 고려할 때이다. 여기서 인간 행위의 자유 또한 유지된다. "동일한 섭리에 의해서 하나님은 제2원인들의 본성에 따라 만사가 필연적으로나 자유롭게, 또는 임의적으로 생기게끔 그것들을 정돈하신다." 이러한 차이는 LC 19와 20에서 한층 분명하게 설명된다. LC 19는 천사들을 창조하실 때에 그들을 향한 하나님의 섭리에 관해 언급하는데, 하나님은 어떤 천사들은 회복할 수 없을 정도로 타락하도록 허용하셨고, 다른 천사들은 거룩하게 세우셨다. LC 20은 사람을 창조하셨을 때 사람을 향한 하나님의 섭리를 고찰한다.

WCF 5.3은 하나님이 피조세계를 통치하시는 각기 다른 방편들을 고찰하면서 초점을 더욱더 좁힌다. 그것은 하나님의 통상 섭리(ordinary providence)에 대해 언급하며, 그리고 이 용어가 사용되지는 않지만 그것은 또한 비상 섭리(extraordinary providence)를 함축한다. 하나님은 우주를 통치하시는 통상적인 과정에서, 방편들—WCF 5.2에서 언급된 제2원인들—을 사용하신다. 그렇지만 하나님은 자신의 피조세계에 구속당하지 않으신다. 하나님은 자유로우시며 주권적이시다. 하나님은 우주를 그 자신의 뜻에 따라서, 자유롭게 생기게 하셨다. 따라서 하나님은 자기가 결정하시는 어떤 방식으로도 똑같이 자유롭게 우주를 배치하신다.

하나님은 통상적으로 하시는 대로, 방편들의 사용을 통해서 우주를 통치하실 수 있다. 그렇지만 하나님은 원하실 경우에는 자유롭게 방편들 없이 역사하신다. 하나님은 방편들을 넘어서 자유롭게 역사하신다. 하나님은 방편들에 반하여 역사하실 수도 있다. 기적과 같은 사건들이 이것들과 같은 범주들에 들어온다. 부활과 같은, 그러한 사건들 가운데 가장 위대한 것들은 제2원인들의 통상적인 과정에 배치된다. 사람이 죽으면, 그의 몸은 무덤 속에서 썩거나 화장장에서 전부 타버린다. 하지만 하나님은 전능하시고, 주권적이시며, 자유로우셔서, 하나님이 기뻐하시는 대로 그리고 하나님이 기뻐하시는 방법으로 그 몸을 복원하실 수 있다. 작은 편의 수준에서는, 사람은 치료하는 약이 듣지 않는 불치의 병에 걸릴 수가 있다. 인간의 과학이 가지고 있는 육체적 과정들에 관한 모든 지식에 따르면, 회복될 가망이 없다. 하지만, 하나님은 의사들의 개입 없이 그 사람을 고치실 수 있는데, 수술이나 치료제, 또는 한 잔의 차와 아스피린과 같은 수단들을 통해서 낫게 하시는 것과 똑같다.

    이 단락은 대조적인 두 가지 입장은 배제한다.

    첫째, 이 단락은 세계가 순전히 내재적인 원인들로부터 작동한다는 계몽주의의 견해를 부정하는데, 이러한 견해에서는 기적적인 것은 원칙적으로 배제된다. 모리스는 기적들에 반대하는 이러한 주장을 하나님에 반대하는 주장으로 분류한다.[61] 이것과 일치되게, 이 단락은 또한 하나님은 방편들과 떨어져서 행동하지 않으시며, 또 방편들과 떨어져서 행동하려고 하시지도 않는다는 개념에 반대하는데, 때로는 기독교계에서도 주장되는 개념이다.

---

[61] Ibid., 219.

둘째, 이 단락은 마찬가지로, 우리는 기적적인 것이나 이례적인 것을 찾거나 기대해야 한다는 개념에 반대한다. 왜냐하면 자신의 통상 섭리에서 하나님은 방편들을 사용하시기 때문이다.

WCF 5.4는 사람과 천사들이 타락해서 죄에 빠지는 것도 하나님의 섭리의 범위 내에 있다고 진술한다. 하나님은 이것을 허용하셨을 뿐만 아니라, "대단히 지혜롭고 강력한 한계를 정하심"으로 이것을 정돈하시고 관할하셨다. 하나님은 사람들과 천사들이 배반했을 때 무기력하게 지켜보는 소극적인 방관자가 아니셨다. 그들의 죄는 "그 자신의 거룩한 목적들에 이르는" 그의 더 위대한 목적의 일부였다. 하나님은 친히 정하신 한계 내에 그들의 죄를 가두어 놓으셨다. 이것이 하나님 자신의 영광과 피조물의 보다 큰 선을 위한 것임을 궁극적으로 알게 될 것이다. 이렇게 하여, 죄에 대한 책임은 명백하게 타락한 천사들과 인간들에게 있으며, 하나님께는 책임을 지울 수 없다. 이것은 큰 문제들을 제기하지만, 기독교 전통의 합의된 결론이다. 총회는 이러한 결론에 동의했으며 또한 이러한 결론에 과도한 시간을 소비하지 않았다.

WCF 5.5는 논의의 방향을 바꿔서 하나님이 그의 자녀들과 맺는 섭리적 관계에 초점을 맞춘다. 그것은 우리가 12장에서 구원의 확신과 연관지어서 말하게 되는 바, 영적 유기에 관해 얘기한다. 이는 청교도 목사들에게 매우 친숙했던 주제이다. 하나님은 자신의 자녀들을 때로는 일시적으로 방치하시고, 그들을 갖가지 시험들과 그들 자신의 부패와 다양한 징계들에 노출시키신다. 이것은 그들을 인도하여 더 많이 그의 은혜에 의존하게 하고 그들로 하여금 죄에 대해서 보다 깨어 있게 하려는 것이다. 이러한 경험들은 이해하기 어려운 경우가 많다. 그것들을 생산적으로 이용하려면, 하나님이 자신의 세계를 지고하게 또 만유를 아우르면서 통치하시는 맥락 속에서 그것들을 봐야 한다. 택함을 받은 자들에게 일어나는 그 어떤 것도 하나님의 통제를 벗어나지 못한다. 하나님이 보내시는 것은 모두 우리를 위한 것이다. 큰 시련들이 우리에게 닥치는 것은 우연한 일이 아니다. 심지어 죽음 그 자체도 창조주의 관리와 처리를 넘어서지 못한다. 다시금, 1640년대의 불확실한 것들과 고난들은 총회의 마음에서 멀리 떨어져 있을 수가 없었다.

다른 한편, WCF 5.6에서 악인들에 관해서 사뭇 다른 그림이 그려진다. 그들의 경우에는, 하나님은 은혜를 베풀지 않으신다. 때때로 하나님은 은사들을 베풀지 않고서 그들을 자신들의 죄에 내어 주시고 또 사탄의 권세에 내어 주신다. 그래서 그들은 회개하지 않고 스스로를 강퍅하게 한다. 로마서 1:24-28과 11:7-8은 여기서 사용된 증거본문들 가운데 일부다.

따라서 하나님의 섭리는 피조세계 전체로까지 확장되지만, 하나님은 자신의 교회를 특별히 돌보신다(WCF 5.7). 이것은 웨스트민스터 신학자들이 섭리의 위로하는 측면을 희생하여 섭리의 규율적인 측면을 너무 많이 강조했다는 모리스의 제안을 수정한다.[62]

---

**62** Ibid., 226.

# 제10장

# 인류와 죄

*우리는 한 주 예수 그리스도를 믿는다…*
*그분은 우리를 위해서 또한 우리의 구원을 위해서*
*하늘로부터 강림하셨다.*


## 1. 인간과 죄(WCF 6; LC 20-29)

WCF 6은 웨스트민스터 신앙고백에서 중대하며, 대요리문답의 상응하는 단락도 똑같이 중요하다. 의학에서도 효과적인 치료를 할 수 있기 전에 환자의 상태를 정확하게 진단하는 게 필요한 것처럼, 신학에서도, 하나님 앞에서 사람의 상태를 진단하는 것이 어떻게 치료할지를 대부분 결정할 것이다. 이 장에서, 우리는 죄라는 주제에 대한 이 두 문서의 내용들을 요약하고, 그런 다음에 정확하게 그것들이 의미하는 바가 무엇인지에 대해 몇 가지 중요한 질문들을 할 것이다.

WCF 6.1은 창세기 3장에서의 타락에 관한 기록을 상술하면서, 자신의 영광을 위한, 하나님의 섭리적 허용의 맥락 속에 그것을 배치한다. 우리의 첫 조상들이 이 단락과 후속하는 단락의 주제들이다(LC 21을 보라). 개혁파 전통 속에서 이루어진 교리의 후대의 발전들에 비추어 볼 때, 신앙고백과 대·소요리문답은 우리의 첫 조상들이 도덕적 시험으로서 한 가지 계명을 받고서 유기 상태에 놓이는 것에 관해 얘기하지 않으며, 또한 그들이 그러한 유기의 시기를 성공적으로 마치면 영원한 생명을 주겠다는 약속에 관해서도 얘기하지 않는 데 주목하는 것은 중요한 일이다. 이것은 총회가 행위언약에 대해 부여하는 대안적인 표제-생명언약-에 함축되어 있을지도 모르지만, 그것이 신앙고백의 이 장에서는 존재하지 않는다. 그럼에도 불구하고, A. A. 하지(A. A. Hodge)는 바로 이 대목에서 그의 논평들에서 그 개념을 철저하게 상술한다.[1]

WCF 6.2는 이러한 최초의 죄의 결과를 다룬다. 우리의 첫 조상들은 원의롭고 하나님과의 친교를 누리는 상태로부터 떨어졌으며, 그래서 죄 안에서 죽은 자들이 되었고 모든 기능과 부분들이 전적으로 더러워졌다. 이는 전적 타락의 교리이다. 이것이 의미하는 바는, 사람은 가능한 한 최대로 악하다는 것이 아니라(이는 자명하게 거짓된 것이다), 그들은 모두 자신들의 존재의 모든 측면에서 죄에 의해서 더러워졌으며, 하나님과의 관계에서 허약해지는 결과들을 낳았다는 것이다(또한 LC 21을 보라).

WCF 6.3에서, 아담과 하와의 죄와 그 밖의 인류의 관계가 고찰된다. 우리의 첫 조상은 모든 인류의 시조였으며, 그래서 그들의 최초의 죄의 죄책이 그들의 모든 후손에게 전가되었다. 여기서 전가되는 죄는 우리의 첫 조상의 죄이며 그것의 토대는 자연적(생득적)

---

[1] Hodge, *The Confession of Faith*, 105-6. 이것은 이 교리가 총회의 문서들로부터 수호될 수 없다는 것을 말하는 게 아니라. 우리는 이것이 이루어질 수 있다는 것을 곧 알게 될 것이다. 오히려, 이 문제는 신앙고백의 이 단락의 의미이다.

인 것이다. 그들은 "모든 인류의 시조"였다. 대표자적 성약적 관계 (federal relationship)를 토대로 하여 아담의 죄가 전가된다는 프린스턴 교리에 초점을 맞추어서, A. A. 하지는 이 대목에서 신앙고백의 본문을 무시하고서 그 대신에 마치 이 단락의 이러한 단어들이 존재하지 않는다는 듯이 그 자신의 신학을 상술한다.[2] 더욱이 우리의 첫 조상이 직접적으로 초래한 죄 안에서의 죽음과 부패한 본성 또한 자연적인 출생에 의해서 그들의 모든 후손에게 전해졌다. 이것이 원죄의 교리인데, 이 교리는 부패한 본성의 전달에 대해 언급하며, 모든 사람이 그 부패한 본성을 잉태의 순간부터 물려받는다.

다른 방침을 취하는 LC 22는 모든 인류가 그러한 최초의 범죄에 빠지게 된 것은 언약이 "공적인 인물로서의 아담과" 맺어졌기 때문이라고, 즉 아담과 통상적인 출생에 의해 내려오는 그의 모든 후손들을 위해서 맺어졌기 때문이라고 진술한다. 예수 그리스도는 여기서 함축적으로 배제된다. 왜냐하면 그는 통상적인 수단에 의해서 출생하지 않았기 때문이다. 아담과 인류의 이러한 관계 때문에, 그의 모든 후손이 아담 안에서 죄를 범해서 아담과 함께 타락했는데, 그들이 아담 안에 있었기 때문이다. 신앙고백과 비교하면, '첫 조상'에서 '아담'이라는 중대한 변화가 있다. 게다가 하나님은 공적인 인물로서의 아담과 언약을 맺으셨다. 이것에 의해서 그는 그 자신을 위해서 행동했을 뿐만 아니라 자연적인 출생에 의해서 그로부터 내려온 모든 사람을 위해서 행동하기도 했다. 아담과 인류의 관계는 언약에 의해서 확립됐지만, 통상적인 출생에 의해서 형성된, 자연

---

**2**  Ibid., 109-15.

적인 혈통을 따라서 이어진다. 아담이 공적인 인물이었지만, 그 관계를 명확하게 법적이라고 말하는 게 아니라, 유전적이라고 말한다. 총회가 아담의 죄의 직접적인 전가를 광범위하게 받아들이지만, 보편적인 것으로 수용하지 않는 것을 볼 때, 이러한 법적 관계가 분명히 고려되고 있지만, 그것은 아담의 후손에 의한 범죄는 자연적인 혈통에 기초한 실제적인 방식에 의거한다는 개념을 고려하는 언어로 표현된다. 이것은 LC 26에서 강조된다. 여기서 총회는 원죄가 자연적인 출생에 의해서 전해진다고 진술한다.

 WCF 6.3과 LC 22의 명백한 불일치의 이유가 전적으로 분명하지는 않으며, 그 이유를 설명하기에는 현재로서는 증거가 충분치 않다. 로버트 B. 스트림플(Robert Strimple)은 존 머리(John Murray)가 웨스트민스터 신앙고백에 대해 가르친 수업에서, 머리가 이것에 관해 행한 흥미로운 제안을 전한다. 머리는 신앙고백의 완성과 후에 대·소요리문답을 만든 것 사이에, 대륙에서는 플라케우스(소뮈르학파 신학자)와 간접적 전가(mediate imputation, 아담의 죄에 대한 직접적 책임이 아닌 각자의 부패한 성품으로 인해 아담의 죄에 대해 책임을 진다는 이론-역주)라는 그의 교리에 대한 논쟁(1644-45)이 막바지에 이르렀다. 따라서 대요리문답은 아담과 맺은 언약이 죄의 전가에 대한 토대가 되었음을 조심스럽게 나타내는데, 신앙고백은 그것을 부정하지 않았다.³

---

3 허락을 받고 인용된, 2008년 7월 18일자 개인적인 이메일에서. 수업 중에 Strimple이 행한 필기에서, Murray는 이렇게 진술했다. "신앙고백의 작성과 대·소요리문답의 최종 작성 사이의 짧은 간격 속에서, 대륙에서 벌어진 논쟁에 관한 정보가 웨스트민스터 신학자들에게 더 잘 알려지게 되었다는 것은 개연성이 크다." 간접적 전가에 관한 Placeus의 교리는 비난을 받았다(1644-45). 그 결과, 그 신학자들은 대·소요리문답에서

이것은 더 깊이 고찰할 만한 가치가 있다. 명심해야 할 또 다른 요소는 총회에는 행위(생명)언약을 고수하지 않은, 토마스 가테이커와 리차드 바인즈를 비롯한 몇몇 신학자들이 있었다는 것이다.⁴ 어떤 신학자들은 그러한 언약의 개념은 반율법주의를 조장한다고 생각했다. 또 어떤 신학자들은 그런 개념은 그리스도의 고난의 중요성을 경시하거나, 단지 좋지 않은 석의에 불과할 뿐이라고 생각했다. 이런 것들이 소수파의 주장이었다는 것은 이 언약이 총회의 문서들에서 자리를 차지하고 있다는 사실에서 분명히 알 수 있다. 그렇지만 이들은 그리스도의 능동적인 순종이 칭의 속에서 전가된다는 견해에 반대하는 바로 그 사람들이었다.

우리가 본서 제12장에서 살펴보게 되듯이, 칭의에 대한 웨스트민스터 총회의 선언들은 이 집단을 달래는 길로 얼마간 갔다고 결론지을 만한 충분한 이유들이 있다. 이로 인하여, WCF 6.3에서의 논의도 마찬가지로 총회 전체로 하여금 동의할 수 있게 하도록 의도되었을지도 모른다. 이것은 왜 대요리문답에서의 진술이 보다 구체적으로 아담에 관해 언급하는가에 대한 머리의 제안을 배제하지 않는다.

WCF 6.4는 원래의 부패(원죄)와 이 부패로부터 나오는 자범죄들의 관계를 설명한다. LC 24는 죄는 하나님의 율법 가운데 그 어느 것이라도 범하는 것이거나 그 율법에의 순종이 부족한 것이라고

---

그들이 줄곧 알고 있었던 것-예컨대, 아담이 최초로 범한 죄의 전가의 근거는 언약이었다-을 명확히 진술하는 데 더욱 신중했다.

**4** Van Dixhoorn, 1:315. 칭의에서의 그리스도의 능동적인 순종에 대한 본서 제12장의 논의를 보라.

설명한다.

WCF 6.5에 따르면, 이렇게 유전되는 부패는 이 생애 동안에 남아 있는데, 심지어 중생한 자들 안에도 남아 있다. 그리스도를 통하여, 그러한 부패가 용서받고(칭의), 죽임 당한다(성화). 하지만 그것은 남아 있고, 여전히 죄이다.

WCF 6.6은 모든 죄는 하나님의 율법의 위범이어서 죄인들에게 죄책을 가져오며, 하나님의 진노와 율법의 저주, 죽음 그리고 일반 인류에 대한 영적, 현세적 및 영원한 모든 비참함을 초래한다.[5]

### 1) 죄의 전가

WCF 6장에서 가장 놀랄 만한 점은—특히 그것을 WCF 7장과 결부지어서 읽을 때—어떻게 우리의 첫 조상들(단지 아담만이 아니다)이 인류의 시조였기 때문에 그들의 죄가 인류에게 임하는가이다. 우리는 언약에 대한 장(WCF 7)에서 죄의 전달에 대한 논의를 발견할 것으로 기대할 수도 있겠지만, 그 대신에 그 논의는 죄에 대한 장(WCF 6)에 있다. 실로 WCF 7장에서 행위언약을 다루는 것은 아

---

5   T. F. Torrance는 웨스트민스터 신앙고백이 죄에 관한 도덕주의적 관념을 제시한다고 주장한다. 그것은 복음에 비추어서 또는 그리스도의 죽음 속에서 보이지 않는데, 그리스도의 죽음 속에서 우리의 전 존재—악할 뿐만 아니라 선한—는 심판 아래에 온다. 죄에 관한 도덕주의적 교리는 죄의 급진성을 둔화시킨다. Torrance는 복음이 죄의 가증스런 본성을 강조한다는 것은 의심의 여지가 없다는 데서 옳다. 그렇지만 Torrance가 다른 곳에서 "로마 가톨릭교회의 이단"(the Latin heresy)이라고 칭하는 것에 대한 그의 반감을 공유하지 않는 사람들은 이의를 제기해서 "율법을 통하여 이 신앙고백과 이 요리문답 양쪽의 역사적 순서뿐만 아니라 죄를 아는 지식도 온다"(롬 3:20)는 바울의 논평을 지적할 수 있다. Torrance, *Scottish Theology*, 142를 보라.

주 엉성하지만, 한층 상세한 것은 LC 20, 22, 30(30은 지나칠 수도 있다)에서 제공된다.

이러한 배치는 웨스트민스터 총회의 신학이 이중 언약, 즉 행위언약과 은혜언약의 지배를 받는다는 주장들을 훼손한다. 분명히, 이것은 웨스트민스터 문서들에서 중요한 요소이다. 그것은 뭔가 새로운 것, 즉 개혁파적인 신앙고백 본체에 추가된 것이었다. 그렇지만 총회의 신학 전체가 하나의 특정한 시각의 통제를 받았다고 생각하는 것은 시대착오적인 독법의 또 다른 경우이다. 게다가 후대의, 보다 발전된 언약적 견해들로, 그러한 견해들이 그런 진보한 상태에 있을 수 없는 문서들을 다시 해석하는 것은 이중으로 시대착오적이다. 그러한 언약들에 대해서 제시될 수 있는 것보다 더 큰 주장이 신앙고백의 지휘하는 고지를 차지하는 하나님의 작정에 대해서 이루어질 수 있다. 그렇지만 심지어 거기에서도 우리는 어떻게 이러한 본질의 독법들이 중심적 도그마들에 관한 이론들을 상정하는가에 주목했다. 그러나 그러한 이론들은 17세기에는 알려져 있지 않았다. 게다가 모든 것에 우선하는, 총괄적인 이론들을 만들어내기보다는 오히려 성경 문구들을 석의하는 것이 웨스트민스터 신학자들이 일관성 있는 시도였다.

가장 놀랄 만한 것은, 개혁파 사상이 후대에 공고화된 것에 비추어 볼 때, 이 대목에서의 다양한 뉘앙스이다. 인류에게 전가되는 것은 아담의 죄의 죄책이 아니라, 하와도 분명히 포함되는 "우리의 첫 조상들"의 죄책인 것처럼 보인다. 더욱이 이것은 그들이 "모든 인류의 시조"라는 전제에 의거한다. 전가는 여기서 언약의 성격에 따른 사법적 찬동보다는 오히려 유전적 연대에 의거한다. 그 다음의 언약에 대한 장에서보다는 오히려 죄에 대한 장에 배치하는 것이 이러한 대조를 강조한다. LC 21에서 이러한 강조를 반영한다. LC 21에서는 우리의 첫 조상들이 하나님의 계명을 어겼고, 그럼으로써 타락했다고 진술한다.

이것이 그러한 주된 이유는 언약 신학이 1640년대에는 여전히 발전 단계에 있었기 때문이다. 다른 사람들이 그것을 고찰할 준비가 되어 있는 정도까지 준비가 되어 있지 않은 사람들이 많이 있었다. 따라서 신앙고백적 진술에 대해서는, 충분한 정도의 합의가 부족했다. 어느 한 신학자가 정통론으로 받아들여지는 것의 범위 내에서, 자기가 원하는 것을 저술할 수가 있다. 이것이 그가 저술하는 모든 것이, 또는 진실일 수 있는 모든 것이 신앙고백에 합당하다는 것을 의미하지는 않는다. 그 문제에 대해서 그 시대에는 충분한 합의가 없을 수도 있다. 그러한 합의는 후에 올 수도 있다. 1602년이 되어서야 비로소 특히 아담의 죄가 인류에게 전가된다는 취지의 분명한 진술이 있었다. 이러한 개념은 40년 뒤에도 모든 사람의 승인을 확보하기에 충분한 지반을 쌓지 못했다.

그렇지만 WCF 6.3에서, "전가되었다"라는 문구 뒤에 세미콜론이 있다. 전가의 본질이 명기되어 있지 않지만, 긴 일련의 증거본문들에는 로마서 5:12-19도 포함된다. 이것은 아담의 죄의 전가를 가리키는 것일 수도 있지만 뒤에 세미콜론으로 언급되는 부패한 본성과 죄 가운데서의 죽음은 자연 출생 및 부모와 연결된다. 선행 구절이 부모를 가리키고 그 둘이 인류의 뿌리임을 시사하므로, 이것은 서로 어울리지도 않고 굉장히 애매모호하다.

## 2) 의사록은 이러한 질문에 어떤 빛을 비추는가?

의사록에는 웨스트민스터 신앙고백의 초안 장(draft chapter)과 요리문답에서의 관련된 질문들에 대해 벌어진 토론에 관한 엉성한 보고만이 실려 있을 뿐이다. 이러한 텍스트들은 1645년 11월 17일 월요일 오전의 제536차 회기부터 1645년 11월 21일 금요일 오전의 제540차 회기까지의 네 차례의 회의 가운데 일부만을 차지했을 뿐이며, 1645년 11월 19일 수요일 제538차 회기는 명백히 배제됐다.[6]

1645년 11월 21일 금요일 제540차 회기에서 가장 주목할 만한 사건은 이러한 설명적인 추가 진술을 삽입시키려는 에드워드 레이놀즈(Edward Reynolds)의 시도였다. "죽음의 적절한 원인은 사람의 창조된 본성의 상태로부터 나온 것이 아니라, 오직 죄로 인한 것이다. 영원한 죽음은 유기된 사람들과 천사들을 절멸시키거나 폐기시키거나 또는 소멸시키는 것이 아니라, 그들이 영구히 하나님의 영광으로부터 분리되는 것이며 하나님의 진노가 그들에게 입히는 그러한 지옥과 같은 고통들을 겪는 것이다."[7] 악인들은 심판 뒤에 소멸된다는 견해와 거리를 두려는 그 시도에 주목하라. 소멸은 소시니우스파가 가르치는 주제였다. 그들은 폴란드에서 시작해서, 서유럽에서 위협을 가하기 시작하고 있었다. 이러한 제안은 총회의 찬성을 얻지 못했다. 왜 그 제안이 포함되지 못했는지에 관한 기록이 없다. 웨스트민스터 신학자들이 그 내용에 이의를 제기했을 가능성은 거의 없다. 그 제안이 신앙고백적 문서에 포함될 필요가 있는 것

---

6  Van Dixhoorn, 6:217-20.

7  Ibid., 6:220.

으로 간주되지 않았을 가능성이 더 많다.

    앞서 39개 신조를 고찰하는 동안에 그 논의들에 대한 상세한 진술이 보다 많으며, 그 토론은 상당히 오랫동안 지속됐다. 존 라이트풋(John Lightfoot)은 자신의 일지에 원죄에 관해 진술하는 제9조에 대한 토론들을 얼마간 기록한다. 이러한 보도들은 아담의 죄의 전가라는 개념에 대해 총회에서 압도적인 지지가 있었음을 분명히 보여준다. 제9조에 대한 보고서가 제출된 1643년 8월 2일 수요일 제17차 회기에 라이트풋이 "더디고 긴" 토론이라고 기록하는 것이 있었다. 그 보고서에 대해 중대한 변경이 이루어졌다. "인간은 원의와는 멀리 떨어져 있다" 대신에 "인간은 원의를 전적으로 박탈당했다"를 삽입하기로 합의했다.[8]

    그 다음 회의인 1643년 8월 3일 목요일 제18차 회기는 "오직"(onely)을 추가하자는 제안으로—"오직 악에 기울어지는 그[인간] 자신의 본성의"(of his[man's] owne nature onely inclined to evil)라는 문구를 주면서—그 언어를 강화하려는 또 다른 시도를 목도했다.[9] 그렇지만 1643년 8월 4일 금요일 제19차 회기에서 "진지하고 격렬한 논의와 토론"이 분출했는데, 이 와중에 이 총회는 그 전날의 표결을 철회했다. 성경의 증거가 그 조항의 나머지에 추가됐다. 그 위원회의 보고자는 아담의 죄의 전가에 대해 무언가를 진술했지만, 그것을 논의하기에는 시간이 충분치 않았다.[10] 그렇지만 이 문제에 대한 토론이 이 총회가 1643년 8월 7일 월요일 제20차 회기에서 재개됐

---

**8**    Ibid., 2:21.
**9**    Ibid., 2:22.
**10**    Ibid., 2:23.

을 때 벌어졌다. 그 토론은 정오까지 계속됐지만, 해결된 것은 아무 것도 없었다. 물론 이것은 그 조항으로부터의 발전이었다.

1643년 8월 8일 화요일 제21차 회기에서, 아담의 죄의 전가에 대한 성경적 증거가 논의되었다. "그 회의의 모든 구성원들 가운데 오직 가테이커(Gataker)만이 그 교리에 반대했지만, 그가 자신이 충분히 대답을 들을 수 있었던 것을 그리고 대답을 들었지만 만족하지 않았던 것을 말한 후에, 그 교리는 마침내 긍정적으로 결론지어졌으며 다음과 성경 구절들이 그 교리의 확증을 위해 가결됐다. 로마서 5:12-19; 창세기 2:17; 고린도전서 15:22."[11] 그 다음 총회인 1643년 8월 9일 수요일 제22차 회기에서, 총회 신학자들은 다음 강조처리 된 문구를 추가하면서 자신들이 9조를 다루는 것을 종결지었다. "원죄는 그대로 있다⋯아담의 전가된 죄와 더불어⋯원죄는 허물(fault)이다."[12] 통틀어서, 웨스트민스터 총회는 그 주제에 대해 여섯 번의 회의를 열었으며, 일주일이 넘게 걸렸다. 분명한 사실은, 이러한 초기 단계에서 총회는 아담의 죄가 인류에게 전가된다는 교리에 전념했다는 것과, 이것은 원죄의 전달과 연관됐지만, 전가와 전달을 구별할 수 있었다는 것이다.

그렇다면 그 주제가 신앙고백과 요리문답에 이르렀을 때, 어찌하여 압도적인 찬성이 있었던 것에 대해 이렇게 언급하기를 꺼려했는가? 이것은 부정되었다는 것은 아니다. 그것이 부재했던 이유는 그것이 정설이 될 정도로까지 아직은 발전되지 않았었기 때문이다. 그러나 아담의 죄의 전가의 교리 발전의 뉘앙스가 확정적이고 최종

---

**11** Ibid., 2:24.
**12** Ibid., 2:25.

적이 아니라면, 과연 "어느 정도까지" 라고 할 수 있는가?

모리스(Morris)는 그 문서들 내에 존재하는 긴장 상태를 인식하지 못한 A. A. 하지보다 웨스트민스터 신학자들이 뛰어난 해석자임을 다시금 스스로 보여준다. 모리스는 LC 25-26에 대해 논평하면서, 원죄를 원래의 범죄의 죄책일 뿐만 아니라 자연적인 출생에 의해서 우리의 첫 조상들로부터 전해지는 의로움의 결여와 부패라고 말한다. 그는 그와 동일한 견해가 SC 16과 WCF 6장에도 있다는 것을 인정한다. 이 모든 곳에서, 그것은 법적 전가라기보다는 오히려 자연적인 과정이다. 그는 말하기를, 이것은 법적 전가에 대한 문제들을 제기하는데, 특히 그것이 행위언약에 불가결하게 동반하는 것이라는 주장의 견지에서 그러하다고 한다.[13] 그는 대륙의 신조와 영국의 신조 양쪽 모두가 전가에 대한 언급이 없다고 지적한다.[14]

그러나 그의 주장은 그것들이 오래 전에 쓰인 것이었다는 점에서 약화된다. 많은 발전이 그 사이에 일어났다. 그는 이어서 말하기를, 부패 그 자체가 죄이며 또한 아담의 모든 후손이 부패하다고 한다. 그리고 우리에게 진실로 죄가 있음을 발견할 수 있는 것이 바로 부패 그 자체에서이다. 아담과 그의 후손들의 적절한 차이는 유지되어야 한다.[15] 따라서 모리스는 간접적 전가는 개혁파 전통 속에 근거가 있다고 주장한다. 이러한 배경과 WCF 6.3의 내용에 비추어, 그는 "실로 이것이 웨스트민스터의 신학자들이 자신들 사이에 존

---

13  Morris, *Westminster Symbols*, 272-73.
14  아우구스부르크 신앙고백 2장; 일치 신조 1장; 제1 스위스 신앙고백 7장; 제2 스위스 신앙고백 8장; 하이델베르크 요리문답 10; 벨기에 신앙고백 15장.
15  Morris, *Westminster Symbols*, 274.

재하는 다양한 의견들을 존중하여, 다소 일치하지 않는 다양한 진술들을 의식적으로 인정한 경우가 아닌지의 여부"를 묻는다. 그들은 펠라기우스주의자가 아니었으며, "또한 인간의 책임성과 전염을 인정하지만 죄악성이나 응보적 결과들에의 노출을 개인적인 행동으로만 국한시키는, 부분적으로 어거스틴주의자도 아니었다." 그들은 하나님의 법칙 아래 있는 인류의 통일성과 연대를 고수했으며, 출생으로부터의 타락의 전달을 확실하게 했다. "그들은 아무리 명백하거나 불가해할지라도, 의심할 여지없이 근본적인 사실인 것은 사실이라고 확언했다."[16]

모리스가 그 문제를 인식하고서, 약간 상세하게 역사적인 배경을 고찰하지만, 그가 인용하는 신앙고백들은 모두 웨스트민스터 이전 세대들에 의해서 그리고 매우 상이한 맥락들 속에서 쓰였다. 그가 열거하는 개혁파 신앙고백 가운데 최근의 것인 제2 스위스 신앙고백도 1566년에 발표됐는데, 근 80년이나 앞서 있다. 그 가운데 이 문제를 고민하는 많은 사상이 나타났고, 아담의 죄가 인류에게 전가된다는 개념이 지지를 얻었다. 이전까지 그 개념이 보편적인 찬성을 얻지 못했다는 것은 총회의 문서들의 각기 다른 본질에서 명백히 알 수 있다. 그렇지만 다음과 같은 역사적인 부기가 나타내듯이, 사상의 궤도는 로마서 5장에서의 바울의 논의로부터의 함의로서 아담의 죄의 전가를 분명히 나타내고 있었다. 개혁파 신학자들이 아담의 최초의 죄와 그 죄에의 우리 자신의 참여의 관계를 고찰했을 때, 그리고 특히 그들이 로마서 5:12-21에서 사도 바울과 씨름

---

**16** Ibid., 275-76.

했을 때, 아래 열거된 질문들이 그들의 마음 속에서 명확하게 나타나기 시작했지만, 신학적 사유의 본질상 그 대답들은 광범위한 찬성에 도달하는 데 더 오래 걸렸으며 그러한 찬성을 얻는 데는 더욱 더 오래 걸렸다.

## 2. 부기 2: 칼빈으로부터 시작해서 웨스트민스터에 이르기까지의 아담의 죄의 전가에 관한 교리의 발전

아담의 죄의 전가에 관한 교리의 발전에 대한 논의는 웨스트민스터 신학자들이 1640년대에 그 문제를 고찰했을 때 개혁파 신학이 어디에 서 있었는지를 이해하는 데 중요하다. 그 교리의 발전이 이루어지는 동안에 풀릴 중요한 질문들에는 다음과 같은 것들이 포함됐다.

1. 최초의 죄와 인류의 관계는 자연적인 출산에 의거했으며 따라서 유전된 부패(원죄)로 받아들여질 수 있었는가?
2. 이러한 관계는 또한 하나님의 결정 때문에 아담이 인류의 대표자여서 그의 죄가 그의 후손들에게 귀속되거나 전가되는 것으로 볼 수 있었는가?
3. 질문 1에 대한 대답이 긍정일 경우, 질문 1과 질문 2의 관계는 무엇인가?
4. 아담의 죄 또는 첫 조상들의 죄가 인류에게 전가되었는가? 전자는 대표하는 관계를 나타내지만, 아담의 죄는 그러한 관계

를 필요로 하지 않는다. 하지만 후자는 보다 분명히 자연적인 혈통에 의거해서 원죄의 전달을 첫째 위치에 둔다.

5. 질문 3과 관련하여, 전가된 죄는 어떤 토대 위에 있었는가? 그 죄는 자연적인 유전에 의해서였는가? 그 죄는 하나님에 의한 작정이라는 근거 위에 있었는가? 그 죄는 하나님이 아담과 맺으신 언약—이 언약에 의해서 아담은 인류의 대표자로 내세워졌다—과 관계가 있었는가?

6. 어떻게 이러한 질문들에 대한 대답들의 발전이 행위언약 또는 생명언약이라는 개념의 출현과 관계가 있는가?

7. 타락 이전의 순종은 가치가 있었는가 아니면 그 대신에 하나님이 은혜를 통해서 받아들이신 것이었나? 존 볼(John Ball)의 중요한 저작인 『은혜언약에 관한 논고』(*A treatise of the covenant of grace*, 1645)는 총회가 개회중이었을 때 그의 사후에 출판됐으며, 웨스트민스터 신학자들에게 지지를 많이 받았다. 이 책은 아담의 행위가 가치가 있었다는 것을 부정하면서 그 언약에 나타난 하나님의 은혜를 가르친다.[17]

이러한 질문들을 다루기 위해서, 우리는 1536년부터 이 총회에 이를 때까지의 개혁파 전통 안에서의 일련의 중요한 대표적인 신학자들의 공헌을 고찰할 것이다. 우리는 가능한 연대순으로 진행하는데, 라틴어가 유럽의 교육받은 계급의 국제 공용어였으므로 라틴어는 범대륙적으로 개념들의 교류를 위한 수단을 제공했다는 사실을

---

[17] John Ball, *A treatise of the covenant of grace* (London: Simeon Ash, 1645) [Wing B579], 6–12.

고려할 것이다.

### 1) 마르틴 부처(1491-1551)

마르틴 부처(Martin Bucer)는 아우그스부르크 잠정협약(1548)이 그의 떠남을 강제할 때까지 스트라스부르크에서 교회의 지도자였다. 그는 케임브리지에서 흠정 강좌 담당(Regius Professor) 신학교수로 임명됐으며 서거할 때까지 거기서 봉직했다. 그는 칼빈에게 중대한 영향을 미쳤다. 칼빈은 제네바에서의 첫 번째 체류와 두 번째 체류 사이에 스트라스부르크에서 3년을 보냈다.

부처는 로마서에 대한 자신의 긴 주석서(1536)에서, 아담과 인류의 관계를 유기적으로 그리고 실재론적으로 이해한다. 로마서 5:12 하반절에 대한 주석에는, 그가 아담을 법적 의미에서 대표자라고 생각했다는 암시가 없다. 이것은 놀랄 만한 일이 아니다. 왜냐하면 언약 개념은 10년쯤 전에 츠빙글리와 불링거 및 외콜람파디우스의 저술들에서 중요하게 표면화되었을 뿐이며, 그 당시에는 오로지 은혜언약에 관해서만 사용됐다. 따라서 그는 "아담에게 태어난 사람들도 아담과 같았다. 따라서 그들은 아담의 허리에서 범죄하고서 잃어버린 존재가 되었다"라고 기술한다. 이것은 또한 유아들에게도 적용된다고 부처는 결론짓는다.[18]

---

18 "…ut enim in omnes homines a primo parente peccatum invasit: illa ingenii nostri corruptio, ut vera bona nec cognoscere…in Adam omnes fuimus, in eo ergo & peccavimus, & mortui sumus…sic & lumbis Adae peccarunt & perditi sunt, quotquot homines sunt & erunt," Martin Bucer, *Metaphrasis et enarrationes in perpetuae epistolarum d. Pauli apostoli* (Strasbourg, 1536), 1:253-54.

이 문구에서, 바울은 죄의 전달에 관해서 얘기하고 있지, 죄의 들어옴에 관해서 얘기하고 있는 게 아니다. 아담은 죄의 유전에 대해 책임이 있었다. 그의 죄는 출생에 의해서 전해졌다. 이번에는, 우리가 우리 자녀들에게 타락을 전한다.[19] 최초의 죄는 우리의 첫 조상들이 지었다.[20]

### 2) 존 칼빈(1509-64)

존 칼빈(John Calvin)은 로마서에 대한 자신의 주석서(1539)에서, 아담이 그 자신을 위해서뿐만 아니라 그의 후손들을 위해서도 하나님의 은혜라는 선물을 받았지만, 주님으로부터 떨어짐으로써 그는 우리의 본성을 부패시키고, 더럽히며, 타락시키고, 황폐하게 했다고 진술한다. 우리가 모두 범죄한 것은 우리는 모두 자연적인 부패로 더럽혀졌기 때문이다. 이것이 사악과 강퍅의 원인이다.[21] 칼빈이 아담의 죄가 전가된다는 것을 인정한 명확한 증거가 있지만, 그것은 칼빈이 드러내고자 했던 근본 원리는 아니다. "우리는 아담의 죄에 의해서 정죄를 받는 것이지, 마치 우리가 또 다른 사람의 죄에 대해서 벌을 받고 있다는 듯이, 오직 전가에 의해서만 정죄를 받는 게 아니다(*non per solam imputationem*). 그러나 우리가 그의 징계를 겪는다. 하나님은 아담 안에서 오염된 우리의 본성을 죄에 대하여 책임

---

**19** Ibid., 1:257-58.
**20** Ibid., 1:263.
**21** "Peccavimus igitur omnes, quia naturali corruptione omnes imbuti sumus; ideoque iniqui ac perversi," Calvin, Comm. Rom. 5:12.

져야 할 존재로 여기시기 때문에 우리 역시도 죄책을 지닌다."²² 그러므로 칼빈은 부처와 일치하지만, 동시에 칼빈은 전가가 비록 지배적인 실상은 아니더라도 실상의 일부라고 인정했다는 증거가 여기에 있다.

페스코(Fesko)는 칼빈이 1559년판 『기독교 강요』(Institutes) 2.1.7에서 언급하는 전가의 견지에서 아담의 타락의 죄책에 관해 얘기한다고 주장한다.²³ 그렇지만 칼빈은 거기서 육신에서 비롯되는 죄의 전염(아퀴나스가 주장한)에 관해서도 얘기하지 않고, 또한 영혼에서 비롯되는 죄의 전염에 대해서도 얘기하지 않는다. 왜냐하면 그것은 하나님에 의해 정해졌기 때문이다. 그의 주제는 원죄와 그것의 전달이지, 죄의 죄책과 죄의 전가가 아니다. 페스코는 칼빈의 견해가 전가된 죄책에 대한 웨스트민스터 신조와 일치한다고 생각한다. 그러나 칼빈이 여기서 강조하는 것은 부패한 본성의 유전에 의한 죄책에 대한 것이지만, 그는 또한 하나님이 아담을 인류의 대표자로 정하신 것에 대해서도 언급한다. 따라서 이것은 대표자적 언약 관계이기 이전에 자연적인 관계이다.²⁴

---

22 "Prior est, quod peccato Adae non per solam imputationem damnatur, acsi alieni peccati exigeretur a nobis poena; sed ideo poenam eius sustinemus, quia et culpae sumus rei, quatenus scilicet natura nostra in ipso vitiata, iniquitatis reatu obstringitur apud Deum." Calvin, Comm. Rom. 5:17.

23 Fesko, "Westminster Confession and Lapsarianism," 521.

24 "…ita corruptionis exordium in Adam fuit, ut perpetuo defluxu, a prioribus in posteros transfundatur. Neque enim in substantia carnis aut animae causam habet contagio: sed quia a Deo ita fuit ordinatum." Calvin, Opera Selecta, ed. Petrus Barth and Guilielmus Niesel (Berne: Chr. Kaiser, 1928), 3:236.

### 3) 하인리히 불링거(1504-75)

하인리히 불링거(Heinrich Bullinger)의 『세월』(*Decades*, 1550-51)은 한 그룹에 설교 10개씩 다섯 개의 그룹으로 구성되어 있는데, 기독교 교리의 전 분야를 다룬다. 이 저작에서, 취리히에서 츠빙글리의 뒤를 이어 교회 지도자가 된 불링거는 유전적인 타락으로서의 죄에 대해 광범위한 고찰을 한다. 그렇지만 아담의 첫 범죄의 죄책에 대해서는 아무런 언급이 없으며, 불링거가 자신의 후손들에 대한 아담의 관계를 그의 죄가 전가된 법적 대표의 관점에서 봤다는 암시는 더더구나 없다. 그의 저서 『세월』은 잉글랜드에서 큰 영향을 미쳤다. 존 휘트기프트(John Whitgift)는 그 책을 자신이 주교였을 때 링컨 주교관구의 사제들을 위한 필독서로 삼았으며, 후에 승진해서 캔터베리로 옮겨갔을 때에도 그대로 했다.[25]

### 4) 볼프강 무스쿨루스(1497-1563)

볼프강 무스쿨루스(Wolfgang Musculus)는 1549년부터 베른에서 그의 창조적인 작업의 대부분을 했으며, 불링거와 서신 왕래를 자주 했다. 창세기 2:15-17에 대한 자신의 주석서에서, 그는 하나님이 아담에게 말씀하셨지 하와에게 말씀하신 게 아닌 것은 아담이 자기 아내의 머리였기 때문이라고 진술한다.[26] 그렇지만 율법(*lex*)

---

**25** Henry Bullinger, *The Decades of Henry Bullinger* (ed. T. Harding; Parker Society; Cambridge: University Press, 1850), 2:358-432.

**26** Wolfgang Musculus, *In Genesim Mosis commentarii plenissimi* (Basel: Sebastian

은 그들 두 사람에게 주어졌다. 그러나 이 단락 전체에서는 언약에 대한 것이 전혀 없다. 무스쿨루스는 포에두스(*foedus*)와 테스타멘툼(*testamentum*)이라는 용어들을 노아의 언약과 아브라함의 언약으로 제한한다.[27]

무스쿨루스는 그 무렵에 출판된 자신의 로마서 주석서에서 보다 광범위하게 그 문제를 다룬다. 그 맥락에서의 죄라는 단어는 주로 인간 본성의 부패에 관한 원리를 가리키는 것이다(*principaliter de corruptione naturae humanae*). 그는 이러한 부패가, 명백히 적극적으로 죄를 지을 수 없는 유아들의 죽음에 대해 언급함으로써, 모방을 통하여 인류에게 영향을 미친다는 펠라기우스주의의 주장들에 반대한다. 그는 누구에 의해서 죄가 들어왔느냐고 묻는다. 제롬과 암브로우스는 하와에게 책임이 있다고 생각했다. 다른 한편, 터툴리안은 죄의 시작은 하와 때문이지만, 죄의 유전은 아담에 의존한다고 생각했다.[28]

어떤 방식으로 모든 사람이 아담 안에서 죄를 지었는가? "인쿠오(*in quo*, …안에서)라는 문구는 다양한 방식으로 설명될 수 있다고 그는 제안한다. 가장 단순한 설명은 우리는 아담이 범죄했을 때 그의 허리에 있었다(*in lumbis illius primi peccatoris, ex cuius massa nati sumus*)는 것이다. 그는 히브리서 7장을 인용한다. 여기서 레위는 아브라함이 멜기세덱에게 십분의 일을 주었을 때 그의 허리에 있었다고 한다.

---

Henricpetri, 1554?), 61.

[27] Ibid., 60-65.

[28] Wolfgang Musculus, *In Epistolam d. apostoli Pauli ad Romanos, commentarii* (Basel: Sebastian Henricpetri, 1555?), 92-93.

이것은 어찌하여 유아들이 어떠한 자범죄도 범하지 않았는데도 죽는지를 설명한다.

우리는 그리스도의 순종으로 허상적으로가 아니라 실제로 의롭게 된다. 그처럼 우리는 아담 안에서 허상적으로가 아니라 실제로 죄인이다(*ita non solum virtualiter peccatores sumus in Adam facti, sed & actualiter*). 우리가 정죄를 받는 것은, 우리 스스로가 악을 행했기 때문일 뿐만 아니라 아담의 죄 때문이기도 하다(*sed ipsum eitam peccatum Adae, nos condemnat*). 바울을 반향해서, 아담부터 모세 시대까지는 율법도, 위법도 따라서 실제적 대죄가 없었으나 죽음은 있었다. 그러므로 다른 죄가 있는 것이다. 바로 아담의 죄이다(*nempe ex illius peccato, qui primus legem Dei trangressus, hoc venenum in fudit omnes posteros*).[29]

무스쿨루스가 여기서 한층 개방적인 것은, 그가 로마서의 보다 상세한 본문을 따르기 때문이다. 그렇지만 그의 견해는 아담의 후손은 자연적인 혈통에 의해서 그의 죄에 관련된다는 것이다.

무스쿨루스에게는 그 질문이 원죄의 유전이라는 것은 그의 『교의학』(*Loci communes*)에서도 분명하다. 아담으로부터의 죄의 전달은 유전에 의해서 일어났다. 따라서 죄의 기원은 아담에 기인하지 하와에 기인하는 것이 아니지만, 그녀가 최초로 범죄한 것처럼 보인다.[30] 아담의 죄가 인류에게 전가된다는 언급은 없다. 무스쿨루스에게 실제적인 문제는 원죄의 유전이다.

---

29 Ibid., 94.

30 Wolfgang Musculus, *Loci communes theologiae sacrae* (Basel: Sebastian Henricpetri, n.d.), 20.

## 5) 피에트로 마르티르 베르밀리(피터 마터, 1500-1562)

피에트로 마르티르 베르밀리(Pietro Martire Vermigli)는 1548년까지 스트라스부르크에서 부처의 이탈리아인 동료였으며, 그 후에 옥스퍼드에서 흠정 강좌 담당 신학교수로 임명됐다. 같은 시기에 부처도 케임브리지에서 상응하는 직책을 맡았다. 메리가 즉위하자, 그는 취리히로 도망가서 거기서 체류했다.

그는 로마서에 대한 자신의 주석서(1558)에서 우리의 질문에 대해 상세히 논한다. 아담과 그리스도 사이에는 유사한 점도 있고 차이점도 있다. 차이점들이 더 크다. 아담은 죄와 죽음과 영벌을 가져왔다. 그리스도는 의와 생명과 은혜를 가져오신다. 또한 유전에도 차이점이 있다. 아담의 악은 육신의 출생을 통해서 사람들에게 전해지는 반면에 그리스도의 유익은 믿음을 통해서 온다(*Adamus enim mala sua per carnis generationem in homines transfudit: Christus autem per fidem*). 참된 유사(*Similitudo*)가 아니라 유비(*analogia*)가 있다. 그리스도로부터의 선물은 여러모로 아담으로부터의 저주를 능가한다. 아담은 한 가지 죄에 의해서 우리의 모든 인류를 파멸시켰다. 그리스도는 그 한 가지 죄뿐만 아니라 다른 많은 죄들도 제거하셨다(*aboleverit*). 더 많은 은혜가 죄에 의해서 소멸되었다기보다는 사람에게 베풀어진다(*imputationem iustitiae per Christum*).[31]

"심판은 정죄받을 '하나'로부터 온다"고 말하는 점에서, 베르밀리가 그것을 한 사람부터로 받아들이는지 아니면 하나의 죄부터

---

31　Pietro Martire Vermigli, *In epistolam S. Pauli apostoli ad Romanos commentarii doctissimi* (Basel: Petrum Pernam, 1558), 158.

로 받아들이는지가 분명치 않다. 아담 이후의 죄들은 우리의 첫 조상들이 저지른 죄의 열매이며 우리에게 전해진 원래의 죄책이다(*ex originale culpa in quemlibet nostrum transfusa, alia peccata esse nata*). 그렇지만 모든 죄책이 반드시 그러한 원죄(orignal sin[그것이 최초의 죄라는 의미에서의 original])와 관련되어 있는 것은 아니다. 왜냐하면 저주를 받는 성인들은 그들 자신의 죄 때문에 저주를 받기 때문이다(*adulti vero, qui damnant, non eo solo pereum, sed & propter actualia peccata, quae adiecerunt*).[32]

아무도 외부의 죄―그들이 관여하지 않은 죄―에 대해 책임이 없다(*Nam alieno vitio nemo dicitur peccator*)는 명백한 사항에 응하여, 베르밀리는 이렇게 묻는다. 그렇다면 어찌하여 많은 사람이 죄인이 되었다고 말하는가? 그 이유는 욕망과 아담의 범죄로 말미암은 인류의 본성의 큰 타락(*concupiscentia enim, & naturae magna de pravatio in nostrum genus per Adami transgressionem irrupit*)에 있다.[33] 이렇게 해서 인류는 아담 안에서 범죄했다. 펠라기우스주의자들은 아담의 죄가 모방을 통해서 유전된다고 말한다. 그러나 그리스도의 의는 모방을 통해서 받는 게 아니며 또한 그러한 주장은 죽은 유아들에는 합당하지 않다. 하나님은 우리에게 또 다른 사람의 죄를 전가시키시는 게 아니라, 우리 자신의 죄를 전가시킨다(*in culpa originis imputare nobis alienum peccatum, sed notrum ipsorum iniquitatem, quae naturae adhaeret iam inde ab ipsa originae*). 여기서 전가의 암묵적인 인정이 있지만, 전가는 유전된 부패에 의거한다. 죄는 타락한 아담과 공유된 본성에 의한 우리

---

[32] Ibid., 159.
[33] Ibid., 162-63.

들의 죄이다.³⁴

베르밀리의 『공통의 처소들』(*Common Places*, London, 1583)은 로버트 메이슨이 편찬하고, 칼빈의 『기독교 강요』를 따라 인위적으로 체계화된, 그의 신학의 사후 통합물이다. 그는 원죄의 전달을 출산에서 일어나는 정욕의 열에 위치 지우며, 아퀴나스가 동의했던 어거스틴을 인용하고 따른다.³⁵ 그렇지만 부패는 죄의 자연적인 결과가 아니다. 오히려, 그것은 하나님의 정의에서 비롯됐다. 사람이 범죄했을 때, 성령의 은혜와 하늘의 은사들이 하나님의 정의에 의해서 박탈됐다. 부패는 하나님의 정의에서 비롯되며, 책임은 대부분(largely) 첫 사람에게 있다. 우리는 맛을 얻기 위해서 무절제하게 먹거나 마시지 않지만, 우리가 먹고 마실 때 맛은 자연히 따라온다. 이렇듯 아담이 이런 일들을 모두 일어나도록 하지 않았겠지만, 그가 범죄했을 때, 그런 일들이 자연히 일어났다.³⁶

베르밀리는 다시금 어거스틴을 인용하면서, 이렇게 기술한다. "하나님은 대단히 선하시며, 다른 사람들의 죄를 우리에게 전가시키지 않으신다…그러나 심지어 만물의 첫 시작부터 우리 자신의 본성에 달라붙어 있는 우리 자신의 죄악들을 우리에게 전가시키신다." 죽음과 "헤아릴 수 없이 많은 재앙"은 아담의 후손들한테 벌을 받을 모종의 죄가 있다는 것을 보여준다. 여기서 전가가 다시금 표

---

34  Ibid., 170.

35  Pietro Martire Vermigli, *The common places of the most famous and renowned divine Doctor Peter Martyr, divided into foure principall parts* (trans. A. Marten; London: Henrie Denham, Thomas Chard, William Broome, and Andrew Maunsell, 1583) [STC 24669], 219.

36  Ibid., 220.

면화된다.[37] 그래서 원죄는 우리의 첫 조상의 타락으로부터 출생에 의해서 유전되는, 사람의 본성 전체의 부패이다.[38] 씨는 이러한 죄가 부모로부터 그들의 자녀들에게 전해지는 도구이다.[39] 3대와 4대에까지 전해지는 조상들의 죄의 징벌은 "다른 자손들이 그들의 조상들의 범죄들을 감당하지 않겠지만, 그들은 자신들의 조상들의 범죄들을 감당하리라"는 것을 보여준다.[40]

로마서 5장의 "한 사람으로 말미암아"라는 문구는 아담에 대해 언급하는 것인데, "그는 어떤 공통의 덩어리와 같았으며, 그 덩어리 안에 모든 인류가 들어 있었다. 이 덩어리가 부패하면, 우리는 세상에 태어나지 않았는데도, 부패하고 더러워질 수 있다." 하와가 맨 처음에 범죄했지만, 원죄는 아담에 귀속된다. 베르밀리는 "한 사람"은 "아담과 하와"처럼 사람을 통칭하는 것이라고 생각한다. 바울이 죄의 뿌리가 사람에게 귀속되는 상속과 출산에 있다고 생각하는 것은, 아담이 죄의 뿌리이기 때문이다.[41]

베르밀리에게는 그가 아담의 죄가 전가된다는 것을 인정한 암시들이 있다. 그렇지만 그의 압도적인 관심은 원죄, 다시 말해 자연적인 출생에 의해서 아담으로부터 유전되는 본성의 부패에 있다. 그는 잉글랜드에서 겨우 4년간 있다가, 1553년에 메리가 즉위하자 대륙으로 탈출했지만, 그럼에도 불구하고 그는 잉글랜드 개혁파 신

---

37 Ibid., 221.
38 Ibid., 224.
39 Ibid., 231.
40 Ibid., 237.
41 Ibid., 242.

학의 발전을 위한 중대한 원천이다.

### 6) 더들리 페너(1558-87)

한 세대 앞으로 가면, 우리는 더들리 페너(Dudley Fenner)에 이르게 된다. 그의 주저인 『거룩한 신학』(Sacra Theologia, 1585)은 최초의 청교도 조직신학이었다. 페너는 모든 사람이 아담의 죄에 참여한 것은 그들이 그의 허리에 있었으며 자연적인 출산에 의한 그의 자손이기 때문이라고 생각한다. 그래서 모든 사람(씨의 출산이라는 자연법칙에 의해서 자손이 되는 모든 사람)이 그 죄에 참여했다.[42]

그는 또한 그러한 언약(illo contractu)에 의해서 아담의 몸 안에 있었던 모든 사람에 관한 글을 쓰지만, 그는 몇 페이지 뒤에 가서야 비로소 행위언약에 대해 언급한다(이 용어가 처음으로 등장한 때).[43] 페너는 비록 개념은 아니지만[44] 행위언약(foedus operum)이라는 용어를 도입하는데, 실재론적 요소와 표상주의적 요소 양쪽을 결합시킨다. 자연적인 출산과 하나님에 의해서 맺어진 언약 양쪽 모두는 아담 안에 인류를 두어서 그의 최초의 죄에 인류가 관련되어 있음을 설명한다. 그는 상세하게 이러한 개념들을 발전시키지는 않는다.

---

42  "Peccatum illud posteritatis, est unicum illud paravptwma quod omnes in lumbis Adami ex lege naturali de semine propogando cum ipso perpetrarunt. Rom. 5.12." Dudley Fenner, *Sacra theologia, sive veritas quae secundum pietatem* (Geneva, 1585), 78-9.

43  "Reatus illius peccati est reatus poenae de toto illo contractu in Adami persona ad posteritatem totam, lege praedicta propogando." Ibid., 78-9. 그의 *foedus operum*, 86-87 참조.

44  참조. R. Letham, "The Foedus Operum: Some Factors Accounting for Its Development," *SCJ* 14(1983): 63-76.

## 7) 윌리엄 퍼킨스(1558–1602)

아마 틀림없이 17세기 초엽에 잉글랜드 신학에 윌리엄 퍼킨스 (William Perkins)보다 더 큰 영향을 미친 신학자는 없을 것이다. 그는 케임브리지 크라이스트칼리지의 특별 연구원이었으며, 그 후에 케임브리지 세인트앤드루스대학교의 강사였고 다작의 저자였다. 1590년에 출판된 『기독교의 토대』(*The foundation of the Christian religion*)에서,[45] 그는 모든 사람이 아담의 타락으로 말미암아 죄로 완전히 부패했으며, 그래서 사탄의 노예들이고 영벌의 죄를 범하고 있다고 진술한다. 그는 로마서 5:12에 관해 언급하지만, 어떻게 이것이 일어났는지를 설명하려는 시도는 하지 않는다.[46]

같은 해에 그는 『황금사슬』(*A Golden Chaine*)을 출간했다.[47] 여기서 퍼킨스는 유전된 부패에 초점을 맞추지만, 또한 온 인류를 대표하는 자로서의 아담에 관해 기술한다. 온 인류는 이것에 의해서 부패에 관련되었을 뿐만 아니라 죄책에도 관련됐다. 첫 조상들의 부패한 상태로부터 죄의 상태가 발생했는데, 이것에 의해서 하나님은 우리의 죄를 모두 아우르셨다. 이러한 상태에서, 로마서 5:12에 따라서 우리는 아담의 범죄와 그의 죄책 양쪽 모두에 참여한다. 왜냐하면 "아담이 그때 사인(私人)이 아니라, 모든 인류를 대표"했기 때

---

[45] 영어 번역 초판 [STC 19709].

[46] William Perkins, *The Workes of that famous and worthie minister of Christ, in the Universitie of Cambridge, Mr. W. Perkins* ([Cambridge:] Iohn Legate, 1608) [STC 19649], 1:1.

[47] Perkins, *Armilla aurea*, 1590 Latin edition [STC 19655]. 1600년 영어 번역 초판 [STC 19646] 참조.

문이다. 아담이 범죄했을 때, "그의 후손들은 그의 허리에 있었으며, 그들은 자연의 과정에 의해서 아담의 후손이 될 것이다. 그러므로 그들은 그의 죄책에 참여하게 된다." 여기서 아담의 죄와 죄책에의 참여는 자연적인 혈통을 통해서이지만, 그는 모든 인류의 대표자이다. 아담의 범죄로부터 원죄가 생기는데, 원죄는 우리의 첫 수태에서 발생된 부패이며, 몸과 영혼의 모든 능력이 악을 저지르기 쉽고 또 악을 저지르고 싶어한다.[48]

1595년에 이르러, 퍼킨스는 이러한 주제를 더욱 발전시켰다. 자신의 저서인 『사도들의 상징 또는 신경에 관한 주해』(*Exposition of the symbol or creed of the apostles*)[49]에서, 그는 이렇게 주장한다. 이 죄의 거대함은, 아담이 사인이 아니라 "그 안에 모든 인류를 지니는 뿌리 또는 머리와 같거나, 아니면 그의 모든 후손들을 대표하는 공인과 같았으며 그러므로 그가 범죄했을 때, 그의 모든 후손들이 그와 함께 범죄했다는 것이다. 의회에서처럼, 주(州, shire)의 대의원들에 의해서 이루어지는 것은 무엇이든지 주에 있는 각각의 사람 모두에 의해서 이루어지는 것이다."[50]

이러한 설명에서, 분명한 것은, 아담은 단순히 자연인이라기보다는 오히려 인류와 대표하는 관계를 갖는다는 것이지만, 퍼킨스가 대표자와 피대표자의 관계를 전가를 수반하는 것으로 본다는 것은 결코 분명하지가 않다. 그렇지만 그 관계는 하나님에 의한 지정에

---

**48** Perkins, *Workes*, 1:19-0.
**49** 영어 번역 초판 [STC 19703].
**50** Perkins, *Workes*, 1:164.

근거한다.[51] 이러한 지정에 의해서 아담은 그의 후손들의 시조가 되었다. 아담의 타락으로부터 원죄가 생긴다. "하나님은 피조세계에 이러한 질서를 세우셨다. 즉 아담이 어떤 악을 획득했든지 간에 그는 그것을 그 자신에게 가져와야 할 뿐만 아니라, 그의 모든 후손에게도 가져다 주어야 한다. 작정에 따라 죄의 유전은 어떤 방해도 없이 지속된다. 비록 부모들이 하나님의 영에 의해 깨끗하게 되었더라도!"[52] 아담의 대표하는 수장직―하나님에 의해서 정해진―은 퍼킨스에게는 후손에게 원래의 부패가 유전되는 것의 근원이다. 이것은 그에 앞서 칼빈과 부처 및 다른 사람들에게서 볼 수 있는 순서의 역전이다. 그렇지만 하나님이 아담으로 하여금 인류를 대표하도록 정하시는 것은 명백히 죄책의 전가보다는 오히려 악의 유전을 수반한다.

암묵적인 것은 퍼킨스의 저서인 히브리서 11장에 대한 주석에서 명백해진다. 이것은 처음에 하늘의 가나안으로 이끄는, 다수의 신실한 증인들이라는 표제로 출간된 책이었다.[53] 그는 매우 직설적인 용어들로 그 문제를 다룬다.

> 아담에게서 나온 사람들은 모두 아담의 죄 안에서 범죄했다. 그러므로 당신은 그의 죄가…당신의 죄였다는 것을 알아야 한다. 그리고 당신은 아담 안에서 죄인이다. 즉 아담뿐만 아니라

---

51 Ibid., 1:165.
52 Ibid., 1:166.
53 William Perkins, *A cloud of faithfull witnesses, leading to the heavenly Canaan* (London: Humfrey Lownes for Leo. Greene, 1607) [STC(2nd ed.) 19677.5].

당신도 아담의 죄 안에서 범죄했다(하지만 당신은 그때 태어나지 않았다). 또한 당신은 하나님 앞에서 그것에 대해 죄가 있고, 그리스도께서 당신을 위해서 그것을 하시지 않는 한, 그것에 대해 하나님의 정의에 대답해야 한다는 것을 당신은 알아야 한다. 이것의 이유는 우리가 그의 씨이자 후손이고, 우리는 그때 그의 허리에 있었으며, 그는 우리 모두의 조상이었기 때문이다. 그리고 그는 지금의 우리처럼 사인이 아니라 공인이었고, 모든 인류의 서약이었으며, 그때 우리 모두의 인격을 담지했기 때문이다. 그러므로 그가 그때 행한 것은, 그 자신뿐만 아니라 우리를 향해서도 행한 것이다. 하나님과 그의 언약은 아담과 우리를 위해서 이루어진 것이다. 하나님이 그에게 약속하셨고, 그가 하나님께 약속한 것은, 그가 그 자신뿐만 아니라 우리를 향한 것이다. 그가 그의 창조에서 받은 것은, 그 자신뿐만 아니라 우리를 위한 것이기도 하다. 그리고 그가 그의 타락에 의해서 얻거나 잃은 것은, 그는 그 자신을 위해서 그러했듯이, 우리를 위해서 얻고 잃었다. 그는 하나님의 유익과 원래의 순수성을 상실했다. 그는 그의 후손의 것까지도 다 상실했다. 그리고 그는 죄책, 하나님의 진노, 본성의 오염을 획득했다. 그는 자신의 것뿐만 아니라 우리의 것도 다 잃었다. 만약 우리가 이러한 사항을 의심한다면, 그것은 그 사도에 의해서 증명된다.[54]

퍼킨스는 왜 우리가 또 다른 사람의 죄에 대해서 고통을 받아야

---

**54** Perkins, *Workes*, 3:2:415. 그는 로마서 5:12-14를 인용한다.

하는가를 묻는다. 만약 그것이 오직 아담의 죄만이라면, 반론이 유효할 것이다. "그러나 그것은 그의 죄이자 또한 당신의 죄였다."⁵⁵ 퍼킨스는 아담과 인류의 실재론적이며 유기적인 관계를 발전시켰다. 그는 언약을 실상에 도입했다. 그는 아담이 모든 사람의 대표자라고 제안했다. 따라서 전가에 관한 구체적인 언급은 없지만, 모든 구성 요소는 거기에 있다.

전가는 1606년에 사후에 출판된 『유다서 전체에 대한 경건하고 학문적인 주해』(*A godly and learned exposition upon the whole epistle Jude*)에서 퍼킨스에 의해 마침내 명확하고 상세하게 설명된다.⁵⁶ 여기서 그는 "아담은 실제로 범죄했으며, 우리도 관계와 전가에 의해서 범죄했다"고 진술한다. 우리는 우리 자신의 죄의 원인이다. "그 자신이 원인이지만, 그 자신 안에서가 아니라, 그가 태어나기 전에 아담 안에서 그는 자기가 자연인으로 태어나야 한다는 것을 획득했다." 하나님이 이것을 허용하신 이유는 "호기심으로 찾아내게 되는 것이 아니라, 침묵하면서 경건한 마음으로 신뢰하게 될 하나님의 정의로운 심판" 때문이다.⁵⁷ 퍼킨스는 우리가 우리의 유전적인 관계에 의해서 아담의 죄를 공유하는 것과 수반하는 유전된 부패로부터, 우리가 아담의 죄책 안에서 공유하는 하나님에 의해서 정해진 것, 즉 우리가 경건한 침묵으로 신뢰해야 하는 심판에 이르기까지의 논의를 수행한다.

---

**55**   Ibid.
**56**   영어 번역 초판, 1606 [STC 19724].
**57**   Perkins, *Workes*, 3:2:75b.

## 8) 로버트 롤록(1555-99)

1583년부터, 로버트 롤록(Robert Rollock)은 새로 설립된 제임스6세대학교의 단독 이사였다. 이 대학교는 후에 에딘버러대학교가 되었다. 게다가 1586년부터, 그는 한 회중의 목회를 담당했다.

로마서에 대한 자신의 주석서(1596)에서, 롤록은 바울이 아담과 그리스도를 비교하는 게 아니라, 아담을 통해서 존재하는 죄와 그리스도를 통해서 오는 의를 비교한다고 주장한다.[58] 바울의 비교는 또한 그것들의 결과들인 생명과 죽음의 비교이다. 죄는 전염으로서 고찰될 뿐만 아니라, 온갖 종류의 죄-원죄와 자범죄-의 견지에서 고찰되기도 한다(*non tam solus Adami, quam nostrum omnium in lumbis euis, & corrupteli eam insecuta, positum: quam actuale*).

롤록에 따르면, 우리는 모두 아담의 허리에 있었다. 여기에는 대표적 성약적 관계에 관한 암시가 없다.[59] 예외 없이 모두가 범죄했다. 모든 사람이 공로가 없다. 예외 없이 죽음이 들어왔다. 모든 사람이 범죄했는데, 말하자면, 실제로 죄를 범했다(*ait enim omnes peccase, ut ita loquor, actualiter*). 죄는 율법이 존재하지 않았던 곳에서는 전가되지 않는다. 이러한 말들로부터, 바울이 자범죄에 대해서 얘기하고 있다는 것이 명백하다.[60] 죄의 보편성은, 자범죄를 범하지 않은 동안에 죽는 유아들의 경우에서 보인다. 이러한 이유로, 이 죄는 우

---

**58** Robert Rollock, *In epistolam S. Pauli apostoli ad Romanos* (Geneva: Franc. lePreux, 1596), 93.
**59** Ibid., 94.
**60** Ibid., 95.

리가 유전에 의해서 받은 부패한 본성이다. 아담은 여기서 예표로써 제시된다. 그것은 비교이지, 반드시 똑같은 것은 아니다.[61]

성부께서는 우리에게 그리스도의 공로와 은혜를 전가시키셨다. 그것이 그 비교의 두 번째 부분이다. 한편으로는, 필요한 형벌이 아담의 죄과에 부여된다. 다른 한편으로는, 의의 선물이 있다.[62] 롤록은 로마서 5:12 하반절에서의 죄를 원죄가 아니라 자범죄로 여긴다. 그럼에도 불구하고, 그는 원죄가 바울의 정의의 범위 내에 포함된다는 것을 인정한다. 그는 그리스도의 의가 칭의 속에서 우리에게 전가된다는 것을 인정하지만, 그는 아담의 죄의 전가에 관한 개념은 어떠한 것도 도입하지 않는다.[63]

그 다음 해에 출간되고[64] 번역된 『하나님의 유효적 소명에 관한 논고』(Tractatus de vocatione efficaci)는 언약 신학의 발전에서 중요한 저작이다. 이 책에서, 롤록은 죄를 실체로 보지 않고 우연(accident)으로 본다. 결여된 것으로, 또는 하나님의 율법에 따르는 것의 결여로 본다.[65] 그러므로 그는 어거스틴을 따랐다. 원죄는 "우리의 최초의 존재와 잉태 및 출생으로부터 우리 안에 그리고 우리와 함께 있다. 왜냐하면 그것은 출산에 의해서 오며, 유전성 질병처럼, 나병이나 결석 또는 몸의 어떠한 그런 질병처럼, 부모로부터 자녀들에게

---

61　Ibid., 96.
62　Ibid., 98.
63　Ibid., 99-102.
64　Robert Rollock, *Tractatus de vocatione efficaci* (Edinburgh: Robert Waldegrave, 1597)[STC 19956].
65　Robert Rollock, *A treatise of God's effectual calling* (trans. Henry Holland; London: Felix Kyngston, 1603) [STC(2nd ed.) 21286], 127.

로 전해지기 때문이다."⁶⁶

원죄의 성격은 3중적이다.

첫째, 원죄는 우리가 모두 아담의 허리 안에 있음으로 하나님으로부터 떨어져 나간 그런 배신 행위이다. "이것을 우리가 우리 어머니의 태에서 받는 것은 우리가 모두 배신자로 태어나기 때문이다." 이러한 배신은 아담의 배신이었을 뿐만 아니라, "우리 모두에게도 속한 것이었다." 왜냐하면 우리가 모두 첫 사람의 실체와 본성의 일부분으로서 그의 허리에 있어서 우리가 모두 그 사람 안에서 타락했기 때문이다.⁶⁷ 이러한 최초의 배신이 지나갔지만, 죄책은 여전히 남아 있다. "왜냐하면 모든 사람이 그러한 첫 배신의 본성에 의해서 죄책을 가진 채, 태어나기 때문이다. 그러므로 모든 사람은 이러한 죄책이 중보자의 피에 의해서 제거될 때까지 그러한 최초의 배신과 하나님으로부터 떨어짐의 죄를 범하고 있는 것이다."⁶⁸

둘째, 원죄는 원의 상실에 있다.

셋째, 원죄는 우리의 자연적인 부패로 묘사되는 그러한 원의와 고결함에 반하는 경향이다.⁶⁹

원죄의 유전은 부모의 몸이 그들의 자녀들에게 전해짐에 의해서 이루어진다.⁷⁰ 어떻게 그러한 최초의 죄가 아담의 후손들 한 사람 한 사람 모두에게 죄를 전하는 능력을 갖는가? 롤록은 그것이

---

66  Ibid., 133.
67  Ibid., 134-35.
68  Ibid., 135.
69  Ibid., 136.
70  Ibid., 141-42.

"하나님이 아담을 창조하셨을 때 그와 맺은 그런 말씀과 언약 때문에"라고 대답한다(*efficaciam illius preccati ex verbo & foedere quodem Dei esse, quod in prima creatione pepigit cum Adamo…sin minus steterit sed lapsus fuerit, labetur sibi & suis: & quodcunque malum in ipso est, id omne transmittet in posteros suos*). 이것은 "모든 진실한 현자들을 마땅히 만족시켜야 한다"고 그는 결론짓는다.[71]

롤록은 이 문제를 이 책에서의 두드러진 주제인, 하나님이 아담과 맺으신 언약과 결부시켰다. 그렇지만 그의 마음의 맨 앞에 있는 것은 죄책의 전가라기보다는 오히려 부패의 유전이다. 이것은 "아담 안에 있는 이러한 죄는 참으로 그리고 실제로 그의 죄였다. 그러나 그것은 오직 전가에 의해서만 우리의 죄이다"(*Secunda, Hoc peccatum in Adamo fuit re ipsa, in posteris autem ipsius est per imputationem*)를 비롯한 스콜라 신학자들의 견해들을 그가 인용하는 것으로 확인되는데, 이 구절 옆에는 난외의 논평이 있다. "원죄에 관한 로마 가톨릭 교도들의 천박한 견해들."[72] 롤록에게 있어서, 아담의 최초의 죄에 우리가 참여함에 있어서 죄책도 동반되는 것은 분명하나, 여기서의 죄책이란 우리가 그의 허리에 있음으로 인해 얻게 되는 부패의 유전과 동일하다. 그는 아담의 죄의 전가라는 개념을 스콜라 신학자들의 위험한 견해로 치부해 버린다.

---

[71] Rollock, *Tractatus*, 193-94.
[72] Ibid., 196; Rollock, *Treatise*, 143.

## 9) 요한네스 피스카토르(1546-1625)

다작의 성경 주석가이자 신학자인 요한네스 피스카토르(Johannes Piscator)는 노이스타트에 있는 하이델베르크에서 신학을 가르쳤으며, 1584년부터 사망할 때까지는 헤르본에서 가르쳤다.

1590년에 출판된 바울 서신들에 대한 일련의 주석서들의 일부로서, 로마서 5장에 대해 주석하면서, 그는 우리가 아담의 허리에서(in illius lumbis) 범죄했다는 것에 관해 기술한다.[73] 이러한 죄는 전가되지만, 그것은 유전적으로 출산을 기초로 한다(nempe per imputationem, idque iure haereditatio, propogatum scilicet per generationis naturatis successionem).[74] 『하나님 앞에서 인간이 의롭게 됨에 관하여』(De iustificatione hominis coram Deo, 1609)에서, 피스카토르는 원죄의 주요한 부분은 우리의 첫 조상들의 죄로 말미암아 우리가 죄인이 되었다는 것이라고 진술한다.[75] 피스카토르는 이것이 전가에 의해서 이루어진다고 주장한다. 그러한 최초의 죄에 의해서, 우리는 죄가 있게 되어서 죽음의 형벌을 초래했다. 죄책과 형벌 양쪽 다 모든 사람에게 퍼졌다.[76]

---

73 Johannes Piscator, *Epistolarum Pauli ad Romanos, Corinthios, Ephesios, Philippenses, Colossenses, Thessalonicenses* (London: George Bishop, 1591) [STC(2nd ed.) 19956], 44-45, 48.

74 Ibid., 48-9.

75 Johannes Piscator, *De iustificatione hominis coram Deo* (Leiden: Andreas Clouquius, 1609), 78.

76 "…prima est, qua eo peccato & peccati, & inobedientiae primorum parentum rei facti sumus, quae propagatione est nostra…[여기서 그는 로마서 5:19를 인용한다] simulque cum culpa poena est propogata, id est, mors in omnes pervasit…[여기서 그는 로마서

로마 가톨릭교회의 피스카토르를 반대하는 자들은 그것을 부정하지만, 성경은 그것을 확인한다. 로마 교황의 두 교의학자, 피기우스와 카타리누스는 아담의 죄가 전가에 의해서 우리의 죄가 된다는 것을 인정한다(*qui peccatum Adami nostrum solum esse quam sententiam etiam Iesuita impugnat imputatione afferunt*). 다른 한편, 예수회는 원죄는 아담이 범죄했을 때 우리가 그의 허리에 있었다는 사실에 있다고 주장한다. 그렇지만 우리에게는 이것이 단순한 전가가 아니고 또한 우리가 단지 아담의 허리에 있었다는 사실에 의거할 뿐인 그 어떤 것도 아니며, 최초의 죄는 참으로 그리고 실제로 우리의 죄이다(*Ad nos autem quod attinet, peccati Adami reos non esse, non nuda imputatione, non quod potentia solum in Adami lumbis eramus, verum, vere, & realiter, & aliquo modo actualiter contendimus. Hoc autem hac ratione demonstramus: Eodem modo quo mors, peccati Adami poena, derivata est in posteros, eodem modo & peccatum: verum mors ipsa in nos dominetur vere, & reipsa, non imputatione aut potentia tantum*).[77]

최초의 죄는 죽음과 동일한 방식으로 후손에게 전해진다. 유아들도 죽음의 지배를 받아야 하고, 그래서 죄의 지배를 받는다. 죄책과 형벌에 대한 책무(*reatus culpae, & obligatio ad poenam*)는 원죄의 주요한 부분이다. 원죄의 다른 부분은 인간의 본성 전체의 일반적인 타락이다.[78] 요컨대, 로마 가톨릭교회에 반하여, 피스카토르에게 원죄는 원의 상실일 뿐만 아니라, 적극적인 것, 즉 진짜이며 실제적인

---

5:12를 인용한다." Ibid., 78.
[77] Ibid., 78-79.
[78] Ibid., 79.

타락이기도 하다.⁷⁹

### 10) 굴리엘무스 부카누스(1603년 사망)

영혼과 몸을 다루는 긴 단락에서, 굴리엘무스 부카누스(Guilielmus Bucanus)는 출산에 의한 아담으로부터의 원죄의 유전에 찬성론을 주장한다. 이것이 전달의 방식(*modus*)이다. 실제는 하나님의 정의로운 심판이다. 따라서 모든 사람은 인류의 시조이자 머리인 한 사람 안에서 인식되었다(*qui sicut omnes homines in uno, tanquam radice & capite humani generis, iustitia originali ornaverat: sic postquam peccavit Adam, in eodem omnes merito donis suis spoliavit*). 모든 사람이 아담 안에서 범죄한 것은 그들이 그의 허리에 있었으며, 아담의 죄가 전가되었기 때문이다. 그러므로 부카누스는 아담의 죄의 죄책의 전가를 부패한 본성의 유전의 뿌리로 여긴다.⁸⁰

부카누스는 만약 아담이 계속해서 그러한 원의에 머물러 있었더라도, 그리스도는 여전히 중보자이어야 했을 터인데, 우리를 하

---

79 Ibid., 80-81.
80 "Nam quamprimum omnia per se munda, unitur corpori in peccatis concepto, imputatur homini tanquam sua inobedientia illa prima parentis, unde Apostolus dicit, nos omnes in Adamo, tanquam in radice pecasse, 1.reos factus esse, in ipsius videlicet lumbis inclusos, Rom. 5.12. Quo modo etiam Levi dicitur, antequam esset in rerum natura, declinatus in Abrahamo, Heb. 7.9,10. Imputatam autem illam inobedientiam Adami, statim ex iusta Dei ordinatione, consequitur in anima etiam contagium, sive corruptio, & ad malum propensio, tanquam poena illius primi peccati, quae poena & ipsa peccatum est: sicut obedientia Christi nobis imputata proprie est nostra iustitia, qua iustificamur." Guilielmus Bucanus, *Institutiones theologiae seu locorum communium Christianae religionis* ([Geneva:] Ioannes & Isaias lePreux, 1604), 97.

나님과 화목케 하거나 죄로부터 우리를 치유하기 위해서가 아니라, 계속해서 우리를 하나님의 은혜 안에 있게 하고 영원히 죄에서 우리를 지켜 주기 위해서라고 한다. 아담이 계속적인 순종의 결과로 의를 획득하여 영원한 생명을 수여받았을 것이라는 암시는 없다. 만약 그가 그러한 원의를 견지했었더라면, 그러한 의는 세 가지 이유로 그의 후손들에게 유전됐을 것이다.

첫째, 그것은 인간 본성의 의였으며, 그래서 개인적이거나 사적인 의가 아니었다.

둘째, 원죄는 아담의 후손에게 유전됐다.

셋째, 원죄는 본성처럼 나타난다. 그렇지만 주된 이유는 하나님의 섭리이다(sed ex Dei ordinatione).[81]

원죄에서 나오는 것은 원의의 상실과 자연적인 부패일 뿐만 아니라, 죄책, 즉 아담이 그의 최초의 불순종 행위—우리 모두에게 전가되었으며, 그래서 그것은 우리의 행위가 되었다—에 의해서 그의 후손을 관련시킨 영원한 형벌에 대한 책무이기도 하다. 이것은 온 인류가 아담의 허리에 있는 데서 비롯한다.[82] 그리스도는 아담 안에서 죄를 범하지 않으셨다. 왜냐하면 그는 사람의 씨에 의해서가 아니라, 성령으로 잉태되셨기 때문이다. 이것으로부터, 원죄는 그리스

---

**81** Ibid., 106-7.

**82** "…non solum ipsa iustitiae originalis privatio totiusque naturae corruptio: sed etiam reatus, id est obligatio ad poenam aeternam, qua se Adamus, & posteritatem suam involvit, id est ipsa prima Adae inobedientia quatenus nobis omnibus imputatur, ac proinde quae licet nos actu, reatu tamen & imputatione in omnes homines pertransit, sicuti Rom. 5.12. Omnes in Adamo tanquam in radice & massa generis humani pecasse pronuntiamur, quippe qui omnes in eius lumbis eramus." Ibid., 170.

도를 제외한 아담의 모든 후손에게 유전되며, 자신들의 어머니들의 태에 있는 유아들도 제외되지 않는다.[83]

부카누스는 분명히 아담의 죄의 전가를 도입한다. 그렇지만 그것은 언약과 연관되지 않는다. *foedus*(언약)와 관련된 용어들이 부재한다. 부카누스에게는, 타락 이전에는 행위언약이 없다. 그는 오직, 율법과 복음의, 구약과 신약과 관련해서만 *testamentum*(언약)에 관해서 얘기한다.[84]

### 11) 아만두스 폴라누스(1561-1610)

아만두스 폴라누스(Amandus Polanus)는 16세기의 전환기에 개혁파 신학을 공고히 한 중요한 인물이었다. 그는 다수의 논문들과 주석서들, 그리고 조직신학에 관한 저작들을 생산했는데, 이것들은 간결하고 명료했다.[85]

1609년에 처음으로 출판된 자신의 저서인 『기독교 조직신학』(*Syntagma theologiae Christianae*)에서, 폴라누스는 아담의 죄가 그의 후손들에게 전가됐지만, 이것이 하나님에 의한 단순한 작정이라기보다는 오히려 자연적인 출산을 기초로 했다고 명백히 주장한다. 이 첫 사람은 인간의 본성을 오염시켰지만, 그 후에는 그 본성이 그 사람을 오염시켰다(*primum persona infecit naturam, sed post natura infecit*

---

83  Ibid., 172.

84  Ibid., 율법에 대한 locus 19, 198-210; 복음에 대한 locus 20, 210-17; 율법과 복음의 일치점들과 차이점들에 대한 locus 21, 217-21; 율법과 복음의 차이점들에 대한 locus 22, 221-22.

85  R. Letham, "Amandus Polanus: A Neglected Theologian?" *SCJ* 21(1990): 463-76을 보라.

*personam*). 여기서 폴라누스는 우리의 첫 조상들의 죄를 다룬다.[86] 그러므로 타락은 부패를 가져왔고, 하나님의 형상을 흐리게 하며, 마음을 돌이켜서 하나님을 아는 참되고 완전한 지식에서 멀어지게 했다. 이러한 부패는 아담이 저지른 최초의 죄를 따랐으며, 이 부패는 그의 후손에게 유전됐다.[87] 따라서 원죄는 자연적인 출생으로 말미암아 아담으로부터 그리고 아담을 통해서(*ex Adamo et per Adamum*) 모든 사람에 의해서 전해진다. 원죄는 다른 모든 죄들의 기원이다. 원죄(orignal sin)를 원래의(original)라고 하는 것은 그것이 유전(혹은 출생)에 의해서 아담으로부터 전해지기 때문이다. 원죄는 우리한테는 자연적이어서 오직 죽음에 의해서만 제거될 것이다.[88]

폴라누스는 참된 라무스 학파(Ramist)의 방식으로, 원죄를 이중 측면을 갖는 것으로 제시한다.

첫째, 불순종에 대한 책임이나 죄가 있거나(*culpa inobedientiae seu defectionis a Deo in lumbis Adami*), 또는 하나님에게서 멀어진 것에 대한 책임이나 죄가 있다. 우리는 아담의 허리 안에서 그 죄에 참여했다.

둘째, 인간의 본성 전체를 지배하는 결과적인 부패가 있다. 불순종의 죄(*culpa inobedientiae*)는 아담의 죄일 뿐만 아니라 우리의 죄이기도 하다. 아담이 범죄했을 뿐만 아니라 우리도 아담 안에서 범죄한 것은, 그가 온 인류의 시조였기 때문이다. 더욱이 아담의 죄는 언약에 의해서 우리에게 전가됐다.[89] 그리고 나서, 폴라누스는 그의

---

86　Amandus Polanus, *Syntagma theologiae Christianae* (Geneva: Petri Auberti, 1612), 6.3.10.
87　Ibid., 6.3.11.
88　Ibid., 6.3.12.
89　"Ita culpa non tantum Adami est, sed etiam nostra: qua non tantum Adamus, sed etiam

후손에 대한 그의 자연적인 관계의 토대에서가 아니라, 법적, 언약적 방식으로 이루어지는 아담의 죄의 전가에 관해 기술할 준비가 되어 있다.

### 12) 아일랜드 신조(1615)

아일랜드 신조 22조는 논평 없이 로마서 5:12의 말들을 단순히 반복한다. 23조는 원죄가 아담의 모방에 있는 게 아니라, 자연스럽게 아담으로부터 나고 출생한 모든 사람의 본성의 부패에 있다고 설명한다. 그러므로 이 세상에 태어난 사람은 저마다 부패의 유전에 기초한, 하나님의 진노와 저주를 받을 만하다. 하나님이 아담에게 베푸신 율법의 언약에 대한 선행 단락에서의 언급에도 불구하고, 법적 전가에 대한 언급이 없다. 아일랜드 신조는 아담을 인류를 대표하는 것으로 여기지 않는다.[90]

### 13) 도르트 신조(1618-19)

도르트 회의는, 교리의 세 번째 및 네 번째 표제, 즉 2-3조에서 원죄라는 주제를 다룬다. 2조에 따르면, 타락 후에 사람은 자기를 닮은 자녀들을 낳기에 부패한 조상은 부패한 자손을 낳는다. 따라

---

nos in Adamo tanquam radice totius humani generis peccavimus, & legem transgressi sumus, Rom. 5.12.19. Nam transgressio Adae nobis imputatur, alioqui reque iniquitate inde contracta, neque reatu ullo teneremur." Ibid., 6.3.12.

**90** Schaff, *Creeds*, 3:530.

서 오직 그리스도만을 제외한 아담의 모든 후손은 하나님의 정의로운 심판의 결과로 사악한 본성의 출생에 의해서 그들의 본래의 부모로부터 부패를 물려받았다(sed per vitiosae naturae propagationem, justo Dei iudicio, derivata).[91] 하나님의 심판은 죄책의 전가라기보다는 오히려 부패한 본성의 유전과 관계가 있다. 죄책의 전가는 부패가 존재하는 방식에서 항거파에게는 문제가 되지 않았다. 왜냐하면 타락한 본성은 타락한 사람이 복음에 응답하는 능력에 영향을 미칠 것이기 때문이다. 이러한 능력은 그 논쟁에 중심적인 것이었다.

### 14) 레이든 신학통론(1625)

『레이든 신학통론』(Leiden Synopsis)은 도르트 회의(1618-19)의 신학을 수호하려고 레이든대학교의 교수 4명이 집필했다. 안토니우스 티시우스(Anthonius Thysius)는 죄에 대한 단락의 저자였다. 그는 아담과 하와 두 사람 모두 범죄했지만, 그 사도는 아담에게만 책임을 지운다고 기술한다. 이는 아담이 온 인류의 머리이자 시작이기 때문이었는데, 하와는 아담으로부터 지음을 받았다. 이것이 후손과의 자연적인 관계이다. 그렇지만 하나님은 아담과 언약을 맺으셨으며, 그래서 모든 사람은 첫 조상 안에서 판단되고 생각된다.[92] 이와 동

---

91　Ibid., 3:564, 588.
92　"…ad solum tamen Adamum ab Apostolo referetur, Rom. [5,]12 tanquam ad caput ac principium universale totius generis humani, ex quo ipsa quoque Eva fuerit conditu, 1. Cor. 11,8,4 in quo Deus omnes homines, tanquam in primario parente, pro rationis pacti cum ipso initi, censuerit." Johannes Polyander et al., *Synopsis purioris theologiae, disputationibus quinquaginta duabus comprehensa*(Leiden: Ex officina Elzeverianus, 1625),

시에, 모든 사람은 양 조상의 죄 안에서 범죄해서 오염된 본성을 받았다. 티시우스는 아담 안에 있는 죄에 대한 책임[93]과 양 조상으로부터의 부패한 본성의 유전[94]을 구별한다.

안드레아스 리베투스(Andreas Rivetus)는 원죄의 문제를 고찰했다. 그의 정의(definition)는 첫 조상들의 타락에 관해 언급했다. 아담과 하와는 하나님의 의로운 심판에 의해서 죄책과 타락한 본성 양쪽 모두에 물들었는데, 이것들은 그들의 모든 후손에게 유전됐다. 이것이 출생으로 이루어지는 것은, 모든 사람이 첫 조상의 허리에 있었기 때문이다.[95] 아담은 이중적인 인간이었는데, 그 자신을 위해서 행동했고 또 그의 모든 후손을 위해서 행동했다. 레위가 아브라함의 허리에 있었다고 하는 히브리서 7장에서처럼, 아담도 그의 온 후손을 그의 허리에 지니고 있었다(*tum totius posteritatus cuius sustinebat massam; etiam peccatum eius geminen habuit respectum*).[96] 따라서 아담의 죄는 모방에 의해서가 아니라 출산에 의해서 전해졌지만, 그의 후손의 대다수는 그의 죄에 관해서 전혀 듣지 못했다. 아담과 하와 두 사람 다 유전에 관련되었지만, 아담 아니면 하와를 비난하는 호기

---

152.

93 "…omnes iam inde ab initio in Adamo peccaverunt." Ibid., 161.

94 "…omnes homines in utroque parente originaliter peccarunt, ac per eiusdem naturae vitiatae propogationem communi lve [?] sunt contaminati, sic eiusdem criminis ac mortis rei sunt constitui. Rom. 5.12." Ibid., 157.

95 "Efficiens huius peccati causa est primorum parentam lapsus, quo justo Dei iudicio reatus & pravitas naturae attracta est, & in totam posteritatem transfusa"; all were "in prius primi parentis lumbis factam." Ibid., 161.

96 Ibid., 162.

심 어린 질문들을 피해야 한다.[97] 리베투스는, 모든 사람이 아담 안에서 범죄했는데, 생식적으로 또한 하나님의 의로운 심판에 의해서 그러하며, 따라서 그 죄가 그들에게 전가됐다고 생각한다.[98]

『레이든 신학통론』 전체 52장 가운데서, 구약과 신약의 관계에 대한 장을 제외하고는 언약(들)에 관한 장은 한 장도 없다. 율법과 복음의 주제가 더 많은 지면을 차지하며, 그것은 구약과 신약에 관한 논의에 선행한다. 17세기 개혁파 신학의 이러한 표준적인 작업은 언약의 개념을 어떤 정도로도 두드러지게 사용하지 않으며, 심지어 죄책이나 죄의 전달을 설명하기 위해서도 사용하지 않는다.

### 15) 요약

우리의 개관은 사상의 발전을 드러낸다. 종교개혁 직후 초기에, 일반적인 합의는 인류는 출생을 통해서 아담과 맺고 있는 자연적인 관계에 의해서 그의 죄에 참여한다는 것이었다. 칼빈은 이 죄가 전가된다는 것을 인정했지만, 그의 강조는 거기에 있지 않았다. 시간이 경과하면서, 그리고 아담의 죄의 전가에 관한 교리가 표면화되면서, 전가는 일반적으로 이러한 자연적인 관계에 의거하는 것으로 간주됐다. 자연적인 출생에 의해서 아담 또는 우리의 첫 조상들로부터 유전된 부패 때문에, 우리의 첫 조상들의 또는 아담의 죄가 우

---

**97** Ibid., 164-65.
**98** "Forma peccati originalis consistit in ajnomiva illa & inobedientia qua cum Adamo peccaverunt omnes qui in eo fuerunt secundum rationem, ut vocant, seminalem, quae inobedientia & culpa cum reatu consequente, juste a Deo judice omnibus Adami filiis imputatur, quatenus omnes fuerunt & sunt unus cum eo." Ibid., 168.

리에게 귀속됐다.

행위언약이 1585-90년 이후에 인식되면서 비로소 초점이 죄의 뿌리로서의 우리의 첫 조상들, 특히 아담에게로 바뀌기 시작했다. 당연한 추세로, 죄의 부패가 하나님의 작정에 의해서 인류에게 귀속되는 것으로 보였을 뿐만 아니라, 아담은 대표적인 사람이라고 했다. 그래서 그의 죄의 죄책이 모든 사람에게 전가됐다. 이제 이러한 모든 문제들이 언약적 틀에 부합되는 것이 남았다. 이것은 시간이 걸렸다. 웨스트민스터 총회가 개회 중일 때, 존 볼이 저술한 영향력 있는 저서인 『은혜언약에 관한 논고』(*A treatise of the Covenant of Grace*, 1645)가 출간됐는데, 웨스트민스터 신학자들에게 광범위한 관심과 찬성을 얻었다. 이 저작에서, 볼은 아담이 타락 전에 보호 관찰 아래 있었다는 것과 그는 계속된 순종에 대한 상급으로 영생을 얻었으리라는 것을 부정한다. 그는 아담의 순종이 공로가 있었으리라는 것을 부정하면서 오직 하나님의 은혜만이 피조세계에 관한 언약의 근본이었다고 주장한다. 그는 아담의 죄의 전가에 관해서는 아무런 말도 하지 않는다.[99] 심지어 1640년대에도, 피조세계의 상황에 관한 교리적 복합물은 진화와 발전의 상태에 있었다. 총회가 나타내려고 노력한 것은 그러한 역동적인 역정이었다.

---

**99** Ball, *Treatise*, 6-12.

# 제11장

# 그리스도와 언약

우리는 한 주 예수 그리스도를 믿는다.
그분은 하나님의 독생자이시고,
모든 시대 이전에 그분의 성부께서 나셨으며,
빛에서 나오시는 빛이시고,
참된 하나님에게서 나오시는 참된 하나님이시며,
만들어진 것이 아니라 나셨고, 성부와 동일본질이시며,
만물이 그분으로 말미암아 만들어졌다.
그분은 우리와 우리의 구원을 위해서
하늘에서 강림하셨으며,
성령과 처녀 마리아에 의해서 성육신하셨고, 사람이 되셨다.
그리고 본디오 빌라도 치세에 우리를 위해 십자가에 못 박히시고, 고난을 받으시고 장사되셨으며,
성경대로 사흘만에 다시 살아나셨고,
하늘에 오르사, 성부 우편에 앉아 계신다.
그분은 산 자와 죽은 자를 심판하러
영광과 함께 다시 오실 것이다.
그분의 나라는 영원히 끝나지 않을 것이다.

대요리문답에서는, 구원의 서정(또는 순서) 전체가 그리스도의 인격과 사역의 일부로 간주된다. 그리스도는 은혜언약의 중보자이시고, 구원은 은혜와 영광 안에서 이루어지는 그리스도와의 연합과

친교에 있다(LC 65-90). 대요리문답을 만들 때 주요한 역할을 맡았던 안토니 터크니(Anthony Tuckney)는 오직 그리스도에 의한 이 세상의 구속은 "영원히 복되신 삼위일체에서의 삼위 모두의 지극히 거룩한 경륜들의 가장 행복한 산물이었다"고 기술했으며, 그는 그리스도 없이는 생명에 이를 수 없다는 것을 발견하였고, 감히 우리가 하나님보다 더 지혜로워서 그분의 경륜과 그리스도의 죽음을 있게 하지 말아야 했다고 할 수 있는지 물었다.[1]

## 1. 하나님이 사람과 맺은 언약(WCF 7; LC 30-36)

WCF 7.1에서, 웨스트민스터 신학자들은 하나님의 언약의 기초가 되는 일반적인 원리들을 개략적으로 설명한다. 초점은 하나님과 그의 피조물들 사이의 큰 거리에 맞춰진다. 그의 도덕적으로 책임이 있는 피조물들(천사들과 인간들)은 그에게 순종의 의무를 지고 있다. 우리에 대한 그의 풍성한 선하심은 전적으로 그 자신의 자유로운 결정 때문이다. 언약으로 표현된, 하나님의 "자발적인 낮추심"(voluntary condescension)에 의하지 않고서는, 우리를 위한 어떠한 복락과 상급도 있을 수 없다. 곧바로, 하나님의 언약은 그의 주권적 자유의 표현으로 보인다. 이러한 자유에서 그는 몸을 굽혀서 인류에게는 그것들에 대한 본질적인 요구가 없는 축복들을 그들에게 베

---

[1] Anthony Tuckney, *None but Christ, or a Sermon on Acts 4.12 preached at St. Maries in Cambridge, on the Commencement Sabbath, July 4.1652* (London: John Rothwell and S. Gellibrand, 1654) [Wing(2nd ed., 1994) 3217], 19.

푸신다. 그렇지만 웨스트민스터 총회는 "하나님 편에서의 어떤 자발적인 낮추심"에 의해서 정확히 무엇을 말하려고 하는가? 특히 이러한 맥락에서 "낮추심"은 무엇인가?

1645년 10월 10일 금요일 오전에 열린 제516차 회기에서 "낮추심"에 대한 토론이 있었지만, 의사록은 그 토론에 관한 어떠한 세부 사항도 기록하고 있지 않다.[2] 언약에 대한 추가 토론이 1645년 12월 23일 화요일 오전에 열린 제559차 회기에서 있었지만, 의사록에는 어떠한 논평도 없다.[3]

옥스퍼드 영어사전에 따르면, 1640년대에 단어 "condescension"은 "가치 없는 것들에 자기를 낮추거나 굽히는 행동"(Jeremy Taylor, 1642), "또 다른 것에 대한 호의적이거나 이해심이 많거나 유순한 복종", "승복하는…행동"(Thomas Manton, 1648)이라는 확립된 의미를 취득했지만, 동족 동사(cognate verb)인 "to condescend"는 "자기의 권리나 요구들을 주장하지 않다"(1485, 1513), "자발적으로 또는 호의적으로 행동 방침을 굽히다"(Hugh Latimer, 1549), "기꺼이 아랫 사람들과 똑같은 조건으로 내려앉기 위해서…자발적인 복종에 의해서 우월한 특권들을 버리다"(Holy Bible, AV, 1611; 롬 12:16), 그리고 "순응하다"(John Foxe, 1563-87)를 의미했다.

웨스트민스터 시대에 이르기까지 오랫동안 견고히 지켜진 개신교 스콜라주의 신학에서, 콘데스켄시오(*condescensio*)는 하나님이 스스로를 계시하기 위해서 앎에 대한 인간의 방법들에 순응하신 것으로 사용됐다. 이것은 그라시아 데이(*gratia Dei*, 하나님의 은혜), 즉 인간을

---

[2] Mitchell and Struthers, eds., *Minutes of the Sessions*, 148; Van Dixhoorn, 6:196.
[3] Van Dixhoorn, 6:231; Mitchell, *Westminster Assembly*, 172.

향한 하나님의 선하심과 받을 자격이 없는 유익과 그라시아 코뮤니스(*gratia communis*, 공통의 은혜), 즉 하나님의 예외 없는, 일반 은총과 밀접하게 관련됐다. 이러한 예외 없는, 일반 은총에 의해서, 그분의 선하심으로, 하나님은 선한 사람들에 대한 물질적 생활과 도덕적 영향의 축복들을 모든 피조세계에 아낌없이 베푸신다.[4] 이것들이 총회 가운데 사용된 그 용어들의 의미와 가장 가까운 것이다. 그들은 은혜를 율법과 충분히 양립하는 것으로 보았지, 결코 율법을 상쇄하거나 제한하는 것으로 보지 않았다. 후자는 중세 후기의 재량 은총과 적정 은총(congruent grace and condign grace)의 개념이다.

### 1) 행위(생명)언약

WCF 7.2는 타락 전에 하나님이 인간과 맺으신 행위언약을 도입한다. 이것은 이 언약이 명백히 언급되는 최초의 주요한 신앙고백 문서이다. 이 언약 안에서, 하나님은 완전한 순종을 조건으로 아담에게 그리고 아담 안에서 그의 후손에게 생명을 약속하셨다. 따라서 LC 20에서 그 언약은 생명언약(covenant of life)이라고 불리는데, 아담에게 제시된 약속에 초점을 맞춘다. 행위언약(covenant of works)이라는 용어는 그 대신에 아담이 그 약속을 성취해야 했던 수단에 집중한다. LC 20에 표현된 조건은 인격적이고, 완전하며, 영속적인 순종이다. 요컨대, 그 순종은 시간의 특정하지 않은 기간 동안 지속되어야 했는데, 이 기간이 완료될 때 생명은 하나님의 약속에 따라

---

4  R. A. Muller, *Dictionary of Latin and Greek Theological Terms Drawn Principally from Protestant Scholastic Theology* (Grand Rapids: Baker, 1985), 19, 130.

서 끝날 것이다.[5] 그 역의 조건은, 창세기 2:15-17에서 하나님이 표명하신 대로, 선악을 알게 하는 나무의 열매를 먹는 것에 대해 죽음의 형벌이 있다는 것이었다. 그 약속은 창세기에서는 언급되지 않지만, 고려해야 할 사항 두 가지에 의해서 추론될 수 있다.

첫째, 성경에서 하나님이 위협들을 어디에서 하시든지 간에, 그 반대가 수반되며, 역도 또한 같다. 한 가지 행동 방침의 결과들은 그 반대의 행위에 대한 반대되는 결과들을 수반한다. 이것은 우리가 신명기 28장과 29장에 기록되어 있는 모세의 언약의 약속들과 제재들을 조사하면 분명히 알 수 있다. 순종에 대해서는 축복이 있고 불순종에 대해서는 심판이 있다.

둘째, 첫 번째 아담과 두 번째 아담인 아담과 그리스도의 관계가 있다. 이러한 관계는 신약에 상세히 설명되어 있으며, 우리는 그 관계를 곧 보다 상세히 논의할 것이다.

### 2) 행위(생명)언약에 관한 교리의 발전

개혁파 전통에서의 언약 신학은 1520년대에 츠빙글리 및 불링

---

[5] WCF 7.2와 SC 12에는 없는, 대요리문답에서의 "영속적인"(perpetual)이라는 말의 삽입은 행위언약이 여전히 유효하다는 개념을 전달할 수 있을 것이다. 만약 그것이 그렇다면, 그것은 그 언약이 유기의 제한된 시간을 위한 것이었다는 개념을 훼손할 수 있을 것이다. 왜 이 형용사가 추가됐는지를 입증하기에는 증거가 충분치 않다.
Robert Strimple에 따르면, 2008년 8월 4일자 이메일에서, Strimple이 학생으로서 수강한 선택 수업에서 John Murray는 이렇게 생각했다. "오류가 있는 것 같다. 왜냐하면 그것이 그 조건을 인격적이고, 완전하며, 영속적인(perpetual) 순종으로 만들기 때문인데, 이는 그 언약의 완전한 본성과는 거의 양립하지 않는다." 다른 한편, 웨스트민스터 총회가 그 형용사를 무심코 포함시켰다는 구체적인 증거는 없다.

거와 함께 나타났지만, 행위언약(*foedus operum*[포에두스 오페룸])이라는 용어는 1585년에 이르러서야 비로소 청교도인 더들리 페너(Dudley Fenner)에 의해서 사용되었다.[6] 보다 앞선 1562년에, 독일의 개혁파 신학자 자카리아스 우르시누스(Zacharias Ursinus)는 자신의 저서 『신학 대전』(*Summa theologiae*)에서, 창조의 언약에 관한 글을 썼는데,[7] 이렇듯 그 개념은 이미 제안되어 있었다. 페너의 저작이 발간된 지 채 5년도 되지 않아서, 다수의 신학자(카스파르 올레비안, 프란시스쿠스 유니우스, 람베르트 다우니, 아마두스 폴라누스 등)가 타락 이전 언약을 채택했다.[8] 1590년에는, 타락 이전 언약이 널리 알려졌다. 그렇지만 그것은 이때에는 결코 보편적으로 가르쳐지지 않았다. 부카누스(Bucanus)의 『신학 강요』(*Institutiones theologiae*, 1602)는 그것에 관해 언급하지 않는다. 웨스트민스터 총회에서 일부 신학자들은 그것에 대해 태도가 분명치 않았으며 심지어 그것에 반대했다.[9] 총회에 선행하는 어떠한 신앙고백 문서도 그것을 채택하지 않았다.

칼빈은 그의 창세기 주석서에서도 또한 『기독교 강요』(*Institutes*)에서도 타락 이전의 아담의 조건을 언약적이라고 말하지 않으며, 행위언약이라는 말은 더욱더 하지 않는다. 피터 릴백(Peter Lillback)

---

6   Fenner, *Sacra theologia*.
7   A. Lang, ed., *Der Heidelberger Katechismus und vier verwandte Katechismen* (Leipzig: Deichert, 1967), 153, 156.
8   Caspar Olevian, *De substantia foederis gratuiti inter Deum et electos* (Geneva, 1585), 12-13, 48, 62-63, 90, 251-55, 270; Amandus Polanus, *Partitiones theologiae* (2nd ed.; Basel, 1590), 79-80; Polanus, *Partitiones theologiae*(Basel, 1607), 152-3; Junius, *Opera theologica*, 1:1659-62.
9   12장에서, 우리는 Thomas Gataker와 Richard Vines가 자신들이 그것에 반대한다는 것을 나타냈음을 알게 될 것이다.

은 주장하기를, 그러한 견해에 대한 모든 구성 요소들이 칼빈 안에 존재하며, 그에게는 "그때 막 시작된"(inchoate) 행위언약이 있었다고 하지만, 나는 "막 시작하려고 하는"(incipient)이라는 말을 선호한다. 왜냐하면 그러한 언약을 위한 요소들이 존재하지만, 명확한 설명 그 자체는 칼빈에게는 없기 때문이다.[10] 릴백은 식사를 위한 모든 재료가 주방에 있다고 생각할 뿐만 아니라, 또한 칼빈은 그것들을 오븐에 넣어서 제대로 요리된 그것들을 막 꺼내려 하고 있다고 생각한다. 나는 칼빈에게 그러한 재료들이 있다는 것을 인정하지만, 그리고 그 증거는 그가 오븐을 가열했을지도 모르지만, 그는 아직은 어떤 것도 오븐에 넣지 않았다고 생각한다.

페스코(Fesko)가 "그것은 논쟁의 여지가 없다. 칼빈은 행위언약에 관해서 얘기하지 않는다"[11]라고 말한 것이 옳다. 그렇지만 그는 행위(생명)언약에서의 주요한 개념 두 가지가 칼빈에게 있다는 것을 인정한다. "순종에 대한 생명의 약속과 함께 아담에 대한 보호관찰의 시기, 그리고 인류의 대표적 언약의 머리로서의 아담."[12] 여기서 페스코의 요점이 제한되어야 한다고 우리는 이미 주장했다. 페스코는 칼빈이 아담으로부터의 전가된 죄책에 관해 얘기한다고 생각하지만, 그가 『기독교 강요』에서 인용하는 문구에서는 칼빈은 죄책의 유전에 대해서는 말하고 있지 않고, 하나님의 정하심에 의한 부패한 본성의 전염에 관해서 말하고 있다. 페스코는 칼빈이 그

---

10  P. A. Lillback, *The Binding of God: Calvin's Role in the Development of Covenant Theology* (Grand Rapids: Baker Academic, 2001), 276-304.
11  Fesko, "Westminster Confession and Lapsarianism," 519.
12  Ibid.

들의(아담과 하와의) 죄가 인류에게 전가되는 것에 대해 기술하고 있었다고 말함으로써 부당한 비약을 한다.[13] 왜 하와의 죄가 전가되었나? 하와의 죄가 인간의 출산이라는 자연적인 과정들에 의해서 그녀의 자손들을 통하여 전해진다고 말하는 것은 이치에 닿지만, 하와가 대표적 언약의 수장이 아니었기 때문에 그녀의 죄가 전가된다고 말하는 것은 이치에 닿지 않는다.

『잉글랜드 주석성경』(Annotations)은 창세기 2:16-17에 대한 논평들에서 행위(생명)언약에 대해서는 아무런 언급도 하지 않는다. 그러나 호세아 6:7을 고찰하면서, 그 책은 이렇게 말한다. "모든 사람 중 최초의 죄인인 아담은 하나님이 인류와 맺은 첫 언약을 어겼다…마치 보잘것 없는 사람과의 언약처럼." 그 편찬자들은 호세아서의 이 문구가 행위언약이 있다는 것을 뒷받침하려고 인용되어 있다는 것을 인식했지만, 단지 그것을 많은 가능한 해석들의 하나라고 말할 준비밖에 되어 있지 않았다.[14] 더욱이 창세기에 대한 주석들의 편찬자는 그 교리에 헌신할 준비가 되어 있지 않았다.

### 3) 행위(생명)언약의 개념에 대한 반대론들

행위언약의 개념은 혹평을 받게 됐다. 웨스트민스터 총회를 구

---

13  Ibid., 2:521-22.
14  호세아 6:7에서 가장 좋은 번역은 "아담에서"(at Adam)보다는 오히려 "아담처럼"(like Adam)이다. 왜냐하면 아담에서, 즉 특정한 장소에서 언약이 맺어진다는 증거가 없기 때문이다. "사람처럼"(like man)으로 번역하는 것은 실질적으로 무의미하다. 불가타를 따라서, 실질적으로 교부 및 중세 주석자들은 모두 그것을 "아담처럼"을 의미하는 것으로 받아들였다. Muller, PRRD, 2:436-41을 보라.

성하는 데 있어 가장 유명한 반대자들 중 한 사람이 홈즈 롤스턴 3세(Homes Rolston III)였다.[15] 그는 주장하기를, 총회는 칼빈으로부터의 급진적인 이탈이었으며, 개혁파 사상에서 이전에 지나간 것과는 대조적으로, 율법을 은혜 앞에 두는 결과를 초래했다고 한다.

이와 유사한 노선에 따라서, 제임스 토랜스(James B. Trance)는 특히 스코틀랜드에서의 성약 신학(federal theology)의 발전을 강하게 비판했다. 그는 스코틀랜드 신학에서의 행위언약을 순수하게 법적인 언약으로 이해했고, 따라서 그것에 반대한다. 그는 이러한 법적 이해는 하나님이 사람과 맺은 으뜸가는 관계를 은혜가 아니라 율법에 의거하게 한다고 주장한다.

또 한편, 이러한 신학은 은혜언약에 영향을 미쳤는데, 은혜언약을 법적 틀에 던져서 율법의 목적들에 공헌했으며, 신학과 경건 양쪽에 재앙적인 결과들을 낳았다는 것이다. 그는 그 개념에 관해 "이것은, 사람에 대한 하나님의 으뜸가는 목적은 법적이지, 관계적인 것으로 보지 않기에, 사람은 사랑의 대상이 아니라 오히려 정의의 대상이라는 사람에 관한 비인격적인 견해를 낳는다"라고 진술한다. 그는 그것이 기독교 신앙에 율법주의적 경향을 초래했으며 하나님의 은혜를 가렸다고 주장한다. 그는 피조세계를 자연법의 관점에서 해석하고 은혜를 구속으로 제한하는 것이 합당한가를 묻는다.[16] 그

---

**15** Rolston, *John Calvin Versus the Westminster Confession*.

**16** J. B. Torrance, "The Concept of Federal Theology—as Calvin a Federal Theologian?" in *Calvinus Sacrae Scripturae Professor: Die referate des Congres International des Recherches Calviniennes* (ed. W. H. Neuser; Grand Rapids: Eerdmans, 1994), 15-40, esp. 35, 23; J. B. Torrance, "Covenant or Contract?" 참조. 또한 T. F. Torrance, *Scottish Theology*, 136, 214ff.

는 타락 이전 상황을 언약적으로 볼 준비가 되어 있지만, 만약 그것이 현저하게 법적인 용어들로 해석된다면 그렇지 않다.

**4) 행위(생명)언약의 이론적 근거**

이러한 발전을 뒷받침하기 위해 주목해야 할 주요한 사항은 타락 이전 언약이 두 번째 아담으로서의 그리스도의 사역으로부터 추론한 것이라는 사실이다. 이것은 바울의 서신들에서 자주 언급되는 주제이다. 그것은 특히 로마서 5:12-21과 관련된다. 거기서 바울은 각기 아담과 그리스도께서 머리인, 두 시대와 두 연대적 집단에 관해 얘기한다.

첫 번째 아담은 그의 한 번의 불순종의 행위에 의해서 인류 전체를 죄와 죽음에 빠뜨렸다. 왜냐하면 그는 그의 모든 후손의 머리였기 때문이다. 다른 한편, 두 번째 아담인 그리스도는 그의 순종에 의해서 그와 연대하는 모든 사람에게 의와 생명을 가져왔다. 그의 행동들은 타락의 결과들을 역전시켰으며, 자비를 베풀 여지가 많았다. 그의 삶은 시험과 유혹의 삶이었는데, 그는 순종하여 이러한 시험과 유혹에서 벗어났다. 그 다음에는, 그는 십자가에서 죄의 형벌, 즉 죽음을 감당하셨다. 하나님의 율법에 대한 그의 순종과 그가 우리를 대신해서 그 율법의 저주를 견디신 후에, 그는 죽은 자들 가운데서 살아나셔서 영생을 얻으셨다. 그의 순종의 의와 영생은 믿음으로 말미암아 하나님의 은혜에 의해서 그에게 속하는 모든 사람에게 부여된다. 아담의 타락 이전의 조건과 그리스도에 의한 구속의 관계는 분명하다. 전자는 후자에 수반하는 것이다. 타락 이전 행위언약의 반대자들은 구속에 관한 어떠한 형태의 형벌적 대속 교리도 반대하는 경우가 많았다.

그렇지만 행위언약에 대해 유보 조항을 붙이는 사람들이 모두 이와 마찬가지로 구속에 대해 적대적인 생각들을 가지고 있었던 것은 아니다. 존 머리(John Murray)는 "행위언약"(covenant of works)이라는 용어를 싫어했는데, 그가 창세기 1-2장에서 언약을 발견할 수 없었기 때문이며, 그리고 "은혜의 요소들의 이행이 행위라는 용어로 제공되지 않기 때문이다."[17] 그는 하나님의 모든 언약을 은혜의 주권적인 이행으로 받아들였다.[18] 머리의 문제에 대한 단순한 해법은 "생명언약"(covenant of life)이라는 용어를 사용하는 것이었을 터이다. 웨스트민스터 총회도 이 용어의 사용에 찬성했다. 창세기 2장에 언약에 대한 언급이 없는 것에 관해 다루자면, 첫 번째 아담과 두 번째 아담 사이의 바울의 대조와 두 번째 아담의 분명한 언약 체제는 창조의 이행이 곧 언약이었음을 보여준다. 그리고 언약의 구성 요소도 거기에 존재하기에 이 주장은 더욱 힘을 얻는다.

다른 한편으로는, 타락 이전 언약을 옹호하는 주장들 가운데는 반대 방향으로 벗어나는 게 더러 있었다. 고대 근동의 평행들에 의존해서, 메러디스 클라인(Meredith Kline)은 성경의 언약들을 본질적으로 율법적인 언약들로 봤다. "언약에 관한 신학의 참으로 체계적인 명확한 설명은 율법 이행의 견지에서 일반적으로 언약을 규정지을 것이다." 하나님의 율법을 충족시키는 것은 언약의 약속의 모든

---

**17** J. Murray, "The Adamic Administration," in *Collected Writings of John Murray*, vol. 2: *Select Lectures in Systematic Theology* (Edinburgh: Banner of Truth, 1977), 49.

**18** J. Murray, *The Covenant of Grace* (London: Tyndale Press, 1954).

이행을 강조한다. 따라서 그 약속들은 실제로는 율법에 부수적인 것이다. 클라인에게는, 이것은 하나님의 성품을 반영한다. "그는 그의 주권적인 뜻에 따라서 자비로울 수 있겠지만 그의 사역들은 모두 공의와 진리 안에서 이루어진다."[19] 명백한 것은, 하나님의 언약들에서의 율법의 우선성은 하나님의 성품의 분출이라는 것이다.

클라인에게는, 아담의 순종은 가치 있는 것이었다. 아담은 행위언약의 조건에 따른 것에 대한 정당한 상급으로 영생을 얻었을 것이다. 이번에는, 두 번째 아담인 그리스도께서 자신의 완전한 순종에 의해서 가치 있게 우리를 위한 구원을 얻었다. 이것은 그리스도께서 우리를 위해 획득한 공로에 근거하여 은혜로 말미암아 우리에게 적용된다. 클라인에게 있어서 행위언약에 대한 이러한 입장은 거기에 함의된 속죄에 대한 특별한 견해를 지니는 것이다. 타락 이전 상황이 율법과 공로의 견지가 아닌 것에서 추론되는 것은 두 번째 아담의 가치 있는 순종의 포기와 믿음으로 말미암은 구속과 칭의의 훼손을 초래한다.[20]

클라인의 시각에서 총회의 행위언약에 관한 교리를 읽는 것이 잘못되었다는 것은 다수의 고려 사항들로부터 분명히 알 수 있다.

첫째, 총회는 타락 이전 언약을 비롯한 하나님의 모든 언약의 기초가 되는 것으로서의 낮추심(condescension)을 강조한다. 율법의 지위가 무엇이든지 간에, 율법은 우리에게 유익을 베풀기 위해서 하

---

[19] M. G. Kline, *By Oath Consigned: A Reinterpretation of the Covenant Signs of Circumcision and Baptism* (Grand Rapids: Eerdmans, 1968), 33.

[20] 참조. M. G. Kline, "Covenant Theology Under Attack," *New Horizons in the Orthodox Presbyterian Church* 15/2(February 1994): 3-5. 인터넷으로도 이용할 수 있다. www.opc.org/new_horizons/Kline_cov_theo.html as of 24 July 2008.

나님이 자유롭게 그리고 주권적으로 몸을 굽히는 것과 일치한다.

둘째, 총회에 있어서는, 율법과 은혜가 양극의 대립물이 아니었다. 총회는 그것들을 양립 불가능한 것으로 보지 않았다. 율법은 은혜언약 안에 존재하는데, 율법의 시대에도(WCF 7.5) 또한 복음의 시대에도 그러하다.[21] 은혜언약에서는, 은혜와 율법이 경쟁하는 구원의 방법들이 아니다. 그 대신에, 그것들은 서로 다른 역할들을 수행한다. 은혜는 구성하고 율법은 규정한다. 언약은 충만하게 은혜롭다. 그러나 우리는 그리스도의 순종으로 약속을 받고 율법은 그리스도인의 삶을 규정한다(WCF 19.2, 5-7). 따라서 총회는 율법의 용도들은 복음에 반대되는 것이 아니라, "아름답게 순응한다"(WCF 19.7)고 주장한다.

타락 이전 언약에 관한 총회의 진술을 고찰하면서 존 라이스(John Leith)는 이렇게 말한다.

> 이것은 단순히 공로에 관한 언약이 아니었다. 왜냐하면 그 언약 자체가 하나님의 은혜로운 행위였기 때문이다. 다시 말해 사람의 행위가 그 나름의 공로에 의해서 구원을 얻을 어떠한 가능성도 금지되는 이유는 하나님과 사람 간의 큰 격차 때문이다.[22]

라이스가 여기서 옳다는 것은, 존 볼(John Ball)의 중요한 저서인

---

21  그리스도의 중보 사역(WCF 8.4-5)과 칭의(WCF 11.3)와 하나님의 율법(WCF 19.1-7)에 대한 장들을 보라.
22  Leith, *Assembly at Westminster*, 92.

『은혜언약에 관한 논고』(*A treatise of the covenant of grace*, 1645)로부터 평가될 수 있다. 이 책은 총회가 개회 중일 때 출판됐으며 웨스트민스터 신학자들에게서 많은 사랑을 받았다. 이 책은 아담의 행위에 공로가 있다는 것을 부정하면서 하나님의 은혜가 이 언약에 충만하다고 주장했다.[23]

만약 개혁파 신학이 행위언약에 대해서 그의 시각과는 다른 시각을 채택할 경우 개혁파 신학은 평가절하된다는 클라인의 염려는 역사적 관점과 신학적 관점 양쪽으로부터 잘못된 것이다.

첫째, 루터파는 행위언약이 없었지만, 그것은 구속에 관한 성경적 견해로부터의 무모한 도주를 재촉하지 않았다. 더욱이 행위언약의 교리가 시간이 지나면서 발전했기 때문에, 만약 클라인이 옳다면, 초기 개혁파 신학의 상당한 부분이 그의 충분한 언약적 입장이 발전되기 전에 결함이 있다는 것이 판명됐을 것이다. 그것은 칼빈을 포함할 것이다.

둘째, 클라인은 역사적으로 부정확하고 신학적으로도 둔감했다. 은혜의 부재에 대해서는, 클라인은 정말로 틀렸다. 웨스트민스터 문서들은 은혜가 타락 이전에도 존재했다고 분명히 확언한다. 이것은 클라인과 마찬가지로 속죄의 교리를 훼손하지 않는다. 웨스트민스터 신학자들은 그리스도의 사역에 관한 정통적인 견해를 고수할 수 있었다. 만약 클라인이 옳았다면, 이것은 일어날 수가 없었을 것이다.

---

**23** Ball, *Treatise*, 6-2.

## 5) 은혜언약

불행히도 아담은 죄에 빠져서 온 인류를 하나님 앞에서의 죄책 상태로 만들어 그의 모든 후손에게 유전되는 부패한 본성을 낳았다. 게다가 모든 사람은 이제 하나님의 격렬한 노여움 아래서도 제멋대로 살다가 심판과 하나님과의 관계의 영원한 단절, 그리고 영원한 정죄에 직면하게 될 것이었다. 인간은 문제들을 바로잡을 수가 없었다. 그래서 그들에게 생명과 희망이 없었다. 이러한 비참한 상황의 배경에 반하여, WCF 7.3은 하나님이 맺으신 두 번째 언약, 즉 은혜언약에 관한 고찰로 나아간다.

은혜언약에서, 하나님은 예수 그리스도로 말미암은 생명과 구원을 값없이 약속하시면서, 구원을 얻기 위해 그리스도를 믿을 것을 요구하셨다. 하나님은 또한 하나님이 영생을 얻도록 정하신 모든 사람에게 하나님의 성령을 주실 것을 약속하셨는데, 이는 그들로 하여금 기꺼이 믿게 하고 또 믿을 수 있도록 하기 위함이다(LC 32). 이러한 언약은 하나님의 순전한 사랑과 자비로 하나님에 의해서 맺어졌으며, 죄와 비참의 상태에서 하나님의 택함 받은 자들을 구해내서 그들을 구원의 상태로 인도했다(LC 30).

LC 31에 따르면, 은혜언약은 두 번째 아담이 되시는 그리스도와, 그분 안에서 그분의 씨인 택함 받은 자들과 맺어졌다. LC 31은 언약과 선택을 결합시켜서 구원 사역의 다양한 요소들에 이론적 근거를 제공한다. LC 31은 그리스도께 주어진 약속들을 은혜언약의

맥락 속에 배치한다.²⁴

WCF 7.4에 따르면, 이 은혜언약은 그리스도의 죽음과, 결과로서 유증되는 영원한 기업(inheritance)과 관련시켜서 유언(testament)으로 종종 진술된다.²⁵ 성경적 언어를 반영하는 이것은 은혜언약을 볼 수 있는 서로 다른 두 가지 방식을 나타낸다.

첫째, 그것은 그리스도 안에서 하나님의 택함을 받은 사람들과 하나님이 맺은 협정이다. 이 협정 안에서 하나님은 그들에게 의와 영원한 생명을 주겠다고 약속하시면서 그들에게 그리스도를 믿도록 믿음을 주신다. 그 언약이 아무리 일방적으로 실천되더라도, 그것은 살아 있는 두 당사자를 숙고한다.

둘째, 유언으로 그것은 유증(bequest), 다시 말해 십자가 상에서의 그리스도의 죽음을 기초로 하여 일방적으로 부여되는 기업, 즉 오직 그러한 죽음 위에서만 실시되는 기업을 숙고한다. 양쪽 사고방식은 성경에 표현되어 있고, 양쪽 모두 여기서 고찰되며, 양쪽 다 은혜언약에 대해 서로 다르지만, 서로 보완하는 차원들로 존재한다.

WCF 7.5는 우리에게 구약과 신약의 차이에 대해 소개한다. 이 언약은 율법 아래에서와 복음 아래에서 서로 다르게 집행된다(참조. LC 33). 여기에 구약과 신약 사이에 인식된 구속적-역사적 차이점이 있다. 그렇지만 그것은 이 언약의 집행과 관계가 있는 차이점

---

24 나는 이 대목에 대해서는 Robert B. Strimple의 도움을 받았다.
25 이 신앙고백에 대한 증거본문들은 히 9:15-17, 22; 눅 22:20; 고전 11:25이다. 그렇지만 기업(inheritance)으로서의 구원에 대한, 또 그리스도와의 공동 상속자로서의 구원받은 자들에 대한 모든 언급들이 고려되어야 한다.

이지, 이 언약의 실체나 본성과는 관계가 없는 차이점이다. 이 점은 칼빈에 의해서 분명히 밝혀졌다.[26] 웨스트민스터 총회는 율법과 복음의 현저한 차이를 인정하는데, 이러한 차이는 루터파에서의 중심적인 주제이다. 그렇지만 신앙고백과 대요리문답은 양쪽 모두 율법과 복음은 유일한 은혜언약을 집행하는 서로 다른 방편이라고 말한다. 율법과 복음은 차이점이 있지만, 보다 기본적인 양립성이 있다. 더욱이 단수형으로 은혜언약에 관해 얘기하면서, 총회는 재세례파로부터 거리를 둔다. 재세례파는 단순히 일련의 각기 다른 언약들이 있다고 주장하면서, 신약은 구약을 폐기할 만큼 새로운 것임을 함축했고, 언약의 계속성과 이것이 유아 세례의 근거가 된다는 것에 대한 어떠한 찬성론도 무효화했다.

### 6) 율법 아래에서의 은혜언약

WCF 7.5는 율법이 은혜언약의 집행이었다고 분명히 진술한다. 유대인들에게 주어진 "약속들, 예언들, 희생제물들, 할례, 유월절 양, 그리고 다른 예표들과 규례들"을 통해서, 하나님은 장차 오실 그리스도를 나타냈다. 구약 전체는 그리스도를 위한 준비, 즉 하나님의 구속 계획의 필요불가결한 부분이었다. 그 당시에는, 구약은 유대인들에게 메시아의 오심에 대해 준비를 시키려는 그것의 의도된 목적을 위해서 성령의 권능으로 말미암아, 충분하고도 효과적이었다. 죄 사함과 영원한 구원이 성취되는 것은 장차 오실 메시아

---

26  Calvin, *Institutes*, 2.9.1; 2.11.14.

에 의해서였다. 한편, 아브라함과 다윗 및 그 밖의 사람들은, 바울이 로마서 4장에서 주장하듯이, 지금의 우리처럼 믿음으로 의롭다 하심을 얻었다. 오직 이것만은 그리스도의 미래의 사역에 의해서 이루어졌다(LC 34). 율법은 구원의 대안적인 방법이 아니라, 은혜언약 안에서 그리스도 안에 있는 구원의 유일한 방법을 집행하는 방편이었다.

### 7) 복음 아래에서의 은혜언약

이제, WCF 7.6과 LC 35가 진술하듯이, 은혜언약의 실체인 그리스도께서 오셨다. 따라서 은혜언약의 집행은 이렇게 모든 것을 결정하는 실재에 따라서 바뀌었다. 복음 아래에서의 은혜언약의 규례들은 말씀의 전파와 세례와 성찬의 성례들이다. 이러한 것들은 구약의 규례들보다 단순하지만, 그것들은 더욱 충분하고 분명하게 복음을 나타내며 성령의 역사 덕분에 더 큰 영적 유효성을 갖고서 그렇게 한다. 게다가 신약에서 복음은 이스라엘만이 아니라 모든 민족에게로 향하게 된다. 그런데, 여기에 총회의 선교적 인식에 관한 또 다른 표현이 있다. 은혜언약에 관한 웨스트민스터 신학자들의 이해는 구약과 신약은 두 언약이 아니라, 서로 다른 양식들의 집행 아래에 있는 하나의 동일한 언약이라는 것이다.

### 8) 구속언약?

구속언약(The Covenant of Redemption)이라는 개념은 웨스트민

스터 총회가 열리던 무렵에 표면화되기 시작하고 있었다. 이 언약의 가장 앞선 주창자들 중 두 사람이 1648년의 네덜란드 신학자 요한네스 콕케이우스(Johannes Cocceius)와[27] 잉글랜드 사람인 존 오웬(John Owen)이었다. 오웬은 총회가 열리던 때에 아마도 가장 위대한 영어권 신학자였겠지만, 총회의 구성원으로 고려되기에는 젊었다.[28] 그보다 얼마 앞서, 카스파르 올레비안(Caspar Olevian)이 그러한 개념을 암시했었다.[29]

그들은 인간의 구원에 관한 이 언약은 삼위일체의 위격들 사이에 있다고 했다. 실제로 그것은 성부와 성자 간에 집행됐다. 성부는 성자에게 성육신해서, 고난을 받으며, 그의 백성들의 죄를 구속하기 위해서 그들의 머리이자 대표자로서 십자가에서 죽도록 명하셨다. 성자가 이러한 책임들을 성실하게 이행한 상급으로, 성부는 성자에게 그가 죽은 자들 가운데서 살아나서, 영화롭게 되며, 그리고 온 세상으로부터 이끌려온 헤아릴 수 없이 많은 백성을 자기를 위해서 받을 것이라고 약속하셨다.

그렇지만 비록 그런 추정상의 언약의 다양한 요소들이 총회의 문서들에 존재하지만, 그 자체로서의 이 언약에 대한 흔적이 없다. 모리스(Morris)가 언급하는 대로, 신앙고백은 오직 두 언약에 관해서만 얘기할 따름이다.[30] 하지만 구속언약이 상징들에서 언급되어 있지 않지만, "그 문구가 기술하고자 하는 사실은 중보자 그리스도

---

27  Johannes Cocceius, *Summa doctrina de foedere et testamento Dei* (Amsterdam, 1648).
28  Owen, *Works of John Owen*, 19:77-89.
29  Olevian, *De substantia foederis gratuiti* (1585).
30  Morris, *Westminster Symbols*, 358.

에 대한 신앙고백적인 장에 분명히 제시되어 있다. 그 장에서 성자는 성부에 의해서 부르심을 받은 직분을 받아들이셨고, 성부에 의해서 이 직분을 수행하도록 정해지고 능력을 부여받으셨으며, 이 직분에 수반되는 의무들을 이행하심으로써, 마치 언약에 의해서인 것처럼, 죄악된 사람을 위해서는 구원을 그리고 자신을 위해서는 하늘의 상급들을 확보하셨다고 한다."[31] 모리스는 성경에 그러한 언약에 대한 근거가 얼마간 있다는 것을 인정한다(특히 시편 2편과 110편 그리고 이사야 53장).

그렇지만 이러한 구성은 삼위일체의 위격들이 서로 협정들을 맺는 것이라고 말함으로써(그는 "거래"[a bargain]에 관해 얘기하는 서두 2에서 구원하는 지식의 총합[the Sum of Saving Knowledge]에 대해 언급한다), 그리고 성부와 성자를 관여한 유일한 두 당사자라고 말해서 성령을 실상에서 배제시킴으로써, 삼위이체론(三位異體論, tritheism)적인 경향이 있다고 그는 올바르게 경고한다.[32] 확실히 LC 31은, 은혜언약은 둘째 아담이 되시는 그리스도와 맺어졌으며, 또한 그분 안에서 그분의 씨인 모든 선택된 자와도 맺어진 것이라고 하지만, 첫 번째 언약의 당사자들은 하나님과 사람이었으며, 은혜언약의 당사자들은 하나님과 그리스도 안에 있는 신자들이었다(WCF 7).[33]

삼위일체 교리는 구속언약의 개념에 대한 방벽을 제공했어야 했다. 구원이 하나님의 창세 전의 계획이나 도모에 의거한다는 것은 WCF 3장에서 분명히 알 수 있다. 이러한 도모는, 삼위일체에 대

---

31 Ibid., 359.
32 Ibid., 360.
33 Ibid., 363.

한 그 장과 선행 장에서 분명하듯이, 삼위일체적이다. 그렇지만 삼위일체에서의 삼위의 관계들을 언약이라고 말하거나, 삼위가 언약적 협정들을 맺을 필요가 있었다고 확언하는 것은 이단에게 문을 열어 주는 것이다. 삼위일체의 뜻은 하나이다. 삼위일체의 사역들은 분리할 수 없다. 그것을 제안한 사람들의 모든 선한 의도들에 대해서는, 언약적 관점에서 삼위일체의 삼위의 관계들을 해석하는 것은 고전적인 삼위일체 정통론에서 이탈하는 것이다. 두 세대도 채 지나지 않아서 그것이 바로 잉글랜드 장로교에서 일어난 것이었다. 모종의 다른 언어가 사용됐어야 했다. 그렇지만 총회는 지혜롭게 이러한 위험들을 피했다.[34]

## 2. 중보자 그리스도(WCF 8; LC 36-59)

은혜언약의 유일한 중보자는 주 예수 그리스도이시다. 그는 인간이 되신 영원한 하나님의 아들이시고, 계속해서 영원히 서로 다른 두 본성과 한 인격 안에 있는 하나님과 사람이시다(참조. LC 36).

---

**34** R. Letham, *The Work of Christ* (Leicester: Inter-Varsity Press, 1993), 52-53에 있는 이 개념에 관한 나의 간략한 비판들을 보라. 삼위일체의 불가분성을 비롯한, 삼위일체 정통론에 관한 보다 충분한 논의에 대해서는 Letham, *The Holy Trinity*, 127-200을 보라. 나의 요점은 구속언약이 삼위일체적인 이단에 문을 열어주었다는 것이다. 어떤 사람들은 그 문을 통과했고, 다른 사람들은 그 문을 통과하지 않았다. 어쩌면 그 개념의 최고의 주창자일지도 모르는 John Owen은 그 위험들을 인식하고서, 하나님의 뜻은 분열할 수 없다는 것을 인정했으며, 그리고 성부 안에서, 성자 안에서, 또 성령 안에서 이루어지는 그것의 특정한 표현 속에서의 하나님의 뜻에 관한 글을 썼다. *Works of John Owen*, 19:87-90을 보라.

WCF 8.1에서, 하나님의 작정은 그리스도의 중보와 관련되어 있어서, 구원의 완전한 성취를 하나님의 영원한 목적들과 결부시킨다. 그리스도 안에 있는 구원은 삼위일체 하나님의 자유롭고 주권적인 결정이다. 하나님은 그의 아들을 하나님과 사람 사이의 중보자로 택하시고 정하셨다. 이것은 구속언약에 필요한 토대를 형성하지만, 그러한 신앙고백문은 존재하지 않는다. 이와 동시에, 그 언약은 이러한 진술의 결과일 필요가 없다. 구원이 하나님의 작정에 의거한다는 것은 분명하다. 하나님은 삼위일체이시며, 삼위 모두가 하나님의 모든 사역과 방법에 분리할 수 없게 관여한다는 것도 똑같이 분명하다. 따라서 구원은 성 삼위일체의 영원한 경륜에 의거한다. 그러므로 삼위의 관계들이 언약적이라며, 구원하는 지식의 총합이 말하듯이, "거래"를 하기 위해서 삼위를 서로 준사법적인 관계로 끌어들이는 것은 타당하지 않다. 그러한 해석은 삼위이체론과 유사하다. 웨스트민스터 총회에 그러한 혐의를 씌울 수 없다.

그렇지만 여기 WCF 8.1에 있는 신앙고백문은 개혁파 신학이 그리스도 중심적인 선택 교리를 포기했다는 바르트와 그의 추종자들의 주장을 반박한다.[35] 토마스 구드윈(Thomas Goodwin)이 에베소서

---

**35** Barth, *CD* II/2,1-506; Reid, "Office of Christ in Predestination," 5-12를 보라("그리스도는 그분 스스로가 존재해온 – 비록 존재하더라도, 적어도 활동하고 있지 않는 – 영원 속에서 이미 이루어진 결정의 제시자에 불과하다. 다른 한편, 그분의 역할은 작정을 실행하시는 것인데, 작정의 형성에서 그분은 분명히 아무런 관여도 하지 않으셨다");
Berkouwer, *Divine Election*, 132-71. Letham, *Work of Christ*, 53-56에서의 논의를 보라. Muller, *Christ and the Decree*는 Barth-Reid 주장을 치명적으로 약화시킨다. 총회의 구성원인 Anthony Tuckney가 이 문제를 다룬 것은, 그가 기술하기를 이 구원하는 은혜에서 "그리스도는 우연히(*per accidens*), 또는 우리와 우리의 구원에 도움이 되는 방편으로서, 하위의 종속관계 속에서 데려오게 되는 게 아니다…그러나 그분 안에

에 대한 자신의 주석서에서 그리스도 안에서의 선택을 확장해서 다루는 것의 반향들이 있다. 불행하게도, 그 의사록은 구드윈이 이 사안에 대한 토론들에서 어디까지 참여했는지를 밝히지 않는다.[36] 바르트에 반하여, 그리스도는 여기서 선택된 사람으로 나타날 뿐만 아니라 선택하시는 하나님으로도 나타난다. 왜냐하면 택하시고 정하시는 하나님은 이미 삼위일체라고 선언되었으며(WCF 2.3), 그의 작정들은 분리할 수 없게 삼위 모두에 의해서 이루어지기 때문이다 (WCF 4.1).

WCF 8.1은 또한, 교회 및 이 세상과 더불어, 선택과 선지자, 제사장, 왕으로서의 그리스도의 삼중직과 구원의 서정을 결합시킨다. 그것은 하나님의 구원하시는 목적들의 단일성과 불가분성에 관한 광범위한 진술이며, 그 범위에 있어서 깜짝 놀랄 만하다.

WCF 8.2는 그리스도의 인격에 초점을 맞춘다. 그것은 칼케돈의 정의(451)를 매우 밀접하게 따른다. 이것은 그 조항의 큰 힘이다. 그것은 웨스트민스터를 분명히 서방 교회의 전통 내에 둔다. 그리스도는 영원부터 하나님의 아들이시고, 참되신 하나님이시며, 성부와 한 존재이시고 동등하시다. 그러므로 고전적인 삼위일체의 확정이 재확언된다. 성육신에서, 그는 스스로 가능한 최대한도로 인간

---

있는 그리스도의 영광과 하나님의 영광은 그분 안에 있는 으뜸가는 계획이다"라고 했을 때이다. Tuckney, *None but Christ*, 21.

36  Thomas Goodwin, *An Exposition of Ephesians* (repr., n.p.: Sovereign Grace Book Club, 1958), 23-102를 보라. 이것은 또한 *The Works of Thomas Goodwin* (ed. J. C. Miller and R. Halley; Edinburgh: James Nichol, 1861-66), 1:23-102에도 있다. Goodwin 이전에, Jerome Zanchius(1516-90)가 매우 상세하게 이것을 설명했다. Hieronymous Zanchius, *Omnium operum theologicarum* (8 vols.; Geneva, 1619), 2:535-40; 6:1:11을 보라.

의 본성을 취하시되, 죄는 취하지 않으셨다. 그는 성령으로 잉태되어 동정녀 마리아에게서 태어나셨다(이는 사도신경을 반향한다). 그는 참 하나님이시고 참 사람이시지만, 한 인격이다. 이것은 칼케돈의 축약된 판본(version)이지만, 칼케돈의 네 가지 유명한 결여 진술—"혼합 없이, 변화 없이, 분열 없이, 분리 없이"—이 없다. 그것은 네스토리우스파와 유티케스파(Eutychianism) 양쪽 모두의 부정이다.

그렇지만 많은 개혁파 기독론과 같이, 그것은 칼케돈에서 멈추고 2차 및 3차 콘스탄티노플 공의회(553년과 680-81년)에 의해서 다듬어진 것들은 받아들이지 않는다. 칼케돈 이후에, 알렉산드리아의 시릴의 지지자들은 너무 많은 양보를 네스토리우스파에게 했다고 주장했다. 칼케돈에 의해서 그려진 그림은 두 본성이 함께 한 인격에 들어온다는 것이었다. 이것은 이중 본성을 지나치게 강조함으로써 그리스도의 인격을 분열시키는 것처럼 보였다. 따라서 5차 및 6차 에큐메니컬 공의회에서 예수 그리스도는 영원하신 하나님의 아들이시다(is)라는 것이 재확언됐다. 성육신에서, 그리스도는 인간의 본성을 그분의 신적 인격에 더하셨다. 그리스도는 누구(who)인가라는 질문에 대한 대답으로, 교회는 그분은 영원하신 하나님의 아들이시다라고 답했다. 그리스도 어떤(what) 분이신가라는 질문에 대한 대답으로, 교회는 하나님의 아들이신 그분은 우리의 인성을 취해서 결합되셨다라고 답했다. 따라서 그것은 두 본성이 한 인격을 형성하려고 함께 온다는 주장이 아니라, 그 대신에, 그것은 하나의 신적 인격이 인간의 본성을 취해서 결합된다는 것이다.

웨스트민스터 신앙고백은 이것을 부정하지 않는다. 그러나 신앙고백이 그 문제를 다루지 못하는 것은 기독론에 대한 신앙고백의 진술을 약화시킨다.³⁷ 그렇지만 웨스트민스터가 5차 및 6차 에큐메니컬 공의회에서 정점에 이른 궤적 내에 있었으며 그 공의회들의 선언에 찬성했다는 것이 여기에 충분히 나타난다. 그 중보자는 "[하나님의] 독생자"(WCF 8.1)이지만, 하나님의 아들은 스스로 인간의 본성을 취하셨다(WCF 8.2). 다시금, LC 36에서 주 예수 그리스도는 하나님의 영원하신 아들이시라고 한다.

LC 37은 사도신경을 따른다. 예수님은 성령의 능력으로 동정녀 마리아의 몸에 잉태되셨다. LC 38-39는 왜 이 중보자가 하나님이시면서 또한 사람이어야 했는가를 강조하지만, LC 40은 왜 그분이 한 인격이어야 했는가를 지적한다. 여기서 다시금, 그 절차는 두 본성으로부터 시작해야 한다. 두 문서 모두 네스토리우스주의의 위험에 처하지 않지만, 양쪽은 본질적으로 네스토리우스와 동일한 절차를 채택하는데, 성자가 취하신 역정(지나온 경로)이라기보다는 오히려 두 본성에 초점을 맞춤으로써 그러하다. 요컨대, 그리스도의 인격은 두 본성의 혼합물이 아니라, 오히려 인간의 본성을 취해서 인격적 결합을 이루게 된 하나님의 영원히 신적인 인격이다. 서방 교회의 대부분이 그러하듯이, 총회도 이것을 묵살한다.³⁸

WCF 8.3-5는 그리스도의 인격을 중보의 사역과 관련짓는다.

---

**37** 개혁파 기독론은 네스토리우스적인 경향이 있다고 비난을 받는 경우가 많이 있다. Bruce, *Humiliation of Christ*, 116-32를 보라. 이와 마찬가지로 Calvin에 대해서는, Weinandy, *Does God Suffer?* 187-88을 보라.

**38** 칼케돈으로 끝나고 2, 3차 콘스탄티노플 공의회를 따르지 않는 기독론 서적을 살펴보라. 네스토리우스파 신학자들을 비난하는 것은 불합리한 일일 것이다. 왜냐하면 칼케돈이 그것을 단호히 반박했기 때문이다. 여기서 수반되는 것은 성자의 인성에 의한 연합의 궤적이라기보다는 오히려 두 본성을 기초로 한 그리스도의 인격에의 접근이다.

WCF 8.3은 그분의 사역을, 성부께 부르심을 받고 성령에 의해서 성화되고 성령으로 기름부음을 받는, 삼위일체적인 맥락에 둔다. 주 예수님은 죄가 없으시다고 한다. 그분은 성부께 부르심을 받았고, 성부의 명령을 받으셨으며, 그분의 성육신 상태에서 성부에 의해서 모든 권세와 심판을 갖추셨다. WCF 8.4에서, 그분은 중보의 사역을 기꺼이 그리고 순종으로 떠맡으신다고 한다. 그분은 극심한 고난을 받으셨고, 십자가에 못 박혀 죽으셨으며, 장사되셨다. 그분은 죽은 자들 가운데서 살아나셨고, 하늘에 오르셨으며, 성부의 우편에 앉아 계시는데, 사람들과 천사들을 심판하러 다시 오실 것이다. 여기서 사도신경의 단어들이 다시금 현저하게 웨스트민스터의 목소리에 존재한다.

우리는 주 예수님의 부활이 "그분이 고난을 받으신 바로 그 몸으로" 이루어진다는 데 특히 주목한다. 이것은 결코 변화가 그 몸에 일어났었다는 것을 부정하기 위해서 의도된 것이 아니다. 그것은 단지 그분의 몸의 연속성과 정체성을 확언할 따름이다. LC 46-50은 자신의 비하 속에서의 그리스도의 사역, 다시 말해 그분이 자신의 탄생부터 무덤에 이르기까지 취하신 낮추신 상태를 밝힌다.

WCF 8.5에서, 그리스도의 사역이 전면으로 나온다. 그분의 완전한 순종과 희생은 영원하신 성령을 통해서 성부께 드려졌다. 히브리서 9:14을 반향하므로, 이것은 십자가에 대한 분명한 삼위일체적인 진술이다. "온전한 순종"이라는 언어는 우리가 다음 장에서 자세히 조사할 칭의에 대한 초기의 토론들에 비추어서 그것을 고찰할 때 더 큰 의의를 지니게 된다. 여기서는, 이것이 그리스도의 인생 행로 전체를 통하여 율법에 대한 그분의 능동적인 순종을 포함하는지의 여부에 대한, 또는 그것이 그분이 구원하기 위해서 오셨던 죄인들에 대한 율법의 정당한 요구들을 겪는 데서의 그분의 수동적인 순종에 국한되는지의 여부에 대한 논평을 총회가 피했다는 데 주목한다. 그 맥락은, 십자가에 대한 총회의 언급으로, 후자의 방향으로 나타날 것이다. 마찬가지로 가능한 제3의 대안이 있다는 것을 우리는 알게 될 것이다. 그 대안이란 그 문구는 가능한 가장 넓은 합의를 확보하기 위해서 의도적으로 모호하게 하는 것이다. 그 단락은 또한 특정한 구속(particular redemption)에 대한 확약을 포함한다. 주 예수님은 성부가 그에게 주신 모든 사람을 위해 화해와 영원한 유업을 대속하셨다. 아르미니우스파가 주장한 대로, 예외 없이 모든 사람을 위해서도 아니고, 잠정적으로 모든 사람을 위해서도 아니다.

LC 43-45는 선지자와 제사장과 왕으로서의 그리스도의 사역을 개략적으로 진술한다. LC 46-50은, 그리스도께서 종의 형상을 취하셨을 때, 자신의 비하 속에 계신 그분을 고찰한다. 이것은 그분의 성육신(LC 47), 율법에 대한 순종과 연약함과 유혹을 견디심(LC 48), 죽음(LC 49), 장사(LC 50)에 의해서 일어났다. 이 마지막 사항은 "그분이 지옥으로 내려가셨다"는 사도신경의 진술은, 39개 신조에 대한 토론들 중에 제안됐었던 대로, 그분이 "제 삼일까지…계속해서 죽은 자의 상태에 계신" 것에 대해 언급한다는 입장을 취한다. LC 51-56은 죽은 자들 가운데서의 그분의 부활로부터 승천을 통해서 하늘에 계시고 그분의 백성을 위해서 중보하시기까지의, 그분의 승귀(exaltation) 속에서의 그리스도의 사역을 밝힌다.

WCF 8.6에서, 그리스도의 사역은 그분의 성육신 이전의 시기를 포함해서 모든 시대에 효력이 있다고 한다. 따라서 비록 그분이 아직 화해를 성취하지 못했지만—여기서 역사적 과정의 의미가 인식된다—하나님의 약속과 구약의 제사 제도는 동일한 현실을 표상했고 그분이 오시기 전에 살았던 선택된 자들에게 유효했다.

WCF 8.7은 속성의 교류(*communicatio idiomatum*[콤무니카티오 이디오마툼])에 대해 말한다. 이것은 성자가 인간의 본성을 취해서 결합하게 되셨으므로, 구체적으로는 그분의 인성에 적용할 수 있는 것으로, 그분에 관하여 말하여지는 것들이 있었다는 것을 고전적으로 인정했다. 이러한 경우들에서, 그분의 인격의 그러한 인간적인 특징들—굶주림, 목마름, 피로 등—은 그분의 신적 특징들과 똑같이 예상이 가능하다.

마지막으로, WCF 8.8은 효과 있는 구속을 강조적으로 확언한다. 그리스도의 중보는 하나님이 그 중보로 하여금 성취하고자 하시는 것을 성취한다. 왜냐하면 그리스도는 그 중보가 의도되어 있는 대상인 모든 사람—택함을 받은 사람들—을 대속하셨으며 그들에게 구속을 전달하실 터인데, 그분의 성령이 그들을 믿음으로 인도하시고, 그분의 말씀과 성령으로 그들을 다스리시며, 그들의 원수들을 모두 정복하심으로써 그리 하신다. 특정한 구속은 분명히 총회에 중요하다. 또한 LC 57-59를 보라.

LC 60-61은 복음을 전혀 들어본 적이 없는 사람들의 경우에 관하여 논한다. 웨스트민스터 신학자들은 이러한 사람들은 구원을 받지 못한다고 주장한다. 후에, WCF 10.3은 유아 시에 죽은 택함을 받은 유아들과 말씀의 외적 전파에 의해서 부르심을 받을 수 없는 다른 택함 받은 사람들은 구원을 얻는다고 인정할 것이다. 분명히,

대요리문답의 이 두 질문은 이러한 범주들 안에 있는 선택된 자들을 고려하고 있지 않다. 이와 동시에, 대요리문답은 말씀이 전파되는 것을 듣는 사람들이 모두 다 구원을 얻으리라는 것을 부정한다. 명백한 것은, 믿지 않는 사람도 더러 있으리라는 것이다.[39]

---

39  여기서, Anthony Tuckney가 다시금 도움이 될 것이다. Tuckney, *None but Christ*, 29, 34, 68을 보라.

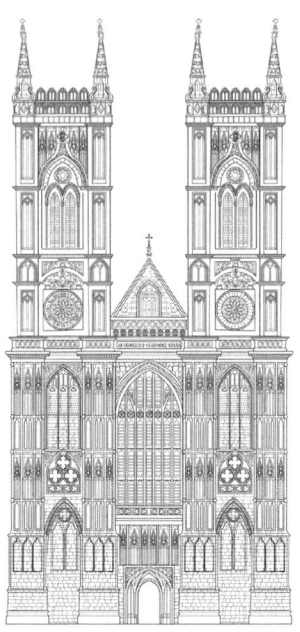

# The Westminster Assembly:

*Reading its Theology in Historical Context*

# 제12장

# 구원의 순서

> 우리는 한 주 예수 그리스도를 믿는다…
> 그분은 본디오 빌라도 치세에 우리를 위해
> 십자가에 못 박히고 고난받고 장사되셨으며
> 성경대로 사흘만에 다시 살아나셨고 승천하셔서
> 성부 우편에 앉아 계신다.

> 찬송하리로다 하나님 곧 우리 주 예수 그리스도의 아버지께서
> 그리스도 안에서 하늘에 속한 모든 신령한 복으로
> 우리에게 복주시되(엡 1:3)

1. WCF 9-18; LC 65-90

T. F. 토랜스(T. F. Torrance)는 그리스도와의 연합으로 이끄는 은혜의 여러 단계들이 있는 구원의 서정(*ordo salutis*[오르도 살루티스])을 중세적인 개념이라고 하여 웨스트민스터 총회를 혹평한다.[1] 언뜻보면, 그렇게 보일 수도 있다. 왜냐하면 웨스트민스터 신앙고백에는 그리스도와의 연합에 대한 장도 없고, 또한 구원의 요소들에

---

1  T. F. Torrance, *Scottish Theology*, 128.

관한 논의에서 중요한 그리스도와의 연합도 없기 때문이다. 그렇지만 토랜스의 주장은 LC 65-90에 의해서 논박된다. 여기서 하나님의 모든 은혜는 그리스도와의 연합과 친교에 있다고 한다. 이 두 문서들은 함께 취할 필요가 있는데, 왜냐하면 그것들의 접근 방식이 서로 다르지만 상호 보완적이기 때문이다. 토랜스는 윌리엄 퍼킨스(William Perkins, 1558-1602)가 주장하는 중세의 구원의 서정의 부흥에 대해 언급하면서, 그것이 그의 형제인 제임스 B. 토랜스가 저술한 논문의 지지를 받는다고 주장한다.[2] 리차드 멀러(Richard Muller)가 자신의 초기 출판물들 중 하나에서 그의 형제의 주장을 반박했다.[3] 토랜스는 멀러를 전적으로 무시한다기보다는 오히려 명백한 진실을 깨닫지 못하는 것 같다.

이보다 앞서, 칼 바르트(Karl Barth)는 신앙고백에 대해 신랄하고 광범위한 비판을 했는데, 실제로는 약하게 위장된 비난들인 외견상의 찬사들도 포함된다. 그는 총회의 저작물에 들어간 공들인 관심을 인정하면서 이렇게 단언한다. "다른 어떤 개혁파 신앙고백 문서도, 불링거의 제2 스위스 신앙고백을 예외로 한다면, 이처럼 오랫동안 그리고 이처럼 주의깊게 (계산하는 방법에 따라서, 3년에서 4년까지) 작성되지 않았다. 모든 문구, 모든 성경 인용은 의식적으로 그리고 신중히 도입된다." 그럼에도 불구하고, 바르트는 이렇게 호통친다. "우리가 이 최종 산물을 철저히 조사하는 것은 전적으로 정당화할 수 있다. 그러나 이 최종 산물은 비극이다. 그것은 어떻게 칼빈

---

2  Ibid., n10.

3  R. A. Muller, "Perkins' A Golden Chaine: Predestinarian System or Schematized Ordo Salutis?" *SCJ* 9(1978): 68-81.

주의의 승리가 칼빈주의의 죽음이 되었는가를 보여줄 수 있을 뿐이다."[4] 바르트에게 문제는 초점이 하나님에 의한 은혜의 행위에서 믿는 개인에서의 은혜의 표지들로—"그리스도인의 체험의 시간적, 전기적 연쇄나 단계들의 시각에서 마련된 종교 심리학"으로—바뀐 것이다.[5] 요컨대, 구원의 서정에 맞춰진 초점은 하나님의 은혜를 희생하여 인간의 경험으로 돌리는 것을 나타낸다. 재기 있고 웃음을 자아내는 아이러니로, 그는 19세기 자유주의의 구렁텅이에 대비한다.

> 중세 전통의 중압감 아래에 있던 종교개혁가들의 객관주의의 어두운 밤은 여전히 깊었다. 그리고 그것은 사라지기 시작하고 서서히 멀리서부터 스스로를 "모라비아교도의 높은 자"라고 규정짓는 슐라이어마허의 여명이 밝아온다. 그는 루터에 의해 시작된 작업의 실제적인 완성자로, 신학의 정수는 경건한 자아인식 분석임을 드러냈다. 그때가 에를링엔의 신학자 호프만이 두 세기를 정의한 진술을 구성한 날이다. "그리스도인인 나 자신이 신학의 대상이다."[6]

바르트는 경건파에 대한 그의 비판에서는 옳을지도 모르지만, 그는 먼 미래에 있는 것을 인식할 수 없는 저자들에게서 후대의 발전들을 예상하고 추적하는 오류를 범한다.[7] 게다가 그는 칼빈이 그

---

4  Barth, *Reformed Confessions*, 135.
5  Ibid., 139.
6  Ibid., 140.
7  Skinner, "Meaning and Understanding"을 보라.

의 『기독교 강요』(Institutes)의 서두에서 이중 지식, 즉 하나님에 관한 지식과 자기 자신에 관한 지식에 관해서 기술했다는 것과 그 둘이 공존한다는 것을 잊고 있다.[8] 총회가 우선순위를 부여하는 것은 의심의 여지없이 하나님의 사역이다. 실로 총회가 하나님의 작정들에 초점을 맞추는 것은 그 자체가, 여기서 총회가 인간이 은혜를 받아들이는 데 주의를 기울이는 것을 비난하는 동일한 비판자들에 의한 공격에 대응하기 위해서 들어왔다. 칼빈뿐만 아니라, 성경 자체도 이러한 동일한 질문들을 다루며, 웨스트민스터 신학자들은 자신들의 토론들 전반에 걸쳐서 성경 석의에 몰두해 있었다. 바르트는 SC 1을 잊어버림으로써 그의 시대착오를 더했는가?

더욱이 바르트는 몇 페이지 뒤에서 모순된 말을 한다. 거기서 그는 특징적으로 개혁파적인 신앙고백들의 변별적 특징을 다음과 같이 지적한다.

> 비가시적인 하나님의 생명의 진리와 인간의 삶의 가시적인 갱신, 하나님의 돌이키심과 인간의 회심, 하나님에 관한 지식과 자아…은사와 과업, 칭의와 중생, 은혜언약과 율법의 언약, 믿음과 의무의 관계—하나님께 의거하고 인간들한테서 성취되는—로 기독교를 받아들임…또는 그 밖에 어떤 방식으로 기독교를 표현하더라도 관계로 기독교를 받아들임. 이러한 관계는 기독교의 긍정적인 개혁파 교리이다.[9]

---

8 Calvin, *Institutes*, 1.1.1.
9 Barth, *Reformed Confessions*, 147–48.

만약 이러한 관계가 개혁파 신학에 긍정적이면서 또한 중심적인 것이라면, 왜 신앙고백이 그러한 관계를 끌어들이는 것이 비극이란 말인가?

### 1) 구원의 서정과 이에 대한 비판들

일부 신학자들은 구원의 서정(*ordo salutis*)라는 개념이 성경에 있는 구속사의 진행을 정확히 반영하지 않는다고 주장해 왔다. 이러한 주장에 따르면 구원을 설명하는 최상의 방법은 성경신학에 의해서이다. 이 분야는 구속사를 하나님의 방법들과 사역들을 이해하는 데 관건으로 여긴다. 이 분야는 20세기 중엽에 절정기에 있었지만, 그때 이후로는 지지를 잃었다. 그렇지만 다수의 보수적인 개혁파 신학자들―게르할더스 보스(Geerhardus Vos), 헤르만 리델보스(Herman Ridderbos), 리차드 개핀(Richard B. Gaffin Jr.) 등의 작업에 의거하는―은 여전히 이것이 가장 효과적인 접근 방식이라고 주장한다. 그것은 성경의 역동성과 그리스도의 중심성을 포착한다고 한다. 구속사(*historia salutis*[히스토리아 살루티스])는 한층 타당한 주제라는 주장이 이어진다.[10]

성경신학이 유용한 분야이며, 특히 구약의 문구들의 석의에 대해서 그러하다는 것은 거의 의심할 여지가 없다. 그렇지만 성경신학은 그것만으로는 이단에 맞서 교회를 지켜줄 수가 없다. 왜냐하면 대부분의 이단들은 성경 언어를 이용하며 따라서 그것에만 의존

---

10   Trumper, "Covenant Theology and Constructive Calvinism"; Trumper, "A Fresh Exposition of Adoption"을 보라.

하는 것으로는 논박될 수 없다.¹¹ 게다가 웨스트민스터 신학자들에게 3백년 뒤의 운동을 예상할 것으로 기대하고 또한 그들이 그렇게 하지 못한 것에 대해서 그들을 비판하는 것은 이치에 맞지 않다.

다른 신학자들은 그리스도와의 연합에 우선순위를 부여해야 한다고 주장했다. 이러한 입장에 대해서는 할 말이 있다. 나는 다른 곳에서 언급하기를, 바울은 우리의 구원의 모든 측면을 그리스도 안에서 받아들여지는 것으로 보며, 특히 18세기 이래로 서방 세계의 만연한 개인주의는 우리에게서 이러한 필요불가결한 신조를 빼앗았다고 했다.¹² 이 점은 개핀에 의해서 인정되는데, 그는 "믿음으로 말미암은 그리스와의 연합"을 말한다. 그것이 바울의 구원의 서정의 본질이다.¹³ 개핀은 믿음으로 말미암은 칭의나 성화의 불가결한 중요성을 경시하기를 원하지 않는다. 그의 요점은 그리스도와의 연합이 바울에게는 그 안에서 구원의 순서의 다양한 요소들이 고찰되어야 하는 모든 것에 우선하는 요소라는 것이다.

이러한 주장은 중요한 것이다. 내게는 총회가 대요리문답에서 그 문제를 논의한다는 점에서 총회에 의해서 그것이 공유되는 것 같이 보인다. 다른 한편, 그들도 또한 우리도 단순히 사도 바울의 신학을 되풀이할 의무는 없다. 우리는 성경에 의거해서, 매일의 도전들에 응하도록 부르심을 받았는데, 우리의 각각의 세계의 언어와 사유 형태들로 효과적인 대답들을 만들어내야 한다.

---

11  Letham, *The Holy Trinity*, 108-83을 보라.
12  Letham, *Work of Christ*, 75-87.
13  R. B. Gaffin Jr., *"By Faith, Not by Sight": Paul and the Order of Salvation* (Milton Keynes, England: Paternoster, 2006), 43.

우리는 신앙고백과 대요리문답 양쪽 모두가 구원의 서정을 서술하는 대로 그것을 고찰할 것인데, 이때 중요한 사항 한 가지를 기억해야 한다. 그리스도인의 체험의 처음에 일어나는 구원의 서정의 요소들(유효적 소명, 칭의, 입양, 구원하는 믿음, 회개)은 그것의 계속 진행 중인 성취와 관계가 있는 다른 요소들(성화, 선행, 견인, 구원의 확신)보다 분명히 시간적으로 우선한다는 것이다. 한편, 영화(glorification)는 구원이 완성될 때 일어난다.

　그리스도인의 삶이 시작될 때 존재하는 요소들 가운데서, 총회는 마치 하나가 반드시 때를 맞춰 다른 하나의 다음에 오는 것처럼, 시간적인 순서를 전달하려고 시도하고 있지 않았다. 더욱이 우리는 그러한 요소들은 믿음의 시작과 더불어 후에 지속되는 것과 연관된다는 것을 무시할 수 없다. 견인되는 사람들은 의롭게 된 자들이고 또한 그들은 하나님의 양자이며 지속적인 경험으로, 구원하는 믿음을 갖고 회개를 실천한다. 대요리문답이 표면화하는 것은 이 모든 것이 은혜와 영광 속에서 이루어지는 그리스도와의 연합과 친교의 여러 측면들이라는 것이다. 그들은 한 순간도 그리스도와의 연합으로부터 고립되어서는 안 된다. 총회는 구원의 방법에 관한 서로 다른 두 견해를 나타낸 게 아니라, 보완적인 견해들로부터 보이는 하나의 견해를 나타냈다.

## 2. 자유의지(WCF 9)

사람은 자유로운 행위자이다(WCF 9.1). 그의 의지는 본성의 필연성에 의해서 선이나 악을 행하도록 강제되지 않는다. 따라서 그가 행하는 선과 악은 그 자신의 자유의사에 의해서 이루어지며 그래서 그 자신의 책임이다. 그는 하나님의 주권 뒤에 숨어서 하나님이 그의 곤경에 대해 책임이 있다고 주장할 수 없다. 또한 사탄의 탓으로 돌릴수도 없다. 사실 책임의 모든 관념은 여기서 멈추는데, 죄가 인간들이 자신들의 행동에 대해서 전적으로 책임이 있다고 폭로하기 때문이다.

타락 이전에, 인간은 무죄의 상태에 있었다(WCF 9.2). 인간은 옳고, 선하며, 하나님을 기쁘시게 하는 것을 행할 수 있는 자유와 능력을 가지고 있었다. 그는 하나님과의 교제를 위해서 하나님의 형상대로 창조되어서 그를 대신해서 땅을 다스렸다. 그렇지만 이러한 상태에서 벗어날 가능성이 있었다.

타락 이후의 죄의 상태에서, 인간은 구원을 가져올 만한 그 어떤 영적인 선을 행할 의지의 능력을 완전히 상실했다(WCF 9.3). 그는 선한 행위들을 행할 수 없지만, 그는 하나님과의 관계 속에 있었으며 그것의 원래의 상태에 있었던 땅을 다스렸던, 피조세계에서의 우세한 상황으로 스스로를 복귀시킬 생득적인 능력도 가지고 있지 않다. 오히려, 그는 영적인 선을 싫어하고 하나님을 거역하려는 본성적인 성향을 가지고 있다. 그는 죄 안에서 죽어 있어, 어떠한 변화도 가져올 수 없다. 죽은 사람은 그 자신을 생명으로 되돌릴 수가 없다. 죄의 결과가 만연해 있어서 그는 심지어 그 자신을 영적 선을 잘 받아들이게 할 수조차 없다. 그는 오직 영적으로 악한 것을 원할 수 있을 뿐이다.

은혜의 상태에서, 인간은 하나님에 의해서 회심했다(WCF 9.4). 이 변화는 외부로부터, 즉 오직 하나님의 권능과 은혜로부터 온다. 하나님은 회심시키신다. 그는 한 상태에서 다른 상태로 옮겨 놓으신다. 더욱이 하나님은 사람을 그의 본성적인 죄 아래의 속박으로부터 해방시키신다. 하나님은 은혜로 그가 영적으로 선한 것을 자유롭게 원하고 또 행할 수 있게 하신다. 그렇지만 "부패"는 여전히 남아 있으며, 그래서 그는 영적인 선을 온전히 원하지도 못하고 행하지도 못할 뿐만 아니라, 또한 악한 것을 원하고 행하기도 한다. 그는 이제 자유롭게 선을 행하지만, 악한 것도 하려고 하는 성향을 여전히 갖고 있다. 이것이 이생에서의 모든 신자의 상태이다.

부활 후에, 영광의 상태에서, 하나님은 인간의 의지로 하여금 오직 선만을 행할 수 있게 하신다(WCF 9.5). 그는 악을 원하거나 행할 수 없다. 게다가 타락 이전의 무죄의 상태와는 주요한 차이점이 있다. 그때, 아담은 악으로 떨어질 가능성이 있었다. 영광의 상태에서, 그런 가능성은 존재하지 않을 것이다. 왜냐하면 그 상태가 불변적일 것이기 때문이다. 이것은 인간의 자유에 대한 제한이 없는 것이다. 왜냐하면 우리의 참된 정체성은 영적으로 선한 것을 원하고 행하는 것이며, 불변적으로 그렇게 원하고 행하는 것이다.

## 3. 유효적 소명(WCF 10; LC 67-68)

유효적 소명(effectual calling) 안에서, 하나님은 타락 이래로 지배적인 죄와 죽음의 상태로부터 사람들을 인도해서 예수 그리스도로 말미암은 은혜와 구원으로 이끄신다(WCF 10.1; LC 67). 하나님은 이것을 오직 하나님의 택함을 받은 자들에게만 그렇게 하신다. 하나님은 친히 정해진 때에 그렇게 하신다. 이러한 변화는 사람의 능력으로 이루어지는 것이 아니다. LC 67에서, 총회가 이러한 행동에서의 하나님의 사랑과 은혜를 강조하는 이유는, 피택자들에게서는 은혜를 이끌어낼 것이 전혀 없기 때문이다. 여기서 초점은 하나님이 그들을 구원의 상태로 초대하고, 그들을 그의 말씀과 성령으로 이끄는 데 맞춰진다. 장면이 하나님의 권능에서 그의 은혜로운 초대로 미묘하게 바뀌었다.

신앙고백과 대요리문답 양쪽에서, 소명은 하나님이 택함 받은 자들의 마음을 영적으로 그리고 구원적으로 밝히심으로 일으키시고, 그로 인해 그들이 하나님의 일들을 이해한다고 한다. 에스겔의 말을 반영해서, 하나님은 그들의 돌 같은 마음을 제거하시고, 그 마음을 살 같이 부드러운 마음으로 대체하신다. 그는 그들의 의지를 새롭게 하시고, 그의 전능하신 능력으로 그들로 하여금 그의 부르심에 응답하고, 자유롭게 그렇게 하며, 그의 은혜를 받아들이고 맞이할 준비가 되어 있게 하시고 또 그들로 하여금 기꺼이 그렇게 하게 하신다.

신앙고백과 요리문답은 양쪽 모두 여기서 하나님의 전능하신, 주권적 권능—복음에서 하나님의 은혜롭고 사랑이 풍성한 초대에서 보이는—과 부르심을 받은 자들의 자유로운 행위 사이에 미묘한 균형을 유지한다. 왜냐하면 하나님이 그들에게 이해하고, 믿고, 응답할 수 있는 능력을 주셨으므로, 하나님의 부르심은 택함 받은 자들이 그들 자신의 의지로 자유롭게 응답하는 것으로 귀결된다. 이러한 부르심이 그리스도와의 연합을 가져오는 지점이다. 성부는 부르시고, 성령은 믿음을 주셔서 성자와의 연합으로 이끄신다. 성자는 성육신으로, 즉 분리할 수 없는 한 인격 안에서 영원히, 영속적으로 우리와 연합하셨다. 지금 우리는 그와 연합되어 있고, 성부는 지금도 셀 수 없는 사람을 부르시고 계시다.

이러한 유효적 소명(부르심)은 오직 하나님의 은혜에서만 비롯되며 인간한테서 비롯되는 것은 전혀 없다. 또한 그것은 미래의 사건들에 관한 하나님의 예지에도 의거하지 않는다(WCF 10.2). 이것은, 구원에서의 하나님의 결정들이 복음에 대해 믿음으로 응할 사람에 관한 하나님의 예지에 의거한다는 아르미니우스파의 개념을 논박한다. 아르미니우스파의 신학은 믿음과 회개가 선택에서의 하나님의 결정에 의존한다는 것을 부정하면서, 하나님은 단지 인간들이 스스로 행하는 선택들을 재가하실 뿐이라고 주장한다. 웨스트민스터 신학자들은 부르심에서의 두 단계를 가정한다. 첫 번째 단계에서는, 부르심을 받은 자들은 수동적인데, 하나님이 그 마음을 변화시키시기 때문이다. 그렇지만 두 번째 단계에서는, 그들은 능동적으로 된다. 성령에 의해서 살아나고 새로워졌기에, 그들은 그 부르심에 응답하고, 복음 안에서 제공되는 은혜를 받아들인다.

말씀을 들을 수 없어서 유효적으로 부르심을 받을 수 없는 사람들은 어떻게 되는가(WCF 10.3)? 그들에게는 구원의 희망이란 없는 것인가? 총회는 이러한 범주 안에 있는 두 부류의 사람을 다룬다. 유아 시에 택함 받은 죽은 유아들은 성령을 통하여 그리스도에 의해서 중생되고 구원을 얻는다. 이것은 모든 유아에게 적용되는 게 아니라, 죽은 택함 받은 유아들에게 적용된다. 분명한 것은 선택된 자들이 모두 구원을 얻으리라는 것이다. 따라서 자신들이 스스로 복음을 들을 수 있기 전에 죽은 택함 받은 어떠한 유아들도 구원을 얻을 것이다. 물론 이것은 은혜언약에 의거한다. 은혜언약 안에서 주님은 "영생을 얻기로 정해진 모든 자들에게 주님의 성령을 주실 것"을 약속하신다(WCF 7.3; 참조. LC 32). 이 언약은 "둘째 아담이 되시는 그리스도와, 그리고 그분 안에서 그분의 후손인 모든 피택자들과" 맺어졌다(LC 31). 게다가 그리스도를 믿는 믿음과 그분을 향한 순종을 고백하는 양친 또는 그중 한 사람만 믿는 부모에게서 난 유아들은 그 점에서 언약 안에 있다(LC 166).

WCF 10.3은 유아 시에 죽는, 언약 안에 있는 모든 유아가 구원을 얻으리라는 것을 명확히 진술하지는 않지만, 그 대신에 그것을 선택과 결부시킨다. 선택에서 보이는 주권과, 언약과 구원의 서정의 견지에서의 역사 사이에는 미묘한 균형이 있다. 다른 범주, 즉 "말씀의 사역에 의해 외적으로 부르심을 받을 수 없는 다른 모든 택함 받은 사람들"에 대해서, 총회는 우리가 정신적으로 장애가 있는 사람들을 이해하는 것을 의도했다. 이러한 주장들의 이론적 근거는 이중적이다. 첫째, 선택에서의 하나님의 정해진 목적과, 둘째, 하나님의 기뻐하시는 대로 역사하시고 하나님이 기뻐하시는 방법으로 역사하시는, 성령의 헤아릴 수 없는 사역. 이러한 요소들은 양쪽 다 전적으로 인간의 통제 밖에 있으며, 그래서 하나님의 택함을 받은 사람들 가운데 일부가 우리들 스스로가 쉽사리 관찰할 수 있는 것 너머에 있을 여지를 남겨 둔다.[14]

이것은 복음을 전혀 들은 적이 없는 사람들이 구원을 얻을 수 있는지의 여부에 대한 논의를 오늘날에도 촉발시킨다. 여기 WCF 10.3에서의 진술은 다음 단락에 비추어서 이해해야 하는데, 거기서는 기독교의 신앙을 고백하지 않는 사람도 구원을 얻을 수 있다는 것을 부정한다(WCF 10.4). 더욱이 LC 60은 명확한 질문에 답한다. "복음을 들어본 적이 없어서 예수 그리스도를 알지 못하고 믿지도 못하는 사람들은 이성의 빛을 따라 삶으로써 구원을 받을 수 있는가?" 그 답은 철저한 아니오이다. 사람들이 이성의 빛이나 그들이 고백하는 종교의 율법을 따라서 아무리 부지런히 산다 할지라도, 그들은 구원을 얻을 수 없다. 이는 오직 한 분이신 구주, 예수 그리

---

14 Anthony Tuckney는 유아들과 "이성의 사용을 원하는…마음이 산란한 사람들"에 관해 언급하면서 이 문제들에 대해 논평한다. 유아들에 대해서: 어떻게 하나님은 유년기에 죽는 선택된 유아들 안에서 역사하시거나, 또는 그 유아들을 다루시는가…내가(또 다른 인물들도 있겠지만) 그것에 관해 어떤 분명하거나 단호한 결정을 할 만큼 성경은 많은 말을 하지 않으며, 또한 명확하게 얘기하지도 않는다. 그럼에도 불구하고, 성경에서 믿을 근거를 갖게 되는, 즉 자신들이 언약 안에 있는 대단히 많은 사람이 언약의 유익을 갖는다. 행 3:25; 창 17:7. (하나님이 세례자 요한을 태에서 뛰놀게 하셨듯이) 그가 그때 그들 안에서 믿음을 역사하게 하고 또 믿음을 행하게 하실 수 없는지에 대해서, Beza와 우리 신학자들 중 어떤 사람들은 그것을 부정하고, 또 어떤 사람들은 기꺼이 인정하지 않지만, 나는 감히 독단적인 결정을 하지 않는다. 하지만 나는 '하나님은 임종 가운데 있는 신자들의 영혼에서 활동하신다. 그들 중 일부는 날 때부터 이성을 사용할 능력이 거의 없는 자이다라고 말할 수 있다. 더욱이 성경은 그들이 언약 안에 있다는 것은, 또한 생명의 묶음으로 감싸여 있듯이, 언약으로 감싸일 수 있다고 믿을 근거를 우리에게 주고, 성경이 그런 유아들에 관한 선한 희망들을 우리에게 주듯이 오직 이교도들(언약은 오히려 그들에 관하여 나쁘게 말한다)에 관한 선한 희망들만을 우리에게 주었는데, 나는 그들이 희망이 있는 상태에 있었다는 것을 누구에게도 못지않게 담대히 나의 자아와 다른 사람들을 확신시켜야 한다." Tuckney, *None but Christ*, 134-36.

스도께서 계시기 때문이다.

    여기서 인용되는 증거본문이 의미 있다. 그것은 사도행전 4:12이다. 여기서 베드로는 산헤드린에게 다른 이로서는 구원을 얻을 수 없다고 주장한다. 왜냐하면 우리가 구원을 얻어야 할 이름은, 하늘 아래에 그리스도의 이름 밖에 다른 이름이 없기 때문이다. 이러한 고려 사항들은 말씀의 외적 설교에 의해서 부르심을 받을 수 없는 택함 받은 유아들과 택함 받은 사람들은, 그들의 통제 밖에 있는 여러 이유로 그들이 개인적으로 복음을 이해할 수 있기 전에 죽거나 또는 그들이 복음을 들을 때 복음을 이해할 수 없는, 언약 내에 있는 사람들이라는 결론을 도출시킨다. 이 단락은 또한 예수 그리스도를 믿는 의식적인 믿음이 구원을 얻기 위해서 필요불가결한 것이라고 단언하는 사람들의 주장을 반박한다. 그러나 이것은 정상적인 상황에서는 그러하다. 하나님께 감사하라. 그분의 은혜는 이러한 기회들을 빼앗긴 그의 택함 받은 사람들의 이례적이고 비극적인 상황에 까지 미친다.


## 4. 부기 3: 칭의에 대한 초기의 토론들

    39개 신조가 고찰되던 웨스트민스터 총회의 초기 단계에서 벌어진 칭의에 대한 토론들은 굉장히 흥미롭다. 그 토론들은 한 주간 동안 치열하게 계속됐지만, 약간의 분열도 없었다. 믿음으로 말미암은 칭의(이신칭의)의 교리는 종교개혁의 중심에 있었으며 39개 신조 11조에 명문화되어 있다. 이 신조는 사랑을 통하여 역사하는 믿음으로 말미암은 칭의라는 로마 가톨릭교회의 교리에 명백히 반대하는데, 로마 가톨릭교회가 칭의와 성화를 융합하고 또한 성령께서 신자들에게 그리스도의 의를 주입하신다는 로마 가톨릭교회의 신조에도 반대한다.

트리엔트 공의회의 칭의에 대한 작정을 진술하는 9장은 "오직 믿음으로 말미암아 죄인이 의롭게 된다"고 가르치는 사람은 누구든지 파문했다. 이번에는, 11장은 "만약 어떤 사람이, 은혜와 그리고 성령께서 그들의 마음 속에 부어주시고 그 마음 속에 내재하는 사랑이 배제되도록, 사람들이 오직 그리스도의 의의 전가에 의해서만 또는 오직 죄 사함에 의해서만 의롭게 된다고 말한다면…그를 파문하라"를 추가했다. 게다가 12장은 이렇게 주장했다. "만약 어떤 사람을 의롭다 칭하는 믿음이, 그리스도를 위하여 죄를 사하는, 하나님의 자비에 대한 신뢰에 지나지 않는다고 말하거나 우리가 의롭게 되는 것은 오직 이러한 신뢰로 말미암는다고 말한다면, 저주받을 지어다."[15]

개신교도들에게 이것은 복음을 침해하는 것이었다. 왜냐하면 그것은, 하나님의 은혜의 결과인데도 불구하고, 신자 안에 있는 어떤 것에 칭의의 근거를 두었기 때문이다. 그 대신에, 개신교도들은 우리에게 귀속되거나 전가되며 오직 믿음에 의해서만 받게 되는 그리스도의 의를 유일한 근거로 하여, 의롭게 된다고 가르쳤다. 그리스도께서 칭의의 근거이기 때문에, 믿음이 우리 자신들 밖에서 그리스도를 의지하는 것으로 말미암은 믿음은 우리가 사법적 또는 법정

---

**15** A. N. S. Lane, *Justification by Faith in Catholic-Protestant Dialogue: An Evangelical Assessment* (London: T. & T. Clark, 2002), 79–80.

적 의미에서 하나님 앞에서 의롭게 되는 적절한 도구이다.

그렇지만 총회의 주된 관심사는 더 이상 로마 가톨릭교회가 아니라, 반율법주의자들이었다. 반 딕스훈(Van Dixhoorn)이 지적하는 대로, 이것은 칭의 토론들의 선입관이었다. 주적은 마드리드에 있었던 게 아니라 런던에 있었다(로마 가톨릭의 둔스 스코투스의 영향 아래있던 스페인의 주교들이 당시 트리엔트 공의회의 유력자들이었다-역주).[16] 특히 그가 "구원론적"(soteriological)이라고 말하는 것은 반율법주의의 한 형태였다. 이 말은 신자가 할 일은 아무것도 남겨져 있지 않다며 그리스도의 사역의 완성과 궁극성을 대단히 강조했다.[17] 그렇지만 머지않아 총회는 광범위하고 깊은 학식과 끈기의 사람인 토마스 가테이커(Thomas Gataker)의 관심사들에 의해서 효과적으로 강탈당했다.

원래의 11조는 다음과 같다.

우리는 우리 자신의 행위나 공덕에 의해서가 아니라, 믿음으로

---

**16** Van Dixhoorn, 1:28, 276.

**17** T. D. Bozeman, *The Precisianist Strain: Disciplining Religion and Antinomian Backlash in Puritanism to 1638* (Chapel Hill: University of North Carolina Press, 2004); D. Como and P. Lake, "Puritans, Antinomians and Laudians in Caroline London: The Strange Case of Peter Shaw and its Contexts," *JEH* 50(1999): 695 [684-715]를 보라. 이 개념은 아마도 경건한 생활에 대한 자기 성찰과 명확한 지시들에 대한 청교도주의에서의 과도한 강조 때문에 생겼을 것이다. 왜냐하면 "반율법주의자들은 엄격한 실제적인 신성의 지각된 포학으로부터의 구원을 제공했기 때문이다." Jue, "Active Obedience of Christ," 110-11. 대표적인 반율법주의자인 John Eaton은 *The honey-combe of free justification by Christ alone* (London: Robert Lancaster, 1642) [Wing E115]에서 그리스도의 능동적인 순종과 수동적인 순종은 양쪽 모두 칭의를 위해서 전가된다고 가르쳤다. 이것은 그리스도에 의해서 또한 하나님의 영원한 작정 속에서 성취된 칭의에 초점을 맞추는 것을 초래했다.

말미암아, 오직 우리의 주되시며 구원자이신 예수 그리스도의 공로에 의해서 하나님 앞에서 의롭게 되었다. 그러므로 우리가 오직 믿음으로 말미암아 의롭게 된다는 것은 대단히 건전한 교리이며, 지극히 넘치는 위로가 된다. 더 상세한 것은 칭의에 관한 교리서에 표명되어 있다."[18]

제안된 개정은 다음과 같았다.

우리는 의롭게 된다. 즉 우리는 하나님 앞에서 의롭다고 여겨지는데, 죄 사함을 얻는 것은 우리 자신의 행위나 공덕에 대해서도 아니고 그러한 것들에 의해서도 아니라, 값없이 오직 그의 은혜로 말미암아, 오직 우리의 주되시며 구주이신 예수 그리스도를 위하여, 그분의 온전한 순종과 만족이 하나님에 의해서 우리에게 전가되고, 자신의 의와 함께하시는 그리스도께서 오직 믿음으로 이해되고 의지된다는 것이다. 오직 믿음으로 말미암은 칭의의 교리는 건전한 교리이며 지극히 넘치는 위로가 된다. 그럼에도 불구하고 하나님은 회개하지 않고, 여전히 계속해서 자신들의 죄악을 행하고 있는 자들을 용서하지 않으신다.[19]

1643년 9월 5일 화요일 제46차 회기에서, 제1 위원회 위원장은 11조에 대한 보고를 했으며, 그 보고에 대해서 토론이 벌어졌다. 호

---

18 Schaff, *Creeds*, 3:494.
19 Van Dixhoorn, 1:320.

일(Hoyle)이 설명한 대로, 로마서 3:20의 언어를 반영하는, "하나님 앞에서"라는 문구를 추가하는 것이 제안됐다.[20] 이것은 웨스트민스터 신학자들의 다수에게는 결정하기 어려운 문제임이 판명됐다. 왜냐하면 그것은 반율법주의적 해석에 문을 열어주는 것 같았기 때문이다. 이러한 해석에서는 하나님은 자기의 종들 안에 있는 죄를 보지 않는 것으로 여겨지는데, 반율법주의자들이 "믿음 없는 칭의를 주장하고 또 믿음은 단지 표현에 지나지 않는다고 주장"하기 때문이다.[21] 그 토론은 오전 회의 대부분을 차지했으며, 그 문제는 그 위원회로 반송됐다.[22]

그때 가테이커는 죄 사함은 칭의 다음에 오며, 따라서 그것은 칭의로부터 분리될 수 있다고 주장했다. 그는 다음과 같이 말한다. "나는 죄 사함은 칭의와는 별개의 것으로 받아들입니다. 나는 그 조항의 원형에는 지극히 참된 것이 있음을 인정합니다. 우리의 죄는 그리스도의 공로로 사함을 받으며, 이 공로는 항상 칭의를 동반하지만, 이 공로는 칭의의 일부가 아니며 칭의와는 별개의 것입니다."[23] 이러한 방식의 주장은 프랑스 신앙고백과 벨기에 신앙고백과 같은 고전적인 개혁파 신앙고백들에서 벗어나는 것이다. 양 신앙고백은 칭의와 죄 사함을 동일시한다. 가테이커에게는, 칭의는 법적 문제이며, 죄 사함은 바뀐 법적 신분에 의거한 은혜의 행위였다.

가테이커가 이것과 다른 사안들에 대한 주장을 마치자마자, 두

---

**20** Ibid., 3:12.
**21** Ibid., 3:12-15.
**22** Lightfoot's journal, in Van Dixhoorn, 2:46.
**23** Van Dixhoorn, 3:16.

사람이 그를 심하게 공격해서 그의 주장들을 반박했는데, 가테이커의 집요한 반대자이자 주된 관심사가 그리스도와의 연합이었던 조지 워커, 그리고 조슈아 호일이 그들이었다. 이 경우에는, 장시간의 토론이 뒤따랐는데, 양측에서 사안 별로 논박을 주고 받았다.

이튿날인 1643년 9월 6일 수요일 제47차 회기에서, 위원장은 그 위원회의 답변을 보고하면서, 대안적인 문구인 "하나님 앞에서"(before God)를 반영시켰다. 그 조항의 서두는 이제 이렇게 읽어야 한다고 제안됐다. "우리는 의롭게 된다. 즉 우리는 하나님 앞에서 의롭다고 여겨지는데, 죄 사함을 얻는 것은 우리 자신의 행위나 공덕에 대해서도 아니고 그러한 것들에 의해서도 아니라, 값없이 오직 그의 은혜로 말미암아, 오직 우리의 주되시며 구주이신 예수 그리스도를 위하여, 그분의 온전한 순종과 만족이 하나님에 의해서 우리에게 전가된다." 구원의 확실성에 대한 진술을 삽입하려는 성공하지 못한 시도 뒤에 그 조항의 표제와 첫 번째 구절이 승인됐다.[24] 다니엘 휘틀리(Daniel Featley)는 칭의를 하나님의 행위로 규정짓도록 강요했지만 성공하지 못했다. 그는 이것이 루터 이전에 주장됐다는 것을 증명하려고 순교자 저스틴, 제롬, 어거스틴, 버나드 등을 인용한다.

그때 칭의는 우리의 죄를 사함받는 것뿐만 아니라 의롭게 여겨지는 것도 수반한다는 제안이 이루어졌다. 다수의 신학자들에게, 이것은 칭의와 성화를 혼동하는 것처럼 보였다. 가테이커가 반대한 대로, 의롭게 여기는 것이 또한 성화에도 적용되기 때문이었다.

---

**24** Ibid., 2:47.

상당한 토론이 뒤따랐다. 찰스 헐(Charles Herle)은 이 문구가 모호하다는 이유로 반대했지만, 워커(Walker)는 그 선택이 단순히 법적 의와 생득적 의 사이에서 이루어지지 않는 것은 또 다른 가능성이 있기 때문이라고 주장했다. "그리스도의 의의 공유로 말미암은 칭의이다."[25] 라이트풋(Lightfoot)도 그 위원회의 제안에 반대했지만 다른 이유로 그러했다. 왜냐하면 그는 그 제안이 영원한 칭의에 관한 반율법주의적 해석에 가깝다고 생각했기 때문이다. 그 대신에, 그는 "의롭게 되고 또 여겨진다"는 문구를 지지했는데, 이것이 로마 가톨릭 견해에 더욱 가까울 가능성을 망각한 게 분명하다. 총회는 그렇게 멀리 갈 준비가 되어 있지 않아서 그의 제안을 물리쳤다.[26] 하지만 반 딕스훈이 평하는 대로, "반율법주의에 대한 우려는 라이트풋을 비롯한 소수의 신학자들이 반(反)반율법주의의 제단에 구원론적 선명성과 반가톨릭적 논박을 희생시킬 때에 정점에 다다랐다."[27]

그렇지만 칭의에 관한 주된 논쟁은 그리스도의 능동적인 순종이 믿음으로 의롭게 된 사람에게 전가되는지의 여부와 관계가 있었다. 총회는 이 문제를 해결하는 데 1643년 9월 6일 수요일 제47차 회기부터 1643년 9월 12일 화요일 제52차 회기까지를 필요로 했다. 대다수는 그리스도의 능동적인 순종은 실로 전가된다고 주장했다. 다른 한편, 중대한 소수는 확신이 없거나 이 개념에 반대했다. 이 후자의 집단의 지도자들은 가테이커와 바인즈(Vines)였다. 가테이커와는 대조적으로, 바인즈는 칭의는 오로지 죄 사함에 있다고 주장

---

25  Ibid., 3:23.
26  Ibid., 2:48.
27  Ibid., 1:289.

했다. 그는 성경이 우리의 칭의를 그리스도의 고난과 피에 결부시키다고 주장했다.[28] 호일과 워커 그리고 배서스트는 모두 다음과 같이 응답했다. 칭의는 그리스도의 피와 더 많이 관계가 있지만, 성경은 또한 칭의를 그의 순종 덕분으로 생각하는데, 로마서 5장을 기초로 한다면, 그의 순종에는 율법에 대한 그의 능동적인 순종도 포함되어야 한다.[29] 가테이커는 그리스도의 수동적인 순종이 전가되며, 죄 사함은 칭의 다음에 오는, 별개의 것이라고 주장했다. 가테이커와 바인즈는 그리스도의 능동적인 순종이 전가된다는 것을 받아들일 준비가 되어 있지 않았다. 그리하여 그들은 프랜시스 우드콕(Francis Woodcock)[30]과 테일러의 지지를 받았는데, 토론들에 대한 이들의 공헌이 기록됐다.[31]

가테이커에게 있어 그리스도는 자신의 인성에 따라서 하나님께 순종을 바칠 의무가 있었다. 그는 그리스도의 인성은 피조물이라고 주장할 만큼 멀리 갔다.[32] 호일은 자리에서 벌떡 일어나 그를 반박했다. "책무는 하나님과 자연 사이에 있는 게 아니라, 하나님과 사람 사이에 있다. 인성을 취한 그 인격은 피조물이 아니다."[33] 워커는 가테이커의 진술이 소시니우스파처럼 불편하게 들린다고 생각했다.[34] 그렇지만 가테이커는 어찌하여 이것이 이단적인지 그 이유를

---

28　Ibid., 3:25.
29　Ibid., 2:48-49; 3:25.
30　Ibid., 2:49.
31　Ibid., 1:303-4.
32　Ibid., 3:26-27.
33　Ibid., 3:27.
34　Ibid., 3:28.

알지 못했다. "나는 그리스도께서 하나님보다 열등한 인간으로 계시면서 하나님께 의무의 빚을 지셨다고 하는 점이 왜 잘못되었는지 모르겠다."[35] 그는 하나님과 그리스도 사이의 특별한 협약(*pactum*[팍툼])에 대해 언급했는데, 이 언약이 구속협약으로 알려지게 됐다. 그리스도께서 하나님에 대해 책무 아래에 있기 때문에, 그가 그런 책무를 완수하는 것은 공로가 있는 게 아니어서 전가되지 않는다. 그러므로 칭의에서 우리는 단순히 아담의 타락 이전의 상황으로 회복될 뿐이다. 그것은 우리를 천국에 합당하게 만드는 입양이다.[36]

그 다음날인 1643년 9월 7일 목요일 제48차 회기에서, 권위자들의 긴 목록들이 다양한 주장들을 뒷받침하려고 제시됐다. 여느 때처럼 호일은 "이단에 너무 가까이 접근했다"고 가테이커에 반대한 후에, 로마서 5장에 의거하여, 그리스도의 능동적 순종이 그분의 수동적 순종에 결합되지 않으면 그분의 수동적 순종은 전혀 순종이 아닐 것이며, 그분의 고난과 죽음은 그분의 순종의 삶 때문에 효력이 있음을 입증했다. 문제는 그분의 수동적 순종이 칭의에 대해서 그것만으로 충분한가의 여부였다.[37]

가테이커는 그 전날에 그리스도를 피조물이라고 한 것에 대해 사과했다. 그는 그리스도의 존엄성이 그분의 인격의 공로에 추가되는 것은 그것이 하나님의 피이기 때문이라고 확언했다. 게다가 그는 논박당하는 표현을 뒷받침하려고 일련의 전거들을 제시했다. 아타나시우스(의사록은 터툴리안을 거명하지만, 반 딕스훈은 아타

---

**35** Ibid., 3:29.
**36** Ibid.
**37** Ibid., 2:49-50.

제12장 구원의 순서 433

나시우스가 그리스도에 관해 "피조물"이라는 말을 사용하는 데 반대했으며, 아마도 가테이커는 *Ad Epstocopos Aegyptii*, NPNF 2, 4:232, 또는 *Orationes contra Arianos*, ibid., 418-19로부터 추론을 하고 있을 거라고 제안한다), 시릴(*Opus in evangelium Ioannis*, Paris, 1508, 2:92; *Opera*, Basel, 1566; Paris, 1572; PL 73:386-87), 고마루스(아마도 *Disputatio XXVI de hominis coram Deo justificatione*, in *Opera*, Amsterdam: John Jansson, 1644, vol.3에 관해 언급하는 것일 터임), 유니우스(*Opera*, Geneva: Peter and Jacob Chovet, 1613, vol.2), 프랑스 대회(Gap, 1603, *Epistola ad Piscatorem* 에서; Noris, 211을 보라).[38]

가테이커와 바인즈, 우드콕에 따르면, 그리스도는 완전한 희생제물이 되기 위해서 율법을 성취할 필요가 있었다. 그는 그 자신을 위해서 이렇게 해야 했는데, 그가 하나님과 관련해서는 사람이었기 때문이다.[39] 바인즈는 능동적인 순종의 전가를 의문스럽게 생각했다. "그는 그분(그리스도)의 능동적인 순종이 우리의 칭의에 기여한다고 고백했으며, 또한 그는 그리스도의 고난에서의 능동적인 순종도 부정하지 않았다. 그리스도의 순종은 고려대상이었다."

그러나 성경의 흐름이 로마서 3:24, 5:9-10과 갈라디아서 3:13에서 칭의를 직접적으로 다룰 때 핵심이 되는 것은 그리스도의 수동적 순종이었다. 성경은 우리가 "그의 피로 말미암아" 의롭게 되는 것에 관해 얘기한다. 율법에 있는 "모든 것"은 피로 정결케 되었으며, "심지어 성례들도 죽음을 나타낸다." 이와는 대조적으로, 그리스도의 능동적인 순종은 율법에 예표되지 않았으며, 로마서 5장도

---

**38** Van Dixhoorn, 3:31. 그는 이러한 출처들을 밝혀냈다.
**39** Ibid., 1:297.

뒷받침하고 있지 않다. 사실 빌립보서 2:8은 그리스도의 순종과 십자가의 죽음을 동일시한다.[40]

후에, 헐은 그에게 다음과 같이 강조함으로써 대답했다. "그리스도는 그분의 수동적인 순종이 아니라 능동적인 순종에 의해서 성취된 율법의 종국, 곧 완성하는 종국이시다. 우리는 모두 이것을 하나님께 빚지고 있었으며, 오직 반율법주의자들만이 그것을 의문시할 것이다."[41]

가테이커에 반대하면서, 워커는 다음과 같은 일련의 성경 문구들에 대해 언급했다. 이사야 54:14, 61:10, 요한계시록 19:8, 예레미야 23:6, 33:16, 시 24:5, 40:8, 69편, 빌립보서 3:9. 윌킨슨(Wilkinson)은 그리스도의 세 가지 직분의 각각에서 능동적 의를 발견하고서, 보다 신학적인 주장을 했다. 깁슨(Gibson)은 그의 주장의 근거를 로마서 5:18-19에 대한 그의 석의에 두었다.

토마스 구드윈(Thomas Goodwin)도 그 논쟁에 뛰어들어서, 그리스도는 신인 위격(divine-human person)이시기 때문에 율법을 준수할 의무가 없으시다고 주장했다. 다니엘 휘틀리(Daniel Featley)는 이렇게 주장했다. "그리스도는 인간 위격(human person)이 아니시고 율법은 자연들에 부여된 게 아니라 사람들에게 부여됐으므로, 그리스도는 자기 백성을 위해서 율법을 성취하셨으며, 그 자신을 위해서는 그렇게 할 필요가 없으셨다."[42] 구드윈에게는, 아담의 죄와 그리스도의 순종의 대조 때문에 능동적인 순종은 로마서 5:12-19에서

---

40   Ibid., 2:50; 3:31-32.

41   Ibid., 3:36-37.

42   Ibid., 1:299; 2:51; 3:32-36.

바울에 의해 의도된 것으로 여겨졌다. 그는 바울이 그것을 "생명의 의"라고 일컫는 것과 바울이 율법의 의가 성취되는 것에 관해 언급하는 것을 지적했다. 게다가 이러한 순종의 주요한 대상은 그리스도의 인격이며, 그 인격은 "하나님의 피"라고 불린다. 그것은 피조물 그 이상의 존재의 순종인데, 인성이 하나님의 아들에 위격적으로 연합됐기 때문이다.[43]

가테이커는 이것을 심각한 잘못으로 봤다. 속성의 교류(communicatio idiomatum)를 기초로 하여, 인간 속성들이 그리스도의 인격에 기인하며, 그래서 그는 율법을 지킬 의무가 없었다. 심지어 조지 워커도 여기서는 가테이커 편을 들었다.[44] 가테이커는 틸레누스와 카메론을 인용했다. 워커는 "성 그레고리"(St. Gregory)에 관해 언급했다(어느 그레고리인지는 분명치 않다).[45]

허버트 팔머(Herbert Palmer)는 사전적 및 신학적 이유들로 가테이커에 반대했다. 즉 그리스도의 영혼의 수난이 만족(satisfaction)의 일부인지 성경은 분명하게 말하지 않는다. 따라서 성경이 수동적 순종에 초점을 맞추고 있다는 주장은 약하다. 더욱이 로마서 5:18에서의 디카이오마(dikaioma)라는 말은 결코 수동성이나 고난들을 의미하지 않으며, 오히려 갈라디아서 4장의 "율법 아래서"라는 문구와 일치하는데, 이 문구는 순종 아래서를 의미한다.[46] 시어도어 배서스트(Theodore Bathurst)는 구속적-역사적(redemptive-historical) 주장

---

43 Ibid., 3:34-36.
44 Ibid., 1:300.
45 Ibid., 1:301.
46 Ibid., 3:38-39.

으로 팔머와 한편이 됐다. 구속은 타락에 대답해야 한다. 아담은 율법을 어겼다. 그리스도는 율법을 지켜야 한다. 두 돌판을 언약궤 안에 두었다. 궤는 의미심장한 그리스도에 대한 예표였다. 그리스도는 율법을 어기실 수 없었다. 그러므로 그분은 율법을 지키려고 노력했다.[47] 더욱이 능동적인 순종의 전가를 거부하는 사람들은 죄책의 배제와 적극적인 행위들의 필연적인 차이를 간과했다.[48]

바인즈는 이 총회에 오기 전에 그 상황에 관한 그림을 그렸다. 그는 결코 그리스도의 능동적인 순종에 대해 언급하지 않았는데, 매우 많은 사람이 그것에 대해서 의견이 일치하지 않았기 때문이다. 그 대신에 그는 그리스도의 고난에 초점을 맞췄다. 율법 아래에 있는 모든 것이 피 흘림에 의해서 정결하게 되었으므로, 더 이상 무엇이 필요했는가? 게다가 그는 성례들은 그리스도의 생명이 아니라 그의 죽음을 나타낸다고 부언했다. 가테이커와 함께, 바인즈는 입양이 천국에 대한 권리를 부여하는 것은 입양된 자들이 성화되어서 그들 자신이 의롭기 때문이라는 것을 인정했다. 워커의 반론은 천국에 들어가는 사람들은 성화되고 또한 죄도 있기에 칭의가 천국에 대한 권리를 부여한다는 것이었다.[49] 이 총회는 어수선했다. 그리스도의 고난이 구속의 중심에 있다는 합의가 있었다. 문제는 그것이 아니라, 그리스도의 수동적인 순종이 단독으로 의롭게 되는지의 여부였다.

반율법주의의 유령이 나타난 것은 가테이커를 지지하는 프란

---

**47** Ibid., 2:52.
**48** Ibid., 3:39.
**49** Ibid., 1:303-4.

시스 테일러(Francis Taylor)가, 만약 그리스도께서 우리를 위해서 완벽하게 율법에 순종하셨다면, 우리는 스스로 율법에 순종할 필요가 없을 것이며, 그래서 반율법주의자들은 결국 옳은 거라고 주장했을 때이다. 게다가 그리스도는 위정자도 아니셨고 남편도 아니셨으므로, 그분은 율법 전체에 순종하지는 않으셨다고 주장했다.[50] 라이트풋은 우리의 구속은 타락을 극복하며, 그래서 우리가 율법을 어겼기 때문에 그리스도는 율법에 순종하셔야 한다고 되풀이함으로써 반박했다.[51] 구드윈은 동의했다. 이중의 채무(대속의 요구와 순종의 요구)가 타락에서 발생했다. 징계를 받는 것은 율법을 충족시키는 것과 같지 않다. 그렇지 않으면 지옥에 있는 사람들은 율법을 성취할 것이다. 구드윈은 반율법주의의 협박은 사실이 아니라고 말했다.

이 논의는 성화가 아니라 칭의와 관련되어 있다. 게다가 사랑은 율법을 성취하는 것이며, 그리스도는 사랑이 충만하셨으므로 그는 모든 관계에 대해서 만족을 주셨다. 그분으로 하여금 자신의 부모에게 순종하게 한 것과 동일한 사랑이 만약 그분이 종이였더라면 그분으로 하여금 주인에게 그렇게 하시도록 했을 것이며, 만약 그분이 아내였더라면 남편에게 그렇게 하도록 하셨을 것이다. 정결하게 된 나병 환자에 관한 의식들과 같이, 그분이 수행하지 않은 의식법의 많은 부분이 있지만, 그분은 저주의 많은 특정한 부문들을 겪지 않으셨다.[52]

---

50　Ibid., 1:307; 2:53; 3:39-40.
51　Ibid., 3:40.
52　Ibid., 2:53; 3:40-41.

그래서 그 논의는 계속됐다. 시먼은 그리스도의 "온전한 순종과 만족"에 대해 언급했다. 휘틀리는 버나드와 칼빈을 인용하면서, 이 주제는 불일치의 문제임을 인정했다. "몰리니우스와 같이, 양쪽 견해들의 매우 명민한 신학자들이 있다. 그리고 상반되는 피스카토르와 틸레누스가 있다." 그는 아담과 그리스도는 여기서 다른 사람들을 대표하는 공적 인물(공인)들로 봐야 한다고 부언했다. 트위스(Twisse)는 대륙에서의 논쟁에 대한 휘틀리의 견해를 강화했다. "볼리안 공작이 제임스 왕에게 그 논쟁을 고했으며 또 그의 동의(動議)가 그 문제를 제쳐 두는 것이었던 까닭은 교부들 사이에서 전혀 일치하지 않았기 때문이다." 그 총회에서의 바인즈의 마지막 말은, 우리가 하지 못했던 것을 그리스도께서 우리 모두를 위해서 하셔야 했다는 주장은 지지할 수 없다는 것이었다. 우리는 회개할 의무가 있었다. 그리스도는 회개할 의무가 없으셨다.[53]

1643년 9월 8일 금요일 제49차 회기에서, 토마스 윌슨(Thomas Wilson)은 고린도후서 5:21에 관해 언급하면서, 능동적 순종과 수동적 순종은 오직 우리의 추론으로(in *rationis*[인 라티오니스])만 나뉠 뿐이지 실제로(in *rei*[인 레이])는 나뉘지 않는다고 역설하면서, 그리스도의 능동적인 순종은 로마서 5:19에서 볼 수 있다고 주장했다. 프라이스(Price)는 경고하기를, 만약 그리스도의 능동적인 순종의 전가가 부당하면, 아담의 죄의 전가도 부당할 것이며, 수동적인 순종의 전가 역시 위협을 받게 될 것이라고 했다.

바인즈는 자신이 그리스도의 능동적인 순종을 인정한다는 것을

---

53  Ibid., 3:41-43.

제12장 구원의 순서 439

분명히 했지만, 그의 요점은 그리스도의 능동적인 순종은 칭의라기보다는 오히려 성화와 관계가 있다는 것이었는데, "그 순종이 죄책과 정죄에 제대로 반대하지 않기" 때문이다. 그는 로마서 8:2의 "생명의 성령의 법"이라는 문구를 고찰함으로써 그의 주장을 강화했다. 그 문구에서 그리스도의 생득적인 거룩하심은 성화와 관계가 있지, 칭의와 관계가 있는 게 아니라는 것이다. 그 문제의 핵심은 그리스도의 능동적인 순종이 "천국을 주장할 수 있는 적절한 다른 토대인지"의 여부이며 그리고 그 순종이 칭의의 일부인지의 여부였다.[54] 바인즈는 그리스도의 공로를 명백히 부정하지는 않았지만, 그는 로마서 5:18의 "생명의 의"라는 문구가 능동적인 순종을 의미하는 것인지를 의문시했다. 그는 그 전후문맥을 살피지 못했고[55] 또한 그는 어떻게 그리스도의 본성의 거룩함이 전가될 수 있는지도 납득하지 못했다.[56]

구드윈은 또 다른 긴 담화에서 진술하기를, "만약 오직 그리스도의 수동적 순종만이 전가되는 것이라면, 그것은 우리가 과거에 있었으며 아담이 그의 창조의 순간에 있었던 상태에 우리를 둘 뿐일 것이다"라고 했다. 이는 과거 누락에 대한 처리일 것이지만, "나는 아담이 가졌어야 했던 영원한 능동적 의를 소유해야만 한다. 그 의가 능동이지 않으면 우리는 어디서 그것을 획득할 것인가?"[57]

라자러스 시먼(Lazarus Seaman)은 선언하기를, 그리스도는 죽음

---

54  Ibid., 2:56; 3:44-45.
55  Ibid., 3:46.
56  Ibid., 3:47.
57  Ibid.

에 순종했을 뿐만 아니라, 의식적, 도덕적 및 사법적 율법들의 실체에도 순종하셨으며, 그러므로 그분의 순종은 전가로 함께 결합될 수 있다고 한다. 그리스도 전체가 우리에게 전가되며, 그러므로 그분의 순종 전체가 수반된다. 하나님의 정의는 모든 종류의 순종이 없으면 충족될 수가 없다. 능동적인 순종은 오직 그리스도께만 필요한 게 아니다. 왜냐하면 그분이 행하신 것은 모두 우리를 위한 것이었고 우리를 대신한 것이었기 때문이다. 그분은 피조물이나 사람 노릇을 하신 게 아니라 중보자 노릇을 하셨다. 최종적으로, 그리스도의 고난만이 가치가 있었던 것은 그분이 의로운 사람(의인)이었기 때문이다.

헐은 율법이 우리에게 행하도록 요구했으며 또 우리가 행하지 못한 것을 그리스도께서 우리를 위해서 모두 행하셨다는 전날의 자신의 주장을 되풀이했다. 어떤 반대자가 그리스도는 회개하지 않으셨다고 응수할 수도 있지만, 헐에 따르면 회개는 율법에 의해서 요구되는 게 아니라 복음에 의해서 요구된다.[58]

긴 휴식 뒤에, 총회가 1643년 9월 11일 월요일 제50차 회기에서 재개됐을 때, 우드콕은 그리스도의 능동적인 순종을 칭의에 결합시키는 것은 반율법주의를 초래할 거라는 자신의 우려를 재주장했다. 만약 그렇다면, 의롭게 된 사람은 죄가 없는 것으로 간주될 것이다. 만약 공로가 그리스도의 의에 속하고, 그것이 나에게 전가된다면, 나한테도 공로가 있는 것이다. 그렇다면 하나님은 내 안에 있는 죄를 보지 않으실 것이다.[59] 이것이 구원론적 반율법주의자들의 중요

**58** Ibid., 2:57; 3:49-50.
**59** Ibid., 3:52.

한 주제였다.[60]

한 차례 반박들이 뒤따랐다. 워커는 그 같은 주장은 수동적인 순종의 전가에도 사용될 수 있다고 말했다. 배서스트는 전가된 의는 우리 안에 있는 생득적인 죄를 수반한다고 지적했다. 거지(Gouge)는 하나님은 우리들 자신에 의해서가 아니라 보증에 의해서 율법을 성취한 것으로 여기신다는 것을 명백히 했다. 토마스 케이스(Thomas Case)는 하나님은 칭의라는 견지에서 우리 안에 있는 죄를 보지 않으시지만, 성화의 견지에서는 우리의 죄를 보신다고 주장했다. 바인즈 자신은 전가는 내가 그리스도께서 행하신 것을 행했다는 것을 함축하는 게 아니라, 그리스도께서 행하신 것이 나의 것임을 함축한다고 주장함으로써 우드콕의 우려에 반대했다.[61] 헐은 그리스도의 공로가 우리에게 전가되는 것에 관해 얘기하는 것에 대해서 경고했다. 왜냐하면 "율법은 나에게 공로를 요구한 게 아니라, 순종을 요구했으며, 그러므로 순종은 나의 것이지만, 공로는 그리스도의 것"이기 때문이다.[62]

그때 레이노(Raynor)는 능동적인 순종이 칭의 안에서 전가된다는 개념에 대한 충분한 성경적 근거가 있는지를 의문시함으로써 논

---

60　지도적인 반율법주의자인 John Eaton에 따르면, 그리스도의 완전한 순종(능동적 순종과 수동적 순종 양쪽 모두)은 칭의의 형식적인 토대이며, 그 결과로 하나님은 의롭게 된 사람들 안에 있는 어떠한 죄도 보지 않으신다. 그들은 또한 자신들의 칭의의 증거로서 율법에 따르도록 하라는 요구에서 해방됐다. 이것의 배후에는 하나님의 작정의 최종성과 인간의 참여를 배제하는 그리스도의 사역에 대한 과도한 강조가 있었다. 칭의는 믿음보다 우선했으며 하나님의 영원한 작정에 의거했다. Eaton, *The honey-combe of free justification by Christ alone* [Wing E115], 182, 262-63.

61　Van Dixhoorn, 2:58.

62　Ibid., 3:54.

쟁에 합류했다. 그가 알 수 있는 한, 의는 성경에서 그리스도께서 죽으시고나서야 비로소 그분께 속하는 것으로 생각된다. 더욱이 사람이 하나님께 지고 있는 빚은 순종이지만, "죄 사함으로 순종 위에 있는 이 빚을 그리스도인은 진실로 성화로 갚는다." 게다가 가테이커처럼, 레이노도 입양이 우리에게 천국에 대한 권리를 부여한다고 주장했다.[63] 애로우스미스와 콜맨 두 사람 모두 그에게 응수했다.

가테이커는 당당한 담화로 그 토론으로 돌아와서, 아타나시우스, 칼빈, 유니우스, 고마루스로부터 아리스토텔레스에 이르는 일련의 권위자들을 인용했는데, 신구약의 성경 문구들에 관한 그의 반대자들의 석의를 주로 다루었다. 그의 주요한 문제점은 "온전한 순종"(whole obedience)에서의 "온전한"(whole)이라는 말이었다. 가테이커에 따르면, 성패가 달린 문제는 "만약 그리스도의 생득적인 거룩하심, 곧 자연적 및 도덕적 율법에 대한 그의 순종이 그런 값에 내던져진다면 그것은 우리의 죄책의 면제를 위해서 값이 치뤄졌다"는 것이었다. "바질에 있는 한 교수가 나에게 거론한 문제는 그리스도의 능동적인 순종이 우리가 그것에 의해서 구속을 받는 값이나 속전으로 불리는 곳이 성경에서 어디인지에 대한 것이다."

그가 강조한 신학적 요점은 어떤 사람이 우리를 대신해서 행하는 것에 대해서는 무엇이든지 우리 스스로는 그 무엇을 행할 의무가 없다는 것이었다. 그러므로 만약 그리스도께서 우리를 대신해서 율법에 순종하셨다면, 우리는 율법을 따를 의무가 없다. 따라서 반율법주의는 칭의 안에서의 그리스도의 능동적인 순종의 전가를 받

---

**63** Ibid., 3:55-56.

아들이는 데서 비롯할 것이다. 게다가 가테이커는 지적하기를 오직 제2 스위스 신앙고백에서만 그리스도의 능동적인 순종의 전가에 관한 명확한 언급이 있다고 했다.[64] 그는 이 총회의 대다수의 입장과 의견을 달리하는 것이 좋은지의 여부, 즉 "일반적으로 허용되고 다수의 학자가 일치를 보지 못하는 조항에 있어서 그들의 사역의 활동의 제한과는 무관하게 그 사안을 결정할 지의 여부"[65]에 대한 동의를 촉구했다.

거지는 그리스도의 의의 전가의 교리는 옛부터 내려오고, 변치 않으며, 보편적이고,[66] 잉글랜드, 스코틀랜드, 프랑스, 신성로마제국의 선제후령, 네덜란드, 스위스, 보헤미아의 교회들에 의해서 명백히 받아들여져 있다고 주장했다.[67] 그렇지만 그는 이 총회의 다소 불가해한 용어들을 이해하는 데 도움이 될 수 있는 효력이 있는 진술을 했다. 그는 제안하기를, 논쟁의 이유는 "온전한 순종"이라는 문구가 아닌데, "그것은 능동적 순종과 수동적 순종을 구별하지 않기" 때문이라고 했다.[68] 만약 이것이 그렇다면, 최종적으로 개정된 조항의 문구는 아마도 가테이커와 그의 친구들을 수용하면서 총회

---

64 Ibid., 3:57-62.
65 Ibid., 3:62.
66 초교파적 일치성(ecumenicity)과 고대성(antiquity)과 동의(consent)의 특징들을 나타내는, Vincent of Lerins의 잘 알려진 표준인 *quod ubique, quod semper, quod ab omnibus creditus est*(모든 곳에서, 항상, 그리고 모든 사람에 의해서 믿어지는 것)을 참조하라.
67 Van Dixhoorn, 2:60-61. Van Dixhoorn은 다음과 같은 출처들을 제안한다: 3차 교리서(the Third Homily of the Book of Homilies); 스코틀랜드 신앙고백(1560), 8-9장; 프랑스 신앙고백(1559), 18장; 하이델베르크 요리문답(1563), 56(장?); 벨기에 신앙고백(1561), 22장; 제2 스위스 신앙고백(1566), 15장; 보헤미아 신앙고백 8장.
68 Van Dixhoorn, 3:62.

를 단결시키려고 의도됐을 것이다. 존 레이(John Ley)는 그 문제를 표결에 부칠 것을 주장하면서, "수동적인 순종은 단지 지옥에서 구해낼 뿐이다. 우리에게 천국에 대해 관심을 갖게 하는 것은 능동적인 순종이다"라고 말했다.[69]

휘틀리는 그때 약간의 유머를 발휘하면서 "나는 이 이틀 동안 듣는 데서 수동적이었으며, 대단히 많이 그리고 대단히 예민하게 반대를 받았습니다. 나는 이제 약간 활기가 있기를 바랍니다. 성 그레고리가 도마에 관해 얘기하는 대로, 나는 최초로 이것을 의심한 그 학식 있는 형제의 덕을 많이 보고 있습니다. 많은 텍스트가 능동적인 순종의 근거로서 인용되고 있습니다"라고 말했다. 그는 클레멘트 제1서신(I Clement), 크리소스톰, 어거스틴으로부터의 인용문들 외에도, 이어서 스스로 다른 사람들을 추가했다.[70]

바인즈는 다음과 같이 주장했다. "우리는 모든 부분에서 그리스도를 고려하되 각 측면들을 구별해야 한다. 우리는 전적으로 그리스도의 능동적인 순종을 지지하지만, 이러한 순종의 경계가 어디인지 의문입니다. 우리는 그리스도로 말미암아 우리가 가지고 있는 것을 모두 갖고 있으며 아담의 의가 할 수 있는 것보다 열 배나 더 영광을 받게 되겠지만, 이것이 능동적인 순종에서 얻게 되는지 의문입니다." 긴 담론 뒤에, 그는 칭의가 정죄와는 상반된다고 결론지었으나, 능동적인 순종이 적절히 칭의라고 불릴수 없다는 점에서 그의 의문은 여전히 남아있다.[71]

---

69   Ibid., 2:61-62.
70   Ibid., 3:64-65.
71   Ibid., 2:63; 3:67-68.

1643년 9월 11일 월요일 제51차 회기에서, 그 날 오후의 보다 많은 논의 후에 그 문제는 그 다음날 열린 1643년 9월 12일 화요일 제52차 회기에서 마침내 표결에 부쳐졌다. 놀랄 만하지 않은 것은, 이 표결도 더욱더 많은 토론 끝에 왔다는 것이다. 호일은 이 총회에 완전한 그리스도의 "분리의 오류"에 반대해야 한다고 주장했다.[72] 이 주장 외에도, 그와 동일한 주장들이 이전에 연습한 대로 제시됐다. 문제는 "그의 온전한 순종과 만족"이라는 말이 통과되어야 하느냐였다. 열띤 토론 끝에, 그 표현은 "그의 온전한 순종과 만족이 하나님에 의해서 우리에게 전가됨"이 되어야 한다고 결의됐다.[73] 단지 서너 명만이 의견을 달리했다.[74]

성경해석이 이러한 토론들에서 중심적이었다. 토론 시간의 많은 부분이 로마서 5:12-19에 관한 논의에 쓰였으며, 논거들도 여기서 나왔지만, 해석의 기초가 되는 것은 더 깊은 신학적 질문들이었다.[75] 반 딕스훈이 제안하는 대로, 이 총회에서는 그리스도의 순종을 능동적 차원과 수동적 차원 양쪽을 갖는 것으로 받아들일 수 있다고 인정하는 사람이 얼마간 있었다. 이 사람들 가운데 일부는 양쪽 요소들이 칭의 안에서 전가된다고 생각했다. 가테이커와 같은 다른 사람들은 전가를 수동적인 순종으로 제한했다. 그렇지만 이 총회에서는 그리스도의 순종의 이중 분류를 뒷받침하는 성경적 증거가 있다는 것을 고수하지 않는 사람들도 있었다. 어떤 사람들은 분리되

---

72  Ibid., 3:74.
73  Ibid., 2:66.
74  Ibid., 3:77.
75  Ibid., 1:310-15.

지 않은 온전한 순종이 전가된다고 생각했으며, 바인즈와 같이 또 어떤 사람들은 이것은 필연적으로, 능동적인 순종의 전가에 관한 담론을 배제한다고 주장했다.[76]

분명한 것은, 잉글랜드의 개혁파 신학은 1643년에 이르러서야 그 문제에 대한 확립된 입장에 도달했다는 것이다. 반 딕스훈은 "각각의 토론 중에 끊임없이 바뀌는 입장들에의 성실"이 있었다고 지적한다.[77] 물을 더욱더 흐리게 하는 것은 언약 신학과 특히 타락 이전의 행위 또는 생명언약에 대한 차이점들이었다. 가테이커도 또한 바인즈도 행위언약을 고수하지 않았다. 어떤 사람들은 그것이 반율법주의를 조장한다고 생각했으며, 또 어떤 사람들은 그것이 그리스도의 고난의 중요성을 경시하는 혹은 그저 좋지 않은 해석일 뿐이라고 생각했다.[78]

이것들이 명백히 소수파였던 것은, 행위언약이 이 총회의 문서들에서 자기 자리를 차지했기 때문이다. 하지만 우리는 그 언약을 어떻게 이해해야 하는지 그리고 그 언약을 어디에 배치해야 하는지에서 근원적인 긴장들이 있었다는 사실을 보고 있다.

"그리스도의 온전한 순종"이라는 문구가 능동적인 순종과 수동적인 순종 양쪽 모두를 포함하도록 의도되었는가? 또는 그 문구는 그 대신에 각기 다른 해석들을 염두에 둔 일종의 타협, 즉 단어들의 한 형태였는가? 반 딕스훈은 그 문구는 수동적인 순종뿐만 아니

---

[76] Ibid., 1:315.

[77] Ibid., 1:316.

[78] Ibid., 1:317-18.

라 능동적인 순종도 포함하도록 의도되었다고 제안한다.[79] 우리가 앞에서 언급했듯이, 가테이커는 사람들이 그 문제 때문에 자신들의 사역에서 배제되어서는 안 된다고 주장했다. "능동적인 순종"과 "수동적인 순종"이라는 문구들은 이때에도 또한 후대의 어떤 때에도 그 문서들에서는 나오지 않는다. 신앙고백과 대요리문답 양쪽에서의 그 문구는 "완전한 순종"(perfect obedience)이다.[80]

반 딕스훈의 말들에서는, 이것들이 능동적인 순종과 수동적인 순종 양쪽 모두에 관해 언급하는 것인지 아니면 오직 수동적인 순종에 대해서만 언급하는 것인지 불분명하다. "이 총회가 신앙고백과 양 요리문답에서 그리스도의 능동적인 순종이라는 말을 사용하지 않기로 결정한 것은 의도적인 결정인 것처럼 보인다." 그 문구들을 능동적인 순종을 포함하거나 배제하기 위해서 취할 수 있었지만, "총회는 자기의 진술을 가급적 분명히 하고 싶어하지 않았던 것 같다."[81]

내게는 이 총회가 그 문구들에 대해서 기울인 주의는 그 진술을 받아들이는 데서 그 구성원들 모두를 포함시키려는 욕구를 나타내는 것처럼 생각된다.[82] 이러한 가능성을 뒷받침하는 것이 1658년의 사보이 선언이다. 이 선언은 존 오웬과 토마스 구드윈이 이끄는 회중파에 의해서 작성됐으며, 실질적으로는 웨스트민스터 신앙고백

---

**79** Ibid., 1:293.
**80** Ibid., 1:323.
**81** Ibid., 1:326.
**82** Carl Trueman도 동의한다. C. R. Trueman, *John Owen: Reformed Catholic, Renaissance Man* (Aldershot: Ashgate, 2007), 105-6을 보라.

을 재작성한 것인데 교회 정치 부분을 적당히 수정했다. 그 선언은 또한 칭의에 대한 장을 수정하는데, 마치 신앙고백에서의 부당한 유연성과 모호성을 바로잡는 것처럼, 특히 그리스도의 능동적 및 수동적 순종의 전가에 대해 언급한다.[83]

분명한 것은 이 총회가 칭의에 관한 수용 불가능한 세 가지 견해를 불법화했다는 것이다.

첫째, 가테이커-바인즈 그룹과 다수파의 차이점들이 무엇이었든지 간에, 그들은 트리엔트 공의회 신조 9조와 11조에서 표현된, 로마 가톨릭교회의 칭의에 관한 교리를 거부하는 데서 일치했다. 신자가 심지어 도구적 의미에서도 자신의 칭의에 기여하는 데서의 어떠한 요소의 여지도 없었다. 이러한 의미에서의 생득적 의를 포함하는 입장들은 모두 배제됐다. 따라서 "이와 같이 그리스도와 그분의 의를 받아들이고 의지하는 신앙이 칭의의 유일한 도구이다"(WCF 11.2).

제프리 주(Jeffrey Jue)가 말하는 대로, "칭의에 대한 총회의 토론들 동안에 어떤 신학적 의견 차이들이 나타났든지 간에, 아무도 로마로 되돌아가는 것을 원하지 않았다."[84] 그 위원회의 원래의 보고서에는 "이 조항을 바라보는 가톨릭 교도는 그들의 교리가 정죄

---

83 Schaff, *Creeds*, 3:706-29는 칭의에 대한 조항을 뺀다. 11장 1조의 핵심적인 단락은 "그들의 온전하고 유일한 의를 위하여 율법 전체에 대한 그리스도의 능동적인 순종과 그의 죽음에서의 수동적인 순종을 전가함으로써"라고 진술되어 있다. *A declaration of the faith and order owned and practiced in the Congregational Churches in England* (London: John Field, 1658) [Wing(CD-ROM, 1996) N1486], 11.1. 또한 Trueman, *John Owen*, 108을 보라.

84 Jue, "Active Obedience of Christ," 106, 114.

받도록 마음을 쓸지도 모른다"는 진술도 있었다.[85] 모리스는 또한 WCF 15.3과 16.3에 대해 언급하면서, 이렇게 말한다. "이 상징들은 선행이―심지어 의롭게 된 사람들의 선행까지도―여하튼 그런 풍성한 죄 사함의 근거라는 인상을 주지 않도록 조심해야 한다."[86] 조슈아 호일은 질문을 하면서 간결하게 요점을 얘기했다. "믿음이 전가되는 이유는, 그것이 그리스도의 의와 관계를 맺게할 수단이기 때문이다. 믿음은 단지 수단이다. 그렇지 않으면 우리는 믿음과 행위를 혼동할 것이다.."[87]

둘째, 영원한 칭의에 관한 반율법주의의 주장과 함께, 반율법주의에 관한 어떠한 암시도 피하려는 깊은 우려이다. 바인즈와 가테이커는 두 사람 다 강경하게 반-반율법주의적이었다. 그들은 칭의에 그리스도의 능동적인 순종을 포함시키는 것이 그런 방향으로 이끌지 않을까 우려했다. 왜냐하면 신자들이 도덕법을 따를 의무가 있을 까닭이 없을 것이기 때문이다.[88] 안토니 터크니(Anthony Tuckney)는 로마 가톨릭교회라는 괴물과 반율법주의라는 괴물 양쪽 모두를 피하기를 원한 웨스트민스터 신학자의 좋은 예이다. 그는 구속은 그리스도의 수동적인 순종뿐만 아니라 능동적인 순종에도 의존하지만, 하나님은 그리스도의 완전한 의의 전가 덕분에, 진실로 의로운 사람들을 의롭다고 여기신다고 주장함으로써 그렇게 피

---

85  Van Dixhoorn, 3:11.
86  Morris, *Westminster Symbols*, 441-42.
87  Van Dixhoorn, 3:101.
88  Jue, "Active Obedience of Christ," 119-20; Van Dixhoorn, 3:39-40, 61. 참조. Thomas Gataker, *Antinomianism discovered and confuted: and free-grace as it is held forth in God's Word* (London: E. G. for F. Clifton, 1652) [Wing(2nd ed., 1994) G312].

하기를 원했다.[89]

셋째, 아르미니우스파의 교리 또한 배척당했다. 주는 조셉 미드(Joseph Mede)에 관해 언급했는데, 그의 저작은 웨스트민스터에서 많은 사람에게 대단히 중시됐다. 미드는 그리스도의 의가 의롭게 된 사람들에게 귀속되므로, 그들 자신의 행위는 그것에 의해서 수용가능해지며 그래서 최후의 심판에서 그들의 칭의에 기여한다고 주장했다.[90] 이와는 대조적으로, 가테이커는 그 자체로서의 칭의에 부여되는 종말론적 상급이 없다고 강조했지만, 그와 바인즈 두 사람 모두 칭의는 법정적이어서 갱신을 꾀하지 않는다고 주장했다.[91]

후에, 그러니까 1645년에, '온전한'(whole)이라는 말은 신앙고백에서 빠졌다. 보다 후에, LC 70은 "하나님에 의해서 그들[죄인들]에게 전가되고, 오직 믿음에 의해서만 받게 되는 그리스도의 완전한(perfect) 순종과 충분한 대속"에 대해 언급한다. 여기서 주장될 수 있는 것은, 그리스도의 "완전한 순종"이 그의 능동적인 순종을 함축한다고 할 수 있는 이유는 그의 "충분한 만족"(full satisfaction)이란 표현이 거의 확실히 십자가와 그의 고난을 나타내도록 의도되어 있기 때문이라는 것이다.

11조의 "그분의 온전한 순종과 만족"이라는 문구에 대해 한 주 뒤에 벌어진 토론들은 이러한 가능성을 뒷받침하는 데 강하게 기여

---

89　A. Tuckney, *Praelectiones theologicae, nec non determinationes quaestionum variarum insignium in Scholis Academicis Cantabrigiensibus habitae; quibus accedunt exercitia pro gradibus capassendis* (Amsterdam: Ex officina Stephani Smart, impensis Jonathanis Robinsonii, & Georgii Wells, Bibliopolarum Londinensium, 1679), 134-42.

90　Jue, "Active Obedience of Christ," 108-9.

91　Ibid., 116, 121.

한다. 가테이커와 바인즈 및 그들의 친구들은 물론 제외된다.[92] 다른 한편, "능동적인"이라는 말이 고심 끝에 기피되며, 모호성의 한 요소가 유지된다. 다시금, 일부 학자들은 이것이 이 총회로서는 가테이커와 바인즈를 수용하는 것을 나타낸다고 제안한다.[93] 그렇지만 주가 평하는 대로, 이 총회가 그 마음을 바꿨다는 분명한 역사적인 증거는 없으며, 의사록도 추후의 논의들의 세부 사항들을 기록하지 않는다. 이것에 대한 어떠한 결론들도 추측적인 것일 수밖에 없다.[94] 아마도, 반 딕스훈이 제안하듯이, 의사록이 상술하는 다른 영역들에 대해서 의사록이 그러하다고 밝히는 것과 똑같이, 그 배후에 일련의 이유들이 있었을 것이다.[95] 총회는 아주 다양한 집단이었으며, 이 문제와 다른 많은 문제에 대한 총회의 행동들에 대해서 단일한 이유들을 찾는 것은 잘못일 것이다. 때에 따라서는, 심지어는 어떤 종류의 명쾌한 이유들이 없었을지도 모른다.

주가 이렇게 말하는 것이 정확할지도 모른다. "그 표준문서들에서의 두 아담 그리스도론적 구조는, 실질적으로 그리스도의 능동적인 순종을 포함하는 칭의에 관한 교리를 뒷받침한다."[96] 그렇지만

---

92  Van Dixhoorn, 3:101-14. 이러한 표현이 그리스도의 순종의 두 가지 측면을 구별한다는 개념을 뒷받침하는 것이 정통장로교(the Orthodox Presbyterian Church)의 73차 총회에 제출된 "칭의 교리 연구 위원회의 보고서"(Report of the committee to study the Doctrine of Justification), July 2006, 73-75이다. 하지만 이 보고서의 취지는 그 위원회가 이미 결론을 내렸다는 것을 시사한다. 게다가 이 보고서는 주요한 증거가 아니다.

93  J. R. D. Kirk, "The Sufficiency of the Cross(1): The Crucifixion as Jesus' Act of Obedience," *SBET* 24(2006): 36-64; Barker, *Puritan Profiles*, 176.

94  Jue, "Active Obedience of Christ," 126.

95  Van Dixhoorn, 1:328.

96  Jue, "Active Obedience of Christ," 128.

이러한 구조가 토론에서 고찰됐지만, 신학자들이 후대에 그러했듯이, 웨스트민스터 신학자들이 정밀한 논리로 그런 구조를 적용했다고 결론짓는 것은 그 점을 강조하고 있는 것일 터이다. 주의 논평은 역사적이라기보다는 오히려 신학적이다. 일관성의 오류의 위험은 지금은 실제적인 위험이며, 후대의 해석자들은 그런 위험을 피하는 것이 좋을 것이다. 가테이커와 바인즈가 "논증적으로 부결됐다"는 주의 논평은 압도적인 다수가 그들의 입장을 거부했다는 한에 있어서는 옳다. 다른 한편, 그들은 이 총회에서 배제되지 않았으며, 계속해서 두드러진 역할을 맡았는데, 이는 이것이 한 사람의 사역의 리트머스 시험이 되지 않도록 해달라는 가테이커 자신의 요청과 일치하는 것이었다.[97]

### 1) 의롭게 하는 믿음의 본질

1643년 9월 12일 화요일 오후에 열린 제53차 회기에서, 총회는 믿음을 의롭다고 칭하는 것의 본질에 관한 논의를 속개했다. 윌킨슨은 피두키아(*fiducia*-믿음, 신뢰)가 핵심인데, 이는 "파악되어서 적

---

[97] 내가 Jue와 의견이 일치하는 것은, Gataker와 Vines가 그리스도의 능동적인 순종의 전가를 거부하는 것이 바울에 대한 새관점 또는 대표자적 성약적 관점 신학(the New Perspective on Paul or the Federal Vision theology)의 주창자들이 이와 유사하게 그 교리를 거부하는 것과 비교될 수 없다는 점이다. Norman Shepherd는 *The Call of Grace* (Phillipsburg, NJ: P&R, 2000)에서, 이 문제를 다루고 또 그의 주장을 반박할 수 있을 성경 문구들을 무시한다. Jue, "Active Obedience of Christ," 129를 보라. 이 총회에 참여하는 사람들은 모두 칭의의 교리에 신자들의 선행을 포함시키는 것에 강력하게 반대했다. 물론 후자는 트리엔트 공의회에서 표명된, 로마 가톨릭교회의 입장이었다.

용되다"를 의미한다고 주장했다.[98] 토마스 베일리(Thomas Bayly)는 하나님이 증거하시는 모든 것에 대한 일반적인 믿음 혹은 동의, 그리스도 안에서 그의 중보의 유익을 신뢰하고 확신하는 것으로 말미암는 특별한 의지, 그리스도의 약속을 소유하고 그것을 우리 것으로 삼음으로 말미암는 특별한 적용의 믿음, 이 셋을 구별한다. 사람은 오직 두 번째에 의해서 구원을 얻지, 일반적인 동의나 특별한 적용에 의해서 구원을 얻는 게 아니다. 왜냐하면 죄를 사하는 데서의 하나님의 특별한 자비는 칭의의 대상이 아니기 때문이다. 죄악들은 용서를 받을 때까지는 용서받지 못한다. 죄 사함을 받고서야 비로소 죄 사함을 얻는다고 그는 결론지었다.[99]

가테이커는 적용에 관한 담론은 위험하다고 생각했다. 믿음을 의롭다고 칭하는 데는 여섯 가지 요소가 있다고 그는 주장했다. 첫 번째 요소는 노티티아(*notitia*), 즉 믿게 될 어떤 것에 관한 인지이다. 두 번째는 크레디티오 스키엔티아이(*creditio scientiae*), 즉 그것의 진리에 대한 동의이다. 세 번째는 요구되는 조건을 수행할 경우 복음은 구원하는 것이 되리라고 믿는, 조건적인 적용이다. 네 번째는 피두키아(*fiducia*), 즉 특별히 그리스도를 의지하는 것이다. 다섯 번째는 나 자신의 믿음에 관한 인지이다. 여섯 번째는 믿음을 의롭다고 칭한 뒤의 두 단계인 특별한 적용 내지는 설득—당신이 자기에게 영생이 있다는 것을 알 수 있도록—이며, 그래서 그것은 의롭게 하는 믿음의 행위가 될 수 있다. 그는 자신의 견해를 뒷받침하려고 어거

---

**98** Van Dixhoorn, 3:78.
**99** Ibid., 3:79-80.

스틴을 인용했다.[100]

카터(Carter)는 새로운 방식을 도입했다. 그는 논평하기를, 초점이 믿음의 행위에 맞춰졌었던 반면에 그 초점이 믿음의 습관에 맞춰질 수 있다. 유아들과 같이, 어떤 사람들한테는 그 습관이 지배적일 수가 있다고 했다. 이 둘 사이에는 점진적인 차이만이 있을 뿐이며, "그러므로 습관을 가진 자는 어쩔 수 없는 필연에 의해 행위가 불가능할 때에도 참된 신자이다." "행위뿐만 아니라 습관도 의미할 수 있는, 그리고 '받음'(receiving)의 실행뿐만 아니라 믿음의 실행도 의미할 수 있는 어떤 문구"를 포함시킬 필요가 있었던 것은, "그것이 성경 문구이기 때문이다."[101]

바인즈는 카터에 반대했다. 우리는 믿음의 습관에 의해서 의롭게 되지 않는다. 만약 그것이 이런 식이라면, 우리가 그로 말미암아 의롭게 되는 믿음은 그저 하나의 특성으로 보이기가 쉬울 것이다. "전가를 충족시킬 무언가가 있어야 하며 또한 그것은 행위로 말미암아야 한다…받아들이는 것이 있지만, 나는 수동적인 수용은 이해하지 못한다." 그는 또한 유아들이 믿음의 습관을 갖고 있다고 말할 수 있는지를 의문시했다. 워커는 지적하기를, 의롭게 하는 믿음의 핵심은 "우리가 그리스도 안에서 죄 사함을 얻게 되고 또 하나님 앞에서 의롭게 될 믿음"이다. 의롭게 하는 믿음은 우리를 칭의에 이르게까지 역사한다. 그리고 의롭게 하는 믿음은 하나님의 성령으로부터 온다.[102]

---

**100** Ibid., 3:81-82.
**101** Ibid., 3:82.
**102** Ibid., 3:83.

1643년 9월 13일 수요일 제54차 회기에서, 허버트 팔머는 믿음과 함께 하는 회개를 포함하는 정의를 원했다. 이것은 그의 부동의 주제였는데, 반율법주의에 대한 두려움에 의해서 생겨났다. 거지는 믿음 앞에 회개를 두는 것은 위험할 것이라고 대답했다.[103] 바인즈는 주장하기를, 의롭게 하는 또는 구원하는 믿음은 일반적인 믿음(하나님의 말씀 전체가 참되다는 불명확한 믿음) 및 일시적인 믿음과 구별되어야 한다고 했다. 왜냐하면 "이 믿음은 그리스도의 복음을 그 대상으로 삼기" 때문이다. 그것은 행동이나 제안의 진실성을 믿는 것이 아니라, 자기 자신을 그리스도와 그의 의에 적용하는 것, 그리스도께로 나아가는 것, 그리스도를 받아들이거나 붙잡는 것이다. 그것의 자리는 마음 속에 있다. 그것은 일반적인 믿음도, 일시적인 믿음도 아니다. 또한 그것은 우리가 '나는 의롭게 되어 있다'는 명확한 지식이라고 부르는, 어떤 사람들은 믿음의 반사적인 행위라고 일컫는 그런 확신도 아니다. 확신은 칭의 뒤에 일어난다. 왜냐하면 나는 내가 의롭게 될 때까지는 그것을 믿거나 알 수 없기 때문이다.[104]

프라이스는 의롭게 하는 믿음의 대상은 그 약속 안에 계신 그리스도라고 진술했다. 의롭게 하는 믿음은 신앙에 바탕을 둔 동의라는 본질을 갖는다. 그것의 행위들은 확신을 포함한다.[105] 토마스 템플(Thomas Temple)은 그것이 '피두키아'라는, 그리고 그것은 일반적인 믿음 이상이지만 구원의 확신에는 미치지 못한다는 일반적인 합

---

[103] Ibid., 3:85-86.
[104] Ibid., 3:87.
[105] Ibid., 3:87-88.

의를 요약했다. 구드윈에게는, 의롭게 하는 믿음의 대상은 자기의 의를 입은 그리스도이지만, 의롭게 하는 믿음의 행위는 그리스도를 향한 의지의 행위이다.[106]

의장인 트위스는 그 토론을 이러한 결론으로 이끌었다. "나는 우리가 그리스도께 의지하는 것이 우리의 칭의에 선행한다는 이러한 의견에 반대합니다. 그리스도께 의지하는 것은 오히려 우리의 칭의 다음에 옵니다." 그의 주장은 믿음은 은혜의 역사라는 것이었다. 믿음이 은혜의 역사이므로, 하나님은 우리에게 믿음을 주심으로 우리를 친구로 대하신다. 따라서 칭의 상태는 믿음의 행위에 선행한다. 결국 만약 우리가 하나님이 우리의 아버지임을 확신하지 못한다면, 어떻게 우리가 하나님을 우리의 아버지라고 부를 수 있겠는가?[107] 여기서, 트위스의 타락전예정론이 명백한데, 그의 타락전예정론은 일부 사람들로 하여금 그가 구원론적 반율법주의에 얼마간 찬성한다고 생각하게 만들었다.

2) 회개

1643년 9월 14일 목요일 제55차 회기부터 1643년 9월 15일 금요일 제56차 회기에 걸쳐서, 칭의에 대한 조항에서 회개에 관해 언급하라는 압력이 가해졌다. 이 논의는 이 총회가 후에 자기의 권리로 회개를 고찰하는 것과 명백히 관계가 있지만, 이때는 회개가 단순히 칭의의 한 요소로서 토론에 제시됐다. 놀랄 만하지 않은 것은,

---

**106** Ibid., 3:88.
**107** Ibid., 3:90.

허버트 팔머가 그 문제를 제기했다는 것이다. 1643년 9월 14일 목요일 제55차 회기에서, 그는 "반율법주의자들의 혐오스러운 의견에 맞서 회개에 관해 무언가를 표명하기"—전형적인 팔머의 진술—를 원했다. 특히 런던에서 반율법주의의 위협이 팔머에게뿐만 아니라 다른 많은 사람에게도 지배적인 동기였다는 것은 의심의 여지가 없다.[108]

토마스 베일리는 어쩌면 잉글랜드의 청교도주의에서 가장 영향력 있는 단일 인물일지도 모를 윌리엄 퍼킨스에게 놀랄 만한 공격을 가했는데, 사람들을 타락시킨다는 게 그 이유였다! 그의 주장의 정확한 용어들은 의사록에 기재된 그의 담화에 관한 기록에서 빠져 있지만, 추후의 논의는 베일리가 퍼킨스를 구원하는 믿음과 확신의 관계에 대해 모호하고 모순된 입장을 취하고 있다고 생각했음을 보여준다.[109] 이 총회는 즉각적으로 보고하기 위해서 위원회를 설립하기로 결정했다. 이것은 질병이 심해졌을 때, 의학적 주의를 기울임에 있어서 지체될 수 없다는 가테이커의 청원에도 불구하고 설립이 진행되었다. 그러나 이 문제가 최근에 발생한 모든 문제만큼 절망적이었으므로, 그것은 총회에 의해서 즉시 논의됐음이 틀림없다. 그 위원회는 캘러미, 시먼, 구드윈, 채널, 가테이커, 팔머, 헐, 휘틀리, 템플 등으로 구성됐다.

거지는 이내 베일리의 감정 분출에 반대했다. 비난이 매우 학식 있고 훌륭한 사람(Perkins)에게 가해졌었는데, 퍼킨스가 모순된 말을 했다는 것이었다. 그는 총회가 이런 말들을 고려해줄 것을 요청

---

[108] Ibid.
[109] Ibid., 3:91.

했다. 베일리는 퍼킨스를 비난하는 것이 결코 자신의 의도가 아니라고 주장했다. 베일리가 말하고자 하는 바는 퍼킨스가 그의 요리문답에서 믿음을 확신이라고 정의하지만, 세 페이지 뒤에서는 그의 정의를 철회한다는 것이었다.[110] 가테이커는 회개와 믿음은 천둥과 번개에 비유할 수 있다고 확실하게 평했다. 비록 때를 맞춰 함께 일어나지만, 우리는 그것들을 따로따로 이해한다.[111]

주말을 보내고서, 총회는 1643년 9월 19일 화요일 제58차 회기에서 그 문제로 돌아왔다. 팔머는 다시금 회개의 필요성에 관한 언급을 강요하면서, 그 신학자들에게 그 사도가 죄 사함을 위한 회개를 자신의 복음 전파에서의 두 가지 주요한 것들 가운데 하나로 삼는다는 것을 상기시켜 주었다.[112] 템플은 회개를 그 조항들 가운데 어딘가에 넣을 필요가 있다고 생각했다. 리차드 헤릭(Richard Herrick)은 회개가 이미 다른 조항들에서 다루어진다고 말했다. 회개가 성화의 한 사역이므로, 그것을 칭의에 대한 조항에 두어서는 안 된다는 것이었다. 가테이커가 동의했다. 가장 좋은 곳은 그 다음 조항에 있을 것인데, "왜냐하면 회개 그 자체로는 칭의에 전혀 영향을 미치지 못하고, 나는 그것들이 결합되는 곳을 전혀 찾지 못하기" 때문이다.[113]

한 위원회가 믿음과 회개의 본질에 관하여 무언가를 추가하도록 그리고 교리서에 이런 취지로 무언가가 있는지 조사해 보도

---

110 Ibid., 3:91-92.
111 Ibid., 3:93.
112 Ibid., 3:108.
113 Ibid., 3:109.

록 지시를 받았다. 구드윈은 만약 죄 사함이 회개의 행위가 이루어 질 때까지 유보된다면 위험이 최소화될 거라고 주장했다.[114] 팔머는 이 총회에 납득시키기를, 그는 칭의의 교리를 훼손할 의도가 조금도 없지만, "성경은 죄 사함에 선행하는 회개에 관해 얘기한다"고 했다. 다른 한편 호일은 믿음에 선행하는 것이 정확히 어떤 회개 인지 궁금했다. 구약의 경고들은 율법적인 공포들에 관해 얘기하지만, 참된 은혜에 대해서는 말하지 않는다. 바인즈는 회개가 이루어질 때까지 칭의가 중지된다는 주장에 대해 의견을 달리하면서 "믿는 것과 동시에 이루어지는 직접적인 칭의"를 확언했다.[115] 헤릭은 더욱 강경하다. "회개가 죄 사함에 선행해야 한다는 것은 잘못된 것일 뿐만 아니라 위험한 것이기도 하다."[116]

또 다시, 총회는 양분됐다. 반율법주의에 대한 두려움에 의해서 동기가 부여된, 죄 사함과 관련된 회개의 필요성과 선행(preccdence)을 강조하기를 원하는 사람들이 있었다. 그들은 반율법주의의 비난들에 맞서기 위해서 어떠한 일도 서슴지 않을 준비가 되어 있었다. 그러나 그렇게 하면서 그들은 위험하게도 자칫 복음을 훼손할 뻔했다. 교회의 처음 여러 세기는 복음을 약화시키는 가장 쉬운 길은 율법이 끼어들지 않아야 하는 곳에서 율법을 강조하는 것임을 보여주었다. 다른 한편, 웨스트민스터에는 회개가 죄 사함에서 나온다는 복음 메시지를 유지하기를 원하는 사람들이 있었으며, 그들은 애를 써서 차가운 머리와 깨끗한 마음을 유지했다.

---

**114** Ibid., 3:110.
**115** Ibid., 3:111.
**116** Ibid., 3:112.

## 5. 칭의

우리는 이제 신앙고백과 대요리문답 양쪽에서의 칭의에 대한 최종적인 진술들을 고찰할 것이다. 39개 신조가 토론되었을 때 칭의에 대한 세부 사항이 대부분 기록된 후에, 이 문서들이 검토된 그때부터는 기록된 것이 거의 없다. 실로 그 장, 그리고 관련된 문제들을 다루기 위해서 걸린 시간은 비교적 짧았다. 노리스(Norris)가 확언하는 대로, "신앙고백의 초안을 작성하게 됐을 때, 39개 신조의 개정에 관한 이러한 첫 토론들에서 비롯된 분명하고 정의된 사유는 논의를 위해 필요한 시간을 줄였으며, 웨스트민스터 표준문서들의 특징인 명료성과 간결성에 기여했다는 것은 의심의 여지가 있을 수 없다."[117]

T. F. 토랜스는 웨스트민스터 총회가 칼빈의 신조와 스코틀랜드 종교개혁의 신조에서 벗어나 있다고 비난한다. 양쪽 신조에서 칭의는 그리스도와의 연합과 분리될 수 없다고 주장된다. 그러나 그는 LC 65-90을 고려하지 못한다.[118] 그처럼 주의 깊고 신중한 학자가 그렇게 아픈 데를 찌르는 문제에 대단히 부주의하다는 것은 놀라운 일이다. 다음과 같은 해설은 어떻게 이 총회가 이런 것들을 조화롭게 봤는지를 분명히 할 것이 틀림없다.

첫째, 신앙고백 11장은 칭의를 유효적 소명과 관련지음으로써 시작한다. 칭의는 하나님의 택함 받은 자들에 대해 하나님이 베푸시는 은혜의 역사의 결과인데, 이 역사에 의해서 하나님은 강력하

---

**117** Norris, "Thirty-Nine Articles," lx.
**118** T. F. Torrance, *Scottish Theology*, 144.

게 그리고 은혜롭게, 그들을 성령을 통해 그리스도께로 이끄신다. 따라서 칭의는 값없이 주어지는, 하나님의 은혜의 역사이다. 여기 WCF 11.1에서 로마 가톨릭의 교리와 아르미니우스파 교리 양쪽에 대한 논박이 있다.

칭의는 의의 주입을 수반하지 않는다. 그 대신에, 칭의는 죄 사함과 의롭게 된 사람들을 의롭다고 여기는 것에 있다. 이것은 그리스도의 순종과 대속을 그들에게 전가함으로써 성취된다. 따라서 칭의는 그리스도의 의의 전가나 여김으로 말미암아 법정적이지, 로마 가톨릭교회가 가르쳤듯이, 은혜의 수여나 주입으로 말미암아 새롭게 되는 게 아니다. 다른 한편, 아르미니우스파의 신조에 반하여, 믿음 그 자체는 전가되지 않으며, 또한 다른 어떤 복음적 순종도 수반되지 않는다. 이것은 단순히 또 다른 형태의 로마 가톨릭의 교리일 것이다. 왜냐하면 그럴 때 칭의는, 은혜의 결과인데도, 믿는 사람한테 존재하는 어떤 것과 관련될 것이기 때문이다. 웨스트민스터 신앙고백은 이것에 격렬하게 반대한다. 왜냐하면 칭의는 "그들 안에서 작동하거나 그들에 의해서 이루어지는 어떤 것에도" 의존하지 않기 때문이다.

칭의는 오직 그리스도에만 의거한다. 의롭게 된 사람들 입장에서는 단지 믿음에 의해서 그리스도와 그분의 의를 받아들이고 의지할 따름이다. 이러한 믿음 그 자체는 하나님의 선물이다. 믿음이 칭의에 합당한 이유는, 그것이 WCF 14.2에서 "은혜언약의 덕택에 의해서 칭의와 성화와 영생을 위하여 오직 그리스도만을 믿고 받아들이며 또 의뢰하는" 것이라고 말하여지기 때문이다. 믿음은 오직 그리스도만을 기대케 한다. 그것은 은혜의 사역들이나 자아를 기대하지 않는다. 믿음은 인간 쪽에서, 오직 그리스도와 그의 의 안에 있는 칭의의 배타적으로 은혜롭고, 객관적이며, 법정적인 본질에 대답한다.

"그리스도의 순종과 만족을 그들에게 전가하심으로써"라는 문구는 초기의 토론들을 반영하고 우리가 고찰한 그런 문제들을 제기한다. 얼핏 보기에는, 총회는 그리스도의 수동적인 순종과 능동적인 순종, 양쪽 모두에 대해 언급하는 것처럼 보일 것이다. 만약 만족을 그분의 고난과 죽음을 의미하는 것으로 받아들인다면, 순종은 그리스도의 생애 전체에 걸쳐서 그분이 하나님의 율법에 따르는 것을 의미할 것이다. 이것은 대항하는 증거의 부재 속에서, 가장 개연성이 큰 의미이다.[119] 그렇지만 그 토론들에서 계속적으로 사용된 "능동적인"과 "수동적인"이라는 용어들의 누락은 마찬가지로 인상적이다. 그러한 누락은 가테이커와 바인즈에 동조하는 사람들로 하여금 그 진술을 받아들이면서, "순종"과 "만족"을 뜻이 같은 용어들로 해석하게끔 한다. 만약 "능동적인"과 "수동적인"이라는 말들이 사용됐더라면 그것은 가능하지 않았을 것이다.

WCF 11.2에서 구원을 위해서 오직 그리스도만을 받아들이며 또 의뢰하는 것으로 받아들여지는 믿음은 칭의의 유일한 도구이다. 이는 11.1과 일치한다. 즉 칭의는 오직 그리스도 안에 근거하는 것

---

**119** 이러한 독법에 찬성하여, 훨씬 이전인 1559년에 Calvin은 의롭게 된 사람을 "믿음으로 말미암아 그리스도의 의를 붙잡으며, 그 의를 입고서 죄인으로서가 아니라 의인으로서 하나님 앞에 나타나는" 사람으로 받아들인다. "…그리고 우리는 그것이 죄 사함과 그리스도의 의의 전가에 있다고 말한다." John Calvin, *Institutes of the Christian Religion* (trans. F. L. Battles; ed. J. T. McNeill; Philadelphia: Westminster Press, 1960), 3.11.2. 또한 *Institutes*, 3.11.12; 고전 1:30에 대한 논평을 보라.

이지, 의롭게 된 자 안에 있는 그 어떤 것에도, 복음에 따라 은혜로 말미암아 순종하는 신자 안에 있는 그 무엇에도 근거하지 않는다. 믿음이 칭의의 유일한 도구인 것은 그리스도께서 그것의 유일한 근거이시기 때문이다. 후대의 대중적인 찬송가의 가사대로, "나는 견고한 반석이신 그리스도 위에 서 있으니, 다른 토대는 모두 가라앉는 모래이어라."

평형 상태의 균형을 잡기 위해서, 이 단락은 구원하는 믿음이 의롭게 된 사람 안에 결코 단독으로 존재하는 게 아니라, 항상 다른 구원하는 은혜들을 동반한다는 것을 추가한다. 구원하는 믿음은 사랑을 통해서 역사한다. 그것은 살아 있는 믿음인데, 행위 없는 믿음은 죽은 것이기 때문이다. 요컨대, 신자는 회개하는 신자이며 그렇지 않으면 그는 전혀 신자가 아니다. 그럴 때 이런 다른 은혜들이 칭의와 관련해서 어떤 효과를 갖고 있는가에 대한 질문이 생긴다. 만약 그로 말미암아 우리가 의롭게 되는 믿음이 항상 사랑을 동반한다면, 사랑은 의롭다고 칭하지 않는가? 만약 구원하는 믿음이 있는 사람이 또한 회개를 한다면, 회개는 칭의와 어떤 관계가 있어야 하지 않는가?

신앙고백은 이런 것들은 칭의와 아무런 관계도 없다고 이미 대답했다. 우리는 반율법주의자들의 위협과 칭의에 대한 초기의 토론들의 많은 부분에 동기부여를 한 우려를 기억해야 한다. WCF 11.2의 끝에 있는 이 진술은 반율법주의에 반대하는 것이지, 로마 가톨릭 교의를 받아들이는 것이 아니다. 로마 가톨릭교회가 주장했듯이, 우리는 사랑을 통해서 역사하는 믿음으로 의롭게 되는 것이 아니다. 우리는 오직 믿음으로만 의롭게 되는데, 우리가 오직 그리스도에 의해서만 의롭게 되기 때문이다. 우리가 그로 말미암아 의롭게 되는 믿음은 배타적으로 그리스도에 대해 언급한다. 그렇지만 믿음은 공교롭게도 항상 사랑과 복음적 순종 안에서 열매를 맺는다. 그러나 이러한 후자의 것들은 성화, 즉 성령에 의해서 일어나는 새로워짐과 관계가 있지, 하나님의 정의의 막대기 앞에서의 우리의 법적 지위와는 관계가 없다. 그것들은 의롭게 하는 믿음과는 분리될 수 없지만, 믿음을 통해서 받게 되는 칭의로부터 구분된다. 그것들은 의롭게 된 사람을 규정짓지, 그 사람의 칭의를 규정짓지 않는다. 그것들은 믿음이 있는 사람을 묘사하지만, 믿음을 통해서 받게 되는 하나님 앞에서의 그의 지위를 성립시키지 않는다.[120]

웨스트민스터 신학자들은 WCF 11.3에서 칭의에서의 하나님의 순전한 은혜를 강조한다. 그리스도는 의롭게 된 모든 사람을 대신하여 성부의 정의를 충분히 그리고 완전히 만족시키셨다. 이것은 그들의 완전한 죄 사함과 그들의 의의 완전성을 보증하는데, 이러한 죄 사함과 완전성은 그들에게 귀속되는 그리스도의 의이다. 이것은 전적으로 하나님의 값없는 은혜이다. 하나님의 엄정한 정의와 풍성한 은혜는 함께 만난다.

하나님은 택함 받은 모든 자를 의롭다고 칭하려고 영원히 작정하셨으며, 인간의 역사 속에서 그리스도는 선택된 모든 자의 죄악들을 위해서 죽으셔서 그들을 위해서 죽은 자들 가운데서 살아나셨

---

[120] 복음의 은혜들은 칭의와 관련해서 고찰되어야 한다고 주장하는, 이 문구의 후대 해석자들은 그 단어들의 직접적인 논쟁적 맥락으로부터 그 단어들을 견강부회했으며 따라서 총회의 신조를 왜곡했다. 이 경우에, 이 신조는 Gataker와 Vines가 포함된 위원회를 거치지 않고서 받아들여졌다.

다(WCF 11.4). 반율법주의자들의 집요한 주제는 칭의의 중력의 중대한 중심은 영원한 작정과 그리스도의 역사적 성취라는 것이었다. 신학자들은 성화의 교리를 훼손할 것이라고 생각한 이러한 입장에 반대하기 위해서, 이 단락은 이어서 택함 받은 자들은 성령이 믿음을 통해서 그리스도를 그들에게 적용하고서야 비로소 실제로 의롭게 된다고 주장한다. 이것이 의미하는 바는 우리가 우리 자신의 '생애'(life-history)에서 그리스도를 받아들이는 것은 칭의의 아르키메데스의 점(Archimedean point)이지 영원한 하나님의 작정이 아니라는 것이다. 그렇지만 하나님의 주권적 작정이 단언되고, 피택자들에게의 구원의 적용이 주장된다. 웨스트민스터 신앙고백은 반율법주의와는 전혀 관계가 없을 것이다. 또한 그것은 아르미니우스파에도 양보를 하지 않을 것이다.

하나님은 계속해서 의롭게 된 사람들의 죄를 용서하신다(WCF 11.5). 그들은 그들이 자신들을 낮추고 그들의 죄를 고백할 때까지 아버지의 화를 자초할 수 있다. 따라서 회개의 계속적인 필요성이 강조되는데, 이는 39개 신조에 대한 토론들에서의 허버트 팔머의 관심사와 일치한다. 최종적으로, WCF 11.6에서, 칭의는 신약에서 그러하듯이 구약에서도 오직 믿음으로 말미암는다고 선언한다.[121]

---

[121] 전가와 칭의의 법정적 본성에 대하여, Morris는 칭의는 그리스도의 중보, 즉 의에 그것의 유일한 토대가 있는, 하나님의 행위라고 말한다. 그것은 사법적 절차이며, 그래서 믿음에 의해서 전유되어야 한다. 그는 이어서 이렇게 말한다. "이 용어가 시사하는 법정적 절차라는 개념은 오직 사도 바울적인 것이다. 그리고…개정역(Revised Version)에서 덜 엄격한 용어이자 사법적이라기보다는 오히려 명백히 상업적이거나 사회적인 reckon이 원래의 단어의 보다 정확한 번역으로 사용된다. 신앙고백(11장)에서 그리고 대요리문답(70)에서 동족 용어들인 accounting, accounteth가 단어 impute(전가하다)과 거의 동의어로 사용된다." 그는 다시 하나님의 품성에 대해 언급하는데, 그분은 기꺼이

우리가 대요리문답을 참조할 때, 우리는 다르면서도 전적으로 일치하는 그림을 보게 된다. 신앙고백에서 칭의는 입양과 성화와 견인과 확신 등이 뒤따르는 구원의 여러 유익 가운데 첫째인 반면에, 이 요리문답은 그것들 모두를 우리가 은혜와 영광 속에서 그리스도와 갖게 되는 연합과 친교의 각각의 측면들로 간주한다(LC 65-90). 명백한 것은, 총회는 이러한 두 가지 관점들 사이에서 아무런 불일치도 보지 않았다는 것이다. 그들은 그것들을 경쟁적인 것이 아니라 상보적인 것으로 받아들였다. 웨스트민스터 신학자들은 자신들의 신학에서 거의 모순된 태도를 지니지 않았다.

모리스는 그리스도와의 연합이 믿음으로 말미암은 칭의를 뒷받침한다는 점을 매우 분명히 한다. 그는 용서 그 자체는 구원을 위해서 충분치 않다고 지적한다. 왜냐하면 여전히 부패한 채로 있는 죄인들이 여전히 있기 때문이다. 따라서 "오직 믿음으로 말미암은 그리스도와의 그의 연합만이 그를 성부의 보좌 앞에서 그러한 애정 어린 가납이 이루어질 만하게 할 수 있다." 이렇듯 하나님은 자신의 성령에 의해서 거듭난 영혼들을 즉시 거룩하게 하기 위하여 그들에게 의를 주입하지 않으신다. 하나님은 그들에게 믿음이나 어떠한 형태로든 복음적 순종을 주입함으로써 그들을 거룩하게 여기지도 않으신다. 그러나 하나님은 믿음을 통해서 확립된 그리스도와의 그들의 연합에 의해서 그들을 거룩하다고 생각하시고 또 그렇게 여기신다. 자신의 이해를 뒷받침하려고, 모리스는 아우그스부르크 신앙고백, 일치 신조(Formula of Concord), 제2 스위스 신앙고백, 스코틀랜

---

용서하시지만 또한 자신의 정의를 옹호할 준비가 되어 있으시다. Morris, *Westminster Symbols*, 440.

드 신앙고백, 39개 신조, 아일랜드 신조 등을 인용한다.¹²²

웨스트민스터 신학자들은 여기서 예전에 칼빈이 간 길을 가고 있다. 우리는 칭의 안에서의 그리스도의 의의 전가를 옹호하는 것으로서 그를 인용했다. 칼빈은 『기독교 강요』, 3.11.10에서, 그리스도와의 연합과의 직접적인 관련으로 다시금 그렇게 옹호한다. 극단적인 루터파 신도인 오시안더를 논박하면서, 그는 다음과 같이 말한다.

> 그러므로 그렇게 머리와 지체들이 결합하는 것, 즉 그렇게 그리스도께서 우리의 마음 속에 내주하시는 것—요컨대, 그러한 신비스러운 연합—은 우리에 의해서 더할 나위 없는 중요성을 부여받는다. 그래서 우리의 것이 되신 그리스도는 우리를 그분이 부여받으신 은사들 안에서 그분과 함께하는 공유자로 삼으신다. 그러므로 우리가 우리 밖에서 멀리서 그분을 기대하지 않는 것은, 오직 우리가 그리스도를 입고서 그분의 몸에 접붙여져 있기 때문에—요컨대, 그분이 우리를 그분과 하나가 되도록 계획하시기 때문에—그분의 의가 우리에게 전가될 수 있도록 하기 위함이다. 이런 이유로, 우리는 자신들이 그분과 의의 친교를 갖는 것을 기뻐한다.¹²³

---

**122** Ibid., 442-43.
**123** Calvin, *Institutes*, 3.11.10. 그리스도와의 연합에 대한 칼빈의 신조에 관한 광범위한 연구에 대해서는, M. A. Garcia, "Life in Christ: the Function of Union with Christ in the Unio-Duplex Gratia Structure of Calvin's Soteriology with Special Reference to the Relationship of Justification and Sanctification in the Sixteenth-century Context" (Ph.D. thesis, University of Edinburgh, 2004)을 보라. 이것은 최근에 *Life in Christ: Union with Christ and Twofold Grace in Calvin's Theology* (Eugene, OR: Wipf & Stock, 2008)로 출간됐다.

또 다른 관점에서, 칼빈은 고린도전서 1:30에 대한 자신의 주석서에서, 이렇게 말한다. 칭의와 성화는 구별할 수 있지만, "은혜의 그런 은사들은 마치 분리할 수 없는 끈으로 묶여 있는 것처럼 동행한다. 그래서 만약 어떤 사람이 그것들을 분리하려고 애쓰면, 그는 어떤 점에서는 그리스도를 갈기갈기 찢는 것이다." 토니 레인(Tony Lane)은 그것들을 한 벌의 바지의 두 다리 부분에 비유했다.[124] 바울은 모든 것—의, 거룩함, 지혜, 구속 등—의 성취를 오직 그리스도께 돌린다.

신앙고백과 같이, LC 70에서도 칭의를 죄인들을 위한 하나님이 값없는 은혜의 행위라고 말한다. 그러므로 칭의는 은혜 안에서 이루어지는 그리스도와의 연합의 한 측면이다. 그리스도와의 연합으로, 우리의 죄가 용서를 받고 우리의 인격은 의로운 것으로 받아들여진다. 이것은 오직 믿음으로만 받게 되는, 우리에게 전가되는 그리스도의 완전한 순종과 충분한 만족 덕분이다. 대요리문답이 도입하는 뉘앙스는, 칭의는 그리스도와의 연합으로 받게 되는 것이다. 이 배경에서는 그리스도는 자기의 백성들을 대표하는 "공적 인물"과 같다. 그리스도의 완전한 순종은 그들을 대신해서 수행됐다. 그분의 고난은 택함 받은 자들을 대신해서 받게 됐다. 여기서 또한, 신약에 언급되어 있는 그리스도와의 연합의 역동적인 측면들 가운데 일부를 보는 것은 매력적일 것이다.

그러나 내가 아는 한 이것이 총회에 의해서 논의됐다는 구체적인 증거가 없다. 실로 나누어진 은혜에 대한 어떠한 도구적인 역할

---

**124** Lane, *Justification by Faith in Catholic-Protestant Dialogue*, 18.

도 부정하는 것과 더불어, 39개 신조에 대한 토론들이 로마 가톨릭의 입장으로부터 칭의를 수호하려고 노력한 관심이 그 반대 방향으로 이끈다.

대단히 많은 것이 LC 71에 의해서 입증된다. 여기서 칭의는 거저 주시는 은혜라고 하지만, 그리스도는 하나님의 정의를 충분히 만족시키셨다. 이것이 가능한 것은, 하나님이 친히 제공하신 보증, 즉 자기의 독생자로부터 하나님은 자신의 율법의 성취를 받아들이시기 때문이다. 하나님은 이번에는 자신의 선물인 믿음 외에는 칭의에 대해서 아무것도 요구하지 않으신다. 대요리문답은 율법과 은혜를 결합시키며, 어떻게 율법의 규정들 전체가 하나님의 은혜가 그분 안에서 분명히 지배적인 방식으로 성취되는지를 분명히 보여 준다.

인간은 죄를 범했고, 하나님의 율법을 어겼으며, 죄책과 정죄를 초래했다. 성자 그리스도는 자비하심으로 들어가서, 그의 선택된 자들의 지위를 취하셨고, 율법을 성취하셨으며, 그리고 그들을 대신해서 율법의 형벌을 감당하셨다. 따라서 하나님의 정의가 요구하는 것들이 완전히 이행됐으며, 이렇게 해서 하나님의 백성들은 그들의 비참한 상태에서 구해져서 새로운 지위를 부여받았으며, 그리스도의 의를 입게 됐다. 게다가 이 모든 것은 그리스도께서 온전히 사람이 되시고, 그분의 성육신으로 말미암아 우리와 하나가 되시며, 따라서 우리의 머리이자 대표자가 되신 데 의거한다. 더욱이 그리스도께서는 우리를 위해서 모든 것을 이루셨을 뿐만 아니라, 그분과 우리의 연합 덕분에, 우리는 그분이 이루신 모든 것으로 그분 안에 있기도 하다. 그리스도와의 연합이 법정적 칭의와 양립하지 않는 것은 칭의가 성화와 양립하지 않는 것과 같다.

이것은 토랜스가 웨스트민스터를 하나님과 구원에 관한 가혹한 율법주의적 견해를 전달하는 것으로 희화화하는 것을 반박한다. 이러한 희화화는 그에게 대요리문답을 무시할 것을 요구한다고 우리는 주장했다.

LC 72는 39개 신조에 대한 토론들이 그러했고, 또한 WCF 14장이 그러한 것과 흡사한 용어들로 의롭게 하는 믿음을 다룬다.

> 의롭게 하는 믿음은 하나님의 성령과 말씀으로 죄인의 마음 속에 역사하는, 구원하는 은혜이다. 이 성령과 말씀에 의해서 그는 자신의 죄와 비참을 확신하고, 또 자기를 상실된 상태에서 회복시킬 수 없는, 그 자신과 다른 모든 피조물 안에 있는 무능함을 확신하고서, 죄의 용서를 위하여 또한 구원을 얻기 위해 하나님 앞에서 그의 인격이 의롭다고 인정받고 여김을 받기 위하여, 복음의 약속이 진리임을 동의할 뿐만 아니라 그러한 진리 안에서 제시되는 그리스도와 그의 의를 받아들이고 의지한다.

마지막으로, LC 73은 어떻게 믿음이 하나님 앞에서 죄인을 의롭게 하는가라고 묻는다. 그 대답은 많은 부정을 만들어낸다. 믿음은 항상 그것에 동반하는 다른 은혜들 때문에 의롭다고 칭해지는 게 아니다. 사실 의롭게 하는 믿음은 결코 홀로 존재하지 않으며, 항상 열매와 소망 그리고 특히 사랑이 있다. 우리는 신앙고백이 그렇게 진술한다는 것을 알았다. 그렇지만 이러한 은혜들은 칭의에서 담당할 역할이 없다. 칭의는 법적 행동이다. 그것은 보증이신 예수 그리스도로 말미암은 하나님의 율법의 성취에 의지한다. 그리스도는 오직 믿음으로만 받아들여지는 것이지, 믿음의 성취에 의해서 받아들여지는 게 아니다. 관건은 그리스도를 받아들이는 믿음이 아니라, 믿음에 의해서 받아들여지는 그리스도이다. 또한 믿음은 그것의 열매인 선행 때문에 의롭다고 칭해지지 않는다. 여기와 신앙고백 양쪽에서, 웨스트민스터 신학자들은 로마 가톨릭교회와 아르미니우스파와 반율법주의의 교리들을 거부한다.

또한, 아르미니우스파가 주장한 대로, 믿음 그 자체가 칭의를 위해서 전가되지도 않는다. 만약 그것이 사실이라면, 믿음은 하나의 사역이 될 것이며 칭의의 값없이 주어지는 특성은 위태롭게 될 것이다. 그 대신에, 믿음은 그리스도와 그의 의를 받게 되는 도구에 불과하다. 믿음이 받아들임의 합당한 방편인 것은 그것이 오직 그리스도만을 받아들이고 의뢰할 뿐이기 때문이다(WCF 14.1-2). 다시 한 번, 우리는 어떻게 그리스도와의 연합이 오직 믿음으로 말미암은 칭의와 완벽하게 부합하는지 알게 된다. 바로 의로운 지위가 오직 그리스도에 의해서만 성취되고 그것을 받을 만한 일을 아무것도 하지 않은 하나님의 택함 받은 자들에게 하나님에 의해서 귀속되거나 전가되기 때문에, 이것이 선택된 자들에게 실제적인 것이 되는 것은 자기를 부인하고 그리스도만을 신뢰하는 오직 믿음으로 말미암는다.

## 6. 구원하는 믿음(WCF 14; LC 72-73)

WCF 14.1에서, 웨스트민스터 신학자들은 구원하는 믿음은 통상적으로 말씀의 사역을 통하여 성령에 의해서 생산된다고 확언한다. 그런 후에, 그것은 성례들과 기도와 더불어 말씀에 의해서 강화된다. SC 88에서 주장하듯이, 이것들은 하나님이 그분의 택함 받은 자들을 구원으로 인도하기 위해서 사용하시는 보통의 방편들이다. 그것들은 하나님이 그들이 평생토록 수행할 믿음의 순례를 위해서 만드신 규정들이다. 그리스도인의 삶은 교회의 사역 및 성례들과 분리될 수 없다. 이는 18세기 이후 복음주의가 종종 놓치는 점이다.[125]

구원하는 믿음은 이중의 대상으로 향하게 된다. 그리스도인이 하나님의 말씀 안에 계시되어 있는 것은 무엇이든지 믿는 이유는 하나님이 원저자이시기 때문이다. 이 믿음은, 문학적인 장르와 오늘날의 어법에서 발화행위(speechact)라고 일컫는 것과 일치하는, 다양한 형태를 받아들인다. 따라서 믿음 안에서 우리는 하나님의 말씀의 명령들에 순종하고, 그 약속들을 받아들이며, 그것의 경고들에 두려워 떤다. 보다 좁은 의미에서는, 구원하는 믿음은 "은혜언약의 덕택으로, 칭의와 성화와 영생을 위하여 오직 그리스도만을 믿고 받아들이며 또 의뢰하는 것"을 수반한다.

이것은 믿음의 이원론적 견해를 나타내는가? 집중적이고 개인적 믿음은 성경이 무엇을 말하든지 간에 그것에 대한 더 넓고 더 일

---

**125** Letham and Macleod, "Is Evangelicalism Christian?" 3-33과 Letham, *Lord's Supper*를 보라.

반적 믿음에 의해서 약화되는가? 다른 곳에서, 나는 이것이 그렇지 않다고 주장했다. 구원하는 믿음의 으뜸가는 대상인 동일하신 그리스도는 성령을 보내서 자신의 사도들을 모든 진리로 인도하시고, 그 중에서도 특히 신약 문서들을 쓰게 하신 분이시다. 따라서 성령은 성경에 쓰여 있는 모든 것의 궁극적인 저자이지만, 성령 그 자신은 성자의 보내심을 받았다. 성자는 우리가 구원을 위해서 받아들이고 의지하는 분이시다.[126]

이러한 믿음은 세기(강도)가 각기 다를 수 있다. 어떤 사람들에게는 그것은 매우 약할 수 있으며 그래서 각기 다른 방식들로 공격을 받을 수 있다. 하지만 그것은 하나님이 베푸시는 방편들을 통해서 보통은 성장할 것이다. 어떤 사람들한테서는 그것은 충만한 확신에 도달할 수 있다(WCF 14.3). 이 마지막 진술은 우리가 곧 다루게 될 문제들을 제기한다.

## 7. 입양(WCF 12; LC 74)

입양(adoption)에 대해 진술하는, WCF 12장은 신조나 신앙고백에는 독특한 것이다. 대요리문답에는 이에 상응하는 질문이 있다. 오직 한 학자만을 거명하자면, 팀 트럼퍼(Tim Trumper)는 입양이 서방 교회에서 크게 무시되어 왔다고 생각하는 데는 이유가 있다고 주장했다.[127]

---

[126] Letham, *Work of Christ*, 91-102를 보라.
[127] 예를 들어, T. J. R. Trumper, "The Metaphorical Import of Adoption: A Plea for

입양은 의롭게 된 모든 사람에게 베풀어지는, 하나님의 값없는 은혜의 행위이다. 그러므로 입양은 칭의와 동시에 일어난다. 성부는 자신의 아들 예수 그리스도 안에서 그리고 그를 위해서 우리를 양자로 삼으신다. 입양된 자들은 하나님의 자녀가 된다. 이것은 모든 사람이 다 하나님의 자녀인 것은 아니라는 사실을 수반한다. 입양은 그의 택함 받은 사람들에게 하나님이 베푸시는 특권이다. 성부 하나님은 그들 위에 그분의 이름을 두신다. 외견상, 이것은 아마도 세례에 대해 언급하는 것일 터인데, 세례에서 성부와 성자와 성령의 한 이름이 세례를 받는 사람에게 고지된다. SC 88과 더불어, WCF 14장의 초안은 교회와 성례들의 역할을 강조하면서 세례를 말한다. 그렇지만 증거본문들(고후 6:18; 계 3:12)은 세례에 대해 언급하지 않는다. 더욱이 이 장은 계속해서, 성부의 아들의 영이 그들에게 베풀어진다고 진술하는 갈라디아서 4:6에 대해 언급한다. 따라서 의롭게 되고 입양된 사람들은 성부의 돌보심을 받게 되고, 하나님의 자녀들의 지위와 특권들을 받으며 하나님의 모든 약속의 후사와 그리스도와 더불어 영광을 나누는 후사가 된다. 그들은 은혜의 보좌로 나아가서 하나님을 아버지라고 부른다.

이러한 특징들은 일종의 지위에 관한 것이다. 입양된 사람들은 성자가 성부와 맺는 것과 동일한 관계를 공유한다. 이것은 놀라운 일이다! 이것에 의해서, 신자들은 하나님을 "하늘에 계신 우리 아버지"라고 부른다. 물론 한 가지 차이점이 있는데, 성자는 선천적으로

---

Realisation. I: The Adoption Metaphor in Biblical Usage," *SBET* 14(1996): 129-45; Trumper, "The Metaphorical Import of Adoption: A Plea for Realisation. II: The Adoption Metaphor in Theological Usage," *SBET* 15(1997): 98-115를 보라.

영원히 아들이신 반면에 입양된 자들은 은혜에 의해서 하나님의 자녀들이 되었기 때문이다. 그렇지만 대요리문답에 따르면, 그리스도와의 연합이 구원의 다양한 요소들을 결합시키는 무엇보다 중요한 주제이므로, 입양은 이러한 연합이 수반하는 것을 가장 생생하게 나타낸다. 그것이 의미하는 바는, 하나님이 그의 사랑을 두시고, 또한 자기 아들에게 연합시킨 사람들은 은혜 안에서 하나님의 아들이신 그리스도와 지위가 동일한 것으로 간주된다는 것이다.

## 8. 성화(WCF 13; LC 77-78)

성화(sanctification)는 그리스도의 죽음과 부활의 효력으로(고전 6:11; 행 20:32; 빌 3:10; 롬 6:5-6) 그리고 중생한 자들에게 내주하시고 말씀을 동반하시는 성령의 도우심으로 일어난다. 따라서 성화는 은혜의 방편들과 교회에 위치하는 성령의 사역에 뿌리를 박고 있다. 성화는 은밀히 일어나는 게 아니라, 하나님의 백성들의 공동체에서 일어난다. 성화는 그리스도와의 연합으로 일어난다. 그리스도께서 단번에 죽으셨으므로, 그분 안에서 신자들은 죄에 대하여 죽었다. 그분은 죽은 자들 가운데서 살아나셨으며, 결코 다시는 죽지 않으신다. 그래서 그들 역시 그분과의 연합으로 새로운 생명으로 부활한다.

성화에서 일어나는 것은 이중적이다.

첫째, 어떤 것은 즉시, 결정적으로 일어난다. "몸 전체에 대한 죄의 지배가 파괴된다"(WCF 13.1). 총회가 인용하는 증거본문들은 로마서 6:6, 14이다. 그 구절들은 모두 그분의 죽음과 부활 속에서 그리스도와의 연합으로 모든 신자에게 일어나는 것에 대해 언급한다. 되돌릴 수 없는 변화가 일어났다. 그들은 그리스도와 함께 죽었으며 그분과 함께 살아나서 새로운 생명을 얻게 됐다. 그들은 더 이상 율법의 지배 아래에 있지 않고, 은혜 아래에 있다. 그들은 죄의 지배로부터 해방됐다.

둘째, 성화에는 계속적으로 평생토록 수행하는 측면들이 있다. 죄의 정욕들은 "점점 더"(more and more) 약화되고, 신자들은 따라서 모든 구원하는 은혜로 "점점 더" 소성케 되고 강화된다. 이것은 계속 진행 중이고 필수불가결한데, 거룩함이 없이는 아무도 주님을 보지 못할 것이기 때문이다. 이 과정 전체는 하나님의 영원한 작정에 뿌리를 박고 있다. 그것은 하나님의 형상을 따라 전인격이 새롭게 되는 데 있으며, 회개의 씨앗들이 그들의 마음 속에 심어지고, 싹트며, 증가되어서 "성도들이 죄에 대해서 점점 더 죽고, 다시 일어나 새로운 삶을 사는 것이다"(LC 75).

그렇지만 신자들은 "그들의 모든 부분에 남아 있는 죄의 잔재들"에 맞서 계속해서 싸워야 한다. 영과 육의 투쟁은 영속적이다. 시험들은 종종 신자들을 좌절시킬 것이다. 그들은 때때로 다양한 죄악들에 빠질 것이며, 심지어 그들이 최선을 다해 한 일까지도 더럽혀질 것이다(LC 78; WCF 13.2). 그럼에도 불구하고, 그것은 승리하는 투쟁인데, "점점 더"(끊임없이 다시 나오는 문구이다. 하나님께 감사하라) 성도들은 은혜 안에서 성장할 것이기 때문이다(WCF 13.1, 3).

여기서 그려지는 그림은 철저히 사실주의적이지만, 또한 최상의 의미에서는 의기양양한 것이기도 하다. 그것은 신자들이 직면하는 싸움들을 경시하지 않으며, 또한 그것은 내부에 부패의 계속적인 현존을 과소평가하지도 않는다. 그것은 잘못되거나 비현실적인 기대를 품게 하지 않는다. 하지만 그것은 은혜 안에서의 성장의 희망과 약속을 나타내며, 또한 그것은 그리스도와의 연합으로 일어난 결정적인 변화를 다시 나타낸다. 그러므로 그것은 후대에 발전된 성결 운동—케직 운동(Keswick movement)[128]에서 보이는—과는 달리, 성경의 제한 범위 내에서 작동한다. 이러한 후대의 발전은 방임하고, 죄와의 싸움을 과소평가하며, 그리스도인의 개인적인 책임을 경시하고, 그리스도의 죽음과 부활 안에서 그분에 의해서 일어나는 모든 신자에 대한 결정적인 변화를 하찮게 봄으로써 승리하는 그리스도인의 삶에 관한 거짓된 약속을 떠벌렸다.[129]

## 9. 회개(WCF 15; LC 76)

신앙고백 15장은 회개에 대해서 대요리문답보다 더 광범위하다. 이 장은 복음을 전하는 모든 사역자에 의한 회개의 전파의 필요성을 확언하는 것으로 시작하는데(WCF 15.1), 그것이 믿음만큼 필수

---

**128** J. I. Packer, "'Keswick' and the Reformed Doctrine of Sanctification," *EQ* 27(1955): 153-67을 보라.

**129** Barth가 어떤 부적절한 언어를 지적하는 것은, 신앙고백이 남아 있는 부패를 극복하는 "중생 부분"에 관하여 얘기할 때이다. 그는 "중생이 더 크거나 또는 더 작은 분량(quantity)인가?"라고 묻는다. Barth, *Reformed Confessions*, 141를 보라. 이것은 타당한 비판이다. 왜냐하면 타락이 총체적이어서, 모든 인간의 기능에 영향을 미치므로, 따라서 성화도 총체적이기 때문이다. 하지만 성화는 불완전하다.

불가결하기 때문이다. 이는 반율법주의적 경향들에 대한 분명한 안전판이다. 회개는 하나님이 베푸시는 복음적인 은혜이지만, 그것은 또한 인간의 책임이기도 하다. 사역자는 그것을 전파해야 하며, 신자는 그것을 실천해야 한다. 회개가 수반하는 것은 자기의 죄악들에 대한 증오, 그 모든 죄악으로부터 하나님께로 돌아섬, 그리고 그의 계명들에 따라서 살고자 하는 결심이다(WCF 15.2). 웨스트민스터 신학자들이 조심스럽게 인정하는 것은, 회개가 "하나님의 거룩한 본성과 의로운 율법에 배치되는 것으로서…[죄의] 더러움을 보고 느끼며" 또한 "통회하는 자들을 향한 그리스도 안에 있는 하나님의 긍휼을 깨달은" 결과라는 것이다. 결국 회개는 복음적 은혜여서 복음에 관한 지식에서 나온다. 회개는 구원을 위해서 그리스도를 신뢰하는 믿음에서 나온다. 분명히, 총회는 율법과 복음 양쪽의 관점에서 회개를 바라본다. 웨스트민스터가 믿음 앞에 회개를 두어서 율법주의적 관점에서 회개를 해석했다는 R. T. 켄달의 견해는 근거가 없는 것이다.[130] 웨스트민스터 신학자들이 반율법주의를 피하기 위해서 조심한 것만큼, 그들은 또한 복음 그 자체를 지키는 데 단호했다.

대단히 많은 것이 WCF 15.3에서 강조되는데, 여기서 회개가 여하튼 우리의 용서를 보증할 수 있다는 것이 부정된다. 하지만 회개는 꼭 필요하며, 용서는 회개 없이는 올 수가 없다. 이것이 강조하는 것은 믿음과 회개의 분리할 수 없음이다. 우리는 믿음으로 말미

---

[130] Kendall, *Calvin and English Calvinism*, 184-208를 보라. Kendall의 주장들은 너무나 철저히 논박당해서, 여기서 그것들에 대한 논박들에 관해 상세히 언급하는게 불필요할 정도이다.

암아 받게 되는, 우리를 위한 하나님의 사역을 기초로 하여 죄에 대한 용서를 받는다. 회개는 믿음과 동행하며, 그래서 용서가 존재하는 그곳에 회개도 존재할 것이다(원인으로서가 아니라, 결과로서). 거기에 믿지 않는 통회하는 자가 있는 것이 불가능하듯이, 역시 거기에 통회하지 않는 신자도 있을 수가 없다.

회개의 필요성은 WCF 15.4-6에서 더욱 강조된다. 사람들은 저마다 크건 작건 간에 모든 죄를 회개해야 하는데, 아무리 작은 죄라도 그 자체로서 우리를 저주할 수 없는 죄가 없기 때문이다. 우리는 모두 하나님께 우리의 죄를 고백하고서 그 죄로부터 돌이켜야 한다. 우리의 죄가 다른 사람들로 하여금 넘어지게 할 경우에, 우리는 그 사람이나 관련된 사람들에게 그 죄를 고백해야 한다. 그러한 고백은 사적일 수도 있고 공적일 수도 있는데, 영향을 받은 사람들에게 달렸다. 이와 동시에, 아무리 큰 죄라도 하나님의 긍휼을 얻지 못할 죄란 없다. 참으로 회개하는 사람들에게는, 어떠한 죄도 영벌을 가져올 수 없다.

## 10. 선행(WCF 16)

1643년 8월 15일 화요일 제27차 회기에서, 39개 신조에 대한 토론들 중에, 자유의지에 대해 진술하는 10조에서 "그리고 선행"(and good works)이라는 문구를 삭제하려는 움직임이 있었다. 이것은 로마 가톨릭교회가 이러한 말들을 사용하고, 또 그들 자신의 용어들로 가톨릭 교도들에게 반격하는 것이 최선이라는 이유로 제압당했다.[131] 게다가 이튿날인 1643년 8월 16일 수요일 제28차 회기에서 추가문이 제시됐는데, 그 조항이 로마 가톨릭교회와 아르미니우스파를 아주 분명히 반대하는 것처럼 보이지 않았기 때문이다. 그 추가문은 선한 의지를 주고 그 의지를 효과적일 수 있게 하는 데서의 성령의 사역을 강조했다. "우리가 선한 의지를 갖도록, 그리고 우리가 선한 것을 향해 우리의 의지를 결정하도록, 우리가 선한 것을 의지할 때 우리와 함께 역사하도록."[132] 이 총회가 참으로 선하고 그리스도 안에서 하나님을 기쁘시게 한다고 주장한, 칭의에 후속하는 선행에 대해 언급하는 12조를 고찰하면서, 총회 신학자들은 선행은 그 자체로는 죄를 없앨 수 없으며 하나님의 준엄한 심판도 견딜 수 없다고 역설했다.[133] 그렇지만 만약 선행이 "그리스도 안에서 하나님께 열납될 수 있다"고 한다면 너무 많은 땅을 반율법주의자들에게 할양하게 될 것이라는 많은 우려가 있었는데, 그들에게는 하나님이 우리의 선행에서 불완전함을 보지 못하신다.

신앙고백에서 이 장이 이례적으로 긴 것은 반율법주의에 대한 우려 때문이 아닌가 생각하는 사람도 있다. 선행은 오직 하나님이 하나님의 말씀 안에서 명하시는 것에 의해서만 규정되며(WCF 16.1), 참되고 살아 있는 믿음의 열매들이며 증거들이다(WCF 16.2). 오직 그리스도의 성령만이 신자들에게 선행을 원하고 행하는 능력을 줄 수 있지만, 신자들도 선행을 행할 책임이 있으며 바로 그 목적을 위해서 자신들 안에 있는 하나님의 은혜를 불러일으키는 데

---

**131** Lightfoot's journal, in Van Dixhoorn, 2:32.
**132** Van Dixhoorn, 2:33.
**133** S66 M 2,10,43, in ibid., 2:98.

부지런해야 한다(WCF 16.3).

다른 한편, 로마 가톨릭교회가 가르치는 공덕 행위는 일고의 가치도 없다. 하나님이 요구하시는 것보다 더 많이 행한다는 것은 불가능하다. 도리어 우리는 하나님이 원하시는 것에 부단히 미치지 못한다(WCF 16.4). 더욱이 선행은 구원을 얻는 데는 전혀 쓸모가 없다. 우리는 우리의 행위에 의해서는 죄의 용서나 영생을 받을 만하지 못하다. 선행의 선은 성령으로부터 나오지만, 우리 자신의 공헌은 죄악과 뒤섞여 있다(WCF 16.5). 하지만 우리의 선행은 하나님께 수납될 수 있다! 이는 우리가 그리스도 안에서 받아들여지기 때문이다. 그리스도와 우리의 연합 덕분에, 성부는 우리의 성실성을 받아들이시고 우리의 많은 불완전한 것은 간과하신다(WCF 16.6). 중생하지 못한 자들에 대해서는, 비록 그들이 하나님이 명하시는 것을 행하더라도, 그들의 행위는 믿음에서 나오는 것이 아니며, 또한 그들은 하나님의 영광을 구하지도 않는다. 그 결과로서, 그들은 하나님을 기쁘시게 하지 못하며, 또한 그들은 자신들이 행하는 것에 의해서 은혜를 받을 마음의 준비를 갖추지도 못한다(WCF 16.7).

대요리문답에는 선행에 대한 질문이 없다. 그렇지만 율법에 대한 긴 단락(LC 91-152)은, 십계명—특히 그 계명들이 요구하는 적극적인 의무들—을 상술하면서, 선행의 외적 형태를 기술한다. 선행은 우리의 마음을 다하고, 목숨을 다하고, 힘을 다하고, 뜻을 다하여 하나님을 사랑하고(LC 102), 우리 이웃을 자기 몸과 같이 사랑하며, 남에게 대접을 받고자 하는 대로 우리도 남을 대접하는(LC 122; 참조. SC 42) 데 있다.

그 문제에 대한 복잡한 논의에서, 안토니 터크니는 선행이 구원에 필요하다고 주장한다.[134] 선행은 구원을 받을 수 있는 사람한테서 요구되는 특성이지, 구원을 받기 위해서 요구되는 것이 아니다. 선행은 구원을 드러내는 방편이지, 구원을 가져오는 게 아니다.[135]

## 11. 견인(WCF 17; LC 79)

성도들의 견인(perseverance)에 관한 교리는 1590년대에 도전을 받았으며 1595년의 "람베드 신조"(The Lambeth Articles)에 의해서 수호됐다. 신앙고백과 대요리문답은 양쪽 다 이러한 수호를 재진술한다. WCF 17.1에서, 이 교리는 이렇게 진술된다.

> 하나님이…받아들이신 자들은 은혜의 상태로부터 전적으로 또한 최종적으로도 떨어질 수 없다. 오히려 그들은 그 상태에서 끝까지 확실히 견인하여 영원히 구원받을 것이다.

이것은 그들 자신의 의지에 근거하지 않고, 하나님에 근거한다(WCF 17.2; LC 79). 우선, 그것은 하나님의 작정으로부터 나오는데, 그분의 작정은 변치 않으며 성부 하나님의 값없는 사랑의 분출이다. 하나님은 또한 그들에게 영생을 주겠다고 약속하셨다. 게다가 그리스도의 공로와 중보기도가 그들의 구원을 위해서 계속적으로 유효하다. 참된 신자들이 그리스도와 갖는 연합은 침범될 수 없다.

---

**134** Tuckney, *Praelectiones theologicae*, 228이하.
**135** Ibid., 233.

신자들은 그리스도로부터 분리될 수 없으며, 그리스도는 성부 앞에서 계속적으로 그들을 위해 중보기도를 하신다. 이것과 일치하여 그리고 그리스도와의 연합이 수반하는 것의 일부로서, 성령이 그들에게 베풀어졌으며 그들 안에 거하신다.

그럼에도 불구하고 웨스트민스터 신학자들은 그리스도인의 삶의 긴장들과 우리가 맞닥뜨리는 위험들에 대해서는 현실적이었다(WCF 17.3). 신자들은 극심한 죄악들에 빠질 수 있다. 그들은 사탄의 시험들과 그들 자신의 육신의 부패에 직면하며, 또 그들은 한동안 은혜의 방편들을 소홀히 할 수 있다. 만약 그들이 이런 것들의 어떠한 것에 굴복한다면, 하나님은 그들에게 진노하실 수 있으며 그러한 것들은 일련의 일시적 징계들을 초래할 수 있다. 성화는 이생이 계속되는 동안은 항상 불완전한다(LC 78). 신자들은 믿음으로 살아야 할 책임이 있다. 그러나 이러한 모든 시련과 불확실성 가운데서, 그들은 믿음으로 말미암아 하나님의 권능에 의해서 지켜진다(LC 79). 하나님의 주권적 돌보심과 우리의 충분한 책임은 양쪽 다 작동하고 있다.

이 교리는 구원의 확신에 필요한 토대인데, 구원의 확신은 신앙고백에서 다음에 다루어진다. 모든 결점과 장애물에도 불구하고, 하나님의 권능이 우리의 현재 삶의 바로 그 끝까지 믿음 안에서 우리를 지켜줄 것이라는 확신이 없으면, 우리는 불확실성의 깊은 우물에 던져질 것이며 그리스도인의 생활은 훼손될 것이다. 그리스도께로 나아오는 사람들은 결코 내던져지지 않으리라는 것을 알기에, 우리는 삶이 우리에게 무엇을 던지더라도 그것에 직면할 힘을 가질 수 있다. 우리는 끝까지 우리를 견인해서 마침내 우리를 그리스도의 영원한 왕국으로 데려갈 더 높고, 궁극적인 권능을 알고 있다.

## 12. 확신(WCF 18; LC 80-81)

바르트는 WCF 18장이 "그것에 관한 무언가가 그다지 옳지 않기 때문에 대단히 많은 말이 필요하다"고 했다. 그리고 그는 "확신함"(making sure)이라는 문구가 "무오한 확신"(infallible certitude)에 추가되어야 한다고 주장한다.[136] 그는 웨스트민스터 신학자들 가운데 다수가 사역한 목회적 상황을 고려하지 못한다. 그들의 교구민들 가운데 다수가 확신(assurance)에 대한 문제들을 갖고 있었다.

신학적인 질문(question)들이 그 문제(matter)의 근저에 있다는 것은 실질적으로 자명한 것이다. 로마 가톨릭교회는 특별한 계시나 자기들의 공표 외에는, 이생에서 궁극적인 구원의 확신을 갖는 것이 가능하다는 것을 부정했다. 트리엔트 공의회는 확신의 규범적인 가능성을 가르치는 사람은 누구든지 파문했다. 다른 한편, 다른 개혁파 신학자들과 같이 칼빈도 자신이 구원하는 믿음을 확신으로 정의하는 것은 그리스도인의 삶에 필요불가결하다고 생각했다.[137] 그에게는, 특히 그리스도 안에 있는 복음의 약속에서 보이는, 하나님의 주권과 성실하심이 그것을 뒷받침했다.

로마 가톨릭교회의 고해 제도와 더불어, 구원에 관한 로마 가톨릭교회의 반(半)펠라기우스주의적인 교리는 신자들의 지위에 불확

---

**136** Barth, *Reformed Confessions*, 144.
**137** Calvin, *Institutes*, 3.2.7.

실성의 영속적인 구름을 덮었다.¹³⁸ 후에 아르미니우스와 항거파는 참된 신자가 결국 망하기 위해서 은혜에서 떨어질 수 있는지를 의문시했다. 그들은 이것을 적극적으로 확언한 게 아니라, 성도들의 견인에 관한 개혁파 교리에 대해 문제를 제기했을 뿐이다. 그 결과, 아르미니우스파는 궁극적인 구원의 확신에 관한 교리를 가질 수 없었는데, 어느 누구도 자기의 은혜에서 떨어질 수 없다는 것을 확신할 수 없었기 때문이다. 이에 대한 응수로, 도르트 회의는 그리스도인들이 겪을 수 있는 투쟁들에도 불구하고, 그런 확신을 기대할 수 있는 것은, 하나님의 택함을 받은 자들은 모두 바로 그 종말까지 믿음 안에서 견인할 것이기 때문이라고 단언했다.¹³⁹

개혁파 교회들 내에서는, 칼빈이 기술한 대로, 이 확신이 구원하는 믿음의 정상적인 측면인지, 또는 그것이 칭의 뒤에 오는지에 대한 논의와 의견 차이가 있었다. 어떤 사람들은 제한적 속죄의 교리가 확신을 훼손한다고 주장했지만,¹⁴⁰ 이것은 가능성이 없는 것 같다. 아르미니우스 논쟁에서, 선택과 분명한 속죄가 확신을 뒷받침했지만, 항거파의 보다 약한 견해들은 확신을 훼손했다. 나는 은혜언약의 조건부적 견해가 내성(內省, introspection)을 북돋았을지도 모른다고 제안했다. 만약 하나님의 약속이 우리 안의 은혜의 현존에 근거한다면, 사람들은 그들이 확신에 도달할 수 있기 전에 그들

---

**138** R. W. A. Letham, "The Relationship Between Saving Faith and Assurance of Salvation" (Th.M. thesis, Westminster Theological Seminary, 1976), 5–12.
**139** Schaff, *Creeds*, 3:550–97, 특히 554, 571–76, 583–84, 592–95.
**140** Kendall, *Calvin and English Calvinism* G. M. Thomas, *The Extent of the Atonement: A Dilemma for Reformed Theology from Calvin to the Consensus(1536–1675)* (Carlisle: Paternoster, 1997).

에게 사랑과 인내와 그 밖에 성령의 열매가 있는지를 분명히 물을 것이다. 이러한 개념은 보편적인 지지를 얻지 못했다.[141]

총회의 구성원들 가운데, 토마스 구드윈은 에베소서에 대한 자신의 주석서에서 확신에 대한 독특한 견해들을 제시했다. 그는 주장하기를, 에베소서 1:13에 언급된 성령의 인치심은 성령이 구원에 관한 직접적인 확신을 주는 성령의 특정한 사역에 대해 언급하는 것이라고 했다. 성령은 그리스도를 믿는 모든 사람에게 확신을 주시는 것은 아니다. 그것은 성숙한 그리스도인을 위한 것이며 부지런히 찾아야 하는 것이다. 구드윈은 자신의 독자들에게 그것을 위해서 "하나님을 상대로 소송을 제기하도록" 강권한다. 그는 이 개념의 논거를 "너희가 약속의 성령으로 인치심을 받은 것을 너희가 믿은 후에"(after you believed you were sealed with the Holy Spirit of promise)로 번역하는, 부정과거 분사(aorist participle)에 두었다.[142]

존 오웬(John Owen)은 이러한 해석을 의문시하면서, 인치심이 믿는 것과 동시에 일어난다는 것을 입증했으며, 그래서 바울은 성령이 우리를 인치시는 특정한 사역에 대해 언급하는 게 아니라, 인침으로서의 성령 그 자신에 대해 언급하는 것이다. 따라서 성령은 믿는 모든 사람을 위한 구원의 인침이시지, 엘리트 그리스도인들에게

---

**141** R. Letham, *Assurance in Theological Context*, a revision of R. W. A. Letham, "Saving Faith and Assurance"를 보라. 스코틀랜드 북부의 고지와 스코틀랜드의 섬들 출신인 한 회중 속에서 1975년에 겪은 목회 경험으로부터, 내게는 확신이 이러한 형태의 언약적 조건주의에 의해서 악화된, 매우 절박한 관심사인 것같이 여겨졌다.

**142** Thomas Goodwin, *An Exposition of Ephesians* (n.p.: Sovereign Grace Book Club, 1958), 227-52.

특별한 체험을 주시는 분이 아니시다.¹⁴³ 그렇지만 오웬은 총회의 구성원이 아니었으며, 에베소서 1:13-14이 증거본문들에서 인용되는 WCF 18.3에는 구드윈의 개념들이 이 장에 수용됐다는 암시들이 있다. 이것은 왜 확신이 엘리트적인 체험으로 간주됐으며 따라서 얻기는 매우 어렵지만 잃기는 매우 쉬웠는지를 설명할 것이다.

분명한 사실은 총회가 신약에 있는 담대한 확신에 관한 언급을 경시했다는 것이다. 한 가지를 언급하면, 확신과 구원하는 믿음이 따로따로 논의되고 있고, 장들이 연속되지 않으며, WCF 14.3이 도출하려고 애쓰는 것들의 관계들을 모호하게 한다는 것이다. 이와는 대조적으로, 요한일서는 "우리는 안다"(we know)라는 표현을 55회나 사용한다. 빛 속에서 사는 사람들과 어둠 속에 있는 사람들을 분명히 구별한다. 웨스트민스터 신학자들은 또한 영적 유기의 가능성을 과장했을지도 모른다. 이것은 분명히 그들 자신의 사역들에서 중요한 관심사였는데, 잉글랜드의 청교도주의가 영적 유기에 관한 책을 많이 출간했기 때문이다.¹⁴⁴

신앙고백의 이 장은 구원의 확신이 도달하기는 매우 어렵고 상

---

**143** John Owen, "The Holy Spirit as a Comforter," in *Works of John Owen*, 4:399-406. 나는 James I. Packer에게 감사드린다. 그는 1974년 8월 28일자 개인적인 서신에서 나에게 이것을 지적해 주었다.

**144** 예컨대, William Bridge, *A lifting up for the downcast*, in *The Works of the Rev. William Bridge, M.A.* (5 vols.; London: Thomas Tegg, 1845), 2:3-279; Thomas Goodwin, *A childe of light walking in darknes: or A treatise shewing the causes, by which God leaves his children to distresse of conscience* (London: M[iles] F[lesher] for R. Dawlman and L. Fawne, 1638) [STC(2nd ed.) 12038]; Richard Capel, *Tentations: their nature, danger, cure* (London: R. B[adger], 1633) [STC(2nd ed.) 4595]; Joseph Symonds, *The case and cure of a deserted soule* (London: M. Flesher for Luke Fawne, 1639) [STC(2nd ed.) 23590]. Bridge와 Goodwin 두 사람 모두 총회의 구성원이었다.

실하기는 대단히 쉽다는 생각이 들게 한다(그러나 용기를 가지라. 당신은 완전한 절망을 겪지는 않을 것이다). 그것은 갈라디아서에서 바울이 기술한, 영과 육의 평생토록 벌어지는 싸움의 견지에서는 현실주의적이다. 그것이 웨스트민스터 신학자들의 교구민들 중 다수의 투쟁들의 한 가운데서 구축됐다는 것은 의심의 여지가 없다. 그렇지만 이러한 관점은 결코 신약의 목소리가 아니다. 심한 핍박을 겪게 될 교회들에 대해 쓰인 요한계시록조차도 역경의 한 가운데서 듣게 되는 명백한 승리의 선율을 들려준다. 견인에 관한 신앙고백의 교리는 당시에 더욱 크게 흔들렸음이 틀림없다.

신앙고백은 WCF 18.1에서 그리스도를 따르려고 노력하는 참된 신자들은 자신들이 은혜의 상태에 있다는 것을 확신할 수 있고(may be assured) 또 하나님의 영광을 소망하며 즐거워할 수 있다(may rejoice)고 확언한다. 이것은 LC 80과 흡사하다. 그렇지만 그것은 사도 바울과는 어긋난다. 믿음으로 말미암아 의롭다고 칭해지는 사람들은, 그들도 고난을 당하긴 하지만, 하나님의 영광을 소망하며 즐거워한다(롬 5:1-5). 그것은 또한 니케아-콘스탄티노플 신경과 "우리는 죽은 자들의 부활과 장차 도래할 세계의 삶을 고대한다"는 그 신조의 종결짓는 확언과도 일치하지 않는다.

그 다음 단락은 강경하게 로마 가톨릭교회와 의견을 달리한다. 확신은 추측적인 가망성이 아니다. 그것은 믿음의 무오한 확신이다. 이는 많은 요소들 때문이다. 이 확신은 (1) 구원의 약속들의 신적 진리, (2) 이 약속들이 만들어지는 대상인 그러한 은혜들의 내적 증거, (3) 우리가 하나님의 자녀들인 사실을 우리의 심령들과 함께 증거하는, 입양에 관한 성령의 증거에 기초한다. 성령은 우리의 기업(inheritance)의 성실한 보증이시다. LC 80은 거의 축어적으로 이것을 되풀이한다.

이 단락은 R. T. 켄달(R. T. Kendall)로부터 신랄한 비판을 받았다. 그는 웨스트민스터 신학이 칼빈으로부터 멀리 떨어진 급진적인 운동의 일부라고 주장했다. 그는 주장하기를, 스콜라 신학적 방법론의 영향 하에, 개혁파 신학이 믿음이 의지의 행위가 되는 주의주의적(voluntaristic) 방향으로 바꾸었다고 한다. 제한적 속죄는 그리스도께서 자신들을 위해서 죽으셨는지의 여부에 대해 사람들의 마음 속에 크나큰 문제들을 제기했다. 따라서 믿음과 확신은 분리되었으며, 확신 그 자체는 내성에 기초했다. 따라서 구원의 약속들은 여기서는 은혜의 내적 증거에 대하여 만들어진다고 한다.[145] 켄달은 주장하기를, 이것은 칼빈이 믿음과 확신을 동일시하는 것과, 다시 말해 믿음은 우리를 향한 성부의 자비심을 아는 확실하고 정확한 지식이라는 것과 대조를 이루었다고 한다. 다른 곳에서(많은 곳에서), 나는 켄달의 연구의 부당성을 지적하면서 그의 주장은 지지할 수 없다고 주장했다.[146] 다른 사람들도 그 논쟁에 가담했다. 이제, 켄달의 주장은 더 이상 진행되지 않는다.[147]

---

**145** Kendall, *Calvin and English Calvinism*.

**146** Letham, "Saving Faith and Assurance"; R. Letham, "Theodore Beza: A Reassessment," *SJT* 40(1987): 25-40; R. Letham, "Amandus Polanus: A Neglected Theologian?" *SCJ* 21(1990): 463-76; R. Letham, "Faith and Assurance in Early Calvinism: A Model of Continuity and Diversity," in *Later Calvinism*(ed. Graham), 355-84; Letham, *Assurance in Theological Context*, a revision and relative updating of the 1979 thesis, "Saving Faith and Assurance"를 보라.

**147** 일련의 책들과 논문들 이후에, R. A. Muller는 *After Calvin*에서 최후의 일격을 가했다. 또한 J. Beeke, *Assurance of Faith: Calvin, English Puritanism, and the Dutch Second*

WCF 18.3에서, 확신은 참된 신자가 그것을 오래 기다릴 수 있는 신앙의 본질에 속하는 것은 아니라고 주장한다. LC 81은 한 걸음 더 나아가서 은혜와 구원의 확신은 신앙의 본질에 속하는 것이 아니라고 공공연히 주장한다. 이는 웨스트민스터 신학자들이 구원하는 믿음과 구별하여, 확신을 별도의 장에서 다루는 것을 정당화한다. 참된 신자들은 통상적인 방편들을 올바르게 사용하여, 특별한 계시 없이도 이러한 확신에 이를 수 있다. 이것은 로마 가톨릭교회와 배치된다. 로마 가톨릭교회는 확신은 오직 계시나 교회의 공표에 의해서만 얻게 될 수 있다고 가르친다. LC 80 또한 비상한 계시와는 별도로 통상적인 방편들의 사용을 강조하지만, LC 81은 참된 신자는 확신을 오랫동안 기다려야 할 수도 있다고 말함으로써 WCF를 강화한다. 그럼에도 불구하고, 확신을 구하는 것은 그리스도인의 의무이다. 확신은 성령 안에서의 평안과 기쁨, 하나님께 감사드림, 그리고 진심어린 순종과 관련되어 있다. 확신이 반율법주의적 개념들을 위한 은폐 수단이라고 생각할지도 모르는 사람들과는 배치되게, 그것은 방종으로 이끌지 않는다.

이러한 확신도 흔들릴 수 있다(WCF 18.4). 은혜의 방편들을 태만히 함과 죄와 시험이 확신을 위협할 수 있다. 하나님은 자신의 얼굴빛을 거두실 수 있다. 영적 유기는 청교도 문헌에서 친숙한 주제였다. 사역자의 생애는 그 주위에 구축되는 경우가 많았다. 하지만 참된 신자는 결코 아주 흠결하지는 않을 것이다. 적당한 때에 이 확신은 성령에 의해서 회복될 수 있으며, 한편 그 신자는 지독한 절망에

---

*Reformation* (New York: Peter Lang, 1991); Trueman and Clark, eds., *Protestant Scholasticism;* Moore, *English Hypothetical Universalism*을 보라.

빠지지 않도록 지켜질 것이다(또한 LC 81을 보라). 요한일서의 확언들—우리는 자신들이 죽음에서 생명으로 옮겼다는 것을 안다—대신에 우리는 단순히 지독한 절망에 빠지지 않도록 지켜질 뿐이다. 실제적인 목회 상황들을 고려해야 함에도 불구하고, 총회는 이와 관련해서 최선의 상태에 있지 못했다.

마지막으로, 우리는 바르트로 되돌아간다. 그는 구원의 확신이 총회에 의해서 다루어졌다는 개념 전체를 공격했다. "대단히 경건한 체하고 이기적인, 재확신(reassurance)의 이러한 의도는 목조물 안에 있는 벌레이지, 교리 그 자체가 아니다!"[148] 실로 "잉글랜드인들의 용납할 수 없는 접근법"은 이 사람이나 저 사람이 택함을 받은 사람이 될 수 있는지의 여부에 관한 질문에 대해 그들이 주는 대답에서 보이는 것이 아니라, "이 질문에 대한 실제적인 관심이 교회 그 자체의 벽에 생긴 최초의 균열"이었던 한에 있어서 보인다.[149]

이러한 비난은 39개 신조가 똑같이 동일한 강조를 했는데, 다만 더 많이 강조했다는 점을 간과한다. 왜냐하면 약한 양심들을 격려하고 보호하려는 반복된 목회적 관심이 있었기 때문이다. 바르트가 이것을 간과한다는 것은 믿기 어렵다. 더욱이 총회의 구성원들의 대다수는 자신들의 교구민들의 관심사와 문제들을 다루어온 목사들이었다. 바르트도 목사였지만, 다른 부류의 목사였는데, 그 당시에 그리고 1914년까지 기독교 사회주의에 관심을 갖고 있었다. 관련된 것이긴 하지만 약간 다른 관점에서 보면, T. F. 토랜스는 제한적 속죄의 교리와 더불어, 구원을 위한 오직 일부 사람들만의 유효적 소명이

---

**148** Barth, *Reformed Confessions*, 136.
**149** Ibid., 216.

확신의 결여를 낳았다고 주장한다.[150] 그렇지만 성도들의 견인이라는 확고한 교리가 없으면, 확신은 불가능하다. 역사적으로, 아르미니우스는 확신을 훼손했다. 그러나 도르트는 확신을 유지했다.

## 13. 영화(Glorification)

LC 86은 택함 받은 자들이 죽은 직후에 그리스도와 더불어 누리게 될 영광의 교제의 본질을 다룬다. 그들의 영혼은 완전히 거룩하게 될 것이고, 그 영혼들은 지극히 높은 천국으로 영접을 받을 것이며, 그들은 빛과 영광 가운데 계신 하나님의 얼굴을 목도(behold)할 것이다(고후 5:1, 6, 8; 빌 1:23; 참조. 행 3:21; 엡 4:10). 그들은 하나님의 얼굴을 볼(see) 것이다(요일 3:2; 고전 13:12). 다른 한편, 그들의 구원은 아직 완전하지 않을 것인데, 그들이 자신들의 몸의 완전한 구속을 기다릴 것이기 때문이다(롬 8:23; 시 16:9). 그렇지만 심지어 죽은 상태에서도 그들의 몸은 계속 그리스도와 연합된 상태에 있다. 심지어 죽음과 무덤조차도 우리가 지금 누리고 있고 그가 재림하실 때 열매를 맺을 그리스도와의 연합을 끊을 수 없다.

LC 87에 따르면, 부활하게 될 때, 참된 신자들은 그들이 지금 입고 있는 것과 동일한 몸으로 그리스도의 권능에 의해서 일으킴을 받을 것이다. 그들의 영혼에 연합된 그들의 몸은 권능으로 일으킴을 받을 것이다. 그들은 신령하고 썩지 않는 몸을 갖게 될 것이

---

**150** T. F. Torrance, *Scottish Theology*, 136–37.

며, 그리스도의 영광스러운 몸과 같이 될 것이다. 여기서 다시금, 구원은 그리스도와의 연합 안에 있다. 우리의 부활은 그리스도의 부활에 의거하고 또 불가결하게 관련된다. 그리고 나서 최후의 심판이 임한다(LC 88-90; WCF 33). 최후의 심판 뒤에, 모든 죄악과 비참에서 완전히 그리고 영원히 해방된 의인들(계 14:13)은 상상할 수도 없는 기쁨으로 충만하고(시 16:11), 몸과 영혼이 완전히 거룩하고 행복하게 될 것인데(히 12:22-23), 특히 우리 주 예수 그리스도와 성령과 성부 하나님을 영원히 직접 뵙고서 기쁨을 누리는 가운데 그러할 것이다.[151] 이는 보이지 않는(비가시적) 교회의 구성원들이 영광 속에서 그리스도와 함께 누리게 될 완전하고 충만한 친교이다. 신앙고백은 그런 충만한 기쁨과 유쾌함을 받는, 주님의 현존으로부터 올 영생에 관해 얘기한다(WCF 33.2). 이것은 현재 우리가 단지 예상하면서, 죽은 자들의 부활과 장차 도래할 세상의 삶을 고대할 수 있을 뿐인 주제이다.

그렇지만 신약이 나타내는 대로, 그리고 웨스트민스터 신학자들이 또한 주장한 대로, 이것은 여기에서 그리고 지금 우리의 삶을 지도하고 형성해야 한다. 동방 정교회에서, 신화(deification)는 구원의 초점이며, 성령에 의해서 하나님의 형상으로 바뀌는 것으로 받아들여진다. 따라서 그것은 개혁파 신학에서 함께 중생과 성화와 영화인 것을 아우르면서, 그것을 하나로 생각한다. 이러한 시각은 서방 교회에서는 상실됐다. 그것은 우리로 하여금, 여기 그리고 지금 그리스도와의 연합이 장차 이루어질 그리스도와의 연합과 일치한다

---

151 영화(glorification)에 관한 이러한 삼위일체적 견해는 6장과 8장에서 언급된 Torrance의 비판들 가운데 다수를 반박한다.

는 것을, 그 차이는 종류(kind)라기보다는 오히려 정도(degree)에 있다는 것을, 그리고 중생과 칭의와 성화에서 그리스도에 연합된다는 것은, 방해받지 않고 충만한 연합 속에서, 우리가 분리할 수 없는 연합 안에서 영원히 성부와 성자와 성령을 누릴 때, 하나님에 관한 우리의 지식이 완전하게 결실을 맺는 데서 그것을 완벽하게 표현하게 되는 것임을-총회와 함께-인정할 수 있도록 도와준다.

## 14. 부기 4: 베드로후서 1:4에 대한 안토니 터크니의 논평: "상상할 수 있는 가장 높은 승귀"

웨스트민스터 총회 구성원들 가운데 가장 영향력 있는 한 사람인 안토니 터크니는 대요리문답을 만들어내는 데 큰 역할을 담당했으며, 하나님의 성품에 따르게 된다는 개념에 대해 약간 상세하게 설교했다. 베드로후서 1:4에 대한 설교에서 그는 이렇게 말했다.

> 오직 하나님의 권능만이 이러한 하나님의 성품과 그리스도를 믿는 보배로운 믿음을 생산할 수 있습니다. 오직 이러한 믿음만이 기독교 신자를 이렇게 지극히 보배로운 약속 안에, 그리고 하나님의 성품에의 참여자로 만드는 약속된 긍휼 안에 둡니다.[152]

---

[152] Anthony Tuckney, sermon XVII on 2 Peter 1:4, in *Forty sermons* (London: J. M. for Jonathan Robinson and Brabazon Aylmer, 1676) [Wing T315; Arber's Term Cat. I/225], 224.

터크니는 묻는다. "이러한 하나님의 성품과 우리의 연결, 하나님의 성품에의 참여자들이 된다는 것이 말하고자 하는 바는 무엇이겠습니까?" 그는 각기 다른 많은 해석들을 고찰하는데, 이러한 해석들은 세 가지로 환원될 수 있다. 가장 부패한 해석자들은 신적 본질에의 실제적인 참여가 있다고 주장한다.

오시안더와 세르베투스는 영혼이 몸에 주입되듯이—몸에 의해서 영혼이 활기차게 된다—본질적인 신성이 경건한 사람들에게 주입된다고 주장한다. 이 시대와 이전 시대의 떠벌리는 열광주의자들과 영지주의자들은 이 견해를 고수했다. 그것은 루시퍼의 교만보다 더 높이 난다. 그것은 반기독교적인 신성 모독이다. 교부들, 특히 헬라 교부들 가운데 일부—아타나시우스와 나지안주스의 그레고리—는 "충분한 자유를 가르쳤다…그러나 그것은 우리의 본성의 어떤 폐기, 하나님의 본성으로의 변화, 또는 하나님의 본질에의 참여를 의미하는 것으로 보이지는 않는다." 이것은 터크니에 의해서 이루어진 좋은 판단을 보여주고, 그의 학식을 나타낸다. 신화(deification)에 관한 동방 정교회의 견해를 이러한 붓으로 손상시키는 것은 보수적인 개신교도들 사이에서는 흔히 있는 일이다. 그러나 그렇게 하는 점에서 분명한 사실은 그들이 그 견해를 이해하려는 시도를 하지 않았다는 것이다.[153]

터크니는 우리가 하나님의 성품을 공유하는 것을 성육신과 비교하면서 이렇게 말한다. "만약 그리스도의 위격적 연합이 본성들과 그것들의 성질들을 혼동하지 않는다면, 하나님과 영혼의 이러

---

**153** Ibid., 225. 참조. Letham, *Through Western Eyes*, 253-63.

한 신비로운 연합은 신성과 영혼의 혼합이나 주입을 생각하지 않게 될 것이다." 그런 다음에 터크니는 그것을 다른 두 연합과 비교한다. (1) 본질적으로 신적 본성이 공동으로 참여하는 데서의, 삼위일체의 동일본질적인 세 위격간의 연합, (2) 위격적(*hypostatikos*휘포스타티코스])혹은 인격적인 그리스도와 인성의 연합. 그는 이렇게 결론 짓는다. "그분이 우리 안에서 역사하시는, 하나님의 은혜와 형상의 참여에 의해서 우리가 하나님의 성품에 참여할 수 있다는 것은 우리의 가장 높은 영예이자 행복이다. 이것에 의해서 우리는 그분과 일치하게 되는데, 그분의 한없이 거룩한 형상이 제한적이고 억눌린 존재 안에서 표현될 수 있는 한에서 그러하다. 이는 밀랍이 본질이 아니라 밀랍에 찍힌 인의 상(impression)을 갖는 것과 같거나", 은혜로운 성화의 은사를 통하여 우연적으로(*accidentaliter per donum gratiae sanctificantis*), 마치 하나의 초상화이지만 누군가의 얼굴이라 불리는 것과 같다.[154] 그는 키프리안의 표현, "진실하고 경건한"을 인용한다. "우리의 연합은 인격적 혹은 본질적 결합이 아니다. 정서적 연합이자 의지의 일치이다(*sed affectus consociat & confoederat voluntates*)."[155]

그는 여기서 개혁파 신학자인 J. 클롭펜부르크(Cloppenburg)는 달리 생각한다—그는 그 말들은 그분 자신의 본성과 존재 안에 계시는 하나님을 나타낸다고 제안했다—는 것을 인정한다. 그래서 요한복음 17:3에 대해 언급하면서, 베드로가 의도하는 것은 은혜의 친교일 뿐만 아니라 "하나님 그분 자신과의 참되고 복된 친교이기도 하다"라고 말한다. 또한 터크니는 이렇게 인정한다. 베드로후서 1:4

---

**154** Tuckney, *Forty sermons*, 226.
**155** Ibid., 227.

의 단어들은 "한 친구가 다른 친구와 갖는 것과 같은, 단지 꾸밈없는 친교와 교제가 아니라, 어떤 것에 관한 보다 내적이고 생득적인 소통처럼 들리는 것 같다. 하지만 그 친교와 교제가 포함되며, 그리고 그것에 관해서 어떤 훌륭한 해석자들이 그것을 상세히 설명한다."[156]

터크니는 말하기를, 암브로우스와 오이쿠메니우스와 같은 다른 사람들은 성육신 상태에 있는 그리스도와 관련해서 그 문구를 해석하는데, 그러한 상태에서 그분의 인성이 신성에 참여한 것은 인성이 동질적으로 신성과 연합되었기 때문이라고 한다. 그러나, 터크니는 우리가 신성을 취했다기보다는 오히려 그리스도께서 우리의 본성을 취하셨다고 주장한다. 이러한 연합은 그분의 잉태와 탄생 이후로 내내 유효하였고, 우리의 연합은 여전히 성취될 수 있다. 따라서 인성을 갖는 모든 사람이 신성의 참여자인 반면에, 베드로는 그것을 신자들로 제한한다. 이러한 주장을 따르는 시릴은 그것을 성찬에 돌리는데, 가톨릭 교도들은 성찬을 열심히 삼킨다. 하지만 여기서 베드로는 성례에 관해서 얘기하기보다는 오히려 일반적으로 말하는 것이며, 그리스도의 몸과 우리의 몸의 극도로 불합리하고 신성모독적인 어떤 혼합(commixture)과 연합(concorporation)에 관해 얘기하기보다는 오히려 영적으로 말하는 것이다.[157]

다른 사람들은 보다 올바르게 성령에 관한 문구를 해석한다. 코르넬리우스 아 라피드(Cornelius à Lapide)는 우연적으로 (*accidentaliter*[악키덴탈리테르])라는 표현에 대한 찬성론을 펼 뿐만

---

**156** 156. Ibid.
**157** Ibid., 227-28.

아니라(성령으로 말미암아 우리는 하나님의 성품들과 은혜들을 부여받아서, 성령을 따르게 되고 우리의 하늘 아버지처럼 된다) 본질적으로(*substantaliter*[숩스탄틸리테르])에 대한 찬성론도 주장한다. 성령의 바로 그 위격이 우리에게 연합된다. 그는 성령이 신자들에게 주어지고 그들 안에 거한다는 롬바르드(Lib. 1 dist. 14)와 의견이 같지만, 그는 그들이 얘기하는 새로운 중용(*novus modus*[노부스 모두스])에 관해서는 모른다.[158] 더욱이 성령은 위격적으로 신자들에게 연합되지 않는다.

터크니 자신의 견해는 입양과 자녀됨의 은혜로 말미암아, 그리스도는 본성에 이루어지는 것(하나님의 자녀됨)을 우리는 은혜에 의해서 된다는 것이다. 그리스도의 아버지는 우리의 아버지이시고, 그분의 성령은 우리의 성령이시다. 따라서 삼위 모두의 본성이 이러한 관계적 의미에서 우리에게 전해진다. 우리는 성부와 하나가 되시는 성자로부터 우리의 생존을 갖는 자녀들이며, 우리는 자신들의 방식과 수단으로 그분들 양쪽과 하나가 된다. 그는 아타나시우스한테서 뒷받침을 얻는다. 아타나시우스는 우리는 하나님의 아들에의 참여자가 됨으로써 하나님에의 참여자가 된다고 주장한다(*Oratio 4 contra Arianos*). 터크니에게는 또한 포브스의 『칭의』(Forbes, *Justification*, ch. 8, 23-25), 벨라르민의 『칭의』(Bellarmine, *Justification*, 1 2, c5 Quomodo autem) 등, 부분적인 참조가 있다.[159]

따라서 터크니는 이렇게 주장한다. 우리가 이중의 의미로(입양과 중생에 의하여) 하나님의 자녀이듯이 — 하나님은 마치 낳은 것처럼 우리를 자녀로 삼으신다(요 1:12-13) — 우리는 이중적 참여(입양

---

**158** Ibid., 228.
**159** Ibid., 229.

으로 관계적이듯이 중생으로 능동적이고 생득적인, 그리고 성화로 계속되는)로 신성에의 참여자가 된다. 그는 자기의 주장을 뒷받침하려고 나지안주스의 그레고리(*Oratio* 47)를 인용한다. 키프리안은 우리가 성령의 참여하심으로 말미암아 신성에의 참여자가 된다(Athanasius, *de S. Trinit. Dialog.* 2.164처럼)고 기술했다. 마음과 생명 속에 계신 성령을 힘입어서 우리는 하나님처럼 된다(엡 4:24; 골 3:10). 이것은 "그분의 본질(Essence)과 실체(substance)의 어떠한 연합(partnership)에 의해서가 아니라, 뛰어난 은혜들의 연합에 의해서 이루어진다." 또는 "아버지에게 자식처럼…또는 봉인에 인친 밀랍의 상처럼…또는 거울을 보는 것 같이, 직접 대면하여, 주의 영으로 말미암아 영광에서 영광으로 변화한다"(고후 3:18). 이렇게 하나님 같이 되는 것은 "원래 그리고 무한히 하나님 안에 있는 것을 복사하는 것과 같다." 그는 제롬과 칼빈이 말하는 "우리가 스스로를 낮출 때 우리는 하나님과 하나가 된다(quantum modulus nostra feret, sumus unum cum Deo)"를 인용한다.[160]

베드로후서 1장의 후속하는 말들인 "썩어질 것을 피하여"는 우리에게 이렇게 하나님 같이 되는 것이 무엇인지를 말해 주는데, 그것 안에서 그리고 그것에 의해서 우리는 신성에의 참여자가 된다. 그것은 하나님의 신적 본질에 참여하는 것이 아니라, 오히려 그분의 하늘의 은혜에 참여하는 것이며, 이 은혜에 의해서 우리는 세상적인 오염들을 피한다. 선행하는 말들은 우리가 약속에 의해서 그것을 가지며, 그래서 다시금 하나님의 본질이나 본성을 갖지 않는

---

160 Ibid., 230.

다는 것을 나타낸다. 하나님의 책 전체에서는, 악마가 하와에게 한 약속 외에는, 우리가 하나님의 본질이나 본성을 가질 것이라는 약속이 하나도 없다.¹⁶¹ "하나님 편에서는 그것은 가장 낮은 비하이며, 우리 편에서는 상상할 수 있는 가장 높은 승귀이다." 왜냐하면 "사람은 더 이상 높아질 수 없으며, 그것의 천사의 본성도 그토록 높아질 수 없기" 때문이다, 놀라운 것은 "대단히 악독하고 더러워서, 본래 진노의 자녀인 우리는…대단히 영광스럽고 거룩한 그런 하나님의 본성의 참여자가 될 수 있다"는 것이다.¹⁶²

---

161  Ibid., 231.
162  Ibid., 233.

# 제13장

# 율법과 자유

## 1. 하나님의 율법(WCF 19; LC 91-152)

WCF 19.1은 피조세계와 행위언약에서의 하나님의 율법에 대해 언급한다. 이것으로, 하나님은 아담과 그의 후손 전체에게 "개인적이고, 전적이며, 엄밀하고, 항구적인 순종"의 의무를 지우셨는데, 순종을 조건으로 생명의 약속을 주시고 또 그 율법을 어기는 것에 대해서는 죽음의 위협을 주셨지만, 아담에게 그 율법을 성취할 수 있는 능력을 주셨다.

WCF 19장은 개혁파 신학에서 표준이 되었던 율법의 3중 분류를 전개한다. 이전의 신앙고백 문헌은 이러한 구별을 위한 토대를 제공했지만, 그것이 항상 명확하지는 않았다. 그것의 배후에는 성경에 관한 특정한 이해가 있다. 신약에 따르면, 그리스도는 예배와 제사와 의식을 지배하는 율법들을 종결시키셨다. 히브리서는 구약의 제사들이 그리스도의 십자가에 의해서 끝났다는 것을 분명히 한다. 갈라디아서에서, 바울은 할례는 더 이상 언약적으로 중요하지 않다고 잘라 말한다. 다른 한편, 십계명은 예수님에 의해서 해석되고 강화되며(마 5-7장) 바울과 야고보에 의해서 보강된다. 이러한 의미에서, 바울은 복음이 율법을 굳게 세운다고 주장한다(롬 3:31). 본질적으로, 십계명은 피조세계의 규례들을 강화하는 것이어서 시대에 맞추어진(time-limited) 시내 산 언약을 초월한다.[1] 주님이 이스라엘에 주신 지나치게 많은 민법은 그가 맺으신 언약의 일부였다. 바울은 이것이 이스라엘에게 그리스도의 오심을 맞을 수 있도록 준비시키는 구체적인 목적을 위한 것이었다고 주장한다(갈 3:19).[2]

고전적인 개혁파 신앙고백들 가운데서, 프랑스 신앙고백 23조는 이렇게 진술한다. "율법의 규례들은 예수 그리스도께서 강림하셨을 때 끝났다. 그러나, 비록 그 의식들이 더 이상 사용되지 않지만, 그것들의 실체와 진리는 그것들을 성취하는 그분의 인격 안에 여전히 남아 있다. 그리고 복음의 약속들에서의 우리의 확신을 위해서뿐만 아니라, 우리의 삶을 지배하기 위해서도 우리는 율법과 선지자들로부터 도움을 구해야 한다." 여기서 "율법의 규례들"(그것들이 그리스도 안에서 성취됐기 때문에 지금은 쓸모없게 된 "의식들"을 포함한다)과 "율법과 선지자들"(우리의 삶을 장악함으로써 우리를 도와 주고 복음의 약속들을 확인하는)은 차이점이 있다. 후자는 지속적으로 중

---

[1] 처음 네 계명은 하나님과 인간의 관계를 지배하지만, 그 다음 다섯 계명은 피조세계의 제도들과 가족, 삶, 결혼, 사유재산권, 개인적인 평판들의 함의들을 보호한다. 열 번째 계명은 내면의 개인적인 동기부여들-탐욕-에 적용되며 또한 시내 산에서 확립된 여호와와 이스라엘의 특별한 관계 너머에까지 미친다.

[2] Letham, *Work of Christ*, 39-49에서 이 문제에 관한 논의를 보라.

요한 반면에 전자는 끝났다.³ 프랑스 신앙고백 39조에서 "하나님은 무절제한 욕구가 억제되기를, 그리고 이 세상이 율법들과 위정자들에 의해서 다스려지기를 원하신다." 그는 왕국들과 공화국들—모두 정의로운 정부에 속한다—을 세우셨다. "그래서 그는 하나님의 계명들을 새긴 두 번째 돌판뿐만 아니라 첫 번째 돌판에도 위배되는 범죄들을 억압하기 위해서 검을 위정자들의 손에 두셨다."⁴ 여기서 십계명은 시민법(civil law)의 토대라고 한다. 여기서는 이스라엘의 시민법에 대한 언급이 없다. 우리는 여기서, 십계명은 시민 권력의 토대가 된 이후 그 역할을 다했다고 말할 수 있을 뿐이다.

스코틀랜드 신앙고백 14조는 하나님에 의해서 선한 것으로 간주되는 행위는 십계명이 새겨진 첫 번째와 두 번째 돌판의 행위라고 진술한다. 여기서 도덕법의 계속성을 분명히 가르친다.⁵

벨기에 신앙고백 25조는 의식법의 폐지에 관하여 얘기한다. 율법의 의식들과 숫자들은 그리스도께서 오시면서 종식됐으며, 모든 그림자들이 성취되었다. 의식법은 그리스도인들 사이에서 폐지된다. 하지만 그것들의 진리와 실체는 예수 그리스도 안에 있는 우리와 함께 남아 있는데, 그리스도 안에서 의식법의 성취를 취한다.⁶ 제36조는 하나님은 이 세상이 확실한 법들과 정책들에 의해서 통치되기를 원하셔서, 왕과 군주와 재판관들을 세우셨다고 가르치지만, 이러한 "확실한 법들"의 토대가 되어야 하는 게 무엇인지를 나타내

---

3   Schaff, *Creeds*, 3:372–73.
4   Ibid., 3:381–82.
5   Ibid., 3:454–56.
6   Ibid., 3:412–13.

는 게 없다.[7] 제24조에서, 성화는 하나님이 그의 말씀 안에서 명하신 그런 사역들의 실천으로 여겨진다.[8] 우리는 이러한 사역들이 도덕법에 근거한다고 추측할 수 있겠지만, 이 신앙고백은 그런 관점에서 그것을 진술하지 않는다.

하이델베르크 요리문답은 율법의 다양한 측면들 사이에 구별을 짓지 않는다. 그것의 주요한 단락들 중 하나는 십계명을 그리스도인의 삶에 적용하는 것을 고찰하지만, 의식들이나 제사제도에 관한 언급이 없다.[9]

고전적인 신앙고백들은 율법의 3중 분할의 증거를 제공하지만, 명확한 관점에서 그 증거를 진술하지는 않는다. 이 신앙고백들은 제사들과 의식들과 할례가 그리스도의 강림으로 끝났다는 것을 인정하지만, 이 신앙고백들은 어떻게 그가 그것들을 성취하셨는가를 이해하는 데 유용하다. 그것들은 모두 십계명이 계속적으로 타당해서 그리스도인의 삶을 위한 토대를 제공한다는 것을 인정한다. 이 신앙고백은 십계명을 시민 정부의 역할을 할 때 더욱 억제력을 갖게 될 수 있는 하나의 규율로 보지만 그 주제를 다루지는 않는다. 그 문제를 고찰할 때 (프랑스 신앙고백에 의해서) 국가의 통치자들은 율법의 두 돌판, 즉 십계명을 실행할 책임이 있다고 진술된다. 이스라엘의 시민법–웨스트민스터가 "재판법"(the judicial laws)이라고 일컫는 것–에 대한 언급은 없다.

WCF 19.2는 율법을 타락 후의 의의 온전한 규칙으로 자리매김

---

[7] Ibid., 3:432–33.
[8] Ibid., 3:410–11.
[9] Ibid., 3:307–55.

한다. 그것은 하나님에 의해 시내 산에서 십계명으로 선포됐는데, 처음 네 계명은 하나님에 대한 우리의 의무를 포함하고 있고, 다른 여섯 계명은 사람에 대한 우리의 의무와 관계가 있다. 19.3에서 지나치듯이 언급하는 것은 도덕법이며, 이 장이 19.5에서 그것을 다룰 때 다시 만날 것이다. 우리는 반율법주의자들의 인지된 위협에 대해 종종 언급했다. 이 장은 그들을 반박하는 데 중대하고, 이 진술은 그것의 중심에 있다.[10] 의식법은 19.3의 주제이다. 하나님은 어린

---

10  39개 신조에 대한 토론들이 벌어지는 동안에 반율법주의자들에 관한 논의가 상당히 있었다. 총회는 하원에 청원해서, Crisp와 Eaton 그리고 런던에 있는 일련의 설교자들의 저작들을 인용하면서, 특히 제7조(구약에 대하여)에 반대론을 주장하는 반율법주의자들을 중지시켜 달라고 요청했다(Van Dixhoorn, 2:26-28). 1643년 8월 10일 목요일 오후에 열린 제24차 회기에서, 모세의 시민법은 어떠한 기독교 국가에서도 받아들여질 필요가 없다는 제안에 대해 토론이 벌어졌다. 이것의 증거들은 마태복음 5:31-32; 19:7-8; 참조. 신명기 24:1; 마태복음 5:38-39였다. 그리스도는 두 가지 시민법, 즉 이혼과 보복에 대한 시민법을 폐지하신다고 주장했다. 1643년 8월 11일 금요일 제25차 회기에서 제7조에 관한 아홉 번째 제안에 대한 토론이 계속됐다. 1643년 8월 14일 월요일 제26차 회기에서, 도덕법의 영속성을 뒷받침하는 본문들이 제시됐다. 반율법주의자들에 대한 위원회(Lightfoot은 그 위원회의 일원이었다)는 그리스도 안에 있는 사람들은 죄가 없으며 그래서 그리스도인들은 도덕법과 아무런 관계가 없다는, 다시 말해 회개하고서 죄에 대한 용서를 구하는 것은 그리스도를 다시금 십자가에 못 박는 것이고 신성모독이며, 모세 안에 있는 은혜를 구하는 것은 잘못된 일이라는 반율법주의자들의 주장을 지적했다. 1643년 8월 15일 화요일 제27차 회기에서, 모세의 율법이 십계명 그 이상의 것에 의해서 설명되어야 하는지의 여부에 대한 문제 제기가 있었다. Palmer는 모세의 율법 전체는 결국 십계명을 나타낸다고 제안했는데, 그 제안이 받아들여졌다(Van Dixhoorn, 2:28-32). 이후 1643년 9월 20일 수요일 제59차 회기에서, Thomas Temple은 반율법주의적 개념들에 대해 보고했는데, 율법이 신자들에게는 쓸모가 없고 지켜야 할 규칙이 아니며, 하나님의 자녀가 죄를 짓는 것은 그리스도께서 죄를 짓는거나 마찬가지이며, 하나님의 자녀는 죄로부터의 용서를 구할 필요가 없고, 그런 용서를 구할 수도 없으며, 그런 용서를 구해서도 안 되며–실로 그렇게 하는 것은 신성모독이다–하나님은 죄에 대해서 그의 자녀들 가운데 어느 누구도 벌하지 않으시며, 복음 아래서는 금식하는 날들이 있어서는 안 된다는 등이 그런 개념들이다. 반율법주의자들은 주장하기를, 아브라함이 거짓말을 하고 있는 것처럼 보일 때, 실제로는 그의 생각들은 모두 거룩하고 의로우며, 하나님이 보시기에 죄의 모든 오점이 없다고, 또 만약 어떤

교회로서의 이스라엘에게 이 율법을 주셨다. 의식법은 그리스도를 예시하는 예표들이었던 많은 규례들로 이루어져 있었다. 이 규례들 가운데 일부는 예배와 관계가 있다. 명백한 것은 제사제도가 고려되어 있다는 것이다. 예배와 구체적으로 관계가 없는 규례들 중에서, 할례가 가장 두드러진다. 이러한 예표적인 규례들은 그의 은혜, 행동, 고난, 유익 안에 있는 그리스도를 예시한다. 부분적으로 그것들은 일련의 도덕적 의무를 나타냈다.

그 다음 단락은 재판법에 초점을 맞춘다. 하나님은 "하나의 정치적 통일체"로서의 이스라엘에 이 율법들을 주셨다. 정치적 통일체로서의 이스라엘이 하나님의 구원하는 목적들을 달성하기 위한 특정한 수단이 되는 것을 멈추자마자, 이 율법들은 만료되었다. 그러므로 재판법들이 구약에서 가졌던 기능은 더 이상 존재하지 않는다. 이것은 그것들이 오늘날과의 모든 관계성을 상실했다는 것을 의미하지 않는다. 그것들은 "그것들의 일반적인 공평성(general equity)이 요구할 수 있는" 한에서는 현재에 책무를 지울 수 있다. 총회에 따르면, 재판법들은 더 이상 어떠한 책무적 기능도 갖고 있지 않으며 그것들의 유용성은 간접적인데, 그것들이 피조세계의 자연법과 관계가 있는 자연적 정의(natural justice)의 일반 원리를 반영하

---

사람이 성령에 의해서 그 자신이 은혜의 상태 안에 있다는 것을 안다면, 그가 무슨 일을 하든지 간에 하나님은 그 사람 안에 있는 죄를 보지 않으신다고 했다. Temple은 이 총회가 하원에 이러한 이단자들을 진압하도록 촉구해야 하는 이유들 – 왕국의 안정과 신실한 사역자들의 평판 그리고 군대의 전염 등을 비롯한 – 을 제안했다(Van Dixhoorn, 2:89-93). 토론은 1643년 9월 21일 목요일 제60차 회기, 1643년 9월 21일 목요일 제61차 회기(오후?), 그리고 1643년 9월 22일 금요일 제62차 회기에서 계속됐다(Van Dixhoorn, 2:94-95).

는 한에서 그러하다.[11]

WCF 19.5의 도덕법에 관한 상세한 고찰로 다시 돌아가보자. 십계명은 모든 사람에게 순종할 의무를 지우는데, 그들이 의롭게 된 사람이건 아니건 간에 그러하다. 이것은 궁극적으로, 그것을 주신 하나님의 권위에서 비롯한다. 십계명은 결코 그리스도에 의해서 폐지되지 않았다. 실로 복음은 도덕법을 약화시키기보다는 오히려 강화한다. 복음은 교회나 이스라엘에 적용될 뿐만 아니라, 모든 사람에게도 적용된다. 이는 반율법주의를 직접적으로 반박하는 것이다.

도덕법과 의롭게 된 사람들과의 관계는 WCF 19.6에서 고려되어 있다. 신자들은 행위언약 아래에 있지 않다. 또한 그리스도께서 그의 순종에 의해서 그들에 대한 행위언약의 요구들을 충족시키셨기 때문에, 행위언약은 그들을 정죄하지 않고, 그들을 의롭다고 칭하지도 않는다. 그렇지만 "행위언약은 그들에게 크게 유용하다." 행위언약은 삶의 규범으로써 그들에게 하나님의 뜻과 하나님과 사람에 대한 그들의 의무를 알려 준다. 따라서 행위언약은 그들에게 그에 따라서 살아야 할 의무를 지운다. 행위언약이 인간의 삶과 행동들에 대한 하나님의 뜻을 나타내므로, 그것은 죄가 무엇인지를 드러내서 인간의 마음의 죄악된 성향들을 밝힌다. 그 결과, 신자들은 행위언약을 이용해서 자신들을 살피고, 죄에 대한 증오를 키우며,

---

11  A. C. Troxel and P. J. Wallace, "Men in Combat over the Civil Law: 'General Equity' in WCF 19.4," *WTJ* 64(2002): 307-18을 보라. 그들은 잉글랜드의 관습법의 배경에 반하는 "일반적인 공평"(general equity)이라는 문구를 고찰한다. 이 관습법에서는 재판관들은 특정한 상황들에 성문법과 관습법을 적용하는 데 익숙해져 있었지만, 형평법 법원은 항소 법원 역할을 하면서 법을 명확히 적용할 수 없는 영역들에서 판결을 내렸으며, 대법관은 다른 원리로서 형평법(*equity*)을 사용해서 자신의 판결을 알려 주었다.

그래서 자신들에게 그리스도께서 필요하다는 것을 인정할 수 있다. 행위언약은 이생과 내세에서, 죄가 마땅히 받아야 할 바가 무엇인지를 나타낸다. 행위언약의 약속들은 하나님이 순종을 받으시고 은혜로 말미암아 그것에 대해 상을 주신다는 것을 보여준다. 따라서 율법의 계속적인 타당성은, 은혜를 훼손하거나 율법에의 복종을 영속시키기는커녕, 신자가 은혜 아래에 있는 것과 충분히 양립한다.

이러한 결론은 WCF 19.7에 의해서 강화된다. 여기서는 "전술한 율법의 용도들"이 "복음의 은혜에 반한다"는 것을 부정하면서, "오히려 그 은혜에 잘 순응한다"고 진술한다. 하나님의 뜻은 그분의 율법에 표명되어 있다. 하나님의 성령은 사람의 의지로 하여금 자유롭게 그 율법에 따를 수 있도록 하신다. 율법과 복음은 경쟁적인 것이 아니라, 보완적인 것이다.

율법은 대요리문답에서 철저하고 상세하게 진술된다. 여기서 십계명은 반율법주의의 위협에도 아랑곳없이 상술된다(LC 91-152). 각각의 계명은 그것이 가르치는 것과 그것이 금하는 것의 견지에서 설명되며, 당대의 맥락의 관점에서 표현된다.

관심을 끄는 한 분야는 제2계명과 관련된 형상들(images)의 합법성의 문제이다. 이것은 LC 109에서 표현된다. 삼위일체에 관한 그림들에 대한 토론이 있었다. 한 위원회가 제582차 회기—1645(46)년 2월 2일—에서 설립됐으며, 이튿날인 1645(46)년 2월 3일 화요일 제583차 회기에서 그 계명이 금지하는 행위에 관한 추가문을 제안하는 보고서가 휘테이커 씨(Mr. Whitaker)에 의해서 제출됐다. "삼위일체 또는 삼위일체의 어떠한 위격이든 그 위격에 관한 어떠한 형상들이나 그림들이라도 사거나, 팔거나, 주거나 간직하는 사람은,

의도적으로 그림에 경의를 나타내고 존경을 표하고 더럽히지 않으려고 하는 사람은 누구든지." 이것이 토론됐지만, 무엇이 일어났는지에 관한 기록이 없다.[12] LC 109도 그러했듯이, 이 제안은 다른 형상들에 대해서는 아무런 말도 하지 않았다. LC 109는 예배를 위한 그리스도 또는 삼위의 어느 한 위의 형상도 금지했지만, 성인들의 형상에 대해서는 아무 말이 없는데, 아마도 그들은 예배를 받지 않았기 때문일 것이다. 하이델베르크 요리문답 97은, 만약 피조물들의 형상이 예배의 대상들이나 하나님을 섬기는 수단이 아니라면, 그 형상들을 허용한다. 그렇지만 그 다음 문답은 교회에서 그것들을 사용하는 것을 금지한다.[13]

## 2. 그리스도인의 자유(WCF 20)

이 장은, 한편으로는 대주교 로드 아래에서의 최근의 억압과 다른 한편으로는 반율법주의자들과 분파주의자들의 실제적인 위협을 배경으로 하여, 하나님의 율법에 대해 진술하는 선행하는 장과 함께 읽어야 한다. WCF 20.1은 그리스도인의 자유에 대한 토대를 제공한다. 그리스도인의 자유는 복음 아래에서 그리스도께서 값을 주고 우리를 사심으로 주어졌다. 그 자유는 죄와 그 결과들로부터의

---

12  Van Dixhoorn, 6:247-48.
13  정교회에서의 성상들에 관한 고찰과 양쪽 측면에 대한 각각의 주장들에 대해서는, Letham, *Through Western Eyes*, 143-62를 보라. 그렇지만 웨스트민스터 총회는 정교회 신학이 아니라 로마 가톨릭 신학의 배경에 불리하게 작용했다.

자유, 하나님의 정죄하시는 진노, 도덕법의 저주로 구성되어 있다. 이러한 큰 선물들과 관련하여, 또한 현재의 악한 세상과 죄와 사탄으로부터의 구원도 있다. 환난들의 악, 사망의 쏘는 것, 무덤의 승리, 영벌의 결과 등이 제거됐다. 환난과 죽음은 기독교 신자를 기다리지만, 그것들의 능력은 제거됐다. 쓰라린 충격은 더 이상 없다. 그리스도께서 그것들을 정복하셨다. 적극적인 측면에서는, 그리스도인의 자유는, 그분의 자녀들로서 기꺼이, 하나님께로 가까이 나아갈 자유를 수반한다. 그리스도께서 구속을 얻으셨으므로, 이 모든 것은 신약에서 더 분명하게 명백히 알 수 있다. 의식법에의 복종은 끝났으며, 성령이 더 큰 분량으로 주어졌다.

모리스(Morris)는 "하나님만이 양심의 주이시다"라는 WCF 20.2의 진술을 "잉글랜드나 유럽이 지금껏 알았던 것에서 보다 진보적언 장엄한 한 걸음"이라고 말한다.[14] 그리스도께서 쟁취하신 자유는 사람에게 예속으로부터의 자유를 가져온다. 오직 그만이 우리가 무엇을 믿어야 하는가 그리고 우리가 어떻게 행하여야 하는가를 결정할 권리를 갖는다. 오직 그만이 우리의 양심의 주이시다. 따라서 우리는 그의 말씀에 위배되는 어떠한 것으로부터도 해방되었다. 신앙과 예배의 문제들에서, 우리는 또한 그가 자신의 말씀 안에서 계시하신 것에 덧붙여지는 명령들에 따라야 할 책무로부터도 자유하게 된다. 대주교 로드의 억압의 맥락 속에서, 이것은 강력하게 자유하게 하는 진술이다. 실로 그리스도인들은 사람의 변덕스러운 기분에 자신들의 양심을 복종시키는 것이 금지되어 있다. 그 누구도 맹

---

**14** Morris, *Westminster Symbols*, 816.

목적인 충성을 요구할 권리는 없다. 그런 요구들은 양심에 반하는 것일 뿐만 아니라 이성에도 반하는 것이다. 사무엘 러더포드(Samuel Rutherford)는 자신의 논평에서 그것을 간결하게 요약했다. "서원하는 것은 우리의 능력 안에 있다. 우리에게 서원하도록 명령하는 것은 교회들의 능력 안에 있지 않다."[15] 그렇지만 웨스트민스터 총회는 그 자신의 신조의 함의들을 깨닫지 못하고서 후대의 세대들에게 쓰라린 유산을 남겼다.[16]

WCF 20.3-4는 분파들에 반대한다. 한편으로는, 그리스도인의 자유는 죄에 대한 허가증(license)이 아니다(WCF 20.3). 그러한 자유는 죄로부터의 구원인데, 이는 평생의 거룩함으로 그리스도를 섬기기 위함이다. 그 자유는 하나님의 요구들을 무시해도 좋다는 백지위임장(*carte blanche*[카르테 블랑슈])이 아니다. 그 자유는 우리로 하여금 자유롭게 그분의 요구들을 따르도록 한다. 게다가 WCF 20.4에 따르면, 그리스도인의 자유는 사유재산이나 국가 정치를 훼손하지 않는다. 수평파(Levellers)와 같은 분파들은 사유재산에 반대했다. 그

---

15  1644년 8월 9일 금요일 제264차 회기에서; Van Dixhoorn, 5:225.
16  왜 웨스트민스터 총회는 지정된 목적을 달성하지 못했는가? 이 총회의 제안들은 작성되자마자 곧 가라앉았다. 장로파는 군사적인 천재이자 또한 정치적으로도 자신의 시대를 훨씬 앞서 있었던 Cromwell에게 허를 찔렸다. 장로파는 그들 자신의 신학의 논리로 관철시키지 못했다. 그리스도인의 자유와 성도들의 친교에 대해 진술하는 신앙고백의 20장과 26장. 만약 그들이 독립파를 위한 예배의 자유와 군인들을 위한 봉급(오랫동안 미지급된)과 더불어, 장로파의 확립을 얻기 위하여, 군대를 통제하고 있었던 독립파와 협력했었다면, 단결과 안정이 유지될 수 있었을 것이다. 그것은 정치적 및 신학적 상상력이 절실하게 필요한 때에 그런 상상력의 실패였다. 이것에 관하여, Cromwell은 가진 게 많았지만, 장로파는 가진 게 거의 없거나 전혀 없었다. 후자는 군대보다는 오히려 찰스와 거래할 준비가 되어 있는 것 같았다. 이 총회는 그리스도인의 자유에 대한 그 자신의 신조를 관철시키지 못해서 무거운 정치적인 댓가를 치렀다.

러한 개념들은 반율법주의에서 나오는 것으로 보였다. 그리스도인의 자유는 선행하는 장에서 기술된 하나님의 율법의 계속적인 타당성과 결부된다. 교회 당국과 행정 당국 양쪽 모두 그같은 전복적인 견해들을 발표하는 사람은 누구든지 고소할 권리가 있었다. 왜냐하면 그런 반율법주의적 평등주의는 평화와 질서에 파괴적인 것으로 생각됐기 때문이다. 반율법주의자들에 대한 지속적인 선입견과 시민 행동을 위해서 그들을 의회로 소환하는 것, 그리고 그들의 책들을 불태워 버리는 것은 신학적 고찰과 실천적 고찰 양쪽에서 나왔다. 반율법주의는 생활의 규칙으로서의 율법의 합법성을 부정하는 이단이었으며, 그것이 또한 전복적이었던 것은 그 결과들이 국가의 질서를 위협했기 때문이다.

## 3. 종교적 예배와 규정적인 원칙(WCF 21)

이 장은 우리의 예배와 경의를 받으실 만한 한 하나님이 계시다는 인류에 의한 보편적인 인식을 나타냄으로써 시작된다. 이것은 웨스트민스터 신앙고백의 서두에 있는 일반 계시와 이성의 빛에 대한 신조를 반영한다. 그것은 칼빈의 생각을 따르는데, 그는 모든 사람의 마음에 강하게 새겨진 신에 대한 의식(*sensus divinitatis*[센수스 디비니타티스])에 찬성론을 주장했다.[17] 그가 말한 대로, "신성에 대한 의식이 본래 인간의 마음에 각인되어 있다."[18]

---

**17** Helm, *John Calvin's Ideas*, 218-45.
**18** Calvin, *Institutes*, 1.4.4.

그렇지만 죄는 사람을 하나님한테서 멀어지게 했다. 모든 종교가 하나님께 받아들여지지 않는다. 어떻게 그는 받아들여질 만한 방식으로 예배를 받으실 수 있는가? 그 대답은 오직 하나님만이 어떻게 사람들이 그를 예배해야 하는지를 결정할 권리를 가지신다는 것이라고 신앙고백은 진술한다. 더욱이 그는 성경에서 이것을 계시하셨다. 그를 기쁘시게 하는 다른 방법은 없다. 따라서 참된 예배는 성경에 규정되어 있으며, 그는 다른 어떤 방식으로도 예배를 받으실 수 없다. 하나님을 가시적으로 표현하는 모든 것이 금지된다. 인간의 상상력도 예배하는 방법을 결정하기 위해서 사용될 수 없다. 인간의 고안들도 배제된다. 예배는 계시(피조세계의 일반 계시가 아니라, 성경의 특별 계시)에 의거해야 한다.

여기서 우리는 개혁파와 루터파와 로마 가톨릭교회의 잘 알려진 차이점들에 주목한다. 로마 가톨릭교회는 성경이 기록되지 않은 전승들에 의해서 보완되어야 한다고 주장했다(기록된 책들과 기록되지 않은 전승들). 로마 가톨릭교회는 "똑같은 애정의 경건과 경의로" 이것들을 받았고 공경했다.[19] 루터파와 로드의 고교회파 잉글랜드 국교회(High Church Anglicanism)는, 합당한 예배는 성경이 금지하지 않는 어떤 것으로도 이루어질 수 있다고 생각했다. 그러므로 확립된 관습들은 교회의 예배의 합법적인 일부였다. 이와는 대조적으

---

**19** A. E. McGrath, ed., *The Christian Theology Reader* (3rd ed.; Oxford: Blackwell, 2007), 10; D. Kelly, "The Puritan Regulative Principle and Contemporary Worship," in *Westminster Confession into the 21st Century* (ed. Duncan), 2:63-98, 특히 65를 보라. Kelly는 규정적인 원칙을 실행하는 데서의 문제들과 난점들을 충분히 설명한다. 또한 J. M. Frame, "Some Questions about the Regulative Principle," *WTJ* 54(1992): 357-66을 보라.

로, 개혁파 교회들은 예배는 하나님에 의해서 결정되어야 하며, 예배의 토대와 내용은 성경에서 찾을 수 있다고 주장했다. 예배는 성경이 요구하는 바에 따라야 한다. 그것만이 우리의 인도자가 되어야 한다. 성경이 금지하지 않는 것은 허용될 수 있다는 입장과는 대조적으로, 개혁파는 오직 성경이 규정하는 것만이 허용될 수 있다고 주장했다.

이러한 원칙은 성경에 관한 웨스트민스터 총회의 교리와 관련해서 이해되어야 한다. 1장에서, 총회는 하나님의 전체 뜻이 성경 안에 명백히 제시되어 있거나, 또는 선하고 필연적인 귀결에 의해서 성경으로부터 추론될 수 있다고 진술한다. 따라서 총회는 성경을 명령들의 설명서(manual)—이것에 의해서 예배가 성경의 명확한 명령들에 의해서 형성되어야 하고, 그것을 위한 장과 절이 요구된다—로 격하시키지 않는다. K. D. 켈리(K. D. Kelly)가 올바르게 말하는 대로, 이것으로부터 "'선하고 필연적인 귀결'을 통하여 예배의 어떤 적합한 요소를 논리적으로 추론할 수 있으며," 그래서 "성경으로부터의 타당한 추론은 구체적인 진술과 똑같이 구속력이 있다는 것이 일반적인 청교도의 입장이었다."[20]

우리는 어떻게 규정적인 원칙이 웨스트민스터 총회의 역사적인 맥락에서 기능했는지를 알 필요가 있다. 엘리자베스 여왕의 왕위 계승과 그 여파는 이 원칙의 상대적인 중요성을 이해할 수 있게 한다. 이러한 진술들의 초점은 잉글랜드 국교회에서 예배를 지배한 엄격한 법을 제외하고서 이해될 수 없는데, 그 법이 어길 때에

---

20 Kelly, "Puritan Regulative Principle," 2:77.

더 많이 준수됐든지 또는 그렇지 않았든지 간에 그러하다. 1552년의 "공동 기도서를 회복한 기도서 통일령"(the Act for the Uniformity of Common Prayer. 1559)은 다음과 같이 명시했다.

> 더욱이 그것은 여왕 폐하에 의해서 제정되는데, 소집된 이 의회의 상원의원들과 하원의원들의 동의를 얻었으며, 그리고 의회의 권위에 의해서 이 잉글랜드와 웨일즈의 국토 또는 잉글랜드와 스코틀랜드, 잉글랜드와 웨일즈와의 경계 지방 내에 있는 어떠한 주교좌 성당에서, 또는 교구 교회에서, 또는 다른 곳에서도…전술한 기도서에 언급되어 있는 그런 순서와 형식으로, 만도, 주의 만찬의 거행, 각각의 성례들의 집행, 그것들의 공통의 그리고 열린 모든 기도를 말하고 사용할 의무가 있다.

만약 어떤 사역자가 그러한 순서와 형태로 이 기도서를 사용하려고 하지 않는다면 다음과 같이 될 것이다.

> 또는 주의 만찬이나 만도, 성례들의 거행 등을 공공연히 또는 은밀히 집례하는, 전술한 기도서에 제시된 것과는 다른, 어떤 의식이나 의례, 순서, 형식, 또는 방식을 의도적으로 또는 강퍅하게 사용한다면…또는 전술한 기도서를 손상시키는 어떤 것을 설교하거나, 선언하거나, 얘기한다면…이 나라의 법들에 따라서, 열두 명의 평결에 의해서 또는 그 자신의 고백에 의해서 합법적으로 유죄가 선고된다면…그에게 유죄가 선고된 해의 그 다음 1년 동안에 오거나 일어날 그의 모든 영적 성직록

(Spiritual Benefices)이나 승진들을 상실하거나 몰수당할 것이다.

그리고 그러한 자는 또한 보석이나 조건부 보석 없이 6개월 동안의 투옥에 직면할 것이다. 두 번째 범죄 시에는, "그가 다시 유죄가 입증된 후에" 합법적인 유죄 판결에 따라서, 형벌은 일 년 동안의 투옥과 모든 영적 승진들의 박탈이었다. 세 번째 범죄 시에는, "그때 그 사람이 그렇게 죄를 범하고서 세 번째 유죄 선고를 받았다면, 그런 사실 때문에 그의 모든 영적 승진들을 박탈당하고, 또한 평생토록 감옥살이를 하게 될 것이다." 만약 그 위반자가 원래 아무 성직록이 없는 자라면, 초범 시에는 일 년간 투옥당할 것이며, 재범 시에는 평생토록 감옥살이를 하게 될 것이다.

만약 어떤 사람이 기도서에 위배되는 것을 쓰거나 말하고 또는 기도서의 직분들에 언급되어 있는 교구 목사를 훼방하면, 초범은 100마르크의 벌금으로 처벌해야 하고, 재범은 400마르크의 벌금으로 처벌해야 하며, 세 번째 범죄 시에는 그 위반자

는 "우리의 여왕 폐하에게" 그의 가재 도구를 모두 몰수당할 것이며, 평생토록 감옥살이를 하게 될 것이다. 이러한 사건들을 청취할 권한은 시와 자치구와 자치 도시들의 시장과 지방 행정관 및 그 밖에 시 관리들에게 있었으며, 대주교들과 주교들은 조사하고 벌을 줄 온전한 권한들을 가졌다.[21]

로드 대주교 때까지는, 법을 어겼을 시의 이러한 제재들이 대부

---

[21] *The Book of Common Prayer and Administration of the Sacraments and other Rites and Ceremonies of the Church according to the Use of the Church of England* (Oxford: Oxford University Press, n.d.), vii-x.

분 시행됐다. 하나의 두드러진 예로서, 엘리의 주교인 리차드 콕스(Richard Cox)는 1571년부터 1591년까지 드라이 드레이턴의 교구 목사이자 지도적인 청교도인 리차드 그린햄(Richard Greenham)—그는 기도서의 세부 사항들을 모두 준수하지는 않았다—을 이용했는데, 한때 그린햄은 그의 주교 관구에서의 이단적인 가르침을 조사하는 그의 수석 조사관으로 초기 장로교도인 토마스 카트라이트를 지지하는 글을 쓰기도 했었다.[22] 청교도주의가 최근 생겨난 중산 계급 사이에서 지배적인 운동이었으므로, 청교도의 영향력이 미치는 지역들에서의 지방 위정자들 스스로가 청교도의 동조자들이었을 것 같다. 이러한 조처가 본격적으로 시행되기 시작하고 위기가 발발한 것은 찰스 1세의 즉위와 로드의 부상과 함께 이루어졌다.

이러한 맥락에서, WCF 21.1의 초점은 제한이라기보다는 오히려 그러한 지시들로부터 자유롭게 하는 것이다. 오직 하나님의 말씀만을 지향하는 자기의 예배에 구속되어 있으므로, 교회는 사람의 명령들로부터 자유롭게 되는데, 이 명령들이 그 말씀에 위배되든지 또는 단순히 그 말씀에 추가되는 것이든지 간에 그러하다. 부과의 멍에가 벗겨지는 것이다. 교회가 사람의 독재적인 부과물들로부터 자유롭고 또 자유롭게 하나님을 예배하는 것은, 사람 자신이 원할 수 있기 때문이 아니라, 하나님이 요구하시기 때문인데, 성경에서의 명확한 진술들에 의해서든지 또는 성경으로부터의 선하고 필연적인 귀결에 의해서든지 간에 그러하다. 이러한 의미에서, WCF

---

22　E. J. Carlson, "'Practical Divinity': Richard Greenham's Ministry in Elizabethan England," in *Religion and the English People 1500–1640: New Voices, New Perspectives* (ed. E. J. Carlson; Kirksville, MO: Thomas Jefferson University Press, 1998), 147–93.

21.1은 율법과 자유, 교회와 국가를 다루는 전체 단락(WCF 19-24)과 관련해서 읽어야 한다. WCF 21.1은 이 전체 단락의 중심적인 부분이다.[23]

우리가 엘리자베스 여왕의 왕위 계승과 그 여파에 의한 기도서의 철저한 부과를 고찰할 때, 우리는 왜 웨스트민스터 총회가 성경의 규정적인 원칙의 범위 내에서 예배 의식을 거행할 개개의 사역자들에게 자유를 주는 예배 규칙서를 만들었는지를 알게 된다. 국왕에 의해서 부과되는, 형벌이 수반된 구속력 있는 법적 요구는, 청교도들이 생각하기에는 예전이 가지고 있는 문제의 실제적인 핵심이었다. 총회는 정해진 예전들의 법적 부과에는 반대했지만, 그 자체로서의 예전들을 포기하지는 않았다. 하나님께 드리는 공적 예배를 위한 규칙서는 정규 예배에서, 처음에, 설교 전에, 설교 뒤에, 세례 전후에, 성찬식 중에 그리고 후에, 결혼식 거행 시에, 환자를 방문할 때, 공적인 엄숙한 금식 등에서 사용될 일련의 모범 기도들을 담고 있다.[24] 웨스트민스터 총회의 구성원으로 임명되기에는 몇 살

---

[23] Kelly는 "Puritan Regulative Principle," 2:80ff에서 규정적인 원칙이 성경에 있는지에 대해 논한다. 만약 모든 예배식 하나하나에 대해서 성경의 명확한 명령이 필요하다면, 이것은 문제를 제기할 것이다. 왜냐하면 성경이 구체적으로 명하는 것만이 교회 예배에서 행해질 수 있다는 취지의 명확한 진술이 성경에는 없기 때문이다. 만약 성경에 대한 웨스트민스터 총회의 신조 전체가 고찰된다면, 그 문제는 해결된다. 이 경우에서, 좋으면서 필요한 결과가 그의 영광과 우리의 구원과 신앙 및 생명에 대한 하나님의 전체 뜻의 일부이므로, 교회 예배는 성경의 의미—성경의 명령들뿐만 아니라 성경의 함의들도—에 의해서 형성되어야 하며 그래서 명확한 증거본문이 요구되지 않는다.

[24] "The Directory for the Publick Worship of God," in *The Confession of Faith, the Larger and Shorter Catechisms with the Scripture Proofs at Large Together with the Sum of Saving Knowledge* (Applecross: Publications Committee of the Free Presbyterian Church of Scotland, 1970), 375-92.

어렸던 존 오웬(John Owen)까지도 예전들에 관한 글을 쓸 때 그는 예전들이나 기도서에 반대하는 것이 아니라, 정해진 말들에서의 지극히 작은 이탈도 금하는 것이 있는 법에 의한 예전들이나 기도서의 부과에 반대하는 것이라고 강조했다.[25] 개혁파 교회들의 표준적인 의식에는 정해진 기도들이 있는 예전이 있어야 했다. 웨스트민스터 신학자들에게 문제는 엄격한 부과와 따르지 못하는 것에 대한 억압적이고 징벌적인 제재들이었다.[26]

그 규칙서의 서문에 대한 토론들이 벌어지는 동안에, 기도서에 대해서 조지 길레스피(George Gillespie)와 총회의 다수의 구성원들 사이에 약간의 충돌이 있었다. 길레스피는 기도서의 찌꺼기 가운데

---

25 John Owen, "A Discourse Concerning Liturgies, and Their Imposition"(1662), in *Works of John Owen*, 15:33. 여기서 그는 이렇게 진술한다. "나는 특히 그것을 우리가 다루고 있는 그런 부과된 예전들의 하나의 예로 삼는 것보다 더 깊게, 지금 잉글랜드에서 사용하고 있는 예전을 의도하지는 않는다." 그는 다음과 같이 부언한다. "또한, 나는 성경 봉독에 대한 이 예전의 지시적인 부분에도 반대하지 않고…또한 그것들이 관계가 있는 제도들의 본질에 적합한 형태들의 기도를 짓는 데도 반대하지 않는다. 그래서 그것들은 규정된 대로 정확하게 봉독되도록 그것들의 집행자들에게 부과되지 않는다. 그러나 내가 오직 얘기할 것은, 예배 전체와 예배의 몇몇 부분들에 관한 제재에 포함된 벌을 받는 조건으로, 그들이 빼서는 안 되는, 다른 것들의 봉독에 대한 명령들과 더불어, 그것들에 대해 규정된 말들의 정확한 봉독에 의하여, 모든 공적 집회들에서, 교회들의 사역자들에 의해서 사용될…하나님을 예배할 때 드리는 기도 형태들을 짓는 것이다. 그는 설명하기를, Owen과 그의 친구들에 대한 문제는 이러한 부과가 설교에 대한 제한을 동반한다는 것이었다고 한다. 후에 그는 "규정된 대로 사용될, 예전에 관한 규정"(15:47)에 대해 그리고 변경이나 축소 또는 추가 없이 거기에 규정된 말들의 정확한 봉독과 발음"(15:49)에 대해 언급한다. Kelly가 틀린 것은, 그가 Owen은 "모든 정해진 예전들에 반대했다"고 기술할 때이다("Puritan Regulative Principle," 2:74).

26 개혁파 교회들의 관습에 대해서는, Old, *Patristic Roots* H. O. Old, *The Shaping of the Reformed Baptismal Rite in the Sixteenth Century* (Grand Rapids: Eerdmans, 1992); I. J. Hesselink, *On Being Reformed: Distinctive Characteristics and Common Misunderstandings* (Ann Arbor: Servant Books, 1983), 21-30을 더 보라.

는 금도 있다고 주장하면서, "이 책은 명예롭게 장사될 수 없지만, '할례받지 않은 자들의 매장'처럼 장사될 수 있다"고 부언했다. 그 규칙서의 몇몇 부분들은 미사를 좇았으며 교황 대사의 승인을 받았다.[27] 그렇지만 코르넬리우스 버지스(Cornelius Burgess)는 명백히 죄가 아니라면 어떤 비난도 어떠한 사람이나 사물에게도 가해져서는 안 된다고 신속히 응답했다. 헐(Herle)은 이렇게 물었다. "이 책에 있는 어떤 것들을 미사 전례서에서 취하기 때문에 이 책이 미사 전례서를 따릅니까? 유대교를 좇기 때문에 우리는 우리의 교회들을 허물어뜨리겠습니까?" 길레스피는 교황이 기도서에 있는 이런 요소들에 대해 그의 교황 대사를 통해서 승인을 해주었다고 반박했다. 게다가 교회들은 필요한 용도가 있다. 기도서는 필요불가결한 것이 아니다.

이 당면 문제는 그 제안들이 "잉글랜드의 모든 사제의 명예를 손상시킬" 것이라는 이유로 그 위원회에 회부됐다.[28] 1644년 5월 24일 금요일 제226차 회기에서 그 위원회가 처음으로 그 규칙서를 도입했을 때, 그 대변인인 스티븐 마샬(Stephen Marshall)은 지적하기를, "만약 정해진 기도들이 없고 사람들이 저마다 마음대로 기도를 하게 한다면, 대단히 많은 미숙하고 경험 없는 사역자들이 하나님의 규례들을 우스꽝스럽게 만들 것이다."[29]

웨스트민스터 총회는 WCF 21장의 처음 두 단락의 순서를 바꾸도록 조언을 받는 게 더 나았을지도 모른다. 현상태로는, 이 장은

---

27  1644년 10월 31일 목요일 제314차 회기에서(Van Dixhoorn, 5:441-42).

28  Ibid., 5:442-44.

29  Ibid., 5:133.

규정적인 원칙에 관한 진술로부터 시작하고 예배는 삼위일체께 드려진다는 진술이 뒤따른다. 이것은 처음 두 장의 순서를 따른다. 첫 번째 성경, 두 번째 하나님. 그렇지만 규정적인 원칙은 신학적인 맥락없이 여기서 다소 고립되어 있는데, 사실상 공리같다. 만약 그 순서가 바뀐다면, 이 장은 참된 예배는 하나님 곧 성부, 성자, 성령을 예배하는 것임을 확언하는 것으로써 시작될 것이다. 그때 성령의 뜻을 어디에서 찾을 수 있는가 그리고 어떻게 우리는 성령 안에서 예배할 수 있는가에 대한 질문이 생길 것이다. 규정적인 원칙이 이에 대한 대답이 될 것이다. 성경이 성령에 의해서 내쉬어지는 것이므로(WCF 1.4), 성령 안에서의 예배는 성경 안에 있는 성령의 뜻에 따르는 것이다. 그 밖에 모든 것은 성령의 마음과 어긋나서 그를 예배하는 받아들여질 만한 방식의 일부가 아니다.

WCF 21.3과 4 둘 다, 종교적 예배의 특별한 한 부분으로, 감사가 있는 기도에 초점을 맞춘다. 예배의 한 요소를 진술하지만, 그것을 예배가 수행되어야 하는 합당한 방식과 비교하는 이러한 방법은 이 장의 한 특징이다. 신학자들은 예배자들의 반응에 유의했다. 결국 이것은 예배의 중대한 부분이다. 그것은 교회의 예배에 대한 의식주의적 태도—대주교 로드의 억압 아래에서 맞닥뜨려졌던 그런 것—와 관련될 수 있을, 순수하게 피상적인 형식성과 대조를 이룬다.

기도는 보편적인 책임이라고 신앙고백은 진술한다. 모든 사람은 하나님께 기도를 드려야 할 책무 아래에 있다. 이것은, 바울이 로마서 1장에서 언급한 대로, 택함 받지 못한 자들이 하나님께 감사를 드리지 못하는 것에 대해 핑계가 없다는 점을 밝힌다. 그렇지만 기도가 하나님에 의해서 모든 사람에게 요구되지만, 모든 기도가 하나님께 열납되는 것은 아니다. 열납되는 기도는 삼위일체적이다. 열납되는 기도는 성자의 이름으로 그리고 성령의 도우심에 의해서 드려지는 것이다. 여기서 이 함의는 열납되는 기도는 성부께로 향하게 된다는 것이다. 그리스도는 하나님과 사람들 사이의 유일한 중보자이시고 또한 그분은 성부께 이르는 유일한 길이므로, 기도는 그분의 이름으로만 행해질 수 있을 뿐이다. 게다가 열납되는 기도는 그분의 뜻에 따라서 행해지는데, WCF 1장은 그분의 뜻이 성경 안에 있다고 이미 말했다. 가납되는 기도는 믿음 안에서, 이해, 존경, 겸손, 사랑, 인내, 견인으로 행해져야 한다. 바꿔 말하면, 하나님께 가납되는 기도는 명확히 기독교적이며 삼위일체적이다. 로마 가톨릭교회가 라틴어를 사용하는 것과는 대조적으로, 공적 기도는 알려진 언어로 행해져야 한다.

    기도의 내용이 WCF 21.4에 명백히 나타난다. 기도는 합법적인 모든 것을 위해 행해질 수 있다. 이것은 성경에 약속된 그런 것들과 성경 및 그 함의들과 양립하는 다른 것들을 포함한다. 중보는 모든 부류의 사람들을 위해서 행해질 수 있지만, 그들은 당대에 살아 있거나 미래의 어느 단계에서 살아 있어야 한다. 로마 가톨릭교회가 재가하는, 죽은 자들을 위한 기도는 허용되지 않는다. 여기서 함축되어 있는 점은 죽은 자들의 운명이 이미 변하지 않게 정해졌다는 것이다. 연옥에 관한 로마 가톨릭의 교리와는 배치되는데, 살아 있는 사람들의 기도나 중보들이 이미 죽은 사람들의 상황을 바꾸기 위해서 할 수 있는 것은 없다. 택함 받은 자들은 그리스도와의 연합 안에서 안전하다. 불신자들은 심판을 기다린다. 더욱이 기도는 자신들이 사망에 이르는 죄를 범한 것으로 알려진 자들을 위하여 드려져서는 안 된다(요일 5:16). 이러한 죄의 정체가 항상 얼마간 수수께끼였으므로, 웨스트민스터 총회가 염두에 두고 있었던 대죄(mortal sin)를 정확히 알 수 있을 것 같지는 않다.

주의는 21.5에서의 통상적인 종교적 예배의 다른 부분들에 기울여진다. 처음에 경건한 경외심으로 성경을 읽는 것이 온다. 신앙고백은 성경이 기원이 하나님에서 비롯한다는 것을 이미 선언했으며, 그래서 여기서의 순서는 중요한 것이다. 성경을 경건한 경외심으로 받아들여야 하는 이유는, 바로 성경이 인간의 언어로 말하는 하나님의 음성이기 때문이다. 이것과 밀접하게 연관되는 것이 하나님께 순종하여 말씀을 견실하게 설교하는 것과 양심적으로 듣는 것이다.

이것의 배후에는 제2 스위스 신앙고백 1장의 단어들이 있다. 이 신앙고백은 진술하기를 하나님의 말씀이 합법적으로 부르심을 받은 설교자들에 의해서 선포되는 곳에서는 하나님의 말씀을 실제로 그리고 진실로 듣는다고 한다.[30] 그 다음에 마음에 감사함으로 시편들을 노래하는 것이 온다. 우리는 다시금 내용—시편들—과 자기 마음에 감사함이 있어야 하는 예배자 사이의 균형에 주목한다. 그리스도께서 제정하신 성례들의 정당한 거행과 값있게 받는 것은 세례와 성찬에 대해 언급하는 것이며 개신교도들에게 부정되는 로마 가톨릭교회의 다섯 가지 성사들을 암묵적으로 부정한다.

우리는 교회와 성례들에 대한 장에서 이것을 많이 고찰할 것이다. 그렇지만 그 이후로 상세히 논의되어 온 한 가지 사항이 여기서 발생한다. 웨스트민스터 신앙고백이 시편들을 노래하는 것에 대해

---

**30** Schaff, *Creeds*, 3:237-38, 831-32; Old, *Patristic Roots*, 194-95를 보라.

언급할 때, 그 신학자들이 다윗의 시편들을 염두에 뒀다는 것은 의심의 여지가 없다. 그렇지만 그들은 오직 다윗의 시편들만이 교회의 예배에서 노래로 불려야 한다고 믿었는가? 또는 그들이 그 당시에 잉글랜드 국교회의 주된 요소를 반영하고 있었을 뿐인가? 요컨대, 시편들을 노래하는 것에 대한 그들의 언급은 규정적인 것인가 아니면 단순히 서술적인 것인가? 만약 전자라면, 이 총회가 "시편들"에 의해 의미하는 것은 무엇이었는가?

닉 니드햄(Nick Needham)은 웨스트민스터 총회가 신앙고백의 여기서 "시편들"을 언급할 때 다윗의 시편들로 제한하지 않았다는 것을 입증하려고 상당한 양의 증거를 제시했다.[31] 물론 총회는 시편을 교회의 노래에서 중추로 여겼다. 적합한 시편들을 선정하는 것에 대해 많은 토론이 있었다. 그것은 우리 쪽에서는 거의 증거가 필요치 않은 기정사실이었다. 그렇지만 니드햄의 논문의 대부분은 16세기와 17세기의 개혁파 교회들의 의식을, 특히 개혁파 교회들이 원칙적으로 시편 이외의 노래들이 교회 예배에서 불리도록 허용했는가의 여부를 조사한 것이다. 니드햄은 다윗의 시편 이외의 노래들의 광범위한 수용을 보여주기 위해서 광범위한 증거를 제시하지만, 그는 다윗의 시편이 노래에 있어서 개혁파 교회 예배의 주식을 제공했다고 강조한다.

그는 "17세기 영어에서 '시편'(psalm)이라는 단어는 단순히 종교적 노래를 의미하는 경우가 많았다는 증거가 풍부하다"고 결론짓

---

31 N. Needham, "Westminster and Worship: Psalms, Hymns? and Musical Instruments?" in *Westminster Confession into the 21st Century* (ed. Duncan), 2:223-306.

는다.³² 동사 프살로(*psallo*)는 "(현악기를) 뜯다 또는 (악기의) 현을 뜯어 소리내다"(to pluck or twang)를 의미했는데, 현악기에 의한 음악 반주에 맞춰 부르는 노래를 나타냈다.³³ 그는 리차드 백스터, 츠빙글리와 불링거, 칼빈, 그리고 프랑스와 독일과 네덜란드의 개혁파 교회들로부터 증거를 발견하는데, 그 당시 대륙의 개혁파 교회들에서의 찬양예배의 양태는 배타적인 찬송가 작가들의 틀에는 부합하지 않는다"라고 결론짓는다.³⁴

제네바에 있는 잉글랜드 개신교도들은 예배에서 다른 성경 문구들을 노래하는 데 반대하지 않았으며, 스턴홀드와 홉킨스가 저술한 표준적인 영어 시편에는 상당히 많은 비다윗적인 노래들이 담겼고 그 찬송가집은 1696년까지는 결정적이었다.³⁵ 스코틀랜드에서는 배타적인 찬송가가 규칙이었지만, 그것이 스코틀랜드인들이 비다윗적인 작곡들에 원칙적으로 반대했다는 것을 증명하지 않는다.³⁶ 실로 웨스트민스터 총회 이전에 스코틀랜드인들은 소영광송(*gloria Patri*, 아리우스파에 대항하기 위해 약 4세기부터 발전된 고대 송영-역주)을 사용했지만, 청교도들에 의해서 그만두도록 요구받았다.³⁷

따라서 니드햄은 "이러한 중요한 증거가 WCF 21.5조를 다윗의 시편보다 더 넓은 범주의 노래에 대해 언급하는 것으로 이해하

---

32  Ibid., 249.
33  Ibid., 250-51.
34  Ibid., 252-60.
35  Ibid., 260-63.
36  Ibid., 274.
37  Ibid., 279.

는 것을 결정적으로 뒷받침한다"고 생각한다.[38] 다른 한편, 총회는 악기를 사용하는 예배에 대해서는 침묵하면서 그런 예배를 지지하지 않는다.[39] 그는 지적하기를, 1644년 5월 9일에 의회가 교회의 오르간들을 모두 파괴하라고 포고했다고 한다. 이는 악기를 사용하는 예배는 모세의 언약에 속하는 것이었으며 그리스도의 오심에 의해서 대체됐다는 개혁파 교회들의 믿음과 일치하는 움직임이었다.[40] 이와는 대조적으로, 니드햄이 올바르게 인용하는 구절에서, 『잉글랜드 주석성경』(*Annotations*)이 "시편들(psalms)과 찬송들(hymns) 및 신령한 노래들(spiritual songs)"을 각기 다른 세 가지로 간주하면서, 시편(*psalm*)을 현악기들로 반주하는 노래라고 설명하는 것은 주목할 만하다!

WCF 21.5는 또한 특별한 경우들에 드리는 예배에 대해서 언급하면서 종교적인 맹세와 서원들, 엄숙한 금식들 및 이러한 범주에서의 감사의 행사들을 포함한다. 이것들은 그 각각의 특별한 때들과 계절들에 사용되어야 하는데, 정기적으로 일어날 것으로 기대되어서는 안 된다. 청교도들은 금식과 감사의 행사들을 좋아했으며, 웨스트민스터 총회가 개최되는 동안에 이러한 금식과 감사의 행사가 많았다. 정치적 상황이 대단히 불확실한 그 시대가 그것들을 요구했다.

WCF 21.6에서 웨스트민스터 신학자들은 예배의 장소는 복음 아래에서 상대화되었다고 주장한다. 종교적 예배는 그것이 지향되

---

**38** Ibid., 280.
**39** Ibid., 291.
**40** Ibid.

는 장소에 의해서 받아들여질 만하게 되는 게 아니다. 동쪽에 대해 특별한 의미를 두지 않는데, 그곳을 향하여 기도하는 데서의 로마 가톨릭교회나 로드의 잉글랜드 국교회의 관습과는 배치된다. 적극적인 태도로는, 예배가 영과 진리로 드려진다면, 하나님은 어느 곳에서도 그리고 모든 곳에서 예배를 받으실 수 있다.[41] 그는 각각의 가정들에서 매일 예배되어야 하는데,[42] 각 사람들에 의해서 날마다 은밀히 그렇게 해야 하며,[43] 공적인 집회들에서는 공동으로 그리고 더 엄숙히 그렇게 해야 한다.[44] 교회의 이러한 후자의 집회들은 정기적으로 모여야 한다. 이것의 이유는 후속하는 WCF 27-29장에서 보인다. 거기에 은혜의 방편들이 있다. 말씀의 사역과 성례들.

장소는 종교적 예배와는 더 이상 원칙적으로 관련이 없지만, 시간은 여전히 관련이 있다. WCF 21.7에서, 안식일은 하나님께 대해 거룩하게 지켜져야 한다고 주장된다. 이는 하나님의 도덕적이며 영속적인 명령이다. 창조부터 그리스도의 부활까지는, 안식일은 일주일 중 마지막 날이었다. 피조세계의 규례로서, 안식일은 모든 곳에서 그리고 모든 시대에 모든 사람에게 구속력이 있다. 그리스도의 부활에서, 그 날은 일주일 중 첫째날, 곧 주의 날로 바뀌었다. 이것

---

[41] 웨스트민스터 총회는 이것을 의미했다는 구체적인 증거가 없지만, 헬라 교부들은 요한복음 4:21-24에서의 "영과 진리로"(in spirit and in truth)라는 문구를 성령에 대해 또 예수 그리스도에 대해 언급하는 것으로 받아들였다. 나의 저서 *The Holy Trinity*, 412-17를 보라.

[42] 증거본문은 예레미야 10:25; 신명기 6:6-7; 욥기 1:5; 사무엘하 6:18-20; 베드로전서 3:7; 사도행전 10:2이다.

[43] 증거본문은 마태복음 6:6; 에베소서 6:18이다.

[44] 증거본문은 이사야 56:6-7; 히브리서 10:25; 잠언 1:20-21, 24; 8:34; 사도행전 13:42; 누가복음 4:16; 사도행전 2:42이다.

은 이 세상의 끝까지 계속해서 유효하다. 어떻게 이 날이 준수되어야 하는가? WCF 21.8은 그 대답을 개략적으로 진술한다. 그 날은 주께 대해 거룩하게 지켜져야 한다. 사전에, 우리의 마음은 준비되어야 하고 우리의 일상적인 일들은 정리되어야 한다. 그 날 자체가 우리의 세상 직업들에 대한 우리 자신의 일과 생각들로부터 떠나는 거룩한 휴식이 되어야 한다. 그 대신에, 우리는 하나님을 예배하는 공적 및 사적 행사들에 또한 부득이한 의무들과 자선의 의무들에 모든 시간을 바쳐야 한다.

바르트(Barth)는 웨스트민스터 신학자들이 영원한 안식일 휴식에 대한 성경의 가르침을 무시한다고 비판한다.[45] 그의 논평들은 합당하다. 히브리서는 안식일의 궁극적인 지향은 하늘에 대한 것임을 분명히 한다(히 4:9-10). 헬라의 교부들은 일관되게, 창세기 2장에서의 일곱째 날의 끝이 없는 본성을 부활과 장차 도래할 세상의 삶을 나타내는 것으로 보았는데, 이러한 부활과 삶 안에서 우리는 은혜로 말미암아 하나님의 영원한 안식을 공유하게 될 것이다. 이것에 관한 언급은 이 단락을 더욱 완전하게 만들고 성경이 이 단락에 부여하는 미래 지향성을 이 단락에 부여했을 것이다. 게다가 웨스트민스터 총회는 여기서 분명한 자연-은혜 이중론을 제시한다. 세속적인 직업들은 주의 날에는 잊혀져야 한다. 우리가 하나님을 예배하는 것을 방해할 심란스런 생각들을 우리 자신으로부터 떨쳐 버리는 것은 종교적 예배의 필수적이다. 그렇지만 현실은 다를지도 모른다. 이 총회는 아마도 안식일에 이루어지는 상업적인 활동

---

**45** Barth, *Reformed Confessions*, 145.

에 저항하고 있었던 것 같다. 왜냐하면 안식일에 이루어지는 그들의 각각의 사역들에서 그들이 상업적인 삶에 관한 성경의 원리들을 다루었다는 증거가 많이 있기 때문이다. 이는 17세기 중엽의 언어가 몇 세기의 시간 간격을 두고 쉽사리 오해받을 수 있다는 사례이다.[46] 땅이 주의 것이며 만물도 주의 것이므로, 그리스도인들은 어떻게 복음이 우리의 "세상 직업들과 오락들"에 영향을 주는가에 관한 이해를 발전시킬 필요가 있다. 이것들은 하나님의 요구들이 영향을 미치지 않는 밀봉된 격실들로 지켜질 수 없다.

### 4. 합법적인 맹세들과 서원들(WCF 22; LC 111-14)

이 장은 현대의 독자들에게는 다소 불가해하게 보일지도 모른다. 그러나 우리는, 웨스트민스터 총회에 따라서, 합법적인 맹세는 특별한 때와 절기마다 사용되는 종교적인 예배의 일부라는 것을 상기해야 한다(WCF 22.1; 21.5을 보라). 이 장은 재세례파 교도들이 법정에서 맹세를 하는 것을 거부하는 데 반대한다. WCF 22.2는 맹세들은 오직 하나님의 이름으로만 행해져야 한다고 진술한다. 불성실하게 삼위일체의 이름으로 맹세를 하는 것은 세 번째 계명을 어기는 것이다. 만약 그것이 또 다른 이름으로 행해진다면 그것은 첫 번째 계명을 어기는 것이다.

WCF 22.3에서, 맹세에 대한 경계들이 상세하게 서술된다. 맹세

---

**46** 나는 이 제안에 대해서 Sherman Isbell에게 감사드린다.

를 하는 사람은 사안의 중요성을 고려해야 하고, 맹세 이행의 진실성을 확신해야 하며, 선하고 바른 이유로만 그렇게 해야 한다. 이와 같음에도, 맹세를 거부하는 것은 죄이다. 맹세는 구속력이 있다(WCF 22.4).

이와 같은 규정들은 서원들에도 적용된다(WCF 22.5). 이 서원들은 오직 하나님께만 행해져야 하는데, 자발적으로, 믿음 안에서 또 의무로부터, 감사함으로 그리해야 한다(WCF 22.6). 서원은 하나님의 말씀에 위배되게 행해져서는 안 되며, 또한 자기 자신의 이행할 능력 안에 있지 않은 문제들에 대해서도 서원을 해서는 안 된다. 독신 생활과 청빈과 순종에 관한 로마 가톨릭의 서원들은 죄악된 올무들이다(WCF 22.7).

## 5. 시민 정부(WCF 23; LC 123-33)

시민 정부에 관한 영역은, 이 나라가 내전을 겪고 있었던 때에 그리고 웨스트민스터 총회가 의회에 종속적인 관계에 있었던 데 비추어볼 때, 이 총회에는 엄청난 관심사였다.

WCF 23.1은 국가의 정치의 광범위한 원리들을 진술한다. 하나님은 정부를 정하셨다. 하나님은 온 세계의 주이시며 왕으로서 지존의 통치자이시다. 인간 통치자들은 하나님의 권세 아래에 있으며 그분에 대해 책임이 있다. 그들은 백성들을 다스리는 과업을 부여받는다. 여기서는 "시민의, 시민에 의한 정부"라는 암시가 없다. 국가의 통치자들의 첫 번째 과업은 삼위일체 하나님의 영광을 고양시키는 것이다. 그 다음에 공동선을 고양시키는 그들의 책임이 온다. 이러한 첫째가는 기능들은 통치자의 안녕을 증진시키기 위하여 권력에 대한 공통된 인간의 욕망에 바로 영향을 끼친다. 하나님은 국가의 통치자들에게 검의 권력을 주셨다. 힘은 합법적으로 사용될 수 있지만, 하나님이 분명히 그것을 주신 것은 선한 자들을 보호하고 행악자들을 벌하며, 그의 영광을 고양시키고 공동선을 성취하기 위함이다. 그리고 다른 이유는 없다.

이러한 배경으로부터, WCF 23.2에 따라서, 그리스도인들이 정부의 직책을 받아들이는 것은 합당한 일이다. 이것은 재세례파와 분리주의파들의 신조들에 배치되는 것이다. 정치는 하나님의 규례이므로, 그것은 그리스도인들을 위한 합법적인 사업이다. 모든 통치자의 책임과 마찬가지로, 그들의 책임도 "각각의 국가의 건전한 법률들에 따라서" 경건과 정의와 평화를 유지하는 것이다. 이것은 기독 교회의 보호를 수반하지만, 하나의 국가로부터 또 다른 국가에 이르기까지 존재할 수도 있는 차이점들을 고려한다. 더욱이 그들은 정당하고 부득이한 경우들에는 합법적으로 전쟁을 수행할 수 있다. 여기서 아퀴나스에서 비롯하는 정전론(just war theory)이 고려된다. 현재의 적대 행위의 경우에서, 의회는 왕과 전쟁을 벌이고 있었다. 웨스트민스터 총회가 보기에는, 그것은 정당하고도 부득이한 것이었다. 그것은 자국민보호를 위해서 필요했다. 또한 그것이 정당한 이유는, 로드에 의한 이전의 교회 권력 찬탈과 국왕 자신에게 미치는 인식된 로마 가톨릭의 영향력 때문이었다. 그것은 대헌장(Magna Carta)으로 소급되는 잉글랜드의 헌법의 발전들에 비추어 볼 때 정당하고 부득이했다.

WCF 23.3에 따르면, 하나님이 행정 당국에게 부과하는 권리에는 한계가 있다. 국가의 위정자(civil magistrate)는 말씀과 성례들을 집행하거나 교회 치리를 행사할 권리가 없다. 국가의 정치와 교회의 정치는 분명한 차이점이 있다. 이것은 에라스투스파와 헨리 8세의 왕위 계승과 배치됐는데, 이것들에 의해서 교회의 기능들은 통치하는 군주에 의해서 효율적으로 지배됐다. 그렇지만 그것은 또한 기강(discipline)은 국가의 하나의 기능이라는 의회의 주장과도 배치됐다. 이것은 쓰라린 영역이었다. 즉 웨스트민스터 총회와 의회 사이의 논쟁점이었다. 많은 사람이 교회에 치리권을 두는 것이 그들이 하나님이 함께 하신다고 믿는 것을 흐트러뜨림으로써 그 나라의 통일과 결속을 훼손하지나 않을까 염려했다. 이 총회의 구성원들 중에는 에라스투스의 견해들을 고수하는 사람들의 거의 없었지만, 이 총회 자체는 그 권한과 기능들이 전적으로 의회의 제한을 받았다는 의미에서는 에라스투스적인 집단이었다. 이는 그 시대에 대한 급진적인 제안이었다.

그렇지만 국가의 통치자는 통일과 평화와 진리가 교회에서 우세하도록 보장할 의무가 있다. 그는 부패와 학대가 교회에 들어오지 못하도록 또는 만약 그것들이 존재하는 것이 발견된다면 제거하는 것을 보장할 책임이 있다. 그는 이단을 억압해야 한다. 그는 하나님의 규례들이 합당하게 준수된다는 것을 확신해야 한다. 이렇게 하기 위해서, 그는 대회(synod)를 소집할 수 있고, 그는 친히 그 회의에 참석할 수 있으며, 그는 그 회의의 절차들이 성경에 있는 하나님의 마음에 따라서 이루어진다는 것을 보장할 수 있다. 웨스트민스터 총회에 있어서 자명한 것은 국가의 통치자는 중립적인 심판자가 아니지만, 참된 종교를 진흥하는 데 역할이 있다는 것이었다. 이 총회가 교회의 정치와 국가의 정치의 차이점을 인정했지만, 그럼에도 불구하고 그것들 사이에는 밀접한 관련이 있어야 한다고 주장했다. 미래에 대한 엄청난 불확실성이 짓누르고 있어서, 이것은 가장 중요한 문제였다.[47]

마지막으로, WCF 23.4에서, 이 총회는 자신들의 통치자들을 향한 백성들의 책임을 논의한다. 백성들은 그들을 위해 기도하고, 그들을 존중하며, 조세를 납부하고, 그들의 합법적인 명령에 순종해야 한다. 믿지 않는 위정자들도 다른 위정자들과 같은 권리들을 갖는다. 성례들이 그것들을 집례하는 사람의 경건의 결여에 의해서 무효화되지 않는 것과 똑같이(WCF 27.3), 국가의 정치도 믿지 않는 통치자에 의해서 무시되지 않는다. 그렇지만 로마 교황의 요구들은 즉시 거부된다. 교황은 국가의 사법권을 갖지 못하고, 또한 교직자들에 대해서 어떠한 합법적인 권세도 없는데, 이는 이단을 비롯하여 어떠한 구실로도 어떤 사람한테서도 생명이나 통치권을 박탈하지 못하게 하기 위함이다.

---

**47** 여기서 미국과의 차이가 명백하다. 웨스트민스터 총회는 국가의 정치는 중립적이어야 한다는 개념을 받아들이지 않았다. 국가 정치의 책임은 개혁파 신앙을 지지하고 유지하는 것이었다. 이와 동시에, 교회는 말씀과 성례들을 베풀고, 교회 치리를 행하는 독점적인 권리를 가졌다. 웨스트민스터 신학자들은 참된 종교의 설립을 지지했다. 그 신학자들의 대다수는 그들의 사유에서 에라스투스주의자도 아니었고 분리주의자도 아니었다.

## 6. 결혼과 이혼(WCF 24; LC 137-39)

WCF 24.1은 결혼의 본질과 일부일처의 원리를 상술한다. 결혼은 한 남자와 한 여자 사이에 이루어진다. 그러므로 일부다처제와 일처다부제는 양쪽 다 불법적인 것이다. WCF 24.2에서, 결혼의 목적이 설명된다. 결혼은 남편과 아내의 상호 협조를 위해, 합법적인 자식에 의한 인류의 증가를 위해, 거룩한 씨에 의한 교회의 증가를 위해, 그리고 부정을 방지하기 위해 하나님에 의해서 제정됐다. 피조세계의 규례로서 결혼은 국가의 목적들에 복무한다. 그러나 하나님의 언약이 가계를 따라서 집행되므로, 결혼은 또한 그 안에서 그의 구속 목적들이 주로 성취되는 장(場)의 구실도 한다. 여기서 열거된 목적들은 기도서의 결혼식 거행 예절에 있는 목적들과 동일하지만, 순서는 다르다.

결혼할 수 있는 사람에 대해서는, WCF 24.3은 판단력을 가지고 동의할 수 있는 사람들은 모두 허용한다. 그렇지만 레위기 18장에 명기되어 있는 대로, 결혼은 "말씀이 금하는 친족관계나 인척관계의 범위 안에서" 이루어져서는 안 된다. 더욱이 그리스도인들은 다른 그리스도인들과만 결혼할 수 있을 뿐이다. 게다가 개혁파 그리스도인들은 불신자들이나, 로마 가톨릭교회 교인들이나, 또는 다른 우상숭배자들이나, 현저하게 사악한 자나 이단자들과 결혼해서는 안 된다.

## 7. 부기 5: "교황파"(Papists)는 누구인가?

잉글랜드적인 맥락이 이해를 위해서 필요불가결한 또 다른 상세한 영역은 "교황파"—개혁파 신앙을 고백하는 사람들이 결혼해서는 안 되는—의 문제이다. 이는 오히려 보다 정치적인 용어였다. 교황파들은 프랑스 및 스페인과 결탁해 있는 사람들이었으며, 개신교 신앙을 무너뜨려서, 로마 가톨릭교회에 대한 충성을 새롭게 할 왕을 왕위에 앉힐려고 획책하고 있었다. 이는 잉글랜드 독립에 배치되는 것이었다.

이것은 결혼에 대해 논평하는 오직 두 번째 개혁파 신앙고백이며, 처음으로 교황파와 결혼하는 것에 관해서 무언가를 언급하는 것이다. 칼빈의 편집 지휘하에 작성된 프랑스 신앙고백(1559), 낙스가 저술한 스코틀랜드 신앙고백(1560), 벨기에 신앙고백(1561), 하이델베르크 요리문답(1563), 제2 스위스 신앙고백(1566)도 또한 도르트 신조(1619)도 결혼에 대해서는 아무 말도 하지 않는다. 39개 신조(1562, 1571)는 사제들의 결혼에 관한 장이 있다(32조). 그것은 주교와 사제와 부제들의 결혼을 금해서는 안 된다고 진술한다. "그러므로 다른 모든 그리스도인 남자들이 자신의 판단에 따라 결혼하는 것처럼, 하나님을 섬기는 일에 더 낫다고 판단한다면 결혼 또는 정당한 것이다." 39개 신조는 결혼에 대한 책임을 전적으로 결혼하는 사람에게 지우며, 그 책임을 교회의 사법권의 문제로 삼지 않는다. 웨스트민스터 신앙고백에서 관계가 있는 곳은 다음과 같이 진술한다.

모든 부류의 사람들이 결혼하는 것은 합법적이다…그러나 오직 주 안에서 결혼하는 것이 그리스도인들의 의무이다. 그러므로 진정한 개혁파 신앙을 고백하는 자들은 불신자들이나 교황파나 또는 다른 우상숭배자들과 결혼해서는 안 된다. 또 경건한 사람이 그 삶이 현저하게 사악한 자나 또는 가증스러운 이단론을 주장하는 자와 결혼함으로써 불공평하게 멍에를 매지 않도록 해야 한다(WCF 24.3).

신앙고백의 이러한 진술은 필연적으로 역사적 맥락에 의존한다. 웨스트민스터 총회는 이와 같은 진술을 모든 시대에 그리고 모든 곳에서 적용할 수 있고 또 구속력 있는 것으로 여기지 않았으며 그렇게 간주할 수도 없었다.

이 점을 이해하기 위해서, 우리는 복음이 처음에 교황에 의해서 잉글랜드에 전파되었다는 사실을 상기한다. 597년에, 교황 대 그레고리는 캔터베리의 어거스틴을 잉글랜드에 파송해서 앵글족을 개종시켰으며 그후에도 계속해서 그를 지원했는데, 어거스틴이 두려워서 철수하려고 했음에도 불구하고 그에게 임무를 계속해서 수행하도록 명한 일도 있었다. 이는 그레고리가 교회의 선교 사업에 평생토록 헌신한 것과 맥락을 같이 했다. 따라서 신앙고백의 이 진술은 597년부터 1532/3년까지의 전체 시간에 들어맞지는 않는다. 이 시기에 잉글랜드의 교회는 명목상 로마 가톨릭교회의 권세 하에 있었고, 교황에게 교회의 충성을 다할 의무를 지고 있었으며, 모든 그리스도인은 교황파였다. 즉 웨스트민스터 신앙고백에 따른다면 그리스도인의 결혼은 이 기간 동안에는 일어날 수가 없었을 것이다!

그러므로 이 총회는 이것을 보편적으로 적용할 수 있는 원리로 보지 않고, 그 대신에 역사적 맥락에 의존하는 원리로 여겼다.

이와 관련하여, 정치적 및 신학적 요소들이 분리할 수 없도록 섞였다. 우리에게는 이것이 자명하지 않을지도 모른다. 웨스트민스터 신앙고백의 언어는 정치적 요소들보다는 오히려 종교적 요소들을 결혼을 금하는 것으로 인용하는 것 같다. 그렇지만 신학적인 것과 정치적인 것이 17세기 중엽의 잉글랜드에서는 풀 수 없을 정도로 얽혀 있었다.

1530년대에 헨리 8세가 로마와 결별한 뒤에, 로마 가톨릭교회는 잉글랜드에서는 법적으로 존재하지 않았다. 잉글랜드 교회 전체는 이제 왕의 수장권 하에서 로마로부터 독립했다. 가지각색의 개인들은 여전히 로마에 충성했지만(종종 귀족들은 은밀히 로마의 의식을 실행했다), 로마 가톨릭교회 그 자체로는 존재하지 않았다. 가톨릭 교도들은 자기 집으로부터 5마일 이상을 갈 수 없었다. 이러한 규정을 어기면 투옥당하는 벌을 받았다. 그들은 19세기에 들어선 지 훨씬 지났을 때까지도 의원이 되는 것과 대학 교육을 받는 것이 금지됐다. 만약 로마 사제가 발견되면, 그는 처형당했다. 이단이 아니라 반역죄로.

더욱이 교황파는 정부와 개신교 체제를 전복시키려고 힘쓰는ㅡ프랑스나 스페인과 공모해서ㅡ적의 동조자로 간주됐다. 웨스트민스터 이전의 수십 년 동안에 일어난 중대한 두 사건이 국민의 정신에 깊이 새겨졌는데, 결과들이 오늘날까지도 여전히 명백하다.

첫째, 1588년에 스페인의 무적함대가 출범하여 잉글랜드를 침략해서 그 나라를 교황권에 복귀시키려고 했지만 실패로 끝났다.

둘째, 1605년에 화약음모사건(Gunpowder Plot)이 적발됐다. 로버트 케이츠비(Robert Catesby)가 주동하고 귀도 포크스(Guido Fawkes)라는 이름의 용병과 다른 사람들의 도움을 받은 이 계획은 웨스트민스터 지하실에 비축해 놓은 화약으로 국왕과 상하원을 폭파시킨 뒤에 가톨릭 교도를 왕위에 앉히려던 것이었다. 이 음모의 적발은 하나님의 섭리의 자비로운 행위라고 부르며 환영받았다. 오늘날까지도, 가이 포크스제(祭)(Guy Fawkes Night; 11월 5일)는 잉글랜드 달력에서 중요한 기념일들 가운데 하나이다. 1988년 7월에, 무적함대의 침략으로부터 구원받은 지 400년이 된 것을 기념하는 횃불이 영국 전역에서 점화됐다. 대단히 중요한 이러한 기념비적인 사건들은 이 나라의 외부로부터 선동된 것으로 보였으며 사람들의 마음 속에는 교황권과 직접적으로 연계되었다. 교회와 국가의 일들은 분리할 수 없었다.

이러한 요소들에 비추어 볼 때, 로마 교회와 관련된 것은 무엇이든지 엄중한 형벌이 요구됐다. "왕위계승법"(Act of Succession)은 가톨릭 교도가 왕위에 앉는 것을 금지했다(그것은 여전히 유효하다). "교황의 수장권을 인정하는 사제들은 대역죄의 형벌을 면할 수 없었다."[48] 크리스토퍼 힐(Christopher Hill)이 다음과 같이 말하는 바와 같다.

> 심지어 크롬웰과 같은 사람이나 밀턴과 같은 사람의 관용도 교황파에게는 미치지 못했다. 이것에 대해서는 그 이유들이 대

---

**48** Ashley, *England in the Seventeenth Century*, 32.

부분 정치적이었다. 교황파들은 외세의 앞잡이로 간주됐다. 그들은 내전에서 찰스를 확고하게 지지했다…교황파에 대한 적대는 청교도들의 독차지가 아니었다. 1640년에 뉴게이트 교도소에 수용된 일단의 사형수들은, 왕이 구하고자 했던 일곱의 사제들이 그들과 함께 교수형 당하기 전까지는 양심의 가책을 느꼈다. 하원 의원들 또한 그와 유사한 정치적인 이유들로 "감독파 교도들"(Prelatists)에 대한 관용을 거부했다.[49]

다시금, 그는 다음과 같이 말했다.

메리 여왕의 치세에 화형을 당한 이단들은 『폭스의 순교사화』 (Foxe's Book of Martyrs)에 의해서 스페인에 의한 희생자들로 대중화됐다…스페인 이단 심문의 고문들, 네덜란드의 폭동, 프랑스의 성 바돌로매 축제일 대학살, 스페인의 무적함대, 화약음모사건 등 은 모두 잔인한 교황파가 세계를 지배하려고 힘쓴다는, 또 하나님의 잉글랜드인들이 용감하게 그들을 좌절시켰다는 상을 확립하기 위해서 교묘하게 이용됐다.[50]

찰스 1세가 1625년에 즉위하고, 얼마 안 있어 프랑스의 앙리에타 마리아와 결혼하고 또 1633년에 윌리엄 로드를 캔터베리 대주교로 임명한 뒤에, 청교도들은 로마 가톨릭교를 복귀시키려는 비밀리에 교묘히 꾸민 계획을 우려했다. 앙리에타 마리아 왕비는 그녀 자

---

**49** C. Hill, *The Century of Revolution 1603–1714* (New York: W. W. Norton, 1961), 172-3.
**50** Ibid., 57.

신의 사제들과 미사와 예배당을 소유한 실천적인 가톨릭 교도였다. 아르미니우스파는 사실상 로마 가톨릭교였다. 이러한 우려들은 예배의 통일을 위한 로드의 추진에 의해서 악화됐다.

웨스트민스터 총회는 교회와 국가의 분리에 관한 어떠한 가정들에도 의거하지 않았다. 이러한 가정들은 많은 현대 문화들에서 자명하게 보일 수 있는데, 특히 미국의 문화에서 그러하다. 그것은 이 총회에게는 그렇지 않았다. 이번에는, "교황파"는 교회의 관심사들과 정치적 관심사들을 결합시킨 사람들이었다. 신자들이 그들과 결혼해서는 안 됐던 것은 그들이 우상숭배자였으며—고린도전서와 고린도후서에 대한 언급에 주목하라—또한 국가의 질서에 위협이 되었기 때문이다.

그렇지만 결혼이 허용되지 않을 뿐만 아니라 전혀 결혼을 성립시킬 수 없는 한계가 있었는데, 비록 결혼이 인간의 권위에 의해서 재가되더라도 그러하다. 이러한 한계들이 24장 4조에 명확히 설명되어 있다. 어떠한 결혼도 "말씀에 의해서 금해진 친족관계나 인척 관계의 범위 안에서" 일어날 수 없다. 참조는 레위기 18장, 고린도전서 5:1, 아모스 2:7에 대해서 이루어진다. 그러한 결혼들은 근친상간적이다. 그러한 결혼들은 결코 합법화될 수 없다. 그 쌍방은 남편과 아내가 되지 못하며, 또한 남편과 아내가 될 수도 없다. 게다가 그 범위는 마찬가지로 상대방의 친족에도 적용된다.

WCF 24.5는 약혼이나 결혼을 종식시키는 이유들을 다룬다. 무엇보다도, 혼전 간통과 간음은 혼전 약혼을 끝낼 합법적인 이유들이다. 여기서 웨스트민스터 신학자들은 마태복음 1:18-20을 참조한다. 여기서 요셉은 마리아가 임신했다는 이유로 그녀와 이혼하기로 결정했다. 물론 1세기 이스라엘과 17세기 잉글랜드의 문화적 맥락들은 우리 자신의 문화적 맥락과는 아주 상이했다. 왜냐하면 혼전 약혼은 단순히 결혼하려는 의도의 선언으로 간주되기보다는 오히려 구속력이 있는 것으로 여겨졌기 때문이다. 신앙고백은 이어서 말하기를, 결혼이 일어난 후에, 만약 한쪽 당사자가 간통을 범하면, 그 결혼은 이혼에 의해서 합법적으로 종결될 수 있다. 이것의 배후에는 모세의 언약의 시민법이 있다. 이것에 따르면, 간통자는 돌에 맞아 죽었다. 이러한 의미에서, 간통을 범한 결혼 상대자는 사법상 죽었으며, 그래서 상대방은 이혼을 실행할 수 있을 뿐만 아니라 다른 사람과 결혼을 할 수도 있었다. 총회는 마태복음 5:31-32, 19:9, 로마서 7:2-3에서 증거본문을 제시했다.

이혼의 합당한 원인이 WCF 24.6의 초점이다. 여기서는, 열거된 것들 이외의 그 이상의 어떠한 이혼 원인이 있다는 것이 부정되는데, 결혼을 끝내는 것을 정당화하는 이유들을 찾으려는 죄악된 인간들의 경향에도 불구하고 그러하다. 간통은 이미 언급됐다. 이에 더하여, 고의적인 처자 유기도 이혼 사유가 된다. 그렇지만 그것은 "교회나 국가의 위정자에 의해 결코 교정될 수 없는 그런 고의적인 처자 유기"이다. 따라서 그러한 결과들을 피하려는 비상한 시도들이 이혼이 이루어지기 전에 요구된다. 더욱이 이러한 시도들은 공적이면서 질서가 있어야 한다. 철저한 시도가 문제의 근원에 다다르고 또한 교정을 찾기 위해서 이루어져야 한다. 게다가 이러한 이유들로 이혼을 추구하는 양 당사자는 행정 및 교회 당국과 상관없이 그 문제를 수행하도록 허용돼서는 안 된다. 이러한 "공적이고 절서 있는 진행 절차"는 간통과 고의적인 처자 유기 양쪽에 대한 실

상의 주의 깊은 조사를 필요로 하는데, 이러한 일들이 실제로 일어났는지의 여부를 확인하기 위함이다.[51]

웨스트민스터 총회가 관련된 많은 제안을 거부한 것은 주목할 만하다. 1646년 8월 3일 월요일 제682차 회기에서, "결혼을 앞두고 있는 사람들은 필요한 결혼의 의무들을 마땅히 수행할 수 있어야 하며, 또 좋은 선택을 할 수 있어야 한다"는 제안은 통과되지 않았다. 또한 "정부는 자신들의 슬하에 있는 자녀들의 부모들로 하여금 자녀들의 결혼에 응당 동의하게 해야 하지만, 그들이 그들 자신의 마음에 들지 않는 것을 강요받지 않을 때 그렇게 해야 한다"는 제안도 통과되지 않았다.[52] 이것이 반드시, 웨스트민스터 신학자들의 대다수가 그러한 의견들에 반대했다는 것을 의미하지는 않는다. 요컨대 그들이 그런 의견들을 신앙고백에 담는 것을 신중하게 생각하지 않았다는 것이다. 이와 마찬가지로, 1646년 9월 10일 목요일 제703차 회기에서 이 장은 "죽음이 결혼의 속박을 완전히 끊어서, 살아 있는 당사자는 다른 사람과 결혼할 수 있다"는 진술을 포함해야 한다는 제안도 기각됐다.[53] 아마도, 이 구절은 불필요하다고 여겨졌을 것이다.

---

51  이것의 배후에는, 독립파에 대한 암묵적인 질책이 있다고 추측할 수 있다. 왜냐하면 독립적인 교회 정치의 본질에 의해서 "질서 있는 절차"를 따를 가능성이 거의 없기 때문이다.

52  Van Dixhoorn, 6:335.

53  Ibid., 6:353.

# 제14장

## 교회와 성례

그리고 우리는 거룩하고, 보편적이며,
사도적인 하나의 교회를 믿으며
우리는 죄 사함을 위한 하나의 세례를 고백한다.

### 1. WCF 25-31, LC 60-65, 96-153

신앙고백과 대요리문답 양쪽에서, 교회는 구원의 서정 및 그리스도의 사역과 관련이 있는 것으로 여겨진다. 대요리문답에서, 가시적 교회(참된 종교를 고백하는 모든 사람과 그 자녀)와 비가시적 교회(택함 받은 자들의 총수)는 차이점이 있다. 가시적 교회의 모든 사람이 다 구원을 받지는 못할 것이다. 왜냐하면 그들의 신앙고백이 거짓될 수 있고 그들이 그 신앙고백을 포기할 수도 있기 때문이다. 그렇지만 가시적 교회는 모든 원수에 맞서 하나님의 보호와 보존을 누린다. 그 안에서, 성도들은 서로 교통하고 구원의 통상적인 방편이 있지만, 가시적 교회 안에서 그리고 가시적 교회를 통하여 복음이 들린다(LC 60-63). 비가시적 교회―현재와 미래의 택함 받은 자들―는 은혜 안에서, 지금 이생에서 또 영광 안에서, 미래의 영원한 왕국 안에서 그리스도와의 연합과 친교를 누린다(LC 64-65). 우리

는 구원의 서정에 관한 우리의 논의에서 그리스도와의 연합의 의의에 대해 언급했다.[1]

다른 곳에서 나는 구원을 얻을 수 있는 곳으로서의 교회에 대한 이러한 강조가 역사적으로 중요한 기독교 신앙의 중심에 있다고 주장했다. 그러한 강조는 사도신경에서 보인다("거룩한 공회와 성도가 서로 교통하는 것과 죄를 사하여 주시는 것"). 이러한 문구들은 니케아-콘스탄티노플 신경에서 확장된다("그리고 거룩하고, 보편적이며, 사도적인 하나의 교회를 믿으며, 우리는 죄 사함을 위한 하나의 세례를 고백한다"). 여기서 "죄 사함을 위한 하나의 세례"라는 문구는 사도신경이 언급하는 "죄를 사하여 주시는 것"이 세례(즉 성례 일반)를 은밀히 가리키는 것을 나타낸다.

나는 칼빈이 자신의 『기독교 강요』(*Institutes*)에서 이러한 사고방식을 따른다고 주장했다. 교회와 성례들은 『기독교 강요』 제4권의 특별한 초점이다. 그는 교회를 어머니로 모시지 않는 자는 하나님을 아버지로 모실 수 없다는 키프리안의 논평에 대해 찬성론을 주장한다. 그렇지만 18세기 이후 복음주의는 새로운 영토로 이동해서, 교회에서 분리되어 개인과 그의 개인적인 신앙에 초점을 맞춘다.[2] 역사적으로 중요한 전통의 타당성은, 비록 어떤 사람이 단지 성경을 읽음으로써 외견상 고립해서 그리스도인이 되더라도, 그를 믿음으로 인도하는 것은 성경의 사도들과 선지자들에 의해서 쓰인 복음 메시지라는 것이다. 사도들과 선지자들은 교회의 토대였다.

여기서 우리는 SC 88의 중요한 진술에 주목한다.

---

1 또한 WCF 25.1-2를 참조하라.
2 Letham and Macleod, "Is Evangelicalism Christian?"을 보라.

그리스도께서 우리에게 구속의 유익을 전달하는 외적이며 통상적인 방편은 그분의 규례인데, 특히 말씀과 성례와 기도이다. 이것들은 모두 선택된 자들이 구원을 얻게 하는 데 효력이 있다.[3]

이것들은 교회 이외의 다른 어느 곳에서도 발견되지 않는다. 교회의 결함들에도 불구하고―그때 잉글랜드에는 제대로 설립된 교회가 없었다!―우리가 복음을 듣고서 우리의 믿음 안에서 양육되는 것은 거기에서다.

말씀을 은혜의 방편으로 나타내는 것과 관련하여, 제2 스위스 신앙고백 1조의 고전적인 진술이 있다. "그러므로 이 하나님의 말씀이 합법적으로 부르심을 받은 설교자들에 의해서 교회에서 전파될 때, 우리는 바로 이 하나님의 말씀이 전파되고 신실한 사람들에 의해서 받아들여진다는 것을 믿는다." 그 신앙고백의 난외주는 이렇게 덧붙인다. "하나님의 말씀의 설교는 곧 하나님의 말씀이다."[4] 설교는 비록 잉글랜드 청교도주의의 주요한 특징은 아니더라도, 주요한 특징들 중 하나였다. 로드 체제와의 투쟁의 주요한 원인들 가운데 하나는 전도에 둔 제한이었다. 전도가 은혜의 한 방편이었으므로, 전도의 제한은 하나님의 은혜가 잉글랜드에서 자유롭게 내달릴 기회들을 실제적으로 제한했다.[5]

안토니 터크니(Anthony Tuckney)는 하나님의 말씀의 전파는 회

---

3   LC 154를 보라.
4   Schaff, *Creeds*, 3:237, 832.
5   LC 155-60을 보라.

심의 통상적인 방편이라고 주장한다. 그렇지만 마치 그것이 그 자체로 죄인들을 믿음으로 데려오는 권능을 가지고 있다는 듯이, 그것이 구원의 유효한 원인은 아니다. 오히려 하나님의 말씀의 전파는 통상적인 양태이고, 방편이며, 이유이고, 조건인데, 이것들을 통해서 믿음이 생긴다. 이는 회심이 항상 전도에 후속하는 것은 아니기 때문이다. 씨뿌리는 자의 비유는 이것을 입증한다. 전파되는 외적 말씀은 성령의 내적 작용이 없으면 그것만으로는 무력하다(*destitutum*[데스티투툼]).[6]

## 2. 교회

WCF 25장은 이 주제를 되풀이하고 확장한다. 이 장은 신자들과 그들의 자녀들의[7] 가시적 교회와 모든 시대와 장소에서 선택된 자들로 구성된 비가시적 교회를 구별한다. 이 장은 가시적 교회 밖에서는 "통상적인 구원의 가능성이 없다"고 강조한다. 이 장은 교회와 주 예수 그리스도의 왕국을 동일시한다. 가시적 교회에 "하나님의 성직과 신탁과 규례들이 맡겨졌는데, 그것은 이생에서 성도들을 모아 세상 끝까지 완전케 하시기 위해서이다." 이것은, 이러한 교회들이 "더 순결하거나 덜 순결할" 뿐이며, 심지어 가장 순결한 교회들이라도 "혼잡과 오류에 빠지기 쉽다"는 사실에도 불구하고, 그렇다. 그러므로 말씀과 성례들과 기도의 효험은 교회 그 자체 때문도

---

6　Tuckney, *Praelectiones theologicae*, 258-62.
7　교회는 오직 신자들로 제한된다고 주장한 다양한 유형의 침례파와 대조를 이룬다.

아니고, 또한 교회의 순결성의 상대적인 수준 때문도 아니다. 그것은 그리스도의 약속에 따라서, 전적으로 그리스도의 임재하심과 성령에 의존한다.

웨스트민스터 신앙고백은 진술하기를, 어떤 교회들은 그리스도의 교회들이 아니라 사탄의 회들이 되기 위해서 타락했다고 한다 (WCF 25.5). 고려 중인 것은 로마 가톨릭교회이며 또한 아마도 로드 치하의 잉글랜드 국교회일 것이다. 그렇지만 우리는 이것을 로마 가톨릭교회를 포괄적으로 비난하는 것으로 간주하기 전에 잠시 멈추어야 한다.

웨스트민스터 총회는 삼위일체의 이름으로 세례를 받아들였다. 만약 어떤 사람이 로마 가톨릭교회에서 세례를 받았다면, 그는 세례를 다시 받아서는 안 되었다.[8] 그러므로 로마는 교회의 표지들 중 하나를 소유해서 전혀 그리스도의 교회가 아니라고 할 수 없었다. 더욱이 이 총회의 토론들은 교부들에 대한 언급뿐만 아니라, 특정한 조항들에 대한 근거들로서 인용되는, 일련의 중세 로마 신학자들에 대한 언급으로도 가득하다. 물론 39개 신조에 있는 로마에 맞서 종교개혁에 관한 강력한 방어가 취해졌다. 무적함대사건과 화약음모사건, 그리고 두려운 "로마 교황의 음모" 등에서 보이는 프랑스와 스페인으로부터의 위협들은 실제적이었다. 비록 로드도 이 총회처럼 로마 가톨릭교회를 반대했으나, 그에게서 오는 압박도 여전

---

8   WCF 28.6에 대해서는 하기 참조. 이에 더하여, R. Letham, "Baptism in the Writings of the Reformers," *SBET* 7/2(1989): 21-44를 보라. Martin Bucer는 *Quid de baptismate infantium* (Strasbourg, 1533), A. viii.b, for one에서, 세례 신조에 따라서 세례는 어떠한 특정교회에도 속하지 않고, 삼위일체 하나님께 속한다고 강력하게 주장했다.

히 생생했다고 기록되어 있었다. 아마도 가장 우선적으로 마음 속에 있을 것이 WCF 25.6에서 보인다. 여기서 교황의 주장들은 단호히 거부된다. "주 예수 그리스도 외에는 교회의 다른 머리가 없다. 로마 교황은 어떠한 의미에서든 결코 그 머리가 될 수 없다. 로마 교황은 적그리스도요, 죄의 사람이고 멸망의 자식이며, 교회 안에서 그리스도께 대항하여 자기 자신을 높이고, 무엇보다도 하나님이라고 불린다."[9]

## 3. 성도들의 교제

대요리문답에 따르면, 그리스도와의 연합 및 친교는 구원의 핵심이다. 그것은 구원의 서정의 다양한 요소들에서 나타나며, 은혜 안에서 또한 더없이 충분히 영광 안에서 명백히 알 수 있다. 여기서, 성도들이 서로 함께 갖는 것이 친교의 토대이다. 이는 WCF 26. 1에서 명백하다. LC 66-90에서 전개되는 대로, 은혜와 영광 안에서 이루어지는 그리스도와의 연합은 사랑 안에서의 서로의 연합을 수반한다. 세 가지 신경들에 대한 초반의 머뭇거림에도 불구하고, 이 장은 사도신경의 "성도의 교통"(혹은 교제)이라는 문구의 확장이며 그 문구에 관한 기술이다. 실로 그 신조들의 교리는 웨스트민스터 총회의 교리에서 충분히 표현되는데, 비록 그 신조들 자체가 명백히 재발표되거나 재확언되지 않았더라도 그러하다.

---

9    이 진술은 그리스도의 재림이 가깝다고 주장한 문헌이 광범위하게 쏟아져 나온 것에 비추어서 봐야 한다.

그리스도와의 연합과 그에게 연합되어 있는 모든 사람에 대한 사랑의 관계는 WCF 26.2에서 명백히 알 수 있다. 이것은 하나님을 예배함에 있어서의 사역 및 친교와 "다른 영적인 봉사들"뿐만 아니라, 물질적인 필요들의 원조를 비롯한 실천적인 문제들로 확장된다. WCF 26.3에서는 강하게 부정하는 것이 두 가지가 있다.

첫째, 그리스도와의 연합이 성도들이 그리스도와 동등하다는 것을 의미하지 않으며, 또한 그것은 그의 신성에의 참여를 수반하지도 않는다. 극단적인 분리파 가운데 일부는 이것이 그러하다고 주장했었다. 웨스트민스터 신학자들의 거부는 신화(deification)에 대한 동방 정교회의 신조—아타나시우스까지 거슬러 올라가는—와 일치한다. 신화는 성도들이 거룩해진다는 것을 의미한 게 아니라, 오히려 그들이 이생을 통하여 성령에 의해서 하나님의 형상으로 변화되고, 영원한 왕국에서 그것이 성취되는 것을 의미한 교리이다.[10]

둘째, 수평파(Levellers)와 같은 분파들에 대한 거부가 있다. 수평파는 사유재산이 폐지되기를 원했다. 성도들이 서로 함께 누리는 친교는 개인의 온전함을, 특히 그의 특성을 약화시키거나 파괴하지 않는다. 이는 삼위일체 교리의 분출이다. 다양성 속에서 통일성(과 연합)이 있다.

웨스트민스터 신앙고백의 이 장은 모든 시대에서 교회에 중대한 도전이 된다. 총회는 교회가 그리스도 안에서 누리는 친교는 주 예수님의 이름을 부르는 모든 사람에게로 확장되는데, 그들이 교리의 조항 하나하나에 온전히 동의하든지 또는 동의하지 않든지 간에

---

**10** Letham, *Through Western Eyes*, 253-63; N. Russell, *The Doctrine of Deification in the Greek Patristic Tradition* (Oxford: Oxford University Press, 2004)를 보라.

그러하다. 교회 내에서의 불화는 하나님과의 관계의 실재에 대한 문제들을 수반한다. 이것은 잊혀진 것이지만 이에 대한 무시는 집단 양심의 죄책을 불러일으킨다.

## 4. 성례들(WCF 27; LC 161-64)

T. F. 토랜스(Torrance)는 그가 종교개혁과 보다 오래된 스코틀랜드 전통이 가르쳐준 성례들의 복음주의적 특성에 대한 웨스트민스터 총회의 경시라고 일컫는 것을 개탄한다. 그는 조지 길레스피를 인용하는데, 길레스피는 성례들이 개종시키는 규례들이 아니라 오직 확인하는 규례들이라고 주장했다. 따라서 웨스트민스터 신학자들은 로버트 브루스(Robert Bruce)가 확언하는 신비들이나 징표들과 인침(seal)들로 받아들이기보다는 오히려 입대한 군인들이 행하는 맹세들이라는 대중적인 라틴어적 의미로 성례들을 이해했다고 토랜스는 말한다.[11] 토랜스가 길레스피를 웨스트민스터 총회 전체의 대표자로 생각하는 것은, 길레스피가 이 총회의 구성원이 아니었을 때였다. 더욱이 웨스트민스터 신앙고백의 주의 만찬에 대한 장도 신실한 사람들은 그리스도를 먹는다고 확언한다. 이는 군인의 맹세와 유사할 뿐만 아니라 보다 신비와 일치하기도 한다. 다시금, 토랜스는 말하기를 세례는 은혜의 징표와 인침일 뿐만 아니라,

---

11 Robert Bruce, *The Mystery of the Lord's Supper: Sermons on the Sacrament Preached in the Kirk of Edinburgh by Robert Bruce in A.D. 1589* (trans. and ed. T. F. Torrance; London: James Clarke, 1958)을 보라.

또한 은혜를 나타내고 성령께서 은혜를 베푸시는 것의 도구적 원인이라고 한다.[12] 그러나 이것은 성례에 대한 장에서 분명히 진술되어 있다. 거기서 은혜는 성례들 안에서 또는 성례들에 의해서 "나타난다"(exhibited)고 한다(WCF 27.3). 그리고, D. F. 라이트(D. F. Wright)가 주장하는 대로, 이 동사는 그때는 지금 가지고 있는 것보다 더 강한 의미를 가졌다. 게다가 성례들 안에서 또는 성례들에 의해서 나타나는 이 은혜는 성령에 의해서 "주어진다"(conferred).[13]

성례들이 효력이 있지만, 이렇게 은혜가 주어지는 것은 성례들이 자신들 안에 가지고 있는 어떤 능력 때문이 아니다. 그것은 성례들을 집행하는 사역자의 믿음이나 그리스도인의 삶에 의존하지 않는다. 성례의 효력은 비록 집례자가 불경건하더라도 무효화될 수도 없다. 만약 이것이 그러하다면, 성례들은 시간과 장소에 따라서 그것들의 정당성이 변동할 것이다. 주어진 은혜는 성령과 성례 제정의 말씀, 그리고 그 배후에 있는 하나님의 약속으로부터 온다(WCF 27.3). 성례들은 그리스도께 속한다.

그러므로 성례들은 징표들에 지나지 않는 게 아니다. 그것들은 단순히 상징적인 게 아니라, 상징적 의미가 많이 있다. 그것들은 서로에게 헌신의 기장(emblem)으로서, 교인들 사이에 맺어지는 관계의 수평적 차원으로 격하되어서는 안 된다. 하나님의 약속이 그것들을 뒷받침하고, 성령의 활동이 그것들에 충만하며, 하나님의 은혜가 그것들 안에서 또 그것들을 통하여 주어진다. 그것들은 그리

---

**12** T. F. Torrance, *Scottish Theology*, 146.
**13** 하나님은 은혜를 나타내는 성례들과 성례들을 통해서 은혜를 베푸시는 성령의 대단히 중대한 차이에 나의 주의를 끄는 것에 대해서 Robert B. Strimple에게 감사드린다.

스도께서 우리에게 구원의 유익들을 전달하시는 통상적인 방법이다. 구원의 최고의 유익은 그리스도 그분 자신이시다. 구원은 은혜와 영광 안에서 이루어지는 그리스도와의 연합과 친교에 존재한다 (LC 65-90). 그리스도와의 연합과 친교가 성례를 통해 상징되고, 또한 우리의 눈에 가시적으로 나타나고 하나님의 약속에 따라서 성령에 의해 주어진다. 그것들 안에서 우리는 성 삼위일체를 만난다.

## 5. 세례

세례에 관한 웨스트민스터 총회의 논의는 신앙고백과 "공중 예배모범"(the Directory for the Publick Worship of God) 양쪽과 관련하여 일어났다. 이러한 토론들은 매우 흥미롭고, 상세히 기록되어 있으며, 그래서 크게 우리의 주의를 끌 것이다. 논의의 일반적인 흐름을 파악하는 것이 이 총회가 말하고자 한 바를 이해하기 위해서 필요하다. 많은 토론이 실제적인 집행 문제들과 관계가 있었다. 그렇지만 신학적인 내용은 세례의 효능과 어떻게 세례가 택함 받은 유아들과 관계가 있는가와 관계가 있었다. 이 점은 대다수의 현대의 그리스도인들에게 상실되었다. 보수 개신교도들은 세례에 관한 로마 가톨릭 교리와의 더없이 희미한 관련에서, 그리고 19세기 이래로 고교회파 잉글랜드 국교회의 성찬 중시주의에서도 멀어졌다. 그렇게 행함으로, 그들은 그 징표들이 상징들로 격하된 불완전한 성례전 신학에 스스로를 맡겼다. 고전적인 개혁파 성례전 신학은 대부분 상실되었다.

### 1) 세례는 회중 속에서 집행되어야 하는가 아니면 은밀히 집행되어야 하는가?

1644년 7월 11일 목요일 제256차 회기에서 벌어진, 하나님께 드리는 공적 예배를 위한 규칙서에 대한 토론 중에, 세례의 성례가 교회에서 집례되어야 하는가, 아니면 가정에서 집례되어야 하는가를 두고 오래 끈 논의가 있었다. 양쪽 입장 각각을 지지하는 사람들도 있었지만, 다수의 사람들은 집례 장소는 중요하지 않다고 주장했다. 일부 신학자들은 성경의 선례들을 지적했다. 여기서는 특수한 세례가 회중 앞에서 집행됐다는 것이 입증될 수 없었다. 다른 신학자들은 세례를 중요한 것들(치리)의 집행과 결부시키면서, 그것이 교회에서 행해져야 하는 것에 찬성론을 폈다. 게다가 만약 세례가 가정에서 집례된다면, 로마 가톨릭교회의 신조와 유사한, 세례의 긴급하고 직접적인 필요성이라는 미신적인 개념이 조장될 수 있다고 생각됐다. 중세에는, 세례는 구원에 필요한 것으로 여겨져서, 유아들도 장소에 상관없이 즉시 세례를 받았다. 로마 가톨릭교회에 반항하여, 어떤 곳들에서는 어린아이를 세례를 받기 위해서 교회에 데려가는 일이 거의 없었다. 캘러미(Calamy)에 따르면, 런던에서는 2년 내지 3년 동안 아무도 교회에서 세례를 받지 않았다.[14]

그 규칙서에서 최종적인 결론은 세례는 사적으로 집행되어서는 안 되고, 누구나 그것을 볼 수 있는 곳에 위치해 있는 세례반(font)이 있는, 회중 앞에서 집행되어야 한다는 것이었다. 이는 어거스틴

---

**14** D. F. Wright, "Baptism at the Westminster Assembly," in *Westminster Confession into the 21st Century* (ed. Duncan), 1:176.

이 성례들을 "하나님의 가시적인 말씀들"이라고 말하는 것과 일치한다.

이 토론에서는, D. F. 라이트가 지적하는 대로, 놀라운 누락이 있었다. 아무도 개혁파 신학의 자명한 이치인 성례들과 말씀의 관계를 제안하지 않았다. 그것은 나무들을 보느라 숲을 보지 않은 경우였다. 그 토론은 신학적 연관성들을 희생하여, 정확한 성경적 안내의 탐구에 의해서 위협을 받았다.[15]

### 2) 경건한 부모들의 자녀들만이 세례를 받아야 하는가?

1644년 7월 12일 금요일 제257차 회기에서 벌어진 세례에 관한 주제들에 대한 토론이 대륙의 개혁파 교회들의 관심을 불러일으켰다.[16] 이는 현재 진행 중인 언약적 노선의 맥락에서 벗어나서, 이 총회가 부모들에 초점을 맞췄기 때문이다. 굴리엘무스 아폴로니우스 (Guilielmus Apollonius)는 미들버그에서 사역하는 목회자로서 왈라키아 노회를 위해서 이 총회에 편지를 보냈으며 이러저러한 우려들을 표명했다. 그는 만약 유아들의 부모들이 기독교 가문 출신이라면, 비록 그 부모들이 불경건하더라도, 유아들에게 세례를 주는 개혁파의 관습에 대해 언급했다. 이러한 관습은, 국가는 언약적으로 거룩하다는 믿음에 의거했다. 아폴로니우스는 자신의 주장을 뒷받침하려고 칼빈과 발라이우스(Walaeus) 그리고 『레이든 신학통론』(*Leiden Synopsis*)을 인용했다. 게다가 그는 하나님이 아브라함과 그들의 세

---

15　Ibid., 176-77. 참조. Van Dixhoorn, 5:195-200.
16　Van Dixhoorn, 5:200-201.

대들 전체에 걸쳐서 그의 자손들의 하나님이 되리라는 아브라함의 언약에서의 하나님의 약속에 대해 언급했다. 이러한 하나님의 약속은 은혜언약과 특히 세례에 관한 개혁파 교리 전체의 기초가 됐다.[17] 우리는 어떻게 아폴로니우스의 저서가 만장일치의 감사로 받아들여졌으며—대단히 이례적인 사건—그리고 그가 1645년 여름에 잉글랜드에 있었을 때 그가 의장으로부터 공적인 치하를 받기 위해서 이 총회에 초대됐는가에 주목했다.[18]

아폴로니우스가 말했듯이, 이 질문은 칼빈에 의해서 다루어졌었다. 그 부모가 자신들의 회개를 입증하기 전에 우상숭배자들과 파문 당한 자들의 자녀들에게 세례를 주는 것이 합법적인지를 묻는 존 낙스의 편지에 회신하면서, 칼빈은 1559년 11월 7일자 서신에서 제네바 목회자 협회의 만장일치의 지지를 얻어 응답하면서, 그것의 합법성을 강력하게 주장했다. 그는 확언하기를, "하나님의 약속은 모든 신자의 1대손을 포함할 뿐만 아니라 수천 세대들에게까지 확장된다"고 했다. 세례는 그 효과와 효능을 하나님의 약속에서 얻는데, 이것이 로마 가톨릭의 미신들에 의해서 무시될 수 없다. 그러므로 "300여년전에 하나님이 그들을 양자로 삼을 만하다고 생각하셨을 때 그들의 조상들 가운데 일부의 그 후의 불경건이 하늘의 은혜의 과정을 방해한다는 것은 부당하다." 그런 경우들에서 필요한 것은 그들을 경건한 종교의 원리들 안에서 양육하기 위해서 대부모들을 찾아야 한다는 것이다. 그러나 "그를 위해서 합당한 서약이 주어

---

**17** Apollonius, *A consideration of certaine controversies*, 84-89.
**18** Carruthers, *Everyday Work*, 71.

진 자녀를 거부할 이유를 우리는 알지 못한다."[19]

다시금, 『레이든 신학통론』(1625)은 그와 동일한 문제를 다루었으며 동일하게 대답했다. 신앙을 고백하는 성인들과 신실한 언약의 부모들에게서 태어난 유아들은 마땅히 세례를 받아야 한다. 다른 한편, 이슬람교도들과 유대인들 및 언약 밖에 있는 그 밖에 사람들의 자녀들도 성례들에서 배제되어서는 안 된다.[20] 그렇지만 『레이든 신학통론』은 이어서 이렇게 말한다. "비록 그들의 부모가 불경건하더라도, 또한 우리가 기독교 가문에서 태어난 그런 유아들을 세례에서 배제하지 못하는 것은, 그것이 언약이나 세례의 효능을 무효로 할 수 없기 때문이다." 더욱이 에스겔 18장에서 가르침을 받는 대로, 새언약에서는 아들들이 아버지들의 죄를 담당하지 않을 것이다.[21]

이와는 대조적으로, 그 토론에서, 가테이커(Gataker)는 그 규칙서 초안이 아버지 쪽에서 수행해야 할 어떠한 의무도 명기하지 않은 것을 우려했다. 윌킨슨은 일을 얻으려고 새로운 지역으로 옮겨가는 사람들의 경우에 대해 언급했다. 이런 경우에는 무엇이 행해지겠는가? 캘러미의 논평은 누가 세례를 받아야 하는가를 결정하는 문제

---

[19] John Calvin, "Letter DXLIX to John Knox," in *Selected Works of John Calvin: Tracts and Letters* (ed. H. Beveridge; repr., Grand Rapids: Baker, 1983), 7:74–75.

[20] Polyander et al., *Synopsis purioris theologiae*, 655–57.

[21] "Qui ex Christiana stirpe & baptizatis parentibus nati sunt, etsi ipsorum parentes per vitam improbam, aut fidem imputam foederis in Baptismo obsignati efficaciam adversus se irritam reddant; si ab iisdem parentibus aut eorum propinquis, sub quorum potestate sunt, iuxta ordinem in Ecclesiis nostris consuetum Baptismo offeruntur; quia sub novo foedere filius non fert iniquitatem Patris, & Deus nihilominus manet eiusmodi liberorum Deus." Ibid., 657–58.

에 있어서 유연성을 나타낸다(1644년 10월 10일 목요일 제301차 회기에서). "많은 신학자들의 자유스러운 판단들로 인하여 그 부모들이 지 교회 소속이 아닌 많은 자녀가 세례를 받게 될 것이다."[22] 분명한 사실은 웨스트민스터에는, 믿는 편부모나 부모의 자녀로 명확히 제한하는 것이 있다는 것이다. 유아 세례에 대한 토대를 제한하는 것이 있지만, 그것이 전적으로 새로운 발전은 아니었다.[23]

### 3) 세례와 죄 사함

1644년 7월 15일 월요일과 1644년 7월 16일 화요일에 개최된 제258-59차 회기에서, 프랜시스 우드콕(Francis Woodcock)은 "물(세례)은 죄의 죄책을 없애는 그리스도의 피를 나타낸다"는 제안된 단어들의 모호성을 우려했다. 거지도 우드콕(Woodcock)을 지지해서 세례에서 제일 중요한 것은 그리스도의 피라고 말했다. 코르넬리우스 버지스(Cornelius Burgess)는 주장하기를, 세례에서 그리스도의 피의 징표가 전혀 없거나 그렇지 않으면 물이 그 징표가 되어야 하는 것은 성령이 그리스도의 피를 적용하시기 때문이라고 했다. 레이너(Rayner)는 죄 사함이 종종 씻음에 의해서 표상된다고 지적했다. 다른 한편, 마샬(Marshall)은 디도서 3절에 따라서, 물과 일치하는 것은 성령이라고 생각했다. "성령의 은사는 물에 의해서 설명된다. 나

---

[22] Van Dixhoorn, 5:390.
[23] 이 관습이 새로운 것이 아니었다는 것은 프랑스 신앙고백 35장으로부터 분명하다. 여기서는 믿는 부모들의 자녀들은 세례를 받아야 한다고 말한다. 나는 여기서 그 자체로서의 나 자신의 신학적인 소신을 상술하기보다는 오히려, 개혁파적 관습과 웨스트민스터 총회의 시대에 또 그 시대에 이르기까지 벌어진 토론을 기술하고 있다.

는 성경에서 물이 그리스도의 피를 나타내는 곳을 전혀 알지 못한다." 이것에 대해서, 길레스피는 두 본문(행 2:38; 눅 3:3)에 대해 언급함으로써 반박했다. 이 본문들에서는 세례에서 인치는 것은 분명히 물과 관련되어 있다. 더욱이 그는 이어서 말하기를, 물은 씻음—죄 사함과 중생 양쪽 모두—을 표상한다고 했다. 게다가 물이 성령보다는 그리스도의 피를 표상하는 것에 대한 증거가 더 많이 있다. 디도는 세례에 대해 언급하지 않는다. 단지 유비(analogy)에 의해서 물과 세례는 연관되어 있다.

조지 워커(George Walker)는 중간 입장을 취했다. 일부 주장들은 그리스도의 피를 지적하지만 다른 주장들은 성령을 지적한다. 분명한 것은 양쪽 다 관련되어 있다는 것이다. 러더포드(Rutherford)는 물과 죄 사함의 관계를 지지했다. 그는 부정할 수 없는 것은, 죄 사함이 세례에서 인치심을 받게 된 합당한 열매라는 것이라고 주장했다. 한편, 이러한 열매를 나타내는 어떤 징표가 있어야 한다. 그리고 모든 해석자는 에베소서 5:25-26에 대해 언급하면서 세례의 징표를 상술한다. 헐에게 있어서 그리스도는 나뉘지 않으신다. 그의 피는 양쪽 기능이 있다. 마샬은 그 토론에 다시 들어가서, 죄 사함과 칭의가 세례에서 충분히 나타난다고 확언했다. 성령은 그 모든 유익을 우리에게 적용하신다. 문제는 물이 나타내는 것이다. 시먼은 그것이 양쪽 모두를 나타내지만 특히 그리스도의 피를 나타낸다고 생각했다. 왜냐하면 성령이 조달되는 것은 그의 피로 말미암기 때문이다. 결국 동의로 그것이 결의됐다. "(세례는) 그리스도의 피에

의해서 죄책을 씻어내는 것을 나타낸다."²⁴

4) 고린도전서 7:14에서 믿는 부모의 자녀들을 거룩하다고 일컫는 데서 바울이 의미하는 바는 무엇인가?

그 다음 총회인 1644년 7월 16일 화요일 제259차 회기에서, 신학자들은 세례를 받는 유아들과 관련해서 "그들은 그리스도인들이며 또 거룩하다"라는 제안된 말들에 대해 토론했다.²⁵ 바울이 염두에 두었던 것이 무엇인가에 대해 긴 논쟁이 있었다. 성령의 중생시키는 임재를 수반할 수 있거나 수반하지 않을 수 있는, 하나님과의 언약적인 관계 안에 있음으로써, 세례 받은 사람들이 실제로 거룩한가 아니면 그들은 단지 언약적인 견지에서 거룩하다고 간주되어야 하는가?

토마스 구드윈(Thomas Goodwin)은 고려 중인 거룩함은 만약 그들이 죽는다면 그들이 구원을 얻으리라는 그런 것이라고 주장했다. 그는 그들이 선택이나 중생의 거룩함을 가지고 있는지의 여부에 대해서는 확신을 갖지 못했지만, 그는 그들이 성령을 가지고 있다고 생각했다. 요컨대, 구드윈은 세례를 받은 사람들은 단순히 언약적으로 거룩하게 여겨지기보다는 오히려 진짜로 거룩한 것으로 간주되어야 한다고 생각했다.

라자러스 시먼(Lazarus Seaman)은 이것은 세례에 대해서 다른 근거를 만드는 것이라고 지적함으로써 반박했다. 구드윈은 유아들이

---

24　Van Dixhoorn, 5:201-3.
25　Ibid., 5:204-7. 여기서, 후속하는 논평들을 모두 찾을 수 있다.

실제로 구원받는 것을 부정하지만, 우리는 그들을 그렇게 생각해야 한다고 확언하는 것으로 응수했다. 스티븐 마샬에게 이것은 과도한 것이었다. 그는 구드윈이 틀렸다고 말했다. 자비에 관한 우리의 판단이 우리가 성례에 누구를 받아들일지를 결정해서는 안 된다는 것이다. 우리는 그들이 구원을 받는다고 생각할 근거가 전혀 없다. 믿는 부모들의 유아들은 언약적으로 거룩하다는 것으로 충분하다. 러더포드는 동의하면서, 실제적인 거룩함과 언약적인 거룩함은 다르다고 지적했다. 주님은 유아들 가운데서 선택과 유기를 결정하신다. 만약 그들이 구원의 상태에 있다면, 어떻게 어떤 사람이 잃어버린 자가 될 수 있겠는가?

이러한 빗발치는 반대에 대해서, 구드윈은 이렇게 주장했다. 문제는 실재에 대한 것(유아가 중생되는지의 여부)이 아니라 "어떻게 내가 그들을 판단해야 하는가이다. 나는 모든 사람이 거룩하고 또 구원을 받는다고 생각할 수 없다, 나는 이 아이도 저 아이도 그렇게 판단한다." 마샬은 구드윈의 해석과 적용에서의 분명한 잘못을 지적한다. 사역자는 그들이 어떤 실제적인 거룩함으로가 아니라, 바울이 얘기하는 거룩함으로 거룩하다고 판단하고 믿어야 한다. 구드윈에게 있어서 고린도전서 7:14의 거룩함은 구원의 거룩함이지만, 마샬의 반론은 구원의 거룩함이란 실제 구원이라는 것이다. 구드윈의 기초가 되는 가정은 세례를 받은 모든 사람이 다 구원을 받지는 않을 것이기 때문에, 바울은 구원하는 거룩함에 대해 언급할 수 없다는 것이었다. 구드윈은 포기하지 않았다. 그는 유아의 구원에 대한 무오류의 판단이란 불가능하지만, 바울이 염두에 두었던 것은 약속—무한한 약속에 의거한 무한한 믿음—과 양립하는 심판이라는 것을 인정했다.

바인즈(Vines)는 그 본문은 자녀에 대한 사역자의 판단과 어떤 관계가 있다는 것을 부정함으로써 구드윈에 반대했다. 그것은 그들이 생겨난 부모들과 관련된 모든 자녀에게 적용됐다. 이 거룩함은 그 본문에 기술된 범주에 들어오는 각 사람 안에 존재해야 한다. 만약 유아들이 정말로 거룩하다면, 부모들로부터의 그런 거룩함의 전수가 있을 것이며, 그래서 그들은 중생해서 정말로 거룩할 것이다. 더욱이 그 본문에서 그러한 거룩함이 의도한 것이 무엇이든지 간에, 그것은 사역자의 판단과는 전혀 다르다. 그때 워커는 언약적 거룩함과 실제적인 거룩함의 차이를 강조했다. 아직 사악하고 불경스러운 많은 사람이 거룩하다고 불린아이자다. 시먼은 "언약적 거룩함은 성례들의 거행의 참된 근거"라고 지적했다.

구드윈은 토론으로 복귀해서 그것은 영혼 유전(traduction)에 의한 거룩함이 아니라, 오직 칭함(designation)에 의한 거룩함이라고 진술했다. 팔머(Palmer)는 그 본문을 그것의 적절한 맥락에 두었다. 그는 말하기를, 바울은 우리가 판단받아야 하는 것에 관해 얘기하고 있는 게 아니라, 부모 중 한쪽이 자녀를 부정하게 만드는 불신자일 경우, 양심의 문제에 관해 얘기하고 있는 것이라고 했다. 사도 바울은 그 자녀는 거룩하다고 말한다. 그는 그런 자녀들의 상태에 관해 얘기하며, 그래서 그것은 보편적인 진술임이 틀림없으므로 우리는 그것을 모든 사람에 관한 것이라고 생각해야 한다. 구드윈은 팔머의 주장은 또한 고린도전서 7:14에서 믿지 않는 배우자에게 적용될 것이라고 지적했다. 구약에서의 거룩함은 그들에게 내려진 심판을 나타내는데, 따라서 그것은 보편적인 일인 것이다.

그 규칙서는 결국 이렇게 결론지었다. 신자들의 자녀들은 그리스도인이고 언약적으로 세례 이전에도 거룩하다는 것이며, 그러므로 그들은 세례를 받아야 한다는 것이었다. 유아들의 실제적인 거룩함에 대한 구드윈의 주장은 큰 관심을 불러일으켰다. 그것은 모든 유아는 확실히 구원을 받으리라는 것을 의미하거나 아니면 선택과 유기를 훼손하는 것 같았다. 결국 그 문구의 석의는 결말이 지어지지 않은 채로 남겨 두게 되었다.[26]

### 5) 세례와 중생

많은 논의가 세례와 중생의 관계에 집중됐다. 이것은 보수 개신교도들이 부정하거나 무시하는 경향이 있는 관계였지만, 고전적인 개혁파 시기에는 흔히 논의되는 것이었다. 한편, 웨스트민스터는 성례들이 사효적으로(*ex opere operato*[엑스 오페레 오페라토]) 효능이 있다는 로마 가톨릭의 믿음을 공유하지 않았지만, 그들은 성례들이 단순히 상징적이라는 재세례파의 견해에도 전혀 동조하지 않았다.

1644년 7월 19일 금요일 제260차 회기에서 벌어진 하나님께 드리는 공적 예배에 대한 규칙서에 관한 토론들에서, 이 총회는 "내적 세례를 외적 세례와 결합하다"라는 제안된 말을 고찰했다. 가테이커를 제외하고는 세례와 중생의 관계에 대한 일관성 있는 합의가 있었다.

바인즈는, 우리가 그 세례가 효과적이 되도록 기도해야 한다고

---

[26] Wright, "Baptism at the Westminster Assembly," 181.

생각했다. 그렇지만 가테이커는 세례가 중생의 도구라는 것에 대해서 어떤 성경적 증거가 있는지를 알고 싶었다. 왜냐하면 개혁파 신학자들의 일반적인 신조는 오직 말씀만이 은혜를 가져온다는 것이었기 때문이다. 캘러미는 어떤 사람은 세례의 시간으로부터 성령을 배제한다는 것이 놀라운 일로 생각됐다. 예레미야 휘테이커(Jeremiah Whitaker)는 세례가 유효하도록 기도해야 할 필요성에 대해 바인즈와 의견을 같이하여 "나는 우리가 하나님이 그때 그들에게 내적 씻음을 베풀어 주시기를 기도할 수 있으며 또 그렇게 기도해야 한다고 생각한다. 우리는 세례를 받고 그리스도인이 된다고 한다. 그 자녀는 후에도 그러하듯이 세례를 받을 때 성령의 역사하심을 받을 수 있다"라고 말한다.

팔머는 우리가 딴 방법으로는 어떻게 기도해야 하는지 알지 못한다는 데 동의했다. 시먼은 제안된 표현에 만족했다. 헐(Herle)은 "도구"(instrument)라는 말이 그 문맥에서 사용하기에는 과도하고 위험하다고 생각했다. 가테이커는 "그 자녀는 외적으로는 물로 세례를 받듯이, 내적으로는 그의 영에 의해서 세례를 받을 수 있다"는 표현을 선호했다. 팔머는 이렇게 확언했다. "우리는 하나님의 이름으로 그렇게 하고, 그분은 자기의 명령에 의해서뿐만 아니라 그의 도구들로써도 세례를 베푸신다. 만약 그분이 그렇게 하신다면, 그분은 외적으로 뿐만 아니라 내적으로도 그렇게 하신다."[27]

후에, 그러니까 1645(46)년 1월 5일 월요일 제566차 회기에서, 세례에 대한 장이 고찰되고 있을 때, "전에 어떤 때 베풀어진 하나

---

[27] Van Dixhoorn, 5:208-10.

님의 은혜"에 관한 제안된 구절이 토론에 부쳐졌다.[28] 휘테이커는 자기는 어떻게 세례가 은혜를 베푸는지를 알지 못한다고 고백했지만, "우리의 신학자들이 그렇게 주장한다"는 것을, 그리고 가톨릭 교도들에게 반대할 때 그들은 세례가 징표와 인침(seal) 이상의 것이라고 말한다는 것을 인정했다.

그는 다니엘 카미어(Daniel Chamier)에 대해, 카미어는 표상된 은혜는 표시된다고, 즉 "그것은 프랑스 신앙고백에서 그러하다. 그것은 효과적으로 시행되나 사효적으로(ex opere operato) 그렇게 하지 않는다"라고 말했다고 언급했다. 그는 자신의 주장을 뒷받침하려고 다른 논거들을 제시했다.

첫째, 우리는 성경이 세례에 귀속시키는 것을 귀속시켜야 한다. 세례는 그러한 목적들을 성취하는 규례이다. 즉 "그리스도에로의 접붙임의, 그리고 우리의 영적 중생과 새로운 탄생의 규례이다." 우리는 죄 사함을 위해서 세례를 받는다. 세례는 구원한다. 세례는 구원하는 규례로서 그것이 나타내고자 하는 바를 나타낸다. 그리고 은혜가 없으면 이러한 것들 가운데 구원하는 규례가 될 수 있는 것은 하나도 없다.

둘째, 만약 말씀이 도구적으로 은혜를 베푼다고 한다면, 세례도 그러하다.

셋째, 성찬이 우리의 영적 성장의 성례이므로, 성찬도 세례와 같은 효력이 있다. "그것은 사역자가 위해서 기도해야 하는 것, 그가 믿어야 하는 것이다."

---

**28** Ibid., 6:235-57. 여기서, 후속하는 토론을 찾을 수 있다.

팔머는 휘테이커의 주장에 대해 회의적이었다. 그는 주장하기를, 세례는 말씀 및 성찬과 다른데, 말씀과 성찬 양쪽 모두에서 수령자는 이미 은혜를 받은 것으로 간주된다. 이것은 세례에 대해서는 그렇지 않다. 그렇지만 세례는 불완전한 징표가 아니다. 이 성례에는 연합이 있는데, 말씀에서 약속되어 있는 것은 무엇이든지 그 징표에 참여함으로써 주어진다.[29] 휘테이커는 자신의 주장을 굽힐 수 없었다. "성경은 베푸는 것(conferring)에 대해 더 많은 얘기를 한 다음에 표상하는 것(signing)과 인치는 것(sealing) 중 어느 한쪽을 행한다."

D. F. 라이트는 "나타내다"(exhibit)라는 말은 의미에 있어서 당시가 현대 영어보다 더 강했으며, 또한 그 뜻이 "전달하다"(convey)에 더 가까웠다는 데 주목한다.[30] 그 이전의 토론들에서(1644년 10월 11일 금요일 제302차 회기를 보라), 스미스 박사(Dr. Smith)는 "세례가 성례전적으로 구원한다는 것은 그런 일관성이 없는 담화가 아니다"라고 주장했다.[31] 라이트는 "웨스트민스터 신학자들은 세례를 성령에 의한 중생의, 죄 사함의, 그리고 그리스도에로의 접붙임의 도구와 기회로 봤다"는 것을 인정한다(참조. 28.1). "웨스트민스터 신앙고백은 세례의 중생을 가르친다."[32] 대·소요리문답은 단지 세례를 "징표와 인침"이라고 하지만, 그 규칙서의 모범 기도는 그 이상이

---

29  Wright는 여기서는 Palmer를 따르기 곤란하다고 생각한다. Wright, "Baptism at the Westminster Assembly," 167.
30  Ibid., 168.
31  Van Dixhoorn, 5:395.
32  Wright, "Baptism at the Westminster Assembly," 169.

다. 라이트는 이것을 신앙고백의 "강력한 으뜸가는 확언"이라고 한다.[33] 세례 시에, 사역자는 세례 받은 어린이들에 관하여 "그들은 그리스도인이고, 세례 이전에 언약적으로 거룩하며, 그러므로 그들은 세례를 받는다"고 선언한다.[34] 이것은 다음과 같은 기도를 동반한다. 주님께서는 "이제 세례를 받고서, 엄숙하게 믿음의 가족으로, 당신의 아버지같은 가르침과 보호하심으로 들어가게 된 이 유아를 받아주시옵고, 이 유아를 당신이 자기 백성들에게 보여주시는 유익으로 기억하여 주시오며 당신의 세례를 그에게 유효하게 하여 주옵소서."[35]

## 6. 부기 6: 1643년의 세례에 관한 개혁파 교리

웨스트민스터 총회가 소집되기 전에, 저명한 웨스트민스터 신학자 두 사람이 세례에 관한 중요한 논문들을 썼는데, 세례와 중생의 관계를 상세히 다루었다. 코르넬리우스 버지스는 자신의 논문 『택함 받은 유아들의 세례에 의한 중생』(*Baptismal regeneration of elect infants*, 1629)[36]에서 자신의 견해를 뒷받침하기 위해서 방대한 자료를 인용

---

33  Ibid., 170.

34  "The Directory for the Publick Worship of God," in *The Confession of Faith, the Larger and Shorter Catechisms with the Scripture Proofs at Large Together with the Sum of Saving Knowledge* (Applecross: Publications Committee of the Free Presbyterian Church of Scotland, 1970), 383.

35  Ibid., 384.

36  Cornelius Burgess, *Baptismall regeneration of elect infants, professed by the Church of England, according to the Scriptures, the primitive Church, the present Reformed Churches,*

하는데, 성경, 교부들(키프리안, 나지안주스의 그레고리, 아타나시우스, 크리소스톰, 제롬, 암브로우스, 어거스틴), 개혁파 신앙고백들, 일련의 개혁파 신학자들(베르밀리, 잔키우스, 무스쿨루스, 유니우스, 부처, 칼빈, 파레우스, 다나이우스, 카미어), 잉글랜드의 신학자들(에임즈, 쥬얼, 휘테이커, 풀케, 대버넌트, 화이트, 휘틀리, 후커, 토마스 로저스, 토마스 테일러, 아인스워스) 등을 인용한다. 그는 제2 스위스 신앙고백, 스코틀랜드 신앙고백, 프랑스 신앙고백, 벨기에 신앙고백, 하이델베르크 요리문답 등에 대해 언급한다. 버지스의 주장은 중생은 이중적이라는 것이다. 선택된 유아들을 비롯하여, 택함 받은 사람들이 세례를 받을 때 성령에 의한 은혜의 주입이 있지만, 믿음을 낳는 실제적인 중생은 유효적인 소명에서 일어난다.

다니엘 휘틀리(Daniel Featly)는 자신의 논문 『두 번째 비교: 항소자를 반박하는 잘못된 영장과 더불어』(*A Second parallel together with a writ of error sue against the appealer*, 1626)에서, 버지스와 폭넓게 의견이 일치하는데, "내적 은혜는 통상적으로 외적 징표와 함께하며, 우리는 세례를 받는 사람은 모두 참으로 중생한다는 것을 자비로운 판단에 의해서 마땅히 믿어야 한다"고 말한다. 그는 또한, 버지스가 그러하듯이, 세례를 받는 사람이 모두 명확하고 오류가 없는 진리의 판단에 의해서 실제로 중생하는 것은 아니라는 것을 인정한다. 교부들이 말하는 대로, "이것이 반드시 그런 것은 아니지만", 그렇게 중생하지 못한 사람들은 택함을 받지 못한다.[37]

---

 *and many particular divines apart* (Oxford: I. L. for Henry Curteyn, 1629) [STC 632.01].

37 Daniel Featly, *A second parallel together with a writ of error served against the appealer* (London: Robert Milbourne, 1626) [STC 834.09], 90.

버지스와 휘틀리 두 사람 모두에게는, 선택된 사람들은 모두 세례에서 일차적 의미로 그리고 유효적 소명에서 실제적인 의미로 중생한다. 다른 한편, 택함 받지 못한 사람들은 세례에서 일차적 의미로 중생하지 못하며, 또한 그들은 실제적 의미로도 그러하다. 그렇지만 우리는 누가 선택된 사람인지 알지 못하므로, 우리는 자비로운 판단에 의해서 세례를 받는 사람들이 모두 일차적 의미로 세례에서 중생한다고 생각해야 한다.[38]

개혁파 신앙고백들은 세례와 중생의 관계에 대해서 분명하다. 그것들은 일관되게 성사의 사효론(ex opere operato)이라는 로마 가톨릭 교리—성사들은 그것들을 사용한다는 사실에 의해서 유효하다고 주장한다—에 일관되게 반대하지만, 그것들은 세례와 성찬을 단순한 상징들로 격하시킬 사람들도 반대한다.

1530년에 마르틴 부처가 작성한 테트라폴리탄 신앙고백(Tetrapolitan Confession)은 세례는 "중생의 씻음이다", 다시 말해 "세례는 죄를 씻어내서 우리를 구원한다"고 주장한다.[39] 불링거, 그뤼나이우스, 미코니우스, 주드, 메난더 등으로 구성된 위원회에 의해서 작성되고, 부처와 카피토의 도움을 받은, 1536년의 제1 스위스 신앙고백은, "성사들은 유효하다. 그것들은 헛된 징표들이 아니라, 징표와 실체로 구성된다"고 주장했다. "왜냐하면 세례에서 물은 징표이지만, 실체와 영적인 것은 거듭남과 하나님의 백성에로의 받아

---

**38**  세례와 중생의 관계에 대해서는, 또한 Featley, *The dippers dipt* [Wing 2245:15]를 보라. Featley는 중생의 놋대야(laver: 유대의 사제가 손·발을 씻는 데 썼음-역주)로서의 세례에 관해 얘기한다(10-11). 이는 웨스트민스터의 토론들에서의 공통된 흐름이었다. 또한 Polyander et al., *Synopsis purioris theologiae*, 653를 보라.

**39**  Cochrane, *Reformed Confessions*, 74.

들임이기 때문이다." 모든 거룩하게 하는 능력은 오직 하나님에게만 귀속되어야 한다. 세례는 "주님이 교회의 사역을 통해서 가시적인 징표로 그의 택함 받은 사람들에게 제공하고 제시하시는 중생의 씻음이다."⁴⁰ 이러한 초기 개혁파 진술들은 양쪽 다 디도서 3:5에 대해 분명히 언급한다.

25년이 경과한 후에, 칼빈이 작성한 초안을 따르는 프랑스 신앙고백이 1559년에 작성됐다. 34-38장은 성례들에 대해 언급한다. 35장은 비록 우리가 단 한번만 세례를 받지만, 그것이 우리에게 상징하는 유익은 우리의 전 생애를 넘어서 우리의 죽음에까지 도달한다고 진술한다. 37장에서, 우리는 "세례에서 뿐만 아니라 성찬에서도, 하나님은 그가 거기서 우리에게 말씀하시는 것을 정말로 또 실제로 우리에게 주신다. 그리고 그 결과 이러한 징표들과 함께 그것들이 우리에게 제시하는 것의 참된 소유와 향유가 주어진다"(*Dieu nous donne re'ellement et par effet ce quily figure, Et partant, nous joignons avec les signes la vrale possession et jouissance de ce qui nous est la pr'esente*)는 것을 읽어서 안다. 그 다음 장은 그의 성령의 효력에 의해서 예수 그리스도의 피로 인한 우리 영혼들의 내적 정화를 진실로 우리에게 증명하는 세례의 물에 관해 얘기한다.⁴¹

웨스트민스터 신앙고백은 징표와 실재 사이에 밀접한 관계를 만든다. 성령은 징표가 나타내는 실재를 주신다. 이것은 관계이지, 정체성이 아니다. 세례에 의해서, 우리는 그리스도의 몸에 접붙임을 받는데, 이는 그의 피에 의해서 씻음을 받아서 깨끗해지고 또

---

**40** Ibid., 107-8.
**41** Ibid., 156-57.

그의 성령에 의해서 순결한 삶 안에서 새로워지기 위함이다. 씻음과 새로워짐은 세례의 당연한 결과이며 성령에 의존하지 물에 의존하는 게 아니다. 35조에 따르면, 세례는 "믿음과 회개의 성례"(un sacrament de foi et de penitence)이다. 세례는 믿음을 통해 성령에 의해서 유효하게 된다.

하이델베르크 요리문답의 69-73은 주목할 만하다.

Q 69. 당신이 십자가에서의 그리스도의 유일한 희생에 참여하는 거룩한 세례에서 어떻게 그것이 당신에게 표상되고 또 인치심이 되는가?

A. …그리스도는 물과 함께 이러한 외적 씻음을 정하셨으며, 물과 약속을 결합하셨다. 이 약속이란 나는 그분의 피와 성령으로 내 영혼의 오염으로부터, 즉 나의 모든 죄로부터 씻음을 받는다는 것인데, 내가 외적으로 물로 씻음을 받는 것처럼 확실하게 그러하며, 이것에 의해서 일반적으로 몸의 더러움이 없어진다.

Q 70. 그리스도의 피와 성령으로 씻음을 받는다는 것은 무엇인가?

A. 그것은 은혜로 말미암아 하나님한테서 죄의 용서를 받는 것이며…또한 성령으로 새로워지고 또 성화되어서 그리스도의 지체들이 되는 것이다.

Q 72. 물의 외적 씻음 그 자체가 죄의 씻어냄인가?

A. 아니다. 왜냐하면 오직 예수 그리스도의 피와 성령만이 모
든 죄에서 우리를 깨끗하게 하기 때문이다.

Q 73. 그렇다면 왜 성령은 세례를 중생의 씻음과 죄의 씻어냄
이라고 하시는가?

A. …몸의 더러움이 물에 의해서 없어지듯이 우리의 죄 또한
그리스도의 피와 성령에 의해서 없어진다는 것을 우리에게
가르치기 위해서…[그리고] 이러한 신적 서약과 징표에 의
해서 그분은 우리에게 우리의 몸이 물로 씻어지는 것처럼
우리는 정말로 영적으로 우리의 죄로부터 씻어진다는 것을
확신시켜 주실 수 있다.[42]

여기서 징표(물로 씻음)와 실재(죄에서 깨끗해짐과 중생)는 직접적
으로 결합되기보다는 오히려 평행을 이룬다.

벨기에 신앙고백(1561)은 33조에서 지적하기를, 성례들은 "내
적이면서 비가시적인 것의 가시적인 징표들과 인침들이며, 이것들
에 의해서 하나님은 성령의 능력으로 우리 안에서 역사하신다…징
표들은 우리를 기만하기 위하여 헛되거나 무의미한 것이 아니다"
(*signes es sceaux visibles de la chose interieure et invisible, moyennant lesquels Dieu opere en nous par le vertu du Saint-Esprit. Les signes done ne sont pas vains et vides pour nous tromper et decevoir*)라고 한다. 이것이 그러한 것은 예수 그리
스도께서 그것들에 의해서 제시되는 참된 대상이기 때문인데, 그가

---

**42** Schaff, *Creeds*, 3:329-31.

없으면 그것들은 조금도 중요하지 않을 것이다.[43]

세례에 대한 34조는 이렇게 진술한다. 성례가 "표상하는 것은 물이 몸의 더러움을 씻어내듯이…그리스도의 피도, 성령의 능력으로 말미암아, 내면적으로 영혼에 뿌려지고, 영혼의 죄로부터 영혼을 깨끗하게 하며, 진노의 자식들에서 하나님의 자녀들로 우리를 중생시킨다"(*nous significant par cela que comme l'eau lave les ordures du corps…ainst le sang de christ par le Saint-Es prit, fait le meme interieurement en l'ame, l'arrosant et nettoyant de ses peches et nous regenerant d'enfants de colere en enfants de Dieu*)는 것이다. "그러므로 사역자들은 성례를, 즉 가시적인 그것을 집행하지만, 우리의 주님은 성례에 의해서 표상되는 것, 즉 은사들과 비가시적인 은혜, 씻음, 정결하게 함, 그리고 모든 더러움과 불의로부터 우리의 영혼을 깨끗이 함, 우리의 마음을 새롭게 하고 그 마음을 모든 위로로 충만하게 함, 우리에게 그의 아버지 같은 선하심에 대한 참된 확신을 줌, 우리에게 새사람을 입히고 그의 모든 행위들과 함께 옛사람을 벗음 등을 주신다. 세례는 우리에게 세례를 받을 때에만 효력이 있는 게 아니라 또한 우리의 삶의 전 과정을 통하여 효력이 있다"(*Et toutefois ce bapteme ne profite pas seulement quandl'eau est sur nous, et que nous la recevons, mais profite tout le temps ne nostre vie*).[44]

1560년에 존 낙스가 작성한 스코틀랜드 신앙고백은 21조에서 이렇게 주장한다. 성례들은 "그들의 마음 속에 그의 약속에 관한 확신을 주며 또한 택함 받은 자들이 자신들의 머리가 되시는 그리스도 예수와 같이 갖는, 그런 더없이 복된 결합과 연합 및 교제의 확

---

**43** Cochrane, *Reformed Confessions*, 213.
**44** Ibid., 214.

신을 주기 위해서 제정된다. 그리하여 우리는 성례들이 노골적이고 노출된 징표들 외에 다른 아무것도 아니라고 단언하는 헛된 주장을 철저히 비난한다. 아니, 우리는 세례가 그리스도 예수 안에 접붙임이 되고, 그의 정의에 참여하는 자가 되며, 그것으로써 우리의 죄가 가리워지고 용서되는 것임을 확신을 갖고서 믿는다."[45]

잉글랜드 국교회의 39개 신조(1563, 1571)의 25조 "성례에 관하여"에서 이렇게 주장한다. 성례는 그리스도인들의 신앙고백의 징표요 표시일 뿐만 아니라, "확실하고 분명한 증거들이며, 우리를 향한 하나님의 은총과 선한 뜻에 대한 효과적인 징표들이다. 이 성사에 의해서 하나님은 우리 안에서 보이지 않게 역사하시며, 그리스도를 믿는 우리의 믿음에 활력을 줄 뿐만 아니라 또한 굳세게 하고 확인하신다." 26조에 따르면, 성직자들의 품성 결함이 성례의 효과에 영향을 미치지 못한다. 왜냐하면 성례들이 그리스도에 속해 있기 때문이다. 제27조는 이렇게 말한다. 따라서 세례는 "거듭남과 새로운 탄생의 징표이다. 이 징표를 도구로 하여 세례를 올바르게 받은 사람은 교회에 접붙임을 받는다. 성령에 의해서, 죄의 용서와 하나님의 자녀가 되는 우리의 입양에 관한 약속들이 가시적으로 표시되어서 인치심을 받는다. 그리고 하나님께 바치는 기도를 통하여 신앙이 확인되고 은총이 더해진다."

제2 스위스 신앙고백(1562, 1566)은 불링거에 의해서 작성됐고 모든 개혁파 상징이 가장 광범위하게 받아들여지는데, 30장에서 세례에 관해 논의한다. 내적으로는 우리는 성령을 통하여 하나님에

---

45  Schaff, *Creeds*, 3:467-70.

의해서 중생되고, 정결하게 되며, 새로워진다. 외적으로는 우리는 그 물에서 가장 큰 은사들에 관한 확신을 받는데, 그 물에 의해서 또한 그러한 은사들이 나타나며, 그리고, 말하자면, 바라보도록 우리의 눈앞에 놓인다.[46]

도르트 회의 직후에 주류 개혁파 의견을 나타내는 그 후의 작업은 『레이든 신학통론』이다. 이 책은 도르트 신조를 뒷받침하기 위해서 지도적인 네덜란드 신학자 4명에 의해 작성됐으며 1625년에 처음 발간됐다. 여기서, 디도서 3:5을 인용하면서, 세례는 죄 사함과 중생을 인친다고 한다.[47] 외적 징표와 죄의 씻어냄 사이에는 관계가 있는데(계 1:5; 고전 6:11; 엡 5:27; 딛 3:5), 다시 말해 그 징표와 그 표상되는 것 사이에는 성례전적인 연합이 있다(*in unione illa sacramentali, quae est inter signum & rem signatum*). 이는 상대적인 결합이다―징표(*signum*[시그눔])와 실체(*res*[레스])―그리고 그것은 믿음을 조건으로 눈앞에 놓인다. 그리스도는 그의 성령에 의해서 우리를 그 자신과 연합하게 한다. 어떠한 피조물도 이것을 할 수 없다. 따라서 하나님은 우리의 귀와 우리의 눈 양쪽에 호소하신다.[48]

『레이든 신학통론』은 성례의 사효론(*ex opere operato*)이라는 로마 가톨릭교회의 교리를 거부하며 또한 중생을 세례와 결합시키는 루터파의 교리(편재설)도 거부한다. 다른 한편, 『레이든 신학통론』 성인 세례와 유아 세례를 구별하면서 성인 세례는 중생의 징표와 인침이라는 것을 인정하지만 유아 세례는 방금 시작된 중생의 도구

---

46  Cochrane, *Reformed Confessions*, 282.

47  Polyander et al., *Synopsis purioris theologiae*, 644-47.

48  Ibid., 648-49.

라고 생각하는 사람들에 반대한다(*signum & signaculum regenerationis acceptae esse concedant, sed infantium Baptismum instrumentum regenerationis inchoandae esse velint*). 이러한 차이는 성경 어디에도 없다. 세례는 하나이다. 이것은 후에 버지스와 휘틀리 두 사람이 표명한 견해들에 맞서는 것을 겨냥하는 것 같다.⁴⁹

세례의 효능은 세례가 시행되는 때에만 국한되지 않는다. 사랑이 필요하듯이, 믿음과 회개가 필요하다. 씨앗을 뿌리면, 그것은 동일한 순간에 싹트지 않는다. 그것은 비와 온도에 좌우된다. 이렇듯 세례는 집행의 순간에 효력이 있는 게 아니라, 성령의 축복이 임할 때에 효력이 있다(*Efficaciam ergo Baptismi non alligamus ad momentum illud, quo aqua externa corpus tingitur*). 자녀들은 믿음과 회개의 영으로도 목표에 이르도록 할 수 있다. 성인들의 경우에는 실제적인 믿음과 회개의 (공적인) 고백이 필요하지만, 그러나 세상에 태어난지 얼마 안 된 자녀들은 항상 즉시 동일한 방법으로가 아니라, 성장하고 나서 해야할 것이다. 도리어 하늘로부터 (은혜의) 비와 불이 내려야 한다. 이렇듯이 말씀이나 성례의 표지도 항상 그 자체로 가장 효과적이라 할 수는 없고, 성령님께서 복을 내리심으로 비로소 효과가 있게 되는 것이다(*semen et spiritum fidei ac resipiscentiae statuendam essem contendimus; quam in adultis, in quibus actualis fidei et resipiscentiae professio est necessaria. Deinde, quemadmodum semen in terram congectum, non semper eodem momento incrementa sumit, sed quando pluvia aut calor coelitus supervenit; ita nec verbum, nec Sacramenti signum semper primo sui momento est efficax, sed eo demum tempore,*

---

**49** Ibid., 650.

*cum Spiritus sancti benedictio accedit*).⁵⁰

세례의 외적인 능력은 인침과 같다. 이것에 의해서 우리는 두 가지를 의미한다. 첫째, 수여 혹은 증여로써 확실하게 약속된 은혜, 둘째, 자라서 보증된 은혜(*Primo, certiorationem gratiae promissae, & a causa principali collatae aut confer-endae. Secundo, eiusdem confirmationem & augmentum*). 그렇지만 그 약속은 믿음과 회개의 조건에 결부된다. 그래서 은혜는 믿고서 회개하는 사람들 외에는 인치심을 받지 못한다. 그렇지만 세례는 징표와 인침 이상의 것이다. 왜냐하면 하나님의 약속과 생명을 주는 성령 때문에, 세례는 약속된 실체(*res*)를 나타내고 베풀기 때문이다. 성례는 약속된 것을 나타내 보이는 것인데, 그것의 합법적이고 적절한 사용해 의해서, 성령을 통해 믿음으로 말미암아 약속이 주어지고, 그 자체적으로 드러나고 제공된다. 하나님은 자신의 약속을 인치셨고, 우리의 성례는 문자뿐만 아니라 활동하는 영으로 주어진다(*Sacramentum, sicuti & reliqua, etiam esse rei promissae exhibitivum, quia in legitimo & digno huius Sacramenti usu haec quae promittuntur, per Spiritum sancti fidelibus non tantum offeruntur, sed etiam reipsa exhibentur & conferuntur: quum Deus sit verax in obsignatione suarum promissionum, & Sacramenta nostra non sunt appendices occidentis literae sed vivificantis spiritus*).⁵¹ 세례는 실제로, 영구적인 효능이 있는, 중생의 방편이다(*est lavacrum regenerationis*).⁵²

우리는 세례에 관한 주제들에 대한 『레이든 신학통론』의 입장

---

50  Ibid., 651.
51  Ibid., 652.
52  Ibid., 653-54.

에 대해 이미 언급했다. 세례를 위한 특별한 시점은 규정되어 있지 않다. 이것은 교회 규칙의 문제이다. 그렇지만 그것은 공적으로든 또는 사적으로든지 간에 말씀의 전파와 결부되어야 한다(*sive in locus publicus fuerit, sive privatorum domus*).[53] 핍박의 때들을 제외하고, 세례는 공개적으로 거행되는 게 더 낫다.

요컨대, 개혁파 신앙고백들은 징표(삼위일체의 이름으로 물에서 베풀어지는 세례)와 실재(그리스도 안에서 주어지는 은혜, 중생, 죄로부터 정결하게 됨 등등)의 결합을 가르친다. 이것으로부터, 징표가 실재의 견지에서 기술되는 것은 합당한 일이다. 이것은 "세례가 구원한다"(벧전 3:21)와 같은 표현들로 성경 그 자체에 있다. 그 신학자들은 세례를 "중생의 방편"이라고 되풀이해서 말한다. 그렇지만 이와 동시에 징표와 실재는 또한 차이점도 있다. 세례는 구원이 아니다. 세례는 그리스도 안에 있는 하나님의 은혜에 의한 구원을 표상하고 또 나타낸다. 세례의 능력은 물에 있는 게 아니라 성령에 있다. 성령은 하나님의 은혜를 그 자신의 때에 그의 택함 받은 사람들에게 적용하신다. 그는 주권자이시다. 구원은 은혜로 말미암는다. 실재는 징표와 다르지만, 징표는 실재에서 분리될 수 없는데, 이 둘이 동행하기 때문이다. 벨기에 신앙고백에서 진술하는 대로, "사역자들은 이 성례를 거행한다…주님은 표상되는 것을 베푸신다."[54]

---

53　Ibid., 659.
54　벨기에 신앙고백 34장; Schaff, *Creeds*, 3:426; Cochrane, *Reformed Confessions*, 214를 보라. 원문은 이러하다. "Les Ministres nous donnent de leur part le Sacrement et ce qui est visible; mais notre Seigneur donne ce qui est signifie par le Sacrement."

## 1) 몸을 물에 담그는 것이 세례의 합당한 양식인가?[55]

1644년 7월 22일 월요일 제261차 회기부터 1644년 8월 8일 목요일 제263차 회기까지의 세 차례 회의는 세례의 양식으로서의 몸을 물에 담금(dipping, immersion)의 합법성에 관한 논의에 의해서 점유됐다.[56] 총회는 양분됐다. 1644년 7월 22일 월요일 제261차 회기에서, 필립 느예(Philip Nye)는 물 속에 담그는 것이 배제되어서는 안 된다고 주장했다.

만약 이것에 대한 근거가 있다면, 그것은 그런 취지의 본문 속에서 입증되어야 한다. 우드콕과 터크니 두 사람 모두, 물을 뿌리는 것(sprinkling)과 같이, 물 속에 담그는 것은 바프티조(*baptidzo*)라는 말이 의미하는 "씻음"(washing)에 포괄된다고 생각했다. 느예를 지지하는 제레미야 버러우즈(Jeremiah Burroughs)는 어떻게 물을 뿌리는 것이 우리에게 그리스도와 함께 하는 장사(burial)를 상기시켜 줄 수 있는지 의구심을 가졌다. 우드콕의 응수는 만약 그 양식이 장사를 나타낸다면, 어떻게 이것이 죽는 것과 함께 행하여질 수 있는가였다.

챔버스(Chambers)는 사도행전 16:33에서의 빌립보 간수의 세례

---

[55] 세례의 양식 – 물 속에 담금이나 물을 부음 또는 물을 뿌림 – 에 관한 개혁파 교회들에서의 토론들에 대해서는 Old, *Shaping of the Reformed Baptismal Rite*, 264-82를 보라. 세례의 양식으로서 침례(immersion)나 물 속에 담금(dipping)에 대해서는 Martin Bucer, *In epistolam d. Pauli ad Romanos* (Basel, 1562), 321; Calvin, *Institutes*, 4.15.19; Vermigli, *In epistolam S. Pauli apostoli ad Romanos commentarii doctissimi*, 199; J. C. McLelland, *The Visible Words of God: An Exposition of the Sacramental Theology of Peter Martyr Vermigli A.D. 1500–1562* (Edinburgh: Oliver and Boyd, 1957), 140를 보라.

[56] 후속하는 토론에 대해서는, Van Dixhoorn, 5:201-10을 보라.

에 대해 언급하면서, 그 사도들은 물을 뿌리는 것에 의해서 세례를 주었음이 틀림없다고 주장했다. 왜냐하면 온 가족이 물 속에 담그는 것에 의해서 집에서 세례를 받을 수 없었을 것이기 때문이다. 그렇지만 가테이커는 챔버스의 주장은 입증되지 않는다고 생각했다. 그들이 물 속에 담그는 것에 의해서 세례를 받을 수 있었으리라는 것이 가능성이 없는 것도 아니고 또한 개연성이 없는 것도 아니다. 특히 바프티조(*baptidzo*)가 "물 속에 담그는 것에 의해서 씻다"를 의미하기 때문이다. 게다가 만약 그 사도들이 때로는 물을 뿌리는 것을 사용했다면, 이것은 다른 때들에는 물 속에 담그는 것을 배제하지 못할 터인데, 요한의 제자들과 예수님의 제자들 양쪽 모두 물 속에 담그는 것에 의해서 씻었기 때문이다. 레이(Ley)는 물 속에 담그는 것이 빠져서는 안 된다는 것을 인정했지만, 그는 초기에는 물을 뿌리는 것에 의해서 세례를 주는 것이 없지 않았다는 사실을 이 총회에 상기시켜 주었다. 만약 우리가 물 속에 담그는 것이 필요하다고 말한다면, 우리는 재세례파를 장려하고 있을 것이다.

시먼은 이 문제는 그리스도께서 물을 뿌리는 것을 제정하셨는가 아니면 물 속에 담그는 것을 제정하셨는가-또는 양쪽 모두를 제정하셨는가-에 관한 것이라고 주장했다. 만약 그 단어가 "물 속에 담금"을 의미한다면, 그는 물을 뿌리는 것의 근거를 알 수 없을 것이다. 더욱이 만약 그것이 그리스도의 제정에서 그런 의미를 갖는다면, 그것은 지금 그런 방식으로 집례되어야 한다. 그 표상되는 것과의 유비(analogy)가 있음이 틀림없다.

워커는 어떻게 하루에 5,000명의 사람들을 물 속에 담글 수 있는가라고 물었다. 우리가 무엇을 물 속에 담궈야 하는가? 그 사람 신체 전부인가, 아니면 일부분인가? 호일은 열왕기하 3장에 대해 언급했다. 여기서 엘리야의 손에 물을 붓는 것은 씻음을 표상한다.

애로우스미스(Arrowsmith)는 성경에는 그 단어가 "물 속에 담그는 것에 의해서 씻음"을 의미하지 않는 곳이 많다고 주장했다. 손과 탁자들을 씻음, 성령으로 세례를 줌, 이스라엘이 모세에게 세례를 받음 등. 따라서 어떻게 이런 문구들이 물 속에 담그는 것을 요구할 수 있는가? 구름이 이스라엘 자손의 머리들에 떨어질 수 있었겠지만, 이것은 물 속에 담그는 것보다는 물을 뿌리는 것에 더 가까울 것이다.

가테이커는 모든 사람에게 그 토론이 물 속에 담그는 것의 필요성에 대한 것이 아니지만, 그 단어가 "물 속에 담그다"를 의미하므로, 그것을 배제할 이유가 없다는 것을 상기시켜 주었다. 그러나 러더포드는 모든 신학자들이 그 단어가 "씻다"를 의미한다는 것을 인정한다고 말했다. 그러므로 특정한 것들은 물 속에 담그는 것이나 물을 뿌리는 것이다. 그렇지만 그는 물 속에 담그는 것에 대한 근거나 이유 또는 적어도 필요성을 알지 못했다. 길레스피는 만약 적합한 의미가 "물 속에 담금"이라면, 당연히 우리는 침례의 방식이 아니고서는 세례를 주지 않아야 한다는 것을 인정했다. 팔머는 부처에 대해 언급하면서, 마가복음 7:4로부터 바프티조(*baptidzo*)는 "물을 부음"(pouring)을 의미한다고 주장했다. 우드콕에게는, 그 단어는 "씻음"을 의미했다.

1644년 8월 7일 수요일 제262차 회기에서, 신학자들은 "그리스도의 제정에 합치하는"이라는 제안에 대해서 토론했다. 이름이 밝혀지지 않은 한 참석자가 "[세례를 주는] 세 가지 방식"이 있다는 주장을 했다. "물을 머리에 뿌리는 방식(*aspersio*[아스페르시오]), 손이나 용기를 이용하여 물을 붓는 방식(*perfusio*[페르푸시오]), 무스코비(Muscovy)에서처럼 온몸에 물을 붓는 것이 그것들인데, 저는 온몸에 물을 붓는 것이 스페인에서 사용된다는 말을 들었습니다. 이것은 성령이 부어졌다는 근거를 가질지도 모릅니다. 제 생각에는 세 번째, 물 속에 담그는 것이 초대 교회에서 일반적으로 사용된 것 같습니다. 세 가지 모두 합법적이라는 데 전혀 의심치 않습니다."[57]

마샬은 이 총회에 세례를 하나의 특정한 양식으로 제한하지 말아 달라고 간청했다. 템플은 의견을 달리했다. 어린아이는 물 속에 담궈야 하고, 물을 뿌리는 것은 아이가 약할 경우에만 사용해야 한다는 주장을 반박하며, 그는 물 속에 담그는 것이 항상 있었다는 설득력 있는 주장은 없다고 응수했다. 마샬도 세례를 물 속에 담그는 것으로 제한하는 것은 큰 불편들을 초래하리라는 것을 인정했다. 시먼은 고백하기를, 자기는 물 속에 담그는 것에 무척 호의적이었지만, 재세례파가 주장하듯이, 그것에 대한 어떤 근거가 있는지 지금은 의문스럽다고 했다. 느예는 재세례파가 그러하듯이 물 속에 담그는 것을 옹호하고 있는 사람은 아무도 없다고 확언했지만, 이러한 두 입장들 사이의 중도를 제안했다. 러더포드는 하나님의 말씀은 그것에 대해서 아무런 말도 하지 않는다는 주장을 논박했다. 모든 사람이 물을 뿌리는 것에 의한 세례가 합법적임을 인정한다. 그런 다음에 어떤 것은 그것에 관한 하나님의 말씀 안에서 결정된다. 문제는 물 속에 담그는 것에 관한 것이다.

---

**57** Van Dixhoorn, 5:214.

콜맨(Coleman)은 세례가 그리스도의 시대 훨씬 이전에도 시행 됐다고 말했다. 이방인에서 유대교로 개종한 자들은 "물이 목에 차 오를 때까지 들어갔으며, 세례를 받을 당사자는 완전히 물 속에 몸을 담궜다. 그때 그들은 물로 걸어갔는데, 물에 담근다는 히브리어가 사용되었다"(3 Act. 18).[58] 이러한 주장은 라이트풋으로부터의 반론에 직면했다. 그는 개종자 세례는 물 속에 담그는 것에 의해서 집행된 게 아니라 물을 뿌리는 것에 의해서 집례되었다는 취지로 랍비 솔로몬을 인용했다. 러더포드는 또한 유대인들이 몸을 물 속에 담궜다는 것을 부정했다. 히브리서 9장을 보면, 언약책에 물이 뿌려졌고, 사도행전 8장을 보면, 빌립과 내시 두 사람 다 물로 내려갔다. 이 말은 두 사람 모두에게 적용되어야 한다. 그래서 만약 물 속에 담그는 것을 의미한다면, 빌립도 물 속에 담궈졌다. 시먼은 타동사적으로도 또한 자동사적으로도, 이 단어의 사용에는 큰 차이점들이 있다는 것을 인정했다.

브리지(Bridge)는 사도 시대의 관습에 가장 부합하는 양식은 물을 붓는 것이라고 생각했다. 마샬은 이 총회에 이것을 적절하게 상기시켰다. 그 토론은 물 속에 담그는 것이 필수불가결하다는 혹은 오직 물을 뿌리는 것에 의해서만 시행되어야 한다는 증거를 요구하지 않는다. 길레스피는 그 토론은 관습의 문제와 관계가 있지 필요성의 문제와 관계가 있는 게 아니라고 주장했다. 마샬은 이렇게 응수했다. "나는 사람에게 관습을 결정하게 할 수 없는 그런 방식을 원합니다."[59] 팔머는 요한이 세례를 베푼 사람들은 휘포 투(*hypo tou*,

---

**58** Ibid., 5:215.

**59** Ibid., 5:217.

"그 아래에서")라는 단어 때문에 물 속에 담궈졌다고 주장했다.

결국 "이 문제는 두 번이나 표결에 부쳐졌다. 찬성 25명, 반대 24명; 찬성 24명, 반대 25명."[60] 라이트풋에 따르면, "그 토론의 열기는 점점 뜨거워져 갔다. 그리고 우리는 모든 것을 행한 뒤에, 그것에 대해서 어떠한 결론도 내릴 수 없었다."[61]

그 다음날인 1644년 8월 8일 목요일 제263차 회기에서, 그 문제는 다시 세 번째로 표결에 부쳐졌다. 이 안건은 보다 토론이 이루어져야 한다고 결의됐다. 물을 뿌리는 것의 합법성에 찬성하는 동의가 가결됐다. 물 속에 담그는 것의 합법성에 대해 논의하자는 또 다른 동의가 발의돼서, 이전의 토론이 재개됐다.

가테이커는 이 토론은 많은 편견을 불러일으킬 거라고 진술했다. 알렉산더 헨더슨(Alexander Henderson)은 이 문제는 제정으로부터 어떠한 근거가 있는지, 아니면 사도시대의 모범이 있는지에 대한 것이라고 말했다. 가테이커는 말하기를, 만약 이 총회가 물 속에 담그는 것에 대해서 사도의 권위 부여가 있었다는 것을 인정한다면, 그때 사람들은 물을 뿌리는 것에 대한 성경적 기초에 관하여 질문할 것이라고 했다. 워커는 물을 뿌리는 것에 대해서 그러하듯이, 물 속에 담그는 것에 대해서도 성경에는 근거가 없다고 주장했다. 느예는 물 속에 담그는 것에 대해서 어떠한 근거가 있는지에 대해 논의하는 것은 불필요하다고 지적했다. "우리는 어떠한 양식도 제정에 의한 것이라고(anything *de modo* is *ex institutione*) 말하지 않는다. 우

---

60  Ibid., 5:218.

61  Lightfoot's journal, in *The Whole Works of the Rev. John Lightfoot* (ed. J. R. Pitman; London: Hatch and Son, 1824), 13:300.

리는 물을 뿌리는 것에 관해서 그것이 제정에 따르는 것이라고 말하지 않는다."[62]

라이트풋은, 이 문제는 물 속에 담그는 것의 합법성에 대한 것이라기보다는 오히려 물 속에 담그는 것의 충분성에 대한 것일 수 있다고 제안했다. 길레스피는 이 문제가 물 속에 담그는 것이 그리스도의 제정에 의한(*ex institutione Christi*[엑스 인스티투티오네 크리스티]) 것인지의 여부에 대한 것이 아니라 물 속에 담그는 것의 합법성이 성경으로부터 입증될 수 있는지의 여부에 대한 것이라고 주장했다. 느예에게는, 씻음은 합법적이며, 그래서 씻음은 무엇이든지 허용될 수 있는데, 그것이 물 속에 담그는 것이든지, 또는 물을 뿌리는 것이든지, 또는 물을 붓는 것이든지 간에 그러하다.

팔머는 이 총회에 간청했다. "이제 토론을 멈춥시다. 우리는 아무런 성과도 얻지 못하고 있습니다". 워커는 확언하기를, 물 속에 담그는 것은 합법적으로 사용될 수 있지만, 규칙서에서 그것을 추천하기에는 근거가 충분치 않으며, 물을 뿌리는 것에 대해서는 근거가 충분하다고 했다. 헐의 말이 마지막으로 기록되어 있었는데, 다음과 같은 인상적인 논평이 있다. "만약 여러분이 그것[물 속에 담그는 것]에 반대하는 결론을 내리신다면, 여러분은 그것을 시행하는 개혁파 교회들을 정죄하는 것입니다. 가톨릭에 아주 경도된 사람들은 물을 뿌리는 것에 대찬성입니다." 세 번째 표결이 부쳐졌다. 총회는 물 속에 담그는 것이 합법적이라고 결의했다.

이것에 대한 흥미로운 주석은 『잉글랜드 주석성경』(*Annotations*)

---

[62] Van Dixhoorn, 5:219.

에 있다. 여기서 로마서 6:4, "세례를 받음으로 그와 함께 장사되었나니"에 대해 이렇게 기술되어 있다.

> 이 문구에서 사도는 세례의 고대 방식에 대해 언급하는 것 같다. 이 방식은 수세자들을 물 속에 담그는 것이었다. 말하자면 그들을 잠시 동안 물 속에서 장사한 다음에 그들을 물 밖으로 끌어내서 들어올리는데, 이는 우리의 옛사람의 장사와 새로운 생명에로의 부활을 나타내기 위함이다.[63]

**2) 세례를 받을 유아의 부모에게 신앙고백을 하도록 요구해야 하는가?**

세례를 받을 유아의 부모에게 신앙고백을 하도록 요구해야 하는가라는 문제에 대해서, 네 차례의 총회─1644년 10월 9일 수요일 제300차 회기에서 1644년 10월 14일 월요일 제303차 회기까지─에 걸쳐서 토론이 벌어졌는데, 이 총회는 대등하게 찬성과 반대로 나뉘었다.[64] 다시금, 유사한 분열이 그러한 신앙고백이 질문들과 대답들의 형태를 취해야 하는지에 대해서 일어났다. 이러한 토론 전반에 걸쳐서, 다른 개혁파 교회들과의 일치에 대한 큰 압박이 있었다.[65] 이 총회는 신조에 관한 질문들에 대한 긍정적인 대답들에 의

---

63  로마서 6:4에 대한 『잉글랜드 주석성경』의 해설.
64  그것은 또한 1644년 7월 12일 금요일 제257차 회기와 1644년 7월 15일 월요일 제258차 회기에서도 논의됐다.
65  Van Dixhoorn, 5:385-99.

한 부모의 신앙 확인을 포함시키는 안건에 대해서 28대 16으로 가결했지만, 의회는 1645년 초에 이 단락을 삭제했다.[66]

신앙을 고백하는 데 찬성하는 주장들은 개혁파 교회들에서 신앙고백을 사용하는 것과 고대 교회로부터의 선례들과 빌립보의 간수의 예(행 16:30-33)에 의거했다. 그렇지만 성경에서 많은 뒷받침을 얻는 것은 어려웠다. 할례를 하기 전에 그러한 신앙고백이 요구되지 않았고, 그것은 비신자들과 같은 이유로 교인들에게 요구됐으며, 그리고 그것은 언약적 거룩함이 세례의 바탕이 아니라는 것을 함축했다. 그러한 신앙고백은 일부 신학자들에게는 재세례파에의 양보로 여겨졌다.[67]

### 3) 세례에 대한 웨스트민스터 총회의 신조

T. F. 토랜스는 웨스트민스터 총회가 세례를 하나님의 부성(fatherhood)을 나타내는 성례라기보다는 오히려 여러 조건의 이행을 요구하는, 은혜언약의 징표와 인침으로 간주한다고 비판한다.[68] 이것은 토랜스 자신의 신학의 형태에서 연유하는데, 그 신학은 명백히 보편구원론적 기조를 띠고 있다. 그가 간과하는 점은 구원이 이미 부분적으로 입양으로 여겨졌다는 것이다. 이 입양에 의해서 택함 받은 자들은 이제 그들의 아버지이신 하나님의 가족으로 받

---

[66] Journals of the House of Commons, IV, 70; Journals of the House of Lords, VII, 264, Wright, "Baptism at the Westminster Assembly," 171에 인용.

[67] 주해는 베드로전서 3:20("세례가 구원한다")에 대한 논평들에서 이것을 얼마간 반영한다.

[68] T. F. Torrance, *Scottish Theology*, 148.

아들여진다. 더욱이 토랜스는 대요리문답을 일관되게 무시한다. 대요리문답에서는 교회와 성례들을 비롯하여, 구원의 서정 전체와 그 성취가 은혜와 영광 속에서 누리는 그리스도와의 연합과 친교로 받아들여진다.

웨스트민스터 총회에 있어서 세례는 수세자를 가시적인 교회로 들이는 것인데, 수세자가 신앙을 고백하는 성인이든지 또는 유아이든지 간에 그러하다. 유아가 세례를 통하여 언약의 일원이 되는지 또는 그 유아가 이미 언약 안에 있기 때문에 세례를 받아야 하는지에 대하여 약간의 토론이 있었다. 고린도전서 7:14에 대한 주장의 대세는 고려 중인 거룩함은 경건한 부모와의 관계 때문에 언약적이라는 것과 그 유아는 이미 하나님의 언약 안에 있다는 것이었다.

그렇지만 세례는 가시적 교회에로의 받아들임 그 이상이다. 그것은 또한 은혜언약의 징표이며 인침이다. 세례는 성례로써 징표이며, 그래서 표상되는 것이 무엇인지를 나타낸다. 세례가 인친다는 것의 의미는 그것이 소유권의 표지란 뜻이다. 왜냐하면 그리스도는 세례 받은 사람을 그 자신의 것으로 받아들였기 때문이다. 은혜언약의 세례는 징표와 인침이다. 이 은혜언약은 그리스도에로의 접붙임으로 구성된다. 수세자는 그리스도의 한 지체이며 따라서 그의 몸, 곧 교회의 한 지체이다. 이러한 그리스도에로의 접붙임은 중생과 죄 사함과 성화를 포함한다. 따라서 이 장의 맨 처음인 WCF 28. 1에서(그리고 또한 LC 165에서) 세례는 중생으로부터 성화에 이르는 총체적 구원과 직접적으로 관련되어 있다. 세례는 이런 것들을 표상하고 그것들을 인친다. 세례는 가시적 교회에의 가입 그 이상이다. 세례는 확실히 상징적인 표현 그 이상이다.

WCF 28.2에서 세례는 성부와 성자와 성령의 이름으로 물로써 집행된다고 한다. 세례는 삼위일체적이다. 그것은 하나님께 속하지, 교회에 속하지 않으며, 교회는 단지 성삼위일체의 이름으로 세례를 집행할 따름이다. 이것은 세례를 로마 가톨릭교회와 동방 정교회를 비롯한, 역사적으로 중요한 기독 교회와 동일시한다. 그것은 개혁파가 대단히 강력하게 재세례파에 저항하고 이 총회가 그들의 후계자들과 어떤 식으로도 동일시되고 싶어하지 않는 이유들 가운데 하나였다. 이러한 후계자들은, 로마 가톨릭교회에 의한 것이든지 아니면 잉글랜드 국교회에 의한 것이든지 간에, 유아들의 세례를 거부했다. 그렇게 하면서, 그들은 삼위일체를 위하여 거행되는 성례를 거부하고 있었다.

게다가 세례는 오직 "그 직에 합법적으로 부름 받은 복음사역자에 의해서" 집례되어야만 한다. 한편으로는, 이것은 신생아의 생명이 위태롭게 되어 있을 때, 로마 가톨릭교회가 실행하는 대로, 산파들에 의한 세례를 배제한다. 다른 한편으로는, 그것은 또한 분파들을 약화시키는데, 그러한 분파들의 사역자들은 의회나 총회가 보기에 합법적으로 부름을 받지 않았다. 이러한 제한의 이론적 근거는 개혁파 신학에서의 말씀과 성례의 필수불가결한 관계에 있다. 성례는 말씀에 의해서 정체성을 부여받는다. 제정에 관한 말씀은 성례가 성례가 되기 위해서 필요했다. 따라서 성례를 집례하는 사람은 말씀을 전파할 수 있는 사람이어야 했다, 그러므로 교회에 의한 합법적인 부름과 복음사역에 대한 임직은 성례들을 집행하기 위해서 불가결했다.

WCF 28.3은 물 속에 담그는 것에 대한 토론을 반영한다. 물 속에 담그는 것은 세례에 필요하지 않다. 물을 붓는 것과 물을 뿌리는 것이 집례의 합법적인 양식들이기 때문이다. 이러한 진술은 침수가 필수불가결하다는 재세례파의 주장을 부정하는 것으로 제한한다. 신학자들은 침수가 필수불가결하지 않다고 말한다. 그렇지만 그 진술은 물 속에 담그는 것을 배제하지 않는다. 물 속에 담금은 물을 뿌림 혹은 물을 부음과 마찬가지로 허용할 수 있다.

WCF 28.4는 세례의 대상들은 양 부모 중 한 명 이상이 믿는 유아들과 더불어 신자들이라는 데 주목한다. 그러므로 재세례파가 유아 세례를 부정하는 것이 거부당한다. 그렇지만 그것은 그 당시의 개혁파 교회들의 일반적인 관습과 비교해서 세례의 대상들을 제한하는 것이다. LC 166은 부언하기를, 양친 중 한 사람만 믿는 부모에게서 난 유아들도 언약 안에 있으므로 세례를 받을 수 있다고 하는데, 이것에 의해서 웨스트민스터 신학자들은 언약의 일원이 되는 것이 세례에 의해서 일어나는 것이기보다는 오히려 세례에 선행한다고 결론지었다는 것을 다시금 나타낸다.

WCF 28.5는 로마 가톨릭교회에 반대하여, 구원을 위한 세례의 필요성을 부정한다. 그렇지만 무어(Moore)가 주장하듯이, 첫 번째 구절 – "비록 이 규례를 무시하거나 소홀히 하는 것이 큰 죄이긴 하지만" – 은 아마도, 세례를 받기 위해서 자신들의 유아 자녀들을 바치지 못한 반(反)유아세례론자들에 반대하는 것이었을 터이다. 의사록에는 반유아세례론자들에 대한 보충적인 언급들이 없다. 그들은 한결같이 "재세례파 교도들"이라고 말하여지며, 변함 없이 반율법주의자들과 결부된다.⁶⁹ 로마 가톨릭교회의 오류와 관련해서, 우리는 로마 가톨릭교회가 화세(火洗, baptism of desire)의 가능성을 허용했다는 것을 인정해야 한다. 이 화세에서 자기가 통제할 수 없는 여러 가지 이유들로 자신의 죽음 전에 세례를 받을 수 없는 사람이 구원을 받을 수 있는데, 그가 세례를 원할 경우에 그러하다. 그렇지만 웨스트민스터 신학자들은, 구원의 도구적 원인으로서, 사효적으로, 즉 그것이 시행된다는 사실에 의해서 효능을 갖는다는, 세례에 대한 한층 대표적인 로마의 주장을 여기서 반대한다.

로마 가톨릭교회의 이러한 주장은 WCF 28.6에서 보다 직접적으로 도전을 받는다. 세례는 구원을 위해서 효력이 있다고 신앙고백은 주장한다. 그렇지만 이것은 조건을 필요로 한다. 마치 세례의 순간에 수세자가 중생되고 구원받는다는 듯이, 그것은 시간적인 의미로 이해되어서는 안 된다. 그런 시간적인 관계는 없다. 세례는 "[하나님의] 정하신 때에" 그를 중생시키고 성화시키는, 사람을 그리스도와 연합시키는 데서 효력이 있다. 게다가 세례는 그것을 받는 모든 사람에게 효력이 있는 것은 아니다. 세례는 자동적인 것이 아니다. 세례는 하나님의 택함 받은 자들에게, 다시 말해 (어른들이든 또는 유아들이든 간에) 그 은혜가 속한 자들에게 유효하다. 성령이 세례를 은혜의 방편으로서 유효하게 하심으로, 이렇게 하는 것은 교회나 교회의 사역의 능력이 미치지 않으며, 또한 그것이 자동적으로 일어나지도 않는다.

이와 동일한 단락에서 세례에 관한 웨스트민스터 총회의 견해

---

**69** J. D. Moore, "The Westminster Confession of Faith and the Sin of Neglecting Baptism," *WTJ* 69(2007): 63-86.

의 핵심이 가장 분명하게 나타난다. 전술한 주의 사항들을 고려에 넣을 때, "약속된 은혜가 성령에 의해서, 제공될 뿐만 아니라 또한 **실제로 공개되고 베풀어진다**"(고딕체는 필자의 강조임). 세례가 단순히 하나님의 은혜—세례를 받을 때 수세자가 받는—를 제공한다거나 증명한다는 것은 사실이 아니다. 또한 세례가 죄악들의 씻음과 죽음, 그리고 새로운 생명에로의 부활을 선언하는, 복음의 가시적인 증명이라는 것도 사실이 아니다. 물론 세례는 이런 것들의 양쪽 모두이다. 그렇지만 세례는 그 이상의 어떤 것이다. 세례에서, 약속된 은혜—중생, 죄 사함, 성화, 그리고 무엇보다도 그리스도와의 연합—가 성령에 의해서 베풀어진다. 우리는 어떻게 이것이 로마 가톨릭교회의 교리와 다른지를 살펴봤다.

그리스도와의 연합, 중생, 죄로부터 정결하게 됨, 그리고 하나님의 선민들의 성화 등은 "하나님 자신의 때에" 성령에 의한 세례를 통해서 성취된다. 이것은 성례 그 자체의 어떠한 능력에 의해서도 이루지지 않는다. 성령은 은혜를 베푸신다. 효능은 전적으로 그분의 것이다. 더욱이 성령은 자기가 기뻐하는 대로 또 자기가 기뻐하는 방식으로 역사하실 수 있으며, 그래서 세례는 구원을 위해서 절대적으로 필수불가결한 게 아니다. 그렇지만 이례적인 상황은 차치하고, 그리스도 안에 있는 은혜에 관한 하나님의 약속들은 세례를 통하여 성령에 의해서 집행되는데, 이것이 말씀과의 분리할 수 없는 결합 속에서 그렇다는 그 신학자들의 경고를 우리가 명심하는 한 그러하다.[70] 이러한 관계는 자동적인 것도, 시간적인 것도 아

---

**70** 이것은 오늘날 보수적인 개신교계나 심지어 많은 개혁파 교회 혹은 장로교에서도 일반적으로 주장되는 세례 신학이 아니다. 하지만 개혁파 신학에 필요불가결한 것은

니라, 바로 신학적인 것이다. 우리의 세례를 잘 사용하는 것에 대한 LC 167의 초점—"우리가 평생동안"—은 우리 쪽에서는, 즉 우리의 책임의 견지에서는, 신적 효능의 측면에 상응한다. 성령은 그 자신의 때에 여러 방편들을 통해 역사하시며, 그래서 우리는 이에 대한 응답으로 평생을 통하여 그의 능력 주심 하에서 사역해야 한다.

이러한 이유들로, 세례는 오직 한 번만 베풀어질 수 있다. 그리스도는 십자가에서 단 한 번만 죽으셨다. 그분의 구속은 되풀이될 수도 없고 또한 연장될 수도 없다. 그분은 단 한 번만 죽은 자들 가운데서 살아나셔서 결코 다시는 죽지 않으셨다. 만약 세례가 반복될 수 있다면, 그것은 그리스도의 사역의 최종성을 의문시할 것이다. 그래서 개혁파 신학자들은 로마 가톨릭교회에서 세례를 받았던 그들 자신과 같은 사람들을 포함하여, 유아 시절에 세례를 받았던 사람들에게 다시 세례를 주자는 요구들에 대단히 강력하게 저항했다.[71]

로마 가톨릭 세례의 유효성에 대해서, 칼빈이 기초한 프랑스 신앙고백(1559)은 제28조에서 특히 분명했다. 순수한 하나님의 말씀이 교황의 의회들에서 추방되고 성례들이 부패해서, 신앙고백은 그 의회들을 정죄했지만, "그럼에도 불구하고 로마 가톨릭교회의 흔적이 얼마간 교황권에 남아 있고, 세례의 효력과 실체가 남아 있으므로, 또 세례의 효능이 세례를 집행하는 사람에게 달려 있지 않으므로, 우리는 로마 가톨릭교회에서 세례 받은 사람들은 두 번째 세례가

---

성례중심 신학(sacramentalism)이다. 이러한 중요한 요소가 결핍될 때 개혁파 교회는 도전을 받는다.

71  Letham, "Baptism in the Writings of the Reformers"를 보라.

필요하지 않다고 고백한다. 그러나 로마 가톨릭교회의 부패들 때문에, 우리는 오염을 입지 않은 채 로마 가톨릭교회에서 세례를 받도록 어린아이들을 바칠 수 없다"(고딕체는 필자의 강조).[72] 웨스트민스터 신학자들은 이러한 공통된 입장을 잘 알고 있었으며, 그들이 그 입장을 포기했다는 증거는 없다. 웨스트민스터 총회에 있어서는, 만약 어떤 사람이 두 번째로 세례 의식을 받는다면, 오직 한 가지만 일어날 수 있을 것이다. 그는 물에 젖게 될 뿐이다.

### 7. 주의 만찬(성찬)

여기서 웨스트민스터 총회의 입장은 당연한 것으로 여겨지거나 무시되는 경우가 많았는데, 이 장의 중요한 신조들이 실질적으로 잊혀진 결과로 그러했다. WCF 29.1은 다음과 같다.

> 우리 주 예수님은 배신당하시던 밤에 '주의 만찬'이라고 칭해지는 그분의 몸과 피에 관한 성례를 제정하셔서 그분의 교회에서 세상 끝까지 지켜지게 하셨다. 그것은 그분의 죽으심에서의 자신의 희생에 대한 영구적인 기념을 위해서, 그 희생의 모든 유익들을 참 신자들에게 인치고 그들의 영적 양육과 주 안에서의 성장을 위해서, 또 그들이 주께 빚지고 있는 모든 의무들에의 더 헌신된 이행을 위해서 그렇게 하신 것이다. 그리고

---

[72] Schaff, *Creeds*, 3:376.

그들이 주의 신비한 몸의 지체들로서, 주의 만찬이 그들의 그리스도와의 친교와 그들 상호간의 친교의 띠와 보증이 되게 하기 위해서 그렇게 하신 것이다.

이 첫 번째 단락은 예수님에 의한 성찬(또는 주의 만찬)의 제정과 그분이 그것을 주신 목적들을 상술한다. 성찬에 대한 분별할 수 있는 다섯 가지 근거가 있다.

첫째, 성찬은 예수 그리스도의 희생적인 죽음의 영구적인 기념이다. 이는 이 성례의 논의의 여지가 없는 부분이지만, 그것이 그 유일한 부분인 것은 아니다. LC 168은 그리스도의 죽음이 성찬에서 "보여진다"고 부언한다.

둘째, 성찬은 "참 신자들에게 [그분의 죽으심의] 모든 유익들을 인치는 것"이다. 그리스도의 죽음의 유익들은 구속 전체를 아우른다. 웨스트민스터 신앙고백의 선행 장들은 그리스도의 수난의 열매들을 열거했다. 포함되는 것은 유효적 소명, 칭의, 입양, 성화, 구원하는 믿음, 회개, 선행, 견인, 확신 등이다(10-18장). 성찬은 이러한 유익들을 인치고, 그것들을 확언하며, 우리에게 그것들의 진리와 실재를 확신시킨다. 1640년대에, 인침은 어떤 것을 믿을 만함을 입증하거나 확인하는 것이거나, 또는 약속―종종 언약―을 증명하는 것이었다.[73]

셋째, 성찬은 참 신자들에게 "주 안에서의 영적 양육과 성장"을 제공한다. 여기서 수반되는 것은 우리의 육체적 삶을 유지하는 물

---

**73** *The Oxford English Dictionary*를 보라.

질적 급식과 유사한, 급식과 자양물이다. 성찬은 우리의 구원의 이유일 뿐만 아니라, LC 168이 강조하는 대로, 우리로 하여금 그리스도와의 연합 안에서 성장할 수 있게 한다.

넷째, 성찬은 참된 신자들에게 "주께 빚지고 있는 모든 의무들"을 이행하도록 한다. 이것은 또한 LC 168에서 반복된다. 성찬은 우리로 하여금 순종하게 만든다. 한편으로는, 예수 그리스도께서 십자가에 자신을 값없이 내어주시는 데서 보이는, 그리스도의 사랑에 맞춰진 초점은 우리를 감동시켜 더욱 성실하게 그분을 따르도록 한다. 이와 동시에, 우리가 누리는 그리스도 안에서의 양육과 그분으로 인한 성장은, 감사를 드리는 사랑과 자발적인 순종이라는, 성령에 의해서 주어지는, 우리 쪽에서의 응답하는 반응을 이끌어낸다.

다섯째, 성찬은 참된 신자들에게는 "주의 신비한 몸의 지체들로서 그들의 그리스도와의 친교와 그들 상호간의 친교의 띠와 보증"이 된다. LC 168이 진술하듯이, 그들은 "주님과의 연합과 교통(친교)이 확고해진다." 여기서 신앙고백은 그리스도와의 연합과 친교를 더욱 지향하며, 이와 동시에 이러한 연합은 또한 분리할 수 없는 수평적 관계를 갖는다고 강조한다. 우리는 그리스도와 친교를 가지며, 이와 동시에 또 직접적인 당연한 결과로서, 여기 지상에서 그리스도의 몸의 다른 지체들과도 친교를 갖는다. 머리와 지체들은 확고불변하게 연합되어 있다.

WCF 29.2는 이어서 다음과 같이 말한다.

> 이 성례에서, 그리스도께서 그분의 성부에게 바쳐지는 것이 아니고, 또 산 자나 죽은 자의 죄 사함을 위해 어떤 실제적인 희

생제사가 드려지는 것도 전혀 아니다. 오히려 그리스도께서 자신을 스스로 십자가에서 단번에 바치신 일의 한 기념일 뿐이고, 또 동시에 하나님께 바칠 수 있는 모든 가능한 찬송의 한 영적 봉헌일 뿐이다. 그러므로 로마 교황의 소위 미사의 제사는 선택된 자들의 모든 죄들을 위한 유일한 화목제물인, 그리스도의 단 한 번의 희생제사에 가장 가증스럽고 해롭다.

신앙고백은 여기서 로마 가톨릭교회를 표적으로 삼는다. 그것은 미사의 도그마로부터 철저하게 거리를 둔다. 특히 제사장적 교회관과 로마 가톨릭의 성례중심 신학의 기초가 되는 교회의 사역은 무시된다. "그리스도께서 그분의 성부께 바쳐지는 것이 아니다. 또 어떤 실제적인 희생제사가 드려지는 것도 전혀 아니다." 요컨대, 사역자는 제사장이 아니며, 성찬은 희생제사가 아니다. 그리스도의 봉헌은 확장되지도 않고, 반복되지도 않으며, 연장되지도 않는다. 그것은 단번에 바쳐졌다. 그것은 우리의 구속을 위해서 완전하고 완벽했다. 따라서 이러한 의미에서 성찬은 완수된 행위, 즉 "십자가에서, 단번에" 일어난 행위의 기념물이다. 우리는 여기서 잉글랜드 국교회의 39개 신조(1563, 1571) 31조에 있는 경이로운 진술이 상기된다.

단 한 번 이루어진 그리스도 자신의 봉헌은 완전한 속죄이고, 화해이며 변상이다…그리고 이밖에는 죄를 보상할 어떠 것이 전혀 없다.[74]

---

[74] Schaff, *Creeds*, 3:507.

다른 한편, 성찬은 일종의 희생제사이다. 히브리서 13:15-16이 진술하는대로, 하나님께 바치는 찬송의 영적 희생제사. 우리가 심지어 우리 자신에게 말할 수 있을 것은, 성찬이 바탕을 두고 있는 실재는 십자가에서의 그리스도의 유일한 희생이며, 그래서 그분과의 친교 속에서 우리는 그러한 완전한 희생을 공유한다는 것이다. 로마 가톨릭교회의 입장이 갖고 있는 문제는 교회와 사역에 관한 제사적 견해와 제사장적, 피를 흘리지 않는 반복이라는 그분으로 인한 함의(비록 공식적인 로마 가톨릭 도그마는 십자가의 단번의 본질을 주장하려고 열심히 노력하지만[75])에 있다. 웨스트민스터 신앙고백은 그리스도의 사역에 관한 그러한 인식에 대해 "대단히 유해하고, 혐오스러울 정도로 유해하다"고 진술한다. 신앙고백은 미사와 관계하지 않을 수 있지만, 여기와 뒤 양쪽에서의 그 진술들은 강경하면서도 신중하고 어느 정도 자제를 한다.

WCF 29.3은 다음과 같다(또한 LC 169를 보라).

> 주 예수님은 이 규례에서 그분의 사역자들에게 지정하시기를, 그분의 성례 제정의 말씀을 회중들에게 선언할 것, 떡과 포도주의 요소들에 기도하고 축복할 것, 그래서 그것들을 보통의 사용으로부터 거룩한 사용으로 성별할 것, 또 떡을 취하여 떼고 잔을 취하여(그들 자신도 역시 참여하면서) 두 요소들을 수찬자들에게 줄 것, 그러나 그때 그 모임에 출석하지 않은 자들에게는 그 누구에게도 그것들을 주지 말 것을 지정하셨다.

---

**75** *The Catechism of the Catholic Church*(London: Geoffrey Chapman, 1994), 306-9를 보라.

여기서 사역자의 임무와 그가 실제로 행하는 것이 무엇인지를 상세하게 설명한다.

첫째, 그 사역자는 주 예수님 자신한테서 이러한 역할을 부여받으며, 그래서 그는 그것이 누구의 성찬인지를 그리고 행하여질 수 있는 것과 행하여질 수 없는 것을 결정할 독점적인 권리들을 누가 갖는지를 주님께 지정받는다. 그리스도는 사역자들에게 성례들을 집행하도록 명하셨지 다른 어느 누구에게도 그렇게 하도록 명하지 않으셨다(27장 4조를 보라). 왜냐하면 말씀이 이 성례를 지배하며, 따라서 오직 말씀 사역자만이 주재할 권한을 부여받기 때문이다. 그러므로 맨 처음으로 지정된 것-극히 중요한 문제-은 그분의 사역자들이 "그의 성례 제정의 말씀을 회중들에게 선언하는 것"이다. 이것이 이 성례를 구성한다. 말씀은 성찬이 되는 필수조건이다. 사역자가 성례 제정의 말씀을 선언하는 것이 없으면, 성례도 없다. 이것에 수반되는 개념은 성찬의 사적인 사례들-이러한 성찬에 신자들의 느슨한 집단이 "합법적으로 임직된 말씀사역자" 없이 참여하는 것-은 전혀 성찬의 사례들이 아니라는 것이다.

둘째, 사역자는 "떡과 포도주의 요소들에 기도하고 축복"해야 한다. 그는 실체의 변화를 가져오지 않는다는 데 유의하라. 그것들은 여전히 떡과 포도주이다. 다른 한편, 그것들은 이제 거룩한 사용을 위해서 성별된다. 우리는 그것들을 경배해서는 안 되고 그것들을 보존할 필요도 없지만, 우리는 여전히 그것들을 공손히 다루고 합당하게 그것들을 처리해야 한다. 왜냐하면 그것들은 거룩한 목적에 바쳐졌기 때문이다. 이 시점에 감사를 드리는 것이 성찬에 유카리스트(Eucharist)라는 이름을 부여하는 것임을 우리는 여기서 상기

한다.[76]

셋째, 사역자는 회중이 보는 데서 "떡을 취하여 떼어"야 한다. 이것은 초대 교회의 관례와 일치하는, 한 덩어리의 떡을 수반한다 (고전 10:16-17). 성례에 대한 최초의 명칭은 "떡을 뗌"(the breaking of bread)이었다. 어거스틴이 성례를 "하나님의 가시적인 말씀"이라고 칭할 수 있었던 이유가 여기에 있다. 왜냐하면 떡을 떼는 것은 우리를 죄에서 구원하기 위해서 십자가에서 그리스도의 몸이 꺾인 것을 사실적으로 묘사하기 때문이다. 이 떡을 뗌은 따라서 회중이 보는 데서 일어난다.

넷째, 마찬가지로, 사역자는 잔을 취한다. 다시금, 한 덩어리가 있어야 하는 것과 똑같이, 한 잔이 있어야 한다. 교회는, 그리스도를 위한 한 몸으로서, 백여 개의 조각들로 나뉘지 않는다. 개신교의 사역자는 로마 가톨릭교회와는 달리 잔을 평신도들에게 주는데, 포도주는 여전히 그저 포도주이므로 개신교에서는 그리스도의 피가 땅에 흘려질 염려는 조금도 없다.

다섯째, 신앙고백은 성찬의 사적인 사례들에 대해 경고한다. 이것은 그리스도의 몸인 교회의 성례이다. 성찬은 결정적으로, 개인적이고 사적이며 영적인 체험으로 받아들여져서는 안 된다. 성찬은 집단적이되 맥락을 분명히 이해하고 규정지은 것 내에서만 개인적

---

76  이에 더하여, 우리가 주목하는 것은 주 예수님에 의해서 지정된 요소들이 "떡과 포도주"라는 것이며 또 이것들을 결정할 권리는 오직 그분에게만 있지 19세기의 금주 운동에 있지 않다는 것이다. 예수님은 물을 포도주로 변화시키셨지만, 금주 운동은 포도주를 포도 쥬스 농축액으로 바꿨다. 성찬의 요소들을 바꿀 권리가 있는 사람은 아무도 없다. 세례에서 물보다 더한 것이라도, 예를 들면 오렌지 쥬스로 바꿀 수 있겠지만, 이렇게 하는 것은 그리스도의 권위를 빼앗는 것이다.

이다.[77]

WCF 29.4는 다음과 같다.

> 개인적인 미사들, 또는 사제나 다른 어떤 사람에 의해 혼자서 이 성례를 받는 것은 잔을 회중들에게 주는 것을 거절하는 것, 그 요소들을 경배하는 것, 그 요소들의 숭배를 위해 그것들을 들어 올리거나 이리저리 옮기는 것, 또 어떤 종교적 사용을 평계 삼아 그것들을 보존하는 것과 같아서, 이것들은 모두 다 이 성례의 본질과 그리스도의 제정 정신에 어긋난다.

이 단락은 마지막 단락의 신조를 강화한다. 로마 가톨릭교회의 오류들이 한층 더 공격을 받는다. 개인적인 미사들과 평신도에게 잔을 주는 것을 거부하는 것, 그리고 그 요소들을 경배하고 보존하는 것은 모두 이 성례와 그리스도의 제정 정신에 위배된다. 이 모든 오류들은 화체설(transubstantiation)이라는 근본적인 오류 때문이다. 만약 화체설이 사실이라면, 이런 것들이 뒤따라야 하지만, 그것은 사실이 아니다. 이것은 로마 가톨릭교회에 대한 균형이 잡히고 사려 분별이 있는 공격을 설명한다. 이런 것들은 그리스도께서 지시하신 것에 어긋난다. 그러나 신앙고백의 언어는 자제를 하고 있다. 성찬 요소들을 숭배하는 것이 쟁점이 되고 있는데, 로마 가톨릭교

---

[77] 서방 세계에서의 개인주의의 문제들과 그것이 기독 교회에 미치는 영향에 대해서는, 나의 저서 *The Work of Christ*와 또한 Donald Macleod의 재답변과 나의 세 번째 답변이 포함된 나의 논문 "Is Evangelicalism Christian?"을 보라. 또한 Bruce, *Mystery of the Lord's Supper*, 108를 보라.

회가 일어난다고 생각하는 실체의 변화에서 비롯한다. 이러한 후자의 사항(실체의 변화)이 문제의 원천이다. 신앙고백은 회중이 그 요소들을 볼 수 있도록 그것들을 들어 올리는 데 반대하지 않는다. 왜냐하면 그리스도께서 이것을 지정하셨으므로 이것이 이 성례의 필수불가결한 부분이기 때문이다

WCF 29.5는 다음과 같다.

> 그리스도께서 명하신 용도들을 위해 정당하게 성별된 이 성례에서의 외적 요소들은 그것들이 상징하는 것들, 즉 그리스도의 몸과 피라는 이름으로 그것들이 때때로 불리는 것과 같은 관계를 참으로, 그러면서도 오직 성례전적으로만 십자가에 못 박히신 그분과 갖는다. 그러나 그럼에도 불구하고 그것들은 그 실체와 본성에서 여전히, 전에 그랬던 것처럼, 참으로 떡과 포도주로만 그대로 남아 있다.

이 단락은 징표들과 실재의 관계를 고찰한다. 일단 성별되면, 그 떡과 포도주는 그리스도와 대단히 밀접한 관계를 갖는다. 그것들은 떡과 포도주로 그대로 남아 있어서 그것들의 실체를 변화시키지 않는다. 그럼에도 불구하고, 성례전적 관계 때문에, 그것들은 그리스도의 몸과 피라고 불릴 수 있다.

. 계속해서 그 요소들의 실체에 관해서 논한다.

> 떡과 포도주의 실체가 사제의 봉헌이나 또는 다른 어떤 방도에 의해서 그리스도의 몸과 피의 실체로 변한다고 주장하는

(흔히 화체설이라고 불리는) 교리는 성경과만 조화되지 않는 것이 아니라 심지어 상식과 이성에도 반하며, 성례의 본질을 뒤집어 엎는 교리이다. 이 교리가 이제까지 여러 모양의 미신들과 난잡한 우상숭배들의 원인이 되어 왔는데, 그것은 지금도 역시 그러하다.

드디어 신앙고백은 로마 가톨릭의 교리, 즉 화체설에 대한 신조에 반대하는 것의 근원에 정면으로 대처한다. 이 교리는 성경과만 조화되지 않는 것이 아니라 이성과 상식에도 반한다. 이 교리는 이 성례를 전복시킨다. 우리는 어떻게 신앙고백이 그것을 그리스도의 단 하나의 희생제사에 "가증스럽고 해로운"것으로 여기는지를 살펴봤다. 화체설 그 자체가 "여러 모양의 미신들과 실로 난잡한 우상숭배들의 원인"이다. 요점은 이러한 미신들과 우상숭배들과 해로운 것들이 화체설에 대한 믿음에서 비롯한다는 것이다. 총회는 이것이 근본적인 문제이며 미신들이 여기서 생겨난다는 것을 알고 있다. 일단 이 도그마가 받아들여지면, 우상숭배들이 뒤따른다. 따라서 진짜 문제는 이 도그마이다. 신앙고백은 그것이 성경에서 벗어났다는 것을 지적하고 그것은 이성적으로 지지할 수 없다는 것을 나타냄으로써 그것에 대처한다.

신앙고백은 그 다음에 어떻게 이 성례를 믿음으로 받는가를 설명한다(WCF 29.7; LC 170을 보라).

합당한 수찬자들은 이 성례에서 가시적인 요소들에 외적으로 참여하면서, 또한 내적으로는 믿음으로 참여하면서, 실제로 또 참으로, 그러나 육체적으로나 신체적으로가 아니라 영적으로, 십자가에 못 박히신 그리스도와 그분의 죽으심의 모든 유익들을 받아서 먹는데, 이때 그리스도의 몸과 피가 신체적으로나 육체적으로 떡과 포도주의 안에, 함께, 또는 아래에 있는 것이 아니고, 이 예식에서 그 요소들 자체는 그 외적 감각들에 대해 그러한 것과 마찬가지로 실제로, 그러나 영적으로 신자들의 믿음에 대해 임재한다.

내 생각에는, 이것이 이 장의 단 하나의 가장 중요한 부분이면서 가장 무시당하는 부분인 것 같다. 그것은 "합당한 수찬자들"이나 참된 신자들이 외적 요소들을 받을 때 성찬에서 무슨 일이 일어나는지에 관해 얘기한다. 그것은 루터파 신조에서 그것을 떼어놓는 부정적인 진술들로 가득하며, 중첩된 일련의 구절들에 의해서 점유된다. 사실 이 단락 전체는 오직 한 문장으로 이루어져 있다.

첫째, 우리는 부정어들에 주목한다. 신앙고백은 루터파의 교리를 그다지 격렬하게 다루지 않는다. 루터파 교리가 로마 가톨릭만큼 해롭지 않기 때문이다. 그렇지만 루터파 교리는 분명히 반대를 받는다. 참된 신자들은 그리스도를 "육체적으로 또 신체적으로" 먹지 않는다. 왜냐하면 그리스도의 몸과 피는 "신체적으로나 육체적으로 떡과 포도주의 안에, 함께, 또는 아래에 있는 것이 아니"기 때문이다. 공재설(共在說, consubstantiation)이 거부된다. 그리스도는 육체적으로 임재하지 않으신다. 이 단락이 거부하는 것이 무엇인지를 아는 것은 중요하다. 그래서 우리는 그것을 복잡한 언어에서 분리한 다음에 신앙고백이 확언하는 것이 무엇인지를 아는 것으로 옮겨

갈 수 있다.

둘째, 긍정적인 확언이 분명하다. 참된 신자들은 "내적으로는 믿음으로, 실제로 또 참으로…영적으로 십자가에 못 박히신 그리스도와 그의 죽으심의 모든 유익들을 받아서 먹는다." 이것의 이유는 "그리스도의 몸과 피가…그 요소들 자체가 그 외적 감각들에 대해 그러한 것과 마찬가지로…실제로, 그러나 영적으로 신자들의 믿음에 대해 임재하기" 때문이다. 이 단락 전체의 주요한 등위 동사들은 "받아서 먹는다"(receive and feed upon)이다. 참된 신자들은 외적 요소들을 먹는 것과 마찬가지로 확실히 그리스도를 받아서 먹는다. 그리스도께서 관건인데, 이것은 주의 만찬이기 때문이다. 이 단락은 육체적인 방식으로가 아니라, 성령에 의해서 성찬(Eucharist)에서 그리스도를 진실로 먹는다고 칼빈이 가르치는 것과 똑같이 가르친다. 이렇게 실제로 그리고 진실로 먹는 것이, 우리를 지탱하고 양육해서 그리스도와의 연합 안에서 우리의 성장을 가져오는 친교이다.

WCF 29.8은 다음과 같이 결론짓는다.

> 비록 무지하고 사악한 사람들이 이 성례에서 외적 요소들을 받더라도, 그들은 그것들에 의해서 표상되는 것을 받는 게 아니다. 오히려 그들은 합당치 않게 성례에 참여함으로 주의 몸과 피를 범하는 죄가 있으며, 그들 자신의 영벌을 향해 나아간다. 그래서 모든 무지하고 불경건한 인간들은 주와 함께 친교를 누리기에 적당하지 않고, 따라서 주의 상에 참여하기에 합당하지 않으며, 또 그들은 이런 상태에 남아 있는 동안에는 비록 그리스도에 대항하는 큰 죄가 없어도 이 거룩한 신비들에

참여하거나 또는 이 신비들에로 받아들여질 수 없다.

이 장의 이 마지막 단락은 누가 성찬을 받을 수 있는지에 관해 논한다. 무엇보다도 먼저, 이 단락은 그 요소들을 받는 사람들과 그리스도를 받는 사람들을 구별한다. 떡과 포도주만을 먹고 마시는 것이 슬프게도 가능하다. 화체설이 거부되므로, 징표를 갖지만 실재는 갖지 못하는 게 가능하다. 믿음이 그리스도를 먹는 데 필요하므로(여기에는 요한복음 6장의 반향들이 있다), 믿음이나 경건이 없는 사람들은 비록 성례를 받을 수 있지만 그리스도는 전혀 받지 못한다. 더욱이 그들은 그리스도의 몸과 피를 범하는 죄가 있어서 영벌을 면할 수 없다. 그들은 참여함으로써 그리스도에 대항하는 죄를 짓는다. 그들은 주의 상에 받아들여질 수 없다.

이런 사람들은 "무지하고 사악하다"고 한다. 이것은 지식과 경건이 필요하다는 것을 함축한다. 참된 신자들이나 합당한 수찬자들은 믿음이 있으며 자신들의 지식과 믿음과 회개에 관해서 스스로를 살필 수 있는 사람들이다(SC 97). "무식하거나 의혹이 있으며", 교회 당국이 정당한 과정을 마친 뒤에도 구원하는 믿음이 결여되어 있거나 경건치 못한 삶을 영위하고 있다고 결정을 할 수 있는 사람들은 성찬을 못 받게 해야 한다(LC 173). 신앙고백과 대·소요리문답이 모두 세례를 성찬 앞에 오는 개시의 성례로 간주하므로, 강한 함의는 세례를 받지 않은 사람은 그 누구든지 성찬 참여에 필요한 지식 역시 결여되어 있다는 것이다.[78]

---

**78** 『잉글랜드 주석성경』에서, 요한복음의 주석자들과 고린도전서의 주석자들은 분명한 차이점이 있다. 요한복음 6:52-53은 그리스도 자신을 영적으로 먹는 것으로 해석되며,

대요리문답은 LC 171-72, 174-75에서 이 문제의 긍정적인 면을 상술한다. 성찬을 받기 전에, 신실한 사람들은 자신들이 그리스도 안에 있는지에 관해, 자신들의 죄에 관해, 자신들의 믿음과 그 열매들에 관해, 그리스도를 추구하는 자신들의 갈망에 관해, 그리고 자신들의 순종에 관해 스스로를 살피면서, "깊이 묵상하고 열렬히 기도함으로써" 이러한 은혜들을 새롭게 해야 한다(LC 171). 이는 진지한 자기 성찰에로의 부름이다. 그것은 후에 스코틀랜드 장로교에서 흔히 볼 수 있는 확신의 결여를 조장했을지도 모른다. 다른 한편, 그것은 잉글랜드 국교회의 기도서에 있는, 또한 동방 정교회에서 사용되는 영적 기강들에 있는 이와 유사한 자기 성찰에로의 부름과 거의 일치한다.

사실 LC 172는 확신의 결여에 관한 가능한 질문에 직접적으로 대답한다. 자기가 그리스도 안에 있는지 의심하고, 또 그 문제에 정

---

주의 만찬에 대한 명백한 언급이 없다. 우리의 몸이 고기와 음료로 자양분이 공급되듯이, 우리의 영혼은 그리스도의 몸과 피로 자양분이 공급된다(외견상 유심론적 견해). 그렇지만 고린도전서 11:20에 대한 주석들은 "그의 118 Epistle에서의 Augustine과 그 본문을 올바르게 상술한 그의 논문 *de Coena Domini*에서의 Cyprian처럼, 거룩한 유카리스트, 즉 우리가 그리스도의 몸과 피를 먹게 되는 연회"에 대해 언급한다. 이와 동일한 맥락에서, 고린도전서 11:23에 대하여, 주의 만찬은 연합의 끈이지만, 25절에서 그것은 징표와 인침이다(그러나 은혜를 나타내거나 전달하지는 않는다-이것이 부정되지 않지만, 그것이 언급되지도 않는다). 이보다 앞서, 고린도전서 10:3에 대해 논평하면서, 『잉글랜드 주석성경』는 설명하길, 출애굽 시대에 신자들은 "믿음에 의해서 그것들을 먹고 마시는 가운데 우리 영혼의 참된 영적 음식인 그리스도의 몸과 피를 손에 넣는데," 그 다음 절에 대해 언급하면서, 그리스도께서 그분의 모든 교회에 참된 생명수와 영적 음료를 흘러내보셨기" 때문이라고 한다. 이것은 비유적이면서 성례전적이다. 제정과 언약에 의해서 하나님은 그리스도를 실제적이지만 영적으로 누리는 것을 그것과 결합하셨다. 따라서 16절의 주석자는 "성령의 작용에 의해서 효과와 영적 실재가 동반되는 성례 혹은 믿음에 의해서 그리스도의 몸과 피에 참여하는 우리가 함께 갖는 영적 친교의 징표와 서약"에 대해 언급한다.

당하게 영향을 받으며, 그리고 그리스도 안에 있기를 원하며 죄악을 떠나고 싶어 하는 사람들은 "앞으로 믿음을 더욱더 강화하기 위하여 성찬에 참여해도 좋을 뿐만 아니라 또한 성찬에 참여해야 할 의무가 있다." 웨스트민스터 신학자들은 LC 171에 숨어 있는 목회적 위험들을 인식하고 있어서, 의심에 대해 가해지는 누그러지지 않는 비난들에 한층 민감한 사람들을 위해서 하나님의 은혜를 확언함으로써 직접적으로 자기 성찰에의 부름의 균형을 잡았다. 어쩌면 이러한 답은 확신에 관한 문제들이 발생한 후대에 무시됐을지도 모른다.

대요리문답은 또한 성찬 중에 그리고 성찬 후에 무엇을 해야 하는지를 다룬다. LC 174에서, 성찬이 거행되는 동안에, 성례를 받는 자들은 "모든 거룩한 경외심과 주의로 하나님을 앙망하며…성례의 요소들과 행동들을 부지런히 지키고, 주님의 몸을 주의깊게 분별하며, 그분의 죽음과 고난을 사랑을 다해 묵상"하지 않으면 안 된다고 한다. 이것은 성찬의 은혜들을 촉진할 것이라고 확언된다. 자신들의 죄에 대해 스스로를 판단하고, 그리스도를 주리고 목말라하며, 믿음으로 그분을 먹고, 그분의 충만을 받으며, 그분의 공로를 의지하고, 그분의 사랑을 기뻐하며, 그분의 은혜에 대하여 감사하고, 자신들이 하나님과 맺은 언약과 모든 성도들에 대한 사랑을 새롭게 하기 등등. 이것에서 빠진 것은 신자들이 부활해서 승천하신 그리스도를 먹는다는 점이다. 그 초점은 그분의 죽음에 맞춰지는 만큼 그분의 승천에도 맞춰져야 하지만, 그분의 죽음은 결코 회피되어서는 안 된다. 이것은 주의 만찬이 또한 유카리스트, 즉 감사를 드리는 것이라는 사실을 반영한다. 죽음을 승천과 비교하는 것은 LC

171이 요구하는 내성적인 자기 성찰의 어떠한 오용도 한층 더 상쇄할 것이다. 성찬 성례를 받은 후에, LC 175에 따라서, 그리스도인들은 자신들이 성찬식에서 어떻게 행동했는지를 깊이 숙고해야 한다.

T. F. 토랜스는 웨스트민스터 총회가 성찬을 고찰하는 데서 그리스도의 부활과 승천의 의미를 나타내는 게 없다고 주장한다. 이것은 초대 교회와 칼빈 및 보다 오래된 스코틀랜드 전통에 영향을 미친 불가결한 문제였다.[79] 우리는 이것이 놀랄 만한 누락이라고 암시했지만, 우리는 신앙고백에서의 이 장 전체의 중대한 사항은 신실한 자들이, 그분의 부활과 승천을 전제하는, "그리스도를 받아서 먹는" 것이라는 사실을 상기해야 한다. 그리스도와의 친교는 부활하고 승천하신 분과의 친교이다.

LC 51-55는 부활과 승천 그리고 천국에서의 활동을 아주 상세하게 진술한다. 후속하는 질문들인 66-90에서, 대요리문답은 "은혜와 영광 속에서 누리는 그리스도와의 연합과 친교"로서의 구원을 상술한다. 성찬은 LC 168에서 살아계신 그리스도와 직접적으로 연관되지만, LC 170은 어떻게 신실한 사람들이 "성찬에서 그리스도의 몸과 피를 먹는가"에 관한 논의에 바쳐진다. 토랜스는 자신의 주장을 부정하는 중요한 증거를 제거하는 것에 의해서만 그의 주장들을 구성한다. 다른 한편, 대요리문답의 초점은 성례를 기쁨에 넘치는 감사와 친교라기보다는 오히려 더 많이 장례식으로 간주하도록 조장했을지도 모르는 불균형에 대해서 비판을 받을 수도 있다.

---

[79] T. F. Torrance, *Scottish Theology*, 150.

## 8. 교회의 권징들(WCF 30)

웨스트민스터 총회가 다루어야 했던 주요한 논쟁점은 국가와는 분리된 교회의 통치권(government)의 합법성이었다. 감독파는 이것에 반대했다. 그것은 또한 의회로부터 상당한 제한을 받았는데, 총회는 의회의 종이었다. 다수의 의원들에게, 그것은 현존하는 당국에 추가적인 권력의 중심을 놓음으로써 국가의 안정을 위태롭게 하는 것 같았다. 에라스투스파의 협정들의 계속성에 찬성하는 사람들은 출교의 권한은 국가 권력에 의해서 행사되어야 하며 그렇지 않으면 국가의 통일성이 훼손될 것이라고 주장했다. 물론 이것은 특히 내전의 때에는 타당했다. 이때 사회 및 정부 조직은 이미 갈기갈기 찢어져 있었다.

우리가 이미 살펴본 대로, 이 총회 자체는 사실상 에리스투스파 집단이었다. 그렇지만 웨스트민스터 신학자들의 대다수는 의회가 말하거나 우려할 수 있었을 것에도 불구하고, 규율적 제재들에 관한 권한을 행사하는, 국가의 권위와는 별개인 교회의 통치권에 대한 성경적 명령을 분명히 알고 있었다. 하지만, WCF 23.3에 따라서, 국가의 위정자들은 종교 회의들을 소집할 권리가 있으며, 이렇듯 교회와 국가 사이에는 분명한 구분이 없었다. 이것은 동방과 서방 양쪽에서 교회의 역사적으로 중요한 노선을 따른다.[80]

---

80 이러한 입장이 바뀌었고 교회와 국가의 분명한 분리가 도입된 후대의 미국의 발전들은 교회의 역사적으로 중요한 입장으로부터 벗어나는 것이다. 본서에서는 그런 변화들이 성경적으로나 신학적으로 지속가능했거나 또는 지속가능한지에 대한 어떠한 고찰도 주어지지 않을 것이다. 왜냐하면 본서는 단지 웨스트민스터 총회의 신학의 분석일 뿐이기 때문이다.

## 9. 대회들과 공의회들(WCF 31)

바르트는 한편으로는 대회들(synods)과 공의회들(councils) 그리고 다른 한편으로는 성경의 개혁파적 차이를 강조한다. "개혁파 신학자들에게는, 성령에 의해서 주어지고 계시되는 그것은 오직 성경 그 자체가 될 수 있을 뿐이다."[81] 이것 때문에, "개혁파 신앙고백들은 본질적으로, 루터파가 그러했듯이, 최종적인 말씀들의 성격을 가질 수가 없었다." 일련의 개혁파 신앙고백들의 개정본들과 대체물들을 열거한 뒤에, 바르트는 웨스트민스터 신앙고백에 대해 말한다. "신앙고백은 이번에는 현대에 이르기까지 끊임없이 편집되고 영향을 미쳤다."[82]

이 장은 교회 권위의 한계를 주장한다. 교회는 다만 하나님의 말씀의 가르침을 선언할 수 있을 뿐이다. 오직 성경만이 양심을 구속할 권리를 갖는 것은, 그것이 하나님에게서 비롯하기 때문이다. 인간의 법정은 그런 권위가 없다. 교회의 결정들과 명령들은 더 이상도 아니고, 더 이하도 아닌, 오직 성경의 가르침만을 반영해야 한다.(31.3) 심지어 가장 위대한 신학자들과 가장 학문적인 공의회들조차도 오류를 범할 수 있다. 에큐메니칼 공의회들도 이러한 판단에서 벗어나지 못한다. 다른 한편, 성경은 오류를 범할 수 없다. 그러므로 교회 대회들을 신앙의 규칙이나 관례의 규칙으로 삼을 수 없다. 그 대회들은 하나님의 말씀의 가르침을 선언하고 또 하나님의 말씀에 따라서 교회에 대해 치리를 행사할 수 있지만, 그것들은

---

[81] Barth, *Reformed Confessions*, 19.

[82] Ibid., 26.

어떤 사람에게 말씀이 명시할 수 있는 것이 아닌 이것이나 저것을 행하도록 요구할 수 없다. 하나님의 말씀을 위반하는 것은 죄이다. 교회 당국의 명령을 거부하는 것은 그 명령이 성경의 뒷받침을 갖는 경우에는 오직 죄일 따름인데, 그 자신의 이름으로 만들어진 교회 당국의 결정들은 어떠한 구속력도 갖지 못하기 때문이다.

웨스트민스터 신앙고백도 또한 대·소요리문답도 교회 정치의 구체적인 형태를 규정하지 않는다. 그렇지만 "장로교 교회-정치 형태"(the Form of Presbyterial Church-Government)라는 문서는 그 문제에 대해서 분명하다. 하지만 웨스트민스터 총회는 독립파가 자신들의 견해들을 말하도록 허용했으며 그 견해들을 수용하려고 온갖 시도를 했지만, 원리주의 장로파와 실용주의 장로파 양쪽의 다양한 그늘들이 나타났다. 총회의 구성원에는 신념 있는 감독파 교도들이 다수 포함됐지만, 그것의 장로교 교회-정치 형태 문건은 주교 관구의 주교들에 관해서는 아무런 언급도 하지 않는다.[83]

---

83 적어도 이 시점에서는, "뿌리와 가지 청원"(The Root and Branch Petition)은 성공적이었다. 감독제도는 1660년에 회복될 수 있었다.

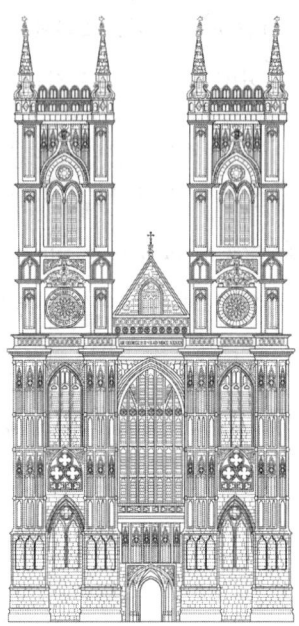

# The Westminster Assembly:

### Reading its Theology in Historical Context

## 제15장

## 죽음과 부활 그리고 심판

우리는 죽은 자들의 부활과 장차 도래할
세상의 삶을 고대한다.

### 1. 죽음 이후(WCF 32; LC 84-86)

죽음은 죄의 값이다(LC 84). 그래서 모든 사람이 죄를 범했기 때문에 죽는 것은 모든 사람에게 정해졌다(WCF 6.6; LC 28). 의인도 이것을 면하지 못한다. 그렇지만 의인에게서 죽음의 쏘는 것이 제거됐다. 그들에게 죽음이란 하나님의 은혜를 공유하는 것에로의 서막이며, 그래서 그것은 그들을 타락한 세상의 죄와 비참에서 해방시키는 하나님의 사랑에 대한 체험이다. 더욱이 그들은 최후의 날에 죽음에서 구원받을 것인데, 그것은 엄숙한 체험을 하는 이러한 위대한 사건으로 기대되는 일이다(LC 85).

WCF 32.1에서, 웨스트민스터 총회는 죽을 때에 예외 없이 모든 사람에게 무슨 일이 일어나는지를 고찰한다. 몸은 흙으로 돌아가서 썩음을 보지만, 영혼은 죽지도 않고 자지도 않는다. 왜냐하면 몸이 불멸의 상태에서 하나님께로 돌아가기 때문이다. 물론 이것은 고전적인 기독교 신조이지만, 영혼의 불멸성이라는 플라톤의 개념을 함축하고 있는 것처럼 보인다는 이유로 공격을 받는 경우가 많았다. 그러나 이러한 비난은 잘못된 것이다. 플라톤의 개념은 영혼은 영원한 것이어서 시작이 없으며, 본질적으로 불멸적이라는 것이다. 기독교적인 견해에서는, 영혼은 하나님에 의해 창조되어서 시작이 있으며 시간의 지배를 받는다. 게다가 하나님이 영혼에 불멸을 주신다. 이것은 영혼의 본성에 본질적인 것이 아니다. 이러한 문제와는 별도로, 죽음은 인간적이라는 것이 의미하는 바의 핵심에 있는 심신 통일체를 분열시키고 분리시키는, 두려운 것이다.

웨스트민스터 신앙고백은 그러면 의인들은 어떻게 죽음을 경험하는가를 고찰하는 데 착수한다. 그들의 영혼은 죽을 때에 온전히 거룩하게 된다. 그 영혼들은 지극히 높은 하늘로 영접되어 빛과 영광 가운데서 하나님의 얼굴을 뵙지만, 그것들은 부활할 때의 몸의 구속을 기다린다. 이것은 니케아-콘스탄티노플 신경을 반향하는데, 이 신경은 "우리는 죽은 자들의 부활과 장차 도래할 세상의 삶을 고대한다"고 확언한다. 한편으로는, 죽음의 실재가 예민하게 느껴지는데, 우리는 "몸을 떠날" 것이기 때문이다(고후 5:8-9). 다른 한편으로는, 우리는 "주와 함께 있을"것이고, 하나님의 얼굴을 볼 것이고, 그리스도 안에서 안전할 것이며, 그리고 모든 죄에서 자유하게 될 것이다. 우리의 몸은 "(우리의) 잠자리에서 그러하듯이 (우리의) 무덤에서 쉬고 있을" 것이다(LC 86). 이것이 가능한 이유는 죽음과 썩음에서도 우리의 몸은 여전히 그리스도께 연합된 상태에 있기 때문이다. 성경을 통틀어서 신자들이 "그리스도 안에서" 죽는다는 선언보다 더 큰 승리의 확언은 없다. "죽음의 가장 강력한 권세들이 그것들의 최악의 일을 행하고" 완벽하게 그것들의 힘을 썼을 때에도 우리는 여전히 흔들림 없이 그리스도와의 연합 안에 있다.

이것은, 그리스도께서 자신의 비하를 겪고 계실 때 사흘 동안 사망의 권세 아래 머물러 계셨으나 결코 썩음을 보지 않으셨다는 사실에서 연유한다. 죽음이 그를 붙잡을 수 없었고 의인들이 그의 죽음과 장사와 부활 안에서 그에게 연합되어 있다. 따라서 성령은 그리스도의 부활의 때 이후로 주 안에서 죽는 사람들에 대한 축복을 고지한다(계 14:13).

우리는 "영광 중에 그리스도와 더 깊은 교통(친교)을 할 수 있게 될 것이다"(LC 85). 이는 로마 가톨릭교회가 주장하는 것처럼 연옥에서의 정죄(淨罪)의 과정에 의해서 이루어지는 것이 아니라, 죄로부터의 자유와 중간 상태가 구성되어 있는 그리스도와의 고양된 교통(친교)에 의해서 이루어진다. 실로 LC 86은 죽은 직후의 의인의 상태를 "그리스도와 더불어 누리게 되는 영광 속에서의 교통의 시작"이라고 말한다.

그렇지만 악인들의 영혼은 죽은 직후에 지옥에 던져진다. 그곳에서 그들은 고통들과 철저한 흑암 속에 있는다. 그들은 거기에 그 상태로 있으면서, 장차 도래할 세상의 삶을 기다리는 것이 아니라, 최후의 심판을 기다린다. 그들의 몸은 "마치 감옥에 갇혀 있듯이 무덤에 있게 될 것이다"(LC 86). 자신들의 침상에서 자듯이 무덤에서 쉬는 의인과 감옥에 갇혀 있듯이 무덤에 있게 되는 악인의 대조는 인상적이다. 이것들은 죽은 후에 일어날 수 있는 유일한 두 가지 가능성이다. 이 두 가능성 사이의 중간적인 상황은 없다. 이것은 연옥에 관한 로마 가톨릭의 교리를 단호히 부정하는 것이다. 그것은 또한 영혼이 수면 상태에 있다는 재세례파와 분파의 관념을 분명히 거부하는 것이다. 축복을 받는 상태와 고통을 겪는 상태는 의식을 필요로 한다.


## 2. 죽은 자들의 부활(WCF 32; LC 87)

여기서 다시금, 웨스트민스터 총회는 모든 사람에게 일어날 것과 의인과 악인을 구별짓는 것을 구별한다. 마지막 날에, 여전히 살아 있는 사람들은 변화될 것이다. 그들이 부활을 겪지 않을 것은 그들이 죽지 않았기 때문이다. 그렇지만 그들은 변화될 것이다(WCF 32.2; LC 87). 죽은 자들은 부활도 되고 또 변화되기도 하겠지만, 그들의 몸은 그들이 살아 있을 때 가졌던 몸과 똑같은 몸일 것이다. 이러한 몸들이 그들의 이전 삶의 어떤 단계와 같을지, 알려진 바가 없기에, 우리는 단지 추측만 할 수 있을 뿐이다. 그렇지만 이러한 몸들은 다른 성질들을 가질 것이다. 게다가 인간의 본성의 완전한 상태에 필수불가결한 심신 통일체가 회복되어 있을 것이다.

이 총회는 WCF 32.2에서 일반적인 인간들에게 무슨 일이 일어날지를 다루면서 악인에게도 의인과 같은 부활에의 참여를 부여하는 것 같다. 그렇지만 성경의 증거는 선택된 사람들이 부활에서 영화롭게 되고 변화될 것임을 입증하지만, 이러한 기대는 악인에게는 부여되지 않는 것 같다. 이 상황은 LC 87에서 분명하게 된다. 이것은 확언하기를, 의인-그들의 머리되신 그리스도의 부활을 힘입어-은 성령에 의해서 "능력으로 신령하고 썩지 않는 몸으로 부활하고 그리스도의 영광스러운 몸처럼 될 것이다." 하지만 악인의 몸은 "그들이 거역하던 심판주되신 그리스도에 의하여 부끄러운 부활을 맞이할 것이다." 신앙고백에서는 그 차이가 모호한 반면에 여기서는 그 차이가 분명하다.

WCF 32.3에서, 불의한 자들의 상태가 한층 명확해진다. 그리스도의 능력에 의해서, 그들은 살아나 치욕을 당하게 될 것이다. 그렇지만 의인들의 몸은 그리스도의 성령에 의해 살아나서 영예를 받으며 또 그리스도의 영광스러운 몸과 유사하게 될 것이다.

### 3. 최후의 심판(WCF 33; LC 88-90)

전반적인 부활 직후에 심판이 온다. 이런 일들이 언제 있을지는 아무도 모른다. 여기서 우리는 무지한 상태에서 추측보다는 오히려 기도와 깨어있음에로 나아가야 한다(LC 88). 하나님이 이 날을 정하셨기에, 그 날이 오는 것은 절대적으로 확실하다(WCF 33.1)

WCF 33.1에 따르면, 그 심판에서 하나님은 예수 그리스도에 의해서 공의로 세상을 심판하실 터인데, 성부는 그리스도께 모든 권세와 통치권을 주셨다. 배교한 천사들과 모든 사람이 그리스도의 심판대 앞에서 심판을 받게 될 것이다. 인간들은 생각과 말과 행위에서 그들이 행한 대로 심판을 받게 될 것이다. 그들은 지상에서 평생 동안에 행한 그들의 행동들을 기초로 하여 정당한 보응을 받을 것이다.

이 심판의 궁극적인 목적은 WCF 33.2에서 선언되어 있는 대로 하나님의 영광을 나타내는 것이다.

　하나님의 긍휼의 영광과 정의의 영광은 각각 택함 받은 자들의 영원한 구원과 유기된 자들의 영원한 형벌에서 분명히 드러날 것이다. 여기서 주목할 만한 것은 유기된 자들이 "악하고 불순종한" 사람들로 불린다는 점이다. 그들의 영벌에 대한 책임은, 그들이 살아 있는 동안에 행한 그들의 행위 때문에, 바로 그들 자신의 어깨에 지워져 있다. 더욱이 그들의 영벌은 정당하다. 그것은 하나님의 정의의 영광을 나타내며 "그들이 몸으로 행한 대로"(WCF 33.1) 주어진다. 의인들은 영생에 들어가서, 주님의 현존으로부터 올 충만한 기쁨과 유쾌함을 받을 것이다. 주님을 알지 못하는 악인들은 그의 현존으로부터 올 영원한 파멸로 형벌을 받을 것이다.

　그들이 사악하게 주님을 거부하는 것과 주님에 대한 그들의 무지는 땅 위에서의 그들의 삶에 따른 정당한 결과인, 그의 현존으로부터의 영원한 분리로 귀결될 것이다. 그들의 고통들은 영원하고 그들의 파멸도 영원할 것이다. LC 89는 강조하기를, 이러한 선고는 "분명한 증거와 그들 자신의 양심의 충분한 확증에" 근거해야 하며, 그래서 그들에게 불리하게 선고되는 것은 "공정한 선고"라고 한다. 그러한 선고는 그들의 삶의 객관적인 기초에 의거하며 그것의 정의에 관한 그들 스스로의 인식에 부합된다. 이에 뒤따르는 형벌은 악마와 그의 모든 천사들의 무리에게 내려질 것이며 "형언할 수 없는 고통들"로 이루어질 것이다. 웨스트민스터 총회는 감히 이것을 넘어서 나아가지 않는다.

　소요리문답에는 지옥에 관한 언급이 없다. 또한 칼빈도 자신의 제네바 요리문답에서 그것에 관해 언급하지 않았다.[1] 이 요리문답은 사도신경을 따랐는데, 지옥은 사도신경에도 없다. 왜 이것이 빠져 있느냐는 질문을 받았을 때, 칼빈은 그것이 우리 믿음의 신앙고백의 일부가 아니라고 대답한다.[2] 주요한 개혁파 신앙고백들 가운데서, 오직 벨기에 신앙고백만이 지옥과 영원한 형벌에 대해 언급한다.[3] 여기에는 차이점이 있다. 교회는 "죽은 자들의 부활과 장차 도래할 세상의 삶을 고대"하지만, 지옥과 영원한 고통에 대해서는 그처럼 강렬하게 기대할 것으로 보지 않는다. 이것은, 비록 사실이긴 하지만, 반드시 신앙고백적 문서의 일부가 될 수는 없는 것의 한 예이다.[4]

WCF 33.3은 우리에게 심판의 때가 알려져 있지 않다는 것을 상기시킨다. 이것에서의 그리스도의 목적은 우리로 하여금 "육적인 안도감"을 갖지 못하게 하는 것인데, 이는 우리가 항상 깨어 있도록 하기 위함이다. 니케아-콘스탄티노플 신경이 고백하듯이, 그렇게

---

1   "M: 그렇다면 어찌하여 오직 영생에 관한 언급만 있고 지옥에 관한 언급은 없는가? C: 경건한 사람들의 영혼을 위로하는 데 기여하는 것 외에는 믿음으로 붙들어야 하는 것이란 없다. 따라서 여기서 주님이 자신의 종들을 위해서 준비하신 상급들이 상기된다. 그러므로 불경한 자들은 하나님 나라에서 쫓겨난 자들이란 것 외에 어떤 운명이 기다리는지 덧붙이지 않는다." John Calvin, "The Catechism of the Church of Geneva," in *Calvin: Theological Treatises* (trans. J. K. S. Reid; Philadelphia: Westminster Press, 1954), 104.

2   Mitchell, *Westminster Assembly*, 450.

3   Belgic Confession, 37, in Cochrane, *Reformed Confessions*, 218-19.

4   영원한 형벌을 믿는 믿음이 기독 교회의 건강의 리트머스 시험이라는 것을 좋은 사례로 삼을 수 있다. 복음은 죄의 배경과 하나님의 진노 그리고 악인의 정죄와 대조를 이룬다. 만약 이것이 불분명하다면, 복음의 메시지도 그러할 것이다. 참되고 불가결하며 반드시 전파되어야 하는 것과 신앙고백에 들어갈 수 있거나 들어가야 하는 것을 구별할 필요가 있다.

할 때에 우리는 그날을 고대하게 될 것이다.

## 4. 천년기에 관한 주제들

이 장들에서는 천년기(millennial) 이론들에 관한 논의가 없으며, 또한 웨스트민스터 총회의 전체 문서들에서도 그러하다. 이것은 그 당시에 천년기 견해들의 분출과 적그리스도께서 지금 존재한다는 공통된 믿음에도 불구하고 그러하다. 아르미니우스파의 전천년주의자인 조셉 미드(Joseph Mede)는 총회에서 다수에게 깊은 존경을 받았다.[5] 그렇지만 웨스트민스터 신앙고백에서의 재림과 부활과 최후의 심판에 관한 논의는 일관되게 무천년설적인(amillennial) 언설을 나타낸다. LC 88은 부활 직후에 심판이 따를 것이라고 진술한다.

역사적으로 중요한 전천년설(premillennialism)은 이 문서들에서는 명확하게 나타나지 않는다. 그렇지만 이와 같은 시각들이 명확히 비합법화되지는 않지만, 총회는 그렇게 할 모든 기회가 있었다. 다른 한편, LC 191에는 후천년설(postmillennialism)에 관한 암시들이 있다. 주기도문의 "(당신의) 나라가 임하옵소서"라는 기도를 하면서, 우리는 하나님께 유대인들이 부르심을 받고 이방인들의 충만이 이루어지기를 간구한다.

로마서 11:25-26이 증거본문으로 인용된다. 바울이 그 문구에서 유대인들이 광범위하게 그리스도께로 돌아온 후에, 전세계적인 교

---

[5] Jue, "Active Obedience of Christ," 105-6.

회의 부활이 뒤따르리라는 것을 예상한다고 주장하는 사람들이 그 당시에는 많았다. 예컨대, 로마서 11:15-16에 대해 『잉글랜드 주석성경』(Annotations)은 바울이 유대인들이 교회로 들어오는 것을 추정하는 것에 대해 언급한다고 주장하지만, 로마서 11:25에 대해서 그 책은 "모든 이스라엘"의 구원에 관한 언급은 "유대인들의 최후의 회심"에 대한 것이며, 이는 "복음에 분명히 언급되어 있다"고 진술한다. 이 주제는 26절에 대한 논평들에서 계속된다. 로마서 11장을 유대인들의 미래의 광범위한 회심과 재림 전에 그들이 교회에 통합되는 것에 관해 언급하는 것으로 받아들이는 신학자들과 성경해석학자들의 중요한 그룹이 있었다. 하지만 비록 이것이 대요리문답에서 고려하고 있는 것이지만, 그것의 존재가 확실히 약하다. 신앙고백이나 소요리문답에는 이와 유사한 생각이 조금도 없으며, 주해는 그 자체로서 총회의 공식적인 생산물이 아니다.

실로 이러한 것들과 같은 문제들에 대한 논평들은 이 논평들의 부재에 의해서 주목할 만하다. 종말론적 언질들은 핵심 사항들—죽음, 중간 상태, 부활, 그리고 함의에 의해서 재림, 최후의 심판, 천국과 지옥—을 위해서 유보되어 있다. 이러한 삼가함의 근저에 있는 것은 웨스트민스터 총회가 개혁된 잉글랜드 국교회와 다른 두 왕국의 교회들을 위한 문서들을 생산하는 책임을 지고 있었다는 사실이다. 이것은 숙고를 위한 기회도 아니었고 총회의 일반적인 칼빈주의(generic Calvinism)의 범위 내에 들어온 견해들의 배제를 위한 기회도 아니었다.

데렉 토마스(Derek Thomas)는 중심적인 주제들에 더하여 몇 가지 종말론적 논평들을 지적한다.[6] WCF 25.6는 교황을 적그리스도라고 부른다. 이는 그 시절 이후로 대단히 비판을 받아온 주장이었다. 그것은 웨스트민스터 총회에 참여한 다수의 사람들이 종말론적 사건들이 임박했다고 또 그들이 역사의 완성 이전에 벌어질 최후의 전투 속에 있다고 생각했다는 것을 나타낸다. 이것은 그 시대의 격동의 한가운데서 갖게 되는 공통된 생각이었다. 대륙에서 벌어진 30년 전쟁의 참화와 더불어, 잉글랜드에서의 조직화된 사회의 실질적인 붕괴. 이와 다른 방침으로, 연옥과 영혼 수면이, 비록 명목상으로는 아니지만 함의에 의해서, 죽음 이후와 부활 이전의 의인들의 축복받음에 대한 강조에 의해서 배제된다. 소시니우스파의 믿음인 영혼 소멸(annihilation)도 악인들의 영원한 형벌에 의해서 배제된다.

이러한 논평들과는 별도로, 웨스트민스터 신학자들은 하나님의 영광과 우리의 구원과 믿음 및 삶이라는 위대한 주제들만큼 중심적이지 않은 개념들을 신앙고백 문서들에 넣을 준비가 되어 있지 않아서, 상당히 자제를 한다. 토마스도 다음과 같이 논평한다.

> 종말론에 관한 문제가 얼마나 분열을 일으킬 수 있는지를 알기 때문에, 웨스트민스터 신학자들은 자신들의 단어들을 주의 깊게 선택했고, 주요한 분열과 오해에 관한 문제들(예, 천년왕국)에 관해서는 전혀 아무런 언급도 하지 않았으며, 그리고 성경의 가르침에 분명히 위배되는 견해들(예, 영혼 수면과 무천년기의 교리들)을 비난했을 뿐만 아니라 몇 가지 전통들(예, 유대인들

---

6   D. W. Thomas, "The Eschatology of the Westminster Confession and Assembly," in *The Westminster Confession into the 21st Century* (ed. Duncan), 2:307-79.

을 부르심)을 광범위하게 포함하는 상투적인 표현을 선택했다. 전천년주의적인 견해들을 비판하는 데서, 웨스트민스터는 온건함의 모범이다.[7]

## 5. 장차 도래할 세상의 삶

LC 90은 심판의 날에 의인들에게 무슨 일이 있을 것인가에 초점을 맞춘다. 우리는 그리스도의 심판대 앞에서 공적으로 인정받고서 면죄를 받을 것이다. 우리는 유기된 천사들과 인간들을 그리스도와 함께 심판할 것이다. 증거본문으로 인용된 고린도전서 6:2-3에서의 바울의 말을 반영하는 오직 이 논평만으로 칼빈주의가 저급한 인류관을 갖고 있다는 주장이 거짓임이 밝혀진다. 오히려 그리스도와 연합되어서, 우리는 그분의 왕적 통치에 그분과 함께할 것이다!

장차 도래할 세상의 삶은 "아버지 하나님과 우리 주 예수 그리스도와 성령께서 영원 무궁토록 직접 보이시고 나타나시는 가운데", 영광 중에 그리스도와 함께 누릴 완전하고 충만한 연합과 친교이다. 우리는 천국으로 영접될 것이다. 우리는 온전히 그리고 영원히 모든 죄와 비참에서 해방될 것이다. 우리는 상상도 할 수 없는 기쁨으로 충만하고, 몸과 영혼이 완전히 거룩하고 행복할 것이다. 눈으로 보고 귀로 들었던 것 그 이상인(고전 2:9) 이러한 일들은 하나님이 자기를 사랑하는 사람들을 위해서 준비하신 것이다. 궁극적

---

[7] Ibid., 2:378-79.

으로, 구원과 믿음과 생명은 칭의 및 성화와 같은 복음의 위대한 선물들을 훨씬 능가한다. 그리스도와의 방해받지 않고 더럽혀지지 않은 연합 속에서, 우리는 성삼위일체에 관한 충만하고 밝은 지식에 이르게 되고 성삼위일체와의 친교에 이르게 될 것이다. 죄에서 해방되고, 그리스도의 형상으로 변화되며, 몸과 영혼 양쪽에서 영화롭게 되어서, 우리는 그를 현재의 모습 그대로 보게 될 것이다.[8] 지금 우리는 부분적으로 안다. 그때 우리는 우리가 이미 알고 있는 그대로 알게 될 것이다. 그때 하나님이 우리를 지으신 목적이 실현될 것이다-우리는 영원히 그를 영화롭게 하면서 영원토록 그를 즐거워할 것이다(SC 1).

---

[8] 개혁파 신학에서의 영화(glorification)와 동방 정교회 신학에서의 신화(deification)는 상응한다. 영화와 신화 양쪽 모두 우리에게서 인성을 빼앗지 못하고, 위격적 결합보다 더한 것이라도 그리스도에게서 인성을 빼앗지 못한다. 우리는 하나님의 아들과의 연합을 위하여 지음을 받았다. 나는 다른 곳에서 이 주제에 대한 글을 썼다. Letham, *The Holy Trinity*, 458-78; Letham, *Through Western Eyes*, 253-63을 보라. 그것은 나의 *Union with Christ* (Phillipsburg, NJ: P&R)에서의 중요한 주제이다. 지금까지 탐구되지 않은, 연구를 위한 생산적인 영역은, 콘스탄티노플의 총대주교인 Cyril Lucar(1583-1638)와 17세기 초(웨스트민스터 총회 이전)의 개혁파 신학자들의 상호 작용이다. 그는 개혁파 신학자들의 영향을 받아서, 예정론과 이신칭의에 대해 명확하게 언급하는, 칼빈주의적인 신앙고백을 발표했다. 어떤 상호 반응(reciprocal feedback)이 있었는가? 우리가 알고 있는 것은, Owen이 자신의 개인 서재에 Palamas의 책들을 가지고 있었다는 것이며, 또 그와 이 총회의 다수의 신학자들 그리고 그들 이전의 Calvin은 헬라 교부들을 인용했다는 것이다. 이 주제는 박사 논문으로 아직 탐구되지 않았다.

# 참고문헌

Apollonius, Guilielmus. *A consideration of certaine controversies at this time agitated in the Kingdome of England, concerning the government of the Church of God, written at the command and appointment of the Walachrian Classis. And Sent from the Wallachrian Churches, to the Synod at London. Octob. 16. 1644.* London: G. M. for Tho. Underhill, 1645.

Armstrong, Brian G. *Calvinism and the Amyraut Heresy: Protestant Scholasticism and Humanism in Seventeenth-Century France.* Madison: University of Wisconsin Press, 1969.

Ashley, Maurice. *England in the Seventeenth Century.* London: Penguin, 1967.

Atkinson, Nigel. *Richard Hooker and the Authority of Scripture, Tradition and Reason: Reformed Theologian of the Church of England?* Carlisle: Paternoster, 1997.

Baillie, Robert. *The Letters and Journals of Robert Baillie: Principal of the University of Glasgow 1637–1652.* Edited by David Laing. 3 vols. Edinburgh: Robert Ogle, 1841.

Ball, John. *A Treatise of the Covenant of Grace.* London: Simeon Ash, 1645.

Barker, William S. *Puritan Profiles: 54 Influential Puritans at the Time When the Westminster Confession of Faith Was Written.* Fearn: Mentor, 1996.

Barth, Karl. *Church Dogmatics.* Edited by G. W. Bromiley and T. F. Torrance. 14 vols. Edinburgh: T. & T. Clark, 1956–77.

_____. *The Theology of the Reformed Confessions.* Translated by Darrell L. Guder. Louisville: Westminster John Knox Press, 2002.

Berkouwer, G. C. *Divine Election.* Grand Rapids: Eerdmans, 1960.

Bernard, G. W. *The King's Reformation: Henry VIII and the Remaking of the English Church.* New Haven: Yale University Press, 2005.

*The Book of Common Prayer.* Oxford: Oxford University Press, n.d.

Bracton, Thomas. *Bracton on the Laws and Customs of England.* Edited by Samuel E. Thorne. Cambridge, MA: Harvard University Press, 1968.

Bray, Gerald, ed. *The Anglican Canons 1529–1947.* Church of England Record Society, 6. Woodbridge: The Boydell Press, Church of England Record Society, in conjunction with the Ecclesiastical Law Society, 1998.

Bruce, Alexander Balmain. *The Humiliation of Christ in Its Physical, Ethical, and Official Aspects.* Edinburgh: T. & T. Clark, 1905.

Bruce, Robert. *The Mystery of the Lord's Supper: Sermons on the Sacrament Preached in the Kirk of Edinburgh by Robert Bruce in A.D. 1589.* London: James Clarke, 1958.

Bucanus, Guilielmus. *Institutiones theologiae seu locorum communium Christianae religionis.* [Geneva:] Ioannes & Isaias lePreux, 1604.

Bucer, Martin. *Metaphrasis et enarrationes in perpetuae epistolarum d. Pauli apostoli: Tomus Primus.* Strasbourg, 1536.

Bullinger, Henry. *The Decades of Henry Bullinger.* Edited by Thomas Harding. Parker Society. Cambridge: University Press, 1850.

Burgess, Cornelius. *Baptismall regeneration of elect infants, professed by the Church of England, according to the Scriptures, the primitive Church, the present Reformed Churches, and many particular divines apart.* Oxford: I. L. for Henry Curteyn, 1629.

Calvin, John. *Institutes of the Christian Religion.* Translated by Ford Lewis Battles. Edited by John T. McNeill. 2 vols. Philadelphia: Westminster Press, 1960.

_____. "Letter DXLIX to John Knox." In *Selected Works of John Calvin: Tracts and Letters,* edited by Henry Beveridge and Jules Bonnet. 7 vols. Volume 7: *Letters, Part 4: 1559–1564,* 73–76. Reprint, Grand Rapids: Baker, 1983.

Carlson, Erik Josef. "'Practical Divinity': Richard Greenham's Ministry in Elizabethan England." In *Religion and the English People 1500–1640: New Voices, New Perspectives,* edited by Erik Josef Carlson, 147–93. Kirksville, MO: Thomas Jefferson University Press, 1998.

Carruthers, S. W. *The Everyday Work of the Westminster Assembly.* Edited by J. Ligon Duncan III. Greenville, SC: Reformed Academic Press, 1994.

Certain Learned Divines. *Annotations upon all the books of the Old and New Testament, wherein the text is explained, doubts resolved, Scriptures parallelled and various readings observed by the joynt-labour of certain learned Divines, thereunto appointed, and therein employed, as is expressed in the Preface.* London: John Legatt and John Raworth, 1645.

Cochrane, Arthur C. *Reformed Confessions of the 16th Century*. London: SCM, 1966.

Davies, Julian. *The Caroline Captivity of the Church: Charles I and the Remoulding of Anglicanism 1625–1641*. Oxford: Clarendon Press, 1992.

DeWitt, John R. *Jus Divinum: The Westminster Assembly and the Divine Right of Church Government*. Kampen: J. H. Kok, 1969.

Duffield, G. E. *John Calvin*. Appleford: Sutton Courtenay Press, 1966.

Duncan, J. Ligon III, ed. *The Westminster Confession into the 21st Century: Essays in Remembrance of the 350th Anniversary of the Westminster Assembly*. 2 vols. Fearn: Mentor, 2003–5.

Eaton, John. *The honey-combe of free justification by Christ alone collected out of the meere authorities of Scripture and common and unanimous consent of the faithfull interpreters and dispensers of Gods mysteries upon the same, especially as they expresse the excellency of free justification*. London: Robert Lancaster, 1642.

Featley, Daniel. *The dippers dipt, or the anabaptists duck'd and plung'd over head and eares, at a disputation in Southwark*. London: Nicholas Bourne and Richard Royston, 1645.

_____. *A second parallel together with a writ of error served against the appealer*. London: Robert Milbourne, 1626.

Fenner, Dudley. *Sacra theologia, sive veritas quae secundum pietatem*. Geneva, 1585.

Fesko, J. V. *Diversity Within the Reformed Tradition: Supra- and Infralapsarianism in Calvin, Dort, and Westminster*. Greenville, SC: Reformed Academic Press, 2003.

_____. "The Westminster Confession and Lapsarianism: Calvin and the Divines." In *The Westminster Confession into the 21st Century: Essays in Remembrance of the 350th Anniversary of the Westminster Assembly*, edited by J. Ligon Duncan III, 2:477–525. 2 vols. Fearn: Mentor, 2003–5.

Frame, John M. "Some Questions about the Regulative Principle." *WTJ* 54 (1992): 357–66.

Fraser, Antonia. *Cromwell: The Lord Protector*. New York: Dell, 1973.

Gerstner, John H. *A Guide: The Westminster Confession of Faith: Commentary*. Signal Mountain, TN: Summertown Texts, 1992.

Godfrey, W. Robert. "Tensions Within International Calvinism: The Debate on the Atonement at the Synod of Dort." Ph.D. dissertation, Stanford University, 1974.

Goodwin, Thomas. *The Works of Thomas Goodwin.* Edited by John C. Miller and Robert Halley. Edinburgh: James Nichol, 1861–66.

Graham, Michael. "The Civil Sword and the Scottish Kirk, 1560–1600." In *Later Calvinism: International Perspectives*, edited by W. Fred Graham, 237–48. Kirksville, MO: Sixteenth Century Journal Publishers, 1994.

Green, J. R. *Short History of the English People.* New York, 1877.

Ha, Polly. "English Presbyterianism c. 1590–1640." Ph.D. thesis, Cambridge University, 2006.

Helm, Paul. *John Calvin's Ideas.* Oxford: Oxford University Press, 2004.

Heron, Alasdair I. C., ed. *The Westminster Confession in the Church Today.* Edinburgh: Saint Andrews Press, 1982.

Hetherington, William Maxwell. *History of the Westminster Assembly of Divines.* Reprint, Edmonton: Still Waters Revival Books, 1993.

Hill, Christopher. *The Century of Revolution 1603–1714.* New York: W. W. Norton, 1961.

_____. *Society and Puritanism in Pre-Revolutionary England.* London: Secker and Warburg, 1964.

Hillerbrand, Hans J., ed. *Oxford Encyclopedia of the Reformation.* 4 vols. Oxford: Oxford University Press, 1996.

Hodge, A. A. *The Confession of Faith: A Handbook of Christian Doctrine Expounding the Westminster Confession.* Reprint, London: Banner of Truth, 1961.

_____. *Outlines of Theology.* Reprint, Grand Rapids: Eerdmans, 1972.

Hughes, Christopher. *On a Complex Theory of a Simple God: An Investigation in Aquinas' Philosophical Theology.* Ithaca: Cornell University Press, 1989.

Hughes, Philip Edgcumbe. *The Theology of the English Reformers.* Grand Rapids: Eerdmans, 1965.

Jue, Jeffrey. "The Active Obedience of Christ and the Theology of the Westminster Standards: A Historical Investigation." In *Justified in Christ: God's Plan for Us in Justification*, edited by K. Scott Oliphint, 99–130. Fearn: Mentor, 2007.

Junius, Franciscus. *Opera theologica.* Geneva, 1607.

Keep, David J. "Henry Bullinger and the Elizabethan Church." Ph.D. thesis, University of Sheffield, 1970.

Kelly, Douglas. "The Puritan Regulative Principle and Contemporary Worship." In *The Westminster Confession into the 21st Century: Essays in Remembrance of the 350th Anniversary of the Westminster Assembly*, edited by J. Ligon Duncan III, 2:63–98. 2 vols. Fearn: Mentor, 2003–5.

Kendall, R. T. *Calvin and English Calvinism to 1649.* Oxford: Oxford University Press, 1979.

Kickel, Walter. *Vernunft und Offenbarung bei Theodor Beza: Zum Problem der Verhältnisses von Theologie, Philosophie und Staat.* Beiträge zur Geschichte und Lehre der Reformierten Kirche. Neukirchen-Vluyn: Neukirchener Verlag des Erziehungsvereins, 1967.

Kirby, W. Torrance. *Richard Hooker's Doctrine of the Royal Supremacy.* Leiden: E. J. Brill, 1990.

Kirk, J. R. Daniel. "The Sufficiency of the Cross (1): The Crucifixion as Jesus' Act of Obedience." *SBET* 24 (2006): 36–64.

Kline, Meredith G. *By Oath Consigned: A Reinterpretation of the Covenant Signs of Circumcision and Baptism.* Grand Rapids: Eerdmans, 1968.

_____. "Covenant Theology Under Attack." *New Horizons in the Orthodox Presbyterian Church* 15.2 (February 1994): 3–5. Available at www.opc.org/new_horizons/Kline_cov_theo.html as of 24 July 2008.

Lane, Anthony N. S. *John Calvin: Student of the Church Fathers.* Grand Rapids: Baker, 1999.

_____. *Justification by Faith in Catholic-Protestant Dialogue: An Evangelical Assessment.* London: T. & T. Clark, 2002.

Lang, August, ed. *Der Heidelberger Katechismus und vier verwandte Katechismen.* Leipzig: Deichert, 1967.

Leith, John H. *Assembly at Westminster: Reformed Theology in the Making.* Richmond: John Knox Press, 1973.

Letham, Robert. "Amandus Polanus: A Neglected Theologian?" *SCJ* 21 (1990): 463-76.

_____. *Assurance in Theological Context: Reformed Dogmatics 1523–1619.* Rutherford Studies in Historical Theology. Edinburgh: Rutherford House, forthcoming.

_____. "Baptism in the Writings of the Reformers." *SBET* 7/2 (Autumn 1989): 21–44.

_____. "The Foedus Operum: Some Factors Accounting for Its Development." *SCJ* 14 (1983): 63–76.

_____. *The Holy Trinity: In Scripture, History, Theology, and Worship.* Phillipsburg, NJ: P&R, 2004.

_____. "'In the Space of Six Days': The Days of Creation from Origen to the Westminster Assembly." *WTJ* 61 (1999): 149–74.

_____. *The Lord's Supper: Eternal Word in Broken Bread*. Phillipsburg, NJ: P&R, 2001.

_____. "Saving Faith and Assurance in Reformed Theology: Zwingli to the Synod of Dort." 2 vols. Ph.D. thesis, University of Aberdeen, 1979.

_____. *Through Western Eyes: Eastern Orthodoxy: A Reformed Perspective*. Fearn: Mentor, 2007.

_____. *The Work of Christ*. Leicester: Inter-Varsity Press, 1993.

_____ and Donald Macleod. "Is Evangelicalism Christian?" *EQ* 67/1 (1995): 3–33.

Lightfoot, John. *The Whole Works of the Rev. John Lightfoot*. Edited by J. R. Pitman. London: Hatch and Son, 1824.

Lillback, Peter A. *The Binding of God: Calvin's Role in the Development of Covenant Theology*. Grand Rapids: Baker Academic, 2001.

MacCulloch, Diarmaid. *Thomas Cranmer: A Life*. New Haven: Yale University Press, 1996.

Masson, David. *The Life of John Milton*. London: Macmillan, 1873.

McGrath, Alister E. *A Life of John Calvin: A Study in the Shaping of Western Culture*. Oxford: Basil Blackwell, 1990.

Milne, Garnet H. *The Westminster Confession of Faith and the Cessation of Special Revelation: The Majority Puritan Viewpoint on Whether Extra-Biblical Prophecy Is Still Possible*. Carlisle: Paternoster, 2007.

Milton, Anthony, ed. *The British Delegation and the Synod of Dort (1618–1619)*. The Church of England Record Society, 13. [Woodbridge:] Boydell Press, 2005.

_____. *Catholic and Reformed: The Roman and Protestant Churches in English Protestant Thought 1600–1640*. Cambridge: Cambridge University Press, 1995.

Mitchell, Alexander F. *The Westminster Assembly: Its History and Standards: Being the Baird Lectures for 1882*. Philadelphia: Presbyterian Board of Publication and Sabbath-School Work, 1897.

Mitchell, Alex. F., and John Struthers, eds. *Minutes of the Sessions of the Westminster Assembly of Divines While Engaged in Preparing the Directory for Church Government, Confession of Faith and Catechisms (November 1644 to March 1649): From Transcripts of the Originals Procured by a Committee of the General Assembly of the Church of Scotland*. Edinburgh: William Blackwood and Sons, 1874.

Moore, Jonathan D. *English Hypothetical Universalism: John Preston and the Softening of Reformed Theology*. Grand Rapids: Eerdmans, 2007.

_____. "The Westminster Confession of Faith and the Sin of Neglecting Baptism." *WTJ* 69 (2007): 63–86.

Morrill, John. "The Religious Context of the English Civil War." *Transactions of the Royal Historical Society* 34 (1984): 155–78.

Morris, Edward D. *Theology of the Westminster Symbols: A Commentary Historical, Doctrinal, Practical on the Confession of Faith and Catechisms, and the Related Formularies of Presbyterian Churches*. Columbus: Champlin, 1900.

Muller, Richard A. *After Calvin: Studies in the Development of a Theological Tradition*. Oxford: Oxford University Press, 2003.

_____. *Christ and the Decree: Christology and Predestination in Reformed Theology from Calvin to Perkins*. Durham, NC: Labyrinth, 1986.

_____. "Either Expressly Set Down . . . or by Good and Necessary Consequence: Exegesis and Formulations in the Annotations and the Confession." Conference paper presented at Westminster Assembly 2004. Philadelphia: Westminster Theological Seminary, 2004.

_____. *God, Creation, and Providence in the Thought of Jacob Arminius: Sources and Directions of Scholastic Protestantism in the Era of Early Orthodoxy*. Grand Rapids: Baker, 1991.

_____. "Inspired by God . . . Kept Pure in All Ages: The Doctrine of Scripture in the Westminster Confession." Paper presented at Westminster Assembly 2004. Philadelphia: Westminster Theological Seminary, 2004.

_____. *Post-Reformation Reformed Dogmatics: The Rise and Development of Reformed Orthodoxy, ca. 1520 to ca. 1725*. 4 vols. 2nd ed. of vols. 1–2. Grand Rapids: Baker, 2003.

_____. "Scholasticism in Calvin: A Question of Relation and Disjunction." In *Calvinus Sincerioris Religionis Vindex = Calvin as Protector of the Purer Religion*, edited by Wilhelm H. Neuser, 247–65. Kirksville, MO: Sixteenth Century Journal Publishers, 1997.

_____. *The Unaccommodated Calvin: Studies in the Foundation of a Theological Tradition*. New York: Oxford University Press, 2000.

Musculus, Wolfgang. *In Epistolam d. apostoli Pauli ad Romanos, commentarii*. Basel: Sebastian Henricpetri, 1555?

_____. *In Genesim Mosis commentarii plenissimi*. Basel: Sebastain Henricpetri, 1554?

———. *Loci communes theologiae sacrae.* Basel: Sebastian Henricpetri, [n.d.].

Needham, Nick. "Westminster and Worship: Psalms, Hymns? and Musical Instruments?" In *The Westminster Confession into the 21st Century: Essays in Remembrance of the 350th Anniversary of the Westminster Assembly,* edited by J. Ligon Duncan III, 2:223–306. 2 vols. Fearn: Mentor, 2005.

Neuser, Wilhelm H., ed. *Calvinus Sincerioris Religionis Vindex = Calvin as Protector of the Purer Religion.* Kirksville, MO: Sixteenth Century Journal Publishers, 1997.

Newman, John Henry. *An Essay on the Development of Christian Doctrine.* Notre Dame, IN: University of Notre Dame Press, 1989.

Norris, Robert M. "The Thirty-Nine Articles at the Westminster Assembly." Ph.D. thesis, University of St. Andrews, 1977.

Oden, Thomas C. *The Word of Life: Systematic Theology.* 2 vols. New York: Harper & Row, 1989.

Old, Hughes Oliphant. *The Patristic Roots of Reformed Worship.* Zürich: Theologischer Verlag, 1975.

———. *The Shaping of the Reformed Baptismal Rite in the Sixteenth Century.* Grand Rapids: Eerdmans, 1992.

Olevian, Caspar. *De substantia foederis gratuiti inter Deum et electos.* Geneva, 1585.

Owen, John. *The Works of John Owen.* Edited by William H. Goold. 24 vols. London: Johnstone & Hunter, 1850–55. (Volumes 18–24 are Owen's *An Exposition of the Epistle to the Hebrews.*)

Owen, Paul. "Calvin and Catholic Trinitarianism: An Examination of Robert Reymond's Understanding of the Trinity and His Appeal to John Calvin." *CTJ* 35 (2000): 262–81.

Paul, Robert S. *Assembly of the Lord: Politics and Religion in the Westminster Assembly.* Edinburgh: T. & T. Clark, 1983.

Perkins, William. *The Workes of that famous and worthie minister of Christ, in the Universitie of Cambridge, Mr. W. Perkins.* [Cambridge:] Iohn Legate, 1608.

Pettegree, Andrew. "The Reception of Calvinism in Britain." In *Calvinus Sincerioris Religionis Vindex = Calvin as the Protector of the Purer Religion,* edited by Wilhelm H. Neuser, 267–89. Kirksville, MO: Sixteenth Century Journal Publishers, 1997.

Piscator, Johannes. *De iustificatione hominis coram Deo.* Leiden: Andreas Clouquius, 1609.

_____. *Analysis logica Epistolarum Pauli ad Romanos, Corinthios, Ephesios, Philippenses, Colossenses, Thessalonicenses*. London: George Bishop, 1591.

Platt, John. "Eirenical Anglicans at the Synod of Dort." In *Reform and Reformation: England and the Continent c1500–c1750*, edited by D. Baker, 221–43. Oxford: Blackwell, 1979.

Polanus, Amandus. *Partitiones theologiae*. Basel, 1607.

_____. *Partitiones theologiae*. 2nd ed. Basel, 1590.

_____. *Syntagma theologiae Christianae*. Basel, 1609; Geneva: Petri Auberti, 1612.

Polanyi, Michael. *Personal Knowledge*. Chicago: University of Chicago Press, 1958.

_____. *The Tacit Dimension*. Chicago: University of Chicago Press, 1958.

Polyander, Johannes, et al. *Synopsis purioris theologiae, disputationibus quinquaginta duabus comprehensa*. Leiden: Ex officina Elzeverianus, 1625.

Porter, H. C. *Reformation and Reaction in Tudor Cambridge*. Cambridge: University Press, 1958.

Reid, J. K. S. "The Office of Christ in Predestination." *SJT* 1 (1948): 1–12.

Reymond, Robert L. *A New Systematic Theology of the Christian Faith*. New York: Nelson, 1998.

Robertson, O. Palmer. "The Holy Spirit in the Westminster Confession." In *The Westminster Confession into the 21st Century: Essays in Remembrance of the 350th Anniversary of the Westminster Assembly*, edited by J. Ligon Duncan III, 1:57–99. 2 vols. Fearn: Mentor, 2003–5.

Rogers, Jack B. *Scripture in the Westminster Confession*. Grand Rapids: Eerdmans, 1967.

_____ and Donald K. McKim. *The Authority and Interpretation of the Bible: An Historical Approach*. San Francisco: Harper and Row, 1979.

Rogers, Thomas. *The English creede, consenting with the true, aunciently, catholique, and apostolique Church in al the points, and articles of religion, which everie Christian is to knowe and beleeve that would be saved*. London: Iohn VVindet (first part) and Robert Walde-grave (second part) for Andrew Maunsel, 1585, 1587.

_____. *The faith, doctrine, and religion professed & protected in the Realme of England, and Dominions of the same: expressed in 39 Articles concordablie agreed upon by the Reverend Bishops, and Clergie of this Kingdome, at two severall meetings, or convocations of theirs, in the yeare of our Lord, 1562, and

*1604: The said Articles analised into propositions, and the propositions prooved to be agreeable both to the written Word of God, and to the extant Confessions of all the neighbour Churches, Christianlie Reformed.* [Cambridge:] Iohn Legatt, Printer to the Vniversitie of Cambridge, 1607.

Rollock, Robert. *In epistolam S. Pauli apostoli ad Romanos.* Geneva: Franc. lePreux, 1596.

⎯⎯⎯⎯. *Tractatus de vocatione efficaci.* Edinburgh: Robert Waldegrave, 1597.

⎯⎯⎯⎯. *A treatise of God's effectual calling.* Translated by Henry Holland. London: Felix Kyngston, 1603.

Rolston, Holmes, III. *John Calvin Versus the Westminster Confession.* Richmond: John Knox Press, 1972.

Schaff, Philip. *The Creeds of Christendom.* 3 vols. Reprint, Grand Rapids: Baker, 1966.

Shaw, Robert. *Exposition of the Westminster Confession of Faith.* Reprint, Fearn: Christian Focus, 2003.

Skinner, Quentin. "Meaning and Understanding in the History of Ideas." In *Visions of Politics*, vol. 1: *On Method*, 57–89. Cambridge: Cambridge University Press, 2002.

Spear, Wayne R. "William Whitaker and the Westminster Doctrine of Scripture." *RTJ* 7 (1991): 38–48.

⎯⎯⎯⎯. "Word and Spirit in the Westminster Confession." In *The Westminster Confession into the 21st Century: Essays in Remembrance of the 350th Anniversary of the Westminster Assembly*, edited by J. Ligon Duncan III, 1:39–56. 2 vols. Fearn: Mentor, 2003–5.

Spinks, Bryan D. *Two Faces of Elizabethan Anglican Theology: Sacraments and Salvation in the Thought of William Perkins and Richard Hooker.* Lanham, MD: Scarecrow Press, 1999.

Thomas, Derek W. H. "The Eschatology of the Westminster Confession and Assembly." In *The Westminster Confession into the 21st Century: Essays in Remembrance of the 350th Anniversary of the Westminster Assembly*, edited by J. Ligon Duncan III, 2:307–79. 2 vols. Fearn: Mentor, 2003–5.

Torrance, James B. "Covenant or Contract? A Study of the Background of Worship in Seventeenth-Century Scotland." *SJT* 23 (1970): 51–76.

Torrance, Thomas F. *Scottish Theology: From John Knox to John McLeod Campbell.* Edinburgh: T. & T. Clark, 1996.

Troxel, A. Craig. "Amyraut 'at' the Assembly: The Westminster Confession of Faith and the Extent of the Atonement." *Presbyterion* 22/1 (1996): 43–55.

_____ and Peter J. Wallace. "Men in Combat over the Civil Law: 'General Equity' in WCF 19.4." *WTJ* 64 (2002): 307–18.

Trueman, Carl R. *The Claims of Truth: John Owen's Trinitarian Theology*. Carlisle: Paternoster, 1998.

_____. *Luther's Legacy: Salvation and the English Reformers 1525–1556*. Oxford: Clarendon Press, 1994.

_____ and R. Scott Clark, eds. *Protestant Scholasticism: Essays in Reassessment*. Carlisle: Paternoster, 1999.

Trumper, Tim J. R. "Covenant Theology and Constructive Calvinism." *WTJ* 64 (2002): 387–404.

_____. "A Fresh Exposition of Adoption: II. Some Implications." *SBET* 23 (2005): 194–215.

_____. "The Metaphorical Import of Adoption: A Plea for Realisation. I: The Adoption Metaphor in Biblical Usage." *SBET* 14 (1996): 129–45.

_____. "The Metaphorical Import of Adoption: A Plea for Realisation. II: The Adoption Metaphor in Theological Usage." *SBET* 15 (1997): 98–115.

Tuckney, Anthony. *None but Christ, or a Sermon on Acts 4.12 preached at St. Maries in Cambridge, on the Commencement Sabbath, July 4. 1652*. London: John Rothwell and S. Gellibrand, 1654.

_____. *Praelectiones theologicae, nec non determinationes quaestionum variarum insignium in Scholis Academicis Cantabrigiensibus habitae; quibus accedunt exercitia pro gradibus capassendis*. Amsterdam: Ex officina Stephani Smart, impensis Jonathanis Robinsonii, & Georgii Wells, Bibliopolarum Londinensium, 1679.

Turretin, Francis. *Institutes of Elenctic Theology*. Edited by James T. Dennison. 3 vols. Phillipsburg, NJ: P&R, 1992.

Tyacke, Nicholas. "Anglican Attitudes: Some Recent Writings on English Religious History, from the Reformation to the Civil War." *JBS* 35 (1996): 139–67.

_____. *Anti-Calvinists: The Rise of English Arminianism, c. 1590–1640*. Oxford: Oxford University Press, 1987.

# 색인

## 【숫자】

11개 신조  124
30년 전쟁  55, 87, 622
39개 신조  33, 47, 54, 69, 78, 79, 80, 82, 83, 95, 100, 101, 107, 108, 115, 117, 120, 124, 220, 261, 285, 302, 315, 407, 424, 460, 479, 491, 505, 573
39개 신조를 웨스트민스터 총회 문서들과 비교  128
39개 신조의 영향  126
42개 신조  41
70인역 성경  248, 249

## 【A】

A. A. Hodge  227
A. A. 하지  31, 322, 325, 336, 346

## 【B】

Beza  423
Burgess  308
B. B. 워필드  33, 61, 76, 78, 82, 91, 96, 97, 116, 120, 126, 133, 207, 208, 216, 218, 221, 225, 227, 228, 239, 242, 249, 254, 299, 300, 303, 309, 313, 314

## 【C】

Carl Trueman  447
Charles Augustus Briggs  221
Cromwel  511
Cyril Lucar  171, 624

## 【D】

Daniel Featley   251
D. F. 라이트   551, 554, 565

## 【F】

Fesko   302

## 【G】

Goodwin   308
Gregory Palamas   171
G. W. Bernard   41
G. 보에티우스   151

## 【H】

Hugh Latimer   383
H. M. 그와킨   51

## 【J】

John Murray   385

John Owen   171
J. D. 무어   53, 108, 109, 110, 111, 112, 113, 302, 589
J. 클롭펜부르크   496
J. 페스코   312, 313, 352, 387

## 【K】

K. D. 켈리   514
Kelly   518, 519

## 【L】

Lightfoot   308

## 【M】

Marshall   308
Milton   56
Morris   181, 318, 328, 465
Muller   402, 489

## 【N】

N. Atkinson　49

## 【O】

Owen　624

## 【P】

Palmer　325

## 【R】

Reynolds　308
Richard Bancroft　45
Robert Strimple　385
Rutherford　308
R. T. 켄달　176, 478, 489

## 【S】

S. 캐루더스　150, 155, 263

## 【T】

Thomas Cartwright　50
Thomas Manton　383
Thomas Rogers　45
T. F. 토랜스　148, 176, 186, 211, 235, 236, 290, 291, 294, 411, 460, 470, 550, 586, 587, 608

## 【W】

Wilkinson　308
W. 로버트 갓프레이　179

## 【ㄱ】

가넷 밀른　218
가시적 교회　543, 587
가정적 보편구원론　109, 111, 113, 186, 196, 300, 303, 308, 309
가테이커　81, 160, 161, 166, 194, 345, 428, 429, 430, 431, 432, 433, 435, 436, 442, 443, 445, 446, 448, 449,

색인  639

　　　　　450, 452, 453, 457, 458,
　　　　　556, 563, 580, 583
간음  540
간접적인 창조  323
간접적 전가  338, 346
간통  541
감독파  609, 611
개신교  178
개인주의  416, 600
개혁파 신학  148
거룩함  511, 559, 560, 587
건설적인 칼빈주의  189
게르할더스 보스  415, 189
견인  204, 289, 417, 482, 485, 488
결여된 것  367
결혼  534, 540, 541, 542
경건파  413
계몽주의  71, 172, 326, 332
언약 신학  128, 148, 342
고교회파  52
고교회파 잉글랜드 국교회  513,
　　　　　552
고마루스  105, 160, 433, 442
공덕 행위  126, 159, 165, 481
공동 기도서  44, 54, 98, 113, 138
공동 기도서를 회복한 기도서
　　　　　통일령  515

공로  366
공적 인물  438, 468
공통의 은혜  384
괴물 같은 여성 통치자에 대한 첫
　　　　　번째 나팔  43
교리서  126, 141, 443
교부들  165, 167, 168
교황  56, 533
교황파  202, 535
교회 권위의 한계  610
교회론  26, 182, 191
교회법(1604년)  49, 61
교회법(1640년)  57, 58, 59, 60
교회와 국가  45, 518, 538
교회와 국가의 분리  540
교회의 권징  609
교회 정치  115, 611
교회 치리  532
구속사  415
구속언약  398
구원의 서정  184, 192, 257, 309,
　　　　　314, 381, 403, 411,
　　　　　413, 415, 543, 587
구원하는 믿음  288, 417, 463, 472
구원하는 지식의 총합  400, 402
국가의 정치  530, 532, 533
국가의 정치와 교회의 정치  532
국민 언약  58, 76

국외 교회 서신 처리 위원회　155
굴리엘무스 부카누스　162, 372
굴리엘무스 아폴로니우스　156, 267, 554
귀도 포크스　538
규정적인 원칙　512
그리스도　194, 401, 406, 438, 468, 603, 604, 607, 608
그리스도 안에서　310, 318, 416, 614
그리스도와의 연합　170, 184, 189, 289, 411, 416, 417, 481, 493, 522, 548, 549, 590, 615, 623
그리스도의 공로　367
그리스도의 능동적인 순종　160, 194, 195, 196, 430, 431, 433, 436, 438, 439, 440, 442, 443, 447, 451, 452
그리스도의 능동적인 순종의 전가　194
그리스도의 부활　290, 608
그리스도의 사역　406
그리스도의 삼중직　403
그리스도의 수동적인 순종　407, 431, 433, 436, 449
그리스도의 온전한 순종　81, 194, 427, 429. 438, 450
그리스도의 인격　403
그리스도인의 자유　242, 258, 509, 512
극단주의자들　94
근본주의　238
금식에 관한 교리　117, 123
기도　521
기도서　519, 520, 534, 606
기독론　202, 404
기타 등등 선서　60, 64

【ㄴ】

나지안주스의 그레고리　495, 499, 567
낮추심　382, 392
내전　46, 63, 64
네스토리우스파　276, 404
노티티아　453
니케아　170
니케아 공의회　167
니케아 신경　80, 164, 261, 263, 284, 285
니케아-콘스탄티노플 신경　488, 544, 614, 619
닉 니드햄　524

닛사의 그레고리 73

### 【ㄷ】

다니엘 카미어 159, 161, 162, 564, 567
다니엘 휘틀리 75, 80, 159, 160, 166, 429, 434, 444, 567, 568, 575
대 그레고리 165, 536
대항의서 67
대헌장 531
대회들과 공의회들 160, 202, 610
더들리 페너 360, 386
데렉 토마스 621
데이빗 코모 52
덴질 홀즈 65
도덕법 503, 504, 505, 507
도르트 신조 201, 376, 535
도르트 회의 49, 50, 53, 71, 73, 103, 105, 196, 300, 302, 315, 376, 377, 485, 574
독립파 71, 87, 183, 191, 200, 511, 542, 611
동방 정교회 493, 495, 549, 588, 606

두 아담 그리스도론 451
둔스 스코투스 165
디아메이드 맥클로흐 99

### 【ㄹ】

라일 비어마 179
라자러스 시먼 161, 165, 297, 298, 301, 303, 304, 438, 439, 457, 558, 559, 561, 563, 579, 581, 582
란슬로트 앤드류스 101, 105
람베드 신조 47, 54, 101, 102, 106, 107, 117, 121, 122, 125, 482
레이든 신학통론 377, 379, 554, 556, 574
로드파 64
로마 가톨릭교회 191, 201, 202, 218, 220, 241, 246, 369, 371, 452, 461, 469, 481, 484, 488, 513, 522, 523, 535, 537, 539, 540, 547 552, 553, 562, 588, 589, 599, 600, 615

로마 가톨릭교회의 추종자들 202
로마 가톨릭교회의 교리 602
로버트 L. 레이몬드 164, 205, 282
로버트 M. 노리스 78, 97, 195, 460
로버트 그로스테스트 321, 323
로버트 레담 179
로버트 롤록 213, 366
로버트 베일리 297
로버트 벨라르민 166, 210, 498
로버트 보일 72
로버트 브루스 550
로버트 쇼 33, 92
로버트 B. 스트림플 338
로버트 해리스 307
루이스 카펠 151, 210, 247
루터 40, 150, 160, 162, 166, 169, 219, 243, 429
루터파 202, 220, 397, 513
리차드 개핀 189, 415
리차드 그린햄 517
리차드 닐 52
리차드 멀러 110, 113, 151, 169, 178, 181, 184, 210, 213, 227, 231, 259, 281, 412
리차드 몬태규 54
리차드 바인즈 81, 160, 194, 306,

307, 339, 430, 433, 436, 438, 439, 441, 444, 448, 449, 452, 454, 455, 459, 561, 562
리차드 백스터 71, 72, 525
리차드 밴크로프트 49
리차드 콕스 517
리차드 헤릭 458
리차드 후커 54, 100, 101, 102

**【ㅁ】**

마르시온 219
마르틴 부처 41, 100, 106, 350, 568
마르틴 클라우버 179
마리우스파의 촌극 127
마티아스 마르티니우스 106
말씀과 성령 259
말씀과 성례들 293, 532, 533, 546
맛소라 필사자-학자들 210
매튜 렌 52, 97, 98
맥레오드 캠벨 185
맹세 60, 61, 142, 529
메러디스 클라인 391
메리 42, 99

멜랑히톤  161, 203
모세의 언약  385, 526, 541
모세의 율법  505
모음 부호  210, 227, 228
몰리나이우스  81
몰리나주의  313
몸을 물에 담그는 것  157, 197, 578, 585
몸의 구속  614
몸의 완전한 구속  492
무로부터  320
무스쿨루스  567
무오류  228
무오설  226
무죄의 상태  418, 419
무천년설  620
물을 부음  580
물을 뿌리는 것  197, 578, 581, 589
미국 독립전쟁  126
미국 장로교 내에 있는 반잉글랜드 정서  126
미사  202, 596, 597, 600
미신들  555
미코니우스  568
믿음  414, 424, 452, 453, 454, 455, 456, 461, 462, 464, 470, 471
믿음의 습관  454

【ㅂ】

바실 홀  176, 178
바울에 대한 새관점  452
반유아세례론자  589
반율법주의  113, 203, 240, 339, 426, 428, 505, 507
반펠라기우스주의  484
발라이우스  554
배타적인 찬송가  525
버나드  166, 429
벅스토르프 형제  210
번역  243, 249, 250
법정적 칭의  469
테오도르 베자  161, 162, 167, 175
벨기에 신앙고백  159, 208, 428, 443, 503, 535, 567, 571, 577, 619
보헤미아 신앙고백  443
복음주의  472, 544
본문비평  209, 210, 236, 247, 249
볼프강 무스쿨루스  353
분파들  511, 549
분파주의  265
불가타  247
브라이언 레배크  87
브라이언 암스트롱  110, 176

비가시적 교회　546
비국교파　88
비잔틴 본문　248
빌헬름 판 아셀트　179
뿌리와 가지 청원　64

【ㅅ】

사도신경　80, 94, 125, 171, 257,
　　　　404, 406, 544, 548, 619
사람들의 유전들　241, 242, 260
사망에 이르는 죄　522
사무엘 러더포드　158, 163, 298,
　　　　304, 307, 312,
　　　　511, 558, 560,
　　　　580, 581, 582
사무엘 하스넷　52, 53
사바노롤라　165
사보이 선언　196, 203, 447
사탄의 회　201, 202, 547
사효적으로　562, 564, 590
삼위이체론　400, 402
삼위일체　148, 171, 187, 202, 205,
　　　　277, 279, 552, 588
삼위일체의 불가분성　320, 401
상소금지법　40
상원　68, 70, 157

생명언약　336, 384
샤프트베리 경　32
선교적 인식　398
선하고 필연적인 귀결　238, 514,
　　　　　　　　517
선행　257, 260, 289, 417, 449, 452,
　　　479
설교　136, 424, 523, 545
설립 원칙　71
섭리　180, 211, 248, 328
성경　207
성경과 신조들　260
성경 광신　215
성경신학　189, 190, 415
성경 언어　190
성경 읽기　523
성경의 권위　201, 224, 254
성경의 명백성　243
성경의 범위　256
성경의 본문　247
성경의 영감　217, 221
성경의 정경　219
성경의 충족성　47, 127, 130, 236
성경주의　175, 261
성경해석학　253
성령　130, 207, 290, 291, 292, 293,
　　　294, 488, 522, 557, 563, 565,
　　　569, 590, 591

성령 안에서의 예배  521
성령은 성경의 으뜸가는 저자  234
성령의 내적 조명  241
성령의 발출  283
성례들  56, 122, 186, 289, 293, 523, 550
성부로서의 하나님  188
성약 신학  148, 389
성약적 관계  337
성약적 관점  452
성육신  275, 407, 495
성찬  111, 157, 203, 293, 398, 593
성찬대  61
성찬 요소들을 숭배  600
성화  260, 340, 416, 465, 475, 483, 499
세 가지 형태의 단일성  322
세례  138, 157, 197, 202, 290, 397, 552
세례를 잘 사용하는 것  592
세르베투스  495
세상 직업들과 오락들  529
소뮈르  108, 205, 338
소시니우스파  265, 431
속성의 교류  408, 435
솔론  167
수동적인 순종  196
수용 가능한 교리의 범위  201

수일벤 산  92
수장령(1534년)  40
수장령(1559년)  44
수평파  142, 511, 549
순교자 저스틴  166, 429
순응  383
슐라이어마허  413
스미스 박사  565
스코틀랜드  75, 82
스코틀랜드 장로교  76, 77, 94
스코틀랜드 장로교의 장로제도  76
스코틀랜드 신앙고백  127, 148, 177, 184, 443, 466, 503, 535, 567, 572
스코틀랜드 위원들  84, 93, 96, 115, 194
스코틀랜드의 메리  43
스코틀랜드 장로파  88
스코틀랜드 종교개혁  460
스콜라 신학  109, 175
스콜라주의  147, 152
스콧 클라크  102, 110
스쿨베르투스  159
스테이플턴  167
스트러더스  93
스티븐 마샬  72, 158, 304, 305, 520, 557, 560, 581

스페인의 무적함대사건 55, 537,
　　　　　　　539, 547
스핑크스 100, 106
승리하는 그리스도인의 삶 477
시드락 심슨 159, 168
시릴 166, 169, 404, 433, 497
시릴 루카르 170
시민법 503, 504, 505
시어도어 배서스트 431, 435, 441
시험 476, 483, 490
신법 200
신에 대한 의식 211, 512
신정통주의 230, 234, 235
신중함 242
신화 170, 189, 493, 495, 549, 624
심신 통일체 614
십계명 125, 172, 257, 266, 502,
　　　　503, 504, 507, 508

【ㅇ】

아담 438
아더 코크레인 171
아더 헤이즐리그 65
아라곤의 캐더린 39, 99
아르미니우스파 46, 191, 421
아만두스 폴라누스 210, 213, 374,
　　　　386
아미로주의 108, 191, 204, 302,
　　　　308
아버딘의 박사들 76
아우그스부르크 신앙고백 466
아이작 뉴턴 72
아일랜드 성직자 대회 102
아일랜드 신조 49, 107, 116, 183,
　　　　195, 208, 297, 376,
　　　　467
아일랜드에서 일어난 반란 65
아퀴나스 280, 323, 352, 531
아타나시우스 신경 80, 263, 265
아폴로니우스 555
악기를 사용하는 예배 526
안드레아스 리베투스 378
안셀름 106
안식일 128, 527
안토니 밀턴 50, 93, 104
안토니아 프레이저 52
안토니우스 티시우스 377
알렉산더 미첼 33, 45, 47, 49, 79,
　　　　93, 97, 100, 106,
　　　　116, 321, 325
알렉산더 헨더슨 162, 583
암브로우스 354, 497, 567
암스테르담 155
앙리에타 마리아 51

앤 볼린  40, 43
안토니 터크니  72, 94, 382, 449,
    481, 494, 545, 578
앨런 클리포드  179
앨리스터 맥그래스  176
양심의 주  510
어거스틴  101, 165, 166, 167, 168,
    358, 367, 453, 553, 599
어거스틴주의  106, 113
어셔  49, 53, 106, 177, 312, 315
언약적 조건주의  486
엄숙 동맹과 언약  69, 76, 78, 82,
    83, 84, 96, 115,
    153, 200, 264,
    291
에드먼드 캘러미  159, 162, 204,
    298, 300, 302,
    303, 304, 305,
    308, 309, 457,
    553, 556, 563
에드워드 6세  41, 44, 47, 99, 141
에드워드 레이놀즈  274, 298, 300,
    343
에드워드 모리스  33, 163, 177,
    178, 200, 225,
    228, 286, 295,
    296, 320, 321,
    330, 332, 334,
    399, 400, 449,
    466, 510
에드워드 세이무어  41
에라스무스  40, 247
에라스투스  163
에라스투스주의  533
에라스투스파  71, 532, 609
에임즈  567
엘리아스 레비타  210, 247
엘리자베스 여왕의 왕위 계승
    107, 514, 518
연옥  126, 136, 522, 615, 622
열광주의자들  240, 241, 246
열린 유신론  278
영감  222
영감과 정경성  223
영감의 참된 협력  227
영광의 상태  419
영속적인 순종  384
영원한 성자 발생  164
영원한 칭의  430, 449
영적 유기  487, 490
영혼 수면  616, 622
영혼의 불멸성  327, 614
영화  170, 192, 417, 492, 616, 624
예레미야 휘테이커  298, 508, 563,
    564, 567
예루살렘실  69

예배  258, 289, 512
예수회  371
예전들  518
예지  421
오류의 가능성이 있는 영감에 관한
    견해  229
오리겐  252
오시안더  99, 467, 495
오이쿠메니우스  497
옥스퍼드 운동  106
올리버 크롬웰  69, 87
완전한 순종  384, 392, 406, 447,
    450, 468
왕위계승법(1534년)  40, 538
왕위계승법(1559년)  44
왕정복고  88, 91
왕정복고 시대 역사가들  94
외콜람파디우스  350
요리문답 구조  172
요한네스 보거만  104
요한네스 피스카토르  81, 159,
    160, 161 370
우상숭배  555, 602
운명론  312, 317
울리히 츠빙글리  177, 219, 220,
    350, 353, 385, 525
원전으로 돌아가자  209, 248
원죄  337, 338, 339, 344, 345, 346,

349, 352, 355, 357, 358, 359,
362, 366, 367, 368, 369, 371,
373, 375
월터 킥켈  176
웨스트민스터 총회와 서방 가톨릭
    의 전통  163
웨인 스피어  209
웬델리우스  208
위격적 결합  624
위트레흐트  156, 157
윈스턴 처칠  95
윌리엄 거지  72, 441, 443, 455,
    457
윌리엄 그린힐  72
윌리엄 렌탈  66
윌리엄 로드  52, 97, 101, 107,
    113, 258, 516, 517,
    521, 531, 539, 547
윌리엄 바레트  102, 106
윌리엄 브리지  162, 167, 218
윌리엄 스트로드  65
윌리엄 에임즈  32, 151
윌리엄 윌버포스  32
윌리엄 트위스  55, 71, 112, 160,
    165
윌리엄 틴데일  243, 251
윌리엄 퍼킨스  100, 112, 361, 412,
    457

윌리엄 프라이스  306, 438, 455
윌리엄 헤더링턴  31, 32, 96
윌리엄 휘테이커  102, 162, 209, 210
윌킨슨  304, 434, 452, 556
유기  133, 302, 303, 309, 310, 311, 314, 315, 316, 336, 487
유니우스  160, 386, 433, 442, 567
유대인들의 최후의 회심  621
유신론적 진화  320
유아 세례  397, 557, 589
유아 시에 죽은 택함을 받은 유아들  408, 422
유카리스트  598
유티케스파  404
율법과 은혜  393, 469
율법주의  389, 478
은혜언약  176, 395, 422
은혜언약의 유일한 중보자  401
은혜언약의 조건부적 견해  485
은혜언약의 징표와 인침  586
은혜의 방편들  246, 475, 483, 490, 527
의사록  27, 28
의식법  503, 510
의의 주입  461, 466
의회  29, 57, 58, 61, 62, 74, 75, 82, 83, 526, 609

이레네우스  219
이븐 J. G. 보스  34
이성의 빛  34, 180, 211, 212, 237, 242, 423, 512
이의를 제기하는 자들  265
이중예정  108
이혼  534
인간의 의무  257
인간 저자  226
일반 계시  512
일반적인 공평성  506
일반적인 믿음  453
일반적인 칼빈주의  299, 309, 621
일부다처제  534
일시적인 믿음  455
일치 신조  466
임재  604
잉글랜드 개혁파  106
잉글랜드 개혁파 전통  143
잉글랜드 국교회  93, 125
잉글랜드 국교회 요리문답(1549)  117
잉글랜드 내전  26, 66
잉글랜드의 가정적 보편구원론  108, 302
잉글랜드의 메리  43
잉글랜드 이신론  229
잉글랜드 장로교  46, 88, 401

잉글랜드 종교개혁  32
잉글랜드 주석성경  197, 324, 526,
　　　　　　　  605, 621

【ㅈ】

자기 성찰  426, 606
자연법  389, 506
자연 신학  180, 217
자연-은혜 이중론  528
자연적인 출생  193, 337, 346
자유의지  418
자유주의  413
자카리아스 우르시누스  175, 213,
　　　　　　　　　　　386
잔키우스  567
장기 의회  64, 69
장로교  70, 84, 87, 149, 155, 191
장로교 교회-정치 형태  611
장로파 청교도들  94
장차 도래할 세상  528, 614
재량 은총과 적정 은총  384
재세례파  142, 165, 203, 397, 529,
　　　　　531, 562, 579, 581, 588,
　　　　　589
재확신  491
전가  337, 338, 339, 340, 429, 430,

431, 433, 436, 467
전적 타락  336
전천년설  620
전천년주의  623
정전론  531
정통장로교  451
제1 스위스 신앙고백  568
제1원인들과 제2원인들  312
제1차 바티칸 공의회  328
제2 스위스 신앙고백  346, 347,
　　　　　　　　　　412, 443, 466,
　　　　　　　　　　523, 535, 545,
　　　　　　　　　　567, 573
제2원인들  297, 312, 313, 329,
　　　　　330, 331
제네바 망명자들  32, 43
제네바 목회자 협회  555
제네바 성경  44
제네바 요리문답  619
제레미야 버러우즈  72, 578
제롬  73, 166, 247, 354, 429, 499,
　　　567
제임스 1세  48, 51, 81, 102, 104,
　　　　　　105
제임스 B. 토랜스  176, 389, 412
"제임스 시대의 잉글랜드 국교회"
(Jacobean Anglicanism)라는 관점
　　　　　　　　　　　　　　　50

제임스 어셔  116, 183, 209
제임스 패커  32
제프리 주  448, 450, 451
제한적 속죄  185, 485, 489, 491
조명  241, 246
조셉 미드  55, 620
조셉 홀  103, 106
조슈아 호일  72, 154, 161, 427, 429, 580
조정위원회  199
조지 길레스피  93, 162, 168, 178, 218, 298, 301, 304, 305, 519, 520, 550, 558, 580, 582, 584
조지 애보트  49, 102
조지 워커 워커  159, 160, 323, 429, 430, 431, 434, 435, 436, 441, 454, 558, 561, 579, 583, 584
조지 칼레턴  105, 106
존 낙스  32, 84, 218, 555, 572
존 뉴턴  32
존 다우네임  106, 208
존 대버넌트  53, 103, 106, 159
존 더들리  41
존 라이스  149, 326, 393
존 라이트풋  72, 222, 227, 228, 262, 263, 264, 265, 306, 322, 326, 430, 437
존 라일  32
존 레이  444, 579
존 머리  338, 339, 391
존 모릴  46, 63
존 볼  208, 349, 393
존 부커리지  101
존 브레이  179
존 셀든  72
존 스토트  32
존 아 라스코  42
존 애로우스미스  72, 442, 580
존 오웬  32, 203, 227, 399, 447, 486, 487, 519
존 카메론  108, 159
존 칼빈  41, 43, 46, 100, 103, 107, 109, 148, 150, 154, 164, 168, 351 438, 484, 525, 554, 555, 567, 618
존 패트릭 도넬리  179
존 포브스  76, 498
존 핌  65
존 햄던  57, 65
존 헨리 뉴먼  95
존 화이트  567
존 후퍼  42
존 휘트기프트  48, 53, 101, 126,

150, 353
종교대위원회 64
종교의 설립 533
종교전쟁 67
종말론 621, 622
죄와 그 결과들로부터의 자유 509
죄의 상태 418
죄책 336
주기도문 94, 257, 266
주해 197, 325
죽은 자들을 위한 기도 522
줄리안 데이비스 50
중간 상태 615, 621
중도 95, 100
중보자 그리스도 401
중생의 방편 576
중심적 도그마 149, 186, 187, 341
쥬얼 567
증거본문들 185, 216, 235, 297
지식 605
지옥에 내려가신 80, 129, 261, 262
직분 154
진리에 대한 동의 453
진화 320
징표와 인침 565, 586
짧은 기독교 교훈 177

【 ㅊ 】

찰스 1세 51, 65, 67, 69, 78, 107, 517
찰스 2세 88
찰스 시므온 32
찰스 오거스터스 브릭스 228, 229
찰스 힐 157, 158, 160, 162, 167, 430, 434, 440, 441, 457
채드 반 딕스훈 27, 28, 35, 69, 70, 97, 163, 182, 261, 262, 263, 265, 266, 283, 426, 430, 432, 445, 446, 447, 451
천년왕국 622
천 명의 청원 48
청교도 46, 47, 55, 61, 94, 106, 426, 514, 517
청교도주의 457, 487
최후의 심판 450, 615, 617
출교 609
침례 197, 578
칭의 81, 108, 159, 160, 166, 184, 194, 340, 416, 417, 424

## 【ㅋ】

카르타고 공의회　219
카메론　160, 161, 301, 435
카스파르 올레비안　159, 386, 399
카예탄　165
카토리쿠스　165
카피토　568
칼렌드린 씨　156
칼 바르트　119, 177, 220, 402, 412, 413, 491
칼빈과 다른 칼빈주의　175
칼 트루만　179
캔터베리의 어거스틴　536
케직 운동　477
켄틴 스키너　46
코르넬리우스 버지스　153, 305, 520, 557, 566
코르넬리우스 아 라피드　497
코페르니쿠스　325
콘스탄티노플 공의회　73, 170, 263, 279, 282, 404, 405
퀘이커 교도들　246
크리소스톰　168, 169, 444, 567
클레멘트　166, 219
클레멘트 제1서신　444
키프리안　496, 544, 567

## 【ㅌ】

타락전예정론　109, 112, 311, 456
타락후예정론　109, 112, 312
타키투스　167
터툴리안　166, 168, 354
테트라폴리탄 신앙고백　568
토니 레인　468
토마스 F. 토랜스　183
토마스 가테이커　72, 151, 159, 324, 339, 426
토마스 고우드　103
토마스 구드윈　32, 55, 72, 162, 306, 402, 434, 437, 439, 447, 456, 457, 459, 486
토마스 로저스　107, 263, 567
토마스 발렌틴　165
토마스 베일리　453, 457
토마스 브래드워딘　72, 106, 165
토마스 브랙턴　57
토마스 아퀴나스　321
토마스 영　167
토마스 오덴　30
토마스 윌슨　438
토마스 카터　165, 454
토마스 카트라이트　45, 517
토마스 케이스　441

토마스 콜맨   199, 582
토마스 크랜머   40, 41, 42, 54, 67,
　　　　　　 125, 126
토마스 크롬웰   40
토마스 테일러   431, 567
토마스 템플   79, 167, 455, 457,
　　　　　　 458, 581
통일령(1707년)   82
트란실바니아   155
트리엔트 공의회   95, 127, 222,
　　　　　　 425, 426, 448, 452
트위스   161, 167, 456
특수 침례파   203
특정한 구속   407
팀 트럼퍼   189, 473

프랑스 신앙고백   159, 177, 208,
　　　　　　 428, 443, 502,
　　　　　　 503, 504, 535,
　　　　　　 557, 564, 567,
　　　　　　 569, 592
프랜시스 우드콕   431, 433, 440,
　　　　　　 441, 557, 578, 580
플라케우스   338
플라톤   167, 327
피기우스   371
피두키아   452, 453
피터 레이크   101
피터 릴백   386
피터 마터   106, 356
피터 바로   102, 106
필리오쿼   279
필립 느예   578, 581

【 ㅍ 】

파레우스   567
펠라기우스주의   202, 347, 354,
　　　　　　 357
편재설   574
폴 오웬   164
폴 헬름   180, 181, 313, 328
프란시스쿠스 유니우스   112
프란시스 테일러   160, 436
프랑스 개혁파 교회   71

【 ㅎ 】

하나님께 드리는 공적 예배를 위한
　　　　규칙서   518, 553
하나님에 대한 웨스트민스터 신앙
　　　　고백   143
하나님은 죄의 조성자가 아니시라
　　　　　　 312
하나님을 아버지라고   474

하나님의 순전한 은혜  188
하나님의 작정  277, 295, 296, 299, 465476
하나님의 전체 뜻  50, 236, 238, 241, 262, 268, 514, 518
하나님의 정죄하시는 진노  510
하나님의 주권  278
하나님의 형상  213, 327, 418, 476
하나우 교회  156
하원  53, 64, 65, 66, 67, 70, 78, 157, 235, 505
하이데거  208
하이델베르크 요리문답  98, 127, 177, 201, 443, 504, 509, 535, 567, 570
하인리히 불링거  107, 150, 350, 353, 386, 412, 525, 568, 573
한스 에밀 웨버  110, 176
합리주의  241
항거파  300, 301, 485
햄튼궁정 회의  48, 107
행위언약  176, 185, 187, 192, 336, 340, 346, 374, 384, 446, 507

허버트 팔머  72, 153, 157, 162, 298, 301, 435, 455, 457, 458, 561, 563, 565, 582, 584
헤르만 리델보스  189, 415
헨리 8세  39, 99, 532
헨리 8세의 기념 예배당  69
헨리 마틴  32
헨리 윌킨슨  167
형벌적 대속  391
형상들  508, 509
호국경  88
화약음모사건  55, 538, 539, 547
화체설  138, 202, 241, 600, 602, 605
화해  407, 408
회개  288, 417, 456, 477
회중파  46, 196, 203, 447
후천년설  620
휴 라티머  42

웨스트민스터 총회 시리즈 ①

# 웨스트민스터 총회의 역사
## 웨스트민스터 총회

The Westminster Assembly
: Reading its Theology in Historical Context

2014년 10월 25일 초판 발행

**지은이** | 로버트 레담
**옮긴이** | 권태경, 채천석

**편 집** | 전희정, 진규선
**디자인** | 김복심
**펴낸곳** | 개혁주의신학사
**등 록** | 제21-173호(1990. 7. 2)
**주 소** | 서울시 서초구 방배로 68
**전 화** | 02) 588-8546(본사) 031) 942-8761(영업부)
**팩 스** | 02) 523-0131(본사) 031) 942-8763(영업부)
**홈페이지** | www.clcbook.com
**이메일** | prpkor@gmail.com
**온라인** | 기업은행 073-000308-04-020
　　　　　예금주: 개혁주의신학사

ISBN　978-89-7138-046-8 (94230)
ISBN　978-89-7138-044-4 (세트)

낙장·파본은 교환해 드립니다.

이 도서의 국립중앙도서관 출판시 도서목록(CIP)은
서지정보유통지원시스템 홈페이지(http://seoji.nl.go.kr)와
국가자료공동목록시스(http://www.nl.go.kr/kolisnet)에서
이용하실 수 있습니다.
(CIP제어번호: CIP2014026429)